REITEN

Dressur, Springen & Vielseitigkeit

REITEN

Dressur, Springen & Vielseitigkeit

William Micklem

Dorling Kindersley

DORLING KINDERSLEY
London, New York, Melbourne, München und Delhi

Cheflektorat Deirdre Headon
Chefbildlektorat Lee Griffiths
Bildredaktion Joanne Doran
Lektorat Simon Tuite
DTP-Design Louise Waller
Herstellung Mandy Inness

Fotos Kit Houghton
Umschlaggestaltung Dean Price

Für Dorling Kindersley produziert von

studio **cactus** C

13 SOUTHGATE STREET WINCHESTER HAMPSHIRE SO23 9DZ

Gestaltung Dawn Terrey, Helen Taylor
Redaktion Kate Hayward, Laura Seber

Bibliografische Information Der Deutschen Bibliothek
Die Deutsche Bibliothek verzeichnet diese Publikation
in der Deutschen Nationalbibliografie;
detaillierte bibliografische Daten sind im Internet über
http://dnb.ddb.de abrufbar.

Titel der englischen Originalausgabe:
Complete Horse Riding Manual

Übersetzung Bettina Borst
Redaktion Carola von Kessel

ISBN 3-8310-0554-0

Printed and bound in Germany by Mohndruck

Besuchen Sie uns im Internet
www.dk.com

Hinweis
Die Informationen und Ratschläge in diesem Buch sind
vom Autor und vom Verlag sorgfältig erwogen und geprüft,
dennoch kann eine Garantie nicht übernommen werden.
Eine Haftung des Autors bzw. des Verlags und seiner Beauftragten
für Personen-, Sach- und Vermögensschäden ist ausgeschlossen.

INHALT

Vorwort *8*
Einführung *10*

DER REITANFÄNGER 14

Rund um die Reitstunde *16*
Auf- & absitzen *20*
Reiten im Schritt & Trab *22*
Losreiten, anhalten & lenken *24*
Die nächsten Schritte *26*
Vom Umgang mit der Angst *30*
Einführung ins Springen *32*
Verschiedene Reitdisziplinen *36*

PFERDE VERSTEHEN 38

Der Körperbau des Pferdes *40*
Der Herdentrieb *42*
Die Sinne des Pferdes *44*
Wie Pferde lernen *48*
Das zufriedene Pferd *50*
Der Reiter als Trainer *54*

GRUNDAUSBILDUNG DES PFERDES 60

Die Ausrüstung *62*
Umgang mit jungen Pferden *66*
Gewöhnung an das Sattelzeug *70*
Vorbereitung auf den Reiter *72*
Springen ohne Reiter *74*
Das Anreiten *76*
Springen mit Reiter *80*
Problemlösungen *84*

REITEN IM GLEICHGEWICHT 90

Gleichgewicht – was ist das? *92*
Gleichgewicht & Sitz *96*
Mitgehen in der Bewegung *98*
Besser reiten *100*
Der Weg zum guten Sitz *102*
Besser einwirken – aber wie? *104*

DRESSUR IM TRAINING & AUF TURNIEREN 106

Dressur & Inspiration *108*
Ausrüstung & Dressurplatz *110*
Sitz & Gleichgewicht *114*
In der Bewegung des Pferdes *116*
Sprache & Gefühl entwickeln *118*
Einführung in die Konstanten *122*
Die Reinheit der Gänge *124*
Gangarten-Variationen *126*
Einführung in die Variablen *128*
Konstanten und Variablen *130*
Entwicklung der Konstanten *132*
Einsatz der Variablen *134*
Ein Ausbildungsplan *136*
Übergänge *138*
Wendungen, Volten & Zirkel *140*
Ecken & Biegungen *142*
Gerade & gebogene Linien *144*
Schenkelweichen *146*
Schulterherein *148*
Fliegende Wechsel *150*
Travers, Renvers & Traversalen *152*
Pirouetten *154*

Versammlung & Verstärkung 156
Kombinierte Übungen 158
Die Übungen im Überblick 160
Prüfung in Klasse A (Anfänger) 162
Prüfung in Klasse L (leicht) 164
Prüfung in Klasse M (mittel) 166
Prüfung in Klasse S (schwer) 168
Auf dem Turnier 170
Problemlösungen 174

Die Übungen im Überblick 230
Ein Parcours der Klasse E 232
Ein Parcours der Klasse A 234
Ein Parcours der Klasse M 236
Ein Parcours der Klasse S 238
Auf dem Turnier 240
Problemlösungen 244

GELÄNDEREITEN IM TRAINING & AUF TURNIEREN 254

Vielseitigkeit & Inspiration 256
Die Vielseitigkeits-Ausrüstung 259
Eine Gelände-Anlage 260
Sicherheitsvorkehrungen 262
Sitz & Haltung des Reiters 264
Die Einwirkung des Reiters 266
Konstanten & Variablen 270
Der Weg zur Partnerschaft 272
Ein Trainingsprogramm 274
Schmale Hindernisse 276
Schräge Hindernisse 278
Winkelsprünge 280
Wassergräben 282
Hohlwege 284
Wälle & Tiefsprünge 286
Wasserhindernisse 288

SPRINGREITEN IM TRAINING & AUF TURNIEREN 184

Springen & Inspiration 186
Ausrüstung & Reitanlage 188
Der Sitz des Reiters 192
Das Gefühl für Galoppsprünge 196
Wie Pferde springen 198
Die Variablen beim Springen 204
Planvolles Training 206
Das Gefühl für Distanzen 208
Springreihen für Einsteiger 212
Verbesserung der Springtechnik 214
Anspruchsvolle Springreihen 216
Distanzen & Wendungen 218
Springen gegen die Uhr 220
Kombinierte Übungen 226

In-Outs & Kombinationen *290*
Springen am Hang *292*
Springen aus hohem Tempo *294*
Die Übungen im Überblick *296*
Diamantenwall & Coffin *298*
Schwere Wasserkombination *302*
Auf dem Turnier *304*
Problemlösungen *312*

DIE KÖRPERLICHE VOR-BEREITUNG DES PFERDES 318

Die Fitness Ihres Pferdes *320*
Fitnessprogramme *324*
Ein Fütterungskonzept *330*

DIE KÖRPERLICHE VOR-BEREITUNG DES REITERS 332

Fitness für den Reiter *334*
Übungen für die Haltung *336*
Übungen für das Gleichgewicht *340*
Steigerung der Gelenkigkeit *342*
Aufbau von Kraft *346*
Förderung der Koordination *348*
Verbesserung der Fitness *350*

DIE MENTALE VORBEREITUNG DES REITERS 352

Warum mentale Vorbereitung? *354*
Vorüberlegungen *356*
Beständig sein *358*
Vereinfachung des Trainings *360*
Positiv bleiben *364*
Erfolg durch Flexibilität *366*
Vorbereitet sein *368*
Ausgewogene Planung *370*

IHRE OPTIMALE MANNSCHAFT 372

Ihr optimales Pferd *374*
Ihre optimalen Helfer *380*
Ihr optimaler Trainer *382*

Glossar *384*

Register *394*

Dank *400*

VORWORT

Ich habe William Micklem zum ersten Mal im Jahre 1971 auf einem Kurs in Massachusetts getroffen. Damals war ich dreizehn. Es war aufregend für mich, klassische Dressur von einem Mann zu lernen, dessen Herz für die Vielseitigkeit schlägt, und es war damals schon offensichtlich, dass Micklems Lehrphilosophien seiner Zeit voraus waren. Im gleichen Jahr stellte Micklem mich der großen britischen Vielseitigkeitsreiterin Lucinda Green vor. Er empfahl Linda, sich meinen Namen zu merken, weil ich eines Tages eine Olympiamedaille gewinnen würde. Diesen Augenblick habe ich nie vergessen: Micklem war die erste Person außerhalb meiner Familie, die an mich glaubte. Was er lehrt, ist die Basis meines Reitens. Er brachte mir bei, dass man einem Pferd immer erst zeigen muss, was es tun soll, und dass man nie Gewalt anwenden darf. Ich lernte, wie kostbar die Partnerschaft mit dem Pferd ist.

Micklem hat sich sein ganzes Leben lang mit dem Verhalten von Pferden und Menschen befasst und tiefe Erkenntnisse über die Beziehung zwischen beiden gewonnen. Wie kein Zweiter erkennt er, ob ein Pferd Talent hat. Im Laufe der Jahre hat er diverse Pferde aus irischer Zucht für mich aufgespürt, darunter Biko und Mr Maxwell. Für meinen Mann David O'Connor hat Micklem zwei großartige Olympiapferde gekauft, Gilt Edge und Custom Made.

Ich empfinde es als großes Glück, dass ich so viel Zeit unter Micklems Anleitung verbringen durfte. Er war ausschlaggebend für meine Karriere und für die Karriere vieler anderer. Nun hat er das vorliegende Buch geschrieben, und ich wünsche Ihnen viel Freude an diesem zeitlosen Beitrag zur Welt des Pferdes.

Karen O'Connor.

Karen O'Connor, Olympiamedaillengewinnerin

EINFÜHRUNG

Einer der vielen Vorteile des Reitens liegt darin, dass Männer und Frauen mit gleichen Chancen gegeneinander antreten und dass sowohl Jugendliche als auch ältere Menschen erfolgreich reiten können. Man kann sein ganzes Leben lang reiten und darin immer besser werden. Reiten ist ein Breitensport und ein Sport fürs Leben.

Für Einsteiger ist es wichtig, von Anfang an guten Grundlagenunterricht zu bekommen, denn dann passt später alles automatisch zusammen. Wie bei einem Schneeball, der bergab rollt und immer größer wird, liefert jede Stunde Reiten neue Erkenntnisse und Fähigkeiten.

Mit den richtigen Grundlagen könnten Sie gut zu den Zehntausenden ganz normaler Menschen gehören, die merken, dass sie mit Pferden zu außergewöhnlichen Dingen fähig sind. Ich wünsche mir, dass dieses Buch zum festen Bestandteil Ihrer reiterlichen Ausbildung wird, dass es die Arbeit ergänzen kann, die Sie mit Ihrem Ausbilder leisten, und dass es Sie zu Neuem inspiriert.

DER ROTE FADEN

Beim Reiten gibt es viele Möglichkeiten, eine bestimmte Sache zu tun: So können zwei Reiter beispielsweise unterschiedliche Hilfen zum Angaloppieren einsetzen. Beide werden zwar das gewünschte Ergebnis erzielen, aber der Schlüssel zum wirklichen Erfolg besteht aus einfachen, sinnvollen Methoden. Manche Techniken und Ausrüstungsgegenstände mögen jahrelang Standard gewesen sein – doch bekanntlich ist das Bessere des Guten Feind, und deshalb ist manchmal ein Wandel nötig.

DIE GEGEND ERKUNDEN Stressfreies Ausreiten ist ein gutes Training und tut der Seele des Menschen gut. So können Sie schöne Landschaft abseits der Verkehrswege genießen.

Mein Ziel ist es, Methoden zu finden, die – so weit wie möglich – für jedes Pferd und jeden Reiter gültig sind, für jede Disziplin und auf jedem Niveau. Solche gleich bleibenden Methoden nützen jedem Reiter und stellen einen wesentlichen Vorteil dar, wenn man ein in sich geschlossenes Werk über das Reiten schreiben und sich nicht auf eine einzige Disziplin beschränken möchte. Quer durch dieses Buch ziehen sich Schlüsselfertigkeiten, die für Reitanfänger so wichtig sind wie für Fortgeschrittene, für Dressurreiter so wichtig wie für Springreiter, für Jugendliche so wichtig wie für Ältere.

Selbst der Weg bis zum olympischen Niveau kann auf der Grundlage einfacher Schritte erfolgen, wenn Sie Ihr Training gut strukturieren. Sie werden merken, dass in diesem Buch die Kapitel über Dressur, Springen und Vielseitigkeit miteinander verflochten sind. So werden Springreiter sich auch das Dressurkapitel ansehen müssen, weil ihre Arbeit zu großen Teilen auf der Dressur beruht.

In jedem Kapitel werden zunächst Fertigkeiten umrissen, die bei Reiter und Pferd vorausgesetzt werden müssen, bevor sie sich mit den praktischen Übungen befassen können, die zur Turnierreife führen. Die Abschnitte zum Turnierreiten sind in vier aufeinander aufbauende Stufen eingeteilt. Ich möchte Sie ermuntern, sich keine allzu bescheidenen Ziele zu setzen. Nehmen Sie sich erreichbare Ziele vor, die Ihnen eine Struktur für Ihr Training geben, und arbeiten Sie so auf Ihre langfristigen Ziele zu.

SIE SIND DER TRAINER IHRES PFERDES

Dieses Buch gibt Ihnen auch das Wissen an die Hand, mit dem Sie zum guten Ausbilder Ihres Pferdes werden. Das Konzept, dass ein Lernender gleichzeitig auch Lehrender ist, ist im Pferdesport neu. Dabei ist es ein fundamentaler Bestandteil des Reitens und der Weiterbildung jedes Reiters, denn beim Reiten übt man zwangsläufig Einfluss auf sein Pferd aus, sei er nun gut oder schlecht. Pferde sind sehr anpassungsfähig und reagieren auf ständige Reize. Wenn ein Pferd also Fortschritte macht, könnte man durchaus auf die Idee kommen, dass man es richtig trainiert hat und womöglich sogar ein guter Ausbilder ist. Das

Kapitel über die Grundausbildung des Pferdes enthält zwei wesentliche Ratschläge: Die Ausbildungsmethoden müssen konsequent sein und aufeinander aufbauen, und das Training muss immer innerhalb der Grenzen bleiben, die durch die Fähigkeiten des Pferdes vorgegeben sind. Beispielhafte Olympiapferde wie Biko, Custom Made und Gilt Edge mit ihren Reitern Karen und David O'Connor tauchen in diesem Buch auf, weil sie zeigen, wie wichtig gutes Training ist. Mein Bruder John und ich haben das Potenzial dieser Pferde erkannt, als sie jung waren. Aber erst die fundierte Grundausbildung hat die Basis für ihren späteren Erfolg gelegt.

MIT LEICHTIGKEIT Wenn eine Übung gut ausgeführt wird, fällt sie nicht schwer. Große körperliche Kraft ist nicht nötig, nur gutes Training von Pferd und Reiter.

PARTNERSCHAFT VON PFERD UND REITER

Die Beziehung zwischen Mensch und Pferd stützte sich schon immer auf mehr als nur auf Leistungsziele. Es ist wichtig, die Verantwortung gegenüber dem Pferd zu erkennen und diese ganz besondere Beziehung zu pflegen. Dieses Buch basiert auf der Philosophie, dass jedes Pferd als Individuum behandelt werden muss, dessen Gebäude, Gänge und Fähigkeiten entwickelt werden sollen. Das geht nicht ohne Wissen und Ethik: Gewaltanwendung oder uferloses Wiederholen einer Übung, um ein bestimmtes Ziel zu erreichen, sind nicht akzeptabel.

Eine gute Ausbildung lässt dem Pferd seinen Geist und seine Individualität, sodass es auf lange Sicht ein willig mitarbeitender Partner sein wird. Viele Reiter merken mit der Zeit, dass die Partnerschaft mit ihrem Pferd zum erfüllendsten Aspekt ihrer reiterlichen Betätigung geworden ist.

SPASS AM REITEN

Jeder Reiter hat individuell verschiedene Bedürfnisse. Deshalb ist es wichtig, sich nicht an eine bestimmte Vorstellung vom perfekten Sitz oder vom perfekten Aufbau einer Lektion zu klammern. Beim Reiten gibt es so ungeheuer viele Variablen, dass die Wörter »korrekt« und »perfekt« nur selten benutzt werden. Zur »guten Praxis« gehört, dass man sich auf das konzentriert, was Reiter und Pferd können, und an diesem Punkt mit der Arbeit anfängt, statt sich auf das zu konzentrieren, was sie nicht können.

Wenn Sie sich eine persönliche Bestleistung zum Ziel gesetzt haben, dann muss die Freude daran unbedingt dazugehören. Das Lernen muss von Anstrengung und Vergnügen begleitet sein. Das kennzeichnet gute Arbeit, die nicht nur das Ziel des Turnierreiters ist, sondern für jedes Pferd gleichzeitig der Weg durch ein langes und glückliches Leben.

TEILNAHME AN MEISTERSCHAFTEN Nicht jeder Reiter will auf hohem Niveau starten, aber Pferde geben auch gewöhnlichen Reitern die Möglichkeit, ganz außergewöhnliche Dinge zu tun. Wer sich hohe Ziele setzt, hat Aussicht auf großen Erfolg.

DEN TRAUM LEBEN

Die Partnerschaft zwischen Pferd und Reiter und die Arbeit mit dem Pferd können so inspirierend und motivierend sein, dass ein Reiter auch außerhalb der Pferdewelt mehr von sich geben kann, weil die Freiheit, der Mut und der Erfolg des Reitens ihm Kraft geben. Wer an sich selbst glaubt, kann außergewöhnliche Ergebnisse erzielen.

William Micklem

KAPITEL EINS

DER REIT-ANFÄNGER

Wenn Sie erst einmal die passende Reitschule und den richtigen Reitlehrer gefunden haben, ist es nicht sehr schwierig,
die Grundlagen des Reitens zu erlernen.
Am Ende Ihrer ersten Stunde sollten Sie
Ihr Pferd in der Reitbahn im Schritt und
Trab unter Kontrolle haben und sogar am
Führzügel auf einen kurzen Ausritt gehen
können. Sobald die Grundlagen vorhanden sind – wie kommt man hoch und
runter, wie reitet man los, hält an und
lenkt –, können Sie Ihr Gleichgewicht
im Leichttraben und Galopp verbessern.
Und dann ist es nur noch ein kleiner
Schritt bis zum ersten Sprung.

Über die anfängliche Nervosität kommt
man bald hinweg. Die einfachen Techniken, die in diesem Kapitel vorgestellt
werden, bilden die Basis für alle reiterlichen Disziplinen auf jedem Niveau.

RUND UM DIE REITSTUNDE

Reiten zu lernen ist nicht schwierig. Mit einem guten Trainer werden Sie schnell und sicher Fortschritte machen. Zunächst suchen Sie sich eine Reitschule mit guten Trainingsmöglichkeiten, geeigneten Pferden und der nötigen Sicherheitsausrüstung. Die ersten Stunden sollten Sie als Einzelunterricht nehmen und sich danach einer Gruppe anschließen.

Der Reithelm darf nicht drücken und muss mit einer Dreipunkt-Beriemung befestigt werden.

WIE MAN EINE REITSCHULE FINDET

Reitschulen finden Sie über Pferdezeitschriften und reiterliche Organisationen oder idealerweise durch Empfehlungen von reitenden Freunden. Eine gute Reitschule muss nicht groß sein. Für die Anfängerstunden sollte sie einen kleinen einge-zäunten Reitplatz haben. Pferde und Schüler sollten einen ent-spannten Eindruck machen, und die Ausrüstung sollte in gu-tem Zustand sein. Achten Sie darauf, ob das Lederzeug weich und biegsam ist — denn brüchiges Leder ist unfallträchtig.

DIE REITKLEIDUNG

Für die Reitkleidung brauchen Sie kein Vermögen auszugeben: Hose oder Reithose aus weichem, elasti-schem Material, ein T-Shirt oder Sweatshirt, in dem Sie Bewegungsfreiheit haben, Schuhe, die die Knö-chel stützen und einen kleinen Absatz haben, sowie Minichaps für die Unterschenkel und Reithand-schuhe.

Sie sollten immer einen guten Reithelm nach neues-tem Sicherheitsstandard, also mit rutschsicherer Drei-punkt-Befestigung, tragen. Sobald Sie ausreiten und springen, ist auch eine Schutzweste anzuraten.

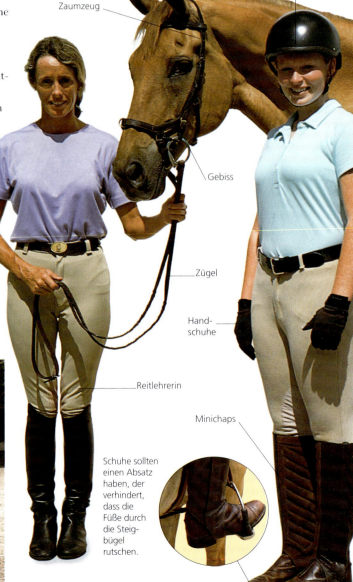

Zaumzeug

Gebiss

Zügel

Hand-schuhe

Reitlehrerin

Minichaps

Schuhe sollten einen Absatz haben, der verhindert, dass die Füße durch die Steig-bügel rutschen.

DER REITLEHRER

Suchen Sie sich einen qualifizierten Reitlehrer mit Erfahrung im Unterrichten von Reitanfängern. Ein guter Reitlehrer beantwortet jede Frage und lässt Sie in Ihrem eigenen Tempo Fortschritte machen. Vor allem wird er Sie, unabhängig von Alter und Reitniveau, immer wieder er-muntern und motivieren.

DAS GEEIGNETE PFERD

Ein gutes Anfängerpferd ist ruhig, gut ausgebildet und reagiert zuverlässig auf Ausbilder und Reiter. Ältere Pferde sind ideal, weil sie meistens abgeklärt und gelassen sind. Kleinere Pferde sind weniger Angst einflößend und man kommt leichter auf ihren Rücken und wieder herunter. Die perfekte Wahl für die meisten Erwachsenen ist ein freundliches Kleinpferd (siehe S. 378) von zehn bis 25 Jahren.

Der Festhalteriemen an der Sattelvorderkante wird in manchen Landstrichen auch Maria-Hilf-Riemen genannt.

Vorderzeug

Vielseitigkeitssattel

Gurt

Steigbügel

Satteldecke

REITLEHRER, PFERD UND REITER
Ihr Ausbilder wird das passende Pferd für Sie aussuchen, Ihnen Ratschläge zur Reitkleidung geben und Ihnen die Ausrüstung des Pferdes zeigen.

Gamaschen vorne

Gamaschen hinten

Ihr Reitlehrer wird Ihnen ein Pferd anbieten, das zu Ihnen, Ihrer Größe und Ihrem Gewicht passt. Sie werden schnell merken, dass Ihr Pferd Ihr Partner und die Beziehung zu ihm mit das Schönste am Reiten ist.

DIE PFERDE-AUSRÜSTUNG

Vor der ersten Stunde wird der Reitlehrer Ihnen die wichtigsten Ausrüstungsgegenstände für Ihr Pferd zeigen. Die Zügel sind am Trensengebiss befestigt, das im Pferdemaul liegt und vom Zaumzeug gehalten wird. Die Steigbügel hängen am Sattel und werden vor dem Aufsteigen auf die richtige Länge eingestellt. Als Reitanfänger werden Sie einen bequemen Vielseitigkeitssattel benutzen, der Sie gut hinsetzt. Vorne am Sattel kann ein Vorderzeug befestigt sein, das verhindert, dass der Sattel nach hinten rutscht. Außerdem kann man den Halsriemen des Vorderzeugs zum Festhalten benutzen, was in den ersten Stunden manchmal hilfreich ist. Vorne am Sattel findet sich oft auch ein Festhalteriemen für diesen Zweck.

AUF STALLBESUCH Wenn Sie sich eine Reitschule ansehen, achten Sie auf freundliches Personal und gut gepflegte Anlagen.

GRUPPEN- UND EINZELUNTERRICHT

Es gibt verschiedene Möglichkeiten, die ersten Reitstunden zu absolvieren, aber sie werden alle in der sicheren Umgebung einer eingezäunten Reitbahn stattfinden.

In Gruppenstunden können Sie andere Reiter auf ähnlichem Niveau beobachten und daraus lernen. Am Anfang wird die Gruppe drei bis fünf Reiter umfassen, später können es bis zu zehn sein. Reitstunden dauern bis zu eineinhalb Stunden.

Anfangs sollten Sie aber immer eins zu eins mit einem Reitlehrer arbeiten, bis Sie sich an die Bewegungen des Pferdes gewöhnt haben und das Losreiten, Anhalten und Lenken geübt haben. Je nachdem, wie sicher Sie sich fühlen, wird man Ihnen vor Ihrer ersten Gruppenstunde zwei, drei oder mehr Einzelstunden empfehlen.

AN LONGE UND FÜHRZÜGEL

Einzelstunden für Anfänger werden meist als Longenstunden gegeben, bei denen der Ausbilder in der Mitte der Reitbahn steht und das Pferd an einer langen Leine hält, die am Zaumzeug festgemacht ist. Reiter und Pferd bewegen sich also in einem Kreis von ungefähr 15 m Durchmesser um den Ausbilder herum. So können Sie sehr wirkungsvoll lernen, weil Sie nicht unter dem Zwang stehen, das Pferd von Anfang an steuern zu müssen.

Sie werden im Schritt beginnen und abwechselnd links- und rechtsherum reiten. Dabei können Sie sicherheitshalber zum Vorderzeug oder zum Festhalteriemen greifen, je nach Länge Ihrer Arme. Sie werden rasch Ihr Gleichgewicht finden und lernen, sich mit dem Pferd zu verständigen und es selbst zu lenken. Bald kann die Longe entfernt werden und Sie können

NÜTZLICHE FACHAUSDRÜCKE

Es ist sicher nützlich, wenn Sie die folgenden Fachausdrücke verstehen, bevor Sie Ihre erste Reitstunde nehmen:

INNEN UND AUSSEN Beim Reiten in einer Reitbahn zeigen inneres Bein (innerer Schenkel) und innere Hand in Richtung Bahnmitte, während äußerer Schenkel und äußere Hand auf der Seite der Reitbahnbegrenzung liegen. Auch für die Pferdebeine benutzt man die Ausdrücke innen und außen.

RECHTE HAND UND LINKE HAND Wenn Ihre rechte Hand innen liegt, reiten Sie auf der rechten Hand. Wenn Ihre linke Hand innen liegt, reiten Sie auf der linken Hand.

ERSTER UND ZWEITER HUFSCHLAG Wenn Sie in der Bahn nahe der Wand oder dem Zaun außen herum reiten, befinden Sie sich auf dem äußeren oder ersten Hufschlag. Ist zwischen Ihnen und dem Zaun noch Platz für ein Pferd, reiten Sie auf dem zweiten Hufschlag.

in der eingezäunten Bahn unter Aufsicht Ihres Reitlehrers selbstständig reiten.

Manchen Einsteigern liegt eine geführte Stunde mehr. Dabei führt der Reitlehrer das Pferd im Schritt und vielleicht auch im Trab und erklärt die nötigen Dinge. In Weiterführung davon kann der Lehrer selbst auf einem anderen Pferd sitzen und das Anfängerpferd am Führzügel neben sich laufen lassen.

REITEN IM GELÄNDE

Wenn Sie sich nach den ersten Stunden im Sattel sicher und wohl fühlen, wird ein guter Reitstall Ihnen auch die Möglich-

Vor dem Betreten der Bahn Warnung an andere Reiter

Sicherer Abstand nach allen Seiten

Beim Vorbeireiten an anderen wendet man sich die linke Seite zu.

IM REITUNTERRICHT

In einer Reitbahn müssen bestimmte Regeln beachtet werden. Beim Betreten und Verlassen der Bahn vergewissern Sie sich, dass alle anderen Reiter Sie bemerkt haben. Lassen Sie niemals die Türe offen stehen, wenn andere Pferde in der Bahn sind.

Wenn Sie im Schritt reiten, halten oder absteigen wollen, tun Sie das nicht im äußeren Bereich der Bahn – auf dem ersten Hufschlag –, weil Sie sonst Reiter behindern würden, die auf dem Hufschlag traben oder galoppieren. Wenn diese einfachen Regeln befolgt werden, ist für jeden sicheres Reiten möglich.

keit zum Ausreiten (Reiten im Gelände) bieten. Dabei reitet man je nach Gesetzeslage in der jeweiligen Gegend auf Feld- und Waldwegen oder auf extra angelegten, markierten Reitwegen.

Ausreiten ist eine wunderbare Möglichkeit, Zeit im Sattel zu verbringen und all die Fähigeiten zu üben, die Sie in der Reitbahn bereits gelernt haben. Bald wird Ihnen das Reiten in Fleisch und Blut übergehen. Die Freiheit des Reitens im Gelände, die Gesellschaft anderer Reiter, die zunehmende Sicherheit auch bergauf und bergab und bei kleineren Sprüngen – für einige Menschen ist dies das eigentliche Ziel des Reitens.

IM GELÄNDE Wenn Sie noch im Anfängerstadium sind, kann Ihr Reitlehrer Ihr Pferd an einen Führzügel nehmen, sodass Sie bereits am Anfang Ihrer Ausbildung kürzere Ausritte unternehmen können.

EINE ERSTE REITSTUNDE

Die Grundtechniken des Reitens kann man in kurzer Zeit erlernen, beispielsweise mit diesem einstündigen Programm. Bei einem solchen Programm führt der Reitlehrer Sie in die grundlegenden Reitkenntnisse ein, also Auf- und Absitzen, Sitz, Schritt, Trab, Lenken und Anhalten. In manchen Reitschulen üben Sie einige dieser Techniken vorher auf einem Holzpferd. Dort können Sie ein Gefühl für den Sattel bekommen, die Zügel halten und sogar das Leichttraben trainieren, bevor Sie sich einem echten Pferd nähern.

EINFÜHRUNG Ihr Reitlehrer wird fünf Minuten damit verbringen, Sie nach Ihrer Reiterfahrung zu fragen und sich mit Ihnen bekannt zu machen. Er wird Ihren Helm und Ihre Schuhe prüfen und Ihnen dann Ihr Pferd und die Ausrüstung zeigen.

AUFSTEIGEN UND ABSTEIGEN Während der nächsten zehn Minuten wird der Reitlehrer Ihnen das Auf- und Absitzen zeigen. Zum Üben wird Ihr Pferd gehalten, manchmal steht eine Aufsteigehilfe zur Verfügung. Im Sattel erklärt man Ihnen den richtigen Sitz, dann werden Sie absteigen und die Übung wiederholen (siehe S. 20–21).

SCHRITT UND TRAB Das Pferd wird an der Longe um den Reitlehrer herumlaufen und von ihm kontrolliert werden. So können Sie sich im Schritt und Trab auf Ihr Gleichgewicht konzentrieren. Sie haben noch keine Zügel in der Hand, sondern halten sich am Vorderzeug oder Festhalteriemen fest (siehe S. 22–23).

LOSREITEN, LENKEN, ANHALTEN Immer noch an der Longe üben Sie nun die Techniken, mit denen Sie Ihr Pferd kontrollieren

können. Ihr Reitlehrer wird Ihnen zeigen, wie man die Zügel hält. Außerdem wird er Ihnen die grundlegenden Signale erklären, die Sie kennen müssen, um sich mit dem Pferd verständigen zu können (siehe S. 24–25).

WIEDERHOLEN UND ÜBEN Wenn Sie sich im Sattel richtig wohl fühlen, wird der Reitlehrer vielleicht noch einen viertelstündigen Ausritt einplanen. Dabei führt er Ihr Pferd am Führzügel, damit Sie gefahrlos und entspannt Ihre neuen Fähigkeiten üben können.

EINE LONGENSTUNDE Konzentrieren Sie sich in der Longenstunde darauf, mit den Bewegungen des Pferdes in Einklang zu bleiben. Sie können sich vorne am Sattel festhalten, sollten aber kein Gewicht auf die Arme legen, weil Sie sonst aus dem Gleichgewicht kommen. Später werden Sie auch Gleichgewichtsübungen machen, bei denen Sie die Füße aus den Steigbügeln nehmen.

AUF- & ABSITZEN

Vor dem Aufsitzen wird Ihr Reitlehrer die Länge der Steigbügelriemen einstellen und Ihnen vielleicht einen Kasten als Aufsteigehilfe zeigen. Üben Sie das Auf- und Absitzen, bis es Ihnen ganz normal vorkommt. Sie können sich auch von einem Helfer hochwerfen lassen.

Halten Sie den Festhalteriemen und das Zügelende.

AUFSITZEN

Ob mit oder ohne Aufsteigehilfe: Drehen Sie sich so, dass Sie am Pferd entlang nach hinten schauen (1). Halten Sie Zügel und Festhalteriemen mit der linken Hand. Mit der rechten Hand greifen Sie die rechte Seite des Steigbügels, drehen ihn zu sich hin und schieben den Fußballen hinein (a). Lassen Sie den Steigbügel los und greifen Sie den Sattel etwas rechts von der Vorderkante (b). Nun drehen Sie sich hüpfend, sodass Sie am Pferd entlang nach vorne schauen (2). Die linke Fußspitze darf den Pferdebauch nicht berühren. Springen Sie hoch und schwingen Sie Ihr rechtes Bein über den Sattel (3).

(b) Die rechte Hand greift zur Sattelvorderkante.

3

Kopf unten lassen und aufpassen, dass das rechte Bein den Pferderücken nicht berührt.

(a) Schauen Sie am Pferd entlang nach hinten, nehmen Sie den Steigbügel in die rechte Hand und stellen Sie den linken Fuß hinein.

2

AUF EINEN BLICK

1   2   3   4   5   6   7

4

Schultern entspannen
und natürlich atmen

Schulter
und Hüfte
auf einer
Linie

In den tiefsten Punkt
des Sattels rutschen

Knie und Fußballen
auf einer Linie

DER RICHTIGE SITZ

Lassen Sie sich vorsichtig in den Sattel gleiten
und setzen Sie den rechten Fußballen in seinen
Steigbügel **(4)**. Sitzen Sie ganz natürlich. Für
Ihr Gleichgewicht und Ihre Sicherheit kann
es hilfreich sein, sich zwei senkrechte Linien
vorzustellen: eine von Ihrer Schulter zur
Hüfte und eine von der Mitte Ihres Knies
zum Fußballen (siehe links). Halten Sie
das Zügelende in einer Hand und den
Festhalteriemen mit beiden Händen
und schauen Sie in die Richtung, in die
Sie reiten wollen.

SICHER SITZEN

Wenn Sie in der Mitte des Sattels sitzen,
sollten Ihre Unterschenkel senkrecht
hängen und den Pferdebauch berühren.

Nehmen Sie beide
Füße aus den Bügeln.

5

6

Der Steigbügel gehört
unter den Fußballen.

ABSITZEN

Halten Sie Festhalteriemen und Zügelende mit der linken
Hand und greifen Sie mit der rechten Hand an die vordere
Sattelkante. Nehmen Sie die Füße aus den Steigbügeln **(5)**
und lehnen Sie sich etwas nach vorne. Dann schwingen Sie
das rechte Bein über den Pferderücken **(6)**, ohne das Pferd
zu berühren. Nun landen Sie weich auf den Füßen **(7)** – dazu
können Sie sich auch langsam herunterrutschen lassen. Federn
Sie beim Landen in Knien und Knöcheln und schauen Sie in
dieselbe Richtung wie das Pferd.

7

Federn Sie in den Knien,
um den Stoß der Landung
abzufedern.

REITEN IM SCHRITT & TRAB

Nun sitzen Sie im Sattel. Als nächsten Schritt gewöhnen Sie sich an die Bewegung des Pferdes im Schritt und Trab, bevor Sie lernen, Ihr Pferd mit den Zügeln selbst zu lenken. Ihr Reitlehrer wird das Pferd dazu an die Longe nehmen.

Benutzen Sie den Festhalteriemen, um Ihr Gleichgewicht zu halten. Bleiben Sie im Sattel sitzen und gehen Sie in der Bewegung des Pferdes mit. Das Leichttraben (Aufstehen im Trabtakt) werden Sie schnell lernen.

SCHRITT AN DER LONGE

Sobald das Pferd losgeht, werden Sie merken, dass der Sattel unter Ihrem Gesäß in Bewegung gerät. Lassen Sie die Hände am Festhalteriemen und atmen Sie normal (1). Sie werden feststellen, dass Ihr Gesäß sich im Einklang mit der regelmäßigen Bewegung des Pferderückens leicht vor und zurück bewegt.

TRABEN LERNEN

Wenn Sie im Schritt sicher sitzen, wird Ihr Reitlehrer das Pferd zu einigen Trabtritten auffordern. Bleiben Sie im Sattel — man nennt das »den Trab aussitzen«. Es fühlt sich an, als ob Sie mit dem Auto in regelmäßigen Abständen über kleine Bodenwellen fahren.

Die Technik des Leichttrabens ermöglicht es Ihnen, diesen Bodenwellen auszuweichen. Dabei heben Sie im Takt der Trabbewegung das Gesäß rhythmisch aus dem Sattel. Sie werden spüren, wie das Pferd Sie hochwirft (2). Machen Sie die Beine lang und federn Sie mit den Absätzen in die Tiefe.

Beim nächsten Trabtritt des Pferdes bringen Sie das Gesäß wieder leicht in den Sattel (3) und heben es gleich wieder. So gehen Sie im Takt der Bewegung ständig auf und nieder (4).

VOM SCHRITT ZUM LEICHTTRABEN
Ihr Reitlehrer wird dem Pferd Signale für Schritt und Trab geben. Der Schlüssel zum Leichttraben liegt darin, dass Sie Ihr Gewicht mit den Beinen abfedern, statt es auf das Gesäß zu verlagern.

1

Im Schritt greifen Sie in den Festhalteriemen und lassen Ihr Gesäß mit der leichten Schwingung des Pferderückens mitgehen.

2

Wenn das Pferd trabt, lassen Sie Ihr Gesäß im Takt der Bewegung aufwärts und vorwärts mitgehen.

Longe

Lassen Sie Ihr Gewicht durch die Beine nach unten fließen.

ÜBUNGEN FÜR DAS LEICHTTRABEN

Viele Reiter finden Trockenübungen für das Leichttraben hilfreich. Beim Leichttraben sollen Sie Ihr Gewicht ohnehin auf Ihre Füße federn, also können Sie das auch gut im Stehen üben:

(a) Stellen Sie sich aufrecht hin, Füße ungefähr 60 cm auseinander, Schultern gerade.

(b) Winkeln Sie Ihre Knie an, bis Ihre Unterschenkel parallel zueinander stehen. Belasten Sie dabei die Fersen etwas mehr als die Fußspitzen.

(c) Halten Sie die Knie ruhig, sodass Sie eine senkrechte Linie von der Mitte jedes Knies zum gleichseitigen Fußballen ziehen können. Nun senken Sie das Gesäß einige Zentimeter. Ihr Oberkörper wird leicht nach vorne kippen, damit Sie im Gleichgewicht bleiben.

(d) In dieser Position halten Sie die Knie ruhig und machen die Winkel an Knie- und Hüftgelenken etwas auf. Als Resultat wird Ihr Gesäß etwas nach vorne und oben gehen, als ob es unter Ihren Schultern schaukeln würde.

(e) Belasten Sie die Füße weiterhin gleichmäßig, winkeln Sie Knie und Hüfte wieder mehr an und bringen Sie dadurch Ihr Gesäß wieder nach unten. Nun wiederholen Sie dieses Anwinkeln und Öffnen allmählich immer schneller bis zu einem gleichmäßigen Takt.

ÜBUNGEN FÜR DAS LEICHTTRABEN
Üben Sie die Technik des Leichttrabens am Boden – so lernen Sie ohne Ablenkung, Ihr Gleichgewicht zu halten und im Takt zu bleiben, und gewöhnen Ihre Muskeln an die Bewegung.

(a) (b)   VON VORNE   (c)   (d)   (e)   VON DER SEITE

Mit der Bewegung des Pferdes lassen Sie Ihr Gesäß wieder in den Sattel gleiten und stehen sofort wieder auf.

Lassen Sie den Festhalteriemen nicht los, aber benützen Sie die Arme nicht zum Ausbalancieren!

Blicken Sie in die Richtung, in die Sie unterwegs sind.

LOSREITEN, ANHALTEN & LENKEN

Wenn Sie sich an der Longe an die Pferdebewegungen im Schritt und Trab gewöhnt haben, können Sie die Zügel aufnehmen und anfangen, Ihr Pferd selbst zu lenken. Die Signale Ihrer Hände und Unterschenkel, die Sie zur Verständigung mit dem Pferd einsetzen, bezeichnet man als Hilfen. Als Erstes lernen Sie das Losreiten, Anhalten und Lenken. Letzeres können Sie gut auf einer Slalomstrecke üben.

ANLEHNUNG UND HILFEN

Die Zügel sind an dem Gebiss befestigt, das im Pferdemaul liegt. Folglich nehmen Sie Kontakt mit dem Pferdemaul auf, wenn Sie die Zügel in der Hand halten. Dieser Zügelkontakt heißt Anlehnung. Ihre Unterschenkel nehmen Fühlung zum Pferdebauch auf, wenn Ihre Steigbügelriemen parallel zum Sattelgurt liegen (also dem Riemen um den Pferdebauch, der den Sattel hält). Ein Antippen des Pferdebauches mit den Schenkeln bezeichnet man als Schenkelhilfe. Wenn Sie einen kurzzeitig verstärkten Zug auf den Zügel ausüben, ist dies eine Zügelhilfe.

Geben Sie Ihre Hilfen immer mit einem klar erkennbaren Anfang und Ende. Ständiger Druck ist ein unpräzises Signal, das Ihr Pferd bald ignorieren wird.

LOSREITEN UND ANHALTEN

Zum Losreiten reicht es normalerweise aus, den Pferdebauch mit den Waden einmal kurz anzutippen. Wenn es nötig ist, wiederholen Sie die Hilfe etwas stärker. Halten Sie die Zügelanlehnung weich und lassen Sie die Vorwärtsbewegung des Pferdes zu. Gehen Sie mit dem Gesäß in der Bewegung mit und halten Sie mit Händen und Schenkeln gleichmäßigen Kontakt, der keine verwirrenden Signale gibt.

Um langsamer zu werden, drücken Sie Ihre Finger kurz zusammen, sodass ein kurzzeitiger Zug am Zügel entsteht. Falls das Pferd nicht reagiert, können Sie die Handgelenke leicht eindrehen oder die Arme etwas zurücknehmen. Wenn Sie das mehrmals wiederholen, bleibt das Pferd stehen.

LENKEN

Um dem Pferd zu signalisieren, in welche Richtung es gehen soll, benutzen Sie Zügelhilfen. Finger zusammendrücken am linken Zügel heißt links. Dieselbe Hilfe am rechten Zügel lenkt das Pferd nach rechts. Zum Üben kann der Reitlehrer z. B. eine Slalomstrecke aufbauen (siehe rechts).

ZÜGELHALTUNG Führen Sie die Zügel zwischen kleinem Finger und Ringfinger in die Hand hinein, in der Hand nach oben und zwischen Zeigefinger und Daumen wieder hinaus (a). Bilden Sie lockere Fäuste (b). Die Zügel sollten sich wie eine Verlängerung Ihrer Arme anfühlen. Mit leicht angewinkelten Ellenbogen und etwas nach innen gedrehten Händen halten Sie sanfte Anlehnung.

(a) Führen Sie die Zügel durch die Finger.

(b) Hände auf gleicher Höhe, Handgelenke leicht nach innen gedreht

LENKÜBUNGEN Wenn der erste Kegel näher rückt, drücken Sie am linken Zügel die Finger zusammen, damit das Pferd den Hals in diese Richtung nimmt. Es wird seinen Körper um Ihren inneren Schenkel biegen. Für den nächsten Kegel drücken Sie als Signal die Finger um den rechten Zügel zusammen, sodass sich das Pferd nach rechts biegt. Dabei wird Ihr äußerer Schenkel etwas nach hinten rutschen (a) – dieser äußere Schenkel bestimmt die Richtung der Hinterhand des Pferdes und hält es gebogen.

Schauen Sie in die Richtung, in die Sie reiten wollen.

(a) Lassen Sie den äußeren Schenkel etwas nach hinten rutschen.

Schließen Sie die Finger um den inneren Zügel, damit das Pferd nach links geht.

Halten Sie in der Kurve den inneren Steigbügelriemen parallel zum Sattelgurt.

NECK REINING

Wenn ein Pferd auf die Hilfen zum Abwenden nicht reagiert, ist das Neck Reining wirkungsvoll. Dazu bewegen Sie beide Hände zu der Seite hin, nach der Sie abbiegen wollen, und nehmen sie gleich wieder zurück an die normale Stelle. Wenn nötig wiederholen, aber dabei nicht nach rückwärts an den Zügeln ziehen. Der zusätzliche Druck an der Außenseite von Hals und Maul ermuntert das Pferd zum Abwenden.

DIE NÄCHSTEN SCHRITTE

Nun haben Sie die Grundtechniken gelernt und können zum ersten Mal mit Freunden reiten. Das ist eine aufregende und lohnende Phase, in der Sie merken, wie Sie Ihre Fähigkeiten verbessern. Sie gewöhnen sich an die Bewegungen des Pferdes, verbessern Ihre Balance beim Leichttraben und beginnen mit dem Galopp. Wenn Sie nicht im Sattel sitzen, sollten Sie Ihre körperliche Fitness steigern und sich mit dem Verhalten der Pferde befassen.

ENTWICKLUNG DES GEFÜHLS

Die Zeit, die Sie im Schritt verbringen, ist unschätzbar. Hier gewöhnen Sie sich an Ihr Pferd und entwickeln ein Bewusstsein für seine Bewegungen und Reaktionen, sodass Sie selbst sinnvoll und angemessen darauf eingehen können. Sie werden die Bewegungen von Rücken, Hals und Kopf unterscheiden können und allmählich erkennen, welche davon sich bequem anfühlen und welche seltsam. Auch die Aktionen der einzelnen Pferdebeine spüren Sie nun.

TRAB AUF DEM RICHTIGEN FUSS Beim Leichttraben bewegen Sie Ihr Gesäß im Takt des inneren Hinterfußes (unten gelb hervorgehoben) auf und ab. Bleiben Sie im Gleichgewicht, indem Sie die Füße nach unten federn und die Unterschenkel an ihrem Platz halten. Halten Sie weiche und nachgiebige Zügelanlehnung, um Ihr Pferd nicht zu behindern.

DIE FEINHEITEN DES LEICHTTRABENS

Im Trab bewegt das Pferd immer die beiden Beine gleichzeitig, die sich diagonal gegenüberliegen: inneres Hinterbein zusammen mit äußerem Vorderbein oder äußeres Hinterbein zusammen mit innerem Vorderbein.

Das Pferd kann sich müheloser bewegen und sein Gleichgewicht besser halten, wenn der Reiter mit der Bewegung des inneren Hinterbeins sein Gesäß anhebt. Um herauszufinden, wann das Hinterbein abfußt, blicken Sie auf die Schultern des Pferdes.

Stehen Sie auf, wenn die äußere Pferdeschulter nach vorne schwingt, und gleiten Sie wieder in den Sattel, wenn diese äußere Schulter sich nach hinten bewegt. Jetzt bewegen Sie sich im Takt des inneren Hinterfußes: Sie traben auf dem inneren Hinterfuß leicht. Wenn Sie merken, dass Sie sich im Takt der inneren Schulter bewegen, müssen Sie den Fuß wechseln.

Das Gesäß ist im Sattel, wenn das Pferd inneres Hinterbein und äußeres Vorderbein am Boden hat.

Äußeres Vorderbein

Inneres Hinterbein

Das Gesäß wird aus dem Sattel gehoben, wenn das innere Hinterbein abfußt.

Federn Sie Ihr Gewicht mit den Füßen ab.

NOTFALL-HILFEN

Wenn Ihr Pferd auf Ihre normalen treibenden Hilfen nicht reagiert, nehmen Sie die Unterschenkel vom Pferdebauch weg und führen Sie energischer als sonst eine kurze Bewegung nach innen aus. Wiederholen Sie den Impuls, wenn nötig, noch energischer. Ignoriert das Pferd Ihre normalen Hilfen zum Langsamerwerden, greifen Sie die Zügel etwas fester und setzen sich sofort wieder schwer in den Sattel. Legen Sie Ihre schwächere Hand auf die Mähne, ziehen Sie mit der anderen Hand die Zügel zurück und sprechen Sie ruhig mit dem Pferd.

NOTFALL-TREIBEN

NOTFALL-HALT

Dazu bleiben Sie in der Phase, in der Ihr Gesäß sich im Sattel befindet, einen zusätzlichen Takt sitzen – es wird sich ein wenig holprig anfühlen – und gehen dann erst wieder hoch. Nun haben Sie den Fuß gewechselt. Diese Methode wenden Sie auch dann an, wenn Sie im Trab die Richtung wechseln.

AUSREITEN

Ein Ausritt mit anderen Reitern ist eine gute Gelegenheit, Ihre neuen Fähigkeiten zu testen. Pferde haben Spaß daran, in Gesellschaft anderer Pferde ins Gelände zu gehen, aber sie laufen gerne einem Artgenossen nach und sie können nervös werden. Auch wenn Hilfen und Zügelanlehnung idealerweise so leicht wie möglich sein sollen, werden Sie merken, dass nicht alle Pferde gleich gut reagieren. Probieren Sie unbekannte Pferde vor dem Ausritt in der Reitbahn aus, um ein Gefühl für ihre Reaktionen zu bekommen.

Wenn Ihr Pferd zu nervig wird, beruhigen Sie es mit der Stimme. Will das Pferd nicht weitergehen oder nicht anhalten, weil seine Aufmerksamkeit abgelenkt ist, müssen Sie vielleicht die Notfallhilfen anwenden (siehe Kasten oben).

Das Gesäß geht wieder nach unten, wenn das innere Hinterbein Richtung Boden geht.

Das Gesäß berührt den Sattel, wenn das innere Hinterbein den Boden berührt.

GALOPPIEREN LERNEN

In diesem Stadium Ihrer Ausbildung können Sie galoppieren lernen. Galopp ist schneller als Trab, und das Pferd bewegt sich dabei unsymmetrisch. Deshalb fühlt sich der Galopp anfangs seltsam an. Im Galopp greifen die inneren Beine des Pferdes etwas weiter vor als die äußeren, sodass es den Körper etwas nach innen biegt. Deshalb ist es einfacher, wenn Sie auf einem Zirkel (einem großen Kreis) angaloppieren und das innere Vorderbein des Pferdes weiter vorgreift.

Ihre ersten Galoppübungen sollten in einer eingefriedeten Reitbahn stattfinden. Ihr Reitlehrer wird Sie auffordern, aus dem Leichttraben heraus das Gesäß im Sattel zu lassen und das Pferd mit beiden Schenkeln gleichzeitig anzutippen. Ein gut ausgebildetes Pferd wird auch auf eine einzige Hilfe reagieren, normalerweise ein Antippen mit dem äußeren Schenkel hinter dem Gurt. (Anmerkung: Dies sind nicht die »klassischen« Galopphilfen. Viele fortgeschrittene Reiter galoppieren aber mit dem äußeren Schenkel an, weil der Galopp mit dem äußeren Hinterbein beginnt und fliegende Galoppwechsel so besser gelingen.) Ihr Reitlehrer kennt das Pferd und weiß, wie es reagiert. Federn Sie Ihr Gewicht zu den Steigbügeln durch und halten Sie fühlige Anlehnung.

GALOPP AUF BEIDEN HÄNDEN

Wenn das Pferd rechts gebogen galoppiert, greift sein rechtes Vorderbein weiter vor und

GALOPP Aus dem Trab heraus fordern Sie Ihr Pferd zum Galoppieren auf. Lassen Sie die Hände mit der Bewegung des Pferdehalses mitgehen.

HALTUNG IM GLEICHGEWICHT

Die sichere Haltung im Gleichgewicht, die Sie als Einsteiger für das Leichttraben gelernt haben, leistet auch beim Galoppieren und Springen gute Dienste. Wenn Sie die Haltung der Reiterin im Trab, im Galopp, beim Buckeln und Springen vergleichen, werden Ihnen Ähnlichkeiten auffallen. In allen Fällen federt sie ihr Gewicht bis zu den Füßen durch, statt es in den Sattel zu bringen, und man kann eine senkrechte Linie von ihrem Knie zum Fußballen ziehen. Die Neigung des Oberkörpers bleibt immer ähnlich. In dieser Haltung kann ein Reiter die Bewegungen des Pferdes abfedern und selbst im Gleichgewicht bleiben. Oft wird empfohlen, sich beim Buckeln tief in den Sattel zu setzen und zurückzulehnen, aber das ist ebenso wirkungslos wie der Versuch, ein Fahrrad durch Schlaglöcher zu fahren und dabei sitzen zu bleiben. Auf dem Fahrrad stellen Sie sich in die Pedale. Beim Reiten federn Sie Ihr Gewicht zu den Steigbügeln durch, um das Gleichgewicht zu wahren.

TRABEN   GALOPPIEREN

BUCKELN   SPRINGEN

man sagt, »es befindet sich im Rechtsgalopp«. Links gebogen greift das linke Vorderbein weiter vor, das Pferd befindet sich im Linksgalopp. Viele Pferde bevorzugen einen bestimmten Galopp, aber man sollte beide Varianten mit ihnen üben.

WENN SIE NICHT IM SATTEL SITZEN

Selbst wenn Sie gerade nicht reiten, können Sie Ihre reiterlichen Fähigkeiten verbessern. Vor allem sollten Sie fit bleiben.

Es gibt gute Übungen, mit denen Sie Haltung, Geschmeidigkeit, Kraft und Gleichgewicht verbessern können (siehe S. 332–351). Noch wichtiger ist es, Zeit mit Pferden zu verbringen und so ihren Charakter und ihre Bedürfnisse kennen zu lernen. Oft kann man in Reitbetrieben mithelfen und sich so mit dem Tagesablauf und der Versorgung von Pferden bekannt machen.

PFERDE VERSTEHEN
Die meisten Pferde mögen Gesellschaft. Es tut ihnen gut, wenn sie regelmäßig von ihren Reitern gepflegt werden. Wenn Sie das Verhalten und die Angewohnheiten der Pferde verstehen, werden Sie davon auch beim Reiten profitieren.

VOM UMGANG MIT DER ANGST

Pferde haben ein sanftes Wesen, aber sie können auch Angst einflößen, vor allem wenn Sie Ihre ersten Erfahrungen als Reiter ohne Anleitung eines guten Reitlehrers machen. Wenn Sie unnötige Risiken vermeiden und sich selbst nicht zu viel abverlangen, sollte es Spaß machen, etwas Neues zu probieren. Und wie man sicher vom Pferd fällt, kann man lernen.

BLEIBEN SIE REALISTISCH!

Es gibt keinen Reiter, der nie Angst hat – jeder hat seine Grenzen. Angst ist eine Grundreaktion des Menschen, die sein Überleben sichert, indem sie seinem Tun Grenzen setzt. Respekt vor einem Pferd, das über 450 kg wiegt und ein Stockmaß von ungefähr 1,50 m hat, ist sehr sinnvoll, und anfängliche Angst ist absolut verständlich.

Aber Angst lähmt, geistig und körperlich. Deswegen ist es wichtig, dass man im Zustand der Angst nicht versucht, reiterlich etwas zu leisten – auch dann nicht, wenn ein schlechter Reitlehrer versucht, Sie zu tyrannisieren. Sprechen Sie mit Ihrem Ausbilder darüber, wenn Sie bei einer Übung Angst haben. So können Sie dem unguten Gefühl auf den Grund gehen und das Problem lösen. Es gibt zwei Hauptarten von Angst: Angst vor dem Unbekannten und Angst vor dem Bekannten.

ANGST VOR DEM UNBEKANNTEN

Manche Menschen befürchten, sie sollten etwas tun, wozu sie nicht fähig sind. Gehen Sie zu einem Reitlehrer, der jeden Schritt vormacht und erklärt, und sehen Sie anderen Reitanfängern zu, die erfolgreich Fortschritte machen. So werden Sie merken, dass niemand etwas Außergewöhnliches von Ihnen verlangt. Um die Angst vor dem Unbekannten zu verlieren, braucht man eine positive geistige Einstellung, die man sehr erfolgreich im Rollenspiel verbessern kann (siehe S. 357). Oft hilft auch das Gefühl, gut vorbereitet zu sein.

ANGST VOR DEM BEKANNTEN

Manchen Menschen macht ein ganz bestimmter Bereich beim Reiten Angst, beispielsweise die Möglichkeit des Herunterfallens. Vielleicht haben Sie schon eine schlechte Erfahrung gemacht oder einen anderen Reiter stürzen sehen. Aber auch wenn Ihnen die bloße Vorstellung eines Sturzes Angst einflößt, ist diese Angst dennoch real.

Auch hier kann ein guter Ausbilder eine enorme Hilfe sein. Machen Sie einen kleinen Schritt nach dem anderen, verwenden Sie nur sichere Methoden, lassen Sie sich korrigieren, und kümmern Sie sich um die Grundlagen von Gleichgewicht, Sicherheit und Verständnis. So werden Sie mutiger, weil Sie das Gefühl haben, zu jeder Zeit die volle Kontrolle zu haben, und weil Sie wissen, dass Sie Ihr jeweiliges Ziel sicher erreichen können. Suchen Sie die Gesellschaft guter Reiter und Reitlehrer, deren Techniken und deren Selbstvertrauen Sie inspirieren und Ihnen Selbstvertrauen geben werden.

ANGST VOR DEM FALLEN

Die beste Möglichkeit, mit Angst umzugehen, besteht darin, sie gar nicht erst aufkommen zu lassen. Ein guter Reitlehrer

VORBEREITUNGEN AUF DEN STURZ Wenn Steeplechase-Reiter merken, dass sie fallen werden, ziehen sie die Füße aus den Steigbügeln, rollen sich ein und stoßen sich vom Pferd ab.

VOLTIGIERPRÜFUNG In einer Voltigierprüfung geht das Pferd an der Longe. Die Voltigiererin nutzt den Schwung der Pferdebewegung für ihren Aufsprung.

wird sich bemühen, Ihnen schlechte Erfahrungen zu ersparen, indem er Ihre Leistungen richtig einschätzt und darauf aufbaut. Sie sollten auf jedem Niveau die erfordelichen Techniken so lange üben, bis sie sich völlig normal anfühlen. Dann müssen Sie sich über Ihre Reaktionen keine Gedanken mehr machen, weil sie automatisch ablaufen werden. So können Sie

Unfälle und die aus solchen Stürzen oft resultierende Angst vermeiden.

Um Ihre Angst vor dem Fallen zu überwinden, sollten Sie die Technik lernen, mit der Voltigierer ohne Hilfe auf ein galoppierendes Pferd und wieder auf den Boden kommen. Das Wissen, dass Sie in der Lage sind, notfalls sogar von einem galoppierenden Pferd gezielt abzuspringen, gibt Ihnen das Gefühl, alles unter Kontrolle zu haben. Und wenn Sie die richtige Technik beherrschen, haben Sie auch weniger Angst vor dem Abflug.

TECHNIK DES FALLENS

Die Angst vor einem Sturz vom Pferd können Sie auch dadurch abbauen, dass Sie lernen, was Sie in der konkreten Situation tun können. Diese Positiv-Strategie ist für praktisch jeden Reiter von Nutzen, weil jeder Reiter auch einmal fallen wird – umso seltener, je besser er ausgebildet ist. Im Falle eines Falles ist die wichtigste Reaktion, die Füße aus den Steigbügeln zu ziehen und möglichst außer Reichweite des Pferdes zu fallen. Und dann Kinn auf die Brust, Rücken rund machen, Beine anziehen und abrollen.

Techniken, die Ihnen beim Fallen helfen, können Sie üben (siehe Kasten unten). Wenn Sie wissen, dass Sie sicher landen und Verletzungen vermeiden können, werden Sie auch weniger nervös sein. Natürlich sollten Sie trotzdem alles tun, um Stürze zu vermeiden, indem Sie sichere Lektionen auf Pferden mit gutem Charakter reiten, die Sicherheitsregeln befolgen und sich zu nichts hinreißen lassen.

ÜBUNGEN ZUR FALLTECHNIK

Übungen zur Technik des Fallens können sehr hilfreich sein. Bitte versuchen Sie aber nicht, solche Übungen ohne die Hilfe eines einschlägig qualifizierten Ausbilders durchzuführen. Außerdem brauchen Sie für das Falltraining ausreichend Platz und eine Turnmatte, damit Sie nicht ausrutschen.

ROLLE VORWÄRTS: Beginnen Sie aus der Hocke und nehmen Sie Hände und Arme parallel zueinander. Kinn an die Brust, dann Nacken und Schultern auf den Boden. Beenden Sie die Übung in der Hocke. Sobald Ihnen diese Übung leicht fällt, können Sie sie aus dem Gehen und dann aus dem Laufen probieren.

Beim Rollen Beine anwinkeln

Gewicht gleichmäßig auf beide Schultern verteilen

In der Hocke beenden

EINFÜHRUNG INS SPRINGEN

Springreiten ist eine wunderbare, befreiende Erfahrung, die den meisten Reitern und Pferden Spaß macht. Allerdings ist es wichtig, erst an das Springen heranzugehen, wenn Sie im Leichttraben sicher im Gleichgewicht bleiben. Fangen Sie allmählich an: Erst reiten Sie im Schritt einen sanften Hügel hinauf und hinunter, um sich an die Bewegungen des Pferdes und Ihre nötige Haltungsänderung zu gewöhnen. Bald können Sie kleine Wälle springen und dann kleine Hindernisse.

BERGAUF UND BERGAB REITEN

Erfolgreich springen werden Sie dann, wenn Sie in der Absprung- und Landephase richtig im Gleichgewicht bleiben können. So sitzen Sie sicher und behindern das Pferd nicht in der Bewegung. Beginnen Sie Ihr Springtraining damit, dass Sie einen sanften Hügel hinauf- und hinunterreiten. Das Auf und Ab ähnelt der Flugphase beim Sprung, aber weil Sie sich im Schritt befinden, haben Sie mehr Zeit, Ihre Haltung an die Pferdebewegungen anzupassen.

Zum Leichttraben und zum Springen müssen Sie Ihr Gewicht bis zu den Füßen durchfedern. Das bedeutet, dass Ihr Unterschenkel senkrecht bleiben sollte, wobei das Knie über dem Fußballen liegt. So sollten Sie bergauf und bergab Ihr Gleichgewicht halten können, auch wenn Ihre Schenkel keinen Kontakt mit dem Pferdebauch haben. Vermeiden Sie es, sich mit den Schenkeln am Pferd anzuklammern, um im Gleichgewicht zu bleiben. Beim Bergaufreiten wird Ihnen der Unterschenkel zu weit nach vorne rutschen, beim Bergab-

Greifen Sie mit einer Hand sicherheitshalber in den Festhalteriemen.

BERGAUF REITEN

Am Anfang müssen Sie sich wahrscheinlich ziemlich anstrengen, um bergauf Ihr Gleichgewicht zu halten, aber mit etwas Übung geht es wie von selbst.

Halten Sie die Unterschenkel senkrecht.

Achten Sie darauf, dass der Absatz tiefer bleibt als die Zehen.

SPRUNG ÜBER EINEN KLEINEN WALL

Ein kleiner Wall kann das Selbstbewusstsein eines Reit-
anfängers ungemein fördern. Die beiden Phasen des
Sprunges werden aufgeteilt, sodass man sich getrennt
an die erste Hälfte – den Aufsprung – und dann an die
zweite Hälfte – den Absprung – gewöhnen kann. Greifen Sie anfangs in den Festhalteriemen. Lassen Sie die
Zügel lang, damit Ihr Pferd sich frei bewegen kann, und
konzentrieren Sie sich auf Ihr Gleichgewicht: Gewicht
bis zu den Füßen durchfedern, die Absätze tiefer als die
Zehen. Üben Sie so lange, bis Sie sich sicher fühlen.

AUFSPRUNG AM KLEINEN WALL   ABSPRUNG AM KLEINEN WALL

reiten zu weit nach hinten. Bergauf behindern Sie damit das
Pferd in der Bewegung, bergab sitzen Sie unsicher und nicht
im Gleichgewicht.

IM GLEICHGEWICHT BLEIBEN

Konzentrieren Sie sich bergauf und bergab darauf, harmonisch
mit der Bewegung des Pferdes mitzugehen. Federn Sie Ihr
Gewicht bis zu Ihren Füßen durch und lassen Sie die Absätze
unten. Halten Sie mit den Zügeln weiche, stetige Anlehnung
und lassen Sie dem Kopf des Pferdes Bewegungsfreiheit.
Wenn Sie im Schritt bergauf und bergab sicher im Gleichgewicht bleiben können, wiederholen Sie die Übung im
Trab und Galopp. Nun sind die Bewegungen
viel schneller und ähneln mehr einem echten
Sprung über eine Hürde. Weiter geht es
mit einem kleinen Wall (siehe Kasten oben),
und dann können Sie sich schließlich an Ihr
erstes Hindernis wagen.

**Beim Bergabgehen macht
das Pferd längere Schritte.**

BERGAB REITEN Egal, wie stark die
Neigung ist: Halten Sie die Unterschenkel
senkrecht – dann sitzen Sie sicher und
kippen nicht nach vorne.

**Die Linie vom Knie
zum Fußballen
muss stimmen.**

**Geben Sie mit den
Händen nach, damit
das Pferd Kopf und
Hals frei bewegen
kann.**

DIE ERSTEN HINDERNISSE

Es zahlt sich wirklich aus, wenn Sie lieber mit einer etwas zu einfachen Übung anfangen als mit einer zu schwierigen. Mithilfe der aufeinander aufbauenden Übungen (siehe Kasten unten) kommen Sie rasch vom Traben über Planken zum Springen eines kleinen Parcours.

DER WEG ZUM ERSTEN HINDERNIS

Ihr Reitlehrer wird die Übungen so aufbauen, dass die Abstände (die Distanzen) der Größe Ihres Pferdes angepasst sind. Zunächst reiten Sie über zwei Planken am Boden **(1)**. Diese Übung hat den Sinn, ein stetiges Tempo zu entwickeln, bei dem Ihr Pferd gleichmäßige Schritte macht. Beginnen Sie im Schritt und üben Sie dann im Leichttraben, bis Sie sicher im Gleichgewicht und im stetigen Trab bleiben können.

Wenn Sie so weit sind, treffen Sie in der nächsten Übung auf zwei trichterförmig am Boden liegende Stangen und auf eine Bodenplanke vor einem kleinen Hindernis **(2)**. Der

Stangentrichter vor dem Hindernis lenkt Ihr Pferd so, dass es das Hindernis in der Mitte springen wird. Die Bodenplanke zeigt dem Pferd den Absprungpunkt für das Hindernis. Reiten Sie im fleißigen Trab an und federn Sie Ihr Gewicht weich ab. Überlassen Sie das Springen dem Pferd – Sie konzentrieren sich auf Ihr Gleichgewicht und darauf, dass Sie Ihr Gewicht bis zu den Füßen durchfedern. So werden Sie das Hindernis problemlos springen und können bei der Landung Schenkelhilfen einsetzen, damit das Pferd vom Hindernis weggaloppiert.

VORÜBUNGEN FÜR DEN PARCOURS

Für die nächste Übung brauchen Sie zwei trichterförmig gelegte Stangen und zwei Planken am Boden. Der Abstand zwischen den Planken entspricht zwei bis drei Galoppsprüngen **(3)**. Reiten Sie im Galopp an und galoppieren Sie von Anfang bis Ende gleichmäßig durch. Konzentrieren Sie sich auf die Galoppsprünge Ihres Pferdes und darauf, wie weit seine Vorderbeine von den Planken entfernt sind. Zählen Sie

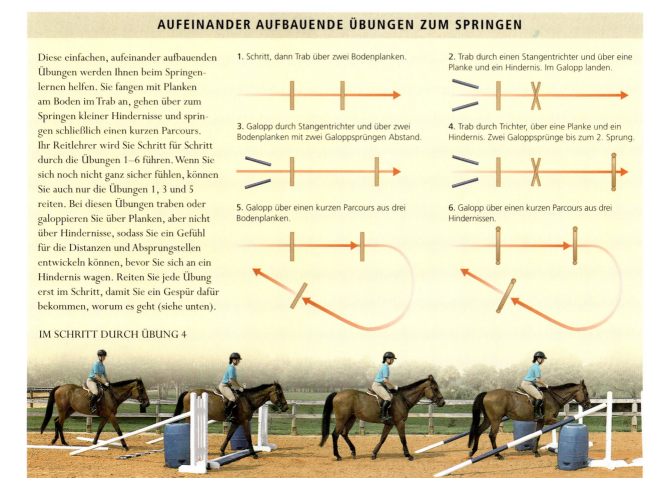

AUFEINANDER AUFBAUENDE ÜBUNGEN ZUM SPRINGEN

Diese einfachen, aufeinander aufbauenden Übungen werden Ihnen beim Springenlernen helfen. Sie fangen mit Planken am Boden im Trab an, gehen über zum Springen kleiner Hindernisse und springen schließlich einen kurzen Parcours. Ihr Reitlehrer wird Sie Schritt für Schritt durch die Übungen 1–6 führen. Wenn Sie sich noch nicht ganz sicher fühlen, können Sie auch nur die Übungen 1, 3 und 5 reiten. Bei diesen Übungen traben oder galoppieren Sie über Planken, aber nicht über Hindernisse, sodass Sie ein Gefühl für die Distanzen und Absprungstellen entwickeln können, bevor Sie sich an ein Hindernis wagen. Reiten Sie jede Übung erst im Schritt, damit Sie ein Gespür dafür bekommen, worum es geht (siehe unten).

IM SCHRITT DURCH ÜBUNG 4

1. Schritt, dann Trab über zwei Bodenplanken.

2. Trab durch einen Stangentrichter und über eine Planke und ein Hindernis. Im Galopp landen.

3. Galopp durch Stangentrichter und über zwei Bodenplanken mit zwei Galoppsprüngen Abstand.

4. Trab durch Trichter, über eine Planke und ein Hindernis. Zwei Galoppsprünge bis zum 2. Sprung.

5. Galopp über einen kurzen Parcours aus drei Bodenplanken.

6. Galopp über einen kurzen Parcours aus drei Hindernissen.

DIE VERWENDUNG VON TRABSTANGEN

Wenn Ihr Pferd jedes Mal an einem anderen Punkt abspringt, obwohl Sie vor dem Hindernis zur Orientierung eine Planke auf den Boden gelegt haben, dann legen Sie drei quadratische Stangen im Abstand von je 1,25 bis 1,45 m vor den Sprung. Der Absprungpunkt liegt dann in der Mitte zwischen der letzten Stange und dem Sprung. Legen Sie die Stangen zunächst ohne Hindernis auf den Boden und üben Sie im Schritt.

das Ende jedes Galoppsprunges laut mit. Wo ein Galoppsprung vor einer Planke endet, wird sich der Absprungpunkt befinden, wenn die Übung später mit Hindernissen ergänzt wird.

Die nächste Übung entspricht der vorigen, aber diesmal werden zwei kleine Hindernisse mit eingebaut (4). Sie springen das erste Hindernis, landen im Galopp und müssen sich jetzt nur noch auf Ihr Gleichgewicht konzentrieren, um das zweite Hindernis aus dem Galopp zu nehmen.

EIN KURZER PARCOURS

Bei dieser Übung reiten Sie über drei Planken am Boden, die wie ein kleiner Parcours angeordnet sind (5). Lenken Sie das Pferd mit Ihren Hilfen in gleichmäßiger Geschwindigkeit über die Planken. Sobald Ihnen das leicht fällt, können Sie den Parcours mit drei kleinen Hindernissen nehmen. Konzentrieren Sie sich auf gleichmäßige Galoppsprünge und halten Sie fühlige Anlehnung, bei der Sie Ihr Pferd nicht zurückhalten, sondern es leicht und natürlich springen lassen.

IM SPRUNG Hier handelt es sich um den zweiten Sprung aus Übung 4. Die Stangen auf den Tonnen dienen als Orientierung für das Pferd. Die Reiterin sitzt ausgezeichnet im Gleichgewicht. Wenn man sie vom Pferd nehmen und in dieser Haltung auf den Boden stellen würde, würde sie nicht umkippen. Eine ganz ähnliche Haltung hatte sie über den Trabstangen (siehe Kasten oben).

Federn Sie Ihr Gewicht bis in Ihre Füße durch. Knie und Fußballen liegen auf einer Linie.

Bleiben Sie in guter Haltung und schauen Sie dahin, wo Sie hinreiten.

Greifen Sie in den Festhalteriemen oder die Mähne. Lassen Sie die Zügel so lang, dass Ihr Pferd Kopf und Hals nach vorne strecken kann.

VERSCHIEDENE REITDISZIPLINEN

Auch für Menschen, die noch nicht lange reiten, gibt es ein ungeheures Spektrum an pferdesportlichen Möglichkeiten für jedes Alter, jeden Geschmack und jedes Können. Oft kann man mit demselben Pferd an verschiedenen Aktivitäten teilnehmen. Für Ihre Ausbildung ist es nur gut, wenn Sie vieles ausprobieren. Die Reitvereine bieten meist Einsteiger-Turniere für die wichtigsten Disziplinen. Dabei sind Dressur, Springen und Vielseitigkeit am beliebtesten.

DER EINSTIEG

Für Einsteiger sind Reitvereine eine gute Anlaufadresse. Hier sagt man Ihnen, welche Einzel- und Mannschaftsdisziplinen für Sie infrage kommen. Dazu brauchen Sie kein eigenes Pferd, und die Betonung liegt auf Spaß für alle. Sie können sich auch bei nationalen Reiterorganisationen nach Veranstaltungen in der Disziplin Ihres Interesses erkundigen. In der Reiterszene ist man im Allgemeinen offen für Menschen, die die Liebe zu Pferden teilen.

TURNIERE UND PRÜFUNGEN

Wenn es Ihnen Spaß macht, ein Pferd gut herauszubringen, und wenn Ihnen Gebäude und Erziehung von Pferden wichtig sind, dann sind Materialprüfungen und Zuchtschauen vielleicht das Richtige für Sie. Inzwischen gibt es auch Gelassenheitsprüfungen, in denen Charakter und Erziehung der Pferde bewertet werden. In Stilspringen wird die Leistung des Reiters bewertet, in Springpferdeprüfungen die Veranlagung des Pferdes. Auf vielen Turnieren gibt es Spring- und Dressurprüfungen auf Einsteiger-Niveau, bei denen Sie Ihre Fähigkeiten üben und herausfinden können, welche Wettbewerbe Ihnen liegen.

FAHRSPORT

Fahrturniere können ebenso anstrengend sein wie eine Große Vielseitigkeit (siehe S. 306) und sind ganz ähnlich aufgebaut. Auf eine Fahr-Dressurprüfung folgt eine Marathonstrecke, und der letzte Teil ist das Äquivalent zum Springparcours, nur dass hier keine Hindernisse zu springen sind, sondern Kegel zu umfahren. Viele Menschen betreiben den Fahrsport nur zum Vergnügen, und Fahrpferde werden oft sowohl geritten als auch gefahren.

MANNSCHAFTSSPIELE

Das Spielen zu Pferd ist weit verbreitet. Es ist aufregend und fordert die mentalen und körperlichen Fähigkeiten von Pferd und Reiter. Relativ häufig sind Polocrosse und Pferdeball. Beim Polocrosse-Spiel fangen die Reiter mithilfe eines kleinen Netzes an einem Schläger einen kleinen Ball, geben ihn weiter und versuchen, ihn ins Ziel zu bringen. Beim Pferdeball ist ein größerer Ball mit mehreren Handgriffen im Spiel, den sich die Teilnehmer jeder Mannschaft gegenseitig zuwerfen, bis er im Ziel ist. Bei den Zielen handelt es sich in beiden Fällen um erhöht aufgehängte Netze am Ende der Spielfelder, die 40 bis 100 m lang sind.

SCHAUVORFÜHRUNG Auf Material- und Zuchtschauen werden Pferde aller Rassen und Typen vorgestellt. Wenn Sie auf Reitturnieren starten wollen, sollten Sie sich erreichbare Ziele setzen und die Gesellschaft von Reitern mit ähnlichen Interessen suchen.

WANDER- UND DISTANZREITEN

Das Distanzreiten hat sich einen Platz auf der weltweiten Reiterbühne erobert und gehört jetzt in Form eines Rittes über 160 km mit 21 km/h zu den sechs Disziplinen der Weltreiterspiele. Kürzere Distanzritte reichen über Strecken von 40 bis 80 km. Beim Wanderreiten, dem Wandern zu Pferd, werden dagegen nur 15 bis 35 km am Tag zurückgelegt. Beim wettkampfmäßigen Wanderritt gibt es drei Teilprüfungen: einen Orientierungsritt, eine Prüfung zur Einwirkung des Reiters auf die Gänge des Pferdes und eine Geländestrecke. Letzere besteht aus Hindernissen zum Überspringen und zum Durchreiten sowie aus anderen Aufgaben, z. B. muss der Reiter absteigen und sein Pferd kurze Zeit in einem vorgezeichneten Kreis stehen lassen.

WESTERNREITEN

Reiter, die sich fürs Wanderreiten interessieren, sind oft auch Freunde des Westernreitens. Dieser Reitstil basiert auf den Fähigkeiten, die man für die Tagesarbeit auf einer Ranch braucht. Der Westernsattel ist groß und setzt den Reiter sehr sicher hin, was ihn für Einsteiger ideal macht. Die Haltung des Westernreiters ist der Haltung des Dressurreiters sehr ähnlich, sodass Sie beides ausprobieren sollten.

POLOCROSSE Der Reiter hält in der linken Hand beide Zügel, in der rechten Hand ein Netz an einem Schläger. Der Ball muss aufgehoben und zum Ziel am Ende des Spielfeldes befördert werden.

WANDERREITEN Wanderritte werden auf der ganzen Welt angeboten. Sie bieten die wunderbare Gelegenheit, schöne Landschaften in Ruhe zu genießen.

KAPITEL ZWEI

PFERDE VERSTEHEN

Reiten unterscheidet sich von anderen Sportarten vor allem in einem bestimmten Punkt: Sie haben als Trainer nicht nur die Verantwortung für sich, sondern auch für Ihr Pferd. Um dabei Erfolg zu haben, müssen Sie die einmalige Natur dieses Tieres verstehen.

In diesem Kapitel werden Sie sehen, dass der Körperbau des Pferdes darüber bestimmt, was Sie vom Pferd verlangen können und was nicht. Und natürlich werden Sie sein Verhalten besser voraussagen können, wenn Sie wissen, was ein Pferd sieht, hört und riecht.

Betrachten Sie das Pferd als Ihren Schüler. Machen Sie sich bewusst, wie es lernt, was seine Instinkte bewirken und wie individuell seine Persönlichkeit ist. Selbst ein Reitanfänger nimmt Einfluss auf das Verhalten des Pferdes – und wenn Sie als Ausbilder ganz gezielt auf Ihr Pferd einwirken, kann das sehr befriedigend sein.

DER KÖRPERBAU DES PFERDES

Um reiterlich weiterzukommen, ist Grundwissen über das einmalige Skelett des Pferdes hilfreich, vor allem über die Mechanik der Wirbelsäule. Wie das Pferd einen Reiter trägt und wie der Reiter das Pferd dazu ausbildet, sportliche Leistungen zu erbringen, wird durch den Rückeneinsatz des Pferdes bestimmt. Selbst ein leichter Reiter ist für ein untrainiertes Pferd eine unbequeme Bürde, während ein gut ausgebildetes Pferd weiß, wie es den Rücken aufwölben und sich biegen muss.

EIN AUSSERGEWÖHNLICHES TIER

Pferde sind außergewöhnliche Tiere. Bei einem Gewicht von bis zu einer Tonne können sie über 2 m hoch und über 6 m weit springen, 1500 m weit mit einer Geschwindigkeit von 64 km/h laufen und 180 km weit mit über 16 km/h. Und all das tun sie mit einem Menschen auf dem Rücken, der bis zu 20 Prozent ihres eigenen Körpergewichts wiegt. Kein anderes Tier erbringt zusammen mit dem Menschen auch nur annähernd so viel Leistung. Deswegen spielt das Pferd in der Geschichte auch eine so große Rolle.

Pferde eignen sich so gut zum Gerittenwerden, dass es schon unheimlich ist. So liegen die Unterschenkel und Fersen des Reiters an einer Stelle am Pferdebauch, an der sich Nervenverbindungen zu den Hinterbeinen befinden. Das Pferd geht also von Natur aus vorwärts, wenn ein Reiter seine Beine an dieser Stelle einsetzt. Außerdem sind Pferde trotz ihrer weit überlegenen Kraft sehr zufrieden damit, den Reiter als Herdenchef anzuerkennen (siehe S. 42–43).

Trotzdem darf man nicht vergessen, dass Pferde nicht dafür geschaffen sind, einen Menschen zu tragen. Wir Menschen müssen dafür sorgen, dass das Pferd seine Last möglichst leicht tragen kann. Dazu müssen wir wissen, wie Pferde gebaut sind.

DER AUFBAU DER WIRBELSÄULE

Die Wirbelsäule des Pferdes ist ein recht starres Gebilde, das den schweren Körper tragen und mit den enormen Kräften zurechtkommen muss, die aus der Hinterhand übertragen werden. Die Wirbel im Kruppenbereich sind miteinander verschmolzen, die Wirbel zwischen Widerrist und Kruppe sind nur begrenzt beweglich. Trotzdem ist das geringe Maß

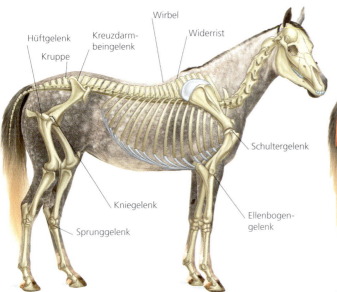

Hüftgelenk
Kreuzdarmbeingelenk
Kruppe
Wirbel
Widerrist
Schultergelenk
Kniegelenk
Ellenbogengelenk
Sprunggelenk

SKELETTSTRUKTUR Hüft-, Sprung- und Kniegelenk sind in Verbindung mit dem Kreuzdarmbeingelenk dafür zuständig, das Hinterbein nach vorne zu bringen, um den Rücken zu heben. Die Halswirbel folgen nicht der Außenlinie des Halses.

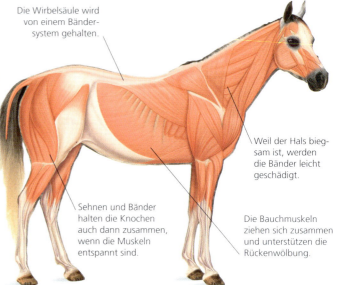

Die Wirbelsäule wird von einem Bändersystem gehalten.

Weil der Hals biegsam ist, werden die Bänder leicht geschädigt.

Sehnen und Bänder halten die Knochen auch dann zusammen, wenn die Muskeln entspannt sind.

Die Bauchmuskeln ziehen sich zusammen und unterstützen die Rückenwölbung.

MUSKELSTRUKTUR Muskeln arbeiten durch Zusammenziehen und Entspannen. Gelenke werden durch eine bestimmte Muskelgruppe gebeugt und durch eine entgegengerichtete Gruppe wieder gestreckt.

DEN RÜCKEN EINSETZEN

Bei einem durchtrainierten Pferd wölbt der Rücken sich um ungefähr sechs Prozent seines Stockmaßes auf, bei einem Pferd von 160 cm also um fast 10 cm gegenüber einem gleich großen Pferd, das den Rücken durchhängen lässt. Wenn ein Pferd das Gewicht des Reiters problemlos tragen und sportliche Leistungen bringen

soll, muss es lernen, den Rücken aufzuwölben. Das erreicht man durch korrektes Reiten, wobei das Pferd aufgefordert wird, die Bauchmuskeln einzusetzen, gleichzeitig mit der Hinterhand weiter unterzutreten sowie Kopf und Hals aufzurichten und nach vorne zu dehnen.

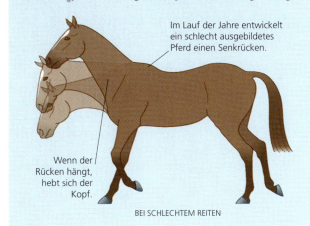

Im Lauf der Jahre entwickelt ein schlecht ausgebildetes Pferd einen Senkrücken.

Wenn der Rücken hängt, hebt sich der Kopf.

BEI SCHLECHTEM REITEN

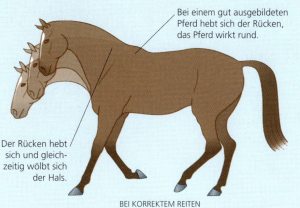

Bei einem gut ausgebildeten Pferd hebt sich der Rücken, das Pferd wirkt rund.

Der Rücken hebt sich und gleichzeitig wölbt sich der Hals.

BEI KORREKTEM REITEN

an Bewegung, das im Sattelbereich und kurz dahinter möglich ist, sehr wichtig. Die Kette aus Sehnen und Muskeln, die sich vom Genick bis zum Schweif erstreckt, wirkt wie eine Hängebrücke mit einem Haupt-Auflagepunkt, nämlich dem Kreuzdarmbeingelenk (siehe Zeichnung ganz links), und einem Neben-Auflagepunkt am Übergang zwischen Hals und Widerrist.

Der Boden dieser Brücke ist leicht gekrümmt. Zug an einem Ende der Muskelkette führt zum Heben des Rückens. Im Idealfall entsteht dieser Zug dadurch, dass das Pferd die Hinterbeine unter sich weiter nach vorne nimmt, also die Hinterhand einsetzt und »untertritt«. Diese Bewegung zusammen mit dem Anspannen der Muskeln im Bauchbereich schafft einen Muskelring, der den Rücken in die gewünschte aufgewölbte Haltung bringt.

Die Wirkung der Vorwärtsbewegung von Kopf und Hals auf den Rücken wird verringert, weil Pferde kein Schlüsselbein haben. Also gibt es keine knöcherne Verbindung zwischen Wirbelsäule und Vorderbeinen. Stattdessen ruht die Wirbelsäule in einer Art Muskelschlinge, sodass der Widerrist absinken und sich hin und her bewegen kann.

ENTWICKLUNG DES AUFGEWÖLBTEN RÜCKENS

Pferde werden so ausgebildet, dass sie den Rücken aufwölben, weil sie dann das Gewicht des Reiters tragen können, ohne die Wirbelsäule übermäßig zu belasten (siehe Kasten oben).

Pferde, die den Rücken hängen lassen, haben ein kürzeres Arbeitsleben und keine gute geistige Einstellung. Kein Pferd kann sportliche Leistungen bringen oder auch nur bequem zu reiten sein, wenn es den Rücken wegdrückt. Um ein Pferd auf Dauer so zu reiten, dass es ohne Rückenschäden das Reitergewicht tragen kann, braucht der Trainer echtes Können (siehe S. 72–73).

Viele Pferde haben Muskelschwund auf beiden Seiten der Wirbelsäule, vor allem in der Sattellage. Oft liegt das an mangelnder Bewegung, oft sind aber auch Nerven durch einen schlecht passenden Sattel oder zu hohe Gewichtsbelastung geschädigt. Aus denselben Gründen kann sich ein Senkrücken entwickeln, bei dem die Bänder und Muskeln erschlaffen.

SEITLICHE BEWEGLICHKEIT

Senkrechte Bewegungen zwischen den Rückenwirbeln kann man in Flexion (Wölben) und Extension (Senken) einteilen. Laterale (seitliche) Bewegungen der Wirbelsäule sind im selben Umfang möglich. (Der Anschein, Pferde könnten sich seitlich noch weiter biegen, entsteht, weil im Kreuzdarmbeingelenk und im Brustkorb Bewegungsspielraum besteht.)

Die seitliche Biegung ist eine Grundforderung beim Dressurreiten. Dabei sollen sich Vorder- und Hinterbeine auf derselben Spur bewegen, und das Pferd soll vom Genick bis zur Kruppe gleichmäßig gebogen sein. Diese seitliche Biegung muss in der Ausbildung langsam entwickelt werden.

DER HERDENTRIEB

Um das Verhalten unserer Hauspferde zu verstehen, müssen wir bedenken, wie ihre Vorfahren sich in der Wildnis verhalten haben. Das Instinktverhalten der Pferde ist direkt mit ihrem Überleben verknüpft. Pferde sind Herdentiere, die Gesellschaft mögen, und sie sind Beutetiere, was ihren Fluchtinstinkt bei Gefahr erklärt. Pferde verständigen sich weitgehend mittels Körpersprache. Für Reiter kann es äußerst nützlich sein, die Signale ihrer Pferde zu verstehen!

DAS PFERD ALS HERDENTIER

Als Herdentiere sind Pferde keine Einzelkämpfer. In der Wildnis legten die Herden auf der Suche nach Futter Hunderte von Kilometern zurück. Während ein Teil der Herde sich ausruhte, hielt der andere Ausschau nach Raubtieren. Um diese Rollen in der Herde übernehmen zu können, verfügen Pferde über eine seltene Verknüpfung von Kraft, Fügsamkeit und Sensibilität. Diese Kombination zusammen mit dem Herdentrieb ist auch der Eckpfeiler ihrer Beziehung zum Menschen. Wenn z. B. ein junges Pferd zögert, zum ersten Mal über ein bestimmtes Hindernis zu springen, kann man ein erfahreneres Pferd vorausschicken, das dem jungen Pferd die Angst nimmt.

SELBSTERHALTUNGSTRIEB

Um in der Herde zu überleben, haben Pferde sehr feine Sinne entwickelt (siehe S. 44–47). Ihre körperlichen Fähigkeiten, vor allem Geschwindigkeit und Ausdauer für die Flucht vor Raubtieren, sind erstaunlich. Sie haben ein fantastisches Gedächtnis: Wenn ein Pferd als Jungtier zu Schaden kommt, wird es sich das jahrelang merken und seine Meinung nur langsam ändern.

HERDENHIERARCHIE Entgegen einer weit verbreiteten Meinung führt meist eine ältere Stute die Herde, nicht der dominante Hengst. Die Herde folgt der Leitstute auch über weite Strecken, während der Hengst nach Raubtieren Ausschau hält.

DIE KÖRPERSPRACHE DER PFERDE

Die Sprache der Pferde besteht aus einigen wenigen Laut-
äußerungen und einer ungeheuren Anzahl von Körpersignalen.
Jedes Pferd entwickelt aus seiner Erfahrung heraus seine
eigene Sprache – wenn ein Signal verstanden wird, wird es
weiter benutzt. Allerdings gibt es auch viele allgemein verwendete Signale (siehe Tabelle unten). Reiter können die
Verständigung mit ihrem Pferd deutlich verbessern und damit
auch die Partnerschaft mit dem Pferd positiv beeinflussen,
wenn sie seine Körpersprache verstehen.

INSTINKTVERHALTEN
Das Quarterhorse hat einen Instinkt für die Rinderarbeit, hier das
Aussondern eines Kalbes aus der Herde. Ähnlich wird ein Hengst
in der Wildnis Pferde aus einer fremden Herde aussondern und
seiner eigenen Herde zuführen. Wenn dieses Verhalten mit Ausbildung kombiniert wird, entsteht eine echte Partnerschaft.

DIE KÖRPERSPRACHE VERRÄT DIE STIMMUNG DES PFERDES

STIMMUNG	BEWEGUNG	KOPF UND HALS	OHREN UND AUGEN	NASE UND MAUL	KÖRPER UND SCHWEIF
UNTERWÜRFIG	Langsame Schritte seitwärts.	Hält Kopf und Hals eher tief.	Wendet Ohren und Blick zur Seite.	Kaut und grummelt.	Muskeln und Schweif schlaff.
AGGRESSIV	Geht rückwärts, droht mit Hinterteil.	Hält Kopf und Hals tief.	Legt Ohren an und schaut nach hinten.	Zeigt Zähne, bläht Nüstern, schnaubt.	Muskeln gespannt, schlägt mit Schweif.
AUFGEREGT	Galoppiert, wirbelt herum.	Hebt Kopf und Hals.	Bewegt Augen und Ohren hin und her.	Quietscht, prustet, bläht die Nüstern.	Leicht gespannt, trägt Schweif hoch.
ÄNGSTLICH	Bewegt sich vom Angstauslöser weg.	Hebt Kopf und Hals etwas.	Spitzt Ohren in Richtung Geräusch.	Atmet flach und schnell. Wiehert.	Zittert, schwitzt, klemmt Schweif ein.
ERSCHRECKT	Bleibt stehen oder bewegt sich seitwärts.	Hält Kopf und Hals tief.	Schaut nach vorne, legt Ohren zurück.	Hält den Atem an.	Muskeln verkrampft, Schweif eingeklemmt.
WÜTEND	Bewegt sich auf Sie zu und scharrt.	Hebt Kopf und Hals.	Spitzt die Ohren, schaut nach vorne.	Zeigt die Zähne, schnaubt.	Muskeln verkrampft, Schweif eingeklemmt.
MISSTRAUISCH	Steht ruhig da und beobachtet.	Hält Kopf und Hals tief.	Ohren und Blick nach vorn gerichtet.	Prüft Geruch, prustet.	Schweif hängt herunter.
SCHLÄFRIG	Steht ruhig da.	Hält Kopf und Hals tief.	Ohren und Blick locker und ziellos.	Atmet langsam und tief.	Langsamer Puls, hängender Schweif.
NIEDER-GESCHLAGEN	Steht ruhig da.	Hält Kopf und Hals tief.	Ohren hängen nach unten und zur Seite.	Atmet langsam und flach.	Niedrige Temperatur, schwacher Puls.
SELBSTSICHER	Entschlossen und unerschütterlich.	Hebt Kopf und Hals etwas an.	Spitzt Ohren nach vorne oder zur Seite.	Atmet normal.	Normaler Puls, trägt Schweif normal.
KRANK	Schlaffe, unbeweg- liche Haltung.	Hält Kopf und Hals tief.	Ohren hängen nach unten und zur Seite.	Atmet schnell und flach.	Puls schwach, Temperatur erhöht.

DIE SINNE DES PFERDES

Zur Verständigung mit anderen Pferden setzen Pferde nicht nur ihre Körpersprache, sondern auch ihre Sinne ein. Menschen geben beim Reiten hauptsächlich Berührungssignale, aber für den Umgang mit Pferden ist es nur gut, über alle Sinne Bescheid zu wissen. Das Gehör der Pferde ist dem der Menschen überlegen, und auch ihr Sehvermögen unterscheidet sich von unserem.

TASTSINN

Pferde sind sehr berührungsempfindlich, und das machen Reiter sich zunutze. Am offensichtlichsten wird das beim Einsatz des treibenden Schenkels nahe am Gurt. Man kann Pferden aber auch beibringen, jede andere konsequent verwendete Berührung als Signal zu erkennen, auf das sie reagieren. So kann ein Pferd beispielsweise lernen, eine Schenkelbewegung hinter dem Gurt als Signal für den Galopp zu verstehen – aber man kann es genauso gut daran gewöhnen, dass es einen Zug an der Mähne als Galoppsignal erkennt (tatsächlich wird diese Hilfe von behinderten Reitern verwendet, die

ihre Beine nicht bewegen können). Wenn Pferde sich gegenseitig am Rücken und Mähnenkamm kraulen, ist ihr Genuss offensichtlich. Als Belohnung für gutes Verhalten können wir Reiter diese Handlung nachahmen, indem wir gefühlvoll über den Bereich vor dem Sattel reiben. Die übliche Praxis, ein Pferd mit einem klatschenden Schlag auf die Halsseite zu

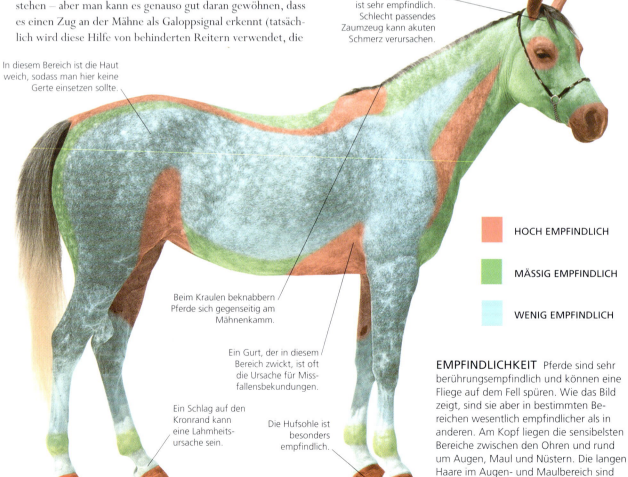

Der Genickbereich ist sehr empfindlich. Schlecht passendes Zaumzeug kann akuten Schmerz verursachen.

In diesem Bereich ist die Haut weich, sodass man hier keine Gerte einsetzen sollte.

Beim Kraulen beknabbern Pferde sich gegenseitig am Mähnenkamm.

Ein Gurt, der in diesem Bereich zwickt, ist oft die Ursache für Missfallensbekundungen.

Ein Schlag auf den Kronrand kann eine Lahmheitsursache sein.

Die Hufsohle ist besonders empfindlich.

- HOCH EMPFINDLICH
- MÄSSIG EMPFINDLICH
- WENIG EMPFINDLICH

EMPFINDLICHKEIT Pferde sind sehr berührungsempfindlich und können eine Fliege auf dem Fell spüren. Wie das Bild zeigt, sind sie aber in bestimmten Bereichen wesentlich empfindlicher als in anderen. Am Kopf liegen die sensibelsten Bereiche zwischen den Ohren und rund um Augen, Maul und Nüstern. Die langen Haare im Augen- und Maulbereich sind mit zahlreichen Nerven verbunden.

SPRECHENDE OHREN

Gespitzte Ohren sind typisch für ein Pferd, das aufgeschreckt oder interessiert ist. Wenn das Pferd seine Ohren bei einer Übung z. B. in Richtung des nächsten Hindernisses spitzt, ist es aufmerksam und freudig bei der Sache. Beim Longieren richten Pferde oft das äußere Ohr nach vorne, um dort alles mitzubekommen, und das innere Ohr zur Seite, weil sie auf den Longenführer hören. Bei Angst, Wut, Niedergeschlagenheit oder Schmerz legen Pferde die Ohren flach nach hinten.

INTERESSIERT   LAUSCHEND   WIDERSTREBEND

belohnen, ist für das Pferd vermutlich schwer zu verstehen. Es ist bekannt, dass bei einem jungen Pferd das sanfte Abreiben des ganzen Körpers mit der Hand oder einem Tuch hilft, Vertrauen aufzubauen.

RIECHEN UND SCHMECKEN

Pferde haben einen hoch entwickelten Geruchssinn. In der Wildnis ist dieser Sinn lebenswichtig, weil damit frisches Futter und Wasser aufgespürt und Raubtiere entdeckt werden, bevor man sie sehen oder hören kann. Besonders wichtig ist der Geruchssinn für Stuten und Hengste in der Paarungszeit. Er dient auch zum Erkennen von Herdenmitgliedern: Pferde haben gemeinsame Wälzplätze, sodass jede Herde einen eigenen Geruch hat. Es heißt, Pferde könnten Angst riechen, aber wahrscheinlich nehmen sie die Körpersprache der Angst wahr.

Bitter schmeckende Futtermittel werden spontan wieder ausgespuckt. Diese Reaktion ist ein Mechanismus, der Pferde wohl daran hindern soll, Giftpflanzen zu fressen, die oft bitter schmecken. Auf der anderen Seite sind Pferde süßen Futtermitteln sehr zugeneigt, sodass man in der Ausbildung Würfelzucker, Minzbonbons und Karotten als Belohnung einsetzen kann. Wenn man Pferden zu viele Leckerli gibt, kann man sie allerdings zum Beißen erziehen.

DAS GEHÖR DES PFERDES

Bei Menschen unter 25 Jahren reicht der Hörbereich ungefähr von 20 Hz bis 20 kHz. Pferde dagegen hören Geräusche zwischen 55 Hz und 35 kHz, was bedeutet, dass sie viele hochfrequente Geräusche wahrnehmen, die uns entgehen. Deshalb lassen Pferde sich manchmal ohne ersichtlichen Grund ablenken. Außerdem können sie ihre Ohren um über 180 Grad drehen, um Geräuschquellen zu orten. Im Allgemeinen zeigen die Ohren dorthin, wo die Augen hinblicken, aber sie drücken auch die Gefühlslage des Pferdes aus (siehe Kasten oben). Pferde registrieren den Stimmklang und können zwischen Ärger-Klang und sanften Lob-Klängen unterscheiden. Man sollte die Stimme als Hilfe beim Reiten nicht unterschätzen.

GERUCHSPRÜFUNG

Beim Pferd sind die Geschmacksknospen weniger entwickelt als beim Menschen. Pferde prüfen immer zuerst den Geruch von Futter, bevor sie probieren. Süß riechende Zusatzstoffe in Futterarten, die Pferde sonst nicht mögen, können sie zum Fressen bewegen.

DAS SEHVERMÖGEN DER PFERDE

Beim Menschen ist das Sehfeld ebenso wie seine Pupillen kreisförmig. Bei Pferden sind die Pupillen länglich, was zu einem viel breiteren, aber nicht so tiefen Sehfeld führt. Die Augen der Pferde sitzen seitlich am Kopf und ermöglichen ein Sehfeld von 160–170 Grad auf jeder Seite. Das bedeutet, dass ein grasendes Pferd seine Umgebung fast komplett im Auge behalten kann, mit Ausnahme des Bereiches direkt hinter seiner Hinterhand.

Forschungsergebnisse haben gezeigt, dass Pferde Dichromaten sind, also nur ein begrenztes Farbsehvermögen haben. Sie können zwischen hellen und dunklen Schattierungen und zwischen Rot- und Blautönen unterscheiden, nicht aber zwischen Grün- und Grautönen. Deswegen benutzt man beim Springen keine grünen oder grauen Stangen.

WIE PFERDE SCHARF SEHEN

Die Augen eines ruhigen Pferdes stellen sich von Natur aus monokular auf entfernte Objekte scharf. Das ist von der

Evolution sinnvoll eingerichtet für ein Beutetier, das in der offenen Steppe lebt. Um näher liegende Objekte sehen zu können, müssen Pferde die Linse scharf stellen. Bisher dachte man, dass Pferde die Form der Linse nicht ändern können, um abwechselnd auf nahe oder ferne Objekte scharf stellen zu können. Diese Akkomodation fällt Menschen sehr leicht. Stattdessen nahm man an, Pferde müssten zum Scharfstellen den Kopf heben oder senken. Jüngere Studien haben gezeigt,

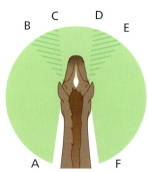

SEHBEREICH

Pferde haben fast Rundumsicht. Mit monokularer Sicht nehmen sie die Bereiche seitlich von sich wahr (**A** bis **C** und **D** bis **F**), nicht aber die Zone direkt vor sich. Binokular haben sie einen sehr einschränkten Sehbereich (**B** bis **E**).

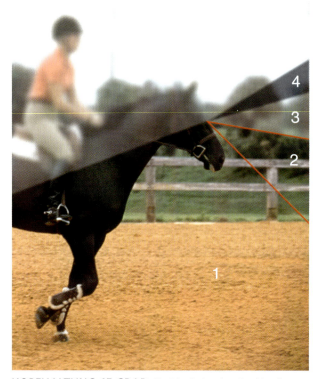

KOPFHALTUNG 45 GRAD Ein Pferd, das den Kopf in diesem Winkel hält, kann den Bereich vor sich (**2**) deutlich und mit beiden Augen sehen. Ober- und unterhalb dieses Bereiches (**1** und **3**) sieht es unscharf. Noch weiter oben befindet sich ein toter Winkel (**4**). Wenn es nur ein Auge einsetzt, sieht es den Bereich direkt vor sich nicht, aber dafür nach beiden Seiten.

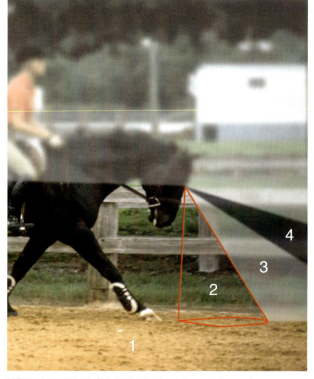

KOPFHALTUNG SENKRECHT In dieser tiefen Haltung versperren der tote Winkel (**4**) und der unscharfe Bereich die Sicht nach vorne, aber direkt vor seinen Füßen kann das Pferd scharf sehen (**2**). Wenn es jeweils nur ein Auge einsetzt, hat es nach beiden Seiten scharfe Sicht. Um ein Hindernis scharf zu sehen, muss es den Kopf heben.

DER PROPRIOZEPTIVE SINN

Unter diesem Sinn versteht man die Wahrnehmung, die uns befähigt, die Position unserer Hände und Füße auch im Dunkeln zu ermitteln und zu wissen, wie weit der Boden von unseren Füßen weg ist, wenn wir eine Treppe hinaufrennen. Er wird oft mit Koordination verwechselt, aber das ist etwas anderes. Pferde sind so gebaut, dass ihre Beine meist nicht im Sehfeld liegen. Deshalb ist der propriozeptive Sinn für sie besonders wichtig, vor allem bei hoher Geschwindigkeit, über Bodenwellen und beim Springen. Botschaften an das Pferdegehirn teilen der Schaltzentrale mit, wann das Pferd sich im Gleichgewicht bewegt und wann Korrekturen nötig sind. Pferde sollten möglichst früh mit anspruchsvollem Geläuf zu tun haben, um diesen Sinn zu entwickeln.

dass Pferde tatsächlich eingeschränkt akkomodieren können, aber trotzdem den Kopf heben und senken müssen, weil der Bereich des binokularen Sehens sich nun einmal kurz vor ihrer Nase befindet und nicht direkt vor den Augen. Bei senkrecht getragenem Kopf sieht ein Pferd den Boden ungefähr 2 m vor seiner Nase scharf. Mit höher gehaltenem Kopf kann es geradeaus scharf sehen (siehe ganz links).

KOPFBEWEGUNGEN FÜR BESSERES SEHEN

Auf den meisten Fotos von Pferden, die auf ein Hindernis zusteuern, ist zu sehen, dass sie den Kopf hoch halten. Wenn ein Reiter dem Pferd den Kopf beim Anreiten des Hindernisses tief zieht, wird das Pferd leicht in Panik geraten, schneller werden oder den Kopf in Richtung Stange schief halten, um etwas sehen zu können. Deswegen ist es beim Springreiten unfair und gefährlich, Hilfsmittel zu verwenden, die dem Pferd den Kopf nach unten in die Senkrechte zwingen.

Außerdem kann ein Pferd, das den Kopf senkrecht hält wie in der Dressur, direkt vor sich nichts sehen, weil es auf den Boden hinunterblickt. Wenn Sie sich vorstellen, Sie wären das Pferd, dann ist offensichtlich, dass das Pferd seinen Reiter wirklich akzeptieren und ihm vertrauen muss, um dabei auch noch willig vorwärts zu gehen. Es ist auch nicht erstaunlich, dass Pferde meist sofort den Kopf heben wollen, wenn sie Geräusche außerhalb ihres binokularen Sehbereiches überprüfen möchten – und das sollte man ihnen in solchen Situationen auch erlauben.

Pferde, bei denen die Kopfbewegung mit allen möglichen Hilfsmitteln eingeschränkt wird, halten oft den Kopf schief und zeigen ihre Anspannung und Frustration unter anderem durch Verhaltensweisen wie übermäßiges Kauen und Zähneknirschen.

WISSEN IN DER ANWENDUNG

Wer die Beschränkungen des Sehfeldes von Pferden kennt, kann verständnisvoller auf sie eingehen und Unfälle vermeiden. Wenn man sich beispielsweise einem Pferd von hinten nähert und es erschreckt, wird es wahrscheinlich ausschlagen, um sich zu verteidigen. Ähnlich wird ein erschrecktes Pferd davongaloppieren und sich umschauen, wobei es leicht einen Zaun übersehen und sich verletzen kann. Wenn es die Aufmerksamkeit dagegen nach vorne richtet, kann es einen seitlich liegenden Graben übersehen.

Am besten nähert man sich Pferden von schräg vorne, sodass sie den Menschen monokular oder binokular wahrnehmen. Setzen Sie auch Ihre Stimme ein, um sich anzumelden. Den deutlichsten Hinweis darauf, wo das Pferd hinsieht, liefern die Ohren, die normalerweise in die Blickrichtung zeigen. Achten Sie also beim Herankommen auf die Ohren, sodass Sie das Pferd nicht überraschen, während es seine Aufmerksamkeit auf etwas anderes gerichtet hat.

Viele Pferde haben Augen- oder Sehschäden. Deshalb sollten Sie das Sehvermögen Ihres Pferdes regelmäßig überprüfen lassen. Ein Pferd, das auf einem Auge blind ist, kann immer noch erfolgreich geritten werden, wenn man ihm erlaubt, den Kopf leicht herumzunehmen, damit es sein intaktes Auge benutzen kann.

WAS PFERDE VOR EINEM HINDERNIS SEHEN

Wenn ein Pferd beim Zusteuern auf ein Hindernis in der Lage sein soll, den Abstand bis zum Absprung einzuschätzen, muss es den Kopf heben dürfen, damit es binokular sehen kann.

Wenn es den Kopf nicht heben darf, befindet das Hindernis sich im toten Winkel. Deshalb ist es so wichtig, dass der Reiter die Zügel nicht starr hält, sondern dem Pferd mit weicher Anlehnung erlaubt, seinen Hals zu bewegen. Je höher das Hindernis, desto mehr wird das Pferd versuchen, den Kopf anders zu halten, um die Oberlinie des Hindernisses sehen zu können.

Wenn das Pferd sich vernünftig bewegen darf, kann es das Hindernis deutlich sehen, sobald es noch einen Galoppsprung davon entfernt ist (siehe Bereich innerhalb der roten Linien, unten), während es den Bereich seitlich davon unscharf erkennen wird.

WIE PFERDE LERNEN

Pferde haben starke Instinkte. In der Ausbildung ist es günstig, mit diesem natürlichen Verhalten zu arbeiten statt dagegen. Pferde sind aber auch sehr anpassungsfähig und lernen gut aus Erfahrung. Man kann sie deshalb zur Reaktion auf sehr feine Signale ausbilden und ihnen sogar beibringen, ihre natürlichen Instinkte wie die Angst vor einem unbekannten Objekt oder Geräusch zu unterdrücken. So werden Pferde willige und aufgeschlossene Partner.

INSTINKTIVES UND ERLERNTES VERHALTEN

Zweifellos kann man einem Pferd leichter beibringen, wie es auf ein Signal reagieren soll, wenn diese Reaktion seinem natürlichen Verhalten entspricht. Ein Pferd wird sich auf einen Schenkeldruck hin willig vorwärts bewegen, ein Signal zum Rückwärtstreten aber nur zögernd befolgen, wenn es nicht sehen kann, was sich hinter ihm befindet. Wer das natürliche Verhalten der Pferde versteht, kann damit arbeiten und ihre Stärken nutzen, statt dagegen zu arbeiten. Ebenso sollte man die natürlichen Gänge des Pferdes fördern und nicht versuchen, es zu unnatürlichen Bewegungsabläufen zu zwingen.

Pferde reagieren zwar auf bestimmte Situationen instinktiv, sie können aber auch Reaktionen erlernen, die auf Beobachtung und Erfahrung beruhen. Das macht der Mensch sich in bestimmten Situationen zunutze, indem er beispielsweise das Überspringen einer schwierigen Hürde in eine Situation einbettet, in der das Pferd sich daran erinnert wird, dass es diese Hürde schon einmal erfolgreich gemeistert hat.

Pferde können lernen, auf bestimmte Signale zu reagieren. Eine konditionierte Reaktion erfolgt dabei auf einen nicht natürlichen Reiz. Wenn beispielsweise ein junges Pferd von alleine vorwärts geht – weil es einem anderen Pferd folgt –,

(a) Mittels Zügelhilfe vom Objekt abgewendet

(b) Lob für die bestandene Prüfung

SCHEUEN VOR EINEM OBJEKT Instinktives Verhalten wie das Scheuen vor einem unbekannten Objekt kann durch gute Ausbildung korrigiert werden. Wenn Ihr Pferd scheut, drehen Sie ihm den Kopf von dem Objekt weg (a), sodass es ruhiger wird und seine Aufmerksamkeit nicht mehr auf die Quelle seiner Angst richtet. Belohnen Sie es für seine Ruhe (b). Wird diese Technik immer wieder angewandt, so wird das Pferd mit dem Objekt vertraut und scheut bald nicht mehr.

schnalzen manche Ausbilder mit der Zunge. Wenn sie dieses Geräusch bei weiteren Gelegenheiten wiederholen, wird das Pferd allmählich das Schnalzen mit dem Vorwärtsgehen in Verbindung bringen. Bald wird es vorwärts gehen, sobald es dieses Geräusch hört.

Ähnlich lernt ein Pferd, dass eine Aktion seinerseits von einer bestimmten Reaktion gefolgt wird. So merkt es beispielsweise, dass es Futter bekommt, wenn es gegen die Boxentüre schlägt, oder dass der Zügelzug aufhört, wenn es anhält. Das Füttern des Pferdes ist die positive Verstärkung seiner ursprünglichen Handlung, also des Schlagens gegen die Türe. Der Mensch ermuntert das Pferd also, seine schlechte Angewohnheit beizubehalten, indem er ihm dafür Futter gibt. Das Nachlassen des Zügelzuges ist die negative Verstärkung der ursprünglichen Reaktion, also des Anhaltens. Das Pferd wird ermuntert, auf die Hilfen zu reagieren, damit der Zug in seinem Maul nachlässt.

AUSBILDUNG DES PFERDES

In der Grundausbildung wird meist mit Konditionierung und negativer Verstärkung gearbeitet. Sobald zwischen Ausbilder und Jungpferd eine Grundverständigung möglich ist, können Signale gegen andere ausgetauscht werden. Bevor das Pferd einen Reiter auf dem Rücken hat, setzt der Ausbilder seine Stimme und seine Haltung auf dem Boden als Signale ein. Wenn das Pferd die Stimmkommandos gelernt hat und der Ausbilder in den Sattel umsteigt, ist es relativ einfach, diese Signale durch die Schenkel- und Zügelhilfen zu ersetzen. Alte und neue Hilfe werden zunächst zusammen benutzt, dann wird allmählich auf die neue Hilfe umgestellt. Ein negativer Verstärker wie das Halten auf den Zügelzug hin kann sofort von einem positiven Verstärker gefolgt werden, z. B. einem lobenden Kraulen, das dem Pferd zeigt, dass es richtig reagiert hat. Der Reiter hat die Aufgabe, diesen Vorgang bald so zu verfeinern, dass er nur noch leichte Hilfen geben muss und eine fühlige Anlehnung halten kann, die das Pferd nicht stört.

Eine Verringerung der Reaktionsneigung durch wiederholte Stimulation wird Gewöhnung genannt. Wenn beispielsweise ein Pferd als junges Tier Angst vor dem Verkehr bekommen hat, so muss es allmählich durch regelmäßigen Kontakt mit Autos daran gewöhnt werden. Mit Bestätigung und Lob wird das Pferd seine Angst überwinden. Ein gutes Beispiel für eine nicht beabsichtigte Gewöhnung ist ein Pferd, dessen Reiter ständig sehr starke Schenkelhilfen einsetzt, auf die es immer schlechter reagiert.

Eine verstärkte Reaktionsneigung aufgrund allmählich gesteigerter Reize nennt man Sensibilisierung. Ein Pferd, das auf normale Schenkelhilfen nicht mehr reagiert, kann sensibilisiert werden, indem der Reiter Sporen oder Gerte

INSTINKTE ÜBERWINDEN Pferde sind gegenüber dem Raubtier Hund von Natur aus vorsichtig. Wenn ein junges Pferd eine schlechte Erfahrung mit einem Hund macht, wird es das nur schwer wieder vergessen. Bei regelmäßigem Kontakt gewöhnen Pferde sich aber an Hunde und entspannen sich in ihrer Gegenwart.

einsetzt und das Pferd belohnt, sobald es reagiert. Allmählich wird die Hilfe immer leichter, und der Sporn kann weggelassen werden, weil das Pferd wieder sensibler reagiert.

VORSICHT BEIM BESTRAFEN

In der Ausbildung kann man viel erreichen, wenn man unerwünschte Reaktionen einfach ignoriert. Aktive Strafen wie ein Tritt in die Rippen eines Pferdes sollten sehr vorsichtig dosiert werden, weil das Pferd sonst die Strafe mit der gerade geforderten Übung verknüpft. Die Androhung einer Bestrafung reicht oft aus. Bei einem ausgebildeten Pferd genügt es oft, eine nicht zufrieden stellende Reaktion nicht zu belohnen.

DAS ZUFRIEDENE PFERD

Wenn ein Pferd ausgeglichen und ein guter Partner sein soll, muss die Haltung so weit wie möglich seinen natürlichen Bedürfnissen entsprechen. Bei genügend Bewegung und guter Ausbildung wird ein Pferd seinen Reiter akzeptieren und in der Partnerschaft, die zwischen Mensch und Pferd bestehen kann, gut gedeihen. Wenn ein Pferd nicht richtig mitarbeitet, sollten Sie versuchen, die Wurzel des Problems zu finden und das wahre Potenzial Ihres Partners zu entwickeln.

NATÜRLICHE HALTUNG

Pferde sind zufriedener, wenn sich ihr Tagesablauf möglichst wenig von ihrer natürlichen Lebensart unterscheidet. Weidegang und Herdengesellschaft sind wichtige Faktoren. Eingesperrtsein und Langeweile führen dagegen zu Stress, schlechten Angewohnheiten und Muskelschwund – und damit zu unglücklichen und kranken Pferden.

Jedes Pferd muss individuell behandelt werden. Manche brauchen ihren Freiraum, andere sind nur in Gesellschaft glücklich. Manche Pferde fühlen sich auf der Weide am wohlsten, andere können im Stall am besten entspannen. Beobachten Sie Ihr Pferd und passen Sie die Haltung an seine Bedürfnisse an.

AKZEPTANZ DES REITERS

Je mehr ein Reiter sein Pferd als Partner und nicht als eine Maschine ansieht, desto mehr wird das Pferd ihm geben. Pferden macht die Arbeit, die man von ihnen verlangt, oft großen Spaß. Achten Sie einmal auf das freudige Quietschen eines Springpferdes vor dem Hindernis oder auf die reine Lebenslust, die eine Gruppe von Pferden beim Galopp im Gelände

WEIDEGANG Je natürlicher man sein Pferd füttern kann, desto besser. Die meisten Pferde können sehr gut von Gras und gutem Heu leben, aber bei positiver Einstellung zur Arbeit kann mehr Kraftfutter wie Hafer und Pellets gegeben werden, je nach Art und Umfang der Arbeitsbelastung.

VERHALTENSSTÖRUNGEN IM STALL

Pferde können stereotype Angewohnheiten – so genannte Stalluntugenden – annehmen, wenn sie in reizarmer Haltung oder isoliert von anderen Pferden leben. Zu den typischen Verhaltensstörungen gehören Weben (Kopf von einer Seite zur anderen bewegen), Koppen (Zähne auf Holz aufsetzen und Luft schlucken) und Boxen- oder Weidelaufen (ständig auf und ab oder im Kreis laufen). Dadurch werden Endorphine freigesetzt, körpereigene Schmerzmittel, nach denen das Pferd süchtig werden

kann – ein Teufelskreis. Auf lange Sicht schaden solche Angewohnheiten dem Pferd körperlich. So wird ein Pferd, das koppt, z. B. seine Schneidezähne abwetzen. Manche Pferde haben eine genetische Veranlagung für solche Störungen, aber Langeweile und schlechte Lebensqualität sind die Hauptursachen. Bei Pferden, die artgerecht mit genug Platz, Gesellschaft und häufigen kleinen Mahlzeiten gehalten werden, sieht man solche Stereotypien kaum. Eine artgerechte Haltung von Anfang an beugt vor.

KOPPENDES PFERD

zeigen kann. Wenn ein Pferd Spaß an der Arbeit hat, seinen Reiter akzeptiert, seinen Rücken einsetzt und rundum zufrieden ist, dann sind die Ohren entspannt, die Augen ruhig, die Atmung gleichmäßig, die Bewegungen locker.

Pferde müssen aber verstehen, was von ihnen verlangt wird, und sich auf den Handel einlassen. Alles darunter ist nicht Akzeptanz, sondern Unterwerfung – ein großer Unterschied: Ein akzeptierendes Pferd weiß, dass es anders reagieren könnte, tut dies aber nicht. Dagegen weiß ein Pferd, das sich seinem Reiter lediglich unterwirft, dass es keine andere Möglichkeit hat, und wird keine Bestleistungen bringen.

ZIELGERICHTETE AUSBILDUNG

Gut ausgebildete Pferde zeigen echte Intelligenz. Diese sensiblen Tiere haben das Potenzial zu großer Aufmerksamkeit und Willenskraft. Sie können ihr Verhalten an verschiedene Situationen, Anforderungen und Erfahrungen anpassen und damit viel zur Partnerschaft zwischen Pferd und Reiter beitragen. Beim Hauspferd ist es Sache des Reiters oder des Ausbilders, die geistigen Fähigkeiten eines Pferdes zu entwickeln, es zur Unabhängigkeit zu ermuntern und ihm Freude an der Arbeit zu ermöglichen.

Viele Reaktionen von Pferden, die als dumm abgestempelt werden, sind nicht dümmer als die von Kindern, die Angst haben. Wir sollten niemals davon ausgehen, dass ein Pferd absichtlich langsam oder stur ist. Natürlich gibt es Pferde, die langsam lernen – und natürlich steht hinter einem freundlichen, fügsamen Wesen oft Dummheit –, aber noch mehr Pferde sind einfach nur schlecht ausgebildet. Wenn ein Reiter sich schlecht mitteilen kann, wird selbst das intelligenteste Pferd nur mühsam herausfinden, was von ihm erwartet wird.

TAGESABLÄUFE IM VERGLEICH

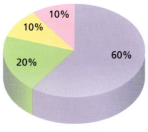

WILDPFERD

VERSCHIEDENE TAGESABLÄUFE Ein wild lebendes Pferd verbringt seine Zeit hauptsächlich mit Futtersuche und Grasen. In Ställen mit Einzeltierhaltung steht das Pferd hauptsächlich herum, was zu Stress und Muskelschwund führen kann. Wenn Hauspferde dagegen in Gruppenställen gehalten werden, wo sie andere Pferde berühren und sehen können und nach Belieben Heu fressen dürfen, weicht ihr Verhalten längst nicht so stark vom natürlichen Verhalten ab. Solche Pferde sind deshalb auch ausgeglichener.

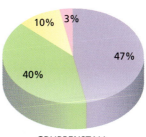

GRUPPENSTALL

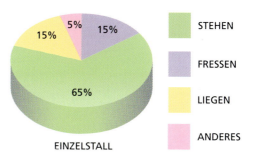

EINZELSTALL

■ STEHEN

■ FRESSEN

■ LIEGEN

■ ANDERES

REALISTISCHE ERWARTUNGEN

Eine gute Ausbildung verbessert und entwickelt die geistige Einstellung des Pferdes und hilft ihm damit, sein Potenzial auszuschöpfen. Ihre Erwartungen müssen sich aber am Alter und am Ausbildungsstand Ihres Pferds orientieren.

Von einem jungen Pferd können Sie nicht mehr erwarten, als dass es zuverlässig und lebhaft ist. Dann hat es wahrscheinlich einen guten Charakter, und es wird Spaß machen, mit ihm zu arbeiten. Der Unterschied zwischen solchen Pferden und passiven, mechanisch reagierenden ist wichtig. Letztere werden immer schwierig zu reiten sein und haben keinen einfachen Charakter.

Wenn ein junges Pferd zur Selbstständigkeit ermuntert wird und deutlich gesagt bekommt, was von ihm erwartet wird, wird es sich zu einem willigen Partner entwickeln. Weil es gelernt hat, seinem Reiter zu vertrauen und ihn zu verstehen, wird die gemeinsame Arbeit ihm Spaß machen.

Ein voll ausgebildetes Pferd ist selbstsicher und aufgeschlossen. Es verfügt über Wissen und Mut, weil es Erfahrung hat und vernünftige Entscheidungen treffen kann. Für einen Ausbilder ist es ungeheuer befriedigend, sein Pferd selbstständig und geschickt über die Hindernisse einer Geländestrecke galoppieren zu sehen, die weder Pferd noch Reiter jemals vorher zu Gesicht bekommen haben. Gleiches gilt für ein fortgeschrittenes Dressurpferd, das präzise auf die Hilfen für komplizierte Übungen reagiert – und das vielleicht vor 20 000 Zuschauern. Ein Pferd, das den Mut dazu aufbringt, ist geistig gut vorbereitet worden.

UMGANG MIT AUSBILDUNGSPROBLEMEN

Ganz unabhängig vom Ausbildungsstand Ihres Pferdes fällt Ihnen vielleicht auf, dass es nicht immer gut mitarbeitet. Jedes Pferd mit schwierigem Charakter oder plötzlichen Veränderungen in seiner geistigen Einstellung sollte gründlich vom Tierarzt untersucht werden. Bei der Mehrzahl aller schwierigen Pferde stellen sich dabei Schmerzen als Ursache für die Probleme heraus. Der Grund ist oft einfach zu beheben, weil es sich um schlecht sitzendes Sattel- oder Zaumzeug oder um scharfe Zahnkanten handelt, die ein Tierarzt abschleifen kann. Manchmal existiert das Problem aber schon länger oder versteckt, wie bei Huf- oder Rückenschmerzen aufgrund einer Verletzung oder eines eingeklemmten Nervs. Solche Probleme müssen mit einem langfristigen Behandlungsprogramm angegangen werden.

Wenn Tierarzt und Schmied keine Schmerzanzeichen finden, kann man die Probleme anders angehen. Meistens hilft es, ein Pferd in Pferdegesellschaft viel auf die Weide zu stellen, wobei man ein Auge darauf haben muss, ob es von den anderen Pferden drangsaliert wird. Je weniger Auslauf ein Pferd

TIERARZTKONTROLLE Wenn ein Pferd plötzliche Verhaltensänderungen zeigt, also nicht mehr gerne springt oder auf die treibenden Hilfen nicht reagiert, bitten Sie Ihren Tierarzt, es auf Anzeichen von Schmerz zu untersuchen. Er wird es auf Wärmeentwicklung und Schwellungen überprüfen und sich das Pferd im Schritt und Trab ansehen, um mögliche Lahmheit festzustellen.

hat, desto regelmäßiger muss es geritten werden. Eine Führmaschine kann eine gute Ergänzung sein. Den meisten Pferden tut regelmäßiges Putzen und anderer menschlicher Kontakt gut. Die Arbeit an der Longe (siehe S. 68–69) ist gut geeignet, um Pferde zu entspannen, sie auf andere Gedanken zu bringen und die Verständigung mit dem Pferd zu verbessern.

DIE WESENSZÜGE IHRES PFERDES

Es ist die Mühe wert, einmal den Charakter Ihres Pferdes einzuschätzen (siehe Tabelle gegenüber). So können Sie die geeignete Haltung festlegen, die Eignung für bestimmte Disziplinen ermitteln und einen Ausbildungsplan erstellen, der sich auch mit Problemverhalten befasst.

Wenn Sie Ihr Pferd beurteilen, vergessen Sie nicht, ein Auge auf Ihre eigene Einstellung zu werfen, die das Pferd negativ beeinflussen kann. So assoziieren manche Menschen Hässlichkeit bei Pferden mit Dummheit. Wenn ein Pferd aber behandelt wird, als sei es dumm und teilnahmslos, dann wird es den Erwartungen seiner Pfleger wahrscheinlich bald entsprechen.

DIE PLANUNG DER AUSBILDUNG

Sobald Sie ein bestimmtes Verhaltensproblem ermittelt haben, planen Sie Ihr gut strukturiertes Programm, mit dem Sie das Problem anpacken wollen. In vielen Fällen wird das bedeuten, noch einmal ganz von vorne anzufangen und erwünschtes Verhalten durch Ermunterung zu verstärken.

• Ein erregbares Pferd braucht Struktur in seinem Leben, eine ruhige Umgebung und lange, ruhige Arbeitseinheiten. Am besten hat es ständig Weidegang und wird immer vom selben geduldigen Reiter trainiert. Solche Pferde reagieren oft gut darauf, wenn man sie auf Turniere mitnimmt, dort aber nur zur Gewöhnung herumreitet. Mit der Zeit und einem fortgeschrittenen Reiter werden viele dieser Pferde ganz gelassen.

• Ein nervöses Pferd braucht einen einfühlsamen Reiter und fühlt sich oft mit klaren Grenzen (auch im Stall) wohler. Bei einem nervösen Jungpferd beginnt man so bald wie möglich mit der Ausbildung. Mit fortschreitendem Vertrauen in seinen Reiter wird es schnell ruhiger werden.

• Ein niedergeschlagenes Pferd hat oft Schmerzen, ist krank, langweilt sich oder wird von Menschen oder anderen Pferden drangsaliert. Wenn das Pferd sich langweilt, braucht es mehr Umgebungsreize und viel Ansprache. Ein schwungvoller, freundlicher Reiter kann ein depressives Pferd oft gut motivieren.

• Ein Pferd, dessen erste Ausbildungserfahrungen mit Schmerz verbunden waren, bleibt oft misstrauisch. Gehen Sie die Basisübungen in kontrollierter Umgebung noch einmal durch, um Vertrauen aufzubauen. Lassen Sie das Sehvermögen des Pferdes prüfen – sehr misstrauische Pferde haben oft Augenprobleme.

• Wenn ein aggressives Pferd nicht unter Schmerzen leidet, hat es die Aggression oft als Überlebensstrategie gelernt. Ein typisches Beispiel ist ein Hengst, der in der Herde Aggressivität lernt und dieses Verhalten auf seine Stallgenossen und auf Menschen überträgt. In einem solchen Fall müssen Sie im Ausbildungsplan zurückgehen und erst einmal eine vertrauensvolle Beziehung ohne Bedrohung aufbauen.

BEURTEILEN SIE DEN CHARAKTER IHRES PFERDES

Wesenszüge können positiv oder negativ auftreten. So ist Ruhe eine erwünschte Eigenschaft bei einem jungen Pferd, aber in extremer Ausprägung kann daraus Begriffsstutzigkeit werden oder als anderes Extrem Angst oder eine Neurose.

Die Korrektur zielt darauf ab, extremes Verhalten abzuschwächen. Dazu muss zunächst das Verhalten klar erkannt werden. Danach wird ein Trainigsplan aufgestellt, der den Wesenszug je nach Anforderung verstärken oder abschwächen soll.

	EXTREMVERHALTEN	UNERWÜNSCHTES VERHALTEN	ERWÜNSCHTES VERHALTEN	UNERWÜNSCHTES VERHALTEN	EXTREMVERHALTEN
JUNGPFERD	Ängstlich Aggressiv Erregbar Hyperaktiv Sexuell erregbar Überschäumend	Nervös Eigensinnig Labil Unruhig Ausgelassen Knackig	**Ruhig** **Freundlich** **Stabil** **Aufmerksam** **Umgänglich** **Gesund**	Schläfrig Apathisch Gelassen Lethargisch Scheu Mürrisch	Träge Passiv Seelenruhig Mechanisch Introvertiert Krank
REMONTE	Rennfreudig Überschwänglich Albern Misstrauisch Verweigernd Wütend	Überschäumend Begeistert Übermütig Skeptisch Widersetzlich Irritiert	**Willig** **Eifrig** **Zufrieden** **Vertrauensvoll** **Akzeptierend** **Friedlich**	Widersetzlich Apathisch Ernst Bedingungslos Resigniert Gleichgültig	Stur Müßig Traurig Kadavergehorsam Unterwürfig Distanziert
AUSGEBILDETES PFERD	Dominant Hypersensibel Hysterisch Verrückt Unberechenbar Gefährlich	Großspurig Sensibel Unbeständig Exzentrisch Ungestüm Selbstzufrieden	**Selbstsicher** **Aufgeschlossen** **Anpassungsfähig** **Intelligent** **Mutig** **Ausgeglichen**	Zaghaft Lustlos Festgefahren Langsam Vorsichtig Niedergeschlagen	Verwirrt Teilnahmslos Stumpfsinnig Dumm Feige Depressiv

DER REITER ALS TRAINER

Jeder Reiter ist auch der Trainer und Ausbilder seines Pferdes – mal mehr, mal weniger. Von einer soliden Grundlage aus gewinnen Sie das Vertrauen Ihres Pferdes und behandeln es mit Respekt. Sie fördern die Stärken Ihres Pferdes und bauen eine gute Verständigung mit ihm auf. Dabei können Sie in jedem Ausbildungsstadium flexible Trainingsmethoden anwenden und so gemeinsam mit Ihrem Pferd auf Ihre langfristigen Ziele hinarbeiten.

AUFBAU EINER PARTNERSCHAFT

In dem Maße, in dem Sie Ihre reiterlichen Fähigkeiten entwickeln, werden Sie auch die Verständigung und das Verständnis zwischen Ihnen und Ihrem Pferd verbessern. Ihre Hilfen werden feiner, das Pferd weiß, was Ihre Signale bedeuten, Ihr Gefühl für die Bewegungen und Reaktionen des Pferdes wird besser. Sie und Ihr Pferd lernen und trainieren also zusammen, und so sind Sie als Reiter letzten Endes der Trainer Ihres Pferdes. Um in dieser Rolle Erfolg zu haben, müssen Sie wissen, was Sie wollen, und konsequent sein. Behandeln Sie Ihr Pferd human und verstehen Sie, wie es die Welt sieht.

WISSEN SIE, WAS SIE WOLLEN?

Gute Ausbildung beginnt mit Geduld und Konsequenz, weil das Lernen in einer Umgebung ohne Bedrohungen, mit vertrauenswürdigen Lehrern und einem bekannten Zeitplan leichter fällt. Pferde brauchen Konsequenz und ruhiges, entschlossenes Auftreten. Erfolgreiche Ausbildung wird erst möglich, wenn das Pferd gelernt hat, seinem Reiter zu vertrauen. Feste Regeln sind wichtig, aber das bedeutet nicht, dass Sie das Vertrauen des Pferdes enttäuschen sollen, um sie durchzusetzen. Sie dürfen es z. B. nicht akzeptieren, wenn ein Pferd Sie in der Box herumschubst. Die Lösung liegt aber nicht in Krafteinsatz oder Bestrafung, sondern darin, dass Sie sich täglich mit den kleinen Problemen befassen, bevor sie zu großen Problemen werden. So sollten Sie Ihr Pferd nicht schlagen, damit es Sie nicht über den Haufen rennt. Bringen Sie ihm lieber bei, sich führen und anhalten zu lassen, und machen Sie ihm klar, was »Nein« bedeutet. Wenn es sich an Ihnen reibt, gebieten Sie ihm in dem Augenblick Einhalt, in dem das Reiben etwas zu heftig wird, und warten Sie nicht, bis es Sie anrempelt. So verdienen Sie sich ohne Disziplinarmaßnahmen den Respekt Ihres Pferdes. Sie müssen sich verhalten wie ein guter Lehrer: immer höflich, aber immer alles im Griff und mit klaren Grenzen.

EIN JUNGES PFERD Selbst ein junges Pferd wird einen Reiter auf seinem Rücken ruhig und aufgeschlossen akzeptieren, wenn man es allmählich darauf vorbereitet hat.

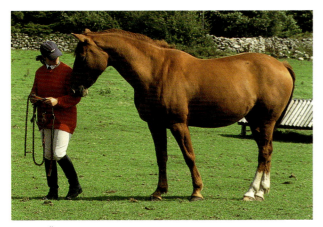

VERSTÄNDIGUNG LERNEN Wenn Sie bei der Pflege und in der Ausbildung Ihres Pferdes wissen, was Sie wollen, und es vernünftig behandeln, werden Sie einen zufriedenen und willigen Partner haben. So wie Sie lernen, auf Ihr Pferd zu hören, so wird es auf Sie hören und auf seinen Reiter und Anführer reagieren.

HUMANER UMGANG

Die Reiterwelt ist voller körperlich begabter Reiter, die ihr Potenzial nie ausschöpfen können, weil es ihnen an Selbstbeherrschung mangelt. Ein Pferd braucht nur eine schlechte Erfahrung zu machen, um Menschen in einem schlechten Licht zu sehen, und Pferde haben ein gutes Gedächtnis. Der berühmte französische Reitmeister des 17. Jahrhunderts, Antoine de la Baume Pluvinel, hat gesagt: »Lasst uns unsere Pferde nicht verdrießen, ihre Anmut ist wie der Duft von Blüten, einmal verloren, kehrt sie nie zurück.« Die große Mehrzahl der Reiter möchte ihre Pferde nicht quälen, aber manche Menschen werden von den Schwierigkeiten bei der Arbeit mit einem lebenden Tier frustriert.

Für die meisten Reiter werden Verständnis für das und Verständigung mit dem Pferd die lohnendsten Aspekte des Reitens sein. Nuno Oliveira (ein führender portugiesischer Ausbilder der 1960er- bis 1980er-Jahre) hat gesagt: »Ein Pferd darf man nicht ausbilden wie einen Soldaten, den man herumkommandiert. Stattdessen müssen wir eine Gemeinschaft zweier Geister erzielen.«

DER WEG ZUR EMPATHIE

Selbst wenn wir mit unserem Pferd partnerschaftlich zusammenarbeiten, dürfen wir nicht den Fehler machen, ihm menschliche Eigenschaften zuzuschreiben – man nennt das Anthropomorphismus, und er führt zu schlechter Verständigung und zu Missverständnissen. Die besten Reiter auf jedem Niveau haben die Fähigkeit, die Welt aus der Perspektive des Pferdes zu sehen. Vor allem bei jungen Pferden muss man sich wie ein Pferd verhalten und beweisen, dass man keine Be-

drohung darstellt, aber durchaus zu respektieren ist. Wenn ein Pferd Sie zu dominieren versucht, halten Sie ihm stand. Wenn es Sie zu beißen versucht, ist es durchaus akzeptabel, ihm einen scharfen Klaps auf die Nase zu verpassen. Wenn Sie sich täglich behaupten, wird das Pferd Sie als Anführer seiner Herde akzeptieren.

Empathie bedeutet, dass Sie sich in Ihr Pferd hineinversetzen. Dann übersehen Sie weder die Bedürfnisse noch die Begabungen dieses individuellen Pferdes und verlangen weder geistig noch körperlich zu viel von ihm. Auf dieser Basis tun Pferde viele Dinge freiwillig. Zahlreiche Reiter können ein Pferd dazu bringen, Leistung zu erbringen, aber ein guter Reiter bringt sein Pferd dazu, Leistung erbringen zu wollen. Es ist erstaunlich, wie sehr ein solches Pferd sich anstrengen wird, zu verstehen und zu tun, was man von ihm möchte.

Hören Sie bei der täglichen Arbeit Ihrem Pferd zu und achten Sie auf seine Körpersprache (siehe S. 42–43). Erarbeiten Sie sich das Unterscheidungsvermögen zwischen einem ängstlichen und einem unerzogenen Pferd, einem verwirrten und einem unkooperativen, einem akzeptierenden und einem unterwürfigen.

Die ersten Schritte in Richtung Verständigung unternehmen Sie am besten zuerst vom Boden aus. Pferde reagieren hauptsächlich auf audiovisuelle Reize, sodass sie ihren Ausbilder zunächst sehen und hören können müssen. Mit verbesserter Verständigung am Boden können Sie allmählich auch beim Reiten die Verständigung über die normalen Hilfen entwickeln.

KONTAKT ZUM MENSCHEN In der Zeit, die Sie mit der Pferdepflege verbringen, können Sie sich mit der Körpersprache und dem Charakter, den Vorlieben und Abneigungen Ihres Pferdes befassen und herausfinden, wo seine Haut am empfindlichsten ist.

Man sagt, dass jemand, der gut mit Pferden umgehen kann, Pferde reden hören kann – aber dass jemand, der wirklich gut mit Pferden umgehen kann, sie flüstern hören kann. Die magischen Kräfte der Pferdeflüsterer haben mit Zauberei nichts zu tun. Es geht um Verständnis und Verständigung.

PRIORITÄTEN SETZEN

Ihr Ausbilder wird Ihnen helfen, die Prioritäten Ihres Trainings festzulegen. Allgemeine Übereinstimmung herrscht beispielsweise in dem Punkt, dass die Arbeit auf der Grundlage der natürlichen Silhouette und der Bewegungsabläufe des Pferdes erfolgen muss, sodass es den Rücken einsetzt. Als weitere wichtige Ziele sollten Sie anpeilen, dass Ihr Pferd ruhig ist, den Reiter akzeptiert, willig vorwärts geht und beide Körperseiten gleich gut einsetzen kann.

Übereinstimmung besteht auch darin, dass der Reiter ein gutes Gleichgewicht, ein Gefühl für die Bewegungen des Pferdes und eine geistige Partnerschaft mit ihm entwickeln muss. Wenn all diese Puzzleteile ineinander greifen, wird gute Arbeit möglich. Das ist wichtig, weil Übung den Routinier macht, aber nicht unbedingt den Meister – wenn Sie schlechte Arbeit üben, werden Sie geübt in schlechter Arbeit, sonst nichts.

Natürlich werden Sie Fehler machen, wenn Sie die Prioritäten Ihres Trainings festlegen. Das ist unvermeidlich und gehört als wertvoller Teil zum Lernprozess.

AUF DEN STÄRKEN AUFBAUEN

Pferdeausbildung sollte auf genauer Beurteilung und erprobten Methoden basieren. Sie verzögern Ihren Fortschritt, wenn Sie ein Training beginnen, ohne vorher Stärken und Schwächen ermittelt zu haben – Ihre eigenen und die des Pferdes. Bitten Sie jemanden, Sie und Ihr Pferd bei der Arbeit auf Video aufzunehmen. Selbst wenn Sie die reiterlichen Grundfertigkeiten gemeistert haben, sollten Sie weiterhin mit einem Reitlehrer arbeiten, der Ihnen bei Ihrer weiteren Entwicklung hilft.

BLEIBEN SIE POSITIV

Gehen Sie positiv an die Dinge heran und halten Sie die Verständigung einfach. Weder Mensch noch Tier reagieren auf negative Ansätze positiv, und Einfachheit ist wichtig für die Partnerschaft zweier Wesen, die verschiedene Sprachen sprechen.

LOB FÜR DAS PFERD Wenn Ihr Pferd eine gute Leistung gezeigt hat, aber auch nach jeder Reitstunde sollten Sie es loben und es wissen lassen, dass es Ihre Erwartungen erfüllt hat. So wird es ermuntert, diese gute Leistung auch das nächste Mal zu zeigen.

Der Trainerspruch »Viel fordern, sich mit wenig zufrieden geben, viel loben« zieht ein schönes Fazit der positiven Philosophie, die für die Pferdeausbildung nötig ist. Positiv bedeutet hier, dass Sie mit den Stärken Ihres Pferdes arbeiten sollten statt mit seinen Schwächen, sodass Sie sein Selbstvertrauen stärken und die Basis für höhere Leistungen legen.

Erliegen Sie nicht der Versuchung, sich in den Reitstunden auf die Problembereiche zu konzentrieren. Das führt nur zu Verwirrung und mangelnder Kooperationsbereitschaft beim Pferd. Erlauben Sie dem Pferd, Arbeit zu tun, bei der es sich sicher und entspannt fühlt, machen Sie mit verwandten Übungen weiter und erweitern Sie seine Fähigkeiten nur langsam.

Vielleicht findet Ihr Pferd Schritt und Galopp leichter als Trab, geht lieber auf der linken Hand als auf der rechten oder lieber langsam als schnell. Wenn Sie sich in der Reitstunde auf diese Stärken konzentrieren, wird ihr Pferd merken, dass es Ihren Aufforderungen gut nachkommen kann, und deswegen bereit sein, es auch mit Herausforderungen aufzunehmen. Es gibt so viele Reitdisziplinen, dass man für die Mehrzahl der Pferde – vor allem, wenn sie gut ausgebildet sind – einen Bereich finden wird, der ihrer Begabung entspricht.

Vergessen Sie auch nicht die Bedeutung des Wortes »Hilfe«: Eine Hilfe zu geben bedeutet helfen. Unglücklicherweise liegt die Betonung oft auf der Hilfe für den Reiter, obwohl es doch das Pferd ist, das Hilfe braucht. Wer gut reitet, hilft seinem Pferd beim Verstehen und Reagieren. Arbeiten Sie hart an sich, damit Sie mit leichten, positiven Hilfen arbeiten können, die dem Pferd sagen, was es tun soll, statt es mit negativen Hilfen zu manipulieren, die ihm sagen, was es nicht tun soll.

DIE DINGE EINFACH HALTEN

Fragen Sie sich beim Reiten immer: »Ist das leicht, und ist es auch leicht zu verstehen?« Wichtig ist, das Pferd nicht durch Kompliziertheit, zu viele Worte oder verschiedene Signale zu verwirren. Dadurch würde man das Pferd auffordern, die Hilfen zu ignorieren, so wie ein Mensch abschaltet, wenn ein anderer unaufhörlich und bedeutungslos redet. Einfachheit ist das Markenzeichen eines guten Reiters.

Wenn Sie von Anfang an die Verständigung einfach halten, sind Sie am Ende in der Lage, auf hohem Niveau zu arbeiten.

Ein Anfänger lernt die Grundlagen der Verständigung mit dem Pferd in wenigen Minuten: Der Schenkeleinsatz in der normalen Lage bedeutet vorwärts, der innere Zügel gibt die Richtung an, eine leise Stimmhilfe kann verlangsamend wirken, und ein schärferer Stimmeinsatz spornt das Pferd an. Diese Grundsignale gelten vom Anfänger bis zum Könner.

Denken Sie daran, dass Sie Ihr Pferd in den meisten Bereichen wie ein kleines Kind behandeln müssen. Das macht auch noch einmal deutlich, wie wichtig Einfachheit für die Verständigung und für den Fortschritt in den Übungen ist. Die Dinge einfach zu halten ist wirksamer als Kompliziertheit.

ARBEITEN MIT EINEM AUSBILDER Welches Stadium auch immer Sie erreicht haben: Es schadet nie, mit einem Reitlehrer zu arbeiten. Ein guter Lehrer verhindert, dass Sie sich etwas Falsches angewöhnen, und behält Ihre langfristigen Ziele im Auge.

LANGFRISTIGE ZIELE SETZEN

Die Disziplinen, in denen Sie reiten, und das Niveau, auf dem Sie das tun, werden starken Beschränkungen unterliegen, wenn Sie Ihr Training auf kurzfristigen Zielen aufbauen und auf das breite Betätigungsfeld verzichten, das es Ihnen und Ihrem Pferd ermöglichen würde, neue Fähigkeiten in neue Richtungen zu entwickeln. Wenn Sie als Reiter auf ein hohes Niveau kommen wollen, müssen Sie flexibel sein und sich langfristige Ziele stecken, auf die Sie zuarbeiten. Selbst wenn Sie nur zum Vergnügen mit dem Reiten anfangen, könnten Sie bald nach internationalen Dressur-Ehren trachten. Außerdem werden Sie merken, dass ein Pferd viel länger reitbar ist und viel größeren Wert hat, wenn seine Ausbildung es zu guter Leistung in den verschiedensten reiterlichen Disziplinen befähigt.

FLEXIBEL SEIN

Flexibles Training bedeutet nicht, jede neue Technik auszuprobieren. Es geht darum, Methoden zu verwenden, die sowohl auf niedrigem als auch auf höherem reiterlichem Niveau und so weit wie möglich für alle Disziplinen funktionieren.

Es ist schwieriger, eine völlig neue Technik zu erlernen, als eine bekannte zu verfeinern. Deswegen sollten Sie von Anfang an flexible Methoden verwenden. Wenn Sie beispielsweise das Auf- und Absteigen lernen, ist es praktisch, dazu eine Methode zu verwenden, die auch für die spätere Variante des Hochwerfen-Lassens funktioniert. Wenn Sie die ersten Hilfen lernen, sollten das dieselben Hilfen sein, die Sie in einigen Jahren auf dem Turnier verwenden. Ein guter Grundsitz ist die Basis für jeden Dressur- und Springsitz. Lassen Sie sich von Ihrem Ausbilder die Techniken zeigen, auf denen Sie aufbauen können und bei denen Sie konsequent bleiben werden, und lassen Sie sich von ihm schlechte Angewohnheiten ausbügeln.

Halten Sie nicht sklavisch an Ihren konsequenten Methoden fest, wenn Sie dadurch das Potenzial eines Pferdes beschränken würden. Wenn eine Trainingsmethode oder ein Programm Probleme verursacht oder sich nur zur Erreichung kurzfristiger Ziele eignet, müssen Sie bereit sein, eine Alternative zu wählen. So werden beispielsweise junge Pferde bei manchen Methoden mehr oder weniger gebrochen. Manche Programme führen dazu, dass die Pferde sich dem Gebiss entziehen, und andere resultieren in unnatürlicher Haltung und festgehaltenen Pferderücken. Um diese Probleme zu lösen und dem Pferd wirkungsvollere Methoden beizubringen (siehe S. 60–89), ist es oft nötig, im Ausbildungsprogramm mehrere Schritte zurückzugehen.

BEREIT SEIN

Pferde sind ziemlich leicht auszubilden, sodass viele Menschen versuchen, ohne Reitstunden auszukommen. Jeder Reiter kann aber nur lernen, wenn er gute Reiter beobachtet.

Am Anfang Ihrer Ausbildung werden Sie sich völlig auf Ihren Reitlehrer verlassen müssen, aber allmählich können Sie einen Teil der Trainingsentscheidungen selbst übernehmen. Wenn Sie auf einem bestimmten Niveau Ihre Ziele erreicht haben, übernehmen Sie die volle Verantwortung für Ihr Tun. Wenn Sie dann auf dem Turnier reiten, sind Sie es gewohnt, die Entscheidungen selbst zu treffen. Einen guten Ausbilder erkennt man nicht daran, wie viel er für seine Schüler tut, sondern wie wenig er

GUTE ARBEIT Selbst wenn Sie hauptsächlich springen wollen, sollte in jeder Trainingseinheit gute Dressurarbeit enthalten sein. So entwickeln Sie die Gänge Ihres Pferdes und seinen Rückeneinsatz – ganz zu schweigen von Ihrer eigenen Fitness und Koordination.

tun muss. Dieselbe Haltung sollte für die Ausbildung Ihres Pferdes zutreffen.

Ein gut ausgebildetes Pferd reagiert automatisch, wenn man es zu einer Übung auffordert. Bereiten Sie sich durch regelmäßige, strukturierte Reitstunden vor, in denen Sie und Ihr Pferd üben, in verschiedenen Situationen ohne bewusste Anstrengung zu reagieren. Dadurch können Sie sich auf dem Turnier auf die wirklich wichtigen Elemente konzentrieren und stehen nicht unter dem Druck, exzellent reiten zu müssen, nur um für die richtige Reaktion des Pferdes zu sorgen.

Die Vorbereitung auf ein Turnier beginnt zu Hause. Alle Lektionen der Prüfung können für das Training in kleine Einheiten zerlegt werden. Üben Sie, eine Anzahl von Trainingsübungen wie ein Mini-Turnier aneinander zu reihen. So hat Ihr Training einen Mittelpunkt und Sie und Ihr Pferd lernen, schnell Entscheidungen zu treffen. Bei vielen dieser Entscheidungen geht es nicht um die richtige oder falsche Antwort, sondern um einander entgegengesetzte Anforderungen und um die Wahl zwischen verschiedenen Möglichkeiten.

Denken Sie die potenziellen Schwierigkeiten durch. »Was passiert, wenn mein Pferd auf dem Abreiteplatz stehen bleibt? Was ist, wenn mein Pferd nicht auf den Platz will? Was, wenn ich den Weg vergesse?« So sind Sie auf alles vorbereitet.

ÜBUNGEN AUFEINANDER AUFBAUEN In Springreihen ist eine Reihe von Hindernissen so aufgebaut, dass das Pferd die Verantwortung selbst übernehmen und Entscheidungen treffen muss. So lernt es, angemessen auf Situationen zu reagieren.

BEURTEILEN SIE IHRE STÄRKEN UND SCHWÄCHEN

Wenn Sie Ihrem Pferd ein guter Trainer sein wollen, müssen Sie sich Ihrer eigenen Stärken und Schwächen bewusst sein. In der Obhut eines ruhigen Reiters, der weiß, was er will und mit dem Pferd strukturiert arbeitet, fühlt sich jedes Pferd wohl. Seien Sie positiv, verwenden Sie einfache Signale, seien Sie gut vorbereitet, und benutzen Sie flexible Methoden. So erzielen Sie bei Ihrem Pferd die besten Leistungen. Stellen Sie sich eine Reihe von unangenehmen Fragen und finden Sie heraus, wo Sie sich verbessern sollten. So ermitteln Sie auch Verhaltensmuster, die Auswirkungen auf das Training Ihres Pferdes oder seine Reaktionen auf Sie haben. Sie werden vielleicht herausfinden, dass Sie zwar positiv eingestellt sind, aber nicht sehr flexibel. Es gibt keine richtigen und falschen Antworten, und niemand ist ständig perfekt. Rollenspiele können Ihnen helfen, auch in schwierigen Bereichen besser zu werden (siehe S. 357).

ZIELSTREBIG UND HUMAN

- Können Sie geregelte Abläufe einhalten?
- Sind Sie methodisch?
- Bleiben Sie in schwierigen Situationen ruhig?
- Sind Sie ein guter Beobachter?
- Sind Sie mitfühlend und intuitiv?
- Kommen Sie mit Unvollkommenheit klar?
- Haben Sie außer Turniersiegen noch andere Prioritäten?

POSITIV UND EINFACH

- Können Sie sich gut verständigen?
- Konzentrieren Sie sich eher auf die Möglichkeiten als auf die Grenzen?
- Ist Ihnen Partnerschaft sehr wichtig?
- Sind Sie optimistisch?
- Sind Sie genau?
- Können Sie gut analysieren?
- Können Sie gut Prioritäten setzen?
- Lernen Sie aus Ihren Fehlern?

FLEXIBEL UND GUT VORBEREITET

- Sind Sie offen für Neues?
- Sind Sie kreativ?
- Bewerten Sie Tüchtigkeit hoch?
- Benutzen Sie unorthodoxe Denkweisen?
- Setzen Sie sich selbst Ziele?
- Sind Sie entscheidungsfreudig?
- Haben Sie ein gutes Urteilsvermögen?
- Nutzen Sie den Augenblick?

KAPITEL DREI

GRUND-AUSBILDUNG DES PFERDES

Ein Einsteiger in die Pferdewelt eignet sich nicht für die Pferdeausbildung, aber das Grundwissen über die Ausbildung erleichtert es auch dem Reitanfänger, Pferde besser zu verstehen – vor allem, wenn sie wegen schlechter Grundausbildung Verhaltensprobleme zeigen. Egal, in welchem Alter und auf welchem Niveau: Wenn ein Pferd verwirrt ist oder sich Untugenden angewöhnt, sollte der Ausbilder auf jeden Fall zu den Grundlagen zurückkehren, bevor das normale Alltagstraining wieder aufgenommen wird.

In diesem Kapitel werden der Reihe nach die Grundlagen guter Pferdeausbildung vorgestellt: Fohlengrundschule, Führen und Longieren, Einreiten und schließlich die Grundlagen des Dressur- und Springreitens als Vorbereitung für die weiterführende Ausbildung.

DIE AUSRÜSTUNG

Die Grundausbildung findet zu einem großen Teil an der Longe statt. Also werden hauptsächlich Gegenstände für das Longieren benötigt wie Kappzaum, Longierleine und Peitsche. Deckengurt und Satteldecke dienen der Gewöhnung an Sattel und Gurt, Ausbinder sorgen für eine erste Zügelanlehnung. Das Gebiss muss sorgfältig für das jeweilige Pferd ausgewählt werden. Außerdem braucht man für die Ausbildung eine geeignete Reitanlage.

DIE KLEIDUNG DES AUSBILDERS

Bei der Arbeit mit jungen und unerfahrenen Pferden muss man sich gut und geräuscharm bewegen können, weil sie meist unkonzentrierter und schreckhafter sind als ausgebildete Pferde. Ideal sind Minichaps und weiche Kleidung sowie ärmellose, wattierte Westen, in denen man sich gut bewegen und, wenn nötig, schnell reagieren kann. Auch beim Longieren sollte immer ein Kopfschutz getragen werden. Feste Handschuhe sind unerlässlich, weil man sich leicht die Haut verbrennt, wenn ein plötzlich wegspringendes Pferd dem Ausbilder den Führstrick oder die Longe durch die Hand zieht.

KAPPZAUM UND MULTIZAUM

Es ist von allergrößter Wichtigkeit, dass das Pferd während der Grundausbildung gelassen bleibt und sich wohl fühlt. Deswegen muss die Ausrüstung gut passen, darf nicht zwicken und nicht reiben. Unbedingt notwendig ist ein gut passender Kappzaum, das ist ein spezielles Kopfstück mit gepolstertem und verstärktem Nasenriemen. Er sollte mit einem Kinnriemen versehen sein, der bei eingeschnalltem Gebiss unterhalb des Gebisses durchgezogen wird. An einem mittig auf dem Nasenriemen angebrachten Ring kann die Longe befestigt

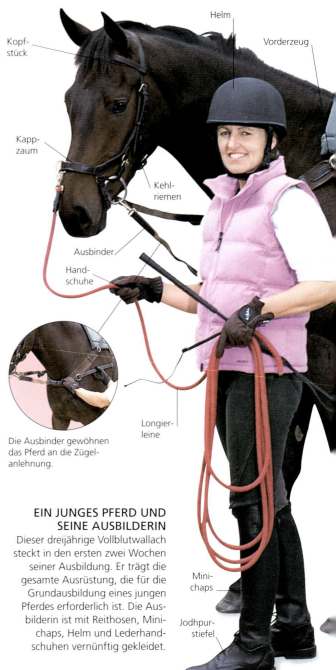

Helm

Vorderzeug

Kopf-
stück

Kappzaum

Kehl-
riemen

Ausbinder

Hand-
schuhe

Longier-
leine

Mini-
chaps

Jodhpur-
stiefel

Die Ausbinder gewöhnen das Pferd an die Zügelanlehnung.

EIN JUNGES PFERD UND SEINE AUSBILDERIN

Dieser dreijährige Vollblutwallach steckt in den ersten zwei Wochen seiner Ausbildung. Er trägt die gesamte Ausrüstung, die für die Grundausbildung eines jungen Pferdes erforderlich ist. Die Ausbilderin ist mit Reithosen, Minichaps, Helm und Lederhandschuhen vernünftig gekleidet.

STALLHALFTER

Das junge Pferd sollte so bald wie möglich ein Stallhalfter kennen lernen. Es erleichtert den Umgang mit dem Pferd und gewöhnt es an das Gefühl, ein Kopfstück zu tragen. Beim Anlegen öffnet man die Schnalle an der Seite, sodass man das Genickstück nicht über die Ohren ziehen muss. Ein Stirnriemen kommt später.

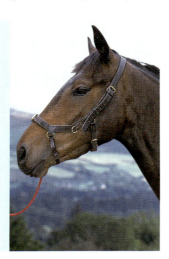

werden, und ein spezieller Kehlriemen verhindert, dass das Backenstück über die Augen rutscht. An den meisten Kappzäumen sorgt ein Stirnband für zusätzliche Stabilität.

Es ist schwierig, einen Kappzaum zu finden, der stabil genug und trotzdem bequem für das Pferd ist. Auch ohne ein Gebiss

Der Deckengurt wird zu Anfang nur lose angelegt. Ein elastischer Einsatz verhindert, dass das Pferd beim Anziehen des Gurtes Angst bekommt.

Decken-gurt

Satteldecke

Longierpeitsche

Gamaschen

im Zaum kann das empfindliche Gewebe zwischen Zähnen und Nasenriemen gequetscht werden, weil der Oberkiefer breiter ist als der Unterkiefer (siehe S. 64). Das schmerzt, und als Reaktion wirft das Pferd oft den Kopf hoch oder verwirft sich im Genick. Ein neu entwickelter Multizaum, der einerseits als Zaumzeug und andererseits als Kappzaum dient, kann dieses Problem lösen. Der Nasenriemen ist so angebracht, dass er keinen direkten Kontakt mit den empfindlichen Bereichen des Kiefers hat (siehe S. 390).

LONGE UND PEITSCHE

Am mittleren Ring des Kappzaums wird eine weiche Longierleine von ungefähr 9 m Länge angebracht. Die runde Leine hat gegenüber den traditionell verwendeten breit gewebten Longen den Vorteil, dass sie im Wind nicht so schlackert. Die Longe bestimmt die Größe des Zirkels, auf dem das Pferd sich bewegt. Mit der leichten Peitsche treibt man das Pferd vorwärts, indem man mit Gefühl von hinten die Hinterhand des Pferdes touchiert. Sobald man sie ein- oder zweimal benutzt hat, wird man sie nur noch heben müssen, weil das Pferd schon verstanden hat. Der feste Teil der Peitsche sollte so lang sein, dass der Schlag (die Peitschenschnur) Ihren Füßen nicht in die Quere kommt.

DECKENGURT UND SATTELDECKE

Der Deckengurt und die Satteldecke sollen das Pferd mit dem Gefühl von Sattelgurt und Sattel vertraut machen. Viele Verhaltensprobleme bei Pferden lassen sich auf den Augenblick zurückführen, an dem der Sattel zum ersten Mal aufgelegt wurde. Deswegen kann man durchaus behaupten, dass der Deckengurt der wichtigste Ausrüstungsgegenstand ist. An den ersten Trainingstagen wird er nur lose angelegt und deshalb mit einem Vorderzeug versehen, damit er nicht nach hinten rutscht. Im Laufe einiger Tage wird er allmählich fester verschnallt, um das Pferd ohne plötzlichen Druck an dieses Gefühl zu gewöhnen. Selbst ein locker liegender Gurt kann sich sehr eng anfühlen, wenn das Pferd erschrickt, weil es dann die Luft anhält und den Brustkorb weitet. Daher ist ein elastischer Einsatz am Deckengurt eine sinnvolle Vorsichtsmaßnahme. Die Unterseite des Deckengurtes sollte aus einem weichen Gewebe bestehen. Sobald das Pferd an den eng verschnallten Gurt gewöhnt ist, kann eine weiche Satteldecke darunter gelegt werden, die eine erste Vorbereitung auf das Tragen des Sattels ist.

AUSBINDER

Der Deckengurt hat eine weitere wichtige Funktion: An seinen Ringen werden die Ausbinder befestigt. Die Ausbinder sind verstellbare Riemen, die das Pferd an Zügelanlehnung gewöhnen und verhindern sollen, dass es den Hals zu weit nach innen oder außen biegt. Niemals dürfen sie so kurz sein, dass sie dem Pferd eine Kopfhaltung vorschreiben.

Ausbinder sollten immer einen elastischen Einsatz haben, damit sie etwas nachgeben können. Sie sollten schwer genug sein, dass gleichmäßiger Kontakt mit dem Pferdemaul entsteht, aber nicht so schwer, dass sie stören. Standard-Ausbinder sind vom Gurt bis zum Gebiss 90–120 cm lang und müssen je nach Ausbildungsstand sorgfältig in der Länge angepasst werden (siehe S. 72–73).

DIE AUSWAHL DES GEBISSES

Ein gut passendes Gebiss ist natürlich wichtig, damit das Pferd sich wohl fühlt und seine erste Erfahrung mit dem Gebiss positiv ausfällt. Denken Sie daran, dass vor dem Einlegen des Gebisses die Zähne überprüft werden müssen. Scharfe Zahnkanten verursachen Schmerzen und behindern die Wirkung des Gebisses. Bei manchen Pferden kommen auch Wolfszähne vor. Sie sollten entfernt werden, weil sie ebenfalls Schmerzen verursachen.

Ein gelassenes, im Rücken schwingendes Pferd hat ein weißes Maul, weil es eine gewisse Menge an Speichel produziert. Dieses erwünschte Anzeichen dafür, dass das Pferd sich mit dem Gebiss wohl fühlt und locker geht, stellt sich sogar mit

GEBROCHENE TRENSE MIT FESTEN RINGEN

GEBROCHENE TRENSE MIT D-RINGEN

AUSBILDUNGSGEBISSE

Für die meisten Pferde, egal in welchem Stadium ihrer Entwicklung, sollte man nicht mehr benötigen als eine einfache gebrochene Trense mit festen Ringen. Das Gebiss sollte etwa 1,25 cm breiter sein als das Pferdemaul. Die D-Ring-Trense ist eine Version der Trense mit festen Ringen, bei der mehr Metall außen am Maul anliegt.

einer gebisslosen Zäumung ein. Komplizierte Gebisse oder merkwürdige Hilfsmittel sind dafür also nicht nötig. Die Antwort auf Maulprobleme liegt bei den meisten jungen Pferden nicht in einem anderen Gebiss, sondern in einer anderen Art, sich zu bewegen. Bei älteren Pferden mit festgefahrener Bewegungsmanier kann ein anderes Gebiss eine Lösung sein.

DIE WIRKUNG DER TRENSE

Eine einfach gebrochene Trense mit festen Ringen wirkt hauptsächlich auf Zunge und Laden (siehe Kasten unten). Je größer die Zunge im Verhältnis zum Unterkiefer, desto größer der Druck auf sie, weil das Gebiss auf die Zunge drückt. Je weiter ein Pferd seinen Kopf von der Senkrechten wegbewegt, desto stärker wirkt das Gebiss auf die Maulwinkel anstatt auf Zunge und Laden.

Eine Trense mit losen Ringen wirkt anders als eine mit festen Ringen, vor allem bei Zügelzug. Wenn die Ringe fest

---

SCHÄDEL UND KIEFER DES PFERDES

Beim Pferd ist der Oberkiefer viel breiter als der Unterkiefer. Deshalb können eng verschnallte traditionelle Kappzäume und Reithalfter so unangenehm sein – die empfindlichen Maulschleimhäute werden zwischen der Außenkante der oberen Backenzähne und dem

Nasenriemen eingeklemmt. Das Mundstück des Gebisses liegt auf den Laden, der Lücke zwischen den Schneidezähnen und den Backenzähnen. Die Laden sind wie ein stumpfes Messer geformt und von einer Gewebeschicht überzogen, die sehr verletzlich ist.

Schneidezähne

Laden

Drei hintere Backenzähne nur bei ausgewachsenen Pferden

OBER- UND UNTERKIEFER ZUSAMMEN

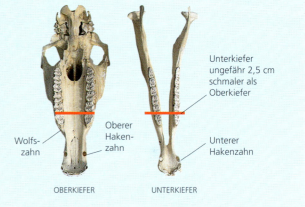

Wolfszahn

Oberer Hakenzahn

Unterkiefer ungefähr 2,5 cm schmaler als Oberkiefer

Unterer Hakenzahn

OBERKIEFER   UNTERKIEFER

mit dem Gebiss verbunden sind, bewegt sich das Mundstück bei Zügelzug nach oben, es kommt Zug nach unten auf die Backenstücke und damit Druck aufs Genick. Das entspricht der Wirkung der Aufziehtrense. Je größer die Ringe, desto stärker die Wirkung.

Eine gebrochene Trense ist der ungebrochenen vorzuziehen, weil gerade Mundstücke leicht die Zunge quetschen und so dem Pferd beibringen, dem Druck auszuweichen, indem es die Zunge über das Gebiss nimmt. Dieser Fehler ist schwer zu korrigieren. Man kann Trensen verwenden, die das Mundstück im Maul weiter oben halten (wie eine Fillistrense oder eine Schenkeltrense mit losen Ringen), oder das Gebiss direkt am Nasenriemen eines Multizaums befestigen, damit weniger Druck auf die Zunge kommt.

GAMASCHEN

An allen vier Pferdebeinen sollten Gamaschen verwendet werden, die Gelenke und Sehnen vor Streichverletzungen schützen. Solche Verletzungen entstehen, wenn ein Huf an das gegenüberliegende Bein schlägt, und sind bei beschlagenen Pferden häufiger als bei unbeschlagenen. Von den vielen angebotenen Beinschützern sind Gamaschen für das vielseitige Training die beste Variante.

Sie werden unterhalb von Sprung- oder Karpalgelenk angelegt und enden auf der Beininnenseite unter dem Fesselgelenk, auf der Außenseite über dem Gelenk. Zum besonderen Schutz ist die Innenseite verstärkt. Gamaschen für die Hinterbeine sollten länger sein, weil das hintere Röhrbein länger ist.

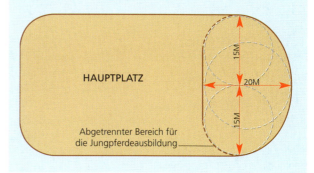

DER IDEALE TRAININGSPLATZ

Der ideale Platz für ein junges Pferd misst ungefähr 20 x 30 m und sollte abgerundete Ecken haben, um das Longieren zu erleichtern. Wenn er Teil eines größeren Platzes ist (siehe unten), kann dort das weitere Training stattfinden. Der Zaun sollte 2 m hoch und so gebaut sein, dass das Pferd den größeren Platz schon einmal sehen kann.

HAUPTPLATZ

15M

20M

15M

Abgetrennter Bereich für die Jungpferdeausbildung

ANLAGEN FÜR DAS TRAINING

Nicht jeder kann seinen eigenen Reitplatz haben. Für ein junges Pferd sollten die entsprechenden Einrichtungen aber vorhanden sein, weil man so sicherer und effizienter arbeiten kann. Ein großer Stall ist oft die sicherste Möglichkeit, weil Sie und Ihr Pferd sich hier geschützt bewegen können. Ideal ist ein kleiner eingefriedeter Hof außerhalb des Stalles. Danach ist das Wichtigste ein kleiner Reitplatz, auf dem Sie longieren können und Ihr Pferd vielleicht sogar ohne Longierleine arbeiten kann – man nennt das Freilaufen. Diese Methode eignet sich ausgezeichnet zur Verständigung mit dem Pferd. Außerdem kann das frei laufende Pferd gegen nichts kämpfen oder ziehen.

Neben dem Reitplatz wären eine eingezäunte Reitwiese und ein einigermaßen ruhiges Ausreitgelände gut. Ein junges Pferd hat die Grundausbildung erst beendet, wenn es auch in Gesellschaft und im Gelände arbeiten kann.

MEHR PLATZ Ein kleiner Auslauf an der Box ermöglicht dem Pferd mehr Bewegung, sodass es ausgeglichener ist. Idealerweise ist der Paddock rund. Man kann ihn auch nutzen, um das Pferd mit Ausrüstungsgegenständen bekannt zu machen.

UMGANG MIT JUNGEN PFERDEN

Ein erfahrener Trainer kann bereits das neu-
geborene Fohlen an den Kontakt mit dem
Menschen gewöhnen. Dabei liegt die Betonung
auf Verständigung und Vertrauen. Fohlen und Jähr-
linge müssen lernen, sich führen zu lassen und
beim Putzen ruhig zu stehen, was normalerweise
etwa eine Woche in Anspruch nimmt. Einen
Zweijährigen kann man schon anlongieren. Meist
reichen fünf bis zehn kurze Lektionen für die
Grundlagen.

IMPRINT-TRAINING

Pferde lernen, ebenso wie Menschen, mehr und schneller,
solange sie jung sind. Beim neugeborenen Fohlen gibt es einen
Zeitraum, in dem man sein Verhalten maßgeblich beeinflussen
kann. Wenn ein Mensch innerhalb der ersten drei Stunden
und dann regelmäßig während der nächsten drei Tage mit dem
Fohlen umgeht, kann er zu ihm eine starke Bindung aufbauen.
Diese ist deutlich stärker als es normalerweise in einer Beziehung zwischen Menschen und Tieren möglich ist. Diesen Vorgang nennt man Imprinting. Man berührt das Fohlen dabei
sanft am ganzen Körper samt Kopf, Hals und Beinen.

STALLHALFTER TRAGEN

Das Fohlen sollte immer dann ein Halfter tragen, wenn ein
Mensch mit ihm umgeht, auch schon kurz nach der Geburt.
Fohlenhalfter sind meist mehrfach verstellbar und erleichtern
den Umgang mit dem Tier, was vor allem bei Tierarzt- und
Schmiedbesuchen wichtig ist. Lassen Sie das Halfter nicht
ständig am Kopf Ihres Jungpferdes, außer wenn es sich schwer
einfangen lässt. Halfter verfangen sich leicht an Gegenständen,
und wenn das Pferd dann seiner Natur gemäß stark nach
hinten zieht, kann das starke Schäden am Hals verursachen.
Pferde, die sich schlecht einfangen lassen, longiert man früh
an (siehe S. 84).

Das Fohlenhalfter muss weich sein und so eng anliegen,
dass es sich nirgendwo verfangen kann. Lassen Sie sich nie ver-
führen, einem Fohlen ein Zaumzeug anzulegen. Ein Gebiss in
diesem hoch empfindlichen jungen Maul kann Schmerzen und
schwere Schäden verursachen, die dann zu einer lebenslangen
Abneigung gegen das Gebiss führen.

FÜHREN

Am Anfang jeder Ausbildung steht die Verständigung, die
Kommunikation. Deswegen ist es wichtiger, einem Pferd
beizubringen, dass es sich vorwärts führen und anhalten lässt,
als ihm das Stillstehen fürs Putzen beizubringen, bei dem man
nicht so direkt kommunizieren muss.

Fangen Sie früh damit an. Sie können das Fohlen im Stall ein
oder zwei Schritte führen und dann halten lassen. Wenn es zögert, nehmen Sie seinen Hals vorsichtig zu sich herum, machen einen Schritt nach hinten und
fordern es auf, Ihnen zu folgen.

BEIM FÜHRTRAINING

Tragen Sie beim Führen eines Pferdes immer Handschuhe. Bleiben
Sie auf Höhe der Pferdeschulter und führen Sie Ihren Schüler
an einem Zaun entlang, damit er Ihnen nicht ausweicht. Mit einer
stabilen Gerte, die so lang ist, dass Sie die Hinterhand gut erreichen, können Sie das Pferd vorsichtig an der Hinterhand berühren,
damit es vorwärts geht. Erschrecken Sie es nicht und belohnen Sie
es sofort, wenn es wunschgemäß reagiert.

Loben Sie es für jeden Schritt. Arbeiten Sie ruhig weiter, bis es sich auf einer Hand gut führen und anhalten lässt, was fünf oder zehn Minuten dauern kann. Wiederholen Sie das Ganze einige Stunden später auf der anderen Hand und am nächsten Tag auf beiden Händen. Allmählich können Sie nun auf einem eingefriedeten Platz außerhalb des Stalles üben, wenn Ihr Fohlen gut mitspielt. Wiederholen Sie diese Übungen turnusmäßig nach einigen Wochen, wenn Sie das Fohlen nicht ohnehin regelmäßig auf die Koppel führen.

PUTZEN

Aus Angst vor dem Unbekannten können junge Pferde sehr vorsichtig sein, was das Putzen angeht. Das Auskratzen der Hufe sollten Sie erst versuchen, wenn Verständigung und Vertrauen bereits aufgebaut sind.

Sobald ein Pferd sich an den Kontakt gewöhnt hat, wird es sanftes Putzen meist mögen. Gehen Sie langsam vor und bleiben Sie mit Ihrer freien Hand immer am Pferd, damit Sie seine Reaktionen gut spüren können. Wenn es sich verspannt, machen Sie eine Pause und beruhigen es, bevor Sie weitermachen.

BEIM PUTZEN DES JUNGPFERDES Binden Sie Ihr Jungpferd anfangs beim Putzen nicht an. Lassen Sie es lieber von einem Helfer halten, der es auch beruhigen kann. Ermuntern Sie Ihr Pferd, ruhig stehen zu bleiben und auf Kommando herumzugehen. Benutzen Sie eine weiche Bürste und lassen Sie die freie Hand am Pferdekörper.

HUFE AUSKRATZEN

Auch beim Fohlen müssen die Hufe regelmäßig ausgeschnitten werden. Also ist es wichtig, ein Pferd auf das Berühren seiner Beine und das Anheben der Hufe vorzubereiten. Versuchen Sie das nicht selbst, wenn Sie unerfahren sind. Warten Sie auf jeden Fall, bis das Pferd ruhig geworden ist und sich führen und putzen lässt.

VORDERBEINE Ein erfahrener Helfer hält das Pferd. Stellen Sie sich so, dass Sie zur Hinterhand des Pferdes sehen. Fahren Sie mit der inneren Hand an Schulter und Bein des Pferdes herunter. Das ist die sichere Methode, denn so erschrickt es nicht und Sie spüren seine Bewegungen.

(a)

Gleiten Sie mit der Hand bis zum Karpalgelenk und halten Sie das Bein dort von hinten (a). Umgreifen Sie das Fesselgelenk mit der äußeren Hand (b). Ziehen Sie nun am Karpalgelenk sanft nach vorne und heben Sie den Huf (c). Lassen Sie die innere Schulter am Pferd, damit Sie sich mit ihm bewegen und im Gleichgewicht bleiben.

(b)   (c)

HINTERBEINE Fangen Sie an der Schulter an. Bleiben Sie nahe am Pferd und lassen Sie die Hände über seinen Körper gleiten, damit es weiß, wo Sie sind. An der Hinterhand angelangt (d), stellen Sie sich nahe ans Pferd, damit es Sie nicht treten kann.

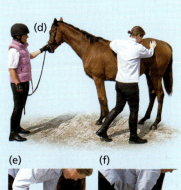
(d)

Sprechen Sie ruhig mit dem Pferd. Lassen Sie die innere Hand an seinem Oberschenkel und dann an der Beinvorderseite nach unten gleiten. Legen Sie die Finger kurz unterhalb des Sprunggelenks um die Beininnenseite und ziehen Sie sanft schräg nach oben (e). Wenn das Pferd den Huf hebt, umfassen Sie das Fesselgelenk mit der äußeren Hand (f).

(e)   (f)

ANLONGIEREN

Longieren vertieft die Verständigung und das Vertrauen und ist hilfreich, um die Bewegungsmanier und die geistige Einstellung eines Pferdes zu beurteilen. Ein Zweijähriger ist körperlich aber noch zu unreif für wirkliche Arbeit. Üben Sie die Handhabung von Longe und Peitsche mit einem älteren, ruhigen Pferd, bevor Sie mit einem jungen oder unerfahrenen Tier anfangen.

Das Anlongieren ist ein natürlicher nächster Schritt nach dem Führen. Wenn ein Pferd allerdings gelernt hat, dass es nicht gehorchen muss, ist es oft einfacher, erst das Longieren und dann das Führen zu üben, um die Verständigung besser aufzubauen. Auf einem kleinen eingefriedeten Platz brauchen die meisten Pferde nur zwei oder drei kurze Lektionen, bei denen weder Sie noch Ihr Pferd schwer arbeiten sollten. Ein Zweijähriger soll Sie lediglich verstehen, er soll auf Wunsch anhalten und losgehen und auf beiden Händen willig Schritt, Trab und vielleicht ein wenig Galopp gehen. Arbeiten Sie auf einem Kreis von ungefähr 15–20 m Durchmesser, den Sie vorübergehend verkleinern können, wenn Sie im Schritt arbeiten oder das Pferd sich schwer kontrollieren lässt.

Für die erste Einheit brauchen Sie nur einen Kappzaum, die Longe und eine Longierpeitsche. Schützen Sie die Pferdebeine mit Gamaschen (siehe S. 65). Nach den ersten Tagen können Sie den Deckengurt einführen, während ein Gebiss in diesem Stadium nichts bringt. Longieren Sie auf jeder Hand höchstens zehn Minuten, um das Pferd nicht zu überfordern.

POSITION BEIM LONGIEREN Von oben gesehen bilden Longe, Peitsche und Pferd ein Dreieck. Die erste Seite des Dreiecks erstreckt sich von Ihrer inneren zur äußeren Schulter und an der Peitsche entlang zur Hinterhand des Pferdes. Die zweite Seite ist das Pferd und die dritte ist die Longe bis zu ihrem inneren Ellenbogen.

HALTUNG DER LONGE

Auf der linken Hand haben Sie die Longe in der linken und die Peitsche in der rechten Hand. Wenn das Pferd zieht, können Sie mit der Peitschenhand vor der Longenhand an die Longe greifen. So verstärken Sie den Zügelzug. Gleichzeitig entfernen Sie die Peitsche von der Hinterhand und kommen mehr vor das Pferd, sodass es langsamer wird.

HANDWECHSEL

Dieses Pferd wurde auf der rechten Hand longiert, also befindet die Peitsche sich in der linken Hand. Für den Handwechsel machen Sie den Kreis kleiner und lassen das Pferd am Zaun halten. Wechseln Sie die Peitsche hinter Ihrem Rücken in die rechte Hand (a). Die Spitze zeigt zum Boden. Gehen Sie zum Pferd hinaus (b) und halten Sie dabei die Longe leicht gestrafft (c). Beim Pferd (d) ist die Peitsche dann bereits in der richtigen Position und Sie brauchen es nur noch in die Kreismitte zu führen (e) und die Longe abzuwickeln.

DIE LONGIERTECHNIK

Oft wird gelehrt, man solle beim Longieren die Schultern parallel zum Pferdekörper halten, aber das ist weder wirkungsvoll noch sicher, weil man dabei leicht über die eigenen Füße fallen kann. In dieser Haltung ist es auch nicht möglich, mit dem Pferd mitzulaufen oder über ein Hindernis zu longieren. Blicken Sie stattdessen in die Bewegungsrichtung des Pferdes, sodass Ihre äußere Schulter mit der Peitsche näher ans Pferd kommt und Sie den Arm, der die Longe hält, ungefähr so halten wie beim Reiten.

Wenn Sie Schwierigkeiten haben, das Pferd vorwärts zu treiben, gehen Sie näher an die Hinterhand heran und verkleinern damit den Winkel zwischen Pferd und Longe. In dieser Haltung müssen Sie entweder schneller gehen, um die Größe des Kreises zu erhalten, oder Sie müssen die Leine länger lassen. Wenn das Pferd sich nur schwer verlangsamen lässt, können Sie in die entgegengesetzte Richtung gehen und sich damit im Verhältnis zum Pferd weiter vorne platzieren.

STIMMHILFEN

Die Stimme ist beim Longieren die wichtigste Hilfe und wird vom Peitschengebrauch und der Position des Longenführers unterstützt. Für Übergänge in eine niedrigere Gangart sollte die Stimme ruhig und leise, für höhere Gangarten lauter und auffordernd sein. Die folgenden Stimmhilfen sind üblich und werden auch verwendet, wenn das Pferd eingeritten wird:

Übergänge in eine höhere Gangart:
• Halten zum Schritt: »Sche-ritt«
• Schritt zum Trab: »Te-rrab«
• Trab zum Galopp: »Ga-lopp«

In eine niedrigere Gangart:
• Galopp zum Trab: »Und Teee-rab«
• Trab zum Schritt: »Und Scheee-ritt«
• Zum Halt: »Und Haaaalt«

GEBRAUCH DER PEITSCHE

Beim Longieren führen Sie die Peitsche mit sich im Kreis herum. Die Spitze zeigt zum Boden, damit das Pferd sich daran gewöhnen kann und keine Angst bekommt. Zur Verstärkung der Stimmhilfe bewegen Sie die Peitsche mit Nachdruck auf die Hinterhand des Pferdes zu. Wenn das Pferd nicht reagiert, bleibt Ihnen anfangs nichts anderes übrig, als es mit der Peitsche zu berühren. Bald müssen Sie es nicht mehr berühren, weil es die Bewegung der Peitsche nach vorne mit Vorwärtsgehen verbindet. Damit das Pferd die Hilfen gut unterscheiden kann, heben Sie die Peitschenhand zum Angaloppieren.

DEN RÜCKEN EINSETZEN

Mit der Longenarbeit beginnt ein Lernprozess, durch den das Pferd in Vorbereitung auf das Anreiten den Rücken aufwölbt und einsetzt (siehe S. 40–41).

Um das Gewicht eines Reiters unbeschadet tragen zu können, muss der Pferderücken sich aufwölben wie eine Brücke. Dazu müssen von der Hinterhand bis zum Genick alle Muskelgruppen arbeiten und miteinander verbunden werden wie die Glieder einer Kette. Die Hinterbeine müssen tätig unter den Körper treten. Der Hals wird nach vorne gedehnt und aufgewölbt, der Rücken hebt sich und schwingt mit, und das ganze Pferd hat Schwung – Kraft und Energie aus der Hinterhand.

Ein Bestandteil dieses Prozesses ist das Vorwärtsdenken des Pferdes. Dieses Vorwärts bezieht sich hauptsächlich darauf, dass das Pferd wirklich mit Fleiß dabei ist und vorwärts gehen will, ohne dass der Reiter es ständig antreiben muss. Ein steifer Reiter oder ein Senkrücken machen den Fleiß bei vielen Pferden bald zunichte.

GEWÖHNUNG AN DAS SATTELZEUG

Sobald die Verständigung klappt und das Vertrauen hergestellt ist, muss man beim Bekanntmachen mit neuen Ausrüstungsgegenständen eigentlich nur noch darauf achten, dass die Gewöhnung für das Pferd interessant und sicher vonstatten geht.

Das Pferd sollte sich in aller Ruhe mit einem Gegenstand nach dem anderen vertraut machen können. Neue Ausrüstungteile werden erst dann eingeführt, wenn das Pferd sich mit der bisherigen Ausstattung wohl fühlt.

ZEITPLANUNG

Jedes Pferd ist anders, aber die meisten kann man in weniger als einer Woche an die gesamte Ausrüstung zum Reiten – und selbst an den Reiter (siehe S. 76) – gewöhnen. Es kann durchaus zwischen einer Woche und drei Monaten dauern, bis ein Pferd bereit ist, mit einem Reiter auf dem Rücken zu arbeiten. Es kommt darauf an, wie gut das Pferd den Rücken einsetzt und sich longieren lässt. Das Bekanntmachen mit neuer Ausrüstung geschieht am besten in einem eingefriedeten Hof oder auf dem Reitplatz. Im Stall ist die Verletzungsgefahr für Mensch und Pferd größer. Zwei Einheiten von jeweils 20 Minuten an einem Tag sind besser als eine lange Trainingsstunde.

EINES NACH DEM ANDEREN

Das Pferd in der Bildfolge unten ist ein Dreijähriger, der gerade mit der Ausrüstung bekannt gemacht wird. Man kann von Anfang an eine Longe verwenden, wobei der Longenführer immer Handschuhe tragen muss. Beginnen Sie mit dem Zaum-

SATTELDECKE
Lassen Sie das Pferd jedes neue Teil der Ausrüstung betrachten und beschnuppern. Hier begutachtet es eine Satteldecke.

AUF EINEN BLICK

1

2

3
Der Deckengurt wird für das Longieren lose angezogen.

Befestigen Sie zuerst das Vorderzeug.

4
Satteldecke mit Deckengurt befestigt

Eine Satteldecke bereitet das Pferd auf das Tragen des Sattels vor.

AUFZÄUMEN

Wenn das Pferd zum ersten Mal ein Gebiss ins Maul bekommt, sollten Sie zuerst das restliche Zaumzeug anlegen. Sobald das Pferd daran gewöhnt ist, ein Gebiss im Maul zu haben, können Sie das Zaumzeug mit dem bereits daran befestigten Gebiss verwenden. Legen Sie zuerst das Gebiss ins Maul ein. Nun ziehen Sie das Genickstück vorsichtig über die Pferdeohren und schließen die Schnallen von Kehl- und Kinnriemen.

zeug ohne Gebiss und Stirnriemen **(1)**. Ein Stallhalfter sollte das Pferd schon kennen, sodass das Zaumzeug keine Überraschung sein dürfte. Mit dem Gebiss **(2)** gibt es selten Probleme, wenn man eine passende, einfach gebrochene Olivenkopftrense wählt, an der nichts befestigt wird, bis das Pferd sie gelassen akzeptiert.

Befestigen Sie das Gebiss an einer Seite des Zaumzeugs und veranlassen Sie das Pferd durch sanften Druck mit dem Daumen auf die Oberlippe, das Maul zu öffnen. Legen Sie das Gebiss ruhig ein und verschnallen Sie es. Wenn es damit Probleme gibt, lassen Sie die Pferdezähne untersuchen.

Im Laufe weniger Tage können Sie Deckengurt und Vorderzeug einführen **(3)**. Das Vorderzeug muss immer schon vor dem Deckengurt angelegt und erst nach dem Deckengurt abgenommen werden, damit der Gurt nicht nach hinten rutscht. Führen Sie das Pferd immer erst einige Minuten lang herum, bevor Sie den Gurt auch nur ein Loch fester schnallen. Arbeiten Sie das Pferd mit dem Deckengurt an der Longe, bis es völlig gelassen geht, und machen Sie es dann mit dem Sattel bekannt. Das kann 3–4 Tage dauern.

DER SATTEL

Die Satteldecke können Sie einführen, sobald Sie den Deckengurt so fest anziehen können **(4)**, dass die Decke nicht flattern und das Pferd erschrecken kann. In diesem Stadium können Ausbinder dazukommen (siehe S. 72). Deckengurt und Vorderzeug werden durch Sattel und Vorderzeug ersetzt, die Satteldecke bleibt dieselbe **(5)**. Der Sattel sollte sehr flach sein und noch ohne Steigbügel aufgelegt werden. Ein Übergurt um das ganze Pferd herum verhindert, dass die Sattelblätter flattern und das Pferd erschrecken. Sattel- und Übergurt sollten elastische Einsätze haben.

Schließlich können Sie den Übergurt entfernen und dafür Steigbügel und Zügel anbringen **(6)**. Beim Longieren können die Zügel miteinander verdrillt und durch den Kehlriemen des Zaumzeugs geführt werden. Auch die Steigbügel werden anfangs gesichert (siehe unten). Später kann man sie bis an die Unterkante des Sattelblattes verschnallen und mit einer weichen Schnur verbinden, die unter dem Bauch des Pferdes verläuft. Allmählich lässt man sie dann lang genug fürs Reiten.

5 — Der Deckengurt wird durch einen flachen Sattel ersetzt.

Ein Übergurt hindert die Sattelblätter am Flattern.

6 — Der Bügel wird am Riemen hochgezogen und gesichert.

Nun können die Zügel befestigt werden.

VORBEREITUNG AUF DEN REITER

Auf das Tragen eines Reiters müssen Pferde körperlich vorbereitet werden. Sobald ein Pferd also an Sattel und Zaumzeug gewöhnt ist, ist das Hauptziel, dass es den Rücken aufwölbt und einsetzt. Manche tun das von Natur aus, aber die meisten wird man dazu an der Longe arbeiten müssen. Das Pferd soll die Hinterbeine tätig und mit Energie einsetzen und dabei gelassen und fleißig mit schwingendem Rücken vorwärts gehen.

EINFÜHRUNG DER AUSBINDER

Ausbinder verlaufen vom Gurt zum Gebiss. Sie sollen das Pferd an das Gefühl der Zügelanlehnung gewöhnen und verhindern, dass es sich im Hals zu stark biegt. Im Zweifelsfall verschnallt man sie immer ein Loch länger, als man für nötig hält. Wenn ein Pferd zu Beginn der Longenstunden zum Buckeln neigt, befestigt man die Ausbinder besser an den vorderen D-Ringen des Sattels statt am Gebiss, wo man riskiert, dass das Pferd sich im Maul verletzt. Bei Verwendung eines Multizaums oder eines Wiener Kappzaums kann man das Gebiss direkt am Nasenriemen einhängen, sodass eventueller starker Druck auf die Nase geleitet wird und nicht auf das Maul. Lassen Sie sich genug Zeit und warten Sie, bis das Pferd

DER RÜCKEN SCHWINGT NOCH NICHT Dieses Pferd geht gelassen und fleißig, aber die Hinterhand tritt noch nicht gut unter. Also kann es noch keinen Reiter tragen.

DER RÜCKEN SCHWINGT Dieser Dreijährige setzt erstmals seinen gesamten Rücken schwingend ein. Er ist jetzt zwei Wochen im Training.

im Schritt, Trab und Galopp auf beiden Händen entspannt vorwärts geht. Wenn sein Vorwärtsdrang schwach ist, fordern Sie mehrere kurze Galopps, setzen Sie die Hilfen nachdrücklich ein und belohnen Sie gute Reaktionen überschwänglich. Bis das Pferd die Longenanlehnung gut akzeptiert, werden die Ausbinder weiter oben am Sattel befestigt, sodass das Pferd sich auf keinen Fall darin verfangen kann. Außerdem verschnallt man sie ziemlich locker.

In dem Maße, in dem das Pferd besser geht, kann man die Ausbinder am Gurt weiter nach unten setzen, bis sie parallel zum Boden verlaufen. Im Schritt müssen sie so lang sein, dass die natürliche Nickbewegung von Kopf und Hals möglich ist. Im Trab kann man sie kürzer verschnallen, weil der Kopf in dieser Gangart von Natur aus ruhiger ist. Wenn das Pferd Schritt gehen soll, müssen die Ausbinder wieder länger verschnallt oder ausgehängt und lose am Sattel befestigt werden. Weil das Pferd auf dem Zirkel gebogen geht, sollte der äußere Ausbinder ein oder zwei Löcher länger sein als der innere.

So wie die meisten Menschen Links- oder Rechtshänder sind, haben auch die meisten Pferde eine Richtung, in der sie lieber arbeiten. Die Seite, auf der sie sich nicht so wohl fühlen, nennt man die steife Seite. Wird die Longe auf dem Nasenrücken befestigt, so kommt auch auf der steifen Seite kein vermehrter Druck auf die Innenseite des Mauls. Das ist in diesem Stadium einer der Vorteile des Longierens gegenüber dem Reiten, vor allem bei Pferden, die auf der steifen Seite im Maul unempfindlicher geworden sind. Durch gutes Longieren wird das Pferd sofort gleichmäßiger.

DER DURCHSCHWINGENDE RÜCKEN

Im Laufe einiger Tage wird das Pferd auf Ihre Hilfen zum Schneller- und Langsamerwerden gut reagieren und verstehen, wie es belohnt wird – es wird inzwischen wissen, dass Sie mit freundlicher Stimme »guuuuut« sagen, wenn Sie zufrieden sind. In diesem Stadium, wenn es Longenführer und Ausrüstung akzeptiert hat und gelassen vorwärts geht, kann man es zum ersten Mal an die Hilfen stellen. Es soll dann den Rücken durchschwingen lassen, in die leichte Anlehnung der Ausbinder hinein. Sobald das der Fall ist, können Sie die Ausbinder allmählich verkürzen, bis im Trab leichte Anlehnung an das Pferdemaul besteht. Es sollte nicht nötig sein, die Ausbinder kürzer zu verschnallen als auf dem großen Foto links gezeigt.

Arbeiten Sie dazu das Pferd auf der Hand, auf der es sich am wohlsten fühlt, und in der Gangart, in der es am besten geht (meist wird das der Trab sein). Nun lassen Sie es allmählich ein langsameres Trabtempo mit regelmäßigen Tritten gehen. An diesem Punkt fordern Sie das Pferd mit Stimm- und nötigenfalls Peitschenhilfe dazu auf, etwas mehr Energie in den Trab zu legen. Wenn das Pferd schneller wird, lassen Sie es sofort

wieder langsamer traben und wiederholen das Ganze. Bald wird es mit vermehrter Tätigkeit der Hinterhand reagieren. Dann hat es eine stärker gerundete Silhouette, schwingt im Rücken mehr, atmet regelmäßiger und sieht zufrieden aus. Am Maulwinkel ist oft etwas Speichel zu sehen. Außerdem wird das Pferd anfangen, sich vorwärts zu dehnen und die Gebissanlehnung zu suchen. So werden die Muskeln von Hals, Rücken und Hinterhand gedehnt und die gerundete Silhouette wird gefördert. (Sie können überprüfen, ob das Pferd wirklich von hinten her durchkommt, indem Sie die Ausbinder lockern. Die Gestalt des Pferdes sollte dann nur etwas länger werden bei leicht gesenktem Kopf und Hals.) Nun die Hand wechseln und das Gleiche andersherum.

Wenn das Pferd gelassen geht, führen Sie auch den Galopp ein. Nach zwei bis drei Wochen erfolgreicher Arbeit wird das Pferd fähig sein, ohne Änderung der Haltung einen leichten Reiter zu tragen. Ernsthafte Arbeit werden Sie aber erst nach ungefähr einem Jahr verlangen können, wenn das Pferd körperlich so weit ist.

AN DER DOPPELLONGE

Die Arbeit an der Doppellonge heißt auch Fahren vom Boden aus, weil sie traditionell als Vorbereitung für das Kutschenfahren dient. Man kann sie aber auch einsetzen, um ein Pferd zum Fleiß zu ermuntern und es an die Zügelhilfen zu gewöhnen. Leider ist die Arbeit mit der Doppellonge schwierig, weil die Zügelanlehnung oft zu stark wird, sodass man sie erfahrenen Ausbildern überlassen sollte. Viele Pferde, die mit schlechter Technik an der Doppellonge gearbeitet wurden, haben Maulprobleme oder neigen dazu, den Hals unnatürlich zu verkürzen.

Zu Beginn der Arbeit an der Doppellonge lassen Sie jemanden das Pferd auf der linken Hand führen, während Sie einen Zügel auf dieser Seite einschnallen. Sobald das Pferd sich daran gewöhnt hat, können Sie den Zügel durch den Ring seitlich am Deckengurt führen, damit er nicht zu weit herunterhängt. Machen Sie dasselbe getrennt auf der anderen Hand und benutzen Sie erst dann beide Zügel zusammen. Die Zügel sollten etwa 10 m lang sein, keine Schlaufen an den Enden haben und leichter sein als eine normale Longe. Wenn ein Pferd sich beim Fahren vom Boden losreißt, wird es von den Zügeln »gejagt« und bekommt Angst.

SPRINGEN OHNE REITER

Viele Pferde springen gerne und die Menschen sehen ihnen gerne dabei zu. Springen an der Longe und Freispringen sind gute Methoden, um ein Pferd mit dem Springen bekannt zu machen und seinen Stil zu beurteilen. Anfangs stellt man eine einfache Sprungreihe auf, die mit zunehmender Selbstsicherheit des Pferdes schwieriger werden kann. Es ist wichtig, das Tempo vor und nach dem Sprung unter Kontrolle zu halten. Die goldenen Regeln lauten: nicht überfordern und auf beiden Händen arbeiten.

SPRINGEN AN DER LONGE

Bevor man damit beginnt, muss das Pferd sich bereits gut longieren lassen und körperlich reif genug sein. Sorgen Sie für festen Untergrund. Nichts ist für das Selbstvertrauen eines jungen Pferdes schädlicher als bröckeliger oder lockerer Boden, der ihm beim Abspringen unter den Hinterbeinen wegrutscht. Der Longenführer muss sportlich sein und die Longe schnell verlängern und verkürzen können.

VORBEREITUNG DER HINDERNISSE

Fangen Sie mit zwei Planken am Boden im Abstand von 2,75–3 m an. Die zweite Planke wird dann durch einen kleinen Kreuzsprung ersetzt, bei dem eine Stange am Boden die Grundlinie bildet. Longieren Sie das Pferd zunächst im Trab

SPRINGEN AN DER LONGE Dieser Dreijährige springt auf der rechten Hand. Viele Menschen können besser auf der linken Hand longieren, aber es ist sehr wichtig, dass das Pferd in beide Richtungen springt. Verwenden Sie leichte Stangen und keinen Unterbau, damit für das Pferd alles so einfach wie möglich wird. Bevor Sie Hindernisse aufbauen, überprüfen Sie immer die Distanzen **(a)**. Denken Sie daran, dass Sie die Springmanier beurteilen und nicht das Pferd über möglichst hohe Hürden schicken wollen.

auf einem Zirkel von 10–12 m. Damit es den ersten Sprung nehmen kann, geben Sie ihm sorgfältig Leine. Versuchen Sie nicht mitzulaufen, sondern die Longe lang genug zu lassen. Wenn das Pferd nach dem Kreuzsprung im gleichmäßigen Galopp landet, können Sie 10 m weiter noch eine Bodenplanke auslegen, die später in einen kleinen Sprung umgewandelt wird. Zunächst ist das ein Steilsprung mit Grundlinie, später ein Oxer (siehe S. 190–191). Achten Sie immer auf

(a) Bevor Sie ein zweites Hindernis aufstellen, überprüfen Sie die Distanz mithilfe von Stangen am Boden.

Die Hinterhand sollte auf halbem Wege zwischen Vorlegstange und dem Kreuzsprung auffußen.

Dieses Pferd setzt seinen Hals von Natur aus gut ein.

Gleichmäßiger Galopp bei der Landung ist die Voraussetzung für den Aufbau eines zweiten Sprunges.

Das Pferd sollte selbstsicher wirken und auf den Sprung sehen.

Tempo und Länge der Galoppsprünge und passen Sie die Distanzen zwischen den Hindernissen entsprechend an (siehe S. 210–211). Wenn Sie in der ersten Stunde bis zu einem ganz kleinen Oxer kommen, reicht das völlig. Einen größeren Oxer von 90–120 cm können Sie in der dritten oder vierten Stunde einführen.

Wiederholen Sie die Übungen der letzten Stunde in der nächsten Stunde auf der anderen Hand. Lassen Sie das Pferd in einer Stunde nicht mehr als zehn Hindernisse springen, das reicht zum Heranführen und für die Beurteilung.

BEURTEILUNG DER SPRINGMANIER

Die meisten Pferde springen ohne Reiter besser, weil sie nicht durch den Zügel behindert werden. Beim Springen sollte sich das Pferd gelassen und willig vorwärts bewegen. Sein Absprungpunkt sollte auf halbem Wege zwischen Vorlegstange und Hindernis liegen. Wenn es näher an den Sprung herankommt, ist das Trabtempo beim Ansteuern zu hoch. Wenn es weiter weg ist, verringern Sie den Abstand zwischen Vorlegstange und Hindernis etwas. Nach beiden Sprüngen sollte das Pferd im gleichmäßigen Galopp landen. Wenn es traben will, war das Hindernis zu hoch oder das Pferd denkt nicht genug vorwärts. Falls es zu schnell ist, ist es noch nicht bereit zum Springen und braucht noch dressurmäßige Arbeit.

Beim Absprung sollte das Pferd die Hinterbeine gleichzeitig abdrücken. Wenn das nicht der Fall ist, wechseln Sie die Hand und prüfen, ob immer noch dasselbe Bein beim Absprung vorne ist. In diesem Fall beenden Sie das Springen und arbeiten das Pferd dressurmäßig, bis es auf beiden Händen gleich gut geht. Ist jetzt das andere Hinterbein vorne, wird sich das vermutlich bei höheren Sprüngen geben. Im Idealfall dehnt das Pferd beim Absprung den Hals nach vorne-unten und nimmt Schultern und Ellenbogen nach vorne. Am höchsten Punkt der Flugkurve soll der Oberarm parallel zum Boden stehen.

FREISPRINGEN

Beim Freispringen lässt man das Pferd ohne Longe springen. Wenn man einen geeigneten Platz hat (siehe S. 65), kommt man beim Freispringen mit einer Person aus, sonst braucht man zwei Helfer. Viele Pferde springen beim Freispringen gerader als mit Longe, weil sie nicht vom Ausbilder neben sich abgelenkt werden. Lassen Sie ein aufgeregtes Pferd nicht frei springen. Falls nötig, bauen Sie 6 m vor dem bestehenden Kreuzsprung einen weiteren Kreuzsprung als Taxiersprung auf. Außerdem sollten Sie die Distanz vor dem Oxer um 60 cm erhöhen, weil das Pferd den mittleren Sprung aus dem Galopp nehmen wird, nicht aus dem Trab. Wenn man sieht, wie gut die meisten Pferde frei springen, merkt man, wie wichtig es ist, dass der Reiter beim Springen stabil im Gleichgewicht sitzt und nur kleinste Korrekturen vornimmt, damit das Pferd die Verantwortung für den Sprung selbst übernehmen kann.

Dieses Pferd springt ganz leicht und drückt sich gut ab.

Die Longe muss dem Pferd genügend Spielraum lassen.

Der Galopp sollte nach dem Sprung gleich schnell sein wie davor.

DAS ANREITEN

Zum ersten Mal sitzt ein Reiter auf dem jungen Pferd. Das kann eine gefahrlose Sache sein, wenn das Pferd gründlich vorbereitet wurde und ein erfahrener Ausbilder die Sache übernimmt. Zwei Personen reichen dazu aus, drei sind ideal: ein Reiter, ein Ausbilder, ein Helfer. Wie alles Neue muss auch das Einreiten in Stufen geschehen: Erst legt sich der Reiter über den Sattel, dann sitzt er auf, lässt sich führen und longieren. Danach kann er das Pferd ohne Longe auf dem Platz reiten.

VORBEREITUNGEN

Das Einreiten kann einen Tag bis eine Woche und bei verdorbenen Pferden noch länger dauern. Der Ausbilder muss in jedem Stadium bereit sein, zu früheren Übungen zurückzugehen, wenn es mit Gehorsam oder Vertrauen Probleme gibt. Das Anreiten sollte auf dem Hof oder einem Reitplatz stattfinden. Wichtig ist, dass die beteiligten Personen keine weite Kleidung tragen, die herumflattern und das Pferd ablenken oder erschrecken kann. In ihren Schuhen sollten sie gut laufen können, und ein Helm ohne losen Überzug ist notwendig.

Der möglichst leichte Reiter springt zunächst neben dem Pferd auf und ab (siehe rechts) und hält dabei die Hände so, wie er sie zum Auf- und Absteigen brauchen wird: die rechte Hand an der Sattelvorderkante, die linke Hand mit den Zügeln am Riemen des Vorderzeugs. Dort sollten die Hände in allen Stadien des Einreitens liegen bleiben (allerdings umgekehrt, wenn der Vorgang auf der anderen Seite des Pferdes wiederholt wird). Das Pferd sollte die ganze Zeit gehalten werden, wobei der Ausbilder leicht schräg vor dem Pferd steht. Alle drei Personen sollten auf derselben Seite des Pferdes bleiben.

HÜPFEN Hüpfen Sie an der linken Seite einige Male auf der Stelle. Wenn das Pferd entspannt bleibt, springen Sie allmählich etwas höher. Wiederholen Sie das Ganze auf der rechten Seite.

Das Pferd sollte in 3–5 m Abstand zum Zaun stehen, damit der Reiter genug Platz zum Zaun hin hat, wenn er sich über den Sattel legt.

ÜBER DEN SATTEL LEGEN

Der Helfer hebt den Reiter vorsichtig hoch wie beim normalen Hochwerfen und lässt ihn wieder hinunter. Dabei hebt er den Reiter jedes Mal ein wenig höher, bis dieser quer über dem Pferd liegt und das Pferd den größten Teil seines Gewichts tragen muss. Wiederholen Sie das Ganze von der anderen Seite und drehen Sie dazu das Pferd herum, sodass es zwischen Zaun und Menschen bleibt. Wenn alles gut geht, kann das Pferd mit dem quer liegenden Reiter auf beiden Händen geführt werden. Diese Übung wiederholt man, bis sie dem Pferd fast langweilig wird. Nun kann man wirklich aufsitzen.

AUFSITZEN

Der Reiter lässt sich von der linken Seite hochhelfen. Er sollte sich dabei auf die rechte Hand stützen, sein Bein über das Pferd schwingen, ohne sich in den Sattel zu setzen, und sich dann wieder auf den Boden gleiten lassen. Das wiederholt man zwei- oder dreimal. Wenn das Pferd ruhig bleibt, kann der Reiter sich schließlich in den Sattel rutschen lassen und dabei

ÜBER DEN SATTEL LEGEN IN DER BEWEGUNG Die Ausbilderin führt das Pferd auf einem Zirkel von 15 m. Sobald das Pferd sich entspannt, kann die Reiterin sich ein wenig bewegen. Bei einem sportlichen Reiter ist kein Helfer nötig.

FÜHREN Das Pferd wird auf beiden Händen geführt und immer wieder angehalten. Die Reiterin hält sich anfangs am Vorderzeug und vorne am Sattel fest. Sie benutzt so bald wie möglich die Hilfen und übernimmt das Kommando von der Ausbilderin.

die Füße sofort in die Steigbügel stellen. Wenn es ein Problem geben sollte, kann er nun entweder leicht sitzen bleiben oder vom Pferd abspringen wie ein Voltigierer.

Das Pferd kann sich in der Bewegung leichter auf das Reitergewicht einstellen als im Stehen. Also lässt der Ausbilder es nun ein oder zwei Schritte gehen (siehe oben) und dann halten. Das Ganze wird einige Male wiederholt. Der Helfer kann nun gehen.

FREIES REITEN Wenn die Reiterin das Gefühl hat, dass sie das Pferd jetzt frei reiten kann, kann die Ausbilderin die Longe lösen. Anfangs sollte die Reiterin aber weiterhin auf dem vertrauten Zirkel bleiben.

Der Reiter sollte jetzt allmählich die Kontrolle übernehmen und dabei dieselben Stimmhilfen benutzen wie beim Longieren.

LONGIEREN

Wenn das Pferd zum ersten Mal mit Reiter longiert wird, kommt der echte Test Ihrer vorbereitenden Arbeit. Das Pferd sollte den Reiter von Anfang an akzeptieren und im Schritt und Trab die Hinterhand einsetzen. Der Reiter hat das Pferd bereits an die Bewegungen seines Körpers und seiner Schenkel gewöhnt, während beide noch geführt wurden. An der Longe macht er damit weiter, bis er allmählich die Kontrolle über das Pferd übernimmt, das schließlich unabhängig vom Longenführer halten und gehen sollte. Am besten entscheidet der Reiter, wann er ohne Longe reitet (siehe unten). Er hat dann mit Schenkeln und Zügeln schon die normale Anlehnung, und das Pferd fängt an, die Schenkel- und Zügelhilfen zu verstehen.

Die Ausbilderin hält weiterhin die Peitsche in der Hand und ermuntert damit das Pferd, bis es gut auf die Hilfen der Reiterin reagiert.

Die Reiterin hält normale Zügelanlehnung, während das Pferd auf dem Zirkel rund um die Ausbilderin bleibt.

OHNE LONGE

Beim ersten Reiten ohne Longe ist es gut, ein älteres Pferd als Gesellschaft dabeizuhaben, das dem jüngeren Pferd Selbstvertrauen gibt. Außerdem kann das ältere Pferd als Führpferd dienen, falls dies erforderlich ist. So wird das junge Pferd bald die Schenkel- und Zügelhilfen so weit verstehen, dass Sie die Stimme nur noch zur Belohnung brauchen. Nun können Sie auch eine kurze Gerte einführen, vor der das Pferd keine Angst haben sollte. Sie wollen damit nur Ihre Schenkelhilfen unterstützen und die Einführung der langen Dressurgerte vorbereiten. Lassen Sie dem Pferd Zeit, sich an die Bewegung der Gerte zu gewöhnen, die Sie abwechselnd auf beiden Seiten halten. Streichen Sie mit der Gerte über die Pferdeschulter und den Bereich hinter Ihrem Schenkel. Setzen Sie die Gerte dann aktiv ein und tippen Sie das Pferd damit direkt hinter Ihrem Schenkel oder gelegentlich an der Schulter an. Bei der erwünschten Reaktion muss immer eine Belohnung folgen, damit das Pferd versteht, was es tun soll.

Wenn es Fortschritte macht, können Sie das junge Pferd auf beiden Händen zum Trab und Galopp auffordern. Reiten Sie große Zirkel auf dem äußeren Hufschlag. Halten Sie alles einfach und machen Sie jede Menge Pausen. Das Pferd sollte den Reiter akzeptieren, gelassen bleiben, willig und fleißig gehen und beide Körperseiten gleich gut einsetzen. Außerdem sollte es auf die Hilfen reagieren und den Rücken einsetzen. Arbeiten Sie mit Ihrem Pferd immer so gut wie möglich, damit es ihm zur Gewohnheit wird, gut zu gehen und den Rücken einzusetzen. Übungseinheiten auf dem Reitplatz sollten 20 bis 30 Minuten dauern, außerdem sollten Sie so bald wie möglich Ausritte unternehmen. Wenn das Pferd körperlich noch reifen muss oder die Bewegungsmanier nachlässt, wechseln Sie

SCHRITT Beim anfänglichen Reiten auf dem Platz sollten Sie Ihrem Pferd jede Menge Pausen gönnen, in denen es im Schritt am langen Zügel gehen darf.

TRAB Dieser Vierjährige demonstriert, wie ein junges Pferd von Anfang an gehen sollte. Er akzeptiert die Reiterin, setzt den Rücken ein, ist gelassen und geht willig vorwärts.

GALOPP Achten Sie darauf, ob der Galopp eine Schwebephase hat. Wenn nicht, probieren Sie es etwas schneller. Danach können Sie zum Trab zurückkehren und am Schwung arbeiten.

Reiten und Longieren ab. Drei Übungseinheiten auf dem Platz pro Woche sind für die meisten Vierjährigen genug.

REITEN AUSSERHALB DER BAHN

Gehen Sie beim Gewöhnen an den Verkehr sehr sorgfältig vor. Lassen Sie das Pferd eine Zeit lang den Verkehr nur beobachten, bevor Sie mit ihm an die Straße gehen. Die meisten Pferde meistern diese Situation souverän, aber eine schlechte erste Erfahrung ist nur mühsam wieder zu korrigieren.

In diesem Stadium tun einige längere Ausritte von ein bis zwei Stunden dem Pferd geistig sehr gut. Dabei sollten Sie es auch auf geraden Linien bergauf galoppieren. Das Pferd sollte zu jeder Zeit gut gehen und sich wohl fühlen. Nach ungefähr zwei bis vier Wochen Reiten auf dem Platz und im Gelände wird das Pferd für die ersten Sprünge mit Reiter bereit sein.

GALOPP BERGAUF Bergauf muss das Pferd sich ziemlich anstrengen und wird deswegen kaum Unarten zeigen. Die Reiterin hält seinen Kopf etwas hoch, damit es nicht auf den Gedanken kommt zu buckeln.

IM GELÄNDE

Bei den ersten Ausritten sollte ein älteres Führpferd dabei sein, das dem Jungpferd Vertrauen einflößt und es an Gesellschaft beim Reiten gewöhnt. Der ideale Einstieg ist ein schmaler Weg bergauf. Achten Sie in dieser Anfangszeit darauf, dass im Stall bekannt ist, wohin Sie reiten und wann Sie wiederkommen wollen.

SPRINGEN MIT REITER

Jedes Pferd kann springen, wenn seine Ausbildung logisch strukturiert ist und es keinen Grund zum Fürchten hat. Damit die Springstunde erfolgreich verläuft, muss der Reiter erfahren sein und das Pferd mit korrekter Dressurarbeit vorbereitet

haben. Der Schlüssel zu Springreihen ist der Aufbau von hinten: Das Hindernis, mit dem die Stunde anfängt, ist am Ende der Stunde das letzte der Reihe. Es ist wichtig, dass das Pferd das letzte Hindernis problemlos nehmen kann.

DER GEEIGNETE REITER

Der Reiter, der mit dem jungen Pferd springen will, sollte erfahren, leicht und sportlich sein. Alles kann recht schnell gehen, und dann müssen Sie mit der Situation so gut vertraut sein, dass Sie automatisch reagieren. Ein Stolperer oder eine unerwartete kleine Seitwärtsbewegung sind für einen erfahrenen Reiter kein Problem, können aber einen Reitanfänger über eine Kette von Reaktionen in Schwierigkeiten bringen. Sogar ein erfahrener Reiter muss sich gelegentlich an der Mähne oder am Halsriemen festhalten, vor allem wenn das Pferd spritzig ist. Ein junges Pferd mit gutem Charakter kann nach sechs bis zwölf Monaten für einen unerfahrenen Reiter geeignet sein, wenn es weiterhin mit professioneller Hilfe gut ausgebildet wird.

DRESSURARBEIT

Das Springen hat nicht viel Sinn, wenn das Jungpferd nicht gelassen bleibt und sich nicht willig vorwärts reiten lässt. Wenn Ihr Pferd sich leicht aufregt, sollten Sie erst dann weitermachen, wenn es ruhiger bleibt. Sollte es lernen, sich beim Springen zu verspannen oder auf die Sprünge zuzustür-

TRABPLANKEN Wenn Sie mit einer einzigen Vorlegplanke keinen gleich bleibenden Absprungpunkt erzielen, legen Sie zwei weitere Planken in je 1,4 m Abstand vor die Vorlegplanke. So ermuntern Sie das Pferd zu regelmäßigen Trabtritten.

men, würden Sie lange brauchen, um es wieder gelassen zu machen. Wenn ein Pferd nicht gut vorwärts geht, ist ein gelegentlicher Galopp im Gelände leicht bergauf oder notfalls auf der langen Seite der Reitbahn geistig erfrischend.

VORÜBUNGEN

Halten Sie die Dinge so einfach wie möglich und vermeiden Sie Stangensalat am Boden, der ein junges Pferd ablenkt oder

SPRINGEN AM WALL

Ein solcher kleiner Wall ist für junge Pferde ideal. Dieses Pferd sieht zum ersten Mal einen Wall, springt aber mit der perfekten Mischung aus Selbstvertrauen und Vorsicht. Reiten Sie im Trab an und geben Sie dem Pferd Zeit, sich darüber klar zu werden, was es hier tun soll. Dieses Pferd springt mit beiden Hinterbeinen gleichzeitig ab – das ergibt einen geraden Sprung im Gleichgewicht. Die Unterschenkelhaltung der Reiterin gibt ihr eine sichere Basis.

verwirrt. Bodenplanken sind sicherer als Stangen, die wegrollen und zu Verletzungen führen, wenn das Pferd darauf tritt. Wiederholen Sie die Übungen, die Sie an der Longe trainiert haben (siehe S. 74): Gehen Sie im Schritt und dann im Trab über eine Reihe von Planken im Abstand von 2,7 bis 3 m. Nun ersetzen Sie die zweite Planke durch zwei Stangen am Boden mit zwei Fässern dazwischen und Fangständern an jedem Ende. Dabei lassen Sie zwischen den Fässern eine Lücke als Durchlass für das Pferd, die es lehrt, ein Hindernis in der Mitte zu nehmen. Außerdem wird das Pferd so an Unterbauten

gewöhnt, was auf lange Sicht Zeit sparen kann und Ihnen ein Betätigungsfeld gibt, wenn Sie sonst in die Versuchung kämen, die Hindernisse zu schnell höher zu machen.

VORBEREITUNG AUF DEN ERSTEN SPRUNG

Bei jedem Sprung muss Ihr Ziel ein gleichmäßiges Anreiten geradeaus sein. Achten Sie darauf, dass das Pferd auch bei Sprüngen aus dem Trab im Galopp landet und gleichmäßig vorwärts geht. Das ist auch eine Vorbereitung für das nächste Stadium, in dem Sie aus dem Galopp springen werden.

(a) Das Pferd trabt über die Vorlegplanke und zwischen den Fässern hindurch.

(b) Mithilfe einer Stange wird ein Hindernis daraus.

EINFÜHRUNG VON HINDERNIS UND UNTERBAU Dieser Vierjährige nimmt dieses Hindernis zum ersten Mal mit Reiter. Er hat an der Longe eine Einführung in das Springen erhalten (siehe S. 74) und wird seit einem Monat dressurmäßig gearbeitet. Er soll erst im Schritt, dann im Trab zwischen den zwei Fässern hindurch. Die Vorlegplanke liegt 2,7 m davor (a). Nun wird eine Stange aufgelegt und allmählich auf die Höhe der Fässer angehoben (b). Jetzt kann der Abstand zwischen den zwei Fässern verringert werden, bis ein drittes Fass dazwischen passt. Das Pferd springt sehr hoch. Das Hindernis sollte nicht erhöht werden, bis das Pferd weniger hoch springt und näher am Hindernis bleibt.

Das Pferd setzt den Rücken gut ein, sollte aber näher am Hindernis abspringen. Das kann man mit Trabplanken erreichen.

Die Reiterin trägt eine Schutzweste – eine Standard-Sicherheitsvorkehrung beim Springen mit jungen Pferden.

Die Zügelanlehnung ermöglicht es dem Pferd, Kopf und Hals einzusetzen.

SPRINGEN AUS DEM GALOPP

Sobald das Pferd den Fässersprung vertrauensvoll nimmt, wird ein einfacher Kreuzsprung mit Grundlinie und Vorlegplanke etwa 10 m vor den Fässern aufgebaut. Das Pferd soll den Kreuzsprung aus dem Trab nehmen, im Galopp landen und zwei Galoppsprünge machen, bevor es zum ersten Mal aus dem Galopp springt. Später kann die Distanz zwischen den Hindernissen auf einen Galoppsprung verringert werden, aber bei zwei oder drei Galoppsprüngen hat der Reiter mehr Zeit für notwendige Änderungen.

Schließlich kann noch eine hintere Stange eingeführt werden, die aus den Fässern einen Karree-Oxer macht (siehe S. 190–191), der eine längere Flugkurve erfordert. Dadurch wird die Distanz zwischen den Hindernissen geringer (siehe S. 209). Es kann also sein, dass diese Distanz etwas angepasst werden muss.

Karree-Oxer ermuntern das Pferd zu einer guten Bascule über dem Sprung, also zu einer Körperhaltung mit gewölbtem Rücken. Wenn Sie diese Übung vernünftig weiterführen, wird das Pferd schnell mehr Vertrauen bekommen und Kraft aufbauen. Auch hier ist es wichtig, darauf zu achten, ob ein Hinterbein früher abspringt als das andere. Wenn das der Fall ist, sollte das Pferd zum Aufbau seiner schlechteren Seite mehr dressurmäßig gearbeitet werden (siehe S. 72–73). Wird das unterlassen, so wird Ihr Pferd sich eine schiefe Haltung über dem Sprung angewöhnen.

RECHTSGALOPP UND LINKSGALOPP

Die Fähigkeit, nach einem Hindernis gleichermaßen problemlos im Rechts- oder im Linksgalopp zu landen, ist für das Springen eine Schlüsselübung. Um nach dem Hindernis im Linksgalopp zu landen, sieht der Reiter nach links, bewegt beide Hände ohne Zurückziehen leicht nach links und gibt etwas mehr Gewicht in den linken Steigbügel. Wenn das auf einer Hand schwerer fällt, muss mehr dressurmäßig gearbeitet werden. Schließlich sollte die Gewichtsverlagerung des Reiters ausreichen, um das Pferd in den gewünschten Galopp springen zu lassen, selbst wenn es nach einem Hindernis auf gerader Linie galoppiert.

SPRUNGREIHEN VON HINTEN NACH VORNE AUFBAUEN

Nehmen Sie zuerst den Fässersprung aus dem Trab. Nun bauen Sie einen Taxiersprung auf und springen beide. So vermeiden Sie schlechte Erfahrungen für Ihr Pferd.

Konzentrieren Sie sich auf die Reitrichtung.

Halten Sie beim letzten Galoppsprung weiche Anlehnung.

LINKS- UND RECHTSGALOPP

Wenn der Reiter das Pferd bei der Landung nicht beeinflusst, wird es dazu neigen, in seinem Lieblingsgalopp zu landen. Dadurch wird es allmählich noch einseitiger. Lehren Sie Ihr Pferd, im Rechtsgalopp oder im Linksgalopp zu landen (siehe Kasten links), und arbeiten Sie es dressurmäßig, damit es auf gerader Linie springen und anschließend gleichermaßen problemlos links oder rechts weitergaloppieren kann. Wenn Ihr Pferd ständig versucht, seinen Lieblingsgalopp zu wählen, sollten Sie öfter auf der anderen Hand reiten. Wenn das nicht bald zur Verbesserung führt, müssen Sie mit dem Springen aufhören und zur Dressurarbeit zurückkehren. Versuchen Sie sogar in kerzengeraden Springreihen immer zu registrieren, ob Ihr Pferd zwischen den Hindernissen im Links- oder Rechtsgalopp geht. Wenn es immer derselbe ist, müssen Sie an Ihrem Gleichgewicht arbeiten und auch hier wieder zur Dressur zurück.

BEKANNTMACHEN MIT NATURHINDERNISSEN

Sobald ein Pferd auf dem Platz gut springt, hat es das aufregende Stadium erreicht, in dem es kleine Naturhindernisse im Gelände springen kann. Ausreiten ist das Vorstadium einer Querfeldeinstrecke. Versetzen Sie sich in das junge Pferd hinein, das bisher sein ganzes Leben auf einigen kleinen Weiden und dem Reitplatz verbracht hat: Jeder Geländeritt ist ein großes Abenteuer. Es braucht Zeit, um sich an die vielen

Dinge zu gewöhnen, die es sieht und hört. Wenn es gelassener wird, können Sie es allmählich leicht bergauf und bergab reiten sowie kleine Wälle, Gräben und Baumstämme nehmen. So entwickelt das Pferd Selbstvertrauen und Koordination und seinen propriozeptiven Sinn (siehe S. 47). Mit zunehmendem Vertrauen in seinen Reiter wird das Pferd auch anfangen, Hindernisse anzupacken, die es ohne Reiter meiden würde. Die Partnerschaft zwischen Pferd und Reiter fängt jetzt richtig an.

FORTSCHRITTE

Ausgehend von kleinen Naturhindernissen können Sie nun eine ganze Reihe von Geländehindernissen im Miniaturformat springen. Es spricht ungeheuer viel dafür, das mit einem jungen Pferd zu tun: Wenn es hier eine angenehme Erfahrung macht, wird es später immer voller Selbstvertrauen an die Geländearbeit herangehen. Die spätere Einführung ins Geländetraining ist nie so erfolgreich. Achten Sie aber immer darauf, ob das Pferd mit beiden Hinterbeinen gleichzeitig abspringt. Am besten sieht man das bei Wällen aus dem Trab oder langsamen Galopp. Bei Einseitigkeit müssen Sie noch warten und das Pferd zur Kräftigung seiner schwächeren Seite dressurmäßig arbeiten.

Sie werden merken, dass Ihr junges Pferd von Natur aus fliegende Galoppwechsel springt. Das ist gut, wenn Sie dabei seinen Hals länger lassen und es mit Ihrem neuen äußeren Schenkel zum Wechseln auffordern, indem Sie ihn kurz etwas zurück und wieder nach vorne nehmen und dabei leichte Biegung in die neue Richtung aufnehmen. So lernt das Pferd, fliegende Wechsel nur auf Aufforderung zu springen.

Federn Sie Ihr Gewicht in die Steigbügel und greifen Sie in die Mähne.

Erlauben Sie dem Pferd, natürlich zu springen.

MIT HINTERER STANGE Dieses Jungpferd springt zum ersten Mal mit einem Reiter im Sattel einen Oxer. Die Vorbereitungen waren gut, das Pferd hat keine Probleme.

HERAUSFORDERUNGEN IN DER AUSBILDUNG

HERAUS-FORDERUNG	MÖGLICHE GRÜNDE	LÖSUNGSMÖGLICHKEITEN
NICHT EINFANGEN LASSEN	• Frechheit	• Wenn Ihr Pferd sich nicht gut einfangen lässt, hat es wenig Sinn, ihm mit einem Eimer Pellets nachzulaufen, den es doch ignoriert. Als kurzfristige Lösung treiben Sie es in einen Stall und fangen es dort, notfalls mithilfe einer zweiten Person. Belohnen Sie es sofort. Als Dauerlösung hilft entweder Longieren (siehe S. 68–69) oder Freilaufen. Beim Freilaufen arbeiten Sie mit dem Pferd, ohne dass es Ausrüstung trägt. Deshalb eignet sich diese Variante besonders gut für junge Pferde, die die Ausrüstung noch nicht kennen, und ebenso für ältere verdorbene Tiere, die dagegen ankämpfen.
		Idealerweise arbeiten Sie mit Ihrem Pferd zunächst frei in einem Roundpen von ungefähr 15 m Durchmesser. In diesem engen Raum wird dem Pferd bald klar, dass es nicht weglaufen kann. Bauen Sie Verständigung und Vertrauen auf, indem Sie das Pferd zum Schritt und Trab, zum Handwechsel und zum Halten auffordern. Schließlich wird es zu Ihnen kommen und Ihnen folgen wollen. In diesem Stadium ist das Einfangen einfach. Nach einigen Übungen im Roundpen wird es sich auch draußen fangen lassen. Dieselben Ergebnisse lassen sich mit Longieren erzielen. Wenn das Pferd noch nicht longiert worden ist, hat es aber sicher Bedenken wegen der Longe, sodass mehr Können und Einfühlungsvermögen nötig sind.
	• Furcht	• Wenn Ihr Pferd sich fürchtet, kommen dieselben Lösungswege infrage, es dauert nur länger, bis Sie Ergebnisse erzielen.
NICHT FÜHREN LASSEN	• Angst	• Wenn Ihr Pferd Angst hat (siehe S. 68–69), kommen Sie mit Longieren oder Freilaufen am schnellsten zu einer Lösung. Sobald das Pferd versteht, dass Verständigung möglich ist, verfliegt die Angst. Sie merken das daran, dass es normal atmet.
	• Unverständnis	• Wenn Ihr Pferd einfach nicht versteht, was Sie von ihm wollen, greifen Sie auf die ersten Schritte zur Gewöhnung an das Führen zurück (siehe S. 66–67). Nehmen Sie eine dünne, aber ziemlich starre Gerte in die äußere Hand. Berühren Sie das Pferd damit an der Hinterhand, um es zum Gehen zu animieren. Gehen Sie immer nur ein oder zwei Schritte bis zum nächsten Halt und Lob – keine längeren Strecken. Bleiben Sie nahe an der Pferdeschulter, sodass das Pferd Ihnen nicht auf die Zehen treten kann.
	• Unwillen	• Wenn Ihr Pferd sich nicht führen lassen will, muss es lernen, Sie zu akzeptieren. Am sichersten geht das in einem Roundpen oder auf einem kleinen Platz. Wenn Sie ein solches junges Pferd antreiben, müssen Sie immer mit einem Schnellstart rechnen.

HERAUS-FORDERUNG	MÖGLICHE GRÜNDE	LÖSUNGSMÖGLICHKEITEN
HINTERHAND ZUM MENSCHEN DREHEN	• Schmerz	• Wenn Ihr Pferd Ihnen ständig die Hinterhand zudreht, versuchen Sie es mit Longieren (S. 68–69) oder Freilaufen. Bei den meisten schwierigen Pferden haben die Probleme ihre Ursache in Schmerzen und schlechten Erfahrungen. Wenn das Reiten Schmerzen auslöst, ist es verständlich, dass das Pferd Strategien zur Reitervermeidung entwickelt. Lassen Sie es vom Tierarzt untersuchen. Gehen Sie im Stall nie an seiner Hinterhand vorbei, sondern lassen Sie es immer herumgehen, bis es Sie ansieht.
	• Aggression	• Hier ist dieselbe Strategie wie oben erklärt anzuwenden.
UMDREHEN AN DER LONGE	• Angst	• Wenn Ihr Pferd Angst vor der Longe hat, wird es dazu neigen, rückwärts von Ihnen wegzugehen, sobald Sie stehen bleiben. Das gibt sich schnell, wenn Sie an der Verständigung arbeiten und das erwünschte Verhalten belohnen. Geben Sie dem Pferd in die Richtung, in die es gehen soll, immer offensichtlich reichlich Platz. Belohnen Sie es sofort mit der Stimme.
	• Vorliebe für eine Hand	• Manche Pferde drehen sich an der Longe immer auf ihre Lieblingshand, weil sie gelernt haben, dass dadurch die Arbeit unterbrochen wird. Stellen Sie sich beim Longieren so, dass der Winkel zwischen Longe und Pferd kleiner wird. So können Sie eher hinter dem Pferd bleiben und es besser in der Richtung halten. Dieser Typ von Pferd benimmt sich absichtlich daneben, und so ist das einer der wenigen Fälle, in denen ein kleiner Klaps mit der Longierpeitsche an die Hinterhand angebracht sein kann. Belohnen Sie das erwünschte Verhalten immer sofort mit der Stimme.
	• Unterwürfigkeit	• Wenn Ihr Pferd noch keine Beziehung zum Menschen aufgebaut hat, ist es normal, dass es nach einiger Zeit an der Longe plötzlich sagt: »Ich mache jetzt bei euch mit.« Deswegen will es sich drehen und den Longenführer ansehen. Das hat nichts mit schlechten Manieren oder Fehlverhalten zu tun, sondern sollte eigentlich belohnt werden. Allerdings möchten Sie nicht, dass es lernt, wie man der Longenarbeit durch Abdrehen ausweicht, also müssen Sie seine Reaktion etwas mildern. Dazu blicken Sie mehr in die Bewegungsrichtung des Pferdes und gehen näher an das Pferd heran, bevor es hält. So kann es seine Akzeptanz ausdrücken, ohne Ihnen näher kommen zu müssen. Von diesem Punkt ausgehend können Sie üben, dass es außen auf dem Longierzirkel stehen bleibt und sich nicht bewegt. Das ist auch eine gute Vorübung für das Halten unter dem Sattel, bei dem es von Anfang an stillstehen soll.

HERAUSFORDERUNGEN IN DER AUSBILDUNG

HERAUS-FORDERUNG	MÖGLICHE GRÜNDE	LÖSUNGSMÖGLICHKEITEN
ZU STARKES BIEGEN DES HALSES	• Longierzirkel zu klein	• Wenn man in der Mitte des Longierzirkels steht, ist es manchmal schwer zu sehen, dass der Zirkel zu klein ist. Versuchen Sie, Ihren Zirkel bei 15–20 m zu halten. So wirken geringere Kräfte auf die Pferdebeine und das Verletzungsrisiko ist kleiner.
	• Ziehen an der Longe	• Wenn Sie das Pferd ständig an der Longe ziehen lassen, wird es schließlich unweigerlich den Hals so sehr nach innen biegen, dass es mit dem Körper nach außen kommt. Wählen Sie anfangs den Zirkel größer und lassen Sie das Pferd am Zaun des Longierzirkels entlanglaufen. So hat das Pferd nichts, wogegen es ziehen kann, und hält den Hals gerader. Nun treiben Sie es vorwärts.
	• Wenig Vorwärtsdrang	• Ermuntern Sie das Pferd zum Vorwärts – fordern Sie zum Beispiel deutlich, dass es im Trab oder Galopp bleibt, auch wenn es gerade am Ausgang vorbeikommt. So wird es bald aufhören, nach außen zu ziehen und den Hals nach innen zu biegen. Vorwärtsdenken und mehr Ruhe helfen auch, wenn Ihr Pferd das Gegenteil tut, also den Hals nach außen biegt und den Körper nach innen bringt. Bei Pferden, die den Hals ausgesprochen stark nach einer Seite biegen, verwendet man gekreuzte Ausbinder (siehe S. 387), die die Seitwärtsbewegung eingrenzen, ohne den Pferdekopf Richtung Brust zu ziehen. Dazu werden die Ausbinder auf beiden Seiten am Gebiss befestigt, vor dem Widerrist gekreuzt und dann am Deckengurt an der Stelle festgemacht, an der normalerweise das Vorderzeug angebracht ist. Gekreuzte Ausbinder sind auch eine gute und sichere Vorbereitung auf die Verwendung von normalen Ausbindern.
ZUNGE HOCHDRÜCKEN	• Zu viel Druck auf die Zunge	• Viele Pferde mögen Druck auf die Zunge nicht und versuchen die Zunge hochzudrücken und das Gebiss wegzuschieben. Der Druck kann durch zu kurze Ausbinder oder Fahren am Boden mit zu harter Hand verursacht werden (siehe S. 73). Verwenden Sie eine gebrochene Trense mit leicht gebogenem Mundstück, um den Druck zu verringern.
	• Angewohnheit	• Wenn sie einmal gelernt haben, die Zunge hochzudrücken, behalten manche Pferde das einfach aus Gewohnheit bei. Arbeiten ohne Gebiss kann das Problem lösen. Ansonsten muss man immer sehr sorgfältig darauf achten, starken Druck auf die Zunge zu vermeiden. Am Multizaum sind Gebiss und Nasenriemen über Riemen verbunden, die wirkungsvoll den Druck vom Maul nehmen.

HERAUS-FORDERUNG	MÖGLICHE GRÜNDE	LÖSUNGSMÖGLICHKEITEN
HOHE KOPFHALTUNG	• Spritzigkeit	• Für ein Pferd mit viel Bewegungsdrang ist es normal, dass es den Kopf hebt, um den Horizont beobachten zu können, und dass es Schwebetritte macht. Das zeigt, dass es dem Pferd gut geht – warten Sie, bis es von selbst ruhiger wird. Das kann einige Stunden dauern, aber wenn das Pferd weder Schmerzen noch Angst hat, wird es sich schließlich entspannen und Kopf und Hals senken.
	• Schmerzen im Maul	• Wenn ein Pferd sich gegen das Gebiss wehrt, nehmen Sie das Gebiss heraus. Wird das Pferd sofort ruhiger, ist das die Bestätigung dafür, dass das Problem beim Gebiss lag. Überprüfen Sie die Zähne auf scharfe Kanten oder Wolfszähne. Selbst wenn keine Zahnprobleme vorliegen, ist es am besten, das Pferd eine Zeit lang ohne Gebiss zu arbeiten. Wenn ein Pferd an der Longe gut mitarbeitet, hat es auch ohne Gebiss ein weißes Maul (siehe S. 64). In diesem Stadium kann das Gebiss wieder eingeführt werden. Reagiert das Pferd beim Anbringen der Ausbinder wieder negativ, verringern Sie den Druck auf die Zunge, indem Sie das Gebiss mit dem Nasenriemen verbinden. Bei Pferden, die ständig Maulprobleme haben, verwenden Sie am besten drei bis neun Monate einen gebisslosen Zaum, bevor Sie wieder ein Gebiss verwenden.
	• Mangelnder Schwung	• Wenn das Pferd die Hinterhand tätig einsetzt und den Rücken aufwölbt, senkt es auch den Kopf. Dadurch wird der Rücken noch mehr aufgewölbt. Arbeiten Sie nötigenfalls an der Longe, um das Pferd zum Aufwölben des Rückens zu erziehen (siehe S. 72–73).

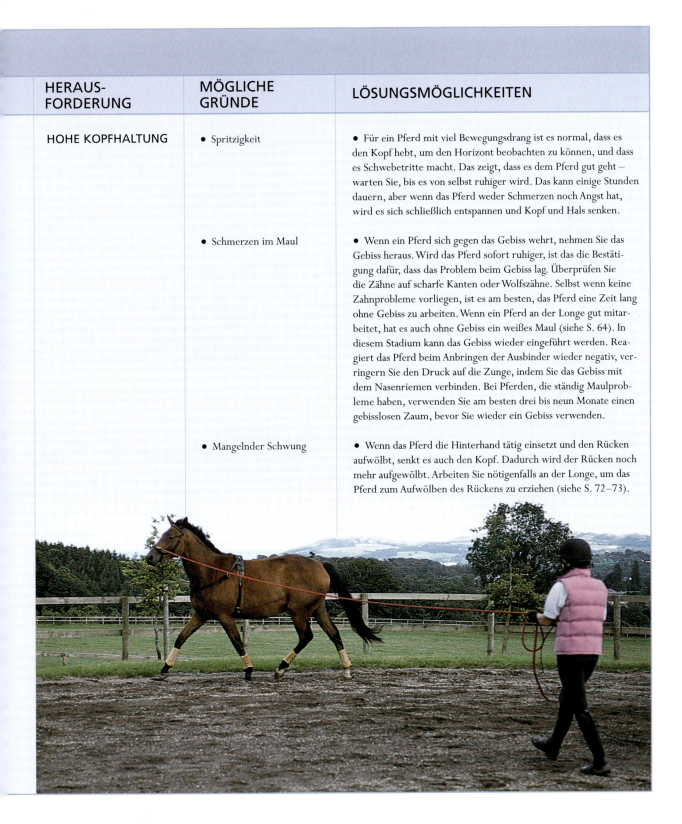

HERAUSFORDERUNGEN IN DER AUSBILDUNG

HERAUS-FORDERUNG	MÖGLICHE GRÜNDE	LÖSUNGSMÖGLICHKEITEN	
ZUNGE ÜBER DEM GEBISS	• Angewohnheit	• Sobald ein Pferd die Zunge hochdrückt, wird es auch bald lernen, sie übers Gebiss zu nehmen, und das kann sich zur Gewohnheit entwickeln. Die meisten Pferde fangen damit an, weil etwas im Maul unbequem ist. Gehen Sie ebenso vor wie bei »Zunge hochdrücken« (siehe S. 86).	
	• Zu viel Druck auf die Zunge	• Ein Mundstück, das im Winkel von 45 Grad von den Laden her nach vorne und oben verläuft, nimmt den Druck von der Zunge. Über ein solches Gebiss kann das Pferd auch schlecht die Zunge nehmen. Jedes Gebiss mit Aufziehwirkung wie z. B. die Wiener Kandare (ein Dreiring-Gebiss) ist hier geeignet. Alternativ könnte man auch die Zunge festbinden, wie es oft bei Rennpferden gemacht wird, aber damit behebt man nicht die Ursache.	
KLEBEN (VERSUCH, NACH HAUSE ZU GEHEN)	• Schmerzen	• Wenn ein Pferd ständig umdrehen will, obwohl Sie es vernünftig und klar verständlich zur Arbeit auffordern, müssen Sie vom Tierarzt abklären lassen, ob es Schmerzen hat.	
	• Angst	• Wenn die tierärztliche Untersuchung kein Ergebnis erbringt, hat das Pferd vielleicht Angst. Ebenso wie Kinder können Pferde in Fällen Angst haben, die wir als dumm betrachten würden. Ein Schatten, ein Geräusch, eine Bewegung in der Hecke können ein Pferd erschrecken und zum Abdrehen führen. Bestrafung wird hier wenig Wirkung zeigen. Ein gut aufgebautes Trainigsprogramm mit Longen- und Freiarbeit ist sehr wirkungsvoll. Auch die Gesellschaft älterer, erfahrenerer Pferde kann in solchen Fällen Wunder wirken.	
	• Ungehorsam	• Wenn weder Schmerz noch Angst beteiligt zu sein scheinen, kann das Umdrehen ein erlerntes Verhalten sein. Überhöhte Anforderungen oder die Verwendung undeutlicher Hilfen können das Pferd lehren, den Reiter zunächst zu ignorieren, sich ihm dann zu widersetzen und schließlich zu kleben. Bei der Korrektur ist es wichtig, einfache Übungen zu verwenden und sehr offensichtlich zu belohnen. Allmählich können Sie dann deutlicher zur Arbeit auffordern und Bereiche anpacken, in denen das Pferd geringen Widerstand zeigt. So kann es beispielsweise nötig sein, eine leichte Schenkelhilfe mit einer deutlicheren oder mit einer Gertenhilfe an die Hinterhand zu verstärken. Tun Sie das nur nach reiflicher Überlegung und setzen Sie die Gerte niemals wiederholt oder im Zorn ein – das ist kontraproduktiv. Es ist auch schwierig, am Problem des Klebens zu arbeiten, wenn das Pferd recht knackig ist. Hilfreich sind dann vermehrter Koppelgang, verringerte Kraftfuttergabe und der Einsatz einer Führmaschine (siehe S. 52).	

HERAUS-FORDERUNG	MÖGLICHE GRÜNDE	LÖSUNGSMÖGLICHKEITEN
STEIGEN	• Ausweglosigkeit, Angst	• Die natürliche Reaktion eines wild lebenden Pferdes auf Gefahr besteht darin, sich umzudrehen und wegzugaloppieren. Das Steigen lernen Pferde erst, wenn sie keinen Ausweg sehen. Wenn Sie merken, dass das Pferd zu steigen droht, treiben Sie es an, egal wohin – Pferde können nicht steigen, wenn sie vorwärts gehen. Sobald es sich vorwärts bewegt, loben Sie das Pferd mit der Stimme und sanftem Reiben am Hals. Machen Sie dann mit leichteren Übungen weiter und bauen Sie langsam Vertrauen auf.
	• Anerzogen	• Ein Pferd lernt das Steigen, wenn der Reiter übertriebene Anforderungen stellt und es gegen ihn ankämpfen will. Sobald das Pferd entdeckt, dass es mit dem Steigen vermeiden kann, die Wünsche des Reiters zu erfüllen, wird es weiter steigen. Die meisten Pferde vergessen das Steigen aber schnell wieder, wenn ihnen die Arbeit Spaß macht und sie in Gesellschaft arbeiten dürfen. Das Pferd sollte unmittelbar spüren, dass das Leben einfacher ist, wenn es mitarbeitet. Harte Strafen sind selten wirkungsvoll und besonders kontraproduktiv, wenn sie während des Steigens oder direkt danach erfolgen. Direkt vor dem Steigen kann man deutlicher durchgreifen.
BUCKELN	• Spritzigkeit	• Es ist ganz natürlich, dass ein Pferd ein wenig buckelt und quietscht, wenn es übermütig ist. Darüber muss man sich keine Sorgen machen. Man sollte allerdings lieber ohne Sattel und Reiter arbeiten, weil das Pferd sonst lernt, gegen den Gurt zu buckeln.
	• Ablehung des Gurtes	• Ein junges Pferd erschreckt sich durchaus selbst, wenn es sich gegen den fest gezogenen Gurt anspannt. Es ist eine natürliche Reaktion, dann den Rücken rund zu machen und zu buckeln. Je weiter hinten der Gurt liegt, desto leichter passiert das. Verwenden Sie ein Vorderzeug und einen Gurt mit Elastikeinsatz und ziehen Sie den Gurt nie von Anfang an fest.
	• Anerzogen	• Wenn ein Pferd lernt, dass die Arbeit endet, sobald es den Reiter abgeworfen hat, wird es die Vorteile des Buckelns schnell erkennen. In diesem Falle ist es wichtig, so schnell wie möglich einen erfahrenen Reiter aufsitzen zu lassen. Zusätzliche Longenarbeit (siehe S. 72–73) und die Wiederholung früherer Ausbildungsschritte können angebracht sein.
	• Noch nicht bereit zum Gerittenwerden	• Versuchen Sie nicht, das Ganze zu beschleunigen oder Schritte auszulassen, und lassen Sie sich immer von einem erfahrenen Ausbilder beraten. Schwierige Pferde gehören in Expertenhand, und die Sicherheit des Reiters steht an erster Stelle.

KAPITEL VIER

REITEN IM GLEICHGEWICHT

Ein gutes Gleichgewicht ist der Schlüssel zum erfolgreichen Reiten. Dieses Kapitel erklärt, wie Sie zu einem guten Grundsitz im Sattel kommen. Wenn Sie so weit sind, können Sie diesen Sitz leicht an die verschiedenen Disziplinen anpassen. So ruht in der Dressur Ihr Gewicht im Sattel und Sie reiten mit längeren Bügeln, während Sie für das Springen Ihr Gewicht auf die kürzer verschnallten Bügel stützen. Es ist wichtig, dass Sie jederzeit mit den Bewegungen des Pferdes mitgehen, damit Sie sicher sitzen und wirkungsvolle Hilfen geben können.

Um ein besserer Reiter zu werden, müssen Sie Ihr Einfühlungsvermögen schulen, Ihr Gespür für die Bewegungen des Pferdes, Ihr Verständnis der Ausbildungslektionen und Ihre Fähigkeiten in der Verständigung mit dem Pferd. Durch das Üben der in diesem Kapitel beschriebenen Fertigkeiten können Sie sich vom Reitanfänger zum geübten Reiter entwickeln.

GLEICHGEWICHT – WAS IST DAS?

Beim Reiten muss man an drei Gleichgewichten arbeiten: dem eigenen, dem des Pferdes und dem von Mensch und Pferd zusammen. Die Haltung, in der Sie sich im Gleichgewicht befinden, ist je nach Betätigung unterschiedlich (Dressursitz, Springsitz), und das Gleichgewicht des Pferdes hängt von seinem Ausbildungsstand ab. Wirkungsvolle Partnerschaft mit dem Pferd ist nur möglich, wenn Sie wissen, wie Gleichgewicht zustande kommt und wie der Reiter es beeinflusst.

DAS NATÜRLICHE GLEICHGEWICHT

Bei einem stehenden Pferd liegt der Schwerpunkt auf halbem Wege zwischen Widerrist und Bauch – unter dem Sattelblatt, nahe am Gurt. Ungefähr 60 Prozent des Gewichts eines Pferdes lasten auf den Vorderbeinen und 40 Prozent auf den Hinterbeinen. Bei sehr schwer gebauten Pferden kann die Verteilung durchaus 66 und 33 Prozent sein. In der Bewegung verschiebt sich der Schwerpunkt beim Pferd im Gegensatz zu anderen Tieren nur wenig, weil die Wirbelsäule des Pferdes ihre Form kaum verändern kann. Bei einem galoppierenden Rennpferd wandert der Schwerpunkt leicht nach vorne. Ein gut ausgebildetes Dressurpferd kann über 50 Prozent seines Gewichts auf die Hinterbeine verlagern.

WIRKUNG DES REITERS AUF DAS GLEICHGEWICHT

Mit einem Reiter im Sattel liegt der Schwerpunkt immer noch auf derselben senkrechten Linie, aber um etwa 10 Prozent höher. Die Gewichtsverteilung auf Vorder- und Hinterbeine des Pferdes wird nicht beeinflusst. Deshalb ändern sich die Gänge und die

GLEICHGEWICHT IM DRESSURSITZ Im Vollsitz sitzt der Reiter über seinem Becken im Gleichgewicht. Eine senkrechte Linie soll von der Schulter über die Hüfte zum Absatz führen.

GLEICHGEWICHT IM SPRINGSITZ Beim Springen federt der Reiter sein Gewicht in den Steigbügeln ab. Eine senkrechte Linie soll von der Kniemitte zum Fußballen führen.

Bewegungsmanier des Pferdes nicht, wenn ein Reiter aufsitzt. Beim leichten Sitz wirkt das Gewicht des Reiters über seine Beine auf die Steigbügel und auf den Bereich des Sattels, an dem die Bügelriemen liegen. Die Riemen sind an den Sturzfedern befestigt, die kurz hinter dem Vorderzwiesel des Sattels sitzen. Also wird das Reitergewicht hauptsächlich hier liegen, nahe am Widerrist des Pferdes. Ein gut passender Sattel verteilt das Gewicht ein wenig, aber der größte Teil wirkt immer noch vorne ein.

EINSATZ DER HINTERHAND

In der Ausbildung wird das Pferd ermuntert, mehr Gewicht auf die Hinterhand zu verlagern, sodass Vorder- und Hinterbeine gleich belastet werden. Dabei sollen die natürlichen Gänge nicht behindert werden. So kann das Pferd problemlos einen Reiter tragen, der den Trab aussitzt, auch wenn bei dieser Gangart das Reitergewicht etwas zurückrutscht. Mit fortschreitender Ausbildung verlagert sich der Schwerpunkt des Pferdes etwas nach hinten. In diesem Stadium ist es für das Pferd tatsächlich leichter, wenn der Reiter mehr Gewicht in den Sattel bringt wie beim Dressurreiten, weil er so seinen Schwerpunkt über dem Schwerpunkt des Pferdes hält. Beim Springen dagegen wird der Reiter sein Gewicht mehr über seine Beine abfedern müssen, um so nahe am Schwerpunkt des Pferdes zu bleiben.

Beim Reiten auf einer geraden Linie müssen Pferd und Reiter sowohl über Vor- und Hinterhand im Gleichgewicht bleiben als auch senkrecht, also mit gleich viel Gewicht auf jeder Seite. Wenn das Pferd eine Wendung ausführt, wird es sein Gewicht leicht nach innen verlagern. Das Reitergewicht sollte diese Verlagerung mitmachen, damit das Pferd im Gleichgewicht bleibt (siehe Kasten rechts).

DER SITZ IM SATTEL

Für ein gutes Gleichgewicht müssen Gesäß und Sattel mittig liegen. Rutscht der Sattel zur Seite, sitzt der Reiter nicht im Gleichgewicht oder der Gurt ist locker. Der Sattel sollte auch dann mittig liegen, wenn das Pferd sich auf gebogenen Linien bewegt. Eine leichte Gewichtsverlagerung gibt dem Pferd das Signal, dass es in diese Richtung abbiegen soll. So große Seitwärtsbewegungen wie hier gezeigt behindern dagegen das Gleichgewicht des Pferdes. Es wird sich zum Ausgleich in die andere Richtung lehnen müssen.

SATTEL NACH LINKS VERRUTSCHT

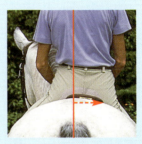

SATTEL NACH RECHTS VERRUTSCHT

SITZ NACH LINKS VERRUTSCHT

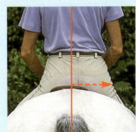

SITZ NACH RECHTS VERRUTSCHT

AUSBILDUNGSLEVELS

Ein junges Pferd kann lernen, gleich viel Gewicht auf Hinter- und Vorderbeine zu verlagern (rechts) und den aussitzenden Reiter im Trab zu tragen. Mit fortschreitendem Training kann es mit der Hinterhand mehr Gewicht aufnehmen und wirkt so, als würde es bergauf gehen (ganz rechts). Selbst ein unausgebildetes Pferd muss mit der Hinterhand mehr Last aufnehmen, um über ein Hindernis zu springen.

Der natürliche Schwerpunkt des Pferdes hat sich durch Ausbildung etwas nach hinten verlagert.

Der Rahmen dieses Dressurpferdes ist etwas verkürzt.

JUNGES PFERD

WEITER AUSGEBILDETES PFERD

DIE LÄNGE DER STEIGBÜGEL

Die Länge der Steigbügelriemen wird von rein praktischen Gründen bestimmt. Fürs Dressurreiten sitzt der Reiter im Gleichgewicht im Sattel und belastet sein Gesäß gleichmäßig. Das fällt leichter, wenn die Steigbügel lang sind und das Bein in natürlich langer Haltung herabhängen kann. Die Unterschenkel müssen dabei im Kontakt mit dem Pferdebauch bleiben, weil damit ja die Hilfen gegeben werden.

Beim Springen oder im schweren Gelände sitzt der Reiter nicht immer im Sattel, sondern belastet vermehrt die Steigbügel. Um nun über dem Schwerpunkt des Pferdes die Balance halten zu können, muss er das Gesäß aus dem Sattel nehmen können, ohne die Unterschenkel als Fundament zu verlieren. Dazu verkürzt er die Steigbügel und balanciert sich über den Unterschenkeln aus. Bei sehr schnellen Ritten verschnallt man die Bügel noch kürzer und geht in eine Haltung, in der man schon fast in der Hocke sitzt. Diese Haltung gibt mehr Stabilität, weil dabei der Schwerpunkt tiefer liegt als in aufrechter Haltung. Von der Bügellänge für das Springen ausgehend, schnallt man die Bügel für eine Geländestrecke zwei bis drei Löcher kürzer und für die Dressur zwei bis drei Löcher länger. Wie stark verlängert oder verkürzt wird, hängt auch von der Größe des Reiters und der Breite des Pferdes ab – ein kleiner Reiter auf einem breiten Pferd muss nicht viel verstellen.

DIE HILFENGEBUNG

Die Stelle am Pferdebauch, an der Schenkelhilfen gegeben werden, ist wichtig, damit das Pferd den Reiter versteht. Die treibende Schenkelhilfe wird immer an derselben Stelle eingesetzt. Bei langen Bügeln gibt man die Hilfe mit den Waden. Bei kürzeren Bügeln benutzt man den unteren Schenkelbereich. Ein kleiner Reiter muss auf großen Pferden den Schenkel vermutlich etwas nach vorne legen, um diese Stelle zu erreichen.

FALSCHE HALTUNG BEI KURZEN BÜGELN

Wenn man mit kurzen Bügeln reitet, müssen die Unterschenkel das stabile Fundament für das Gleichgewicht des Reiters bilden. Hier liegt das Knie zu weit vorne und der Absatz zu weit hinten, das Gewicht stützt sich auf die Zehen. Dadurch wird die Reiterin nach vorne gekippt und die Schenkelhilfe zu weit hinten gegeben.

REITEN MIT LANGEN UND KURZEN STEIGBÜGELN

DRESSURLÄNGE Der Winkel hinter dem Knie sollte 120–130 Grad betragen. Knie und Zehen zeigen nach vorne. Bei noch längeren Steigbügeln ist es nicht mehr möglich, den Unterschenkel fühlig am Pferdebauch liegen zu lassen. Bei breiten Pferden müssen die Bügel kürzer sein.

SPRINGLÄNGE Der Winkel hinter dem Knie sollte 105–115 Grad betragen. Die kürzeren Bügel erleichtern das Ausbalancieren mit den Beinen, das erforderlich ist, um in der Springbewegung mitgehen zu können. Bei kleinem Reiter und großem Pferd sind etwas längere Bügel hilfreich.

GELÄNDELÄNGE Der Winkel hinter dem Knie sollte hier 90–100 Grad betragen. Bei so kurzen Bügeln liegt mehr Gewicht auf dem Bein, was die Schenkelhilfen erschwert. Je kürzer die Bügel, desto tiefer sollte der Reiter den Absatz halten.

FALSCHE AUFFASSUNGEN VOM GLEICHGEWICHT

Zum Thema Gleichgewicht sind zwei Missverständnisse weit verbreitet: Erstens, dass es für den Reiter möglich sei, das Pferd über die Zügelanlehnung beim Halten des Gleichgewichts zu unterstützen. Denken Sie daran, dass das Pferd den Reiter trägt und nicht umgekehrt – es ist für den Reiter rein körperlich unmöglich, das Gleichgewicht des Pferdes zu stützen. Er kann ihm aber helfen, im Gleichgewicht zu bleiben, indem er es zur richtigen Schwungentfaltung auffordert.

Das zweite Missverständnis besagt, dass es möglich sei, das Gleichgewicht des Pferdes zu verbessern, indem der Reiter sein Gewicht im Sattel nach hinten verlagert. Damit behindert er aber das Pferd beim Aufwölben des Rückens. Wenn man dieses Konzept ins Extrem fortführt und der Reiter sein Gewicht über die Hinterhand verlagern würde, müssten die Hinterbeine zu viel Last aufnehmen und könnten nicht mehr normal arbeiten. Die einzige Methode, eine größere Lastaufnahme der Hinterbeine zu erzielen, ist allmähliches und fortschreitendes Training. Wenn das Pferd seine Muskeln entwickelt und mehr Schwung entfaltet, kommt das Gewicht von Reiter und Pferd als Einheit weiter nach hinten (siehe S. 93).

Wenn ein Pferd aus der Balance gerät, wird es von selbst langsamer, um sich wieder auszubalancieren. Dazu sollte der Reiter das Pferd ermuntern, wenn er ein stabileres Gleichgewicht erzielen will. Weil Pferde vier Beine haben,

können sie sich aber bemerkenswert gut ausbalancieren – obwohl ihr Schwerpunkt so weit vorne liegt. Leider führt das zu erhöhter Belastung der Vorderbeine.

Wenn ein Pferd lernt, sein Gewicht gleichmäßiger zu verteilen, wird diese Belastung der Vorderbeine geringer, und das Pferd kann länger eingesetzt werden. Eine einfache Möglichkeit, das Gleichgewicht des Pferdes zu verbessern, ist das Bergaufreiten. Sanfte Hügel sind eine unschätzbare Hilfe zum Erzielen einer natürlichen Balance.

NATÜRLICHES GLEICHGEWICHT

Wenn Kleinkinder in die Hocke gehen, lassen sie das Knie oberhalb des Fußes, nicht davor. Jockeys benutzen eine ähnliche Haltung, um sicher im Gleichgewicht zu bleiben, auch wenn sie das Gesäß aus dem Sattel nehmen. Sie können so den Schwerpunkt tief halten und in Knie- und Hüftgelenken die Bewegungen des Pferdes abfedern. Skateboard- und Skifahrer federn in dieser Haltung über unebenen Boden – und genauso sollten Sie sich beim Reiten mit kurzen Steigbügeln positionieren.

MIT KURZEN BÜGELN Selbst mit so kurzen Bügeln wie bei diesem Steeplechase-Jockey bleibt die Haltung der Unterschenkel gleich. Man kann den Bügel hinter den Fußballen durchrutschen lassen, aber der Absatz bleibt unten. So kann das Bein wie eine Feder wirken.

Der Jockey hält die Hüften fast auf Höhe der Knie, sodass sein Schwerpunkt sehr tief liegt.

GLEICHGEWICHT & SITZ

Um Ihr Gleichgewicht zu verändern, müssen Sie Ihre Haltung im Sattel – Ihren Sitz – modifizieren. Wie Sie sich am besten ausbalancieren, hängt von den Anforderungen der jeweiligen Reitdisziplin ab. Sobald Sie Ihren Grundsitz perfektioniert haben, können Sie ihn entsprechend an die Situation anpassen. Wenn Ihre Fußballen immer senkrecht unter der Mitte der Knie liegen, können Sie die Unterschenkel stets am schmalsten Teil des Pferdes und damit in sicherer Position halten.

EIN SITZ FÜR ALLE DISZIPLINEN

Der große Vorteil eines guten Grundsitzes liegt darin, dass man davon ausgehend ganz natürlich zum längeren oder zum kürzeren Steigbügel übergehen kann. Der Unterschenkel verläuft dabei entlang einer senkrechten Linie (siehe Linie A in den Zeichnungen rechts), bleibt aber am Gurt. Egal, welchen Sattel man benutzt – der Gurt liegt immer an derselben Stelle, nämlich an der schmalsten Stelle des Pferdekörpers. So bleibt der Unterschenkel also, unabhängig von der Länge der Steigbügel, immer an einem empfindlichen Bereich des Pferdebauches, der für die Hilfengebung ideal ist.

Wenn jemand beispielsweise in einem Vielseitigkeitssattel Dressur reitet (1), liegen seine Schultern über dem Becken und von der Kniemitte zum Fußballen verläuft eine senkrechte Linie parallel zum Gurt, sodass der Unterschenkel am empfindlichen Bereich des Pferdebauches liegt. Diese Grundhaltung wird von Reiteinsteigern benutzt. Wenn man in diesem Sattel die Steigbügel verlängert, wandern die Unterschenkel an eine breitere Stelle des Pferdebauches und können nicht fühlig anliegen. In einem Dressursattel dagegen kann man mit diesem längeren Bügel reiten (2) und trotzdem den Unterschenkel am schmalsten Teil des Pferdes halten. Das liegt daran, dass der tiefste Punkt des Dressursattels weiter vorne liegt. In dieser Haltung verläuft eine senkrechte Linie von der Schulter des Reiters über seine Hüfte bis zum Absatz.

ANPASSEN DER STEIGBÜGEL

Wenn man die Steigbügel für das Springen verkürzt (3), rutscht das Gesäß etwas nach hinten, die Schultern gehen etwas nach vorne – die klassische Haltung im Gleichgewicht für das Springen. Schnallt man die Bügel für die Geländestrecke noch kürzer (5), werden die Winkel an Knie und Hüfte wieder kleiner, aber die Schultern bleiben auf derselben Linie ungefähr oberhalb des Knies. Für das Pferd fühlen sich diese beiden Haltungen gleich an, weil das Reitergewicht an derselben Stelle einwirkt.

Für den Reiter dagegen hat die Steigbügellänge größere Bedeutung. Je kürzer die Bügel, desto schwieriger wird es, Schenkelhilfen zu geben und in engen Wendungen das Gleichgewicht zu halten. Beim eigentlichen Springen fällt die Balance dagegen vor allem beim Auf- und Absprung leichter, und man sitzt mit kurzen Bügeln auch sicherer, wenn das Pferd anschlägt. Auf das Reiten mit längeren Bügeln trifft das Gegenteil zu.

STEEPLECHASE Bei diesem schnellen Rennen über Bürstensprünge sind keine engen Kurven zu nehmen, sodass die Reiter mit sehr kurzen Bügeln reiten, die ihnen über den Hürden Stabilität geben.

UNTERSCHIEDLICHE GLEICHGEWICHTSPOSITIONEN

1. GRUNDSITZ FÜR DIE DRESSUR Diese Zeichnung zeigt einen guten Grundsitz im Vielseitigkeits- oder Springsattel. Wenn der Reiter sich etwas nach vorne neigt und mehr Gewicht auf die Füße federt, hat er ein gutes Gleichgewicht für das Leichttraben.

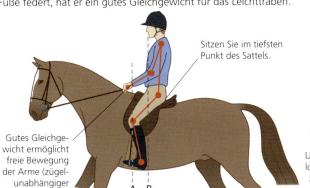

Sitzen Sie im tiefsten Punkt des Sattels.

Gutes Gleichgewicht ermöglicht freie Bewegung der Arme (zügelunabhängiger Sitz).

A B

2. FORTGESCHRITTENER DRESSURSITZ Die Steigbügel sind lang, das Bein ebenfalls. Die senkrechte Linie von der Schulter über die Hüfte bis zum Absatz wird im Dressursattel bei jeder Lektion beibehalten.

Das Gesäß bleibt etwas weiter vorne und erleichtert es dem Pferd, das Reitergewicht zu tragen.

Wenn der fühlige Kontakt mit dem Unterschenkel verloren geht, verkürzen Sie die Bügel.

A B

3. KLASSISCHER SPRINGSITZ In dieser Haltung (auch leichter Sitz genannt) liegen die Schultern des Reiters über den Knien, sodass das Gewicht vom Gesäß weg auf die Füße verlagert wird.

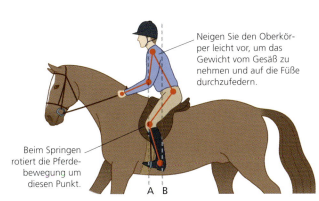

Neigen Sie den Oberkörper leicht vor, um das Gewicht vom Gesäß zu nehmen und auf die Füße durchzufedern.

Beim Springen rotiert die Pferdebewegung um diesen Punkt.

A B

4. SPRINGSITZ Mit fortschreitender Ausbildung des Pferdes nimmt die Hinterhand mehr Last auf und der Reiter kann mehr Gewicht in den Sattel bringen.

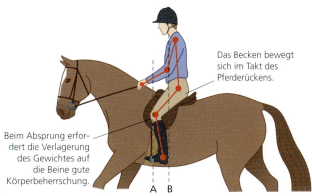

Das Becken bewegt sich im Takt des Pferderückens.

Beim Absprung erfordert die Verlagerung des Gewichtes auf die Beine gute Körperbeherrschung.

A B

5. SITZ FÜR DIE GELÄNDESTRECKE Der kürzere Steigbügel gibt dem Reiter über den Hindernissen und bei Tiefsprüngen Sicherheit (siehe Zeichnung 6). Die senkrechte Haltung des Unterschenkels wird dadurch nicht beeinflusst.

Die Winkel an Knie- und Hüftgelenken können zwischen den Hindernissen größer werden.

Für noch mehr Sicherheit kann der Absatz etwas nach vorne wandern.

A B

6. SICHERHEITSSITZ FÜR DIE GELÄNDESTRECKE Für einen Tiefsprung werden die Winkel an Knie und Hüfte geöffnet und es wird sozusagen der fortgeschrittene Dressursitz eingenommen.

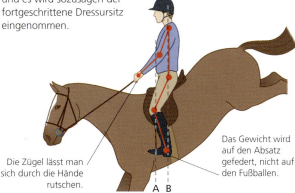

Das Gewicht wird auf den Absatz gefedert, nicht auf den Fußballen.

Die Zügel lässt man sich durch die Hände rutschen.

A B

MITGEHEN IN DER BEWEGUNG

Gutes Gleichgewicht im Sattel können Sie nur erreichen, wenn Sie in der Bewegung des Pferdes mitgehen. Diese körperliche Einheit ist unerlässlich, weil Sie nur so die natürlichen Bewegungsabläufe des Pferdes ermöglichen und ermuntern, Hilfen geben und sicher im Sattel sitzen können. Wenn diese Harmonie fehlt, werden Sie merken, dass die Verständigung erschwert ist und Sie im Sattel geworfen werden. Wie stark die Bewegung unter Ihnen ist, hängt von der Gangart ab.

DIE BEWEGUNG IM SCHRITT

Im Schritt gehen Sie in der Bewegung von Pferderücken, Kopf und Hals mit. Der Rücken bewegt sich im Takt der Hinterbeine, was bedeutet, dass Ihr Gesäß bei jedem Schritt mit vor- und zurückschwingt. Lassen Sie Ihr Becken einfach mitgehen, dann werden Sie diese Bewegung bald spüren. Gleichzeitig nickt der Pferdekopf im Takt der Hinterbeine. Machen Sie diese Bewegung mit, indem Sie bei nur leichter Zügelanlehnung in Ihren Schultern und Ellenbogen nachgeben. Wenn Ihre Arme starr bleiben, wird die Zügelanlehnung ungleichmäßig und behindert den Schritt des Pferdes.

DIE BEWEGUNG IM TRAB

Im Trab bewegt das Pferd den Kopf weniger, sodass es viel einfacher ist, konstante Anlehnung zu halten. Beim Leichttraben ist es nicht schwierig, in der Bewegung des Pferdes mitzugehen, weil Sie aufstehen, wenn der Pferderücken unter Ihnen hochkommt. Um im Aussitzen mit dieser Bewegung mitzugehen, brauchen Sie dagegen viel Körperbeherrschung im Lendenwirbelbereich, sodass die meisten Reitneulinge den Trab immer nur kurze Zeit aussitzen können. Viele Reiter passen sich der Bewegung an, indem sie völlig spannungslos sitzen, wenn der Pferderücken hochkommt, aber damit bringen sie gerade im Augenblick des Abfußens mehr Gewicht in den Sattel. Andere lehnen sich zurück, um so mehr Kontakt zum Sattel zu bekommen, aber das behindert den Trab.

DIE BEWEGUNG IM SCHRITT

DIE BEWEGUNG IM TRAB

DER TAKT DER UNTERSCHIEDLICHEN GANGARTEN

Zwischen den Trabtritten und den Galoppsprüngen findet eine Schwebephase statt, die zu einer wellenförmigen Bewegung des Pferderückens führt. Das Auf und Ab dieser Welle ist im Trab gering, im Galopp dagegen recht deutlich. Der Reiter muss dieser Bewegung mit dem Becken folgen, ohne dabei die Gewichtsbelastung im Sattel zu ändern.

ARBEITSGALOPP

Ein Galoppsprung: 3,7 m

ARBEITSTRAB

Ein Trabtritt: 1,4 m

DIE BEWEGUNG IM GALOPP

Im Galopp muss der Reiter sich dem Auf und Ab des Pferdes anpassen, das beim Abfußen und Auffußen entsteht. Wenn der Reiter in dieser Bewegung mitgehen kann, wird der Galopp sogar besser. Lassen Sie also Ihr Becken mit aufwärts und vorwärts schwingen, wenn die Pferdebeine in die Schwebephase kommen. Beim Auffußen schwingen Sie wieder zurück.

Wie man das macht, können Sie gut an der Longe lernen, weil Sie sich dabei am Vorderzwiesel des Sattels festhalten können. Lassen Sie Ihr Becken unter Ihren Schultern durchschwingen, damit nicht Ihr ganzer Körper ins Schwanken gerät. Gleichzeitig folgen Ihre Hände der Vorwärtsbewegung von Kopf und Hals, mit der das Pferd sich in die Schwebephase streckt.

DIE BEWEGUNG IM GALOPP

Um in der Galoppbewegung mitzugehen, stellen Sie sich vor, dass Ihr Becken bei jedem Sprung einen kleinen Kreis gegen den Uhrzeigersinn beschreibt. Der unterste Punkt des Kreises entspricht dem Augenblick, in dem der weiter vorgreifende Vorderhuf auffußt.

BESSER REITEN

Sie werden sich im Sattel wohler fühlen, wenn Sie einen sicheren Sitz im Gleichgewicht entwickelt haben. Mit einem guten Sitz haben Sie auch mehr Einwirkung, weil Sie Schenkel- und Zügelhilfen unabhängig voneinander und gleichmäßig geben können. Sie entwickeln ein Gefühl für die Bewegungen des Pferdes und seine geistige Einstellung und bekommen beim Üben der Lektionen ein besseres Verständnis der Gesamtabläufe. In diesem Stadium machen Sie rasche Fortschritte.

SCHRITT FÜR SCHRITT

Jeder Reitanfänger muss erst einmal lernen, mit stabilem Gleichgewicht im Sattel zu sitzen und das Gewicht bis zu den Füßen durchzufedern, wie es für Leichttraben und Springen nötig ist. Wenn er sicher im Gleichgewicht sitzt, kann er in der Bewegung des Pferdes mitgehen und erzielt so ein harmonisches Miteinander. In diesem Stadium wird die Einwirkung sofort besser, weil das geschmeidige Mitgehen ein gutes

DER WEG ZUM GUTEN SITZ

IN GUTER SILHOUETTE
Die Silhouette beschreibt die Haltung des Reiters – Rumpf, Beine, Arme, Hände und Finger. Für jede reiterliche Disziplin muss die Haltung etwas anders sein, aber eine gute Ausrichtung der Wirbelsäule ist immer ausschlaggebend (siehe S. 336). So werden bessere Körperbeherrschung, mühelosere Bewegungen und gute Atmung möglich.

IM GLEICHGEWICHT
Eine Haltung im Gleichgewicht ermöglicht Reiten ohne Anklammern und ohne großen Krafteinsatz. Beine und Arme sind frei für eine wirkungsvolle Hilfengebung. Das Körpergewicht wird für die Dressur mit dem Becken ausbalanciert. Mit kürzeren Bügeln für das Springen und die Geländestrecke verlagert sich das Gewicht mehr auf die Füße.

SILHOUETTE

GLEICH-GEWICHT

HARMONIE

SICHERHEIT

IN DER BEWEGUNG
Wenn das Pferd auf die Hilfen des Reiters reagieren soll, ohne in seinen Bewegungen eingeschränkt zu werden, muss der Reiter harmonisch den Bewegungen des Pferdes folgen können. Die Schenkel des Reiters folgen den Bewegungen des Pferdebauches, das Becken folgt denen des Pferderückens, die Hände denen des Pferdekopfes. All das erfordert körperliche Beweglichkeit, insbesondere bewegliche Gelenke (siehe S. 342).

IN SICHERHEIT
Ein gutes Gleichgewicht, das Mitgehen in der Bewegung und eine unerschütterliche Schenkellage geben Sicherheit im Sattel. Um über längere Zeit eine gute Haltung beizubehalten, sind gut trainierte Muskeln erforderlich, sodass das Arbeiten an Kraft und Ausdauer für die Sicherheit ebenso wichtig ist wie für eine gleichmäßige Zügelanlehnung.

Erspüren der Bewegungsabläufe ermöglicht – auf welchem Hinterfuß man beispielsweise trabt – und leichtere, präzisere Hilfen gegeben werden können. Nun wird der Reiter die richtigen Hilfen zur genau richtigen Zeit geben und damit präzise auf das Pferd einwirken.

Achten Sie dabei immer wieder auf Ihre Silhouette im Sattel. Erarbeiten Sie sich eine gute Ausrichtung der Wirbelsäule (siehe S. 336). Sie müssen auch in der Lage sein, die Arme ungezwungen so zu halten, dass vom Ellenbogen über die Hand zum Pferdemaul eine gerade Zügellinie verläuft. So können Sie konstante Zügelanlehnung halten.

Sie werden sich im Sattel noch sicherer fühlen, wenn Sie mehr Ausdauer entwickeln. Dazu müssen Sie vielleicht ohne Pferd an Ihrer allgemeinen Fitness arbeiten (siehe S. 332–351). Durch Reiten und Beobachtung werden Sie Ihr Wissen über die Lektionen von den einfachen Übungen bis hin zu Spezialtechniken erweitern. Sie werden merken, wie die Übungen sich ergänzen und zusammenhängen. Erfahrung und Lernen werden dazu führen, dass Sie sich in Ihr Pferd hineinversetzen können. Wenn Sie die Welt mit den Augen Ihres Pferdes sehen können, machen Sie weitere Fortschritte.

SIE SIND IHR EIGENER TRAINER

Um sich selbst in einen immer besseren und einfühlsameren Reiter zu verwandeln, müssen Sie sich wohl fühlen und Selbstvertrauen haben. Begeisterung und eine positive Einstellung sind ebenfalls unabdingbar. Vergessen Sie in Ihrer gesamten Ausbildung niemals, dass Verbesserungen sich immer nur allmählich einstellen und nicht ohne Anstrengung erreichbar sind.

DIE EINWIRKUNG DES REITERS

BEWUSSTSEIN FÜR DIE BEWEGUNG
Um zur richtigen Zeit die richtige Reaktion parat zu haben, müssen Sie körperlich fühlen können, was das Pferd gerade tut, damit Sie sich in Harmonie mitbewegen können. Beim Reiten verschiedener Pferde und durch die Betätigung in verschiedenen reiterlichen Disziplinen machen Sie praktische Erfahrungen und entwickeln so Ihr Gefühl.

VERSTÄNDNIS FÜR DAS PFERD
Mit Einfühlungsvermögen sind Sie im Einklang mit Ihrem Pferd, sodass es voller Selbstvertrauen und in Leichtigkeit arbeiten kann. Versuchen Sie, Ihre Umwelt mit den Augen Ihres Pferdes zu sehen und sich seiner Einstellung bewusst zu werden. Solide Kenntnisse der Psychologie und Physiologie des Pferdes sind die Voraussetzung für bestmögliche Fortschritte.

GEFÜHL

EINFÜH-LUNGSVER-MÖGEN

LEKTIONEN

SPRACHE

LEKTIONEN ÜBEN
Im Laufe Ihrer reiterlichen Ausbildung werden Sie in den Reitstunden und auf Turnieren immer mehr verschiedene Lektionen reiten. Auf jedem Niveau ist dabei das Verständnis von Zweck und Zusammenhang der Übungen ebenso nötig wie das Abwägen von Vorteilen und Nachteilen. So schöpfen Sie Ihr reiterliches Potenzial voll aus, ohne Ihr Pferd auszubeuten.

VERSTÄNDIGUNG VERBESSERN
Zur Verständigung mit dem Pferd werden Stimme, Schenkel und Hände, aber auch das Gewicht benutzt und bilden eine Sprache. Diese Sprache kann einladen, ermuntern, überreden oder manchmal auch fordern, dass das Pferd eine bestimmte Übung ausführt, je nach seinen Fähigkeiten und nach dem Mut von Pferd und Reiter. Die allmähliche Verfeinerung dieser Sprache wird die Partnerschaft mit Ihrem Pferd noch weiter verbessern.

DER WEG ZUM GUTEN SITZ

Ein guter Sitz gibt dem Reiter die Freiheit der gezielten Einwirkung. Sie haben einen guten Sitz erreicht, wenn Sie beim Reiten nicht mehr über Ihre Körperkoordination nachdenken müssen, sondern automatisch reagieren können.

Bestimmen Sie immer wieder Ihre Stärken und Schwächen, damit Sie sich genaue Ziele zur Verbesserung Ihres Sitzes setzen können – unabhängig davon, auf welchem reiterlichen Niveau Sie sich befinden.

ENTWICKLUNG DES SITZES

In den ersten Reitstunden lernen Sie, sich sicher im Sattel zu halten. Dazu schnallen Sie die Steigbügel auf die richtige Länge und halten eine senkrechte Linie von der Kniemitte zum Fußballen ein. Diese Haltung ist für Schritt, Leichttraben und erste Springübungen ausreichend (siehe S. 32–35). Wenn Sie im Leichttraben und bei kleinen Sprüngen gut im Gleichgewicht bleiben können, haben Sie bereits eine gewisse Harmonie mit der Bewegung des Pferdes erreicht. Sie werden sich im Sattel sicher genug fühlen, um ein ruhiges Pferd in einem eingefriedeten Bereich angstfrei reiten zu können. Durch Dressur- und Springübungen bekommen Sie ein

besseres Gefühl für die Bewegungen und Bedürfnisse Ihres Pferdes. Damit wird sich auch Ihr Sitz verbessern und deutlichere, wirkungsvollere Hilfen ermöglichen.

Benutzen Sie unbedingt einen Sattel, der auf Ihren Reitstil, Ihre Größe und Ihre Körperform abgestimmt ist. Ihr Ausbilder kann Ihnen Ratschläge in puncto Sattel geben und wird Ihnen vielleicht Longenstunden zur Verbesserung Ihres Sitzes vor-

REITANFÄNGER Als Reiteinsteiger liegt die Priorität darin, im Leichttraben ein stabiles Gleichgewicht zu entwickeln. Mit einem gut geformten Sattel und mit Reithosen mit gut haftendem Besatz fällt das leichter. Das nächste Ziel ist das Mitgehen in der Bewegung des Pferdes.

schlagen. So können Sie sich auf Haltung und Gleichgewicht konzentrieren. Mit zunehmender Übung wird es Ihnen leichter fallen, einen guten Sitz beizubehalten. Ebenso kann es aber passieren, dass Sie sich eine Fehlhaltung angewöhnen, die Ihren weiteren Fortschritt blockieren würde. Typische Probleme sind runde Schultern, mangelnde Lockerheit im Lendenbereich, Einseitigkeit und allgemeine Steifheit. Zur Korrektur gibt es Übungen, die Haltung, Gelenkigkeit, Kraft und Gleichgewicht verbessern (siehe S. 332–351).

ZIELE SETZEN

Mithilfe der unten stehenden Tabelle können Sie Ihren Sitz mit seinen Stärken und Schwächen einschätzen. Die jeweiligen Anforderungen orientieren sich am Niveau für die Turnierreife und zeigen eine mögliche Abfolge auf, in der Sie sich Ziele und Prioritäten setzen können. Jeder Reiter ist aber anders und wird sich in seinem eigenen Tempo entwickeln. Das erste Ziel besteht darin, ein ruhiges, ausgebildetes Pferd in einem eingezäunten Bereich reiten zu können. Dann sollten Sie dasselbe Pferd im Gelände mit anderen Pferden reiten und kleine Hindernisse nehmen können. Danach werden Sie rasche Fortschritte machen. Es ist wichtig, in jedem Stadium positiv und selbstsicher, diszipliniert und pragmatisch zu bleiben.

FORTGESCHRITTENER REITER Als fortgeschrittener Reiter haben Sie Ihren Sitz so weit entwickelt, dass Sie kaum daran denken müssen. Sie werden Ihren Sitz automatisch an jede Situation anpassen, ob Sie nun bergauf springen oder einige anspruchsvolle Hindernisse nehmen.

IHR SITZ – EINE POSITIONSBESTIMMUNG

	ANFORDERUNGEN AUF EINSTEIGER-NIVEAU	ANFORDERUNGEN AUF NIEDRIGEM NIVEAU	ANFORDERUNGEN AUF MITTLEREM NIVEAU	ANFORDERUNGEN AUF HOHEM NIVEAU
SILHOUETTE	Sitzt ohne vorgeschobenes Becken oder Hohlkreuz gleichmäßig auf beiden Sitzbeinhöckern.	Erzielt im Vielseitigkeitssattel eine neutrale Ausrichtung der Wirbelsäule.	Erzielt auch im Dressursattel eine neutrale Ausrichtung der Wirbelsäule.	Behält den guten Sitz gewohnheitsmäßig auch in schwierigen Situationen bei.
GLEICHGEWICHT	Hält problemlos im Leichttraben und bei kleineren Sprüngen das Gleichgewicht.	Bleibt im Schritt, Trab und Galopp auch ohne Steigbügel problemlos im Gleichgewicht.	Bleibt auch mit sehr kurzen Bügeln (wie bei einem Jockey) problemlos im Gleichgewicht.	Kann kleinste Veränderungen an der Balance vornehmen. Verwendet feine Gewichtshilfen.
HARMONIE	Hält im Vielseitigkeitssattel fühligen Kontakt mit Becken und Schenkeln.	Erzielt auch in Dressur- und Springsattel guten Kontakt mit Becken, Schenkeln und Zügeln.	Kann beim Aussitzen im Trab den Lendenbereich gut kontrollieren.	Bleibt in fortgeschrittenen Dressurlektionen und Springübungen in Einheit mit dem Pferd.
SICHERHEIT	Sicherer Sitz im Sattel beim Geländeritt bis zu 2 Stunden auf einem ausgebildeten Pferd.	Sicherer Sitz im Sattel auf einem fitten Turnierpferd bis zu 3 Stunden lang.	Sitz im Sattel sicher genug, um bis zu 4 Stunden ein schwieriges oder junges Pferd zu reiten.	Sitz im Sattel sicher genug, um bis zu 5 Stunden aktiv in unterschiedlichem Gelände zu reiten.

BESSER EINWIRKEN – ABER WIE?

Einwirkung hat wenig mit Kraft und viel mit der Fähigkeit zur klaren Hilfengebung zu tun. Ein gutes Gefühl für die Bewegungen des Pferdes ermöglicht es Ihnen, die Hilfen genau im richtigen Moment einzusetzen. Einfühlungsvermögen in das Pferd hilft beim Verständnis seiner Reaktionen und bei der Überlegung, welche Lektionen an der Reihe sind und wie viel Sie vom Pferd verlangen dürfen. Bewerten Sie Ihre derzeitigen Fähigkeiten und arbeiten Sie auf klare Ziele hin.

KÖRPERLICHE EINWIRKUNG

Wie »wirksam« sind Sie körperlich? Mit fortschreitender Ausbildung werden Sie genug Gefühl für die Bewegungen und Geschwindigkeit des Pferdes entwickeln, um die Gangarten identifizieren und kontrollieren zu können. Sie werden bei Übungen im Schritt, Trab und Galopp gelernt haben, Schenkel- und Zügelhilfen einzusetzen, um das Pferd zum Anhalten, Losgehen und Wenden aufzufordern. Außerdem werden Sie begonnen haben zu verstehen, wie ein Pferd die Welt sieht.

Auf diesen Grundlagen können Sie Ihre reiterliche Einwirkung entwickeln, indem Sie so viele verschiedene Pferde wie möglich in so vielen Disziplinen wie möglich reiten. Verbringen Sie Zeit mit Ihrem Pferd, damit Sie merken, wie es in bestimmten Situationen reagiert. Lernen Sie etwas über die Sinne des Pferdes, damit Sie einschätzen können, worauf Ihr Pferd misstrauisch reagieren könnte (siehe S. 44–47). Üben Sie Aufgaben, die nicht nur an den Problemen des Pferdes arbeiten, sondern auch Ihre Fähigkeiten und die Verständigung mit dem Pferd verbessern. Ihr Ziel ist eine vertrauensvolle Partnerschaft.

Achten Sie darauf, dass Sie Ihre beiden Körperhälften gleichmäßig einsetzen und damit gleich gut auf beiden Händen arbeiten können. Jeder Mensch und jedes Pferd ist in gewissem Maße einseitig. Bei Ihrem Pferd wird das nur besser, wenn es bei Ihnen besser wird. Verfeinern Sie Ihre Koordination bei

REITANFÄNGER Als Einsteiger müssen Sie sich auf Ihren Ausbilder verlassen. Die Einwirkung mit Schenkeln und Zügeln können Sie schnell lernen und rasch ein Gefühl für die Bewegungen bekommen.

Übungen ohne Pferd (siehe S. 332–351). Mit größerer Erfahrung verbessert sich Ihre Einwirkung und Ihr reiterliches Niveau steigt. Die Anforderungsniveaus in der unten stehenden Tabelle geben Ihnen nützliche Anhaltspunkte für Ihre Fortschritte und für erreichbare Ziele.

Ein guter Ausbilder kann Ihr Können einschätzen und weiß, wann Sie Ihr Pferd mehr oder weniger fordern sollten. Außerdem kennt er Übungen zur Verbesserung Ihrer Einwirkung.

GEISTIGE ENTWICKLUNG

Wie »wirksam« sind Sie geistig? Sie brauchen Selbstbeherrschung, Disziplin und Selbstvertrauen, um Ihre Ziele zu erreichen und das Beste aus Ihrem Pferd herauszuholen.

Ob im Training oder im Wettbewerb: Praktisches Wissen über mentale Vorbereitungstechniken wird Ihnen helfen, aus Ihren körperlichen Fähigkeiten mehr zu machen (siehe S. 352–371). Um ein instinktives Gefühl für die Bewegungen und die Einstellung Ihres Pferdes zu bekommen, benötigen Sie außerdem Sensibilität und Erfahrung und müssen fähig sein, sich zu konzentrieren und das Geschehen zu analysieren. Es kann hilfreich sein, daran zu arbeiten, wenn Sie nicht im Sattel sitzen. Den besten Weg finden Sie mit einer pragmatischen, aber flexiblen Vorgehensweise.

FORTGESCHRITTENER REITER Als fortgeschrittener Reiter werden Sie Ihre Koordination so weit entwickelt haben, dass Sie wirklich feine Hilfen geben können. Ihr Pferd wird bereits auf die leiseste Haltungsänderung reagieren. Der Schlüssel zur Einwirkung ist trotzdem ein gutes Verhältnis zu Ihrem Pferd.

IHRE EINWIRKUNG – EINE POSITIONSBESTIMMUNG

	ANFORDERUNGEN AUF EINSTEIGER-NIVEAU	ANFORDERUNGEN AUF NIEDRIGEM NIVEAU	ANFORDERUNGEN AUF MITTLEREM NIVEAU	ANFORDERUNGEN AUF HOHEM NIVEAU
GEFÜHL	Kann im Trab den Fuß wechseln und erkennt Rechts- und Linksgalopp.	Spürt den Takt der Gänge. Hat ein Gefühl für die Galoppsprung-Länge auf 60 cm genau.	Spürt den Schwung des Pferdes. Schätzt die Galoppsprung-Länge auf 50 cm genau.	Hat ein feines Gefühl für Bewegungen. Spürt die Galoppsprung-Länge auf 30 cm genau.
LEKTIONEN	Beherrscht Dressur- und Springlektionen auf Niveau 1 (siehe S. 161 und S. 231).	Beherrscht Aufgaben in Dressur, Springen und Gelände auf Niveau 2 (siehe S. 161, 231, 297).	Beherrscht Aufgaben in Dressur, Springen und Gelände auf Niveau 3 (siehe S. 161, 231, 297).	Beherrscht Aufgaben in Dressur, Springen und Gelände auf Niveau 4 (siehe S. 161, 231, 297).
EINFÜHLUNGS-VERMÖGEN	Weiß über den Herdentrieb und grundlegende Bedürfnisse und Sinne des Pferdes Bescheid.	Hat verstanden, wie Pferde durch Konditionierung und Verstärkung lernen.	Bleibt im Einklang mit dem Pferd und versteht seine Reaktionen auf verschiedene Situationen.	Kann die Reaktionen des Pferdes vorhersehen und sich entsprechend anpassen.
SPRACHE	Kann Becken und Schenkel unabhängig voneinander einsetzen und die Hilfen koordinieren.	Hat unabhängigen Sitz und koordiniert Schenkel und Hand. Stellt das Pferd an die Hilfen.	Ist in der Lage, mehrere Hilfen gleichzeitig zu geben sowie schwierige Pferde zu reiten.	Erzielt feine Hilfengebung samt Einwirkung über Gewicht und Lendenbereich (»Kreuz«).

KAPITEL FÜNF

DRESSUR IM TRAINING & AUF TURNIEREN

Dressurreiten verbessert nicht nur die Kraft und Koordination des Pferdes, sondern auch die Anmut seiner Bewegungen. Geist und Körper des Pferdes müssen sich entwickeln, damit Pferd und Reiter ihre langfristigen Ziele in jeder Sparte der Reiterei erreichen können. Die Dressur liegt allen Reitdisziplinen zugrunde, auch dem Springen. Sie kann aber auch um ihrer selbst willen auf höherem Niveau betrieben werden.

Dieses Kapitel macht Sie mit den Gangarten und Übergängen, den Lektionen und Übungen vertraut. Von Zirkeln und Volten, geraden Linien und Wendungen ausgehend, lernen Sie auch komplexere Lektionen wie Pirouetten und Traversalen kennen. Sie finden Ratschläge für die Turniervorbereitung auf jedem Niveau und einen Abschnitt mit Lösungsvorschlägen bei Schwierigkeiten.

DRESSUR & INSPIRATION

Das höchste Niveau erreicht man in der Dressur erst nach jahrelangem Training. Eine gut gerittene Dressur, vor allem zu Musik, ist ein beeindruckendes Schauspiel. Für den Reiter ist dieser Sport eine ungeheure Herausforderung und sehr befriedigend. Auch wenn man nicht auf Turniere gehen will, wird das Pferd durch Dressurreiten feiner. Die Dressur mit ihren Schlüsselelementen, dem Reiten ohne Zwang und einem durchlässigen Pferd, ist die Grundlage jeglichen Reitens.

DIE URSPRÜNGE DER DRESSUR

Die Dressur hat sich hauptsächlich aus dem klassischen Reiten der Renaissance entwickelt, wenn auch ihre Wurzeln bis in die Zeit Xenophons (435–354 v. Chr.) zurückreichen. Das Buch »Über die Reitkunst« dieses griechischen Soldaten, Essayschreibers und Historikers ist eines der berühmtesten Werke über die Reiterei. Xenophon schreibt: »Wenn man das Pferd in die Haltung bringt, die es selbst annimmt, wenn es sich das schönste Aussehen geben will, so erreicht man, dass das Pferd des Reitens froh und prächtig, stolz und sehenswert erscheint.«

DER GIPFEL DER PARTNERSCHAFT

Die deutschen Olympiagewinner von 1988, Nicole Uphoff und Rembrandt, hatten eine echte Partnerschaft. Rembrandt war ein kleines Leichtgewicht, aber er hatte korrekte Gänge und konnte enormen Schwung entfalten.

Der Sport hat sich weiterentwickelt, und selbst in den letzten 100 Jahren haben sich das Dressurreiten und das Training dafür ungeheuer verändert. So wurde bei der ersten olympischen Dressur im Jahre 1912 weder Piaffe noch Passage gefordert. Stattdessen mussten die Reiter fünf Hindernisse bis 110 cm springen, von denen das letzte eine Tonne war, die auf das Pferd zugerollt wurde.

Heutzutage sind in der Dressur neue Schwierigkeitsgrade zu bewältigen. Direkte Übergänge vom starken Trab zur Passage, mehrere Piaffen und Passagen und das Reiten zu Musik sind nur drei der Faktoren,

die heutige Dressurprüfungen so anspruchsvoll machen. Nach wie vor gültig sind aber die Grundanforderungen an gute Dressurarbeit.

EIN LANGSAMER PROZESS

Gute Dressurarbeit entsteht auf der Grundlage jahrelangen aufbauenden Trainings, bei dem die natürliche Haltung und die Gänge des Pferdes entwickelt werden. Ohne eine echte Partnerschaft zwischen Pferd und Reiter kann keiner sein Maximum an Leistung erreichen. Das Pferd muss willig sein und in Leichtigkeit gehen, und beides ist nur unter einem ausgebildeten Reiter zu erreichen.

In der Dressur gibt es keine unwichtigen Elemente. Die Beachtung von Details, Selbstbeherrschung, Konsequenz und Genauigkeit sind wichtige Faktoren, besonders wenn man berücksichtigt, dass Dressur in einer Reitbahn von 20 x 60 m geritten wird, in der nur wenig den prüfenden Blicken der Richter entgeht.

ECHTE SCHÖNHEIT

Ob es sich um gute Dressurarbeit handelt, können Sie mit einer einfachen Frage prüfen: Macht sie das Pferd schöner? Ganz sicher waren die Goldmedaillengewinner Rembrandt mit Nicole Uphoff (siehe Bild links) im starken Trab schön, und Ahlerich, der Olympiagewinner von 1984, mit Dr. Reiner Klimke in der Piaffe war es auch.

Der Anblick eines gut gehenden Dressurpferdes ist unvergesslich. Der Hals dehnt sich nach vorne in die Aufrichtung, der Rücken wird länger und breiter und verleiht den Bewegungen des Pferdes Anmut und Elastizität. Die Atmung ist gleichmäßig, der Gesichtsausdruck spricht von Zufriedenheit. Der Reiter spürt die Leichtigkeit und das Privileg, ein solches Pferd reiten zu dürfen.

EIN BREITENSPORT

Gutes Dressurreiten gibt dem Reiter ein erhebendes, befreiendes Gefühl. Es ist kein Wunder, dass die Dressur von allen reiterlichen Disziplinen die höchste Wachstumsrate aufweist. Jeder Pferdetyp profitiert auf jedem Niveau davon, und das gilt auch für Ponys. Ponys können zwar keine so großartigen Bewegungen entwickeln, aber der Reiter hat Vorteile, weil der Reitplatz im Verhältnis zur Pferdegröße weitläufiger erscheint. Auch ein kleines Pferd kann ganz oben mitmischen.

Die erste Frau, die eine olympische Einzelmedaille in der Dressur errang, war die Dänin Liz Hartel, und das 1952 – im ersten Jahr, in dem Frauen an der olympischen Dressur teilnehmen durften. Heutzutage sind die Reiterinnen zahlreicher vertreten als die Männer, was beweist, dass es in diesem Sport nicht auf große Kraft ankommt.

DIE SPANISCHE REITSCHULE An der spanischen Reitschule in Wien – der Heimat der berühmten Lipizzaner – werden die klassischen Grundlagen der Dressur gepflegt. Die Reiter gehören zu den gesuchtesten Trainern der Welt. Sie legen Wert auf Einfachheit, schrittweise Ausbildung und Respekt vor dem Pferd. Die Schulhengste führen auch die beeindruckenden klassischen Schulen über der Erde vor (Levade, Courbette und Kapriole), die im Turniersport nicht gefordert werden.

AUSRÜSTUNG & DRESSURPLATZ

Zylinder und Frack sind für viele die Dressur-kleidung schlechthin, obwohl auf den niedrigeren Niveaus normale Reitjacke und Helm getragen werden. Der Dressursattel ist so geschnitten, dass er den Sitz mit langem Bein ermöglicht. Auf dem Turnier werden höher ausgebildete Pferde auf Kandare gezäumt. Die Reitbahn ist mit Buchstaben markiert, die dem Reiter als Orientierungspunkte für die Lektionen dienen.

DIE AUSRÜSTUNG DES REITERS

Zylinder, Frack und Sporen dienen im Spitzen-Dressursport mehr dekorativen Zwecken, während in anderen Disziplinen eher funktionelle Kleidung zum Einsatz kommt. Zum Frack wird eine Weste getragen. In den unteren Turnierklassen ist es üblich, normale Reitjacken und Kappen zu benutzen, die gedeckte Farben haben müssen, meist schwarz oder blau. Die Beriemung an der Reitkappe muss dem geltenden Sicher-heitsstandard entsprechen. Für die Reithosen sind helle Farben zugelassen, meist trägt man weiße Hosen. Eine Gerte von ungefähr 120 cm Länge wird im Training oft benutzt, ist auf dem Turnier aber nicht zugelassen. Gerte, Sporen und Kandarenzäumung sollten der vernünftigen Verständigung dienen, nicht der körperlichen Manipulation des Pferdes.

Kandarenzäumung

Dressursattel

TRENSENZÄUMUNG

In den unteren Klassen kommt eine Trensenzäumung zum Einsatz, hier eine einfach gebrochene Olivenkopftrense. Durch das Gelenk in der Mitte passt sich das Gebiss dem Maul an und er-möglicht den unabhängigen Einsatz der Zügel. Das Hannoversche Reithalfter liegt eine Handbreit über den Nüstern.

Kandarenzäumung mit zwei Gebissen. Die Unterlegtrense sitzt an den Maulwinkeln. Die Kandare liegt unterhalb, die Kinnkette dazu verläuft durch die Kinngrube hinter dem Maul.

Weste

Weiße Reithose

Weiße Handschuhe

Hohe schwarze Stiefel

DAS DRESSUR-OUTFIT

Jeder Reiter sieht in Zylinder und Frack elegant aus. Die Reitstiefel sind so hoch wie möglich, damit sie sich nicht an den Sattelblättern verhaken. Handschuhe und Sporen sind vorgeschrieben, während die Pferdebandagen nur im Training erlaubt sind. Die Mähne wird meist eingeflochten.

Sporen

DIE AUSRÜSTUNG DES PFERDES

Dressursättel sind so geschnitten, dass das Gewicht des Reiters vorwiegend auf seinem Gesäß ruht, nicht auf den Steigbügeln. Deshalb liegt der tiefste Punkt beim Dressursattel etwas weiter vorne als beim Springsattel (siehe S. 188–189). Da in der Dressur mit langem Bein geritten wird, sind die Sattelblätter gerade geschnitten. Achten Sie darauf, dass der Schnitt des Sattelblattes Sie nicht zu einem Sitz mit zu langen Bügeln und nach hinten geschobenem Bein zwingt – darunter leidet der Schenkelkontakt. Die Gurtstrupfen sind oft länger als normal, damit die Schnallen des Dressur-Kurzgurtes im Ellebogenbereich des Pferdes verschnallt werden können. So kommt der Reiterschenkel näher ans Pferd. Die Steigbügel sind schwerer als sonst, damit sie senkrecht hängen.

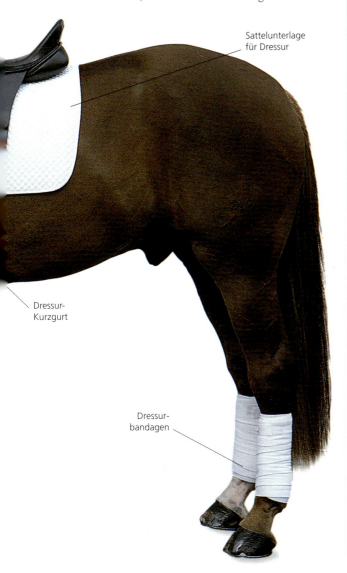

Sattelunterlage für Dressur

Dressur-Kurzgurt

Dressur-bandagen

BANDAGIEREN FÜR DIE DRESSUR

Fürs Dressurreiten werden die Pferde meistens bandagiert, bei Regen verwendet man Gamaschen. Auf Turnieren ist beides nicht erlaubt. Die weichen Bandagen sollen die Durchblutung anregen, Sehnen und Schleimbeutel stützen und verhindern, dass ein Bein das andere streicht. Ob mit oder ohne Bandagierkissen verwendet: In jedem Fall müssen sie sorgfältig angelegt werden, damit keine Druckpunkte entstehen.

SCHRITT 1 Beginnen Sie kurz unter dem Karpal- oder Sprunggelenk. Das Ende der Bandage wird knapp hinter dem Röhrbein angelegt.

SCHRITT 2 Schlingen Sie die Bandage unter gleich bleibendem leichtem Zug einmal um das Bein, um das Ende zu sichern.

SCHRITT 3 Halten Sie die Bandage leicht schräg und wickeln Sie gleichmäßig am Röhrbein nach unten. Die freie Hand streicht glatt.

SCHRITT 4 Wenn die Rückseite des Fesselgelenks erreicht ist, wickeln Sie wieder nach oben. So entsteht vorne ein »V«.

SCHRITT 5 Nach dem »V« schieben Sie eine gerade Wicklung ein und wickeln dann gleichmäßig nach oben weiter.

SCHRITT 6 Hören Sie auf, wo Sie angefangen haben. Schließen Sie die Bandage außen, mit der offenen Seite nach hinten.

ZÄUMUNGEN FÜR DIE DRESSUR

Im Einsteigerbereich tragen die Pferde oft eine einfach gebrochene Trense mit Englischem Reithalfter. Weil das Englische Reithalfter an den Backenzähnen drücken kann, sieht man immer häufiger Hannoversche Reithalfter mit Olivenkopftrense (siehe S. 110), die den Druck auf Zunge, Laden und Lefzen verteilt. Das Hannoversche Reithalfter ist eine gute Ergänzung zur Trense, weil der Kinnriemen sauber unter dem Trensenring zu liegen kommt. Bei einer Trense mit losen Ringen entsteht immer eine gewisse Aufziehwirkung, weil Zug am Zügel das Gebiss in die Maulwinkel hochzieht. Je größer die Ringe, desto stärker ist diese Wirkung.

Die Kandarenzäumung arbeitet mit zwei Gebissen: der Trense und der Kandare. Die Kandare liegt unterhalb der Trense und wird mit einer Kinnkette benutzt, die um den Unterkiefer verläuft und auf beiden Seiten an den Oberbäumen der Kandare eingehakt wird. Je länger diese Seitenteile

der Kandare sind, desto schärfer wird die Zäumung, weil bei Zug am Kandarenzügel die Kinnkette als Gegenlager wirkt und so Druck auf Zunge und Genick kommt. Die Kinnkette sollte so abgemessen sein, dass die Unterbäume sich nicht weiter als 45 Grad nach hinten bewegen können, weil das Kandarengebiss sich sonst drehen kann. Auf dem Kandarenzügel sollten Sie etwas weniger Spannung haben als auf dem Trensenzügel. Die meisten Pferde gehen mit Kandarenzäumungen gut, sie sollten aber auch auf Trense gezäumt ausgebildet werden.

DER DRESSURPLATZ

Für die Dressur werden zwei Größen von Reitplätzen benutzt (siehe unten). Markierungen mit Buchstaben werden ungefähr

GROSSES UND KLEINES VIERECK Das große Viereck mit 60 x 20 m ist Standard für Prüfungen höherer Klassen. Für niedrigere Klassen wird das kleine Viereck mit 40 x 20 m benutzt. Die Wechselpunkte F, M, H und K sind jeweils 6 m von den Ecken entfernt. Die anderen Bahnpunkte haben im kleinen Viereck 14 m Abstand, im großen 12 m.

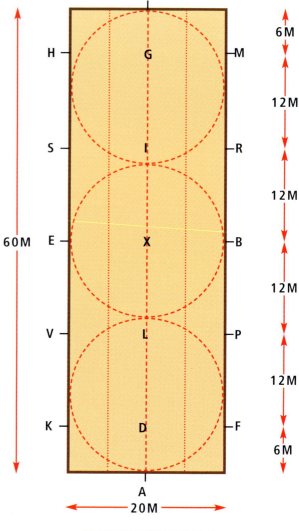

KLEINES VIERECK 40 X 20 M

GROSSES VIERECK 60 X 20 M

50 cm außerhalb der Bahn aufgestellt und dienen als Orientierungspunkte. Die Markierung bei A wird weiter weggestellt, weil sich hier der Eingang befindet. An den Abgrenzungen direkt am Reitplatz zeigen Markierungsstreifen noch einmal die Bahnpunkte. Die Linie von A nach C heißt Mittellinie. Wichtig sind auch die so genannten Wechselpunkte K, H, M und F. Wenn Sie an der Begrenzung entlangreiten, befinden Sie sich auf dem äußeren oder ersten Hufschlag. Reiten Sie 2–3 m weiter innen, benutzen Sie den inneren oder zweiten Hufschlag. Der Reitplatz ist von Begrenzungen umgeben. Sind diese durchgängig und höher als 25 cm, werden Sie disqualifiziert, falls das Pferd den Reitplatz verlässt. In anderen Fällen gibt es bei Verlassen der Bahn lediglich null Punkte für die jeweilige Lektion.

International werden die Längen und Abmessungen für Dressurlektionen in Metern angegeben.

DER BELAG AUF DEM REITPLATZ

Die Tretschicht oder der Belag hat für das Reiten große Bedeutung, weil die Bewegungsmanier des Pferdes und seine Nutzungsdauer davon beeinflusst werden. Ein zu harter Belag führt zu steifen Tritten, deren Erschütterungen die Beine belasten. Bei zu weichem Belag geht die Elastizität der Tritte verloren und die wichtige Schwebephase im Trab und Galopp wird verkürzt.

Für die Dressur kann die Tretschicht etwas weicher sein als für das Springen, weil hier die extremen Kräfte von Absprung und Landung nicht auftreten. Ideal ist eine Tretschicht, die federnden Grasboden nachahmt, wie beispielsweise eine Mischung aus Sand und Gummischnipseln. Die Oberfläche sollte etwas nachgeben, aber sofort wieder nachfedern, ohne dass die Pferdehufe den Belag durchdringen.

GROSSES VIERECK Dieser Reitplatz von 60 x 20 m wurde für ein internationales Turnier in Goodwood House (England) erstellt. Bei B und E sind Richterhäuschen erkennbar, drei weitere Richter befinden sich bei C. Die Richterhäuschen gehören zu den Ablenkungen, an die das Pferd sich gewöhnen muss – aber es ist schon ein wunderbares Gefühl, mit einem gut gehenden Pferd auf einem solchen Platz zu reiten.

SITZ & GLEICHGEWICHT

Die Haltung des Reiters – seine Silhouette – soll ihn befähigen, im Gleichgewicht zu sitzen. So kann er in der Bewegung des Pferdes mitgehen und seine Arme und Beine unabhängig voneinander einsetzen – wichtige Voraussetzungen für die Dressur. Jeder Reiter sollte seine Wirbelsäule in neutraler Aufrichtung halten (siehe S. 336) und losgelassen sitzen können. Weil Reiter und Pferde aber ganz unterschiedlich gebaut sein können, fällt die Silhouette nicht immer gleich aus.

HALTUNG UND SITZ DES REITERS

Der Dressurreiter nimmt einen Vollsitz auf dem Gesäß ein und hält seine Wirbelsäule dabei in neutraler Aufrichtung. Wenn er ins Hohlkreuz fällt oder einen Rundrücken macht, kann der Lendenwirbelbereich sich nicht bewegen. Damit wird es fast unmöglich, den Trab weich auszusitzen oder Schenkel und Hände locker einzusetzen.

Von der Seite gesehen, sollten die Schultern des Reiters sich in einer Linie mit seinem Becken befinden. Sein Gewicht sollte gleichmäßig über sein Gesäß verteilt sein. Ein Teil des Gewichts, das auf dem Bein ruht, wird über den Oberschenkel an den Sattel gebracht, während auf den Steigbügeln gerade so viel Gewicht liegt, dass Fuß und Bügel in Kontakt bleiben. Beide Fußseiten sollten gleichmäßig belastet werden, Zehen und Knie in dieselbe Richtung zeigen. Der Absatz soll etwas tiefer liegen als die Zehe, aber nicht nach unten gedrückt werden.

Wenn Ihre Zehen tiefer liegen als Ihr Absatz, haben Sie zu lange Steigbügel oder sitzen nicht tief genug im Sattel.

GUTE SILHOUETTE Hier (siehe Foto und die Zeichnung 2) befindet die Wirbelsäule des Reiters sich in neutraler Aufrichtung. Der Reiter macht weder ein Hohlkreuz, das ihn in den Spaltsitz bringen würde (1), noch einen Rundrücken, bei dem er das Becken unter sich zieht (3). Von der Schulter über die Hüfte zum Absatz verläuft eine gerade Linie, und auch die Linie vom Ellenbogen über die Hand zum Pferdemaul ist gerade.

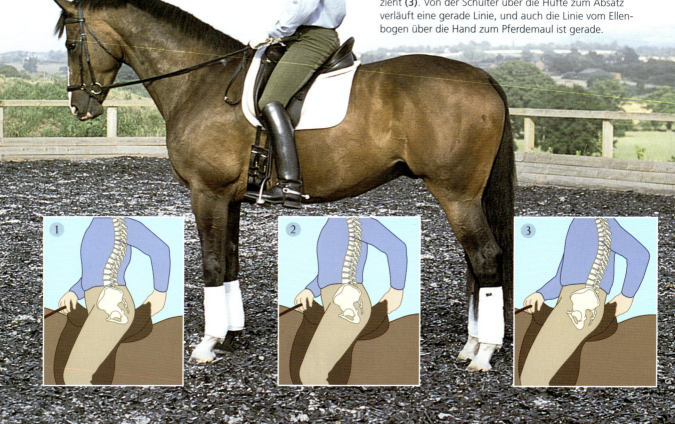

SITZ DES REITERS AUF BREITEN UND SCHMALEN PFERDEN

Gleiche Abstände zwischen beiden Knien und beiden Knöcheln

Knie etwas hochgezogen, damit der Schenkel am Pferdebauch bleibt

SITZ AUF EINEM BREITEN PFERD

Ein kleinerer Abstand der Knie fällt dem Reiter leichter.

Etwas tiefere Kniehaltung für guten Schenkelkontakt

SITZ AUF EINEM SCHMALEN PFERD

Das Bein kann nicht völlig gerade gehalten werden, weil am Knie ein gewisses Maß an Winkelung vorhanden sein muss, damit der Unterschenkel senkrecht hängen und am Pferdebauch anliegen kann. Der häufigste Fehler ist das Reiten mit zu langen Steigbügeln, weil dabei der Unterschenkel zu weit zurückrutscht und nicht mehr anliegen kann.

DIE HALTUNG DER ARME

Machen Sie die folgende Übung, um eine natürliche Haltung Ihrer Arme und Hände zu erzielen:

• Lassen Sie die Arme seitlich hängen.

• Rollen Sie die Finger locker zur Handfläche hin auf, bis an den Fingerknöcheln ein Winkel von 90 Grad vorliegt.

• Schwingen Sie die Unterarme vorwärts-aufwärts, bis Ihre Hände mit etwa 10–15 cm Abstand direkt vor Ihnen stehen. Dabei sollte die Vorderseite der Ellenbogen mit der Vorderseite Ihres Körpers abschließen (siehe Abbildung ganz links).

• Daumen und Zeigefinger liegen oben und kommen noch höher, wenn die Haltung Ihres Oberkörpers sich entwickelt, weil Sie dann die Schultern aufrechter halten und damit die Hände anders tragen. Die Daumen sollten leicht angewinkelt sein, die ganze Handhaltung soll sich ungezwungen anfühlen. Die Zügel werden durch den Druck zwischen den Fingern gehalten, nicht dadurch, dass Sie den Daumen auf die Zügel pressen. So können Sie auch die zwei Zügel der Kandarenzäumung halten und dabei die Kandarenzügel leichter anfassen.

REITEN AUF BREITEN UND SCHMALEN PFERDEN Je breiter ein Pferd ist, desto kürzer müssen die Steigbügel ausfallen. Das liegt daran, dass bei größerem Abstand zwischen den Knien die Knie- und Hüftgelenke stärker angewinkelt werden müssen, damit der Unterschenkel in der Senkrechten und am Pferdebauch bleiben kann. Wenn Sie mit längeren Bügeln reiten, verliert der Unterschenkel den Kontakt zum Pferdebauch.

ZÜGELHALTUNG

Der Trensenzügel (rechts) läuft zwischen kleinem Finger und Ringfinger in die Hand hinein und verlässt die Hand zwischen Zeigefinger und Daumen. Bei der Kandarenzäumung (ganz rechts) bleibt der Trensenzügel an dieser Stelle, während der Kandarenzügel zwischen Ring- und Mittelfinger in die Hand läuft und entweder ebenfalls zwischen Zeigefinger und Daumen herauskommt oder zwischen Zeige- und Mittelfinger. Bei der zweiten Methode können Sie weniger Zug auf den Kandarenzügel ausüben, indem Sie den Mittelfinger öffnen.

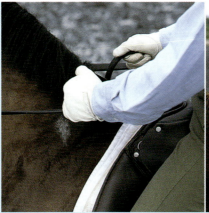

HALTUNG BEI EINEM ZÜGEL

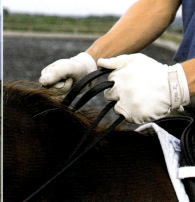

HALTUNG BEI ZWEI ZÜGELN

IN DER BEWEGUNG DES PFERDES

Es gibt drei Hauptgründe dafür, dass sich der Reiter im Einklang mit den Pferdebewegungen befinden sollte: So kann er bequem sitzen, die Bewegung erhalten und feine Hilfen geben. Im Schritt gehen Becken und Hände des Reiters mit der Bewegung von Hinterbeinen und Pferdekopf mit. Im Trab und Galopp folgen Becken und Körper der Aufwärtsbewegung in der Schwebephase und der folgenden Abwärtsbewegung. Dazu braucht man einen geschmeidigen Sitz.

HARMONIE ERREICHEN

Wenn Sie sich wohl fühlen und Ihren Sitz langsam und fortlaufend verbessern, werden Sie bald mit den Bewegungen des Pferdes mitgehen können. Entwickeln Sie diese Fähigkeit nicht, so werden Sie merken, dass Sie mit den Beinen klammern, sich am Zügel festhalten und einen runden Rücken machen. Die Reiterin in den Bildfolgen hat diese Schwächen. Schon geringfügige Verbesserungen beim Mitgehen in der Bewegung würden sie viel geschmeidiger sitzen lassen.

BEWEGUNG DES REITERS IM SCHRITT Das Becken bewegt sich mit den Hinterbeinen des Pferdes mit. Hier schwingt das Becken mit dem inneren Hinterbein nach vorne (**1** und **2**). Dann bewegt es sich zurück (vor und nach **3**) und ist sofort bereit, mit der Bewegung des äußeren Hinterbeins wieder vorzugehen (**4** und **5**). Danach bewegt sich das Becken wieder zurück (**6**). Auch Kopf und Hals des Pferdes bewegen sich im Takt seiner Hinterbeine, also sollten die Hände des Reiters der Nickbewegung des Pferdekopfes und gleichzeitig der Beckenbewegung folgen.

BEWEGUNG DES REITERS IM TRAB
Im Trab hat das Pferd in der Schwebephase den größten Abstand vom Boden (**1**). Nun fußt das andere diagonale Beinpaar ab (**2**) und das Pferd ist wieder in der Schwebephase (**3**). Jedes Mal, wenn ein Beinpaar abfußt (**4**) und die Schwebephase folgt (**5**), schwingt der Lendenbereich des Reiters vor (kleines Bild rechts) und kehrt wieder in die alte Haltung zurück, wenn das Beinpaar auffußt (**6**). Deshalb muss der Reiter seinen Lendenbereich kontrolliert bewegen können.

BEWEGUNG DER WIRBELSÄULE

BEWEGUNG DES REITERS IM GALOPP Im Galopp beginnt die Aufwärtsbewegung mit dem Abfußen (**1**) des äußeren Hinterbeins (hier das linke Bein). Während der Schwebephase fußen ein diagonales Beinpaar (**2**) und dann das weiter vorgreifende Vorderbein (**3**) ab. Das Becken des Reiters kommt wieder nach unten, wenn äußeres Hinterbein (**4**) und diagonales Beinpaar (**5**) wieder aufkommen. Nun fußt das äußere Hinterbein für den nächsten Sprung ab (**6**). Um in der Bewegung mitzugehen, muss das Becken des Reiters eine kreisförmige Bewegung beschreiben (kleines Bild rechts).

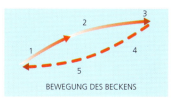

BEWEGUNG DES BECKENS

SPRACHE & GEFÜHL ENTWICKELN

Die Verständigung des Reiters mit dem Pferd beruht auf dem Gebrauch von Stimme, Schenkeln, Händen, Gewicht und Becken – und das unabhängig voneinander. Diese Signale heißen Hilfen. Wenn ein Reiter allmählich Gefühl entwickelt – und damit in Einklang mit dem Pferd kommt –, wird er die Hilfen zum richtigen Zeitpunkt einsetzen. Schließlich wird er sie so fein dosieren können, dass ein Beobachter keine Hilfengebung mehr erkennen kann.

GUTE KOMMUNIKATION

Als Vorbedingung für eine gute Verständigung muss der Reiter in der Lage sein, eine Haltung einzunehmen, in der er im Einklang mit dem Pferd bleibt. Je besser er mit Becken, Schenkeln und Zügeln am Pferd bleibt, desto größer ist seine Chance, mit dem Pferd verständlich zu kommunizieren. Das Mitgehen in der Bewegung ermöglicht ihm ein gutes Gefühl für das Pferd, das wiederum Voraussetzung für die präzise Hilfengebung ist. Welche Hilfen es gibt und wie man sie anwendet, ist nicht schwierig zu lernen – schwierig ist die Erkenntnis, wann man sie einsetzt, wie stark und in welcher Kombination. Ein gutes Gefühl für das Pferd wird Ihnen helfen, das Richtige zur rechten Zeit zu tun.

IM PERFEKTEN EINVERNEHMEN Mit der Kandarenzäumung kann der Reiter sehr feine Hilfen geben. Der Einsatz der Kandare sollte aber, wie bei Gerte und Sporen, der besseren Verständigung dienen und nicht der Einschüchterung des Pferdes.

Der Zügel ist eine Verständigungshilfe, kein Haltegriff.

Das Mitgehen mit dem Pferd erhält die Vorwärtsbewegung.

Der Reiter spürt die Bewegungen des Pferdes mit dem Gesäß.

Der Kandarenzügel sollte etwas leichter anstehen als der Trensenzügel.

An dieser Stelle werden die normalen Hilfen zum Vorwärtsgehen gegeben.

ZÜGELANLEHNUNG

Bei der Zügelhaltung kann man viele Fehler machen, die das Mitgehen mit dem Pferd und die Zügelhilfen erschweren. Einige dieser Fehler, bei denen die Zügellänge oder die Haltung von Händen, Daumen und Handgelenken nicht stimmt, sind hier abgebildet. Für eine gute Haltung nehmen Sie den Trensenzügel zwischen Ringfinger und kleinen Finger (siehe S. 115), sodass der Zügel eine Verlängerung der Fingerknöchel darstellt. Die Finger schließen Sie locker um den Zügel, als wollten Sie einen kleinen Vogel in der Hand halten (oben links). Um die richtige Stelle für den Daumen zu finden, drehen Sie den Daumen so weit nach innen und außen, wie es geht, wenn Sie den Unterarm im Ellenbogen drehen, und suchen den mittleren Punkt. Auch bei den Handgelenken ist der mittlere Punkt, den Sie durch Ein- und Ausdrehen der Gelenke ermitteln können, die natürliche Haltung, bei der die Hände leicht nach innen gedreht sind. Der Oberarm wird leicht nach vorne gewinkelt.

GUTE HALTUNG | ZÜGEL ZU KURZ | ZÜGEL ZU LANG

HÄNDE ZU TIEF | HÄNDE ZU HOCH | DAUMEN NACH AUSSEN

NACH AUSSEN VERDREHT | NACH INNEN VERDREHT | DAUMEN NACH INNEN

Diese Fähigkeit wird oft nur fortgeschrittenen Reitern zugeschrieben, aber auch viele Reiteinsteiger sind zu gutem Gefühl fähig, wenn sie geschmeidig sitzen und von ihrem Ausbilder angehalten werden, auf die Reaktionen des Pferdes zu achten. Gutes Mitgehen in der Bewegung des Pferdes und Gefühl, kombiniert mit dem echten Wunsch, sich mit dem Pferd zu verständigen und nicht nur Forderungen zu stellen – damit sind Sie auf dem besten Wege zur reiterlichen Einwirkung.

EINFACHE SIGNALE

Je einfacher die Hilfen sind, desto besser: ein kurzer Druck und dann ein Nachlassen des Drucks. Ständiges Ziehen am Zügel ist ebenso wenig eine Hilfe wie ständiges Klopfen mit dem Schenkel. Reagiert ein Pferd auf eine leichte Hilfe nicht, so wird sie wiederholt und dann nötigenfalls eine stärkere Hilfe gegeben. Danach müssen Sie immer zur einfachen Hilfe zurückkehren.

Der Gebrauch der Schenkel in der normalen Position – Steigbügelriemen parallel zum Gurt – bedeutet »vorwärts«. Die von den Schenkeln eingeleitete Bewegung wird von den Zügeln kontrolliert und in eine Richtung gelenkt. Der innere Zügel dient zu Richtungsangaben, der äußere Zügel allein oder zusammen mit dem inneren zur Temporegulierung.

HILFSMITTEL

Hilfsmittel wie Gerte und Sporen sollten als Werkzeuge aufgefasst werden, die dem Pferd das Verständnis der Schenkelhilfen erleichtern sollen, und nicht als Strafinstrumente. Der Sporn darf niemals verletzen, wenn er durch eine Drehung der Zehen nach außen an den Pferdebauch gebracht wird. Die Dressurgerte wird aus dem Handgelenk betätigt, ohne dass der Reiter die Zügel loslässt. Sie sollte das Pferd direkt hinter dem Reiterschenkel berühren.

DRESSURGERTE | SPOREN

SCHENKEL- UND ZÜGELHILFEN

Schenkel und Hände können an verschiedenen Stellen und auf unterschiedliche Art eingesetzt werden, um so die Sprache der Hilfen zu erweitern. Beispielsweise liegt der Schenkel normalerweise kurz hinter dem Gurt und wirkt dort treibend, aber er kann auch weiter hinten eingesetzt werden und fordert dann zur Seitwärtsbewegung auf, oder er macht eine kleine Streifbewegung nach vorne und hinten wie der äußere Schenkel im fliegenden Galoppwechsel. Zusätzlich kann entweder wechselnder Druck eingesetzt werden wie beim Treiben oder konstanter Druck wie beim Schenkelweichen (siehe S. 146–147).

Die normale Zügelhilfe ist eine fühlige Anlehnung – das heißt, die Hände gehen mit der Bewegung des Pferdekopfes mit. Das Gegenteil ist der anstehende Zügel, wie er beim Rückwärtsrichten (siehe S. 149) benutzt wird, wo das Pferd zum Gehen aufgefordert wird, die Hände aber kein Vorwärts zulassen, sodass das Pferd rückwärts tritt.

Ein Zügel kann auch öffnend benutzt werden und wird dazu vom Hals wegbewegt; dadurch entsteht Druck an der gegenüberliegenden Maulseite. So können Wendungen geritten werden. Der öffnende Zügel wird oft dadurch ergänzt, dass die andere Hand sich in dieselbe Richtung quer über den Hals bewegt, ohne nach hinten zu ziehen. Diese Kombination der beiden Zügel, bekannt als Neck Reining, ist sowohl im Westernreiten als auch beim Polo die Haupthilfe für Wendungen.

Werden diese vielen Möglichkeiten mit unterschiedlichen Hilfen von Gewicht und »Kreuz« (siehe unten) kombiniert, dann können präzise Hilfen für die einzelnen Elemente einer Lektion und für separate Übungen gegeben werden.

HILFEN MIT GEWICHT UND »KREUZ«

Das Reitergewicht soll für das Pferd so leicht und einfach zu tragen sein wie nur möglich. Die Leistung des Pferdes darf nicht unter den Gewichtshilfen leiden. Also müssen die Hilfen fast unsichtbar sein. Die wichtigste Gewichtshilfe ist die Gewichtsverlagerung nach innen bei der Wendung (siehe S. 93).

Wenn die Gewichtsverteilung im Sattel länger als für einen Moment nicht mit der Gewichtsverteilung auf den Pferdebeinen übereinstimmt, ist das keine Hilfe mehr, sondern ein negativer Einfluss. Das Gewicht leicht nach vorne zu verlagern, um ein Vorwärts anzudeuten, ist manchmal nützlich, während die Gewichtsverlagerung nach hinten als Hilfe zum Langsamerwerden nicht brauchbar ist.

Das Becken schwingt ständig mit der Bewegung des Pferderückens mit. Wenn ein Reiter eine gute Beziehung zu seinem Pferd aufgebaut hat, kann er das Pferd zum Anhalten oder Losgehen auffordern, indem er lediglich die Bewegung seines Beckens stoppt oder beginnt, und zwar einen Augenblick vor der Bewegung des Pferdes. Zum Halten wird dabei »das Kreuz angespannt«, also der Lendenbereich per Bauchmuskelspannung am Mitgehen gehindert. Das funktioniert nur, wenn das Pferd mit schwingendem Rücken geht, und darf auf gar keinen Fall als Zurücklehnen verstanden werden.

VERFEINERUNG DER HILFEN

Sobald ein Pferd die grundlegenden Hilfen versteht und mit tätiger Hinterhand und schwingendem Rücken arbeitet, sagt man von ihm, dass es »an den Hilfen steht«.

In diesem Stadium kann die Verwendung der Hilfen weiter verfeinert werden: Man setzt nun weniger Hilfen ein, diese aber präziser. So sind beispielsweise Geschwindigkeit und Schwung für den Mitteltrab und den Arbeitsgalopp (siehe S. 126–127) so ähnlich, dass man verschiedene Hilfen verwenden muss, um dem Pferd die Unterscheidung zu ermöglichen. Wenn man außerdem eine Lektion mit bestimmten Hilfen einleitet, wird als Nebenwirkung die vorherige Lektion beendet, sodass man sich nur auf eine Sache konzentrieren muss.

Der Reiter sollte dem Pferd beibringen, eine Lektion so lange auszuführen, bis es aufgefordert wird, etwas anderes zu tun – ganz egal, ob es sich dabei um Galopp, Mitteltrab oder Traversalen handelt. Das bedeutet, dass der Reiter viel weniger Hilfen einsetzt und diese je nach Notwendigkeit einfach nur verstärken oder weglassen kann. So führt ein Pferd beispielsweise in der Traversale mehrere Dinge gleichzeitig aus – es biegt sich nach innen, geht vorwärts und seitwärts und behält die Geschwindigkeit bei. Sobald die Haltung für die Traversale eingenommen und das Pferd vom äußeren Schenkel dazu aufgefordert wurde, mit der Lektion zu beginnen, sollte ein gut ausgebildetes Pferd so lange ohne weitere Eingriffe traversieren, bis der Reiter die Hilfen ändert und es damit zur nächsten Lektion auffordert.

Zu Schwierigkeiten kann es kommen, wenn verschiedene Ausbilder unterschiedliche Hilfensysteme verwenden. Ein Pferd, das gelernt hat, auf eine Hilfe mit dem äußeren Schenkel anzugaloppieren, wird eine Galopphilfe mit dem inneren Schenkel nicht verstehen. Einwirkung und Effektivität des Reiters leiden, wenn er ständig die Hilfengebung ändern muss. Es ist eine Tatsache, dass es verschiedene Methoden gibt, aber trotzdem sollte alles so konsequent und einfach wie möglich sein. Es kann hilfreich sein, sehr gute Reiter sehr genau zu beobachten. Sie geben konsequent dieselben Hilfen, die auf allen Niveaus der Dressur anwendbar sind.

DIE GRUNDLEGENDEN HILFEN IN DER TRAVERSALE

Die Weltmeisterin von 2002, die Deutsche Nadine Capellmann, fordert ihr Pferd Farbenfroh zur Traversale auf: Der äußere Schenkel sogt für die Seitwärts-, der innere für die Vorwärtsbewegung. Der innere Zügel kontrolliert die Biegung, der äußere das Tempo.

EINFÜHRUNG IN DIE KONSTANTEN

An der Dressurarbeit sind grundlegende Elemente beteiligt, die beim Pferd jederzeit vorhanden sein müssen. Diese zusammenhängenden Konstanten sind Akzeptanz, Gelassenheit, Fleiß, Geradheit und Reinheit. Ihre gemeinsame Wirkung übersteigt die Summe ihrer Einzelwirkungen. Deswegen wird die Qualität der Dressurarbeit davon bestimmt, wie stark die Konstanten ausgeprägt sind, und daher haben die Konstanten in der Ausbildung Priorität.

DIE FÜNF KONSTANTEN Diese Elemente müssen beim Dressurpferd ständig vorhanden sein, wenn gute Dressurarbeit erzielt werden soll. Sie müssen die Kernpunkte von Ausbildung und Training bilden, weil auf diesen Fundamenten alle Dressurlektionen aufbauen.

KONTROLLIERTER SCHWUNG

Schwung, bei dem das Pferd Hinterhand und Rücken tätig einsetzt, ist eine Kombination aus Kraft, Geschmeidigkeit, Geschwindigkeit und Schub. Ein schwungvolles Pferd ist ein besserer Sportler und fühlt sich in seiner Arbeit wohler. Schwung muss deswegen ein Hauptziel der Ausbildung sein. Um kontrolliert Schwung erzeugen zu können, muss das Pferd den Reiter akzeptieren und gelassen sein. Guter Schwung setzt Gehwillen ebenso voraus wie Geradheit und Koordination, und dazu sind Reinheit in den Gängen und eine natürliche Aufrichtung nötig.

AKZEPTANZ UND GELASSENHEIT

Das Pferd muss körperlich und geistig die Anwesenheit des Reiters und seine Kontaktaufnahme über Sitz, Gewicht, Schenkel und Zügel akzeptieren. Akzeptanz führt zu Vertrauen, Partnerschaft und Übereinstimmung, kann aber nicht in wenigen Augenblicken erzielt werden, weil das Pferd zuerst verstehen muss, was man von ihm will. Die Basis dafür ist gegenseitiger Respekt, denn ohne Respekt handelt es sich nicht um Akzeptanz, sondern um Unterordnung. Ein durch echte Akzeptanz motiviertes Pferd weiß, dass es auch anders reagieren könnte, möchte dies aber nicht tun, während ein untergeordnetes Pferd weiß, dass es keine andere Möglichkeit hat. Dieser feine Unterschied bedingt einen riesigen Unterschied hinsichtlich des Einsatzes, den ein Pferd in seine Arbeit zu legen bereit ist.

In geistiger Ruhe, also in Gelassenheit, findet das Pferd eine Basis für seine Arbeit und kann voller Selbstvertrauen Leistung erbringen. Akzeptanz und Gelassenheit gehen Hand in Hand. Die großen Feinde der Gelassenheit sind der Zeitmangel und die lähmende geistige Anspannung. Gelassenheit wird zum Gewohnheitszustand, wenn Sie Zeit für aufbauendes Training ebenso einplanen wie für Ruhepausen.

FLEISS UND GERADHEIT

Fleiß ist die Geisteshaltung, in der das Pferd auf die treibenden Hilfen willig reagiert. Fleiß hilft dem Pferd, sich zu konzentrieren, und Fleiß kombiniert mit Akzeptanz und Gelassenheit ist die geistige Basis für das Ausschöpfen seines körperlichen Potenzials. Wenn ein Pferd seiner Arbeit nur mechanisch nachgeht und ihm der Fleiß fehlt, hat es oft Schmerzen oder der Reiter verlangt mehr von ihm, als es geben kann. Der Reiter hat die Aufgabe, dem Pferd zu zeigen, was es kann, nicht, was es nicht kann. Solange er immer dann aufhört, wenn das Pferd eigentlich noch etwas mehr könnte, bleibt der Fleiß erhalten.

Geradheit bedeutet, dass das Pferd in allen Gangarten beide Körperseiten gleichmäßig entwickelt und vor allem die Vorhand genau positioniert. Ein gerades Pferd hat symmetrische Bewegungen und kann sein Potenzial voll ausschöpfen.

Es scheint ein Widerspruch zu sein, dass man das Pferd biegen soll, um es gerade zu richten, aber das Reiten von Zirkeln und Volten (siehe S. 140–141) ist wirklich eine unabdingbare Lektion zum Geraderichten. Ein gerades Pferd wird Vor- und Hinterhand immer auf derselben Spur halten – egal, ob die nun gebogen oder gerade ist. Allerdings kann man die Bewegungen des Pferdes mit nichts so sehr einschränken wie mit erzwungener Geradheit – Geduld ist auch hier der Schlüssel.

REINHEIT

Reinheit bezieht sich auf die Natürlichkeit und Korrektheit der Gänge, also auf die natürliche und taktreine Abfolge der Tritte und Schwebephasen, kombiniert mit natürlicher Aufrichtung und natürlichem Einsatz von Körper, Kopf und Hals. Reinheit ermöglicht es einem Pferd, nahezu perfekt zu gehen, ist aber nur erreichbar, wenn die verschiedenen Muskelgruppen als Einheit funktionieren. Viele junge Pferde verlieren ihre angeborene Reinheit durch falsche Arbeit oder Verletzungen. Das Bewusstsein für Reinheit schärft man, indem man an seinem Gefühl und am Verständnis für die Gänge arbeitet.

Das Zusammenwirken aller fünf Konstanten erzeugt den alles bestimmenden Schwung (siehe Kasten unten links) und führt dazu, dass das Pferd sich wohl fühlt – nur so sind Fortschritte möglich.

AUF DEM WEG ZU DEN KONSTANTEN Dieses Pferd geht gelöst, alle Muskeln arbeiten als Einheit zusammen. Es akzeptiert willig den Reiter, ist gelassen, bewegt sich fleißig und gerade. Seine Bewegungsmanier ist ungezwungen und korrekt, die diagonalen Beinpaare im Trab fußen taktrein gleichmäßig ab.

DIE REINHEIT DER GÄNGE

Pferde haben vier Hauptgänge: Schritt, Trab, Galopp und Renngalopp. In jeder Gangart sollte die Fußfolge jeweils gleichmäßig wiederholt werden. Im Trab, Galopp und Renngalopp gibt es auch eine Schwebephase, in der alle vier Beine einen Augenblick lang keinen Bodenkontakt haben. Schlecht gerittene Pferde verlieren die natürliche Schrittfolge und die Schwebephase oft und müssen die Reinheit der Gänge für eine gute Dressur wieder neu lernen.

SCHRITT Der Schritt ist eine Gangart im Viertakt mit möglichst gleichmäßigen Abständen. Mindestens zwei Hufe sind immer am Boden, sodass dieser Gang von allen der stabilste ist. Zum Schritt gehört auch die Bewegung von Kopf und Hals des Pferdes, die gleichzeitig mit den Hinterbeinen vor- und zurückgehen.

Takt 1 – Rechtes Hinterbein fußt auf.

Takt 2 – Rechtes Vorderbein fußt auf, linkes Hinterbein fußt ab.

Beide linken Beine sind gleichzeitig in der Luft.

TRAB Der Trab ist eine Gangart im Zweitakt, bei der zwischen den Bewegungen der diagonalen Beinpaare eine Schwebephase liegt. Wenn die Schwebephase verkürzt wird oder verloren geht, wird das Tempo (die Geschwindigkeit des Takts) schneller. Alle Schwebephasen sollten gleich lang sein.

Takt 1 – Rechtes Hinterbein und linkes Vorderbein fußen gleichzeitig auf.

Linkes Hinterbein und rechtes Vorderbein bewegen sich gleichzeitig nach vorne.

Schwebephase mit allen vier Beinen in der Luft

GALOPP Der Galopp ist eine Bewegung im Dreitakt, bei der ein Hinter- und ein Vorderbein als diagonales Paar bewegt werden. Nach dem dritten Takt folgt eine Schwebephase, die mit einem Reiter auf dem Rücken verloren gehen kann, weil das diagonale Beinpaar einzeln gesetzt wird.

Alle vier Hufe in der Luft

Takt 1 – Rechtes Hinterbein fußt auf.

Takt 2 – Linkes Hinterbein und rechtes Vorderbein (diagonales Beinpaar) fußen auf.

EINE ANALYSE DER GÄNGE

Jede Gangart hat ihre bestimmte taktmäßige Schrittfolge (siehe unten). Es ist hilfreich, sich einmal die Unterschiede anzusehen. Der Galopp wird zum Renngalopp, wenn das diagonale Beinpaar getrennt aufzufußen beginnt und aus dem Dreitakt ein Viertakt wird: äußeres Hinterbein, inneres Hinterbein, äußeres Vorderbein, inneres Vorderbein, Schwebephase. Im fehlerhaften Kreuzgalopp werden die Hinterbeine umgekehrt gesetzt: inneres Hinterbein, äußeres Hinterbein zusammen mit dem äußeren Vorderbein, inneres Vorderbein. Galopp und Renngalopp können mit jedem Hinterbein anfan-

gen, aber wenn man im Kreis reitet, sollte das äußere Hinterbein zuerst abfußen, damit das innere Vorderbein am weitesten vorgreift.

Auch das Rückwärtsrichten (siehe S. 149), das man als Schritt rückwärts ansehen könnte, ist eine Gangart für sich. Beim Rückwärtsrichten bewegt das Pferd allerdings nicht jedes Bein einzeln wie im Schritt, sondern es setzt wie im Trab die diagonalen Beinpaare ein, die dann auch jeweils gleichzeitig auffußen sollten. Bei hohem Versammlungsgrad in der Lektion (siehe S. 126–127) kann das Hinterbein auch kurz vor dem Vorderbein auffußen.

Takt 3 – Linkes Hinterbein fußt auf.

Takt 4 – Linkes Vorderbein fußt auf, rechtes Hinterbein fußt ab.

Beide rechten Beine sind in der Luft.

Takt 2 – Linkes Hinterbein und rechtes Vorderbein fußen gleichzeitig auf.

Rechtes Hinterbein und linkes Vorderbein bewegen sich gleichzeitig nach vorne.

Schwebephase mit allen vier Beinen in der Luft

Takt 3 – Linkes Vorderbein (greift am weitesten vor) fußt auf, rechtes Hinterbein fußt ab.

Das diagonale Beinpaar (linkes Hinterbein und rechtes Vorderbein) fußt gleichzeitig ab.

Das linke Vorderbein fußt ab zur Schwebephase.

GANGARTEN-VARIATIONEN

Die Länge der Tritte innerhalb einer Gangart kann von kürzeren versammelten Tritten bis hin zu verlängerten starken Tritten reichen. Beim Herausreiten dieser Unterschiede, die Tempi heißen, ist es wichtig, die Reinheit der Gänge zu erhalten.

Das Pferd muss den Reiter akzeptieren und gelassen, fleißig und gerade bleiben. Die Qualität der Tritte ist wichtiger als ihre Länge. Zuerst werden die Arbeitstempi geübt, dann das Verkürzen und schließlich das Verlängern der Tritte.

TEMPI FÜR ANFÄNGER

In der Einsteigerstufe werden die Pferde im Arbeitstrab, Arbeitsgalopp und Mittelschritt vorgestellt. Auf der nächsten Stufe zeigen sie die Dressurlektionen in versammelten oder Mitteltempi, und später werden die Verstärkungen eingeführt, also die längsten Tritte, die ein Pferd ausführen kann. Während des Trainings an den Verstärkungen beginnt man auch mit der Arbeit am höchsten Versammlungsgrad, der für die fortgeschrittene Arbeit gebraucht wird: in Galopp-Pirouetten sowie im Trab als Vorbereitung auf Piaffe und Passage.

Pferde haben also fünf Tempi: höchste Versammlung, Versammlung, Arbeitstempo, Mitteltempo und starkes Tempo. Die genaue Länge der Tritte hängt vom einzelnen Pferd ab, aber innerhalb der Tempi sollten die Tritte auf jeden Fall gleich lang sein.

Für die Arbeit an den Tempi muss das Pferd mit schwingendem Rücken an den Hilfen stehen (siehe S. 130–131), gut im Gleichgewicht sein und Schwung erzeugen. Sobald es so weit ist, kann man das Tempo etwas zurücknehmen und die Tritte ein wenig verkürzen, wobei Volten und Schulterherein (siehe S. 148–149) hilfreich sind, damit die Hinterhand allmählich mehr Last aufnimmt. Sobald das Pferd mit der leichten Verkürzung und der entsprechenden Gleichgewichtsveränderung gut zurechtkommt, kann man mit dem Verlängern anfangen.

Aus dem Verkürzen der Tritte wird allmählich echte Versammlung, bei der das Pferd die Hinterbeine stärker beugt und rundere Tritte ausführt. Aus dem Verlängern wird allmählich das Mitteltempo. Der Takt bleibt dabei derselbe.

TRITTE VERLÄNGERN Dieses Pferd zeigt gute verlängerte Tritte. Es sollte allerdings mit der Hinterhand etwas mehr Last aufnehmen, wodurch es sich auch nicht mehr so auf den Zügel legen würde. Die Reiterin ist etwas zurückgerutscht und hat die neutrale Aufrichtung der Wirbelsäule verloren. Folglich fällt es ihr schwer, mit der Bewegung des Pferderückens mitzugehen.

Die Gelenke sind stärker gebeugt, die Hinterhand ist abgesenkt.

Die Zügelanlehnung muss leicht sein.

VERSAMMLUNG IM TRAB Dieses Pferd senkt in der Versammlung deutlich die Hinterhand ab. Es zeigt den höchsten Versammlungsgrad – eine Haltung, in der es als Vorbereitung für die Piaffe Halbtritte machen kann. Verglichen mit dem Arbeitstrab ist der Hals stärker aufgerichtet und verkürzt, die Tritte sind runder und kürzer, die Beine zeigen mehr Aktion. Im versammelten Schritt muss man darauf achten, dass die Tritte taktklar bleiben.

VERSAMMLUNG IM SCHRITT

Die Aufrichtung der Wirbelsäule ist gleich wie in der Versammlung.

Der Hals wird ebenso stark verlängert wie die Tritte.

ARBEITSTRAB Die Tritte dieses Pferdes sind ungefähr 30 cm länger als im versammelten Trab und ungefähr 30 cm kürzer als im Mitteltrab. Der Hinterhuf fußt etwa 25 cm vor dem Abdruck des gleichseitigen Vorderhufes auf. Die Oberlinie des Pferdes ist länger als im versammelten Trab. Einen Arbeitsschritt gibt es nicht. Stattdessen wird der freie Schritt am langen Zügel geritten, um den Takt des Schrittes zu entwickeln.

FREIER SCHRITT

Das Pferd streckt die Beine stärker als im Arbeitstrab.

Die Zügelanlehnung sollte weich und annehmend bleiben.

MITTELTRAB In diesem Tempo sollte sich das Pferd ebenso locker und problemlos bewegen wie im Arbeitstrab. Die Winkel der Röhrbeine (bandagierte Bereiche) an den Beinen des diagonalen Paars sind gleich. Dieses Pferd tritt im Mitteltrab ungefähr 35 cm über. Der Mittelschritt ist der Grundschritt in der Dressurprüfung. Der starke Schritt und die anderen verstärkten Gangarten sollten sich vom jeweiligen Mitteltempo deutlich unterscheiden.

MITTELSCHRITT

EINFÜHRUNG IN DIE VARIABLEN

Die variablen Elemente – Richtung, Geschwindigkeit, Schwung, Gleichgewicht und zeitliche Abstimmung – sind für alle Lektionen nötig, aber anders als bei den Konstanten ändern sich hier die Anforderungen mit den Umständen. Bei allen Variablen handelt es sich um Absolutwerte – sie sind entweder richtig oder falsch. Der Schwung hängt allerdings vom Ausbildungsstand des Pferdes ab. Die richtige Kombination der Variablen führt zum gewünschten Ergebnis.

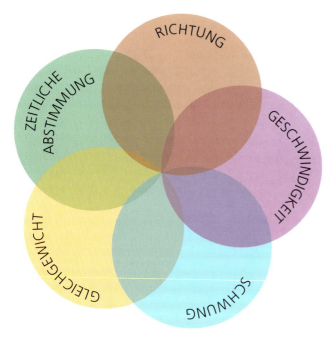

DIE VARIABLEN Diese Elemente sind in variablen Dosierungen für alle Dressurlektionen erforderlich. Sobald die Konstanten stimmen, gewinnen diese Variablen bei der Turniervorbereitung an Bedeutung, weil sie die Bausteine aller Lektionen und die Schlüssel zum Erfolg sind.

RICHTUNG UND GESCHWINDIGKEIT

Wenn die Konstanten zufrieden stellend abgerufen werden können, liegt die Priorität in jeder Dressur- oder Springprüfung darauf, Richtung und Geschwindigkeit korrekt zu wählen.

Die richtige Richtung hängt von der Route und der Biegung ab und davon, ob links- oder rechtsherum geritten wird. Diese drei Aspekte wiederum werden von der jeweiligen Lektion oder Aufgabe bestimmt. Ein Pferd ist wie ein Auto mit Frontsteuerung und Heckantrieb. Die Richtung wird hauptsächlich durch die Biegung im Hals und die Position der Vorhand festgelegt. Am leichtesten fällt die Kontrolle über die Richtung, wenn man den Blick auf den Punkt richtet, den man ansteuert. Der Körper folgt dann nach und ermöglicht den passenden Einsatz der Hilfen.

Der Reiter muss auch die Geschwindigkeit in den Lektionen und Gangarten bestimmen, also die Tritte verkürzen oder verlängern können. Eine Verlangsamung entspricht der Verkürzung, eine Beschleunigung dem Verlängern. Mit dem richtigen Schwung führt das zur Versammlung oder Verstärkung.

TRAB, HALT UND GALOPP Die Bildfolge zeigt einen Übergang Trab–Halt–Galopp auf einer geraden Linie. Diese Übung erfordert die genaue Wahl der Geschwindigkeit für den Trab, eine geringere Geschwindigkeit als Vorbereitung zum Halten, dann wieder höhere Geschwindigkeit für den Arbeitsgalopp. Der Schwung wird für das Halten eingeschränkt und für den Galopp wieder erhöht.

Sobald das Pferd aufmerksam ist, reiten Sie Arbeitstrab.

Vor dem Halten verlangsamen Sie das Tempo und fordern ein gewisses Maß an Versammlung.

Halten

AUF DEM WEG ZUM SCHWUNG Schwung wird in der Hinterhand erzeugt. Von dort wird er nach vorne weitergegeben und von der Hand des Reiters in die richtigen Bahnen gelenkt. Um den Schwung zu erhalten und die volle Kraft des Pferdes zu mobilisieren, müssen Sie es von hinten nach vorne arbeiten.

BEZUG DER VARIABLEN ZUM SPRINGEN

Im Springparcours findet der größte Teil der Arbeit zwischen den Hindernissen statt – die Konstanten und Variablen müssen auf das Springen genauso angewendet werden wie auf die Dressur. Kontrollierter Schwung ist für ein Springpferd unerlässlich, und dazu sind die fünf Konstanten erforderlich. Aber ebenso wie beim Dressurpferd liegen die ersten Prioritäten auf Richtung und Geschwindigkeit.

Was die Richtung betrifft, kann man einen Springparcours als eine Aneinanderreihung von Dressurlektionen betrachten, bei denen das Hindernis eine Lektion abschließt und die nächste einleitet. Das Tempo ist beim Springen gleichmäßiger als in der Dressur, weil man einen 3,7-m-Galoppsprung einhalten will. Wenn zur korrekten Richtung und Geschwindigkeit das passende Maß an Schwung kommt, stellt sich das Gleichgewicht von selbst ein. Dazu wird die zeitliche Abstimmung des Galoppsprungs immer einfacher und auch weniger wichtig, wenn das Pferd nicht bis zu seinem Maximalvermögen gehen muss.

GLEICHGEWICHT UND ZEITLICHE ABSTIMMUNG

Beim Jungpferd liegt das Gleichgewicht mehr auf der Vorhand, während sich z. B. eine Remonte in den Arbeitstempi bereits besser in der Waagrechten ausbalancieren kann. In der Versammlung wird die Hinterhand abgesenkt, sodass die Vorhand höher kommt, bis schließlich die tiefe Hankenbeugung erzielt wird, die für die fortgeschrittenen Lektionen verlangt wird. Gleichgewicht wird hauptsächlich durch richtiges Tempo und korrekten Schwung erzielt. Von Natur aus wird ein Pferd, das aus dem Gleichgewicht kommt, langsamer werden.

Bei der zeitlichen Abstimmung geht es um das Timing für die Übergänge, um Anfang und Ende von Lektionen und um den Einsatz der Hilfen – vor allem um Letzteres. Wenn die ersten vier Variablen stimmen, kommt die gute zeitliche Abstimmung meist von alleine dazu. Arbeitet man isoliert am Timing, führt dies zu gekünstelten und übertriebenen Bewegungen.

SCHWUNG

Der Schwung kommt aus der Hinterhand, die das Pferd trägt und antreibt. Kontrollierter Schwung ist das Schlüsselelement für die Leistung des Pferdes, wobei das richtige Tempo und die richtige Menge an Schwung für korrekten Takt und gute Geschwindigkeit sorgen.

Wie viel Schwung nötig ist, hängt von der jeweiligen Aufgabe ab. So wird für die verstärkten Gänge und eine starke Versammlung mehr Schwung benötigt als für die Arbeitstempi.

Solange die Konstanten noch nicht stimmen, werden Sie nur mehr Energie mobilisieren, aber noch keinen Schwung. Bei der Erarbeitung der Konstanten ist es ganz normal, je nach benötigtem Tempo mehr oder weniger Energie zu erzeugen.

Fordern Sie das Pferd zum Arbeitsgalopp auf.

Erhöhen Sie das Tempo bis zum Arbeitsgalopp und steigern Sie dabei auch den Schwung.

Pferd im Arbeitsgalopp

KONSTANTEN & VARIABLEN

Sobald die Konstanten (Akzeptanz, Gelassenheit, Fleiß, Geradheit und Reinheit) in der täglichen Arbeit stimmen, steht das Pferd an den Hilfen und erzeugt kontrollierten Schwung. Nun können Sie für jede Lektion und jede Gruppe von Lektionen, sei es im Training oder auf dem Turnier, die Schlüsselvariablen auswählen (Richtung, Geschwindigkeit, Schwung, Gleichgewicht und zeitliche Abstimmung). So gehen Sie systematisch an Ihr Training heran.

GUTE GRUNDAUSBILDUNG

Keine zwei Pferde sind gleich, deswegen können auch systematische Trainingsprogramme niemals identisch sein. Eine gute Grundausbildung berücksichtigt die Eigenheiten des Pferdes und setzt Konstanten und Variablen gleichermaßen ein. So entwickelt die große Mehrheit der jungen Pferde rasch kontrollierten Schwung und arbeitet an den Hilfen stehend.

Akzeptanz und Gelassenheit sind die Voraussetzungen für effektives Training, aber sie können ohne Kontrolle über die beiden Schlüsselvariablen Richtung und Geschwindigkeit nicht verbessert werden. Selbst beim Führen erwarten Sie von Ihrem Pferd, dass es gelassen bleibt und sich mit gewählter Geschwindigkeit in eine bestimmte Richtung bewegt.

Longieren ist ein hervorragendes Mittel, um bei einem Pferd Akzeptanz und Gelassenheit zu entwickeln sowie Richtung und Geschwindigkeit genau zu kontrollieren. Der große Vorteil liegt außerdem darin, dass das Pferd nicht mit Gewicht auf seinem Rücken belastet wird, den einzusetzen es gerade lernen muss (siehe S. 72–73). Das Longieren hat also unschätzbaren Wert, um Fleiß und das richtige Maß an Energie zu erarbeiten, die beide für die Geschwindigkeit notwendig sind. Wenn Konstanten und Variablen stimmen, beginnt das Pferd im Rücken durchzuschwingen, echten Schwung anzubieten und damit an die Hilfen zu kommen.

EIN PFERD AN DIE HILFEN STELLEN

Es ist möglich, ein unausgebildetes Pferd unter dem Sattel an die Hilfen zu stellen, wenn man einen guten Sitz und fühlige Zügelanlehnung hat. Zunächst muss man in der Reitbahn die exakte Kontrolle über Richtung und Geschwindigkeit erzielen. Dazu wechselt man laufend Hand und Biegung, verändert die Geschwindigkeit ein wenig und gewöhnt das Pferd daran, auf die treibenden Schenkelhilfen zu reagieren. Im Laufe dieser Arbeit stellen sich Akzeptanz und Gelassenheit ein.

Nun arbeitet man das Pferd auf einem Zirkel von 15 bis 20 m auf seiner Lieblingshand. Man lässt es so langsam gehen wie ohne Verlust an Fleiß möglich und erhöht dann durch Treiben die Energie. Akzeptanz und Gelassenheit dürfen nicht verloren gehen. Wenn der Fleiß ausbleibt, wartet man einen Moment und treibt dann wieder – ohne Verlust an Akzeptanz oder Gelassenheit. So kommt das Pferd mit echtem Schwung an die Hilfen und akzeptiert den Zügel in dieser klar umrissenen Aufgabe. Es wird sofort ruhiger atmen und den Hals stärker einsetzen, also muss der Reiter mit den Händen nach vorne nachgeben. Allmählich kann man auch auf der anderen Hand arbeiten, dann ein wenig flotter und schließlich in allen Gangarten. Das Pferd sollte immer besser im Rücken durchschwingen und in den Übungen der Einsteigerklasse guten Schwung zeigen.

So wird das Pferd zwanglos und auf lange Sicht an die Hilfen gestellt. Der Reiter kann dabei durchaus deutlich werden, aber für Zwang besteht keine Notwendigkeit.

DER EINSATZ VON HILFSMITTELN

Manche Reiter setzen Kraft ein oder verwenden scharfe Gebisse oder diverse Hilfszügel, um den Hals künstlich zu biegen und aufzurollen. Andere treiben übermäßig oder lassen die Hände stehen in der Hoffnung, dass das Pferd den Rücken aufwölben wird. In beiden Fällen wird wahrscheinlich der Hals eingerollt, aber am Rücken ändert sich nichts.

Bei solchen Methoden erzeugt das Pferd oft viel weißen Speichel am Maul, weil es durch den aufgerollten Hals nicht gut schlucken kann. Das ist aber nicht mit dem weißen Maul (siehe S. 64) zu verwechseln, das auf Akzeptanz hindeutet.

Natürlich kann man Gebisse oder Hände oder Hilfszügel einsetzen, um das Pferd im Maul leichter zu machen, aber dabei kommt Unterwerfung heraus statt Akzeptanz, und das leichte Maul ist sinnlos, wenn nicht die Vorhand leicht wird.

Die Vorhand wird nur leichter, wenn die Hinterhand tätig ist, der Rücken aufgewölbt wird und echter Schwung entsteht. Dann wird auch das Gebiss automatisch gut angenommen und das Pferd sucht die Anlehnung an die Reiterhand, wodurch es den Rücken noch besser aufwölbt.

Ein Pferd, das so geht, hat selbst bei gebissloser Zäumung ein weißes Maul. Beim Gebrauch diverser Hilfsmittel wird ignoriert, dass ein Pferd das Gebiss vor allem dann annehmen wird, wenn es schwungvoll mit schwingendem Rücken geht.

AN DIE HILFEN STELLEN Wenn ein Pferd nicht an den Hilfen steht, hat es keinen Schwung **(a)**. Die Konstanten und die richtigen Variablen müssen stimmen. Hier (großes Bild) bringt die Reiterin das Pferd wieder an die Hilfen, indem sie das Tempo etwas zurücknimmt.

(a) Das Pferd setzt Hinterbeine und Rücken nicht wirkungsvoll ein.

ENTWICKLUNG DER KONSTANTEN

Jede Konstante – Akzeptanz, Gelassenheit, Fleiß, Geradheit und Reinheit – hat Einfluss auf die anderen, sodass Sie keine isoliert ansehen dürfen. Sie können sie in Paaren und Gruppen betrachten, damit Sie besser verstehen, wie sie funktionieren und Ihrem Trainingsprogramm Richtung und Struktur geben können. Bei der Dressur geht es ja zunächst um die Erarbeitung der Konstanten. Wenn die nicht stimmen, müssen Sie in Ihrer Arbeit wieder einige Schritte zurück machen.

IN AKZEPTANZ UND GELASSENHEIT

Akzeptanz und Gelassenheit sind die Basis jeglicher Ausbildung. Akzeptanz ohne Gelassenheit ist wertlos, weil der Mangel an Gelassenheit auf Spannungen hinweist. Gelassenheit ohne Akzeptanz bedeutet, dass das Pferd der Meinung ist, es hätte dem Menschen gegenüber das Sagen. Erst wenn Akzeptanz und Gelassenheit zusammentreffen, können Sie den Schwung kontrollieren.

Am offensichtlichsten arbeitet man gleichzeitig an Akzeptanz und Gelassenheit, wenn ein junges Pferd zum ersten Mal trainiert wird. Das Pferd wird aufgefordert, vom Führen über das Longieren bis zum Reiten allmählich immer mehr zu akzeptieren, und es wird gleichzeitig immer gelassener. Wenn man schnell vorankommen will und nicht zuerst Vertrauen und Verständnis aufbaut, geht die Gelassenheit verloren und das Pferd ist geistig und körperlich eingeschränkt. Auch wenn ein Pferd zwar anscheinend gelassen ist, sich aber nicht führen oder sich von niemandem anfassen lässt, ist die Ausbildung an einem toten Punkt angelangt. Gelassenheit und Akzeptanz müssen also Hand in Hand gehen.

GELASSEN, FLEISSIG UND GERADE

Auf Einsteigerniveau erwartet man vom Turnierpferd Gelassenheit, Fleiß und Geradheit. Diese Eigenschaften haben höchste Priorität. Gelassenheit ohne Fleiß lässt Sie in den Startlöchern sitzen, während Fleiß ohne Gelassenheit zu Geschwindigkeit führen kann, niemals aber zu Schwung.

Die Grundlage für Gelassenheit und Fleiß ist Verständnis. Das bedeutet zum einen, dass der Reiter vom Pferd niemals Dinge verlangen sollte, die die Fähigkeiten des Pferdes übersteigen. Es bedeutet auch, dass man sein Pferd ständig neu einschätzen und entsprechend reagieren muss. Wenn Sie beispielsweise feststellen, dass Ihr Pferd durch ruhige, regelmäßige Arbeit gelassener wird, aber schlechter vorwärts geht,

LONGENARBEIT Gutes Longieren ist eine ausgezeichnete Möglichkeit zur Entwicklung aller fünf Konstanten. Diese junge Stute zeigt eine zwanglose Bewegungsmanier, Akzeptanz und Gelassenheit – alles an der Longe und ohne Hilfsmittel erarbeitet. Beim Longieren ist es einfach, das Pferd vorwärts gehen zu lassen und es zum Geraderichten gleichmäßig auf beiden Händen zu arbeiten.

dann reiten Sie es in Gesellschaft aus und verlangen Sie etwas von ihm. Wenn dadurch die Gelassenheit verloren geht, können Sie die Arbeit wieder ruhiger gestalten. So können Sie sowohl Gelassenheit als auch Fleiß allmählich entwickeln. Wenn der Fleiß dann zu Akzeptanz und Gelassenheit dazukommt, hat das junge Pferd alles, was es braucht, damit Sie nun die Geradheit verbessern können.

Pferde neigen von Natur aus zu einer leichten Schiefe. Wenn Sie nun an der Geraderichtung arbeiten – Volten und Schulterherein mit unterschiedlicher Abstellung, siehe S. 148–149 –, wird der Fleiß wahrscheinlich etwas abnehmen. Also müssen Sie abwechselnd vorwärts reiten und gerade richtende Arbeit leisten, bis Sie mit einem gerade gerichteten Pferd vorwärts reiten können, was Monate dauern kann.

Auf lange Sicht werden Sie immer wieder an der Wiederherstellung und Verbesserung der Geraderichtung arbeiten müssen. Fleiß und Geradheit zusammen ermöglichen es dem Pferd, als Einheit unter gleichmäßiger Nutzung beider Körperseiten zu arbeiten.

REINHEIT

Zur Reinheit der Gänge gehören nicht nur regelmäßige Tritte, sondern auch die natürliche Aufrichtung und die gesamte Bewegungsmanier des Pferdes (siehe S. 124–125). Damit ist sie der Schlüssel zu jeder Lektion. Egal, an welcher Konstante Sie arbeiten, Sie müssen die Reinheit immer im Auge behalten. Wenn also ein Pferd im Galopp keine Schwebephase hat, sollten Sie anfangs nur das Minimum an Galopp verlangen, das beim Pferd für das Vorwärtsdenken sorgt, weil Sie sonst den Fehler bestärken – Übung macht den Routinier, nicht den Meister. Wenn Tempo und Takt nur in den Arbeitsgängen korrekt sind, müssen Sie anfangs nur in den Arbeitsgängen reiten.

Was auch immer Sie tun, um eine bestimmte Konstante zu entwickeln: Die Reinheit muss immer erhalten bleiben. Die folgenden Ausbildungstechniken sind nicht akzeptabel, weil die Reinheit verloren geht: Akzeptanz über Hilfszügel erreichen (führt zu unnatürlicher Bewegungsmanier), Fleiß über schnellen Trab mit kurzen übereilten Tritten erreichen, Geraderichtung unter Verlust von Takt oder Schwebephase.

Wenn Teile der Konstanten fehlen, verschlechtert sich sofort der kontrollierte Schwung. Kehren Sie im täglichen Training ständig wieder zu den Konstanten zurück. Beginnen Sie jede Stunde damit, beim Warmreiten Akzeptanz und Gelassenheit herzustellen, und arbeiten Sie in der Lösephase an Fleiß und Geradheit, bevor Sie alle diese Konstanten in die Hauptarbeit mitnehmen. Auf dem Turnier haben die Variablen (siehe S. 128–129) Priorität, weil die Konstanten von selbst zum Tragen kommen sollten, ohne dass der Reiter dafür aktiv eingreifen muss.

VERBESSERUNG DER KONSTANTEN

AKZEPTANZ	Akzeptanz beginnt beim Umgang im Stall und anderen Dingen, die mit Reiten nichts zu tun haben. Beim Führen, Longieren und Putzen wird gegenseitiger Respekt aufgebaut, der zu Verständigung und Verständnis führt. Beim Reiten sind eine passende Ausrüstung und ein störungsfreier Sitz des Reiters wichtig. Wenn nun das Pferd noch mit einfachen Übungen, Richtungswechseln und Übergängen geistig beschäftigt wird, ist grundlegende Akzeptanz erreicht.
GELASSENHEIT	Die Grundlagen der Gelassenheit sind eine sichere, möglichst natürliche Umgebung, regelmäßige Arbeit und angepasste Fütterung. Geben Sie einem jungen Pferd Zeit, sich zu sammeln, bevor Sie etwas von ihm verlangen. Longieren ist wegen des Wiederholungsfaktors nützlich. Ebenfalls vorteilhaft sind Weidegang, häufige Ruheperioden, Nachgeben am Zügel und die Ruhe des Menschen. Missbrauchen Sie niemals das Vertrauen des Pferdes und überfordern Sie es nicht.
FLEISS	Pferde tun willig Dinge für den Menschen, wenn sie verstehen, was sie tun sollen, und wenn sie Vertrauen in ihre Fähigkeiten haben. Hier liegt die Basis für den Vorwärtsdrang. An der Longe kann ein junges oder schwieriges Pferd lernen, dass dieses Vorwärts gebraucht wird, aber ebenso beim Reiten in der Gruppe, beim Springen, Galoppieren im leichten Sitz und Ausreiten. Nichts ist besser für den Fleiß als ein geschmeidiger, vorwärts denkender Reiter.
GERADHEIT	Geradheit ist bei Vierfüßlern selten. Man kann sie nur erzielen, wenn man ständig an beiden Körperseiten arbeitet, die Vorhand kontrolliert und das gesamte Pferd als Einheit betrachtet. Wenn der Reiter selbst einseitig ist oder zu viel vom Pferd verlangt, kann es keine Geradheit entwickeln. Zirkel, Schlangenlinien und Schulterherein sind nützlich. Biegen Sie auch beim Führen in beide Richtungen ab und führen Sie abwechselnd von beiden Seiten.
REINHEIT	Für reine Gänge braucht das Pferd einen durchschwingenden Rücken. Einen steifen Rücken kann man mit Longieren, Leichttraben und Galopp im leichten Sitz sowie einfachen Lektionen geschmeidiger machen. Sobald Sie das erreicht haben und das Pferd gleichzeitig Schwung entfaltet, müssen Sie an der Reinheit weiterarbeiten, weil Reinheit der Gänge, natürliche Aufrichtung und natürliche Bewegungsmanier nicht verloren gehen dürfen.

EINSATZ DER VARIABLEN

Man kann nicht isoliert an einer Variablen arbeiten, weil sie sich alle gegenseitig bedingen. Jede Aufgabenstellung beim Reiten erfordert für eine gute Ausführung bestimmte Variablen. Wenn Sie sich ansehen, wie die Variablen gruppiert werden können und wie sie benutzt werden, werden Sie verstehen, warum diese Aspekte für erfolgreiche Turnierarbeit im Vordergrund stehen. Außerdem stehen sie ständig in Beziehung zur Arbeit an den Konstanten.

RICHTUNG, GESCHWINDIGKEIT UND SCHWUNG

Beim Reiten einer Dressuraufgabe – und immer dann, wenn Sie unter Druck reiten – sollten Sie sich einfach nur auf Richtung und Geschwindigkeit konzentrieren. Dann kann alles andere von alleine kommen. Weil diese Strategie so einfach ist, führt sie bei Reiteinsteigern zu ungeheuer guten Ergebnissen, aber eigentlich klappt sie auf höherem Niveau noch besser, weil ein gut ausgebildetes Pferd Ihnen für die gewählte Geschwindigkeit automatisch den richtigen Schwung anbieten wird.

Anfangs haben Sie vielleicht keinen kontrollierten Schwung, weil die Konstanten noch nicht stimmen. Stattdessen werden Sie einfach Energie bekommen, und je schneller Sie reiten, desto mehr Energie braucht das Pferd. Sobald das Pferd aber mit echtem Schwung an die Hilfen kommt, kann es den Schwung erhöhen, ohne schneller zu werden – so kommt man zur Piaffe (siehe S. 157). Für die Piaffe wird der Schwung im Schritt erhöht, bis das Pferd auf der Stelle federt und dann trabt. Trotzdem hat im Trab natürlich der starke Trab die höchste Geschwindigkeit und erfordert deswegen ein sehr hohes Schwungniveau, während der Mitteltrab etwas weniger Schwung erfordert und der Arbeitstrab noch weniger. Während einer Übung ist es also oft einfacher, die Geschwindigkeit zu reduzieren, um sie an den verfügbaren Schwung anzupassen, als mehr Schwung zu erzeugen.

Am offensichtlichsten wird der Mangel an Schwung, wenn im Trab und Galopp das Tempo (die Geschwindigkeit des Takts) höher wird und die Schwebephase kürzer. Bei den Lektionen auf Einsteigerniveau müssen Sie Richtung, Geschwindigkeit und Schwung hinbekommen, dann ist der schwierige

BESTIMMTE ANFORDERUNGEN Eine Springübung wie hier im Bild erfordert Richtung, Geschwindigkeit und Schwung jeweils im richtigen Maß, damit exakt die korrekte Sprunglänge und der richtige Absprungpunkt herauskommen. Dressurlektionen muss man genauso betrachten: Welche Variablen sind erforderlich, damit die Übung gelingt?

Teil der Arbeit getan. Ihr Pferd wird an den Hilfen stehen und bereit sein, die Ausbildung für die Versammlung zu beginnen.

SCHWUNG, GLEICHGEWICHT UND ZEITLICHE ABSTIMMUNG

Der richtige Schwung und das richtige Gleichgewicht – darum geht es in der Dressur. Das Gleichgewicht ist variabel, weil es an Ausbildungsstand und jeweilige Lektion angepasst wird. So erfordert z. B. das Entwickeln der Versammlung eine allmähliche Gleichgewichtsverschiebung in Richtung der Hinterhand. Zwischen diesem Gleichgewicht und der waagrechten Balance in der Lösephase liegt eine Palette von Gleichgewichtsanforderungen für die unterschiedlichen Lektionen.

Das richtige Gleichgewicht stellt sich hauptsächlich als Ergebnis von Geschwindigkeit und Schwung dar – nämlich geringere Geschwindigkeit und mehr Schwung. Anfangs müssen Sie im Arbeitstrab bei gleich bleibendem Schwung lediglich die Geschwindigkeit verringern, sodass relativ mehr Schwung vorliegt. Wenn das Pferd später besser durchtrainiert ist, kann noch mehr Schwung dazukommen. Mangel an Schwung verhindert das korrekte Gleichgewicht. So ist es möglich, einem Pferd eine Piaffe-ähnliche Bewegung beizubringen, bei der es nicht so auf der Hinterhand sitzt, aber dabei ist es nicht im natürlichen Gleichgewicht. Ähnlich muss für die Balance im versammelten Trab oder Galopp ausreichend Schwung vorliegen.

Mit korrektem Gleichgewicht und Schwung ist die Basis für eine gute zeitliche Abstimmung der Lektionen geschaffen – vorausgesetzt, das Pferd ist wirklich durchlässig. So werden Pferde auf natürliche Art ausgebildet und die diversen Hilfsmittel sind dabei überflüssig.

DIE DEUTSCHE AUSBILDUNGSSKALA

Deutsche Ausbilder orientieren die Dressurausbildung an den sechs grundlegenden Faktoren der Ausbildungsskala: Takt, Losgelassenheit, Anlehnung, Schwung, Geraderichtung und Versammlung. Alle sechs Faktoren zusammen führen zur Durchlässigkeit. Takt bedeutet auch Reinheit der Gänge. Losgelassenheit bedeutet Lockerheit, Gelassenheit und Fröhlichkeit. Anlehnung heißt Akzeptanz für Schenkel und Zügel. Schwung steht für Schub und verlängerte Schwebephase. Geraderichtung und Versammlung sind selbst erklärende Begriffe. Der Ausbildungsweg vollzieht sich in drei Phasen: In der Gewöhnungsphase haben Takt und Losgelassenheit Priorität, in der Phase der Schubkraft-Entwicklung stehen Anlehnung, Schwung und Geraderichtung an erster Stelle, und in der Phase der Entfaltung der Tragkraft kommen alle sechs Faktoren zum Einsatz. In der Skala besteht ein enger Zusammenhang zwischen konstanten und variablen Elementen.

VERBESSERUNG DER VARIABLEN

RICHTUNG

Richtung und Geradheit gehen Hand in Hand, also wirken Übungen, bei denen es um einen dieser Faktoren geht, auch auf den anderen. Genaue Kontrolle über die Richtung erreicht man nur mit der richtigen geistigen Einstellung: Betrachten Sie alle Teile jedes Zirkels, den Sie reiten, als wichtig. Für präzise Kontrolle brauchen Sie keine Kraft. Sie müssen nur vorausdenken und die Übung so einfach gestalten, dass Sie die Kontrolle darüber behalten.

GESCHWINDIGKEIT

Geringste Veränderungen der Geschwindigkeit wirken sich meist sofort auf die Bewegungsmanier des Pferdes aus. Dazu brauchen Sie eher gute Verständigung und eine klare Sprache als körperliches Herumzerren am Pferd. Ihre geistige Haltung muss lauten: »Die genaue Geschwindigkeit ist wichtig und ich achte konstant darauf.« Ändern Sie die Geschwindigkeit regelmäßig geringfügig und erspüren und vergleichen Sie das Ergebnis.

SCHWUNG

Wenn die fünf Konstanten stimmen, wird kontrollierter Schwung entwickelt, indem Sie die normalen, aufeinander aufbauenden Übungen reiten. Dazu gehören das Verkürzen und Verlängern der Bewegungen in allen Gangarten und körperliche Anstrengungen für das Pferd. Daran können Sie immer nach der Lösephase in kurzen Einheiten arbeiten. Wichtig ist, dass Sie mit den treibenden Hilfen durchkommen und Ihre geistige Einstellung »vorwärts« lautet.

GLEICHGEWICHT

Hier geht es um verschiedene Gleichgewichtslagen und weniger darum, im Gleichgewicht zu sein oder eben nicht. Um das Gleichgewicht zu verändern, müssen Sie Geschwindigkeit und Schwung problemlos erhöhen und verringern können. Enge gebogene Linien, Übergänge, Seitengänge und regelmäßige Ruheperioden fördern die Kontrolle über Geschwindigkeit und Schwung. Die Entwicklung des Pferdes durch systematische Übungen verbessert den Schwung und das Gleichgewicht.

ZEITLICHE ABSTIMMUNG

Mit gutem Gefühl für das Pferd können Sie das Richtige zur rechten Zeit tun, also ist das die Basis für ein gutes Timing. Dieses Gefühl bekommen Sie, indem Sie lernen, die Hilfen koordiniert und kooperativ einzusetzen. Dafür müssen Sie im täglichen Leben üben, Arme und Beine unabhängig voneinander zu benutzen. Experimentieren Sie auch einmal damit, eine Hilfe ein wenig früher oder später einzusetzen als sonst oder Lektionen in einer anderen Reihenfolge zu reiten.

EIN AUSBILDUNGSPLAN

Planen Sie beim Aufstellen Ihres Trainingsplanes von Ihren langfristigen Zielen aus zurück. So können Sie am besten ermitteln, wie Sie in kleinen täglichen Schritten vorgehen wollen, um Ihre Ziele zu erreichen. Ein geeignetes

Wochenprogramm ist die Basis, die Sie bis zum höchsten Turnierniveau führen kann. Jedes Pferd ist anders, deswegen sollten Sie auf Patentrezepte verzichten. Passen Sie Ihre Erwartungen an, wenn Sie Ihr Pferd besser kennen.

LANGFRISTIGE PLANUNG

Auf lange Sicht werden außergewöhnliche Dinge möglich. Bei den Olympischen Spielen mitzureiten ist eine realistische Möglichkeit, wenn Sie sich dieses Ziel setzen, und viel weniger realistisch, wenn Sie von Tag zu Tag vor sich hin reiten. Für die Dressur auf internationalem Niveau gibt es die Steigerung vom Prix St Georges über die Intermédiaire I und II zum Grand Prix und Grand Prix Spécial bis zur Musikkür. Die Kürprüfungen sind heute der Höhepunkt in den Meisterschaften, wobei die Dressurreiter gefordert sind, ein Programm und die Musik

EINSTEIGERNIVEAU Die Anfangsausbildung eines Pferdes ist schwieriger, aber auch dankbarer als der Aufstieg in die nächste Klasse. Auf dem Einsteigerniveau werden die Prioritäten für alle folgenden Klassen gesetzt und die Fundamente für die zukünftige Arbeit gelegt.

dazu zusammenzustellen. Das Reiten auf so hohem Niveau erfordert zeitliche und finanzielle Opfer, aber meist sind die Reiter erstaunt, was sie mit ihren Pferden erreichen können, wenn sie sich das wirklich vornehmen.

Stehen die langfristigen Ziele fest, müssen die Ziele geplant werden, die im nächsten Jahr erreicht werden können. Bei solider Basis können die meisten Pferde und Reiter pro Jahr um eine Klasse aufsteigen, was Sie in Ihren Plan aufnehmen sollten. Nehmen Sie sich auch Leistungziele für bestimmte Bereiche vor, die Sie mit Ihrem Trainer absprechen sollten. Das Setzen quantifizierbarer Ziele erleichtern Sie sich, indem Sie die Ergebnisnoten Ihrer Dressurprüfungen auswerten. Hier ist vor allem die Benotung des Gesamteindrucks (siehe S. 159) von Bedeutung, weil die Qualität der Arbeit immer oberste Priorität haben sollte.

KURZFRISTIGE PLANUNG

Wenn Ihr Pferd Fortschritte machen soll, muss es geistig damit klarkommen, dass es vier- bis fünfmal pro Woche auf dem Reitplatz gearbeitet wird. Ergänzen Sie diese Arbeit mit Ausritten, Springen und Arbeit in der Gruppe. Ihre wertvollste Vorbereitung ist dabei die bewusste Planung Ihrer täglichen Arbeit. Teilen Sie sie in vier Phasen ein:
- Aufwärmen und Lösen
- Lockern
- Echte Arbeitsphase
- Erholungsphase

Warmreiten und Lösen sind gut für Geist und Körper und dauern 15 bis 30 Minuten. Ausreiten ist dafür ideal und Longieren eine gute Alternative, wenn die Grundlagen bei Ihrem Pferd noch nicht ganz gefestigt sind.

Sobald das Pferd aktiver zu arbeiten beginnt, können Sie leichttraben oder einige Galoppreisen einlegen. Galopp ist das Mittel der Wahl, wenn hier die Schwebephase besser ist als im Trab, das Pferd mehr vorwärts denken soll, das Pferd verspannt ist oder es den Atem anhält. Es muss nämlich bei jedem Galoppsprung atmen. Auch großlinige Hufschlagfiguren und Schenkelweichen sind hilfreiche Übungen.

MITTLERE KLASSE Der korrekte Sitz dieses Reiters, die gute und ausgewogene körperliche Entwicklung des Pferdes und die Akzeptanz des Pferdes für seinen Reiter deuten darauf hin, dass diese Partner für die Herausforderungen der höheren Dressur bereit sind.

SCHWERE KLASSE
Selbst bei weit geförderten Pferden ist es wichtig, gelegentlich zur Arbeit auf niedrigerem Niveau zurückzugehen. Dieses Pferd muss lernen, die Hinterhand zu senken, bevor es mit der Piaffe beginnen kann.

In der nächsten Phase arbeiten Sie weitere 15 bis 30 Minuten an der Lockerheit oder Losgelassenheit. Dazu muss das Pferd an den Hilfen stehen und im Rücken durchschwingen (siehe S. 130–131). Reiten Sie Zirkel, Volten und Bögen in den Arbeitsgängen, aber auch Übergänge, einige verlängerte und verkürzte Tritte sowie Schultervor und Travers mit geringer Abstellung (siehe S. 138–157). Führen Sie keine neuen Lektionen ein und fordern Sie keine maximalen Anstrengungen. Selbst weit geförderte Pferde arbeiten in dieser Phase in geringerer Aufrichtung und mit anderem Gleichgewicht.

Bei jungen oder verdorbenen Pferden werden Sie vor der Erholungsphase nicht weiter kommen als bis zur Arbeit an der Losgelassenheit. Mit anderen Pferden können Sie nun mehr tun. Bringen Sie das Pferd in zwei bis fünf Phasen von jeweils vier bis fünf Minuten (mit Ruhepausen von ein bis zwei Minuten dazwischen) näher an seine körperlichen Grenzen, und zwar in den Bereichen, an denen Sie gerade arbeiten. Es muss dabei annehmend und gelassen bleiben. In dieser Arbeitsphase kann das Pferd stark versammelte Arbeit mit maximalem Schwung leisten. Am Ende der Stunde verlangen Sie noch einmal lösende Übungen als aktive Erholungsphase.

ÜBERGÄNGE

Ein Übergang ist der Wechsel von einer Gangart in eine andere. Sie können von einer Gangart zur nächsten übergehen wie vom Schritt zum Trab oder einen Gang dazwischen auslassen, etwa vom Galopp zum Schritt. Wenn Sie danach gleich wie-der angaloppieren, war das ein einfacher Wechsel. Übergänge sind auch innerhalb einer Gangart möglich, z. B. vom Mitteltrab zum versammelten Trab. Nahtlose Übergänge erfordern Gehorsam und eine gute Entfaltung der Gänge.

GUTE ÜBERGÄNGE REITEN

Gute Übergänge sind ein wertvolles Hilfsmittel zur Verbesserung von Schwung und Anlehnung des Pferdes. Es muss dazu an den Hilfen stehen. Als Vorbereitung für den Übergang überprüfen Sie die Qualität der Gangart, in der Sie sich gerade befinden. Geben Sie die normale treibende Hilfe für die erwünschte Gangart und erwarten Sie, beim nächsten Tritt die Reaktion zu bekommen. Dazu müssen Geschwindigkeit und Schwung für die gewählte Gangart passen und der Reiter muss entsprechend in der Bewegung mitgehen. Vor und nach dem Übergang ist die Qualität der Gangarten besonders wichtig. Spezielle Hilfen können die Sache für das Pferd deutlicher machen. So besteht ein gutes Galopp-signal darin, den äußeren Schenkel am Pferdebauch entlang zurück- und wieder vorzubewegen. Die entgegengesetzte Bewegung (Schenkel am Pferdebauch erst vor, dann zurück) kann als Signal für den Übergang zum Schritt verwendet werden.

TRAB – GALOPP Im Trab wer-den inneres Hinterbein und äußeres Vorderbein zugleich bewegt. Mit treibender Hilfe fordert der Reiter das Pferd auf, mit dem äußeren Hinter-bein in Galopp zu springen. Es folgen das diagonale Beinpaar und das innere Vorderbein.

Beginn im Trab

Signal zum Angaloppieren

Galoppsprung fast ausgeführt

GALOPP – SCHRITT – GALOPP Diese Bildfolge zeigt einen Übergang Galopp–Schritt (ohne Trabtritte dazwischen) und Schritt–Galopp. Dazu muss der letzte Galoppsprung vor dem Übergang eine gewisse Versammlung aufweisen. Der Galoppsprung endet mit dem inneren Vorderbein (1). Den ersten Tritt im Schritt macht das äußere Hinterbein (2). Nach einer Fußfolge im Schritt (2, 3) galoppiert das Pferd mit dem äußeren Hinterbein (4) ganz normal an.

Bleiben Sie aufrecht sitzen, damit der Pferderücken aufge-wölbt bleiben kann.

Ein guter, runder letzter Galoppsprung führt zu einem guten Übergang.

Erlauben Sie dem Pferd sofort, Kopf und Hals im Schritttakt zu bewegen.

DIE HALBE PARADE

Halbe Paraden verbessern Gleichgewicht und Aufmerksamkeit des Pferdes. Dabei werden mehrere Hilfen kurzzeitig, koordiniert und fast unsichtbar gegeben. Holen Sie sich etwas mehr Schwung und lassen Sie dann den Zügel anstehen, damit das Pferd weiß, dass es nicht um Vorwärts geht. Nun treiben Sie wieder und lassen diesmal das Pferd vorwärts gehen. Sie können sich eine halbe Parade als eine schnelle Abfolge von Los–Langsam–Los vorstellen. Sie hat nur Sinn, wenn das Pferd an den Hilfen steht und Sie so gut koordiniert sind, dass Sie die Hilfen in ein, zwei Sekunden geben können. Wenn Sie anfangs noch länger brauchen, verringern Sie die Zeit allmählich.

GALOPP – TRAB Es ist wichtig, den Galoppsprung zu beenden und das Vorderbein, das am weitesten vorgreift, auffußen zu lassen, bevor Sie die Trabhilfe geben. Den ersten Trabtritt machen dann äußeres Hinterbein und inneres Vorderbein gleichzeitig.

Beginn im Galopp

Reiten Sie den Galoppsprung fertig, bevor Sie die Hilfen zum Trab geben.

Der erste Trabtritt

Geben Sie die Galopphilfe, ohne mit dem inneren Schenkel zu drücken, sonst bleibt das Pferd nicht gerade.

3

Lassen Sie Ihr Becken mit dem Pferd nach oben in den Galoppsprung hineingehen.

4

Die Sprünge sind korrekt, aber das Pferd ist im Galopp ein wenig verspannt.

5

WENDUNGEN, VOLTEN & ZIRKEL

Jede zweite Dressurlektion basiert auf kreisförmigen Linien. Die Arbeit auf Volten und Zirkeln ist die Grundlage, auf der ein Pferd gerade gerichtet wird, weil sie ihm hilft, sich auf beiden Händen gleich gut zu biegen. Die Hilfen für

Kreisbögen können auch für alle anderen Lektionen verwendet werden, sodass Sie damit ein Hilfensystem erarbeiten, das Ihr Pferd gut versteht und das Sie in Ihrer gesamten dressurmäßigen Arbeit anwenden können.

DIE HILFEN FÜR VOLTE UND ZIRKEL

Schauen Sie dorthin, wo Sie hinreiten wollen, und sorgen Sie dafür, dass weder Becken noch Sattel nach außen rutschen. Dazu verlagern Sie Ihr Gewicht etwas nach innen. Nun sorgen Sie mit dem inneren Zügel für Biegung, während der äußere Schenkel verhindert, dass die Hinterhand sich nach außen bewegt, was bei korrekter Biegung aber selten passiert.

Gehen Sie in der Bewegung des Pferdes mit und sehen Sie dorthin, wo Sie hinwollen.

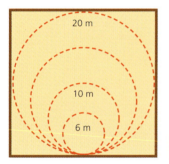

20 m

10 m

6 m

VOLTEN UND ZIRKEL

REITEN VON ZIRKELN UND VOLTEN Als Einsteiger werden Sie zunächst hauptsächlich Zirkel (20 m) im Trab und Galopp und einige Volten (10 m) im Trab und Schritt reiten (siehe Zeichnung oben). Die Reiterin in der Bildfolge rechts übt 10-m-Volten und benutzt zur Orientierung Kegel. Ihr äußerer Schenkel kontrolliert (wie auf den Bildern ganz rechts zu sehen) die Biegung (a), der Zügel bleibt in weicher Anlehnung (b).

Der innere Vorderhuf sollte derselben Spur folgen wie der innere Hinterfuß.

WIE ERZIELT MAN DIE RICHTIGE BIEGUNG?

Beim Reiten von Zirkeln und Volten ist es nicht egal, welcher Linie Sie folgen. Es ist ganz natürlich, dass man in der Reitbahn einer Linie zu folgen versucht, die auf der Außenseite des Pferdes liegt (a). Sie führt aber oft zu einem schiefen Pferd, weil Pferde vorne schmaler sind als hinten, wodurch die Vorhand automatisch leicht nach außen gerät. Viele Reiter stellen sich die Kreislinie deswegen auf einer Linie mit der Wirbelsäule des Pferdes vor (b). Bessere Kontrolle über die Schultern haben Sie, wenn Sie sich die Kreislinie auf Ihrer Innenseite (c) vorstellen. So bringen Sie die Pferdeschultern in korrekter Biegung automatisch etwas nach innen.

(c)

(b)

(a)

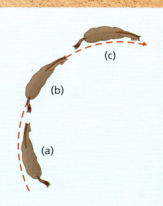

Mit dem inneren Schenkel sorgen Sie für Schwung, äußerer Zügel und Stimme kontrollieren die Geschwindigkeit. Diese grundlegenden Hilfen gelten für alle Dressurlektionen.

DIE KORREKTE BIEGUNG HALTEN

Reiten Sie bei Volten und Zirkeln einer imaginären Linie auf Ihrer inneren Seite nach (siehe Kasten links unten). Damit bekämpfen Sie zwei häufige Probleme: einerseits das unbeabsichtigte Schiefreiten des Pferdes, weil die schmalere Vorhand nach außen geht, und andererseits die Neigung der meisten

Bewegen Sie kurzzeitig beide Hände nach innen, um die Pferdeschultern auf der innen gedachten Kreislinie zu halten.

Geben Sie dem Pferd die Möglichkeit, Kopf und Hals einzusetzen.

Pferde, am äußeren Hufschlag zu kleben. Damit Ihnen die gedachte Linie auf der Innenseite zur Gewohnheit wird, stellen Sie sich Kegel auf. Sie werden merken, dass dadurch Ihre Hände automatisch ein wenig nach innen kommen und so die Vorhand nach innen führen. Gleichzeitig geraten Sie nicht so in die Versuchung, am inneren Zügel zu ziehen und damit zu viel Halsbiegung zu erzeugen.

Jedem Pferd fällt die Biegung nach einer Seite leichter als nach der anderen und jeder Reiter muss sein Pferd auf der steifen Seite lockerer bekommen. Setzen Sie Ihre Hilfen deutlich, aber ohne Zwang ein. Arbeiten Sie das Pferd zunächst auf der Hand, auf der es ihm leichter fällt, und stellen Sie es an die Hilfen. Dann gehen Sie zur steiferen Seite über.

Volten reitet man immer nur kurze Zeit und entwickelt dabei stärkere Biegung, Losgelassenheit und eine erste Versammlung. Sollten Sie allerdings versuchen, zu kleine Volten zu reiten, bevor das Pferd ausreichend versammelt und gelöst ist, so zwingen Sie es, die Tritte zu verkürzen, die Hinterhand nach außen zu nehmen oder den ganzen Körper zur Seite zu schieben. Mit steigender Versammlung (siehe S. 156–157) fällt ihm auch eine 6-m-Volte leicht.

(a) Der äußere Schenkel verhindert, dass die Hinterhand nach außen schwenkt.

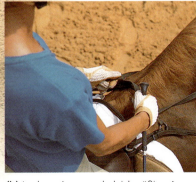

(b) Lockere Arme und gleichmäßige Anlehnung führen zu wirksamen Zügelhilfen.

ECKEN & BIEGUNGEN

Jede Ecke ist ein Viertelkreisbogen. Wie gut Sie also Ecken reiten können, wird sich danach richten, welche Voltengröße Sie meist reiten – und das wiederum hängt von Ihren Fähigkeiten und dem Ausbildungsstand Ihres Pferdes ab.

Die wertvollste Übung ist die Schlangenlinie. Dabei werden gebogenen Linien so zusammengefügt, dass Sie ständig die Biegung umstellen müssen. Diese Lektion wirkt lösend und gerade richtend.

EINFACHES UMSTELLEN

Beim Handwechsel – dem Wechsel der Bewegungsrichtung – müssen Sie zuerst Ihre Route planen. Entscheiden Sie, welche Art von Schlangenlinie Sie reiten wollen. Sehen Sie nun dorthin, wo Sie hinwollen, und verringern Sie allmählich die bestehende Biegung. Stellen Sie sich vor, Sie würden bereits auf der neuen gebogenen Linie reiten, weil Sie den Handwechsel schon hinter sich haben. Sie werden merken, dass Sie dadurch automatisch die Hilfen verwenden, die Ihr Pferd in die andere Richtung biegen: Der innere Zügel gibt die Richtung an, der äußere Schenkel kontrolliert die Hinterhand, der innere

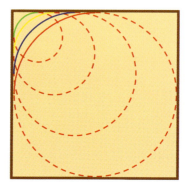

ECKEN Ein junges Pferd kommt im Galopp wahrscheinlich nur mit einem Zirkel (20 m) zurecht, dasselbe Pferd im Schritt bewältigt leicht eine Volte von 10 m. Reiten Sie regelmäßig durch Ecken, aber achten Sie dabei immer auf taktklare, schwungvolle Tritte.

FLACHE BÖGEN

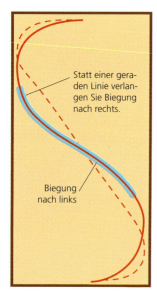

Statt einer geraden Linie verlangen Sie Biegung nach rechts.

Biegung nach links

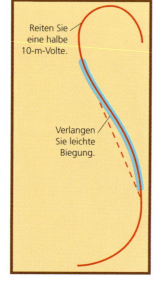

Reiten Sie eine halbe 10-m-Volte.

Verlangen Sie leichte Biegung.

Schenkel erhält den Schwung, der äußere Zügel kontrolliert die Geschwindigkeit. Verlagern Sie Ihr Gewicht ganz leicht auf die Innenseite der neuen Biegung. Wechseln Sie ganz bewusst von der Innenlinie der alten Richtung auf die Innenlinie der neuen Richtung. Anfangs werden Sie sich dafür wirklich konzentrieren müssen, aber mit etwas Übung wird es ganz natürlich.

SCHLANGENLINIEN

Schlangenlinien (siehe Zeichnungen rechts) haben drei Vorteile, die sie für junge Pferde und Reiteinsteiger zum Mittel der Wahl für den Handwechsel machen.

Erstens ermuntern sie zu häufigen Biegungswechseln, weil die Figuren dem Pferd nicht schwer fallen und für Sie leicht zu reiten sind. Häufige Biegungswechsel sind erwünscht, weil damit die großen Muskelgruppen, die für die seitliche Biegung zuständig sind (siehe S. 146–149) abwechselnd zusammengezogen und wieder entspannt werden. Wenn Sie länger auf einer Hand bleiben, werden die Muskeln belastet und ermüdet, so dagegen wird das Pferd gelöst.

Zweitens gibt es in Schlangenlinien keine geraden Strecken. Das ist wichtig, weil das Reiten auf einer geraden Linie zu den schwierigsten Aufgaben gehört. Auf gerader Linie können Sie erst dann korrekt reiten, wenn das Pferd auf beiden Seiten gleich gut entwickelt ist. Das erreichen Sie wiederum durch Volten, Zirkel und Handwechsel über Schlangenlinien.

HANDWECHSEL AUF EINER SCHLANGENLINIE

Eine gerade Linie ist schwierig zu reiten. Erleichtern Sie dem Pferd den Handwechsel, indem Sie die alte Biegung allmählich reduzieren und sofort mit der neuen Biegung anfangen.

HALBKREIS UND SCHLANGENLINIE

Wenn die Biegung einmal da ist, ist es relativ einfach, sie etwas enger zu machen. Reiten Sie vor dem Biegungswechsel eine halbe Volte, dann fällt der restliche Handwechsel leichter.

Drittens – und das ist am wichtigsten – haben Sie in Schlangenlinien die Möglichkeit, die alte Biegung allmählich zu verringern und die neue Biegung allmählich einzuführen. Beim Handwechsel über eine traditionelle Acht (siehe Zeichnung unten) müssen Sie unmittelbar von einer Biegung auf die andere umstellen, was schwieriger ist.

Bei allmählicher Einführung der neuen Biegung ist es einfacher, die Kontrolle über die Schultern des Pferdes zu behalten. Wenn das Pferd den Hals plötzlich oder zu stark biegt, werden seine Schultern sich wahrscheinlich leicht nach außen bewegen, und das kann zum Ausfallen über die äußere Schulter führen. Wird die Biegung allmählich verändert, passiert das weniger leicht. Außerdem haben Sie dann genügend Zeit, um sich darauf zu konzentrieren, dass Sie von der Innenlinie Ihrer Biegung wegreiten. So können Sie die Pferdeschultern leichter ein wenig nach innen holen, was auf Dauer das häufige Problem lösen wird, dass das Pferd schief und mit den Schultern nach außen läuft. Im Grunde trainieren Sie damit eine Vorübung zum Schultervor (siehe S. 145), das viele gute Ausbilder ihren Schülern anraten: »Stellen Sie sich vor, Sie wollten Schultervor reiten.«

DIE GOLDENE SCHLANGENLINIE

Diese Schlangenlinie erfordert dieselben Halbkreise von 13,3 Metern wie die Standard-Schlangenlinie mit drei Bögen. Die goldene Schlangenlinie wird aber auf einem breiteren Platz (25 m) geritten. So bekommt sie einen Bogen mehr, ist leichter zu reiten und wirkt sich positiver aus. Die zusätzliche Breite lässt Ihnen mehr Zeit zum Verringern der alten Biegung und Einführen der neuen Biegung. Beim jungen Pferd neigt die Vorhand dazu, auf dem Halbkreis leicht nach außen zu driften, aber damit ist sie für die neue Biegung genau richtig. Die Vorhand bleibt besser an der richtigen Stelle, wenn Sie beim Umstellen beide Hände kurzzeitig 5–10 cm nach innen nehmen.

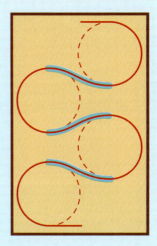

ENGE BÖGEN

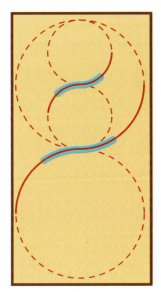

ACHTEN Das klassische Umstellen auf einer Acht ist schwierig, weil das Pferd sofort von einer Biegung zur anderen übergehen muss. Kompromiss: Reiten Sie eine Seite der Acht gerade.

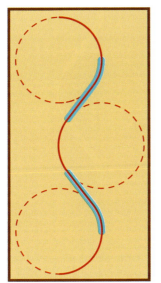

FLACHE BÖGEN Diese Bögen können Sie auf der Mittellinie oder an der langen Seite reiten. Sie sind nicht so einfach, wie sie aussehen, weil zwei Biegungswechsel in kürzerer Zeit geritten werden müssen als in der Figur rechts mit drei Bögen.

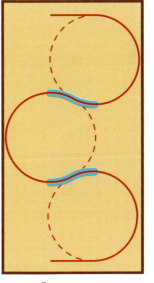

DREI BÖGEN DURCH DIE BAHN Obwohl hier die Halbkreise mit 13,3 m kleiner sind als die Zirkel bei der Acht, ist dieser Handwechsel einfacher. Sie haben mehr Zeit, um die alte Biegung zu verringern und die neue Biegung einzuführen.

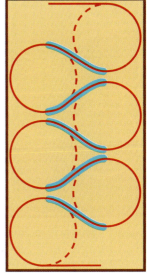

DIE »GLÜHBIRNE« Diese Figur hat zum Lösen und für die Kontrolle über Richtung und Geschwindigkeit großen Wert. Wenn Sie zum Umstellen zu lange brauchen, beenden Sie erst die Volte und reiten dann die Schlangenlinie weiter.

GERADE & GEBOGENE LINIEN

Ein Hauptanzeichen gut ausgebildeter Pferde und Reiter ist, dass sie sich geradeaus bewegen können. Dem Richter fällt Schiefe sofort auf, wenn Sie auf der Mittellinie reiten – gerade Linien auf dem Hufschlag sind noch schwieriger. Gerade und gebogene Linien sollte man zusammen betrachten, weil korrekt gerittene Wendungen das Geraderichten begünstigen. Und auch in Dressurprüfungen werden gerade und gebogene Linien verlangt.

AUF DEM ERSTEN HUFSCHLAG

Am schwierigsten sind gerade Linien auf dem ersten Hufschlag zu reiten, also an der Begrenzung der Reitbahn entlang. Zaun und Bande scheinen auf Pferde eine magische Anziehungskraft zu haben, sodass sie gerne mit der Vorhand nach außen driften. Diese Neigung wird durch die Tatsache verstärkt, dass Pferde vorne schmaler sind als hinten. Die Schiefe tritt oft auch nach einer Ecke auf, in der das Pferd zu stark gebogen war und die der Reiter nicht korrekt beendet hat.

Um ein Pferd gerade auf dem ersten Hufschlag zu reiten, sollten Sie zunächst in der Haltung für Schultervor reiten (siehe Kasten ganz rechts). Achten Sie dabei auf gut gerittene Ecken. Sobald die Vorhand auf die lange Seite kommt, reiten Sie die Wendung weiter, bis die Hinterhand auf der geraden Linie geht, die Vorhand aber leicht innerhalb davon.

REITEN AUF DER MITTELLINIE

Wenn das Pferd allmählich beide Körperseiten gleich entwickelt und Sie seine Vorhand richtig positionieren können, wird das Reiten von geraden Linien möglich. Auf dem ersten Hufschlag müssen Sie dazu vielleicht immer noch »Schultervor« denken.

Wenn Sie die Mittellinie entlangreiten, versuchen Sie immer vorauszuschauen und auf einen bestimmten Punkt zuzureiten, anstatt Ihr Pferd verkrampft auf einer Linie halten zu wollen. Wenn man ein Pferd längere Zeit auf einer geraden

GERADE LINIEN

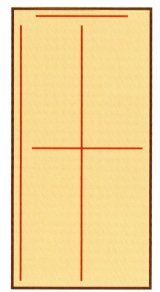

GRUNDLINIEN Gerade Strecken sind auf dem ersten Hufschlag schwieriger zu reiten als auf der Mittellinie und den Querlinien.

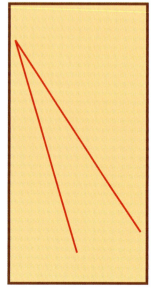

LANGE DIAGONALEN Bei diesen Linien fällt der Anfang schwer, wenn das Pferd am Hufschlag klebt. Gegen Ende müssen Sie an Schultervor denken.

ZWEITER HUFSCHLAG Auf dem zweiten Hufschlag gehen Pferde gerader. So sorgen Sie auch für Abwechslung, also reiten Sie möglichst oft auf dem zweiten Hufschlag.

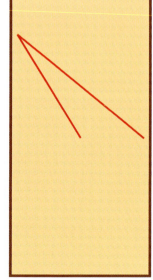

KURZE DIAGONALEN Anfang und Ende sind hier schwieriger, weil die Wahrscheinlichkeit größer ist, dass das Pferd die Schultern nach außen schiebt.

Linie reiten will, wird es immer versuchen, die Vorhand auf seine Lieblingsseite zu verschieben – darauf müssen Sie beim Ausreiten ein Auge haben. Die allgemeine Regel lautet, dass man ein Pferd gerade richtet, indem man seine Vorhand vor seine Hinterhand bringt. Das ist einfacher und verwirrt das Pferd nicht. Wenn man versucht, zum Geraderichten die Hinterhand zu verschieben, ist es schwierig, das System der Hilfen konsequent durchzuhalten.

Versuchen Sie nicht, die Geraderichtung zu erzwingen. Das Pferd wird sich unweigerlich verkrampfen. Fangen Sie also allmählich an: Der Arbeitstrab ist eine sehr symmetrische Gangart, deren Takt nicht so schnell leidet. Im Schritt müssen Sie sehr darauf achten, die natürliche Bewegung von Kopf und Hals beizubehalten. Besondere Vorsicht ist beim Galopp auf dem Platz geboten, weil Pferde hierbei zur Schiefe in Dauer-biegung neigen. Korrigieren Sie das allmählich und mischen Sie ständig Galopp und Trab, Handwechsel und Übungen auf geraden und gebogenen Linien (siehe Zeichnung unten).

GERADE LINIEN MIT BÖGEN

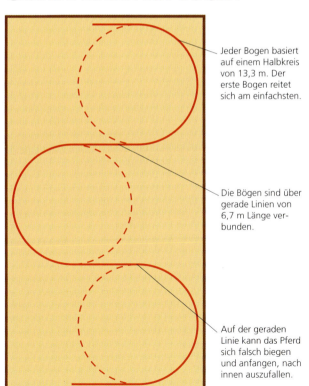

Jeder Bogen basiert auf einem Halbkreis von 13,3 m. Der erste Bogen reitet sich am einfachsten.

Die Bögen sind über gerade Linien von 6,7 m Länge ver-bunden.

Auf der geraden Linie kann das Pferd sich falsch biegen und anfangen, nach innen auszufallen.

DREI BÖGEN DURCH DIE BAHN Diese Figur wird oft im Viereck 20 x 40 m ausgeführt. Die Übung ist schwieriger als die »Glühbirne« von S. 143, weil Sie zwischen den Halbkreisen fast 7 m weit auf gerader Linie reiten. Das Pferd nimmt die neue Rich-tung oft vorweg und fällt mit falscher Biegung nach innen aus.

SCHULTERVOR

Zusammen mit Schlangenlinien, Zirkeln und Volten hilft das Schultervor beim Geraderichten des Pferdes. Dabei bewegt das Pferd sich mit leicht nach innen genommener Vorhand gerade-aus, wobei die Hinterhand auf dem äußeren Hufschlag bleibt. Ohne Biegung ist das nicht möglich. Nehmen Sie diese Position beim Herausreiten aus einer Ecke ein. Machen Sie die Ecke ein wenig länger als nötig und reiten Sie dann geradeaus auf dem Hufschlag, wobei Sie die Schultern des Pferdes kontrollieren, indem Sie Ihre Hände je nach Notwendigkeit etwas nach innen oder außen bewegen. Schultervor ist hauptsächlich eine Übung zur Kontrolle über die Vorhand, regt aber auch das innere Hinterbein zu verstärkter Lastaufnahme an. Hier befinden sich die vier Hufe des Pferdes auf vier verschiedenen Spuren.

Mit dem äußeren Schenkel halten Sie die Hinter-hand gerade.

Der innere Schenkel treibt vorwärts, nicht seitwärts.

SCHENKELWEICHEN

Unter Seitengängen versteht man Übungen, bei denen Hinter- und Vorderbeine sich auf verschiedenen Hufschlägen befinden. Dazu gehören Schulterherein, Kruppeherein, Renvers und Traversalen. Die Einführungsübung für die Seitengänge ist das

Schenkelweichen im Schritt oder Trab, bei dem das Pferd dem Schenkel des Reiters weicht und sich seitwärts und vorwärts bewegt. Eine verwandte Übung ist die Vorhandwendung, bei der das Pferd die Hinterhand um die Vorhand herum bewegt.

EINFÜHRUNG DER SEITENGÄNGE

Schenkelweichen ist eine grundlegende Übung, mit der junge und verdorbene Pferde in die Seitengänge eingeführt werden können. Sie kann in der Lösungsphase geritten werden, bevor das Pferd zur Versammlung bereit ist, und verbessert die Akzeptanz der Reiterhilfen.

Zum Schenkelweichen nimmt der Reiter einen Schenkel ein wenig zurück und hält das Pferd so gerade wie möglich. Nun fordert er das Pferd zur Seitwärtsbewegung auf, bei der es sich vom Druck des Schenkels wegbewegen soll. Gleichzeitig soll es vorwärts gehen. Dadurch kreuzen die Beine einer Seite vor denen der anderen Seite. Dass das Pferd dem Schenkel weichen soll, kann man ihm anfangs mithilfe der Vorhandwendung beibringen (siehe Kasten unten), bei der es nur die Hinterhand

WENDUNG UM DIE VORHAND

Beginnen Sie im Schritt und verringern Sie die Geschwindigkeit. Wenn Sie nun den rechten Schenkel etwas zurücklegen und damit Druck ausüben, wird das Pferd die Hinterhand von rechts nach links nehmen, um dem Druck zu weichen. Die Vorhand bewegt sich dabei auf einem Kreis von 50 cm.

SCHENKELWEICHEN Dieses Pferd bewegt sich im Schritt von rechts nach links, von der Mittellinie auf den Hufschlag zu. Das Pferd ist abgesehen von ein wenig Stellung im Genick praktisch gerade (1). Die Reiterin lässt es ihrem rechten Schenkel weichen. Sie sitzt aufrecht und sieht dorthin, wo sie hinwill (2, 3). Falls nötig, kann sie den rechten Schenkel noch etwas zurücknehmen (4), um die Hinterhand des Pferdes weiter herumzubewegen. Bevor sie die Bande wieder erreicht, beendet sie die Übung und reitet auf dem zweiten Hufschlag weiter (5, 6).

vom Schenkeldruck wegbewegt. Um die Belastung für die Vorderbeine zu verringern, wird diese Übung am besten aus dem Schritt heraus geritten, bis das Pferd sie völlig verstanden hat.

GEEIGNETE STELLEN

Pferde bewegen sich gerne auf die Bande zu, weswegen das Schenkelweichen erleichtert wird, wenn man es von der Mitte aus zur Bande hin durchführt. In der entgegengesetzten Richtung arbeiten die Pferde anfangs meist nicht so willig mit. Eine häufig eingesetzte Variante ist das Schenkelweichen auf der langen Seite (nicht der kurzen Seite) der Reitbahn, bei dem das Pferd in die Bahnmitte blickt und ungefähr 35 Grad von der Bande abgestellt ist. Dabei geht die Hinterhand also auf dem Hufschlag, die Vorhand weiter innen. Auch umgekehrt wird Schenkelweichen oft geritten, also mit dem Pferdekopf Richtung Bande und der Hinterhand nach innen. So ist das Pferd zwar leichter zu kontrollieren, aber diese Form ist vor allem am Anfang verwirrend für das Pferd. Diese zwei Variationen des Schenkelweichens sind auch auf der Diagonalen durch die ganze Bahn möglich. Dazu sollte der Reiter sich diese Wechsellinie so vorstellen, als wäre sie die lange Seite.

Eine kleine Abwandlung besteht darin, eine Volte zu reiten und mittels Schenkelweichen auf einen Zirkel überzugehen. Diese Übung heißt Zirkel vergrößern. Dabei sind Pferde sehr willig, weil ihnen große Zirkel leichter fallen als kleine Volten, aber es ist kein klassisches Schenkelweichen, weil das Pferd in Richtung Kreismitte leicht gebogen geht. Bei einer ungewöhnlichen Variante des Schenkelweichens wird das Pferd auf dem Zirkel so im Winkel abgestellt, dass die Hinterhand nach außen zeigt. Dabei müssen die Hinterbeine größere Seitwärtsschritte machen, um mit den Vorderbeinen Schritt zu halten. Im Grunde reitet man damit eine sehr große Vorhandwendung.

Die rechten Beine kreuzen vor den linken.

STELLUNG HOLEN

Das Stellungholen ist wie das Schenkelweichen eine Übung für die Akzeptanz, die nur selten verwendet wird, sobald das Pferd sie gelernt hat. An einem Zügel wird Zug aufgebaut, gleichzeitig am anderen Zügel nachgegeben. Sobald das Pferd dem Zügelzug auch nur leicht nachgibt, wird der Zügel zur Belohnung locker gelassen. Nun wird mit beiden Zügeln wieder normale Anlehnung aufgenommen. Am besten übt man das im Schritt oder Trab und auch nur gelegentlich, sonst kann das Pferd sich einen »Schlangenhals« angewöhnen.

SCHULTERHEREIN

Beim Schulterherein geht das Pferd mit nach innen abgestellter Vorhand und in gleichmäßiger Biegung vorwärts. Mit geringer Abstellung ausgeführt, handelt es sich hauptsächlich um eine Lektion zur Kontrolle der Schultern. Wird die Übung dagegen weitergeführt, so verbessert sie die Versammlung, weil das innere Hinterbein vermehrt Last aufnimmt. Zur Überprüfung der weichen Zügelanlehnung ist dabei das Überstreichen der Zügel eine gute Übung.

EINSATZ DES SCHULTERHEREIN

Die meisten Pferde neigen dazu, mit der Vorhand nach außen zu fallen. Das passiert auf beiden Händen, meist aber auf einer Seite durchgehender. Am deutlichsten ausgeprägt zeigt sich dieses Phänomen oft in der Reitbahn, weil die Pferde dort an der Bande kleben und weil sie vorne schmaler sind als hinten, was zur Schiefe noch zusätzlich beiträgt.

Um das Pferd gerade zu richten, muss der Reiter in der Lage sein, die Vorhand in gerader Linie vor die Hinterhand zu bringen, ohne die Qualität der Bewegung zu opfern. (Wird die Geradheit erzwungen, so werden die Tritte gestelzt.) Dafür eignet sich Schulterherein hervorragend, weil der Reiter dabei mehr Kontrolle über die Vorhand hat. Neben diesem Wert als gerade richtende Übung ist es auch für die Versammlung nützlich, weil das innere Hinterbein mehr Gewicht aufnehmen muss, wenn es weit unter den Körper gesetzt wird. Diese Vorteile bedeuten, dass fast jede Lektion gewinnt, wenn davor und danach Schulterherein oder Schultervor geritten wird (beim Schultervor wird die Schulterherein-Position in schwächerer Ausprägung eingenommen). Die Lektion wird normalerweise im Trab geritten, weil diese Gangart es erleichtert, den Schwung zu erhalten.

ABSTELLUNG BEIM SCHULTERHEREIN

Es ist wichtiger, die Qualität der Tritte zu erhalten, als eine bestimmte Abstellung zu erreichen. Die Abstellung hängt vom Biegungsgrad des Pferdes ab. Ist das Pferd für einen Zirkel (20 m) gebogen, so kann man die Vorhand um ungefähr 10 Grad von der Bande weg nach innen abstellen, um so Schultervor in geringer Abstellung zu erzielen. Mit der Biegung für einen 15-m-Kreis kann Schultervor mit etwa 20 Grad Abstellung geritten werden, mit der Biegung für eine 10-m-Volte ergibt sich Schulterherein mit 25 bis 30 Grad. Wird die Abstellung zu groß, driftet die Hinterhand des Pferdes nach außen. Das ist kontraproduktiv, weil damit das innere Hinterbein nach außen bewegt wird anstatt in Richtung Pferdemitte. Beim Schulterherein befinden die Vorderbeine des Pferdes sich normalerweise etwas weiter innen als die Hinterbeine.

SCHULTERHEREIN Die Vogelperspektive (siehe kleines Bild links) zeigt deutlich, dass die Biegung des Pferdes seine Schulter nach innen bringt, ohne die Hinterhand nach außen zu bewegen. Hier entspricht die Biegung der einer 10-m-Volte, was eine Abstellung von 25 Grad ergibt. Die Position der Hinterhand auf dem Hufschlag und der Grad der Biegung sind wichtiger als die Abstellung. Nur wenn korrekte Biegung mit korrekter Position zusammenkommt, tritt das innere Hinterbein unter den Schwerpunkt.

HILFEN FÜR DAS SCHULTERHEREIN

Schulterherein kann aus jeder Ecke der Reitbahn heraus geritten werden. Halten Sie die Biegung der Ecke etwas länger, als es normalerweise nötig wäre, bis die Vorhand leicht nach innen kommt. Sobald das der Fall ist, verhindern Sie mit dem äußeren Zügel, dass das Pferd weiter eine Kreislinie geht, und nehmen beide Hände kurzzeitig nach außen, um dem Pferd zu zeigen, dass es um Schulterherein geht. Reiten Sie ganz normal mit dem inneren Schenkel vorwärts. Es ist wichtig, dass Sie das Pferd mit dem inneren Schenkel nicht zu Seite schieben, weil dann Schenkelweichen herauskäme. Wenn nötig, verhindert der äußere Schenkel ein Ausfallen der Hinterhand, während die Hände kurzzeitig nach innen oder außen bewegt werden können, um die Schultern an ihrer Stelle zu halten. Das Reitergewicht bleibt in der Mitte, der Sattel darf nicht nach außen rutschen.

DIE ZÜGEL ÜBERSTREICHEN Wenn Sie die Zügelhände ein oder zwei Tritte lang nach vorne schieben und dann die normale Anlehnung wieder aufnehmen, können Sie die Selbsthaltung des Pferdes überprüfen. Es sollte seine Aufrichtung beibehalten und im Gleichgewicht bleiben. Diese Übung ist nützlich, um Reiter und Pferd daran zu erinnern, dass der Zügel eine Verständigungshilfe ist, kein Haltegriff. Zügel überstreichen kann auch als Belohnung eingesetzt werden, nicht nur als Lektion.

RÜCKWÄRTSRICHTEN

Beim Rückwärtsrichten macht das Pferd drei bis fünf Tritte rückwärts und bewegt dabei die Beine diagonal und paarweise wie im Trab. Führen Sie diese Übung vorsichtig ein, weil sonst die Trittfolge verloren gehen kann oder der Hals eingerollt wird. Fordern Sie das Pferd aus dem Halten heraus zum Losgehen auf, aber geben Sie mit den Händen nicht nach. So verhindern Sie die Vorwärtsbewegung, das Pferd bewegt sich nach hinten. Beginnen Sie mit ein, zwei Tritten. Danach wieder vorwärts reiten und loben.

Zum Überstreichen der Zügel bewegen Sie beide Hände am Mähnenkamm entlang nach oben, bis keine Anlehnung mehr besteht. Das Pferd wird lernen, das als Belohnung zu verstehen.

FLIEGENDE WECHSEL

Ein fliegender Wechsel ist der Wechsel vom Links- in den Rechtsgalopp oder umgekehrt ohne andere Gangart dazwischen. Diese Übung beherrschen Pferde von Natur aus. Wenn fliegende Wechsel nach einer bestimmten Anzahl an Sprüngen

wiederholt werden, heißen sie Serienwechsel. Die Hilfe für den fliegenden Wechsel ist dieselbe wie für das Angaloppieren aus dem Trab. Wenn ein Pferd also an den Hilfen steht, kann diese Lektion von Reitern auf jedem Niveau geritten werden.

EINFACHE WECHSEL
Fliegende Wechsel sollten Sie erst reiten, wenn Ihr Pferd die Galopphilfe gründlich verstanden hat und gerade gerichtet galoppiert. Sonst wird es lernen, beim Wechseln seitwärts zu springen. Es muss den Galopp bereits mit einer gewissen Versammlung gehen und Außengalopp (siehe Kasten gegenüber) sicher beherrschen. Springreiter setzen den fliegenden Wechsel für den Richtungswechsel zwischen den Hindernissen ein und beherrschen ihn oft besser als Dressurreiter. Nach dem Beispiel

der Springreiter kann es besser sein, bei den einfachen Wechseln nicht so schwer einzusitzen.

Haben Sie Geduld und arbeiten Sie erst am Außengalopp. Es kann sein, dass Sie im Galopp die Wechsellinie durch die Bahn

EIN EINFACHER WECHSEL Aus dem Linksgalopp wird die Hilfe gegeben. Das Pferd führt den Wechsel im Augenblick der freien Schwebe aus, sodass es im Rechtsgalopp landet und das linke Hinterbein als Erstes wieder abfußt.

ZWEIERWECHSEL Diese Folge von fünf Sprüngen zeigt zwei Zweierwechsel – Galoppsprung, Wechsel, Sprung, Wechsel, Sprung. Das Pferd geht Rechtsgalopp (1). Der Reiter gibt mit dem äußeren Schenkel die Hilfe für das Umspringen in den Linksgalopp, was in (2) geschieht. Das Pferd befindet sich im Linksgalopp (3) und erhält bei (4) eine Hilfe zum Umspringen auf rechts. Das Pferd bewegt sich wieder im Rechtsgalopp (5).

1   Hilfe für den fliegenden Wechsel mit dem rechten Schenkel

2   Das Pferd springt in der Phase der freien Schwebe um.   3

AUSSENGALOPP

Bevor Sie Ihrem Pferd fliegende Wechsel beibringen können, müssen Sie den Außengalopp beherrschen. Dabei galoppieren Sie im Grunde absichtlich im falschen Galopp, beispielsweise auf der rechten Hand im Linksgalopp. Um im Außengalopp die Kurven der Reitbahn nehmen zu können, ist ein gewisses Maß an Versammlung nötig. Achten Sie darauf, dass das Pferd durchgehend leicht nach außen gebogen ist – so versteht es leichter, dass jetzt Außengalopp gefragt ist. Geben Sie außerdem eine leichte Gewichtshilfe, beim Linksgalopp beispielsweise nach links. Sie müssen in der Lage sein, Ihr Pferd im Außengalopp zu halten, damit Sie einen fliegenden Wechsel dann ausführen können, wenn Sie das wollen und nicht, wenn das Pferd entscheidet, dass es jetzt an der Zeit dafür wäre. Probieren Sie es mit einigen Übungen zum Außengalopp (siehe Zeichnungen rechts).

AUSSENGALOPP
Dieses Pferd bewegt sich im Rechtsgalopp auf der linken Hand.

ÜBUNG EINS Reiten Sie eine Volte und kehren Sie im Außengalopp auf den Hufschlag zurück.

Beginn des Außengalopps

ÜBUNG ZWEI Ein Bogen mit 5 m Abstand von der Bande ist eine nützliche vorbereitende Übung.

Außengalopp-Bogen

entlangreiten und das Pferd beim Richtungswechsel locker umspringt. Bei nächster Gelegenheit nimmt es dann vielleicht den Wechsel vorweg oder regt sich auf. Dann galoppieren Sie im Außengalopp weiter und fordern erst wieder zum Wechsel auf, wenn Sie bereit sind und das Pferd gelassen ist. Richten Sie das Pferd gerade, stellen Sie sich die neue Richtung vor, tun Sie so, als ob Sie Trab reiten würden, und geben Sie mit dem äußeren Schenkel die Hilfe. Der Wechselsprung sollte dieselbe Länge haben wie die Sprünge davor und danach.

SERIENWECHSEL

Wenn Sie sich ausreichend Zeit nehmen, bis die einfachen Wechsel sicher gelingen, ist der Fortschritt zu den Serienwechseln

relativ einfach. Beim Zweierwechsel (siehe unten) springt das Pferd bei jedem zweiten Sprung um. Der eigentliche Wechselsprung zählt dabei als ein Sprung, sodass zwischen den Wechseln nur ein Galoppsprung liegt. Bei Einerwechseln springt das Pferd bei jedem Sprung um, sodass bei jedem Sprung die Wechselhilfe gegeben werden muss. Fangen Sie mit zwei Fünferwechseln an, galoppieren Sie zehn Sprünge, und machen Sie noch einen Fünferwechsel. Dann lassen Sie zwischen den fliegenden Wechseln immer mehr Sprünge aus, bis Sie schließlich vier Fünferwechsel reiten. Zur besseren Konzentration und Takthaltung zählen Sie mit. Bei fünf Dreierwechseln beispielsweise zählen Sie den Wechsel und die beiden Sprünge danach: »Eins, zwei, drei – zwei, zwei, drei – drei, zwei, drei – vier, zwei, drei – fünf.«

Nach dem fliegenden Wechsel geht der Schenkel in seine normale Lage zurück.

Hilfe für den fliegenden Wechsel mit dem linken Schenkel

④

Während des Wechsels sollte das Pferd den Hals gerade lassen.

⑤

TRAVERS, RENVERS & TRAVERSALEN

Travers (auch Kruppeherein genannt), Renvers und Traversalen sind Abwandlungen ein und derselben Übung. Bei allen geht es darum, dass das Pferd sich vorwärts und seitwärts bewegt. Jede dieser Lektionen wird an einer anderen Stelle

der Reitbahn geritten. Eine gut gerittene Traversale ist ein eindrucksvoller Anblick, aber bereits kleine Änderungen der Abstellung können sich negativ auf Takt und Schwung auswirken. Am besten reitet man Traversalen zunächst wie Travers.

TRAVERS UND RENVERS

Bevor Sie sich an der Traversale versuchen, müssen Sie den Travers sicher beherrschen. Travers (Kruppeherein) kann man als Gegenstück zum Schulterherein betrachten, weil dabei die Kruppe nach innen abgestellt wird (siehe Zeichnung ganz rechts). Die Vorhand des Pferdes geht zunächst normal auf dem ersten Hufschlag, aber weil das Pferd von Genick bis Hinterhand gebogen ist wie für eine 10-m-Volte, kommt die

ANSICHT VON OBEN

TRAVERSALE RECHTS Das ist schon eine fortgeschrittene Version, wobei die saubere Ausführung der Lektion wichtiger ist als eine weite Abstellung. Wenn Ihr Pferd sich irgendwie wehrt oder den Takt verliert, vereinfachen Sie die Übung durch geringere Abstellung oder beenden Sie die Lektion ganz.

Das Pferd ist nach rechts gebogen, der äußere Schenkel zurückgenommen.

Der äußere Schenkel sorgt für die Seitwärtsbewegung, der innere für Vorwärtsbewegung.

Die Bewegung wird mit taktreinen, gleichmäßigen Tritten und gutem Schwung weitergeführt.

Das Reitergewicht wird in die Bewegungsrichtung genommen. Hier ist der Sattel nach links gerutscht.

Zum Beenden der Lektion die Biegung umstellen, »Schulterherein« denken und vorwärts reiten.

Hinterhand nach innen und auch die Vorhand leicht neben den Hufschlag. Die Abstellung beträgt am Schluss ungefähr 30 Grad, doch Sie sollten mit weniger anfangen.

Für den Travers brauchen Sie im Schritt auf der kurzen Seite der Reitbahn einen gewissen Versammlungsgrad. In der Ecke holen Sie sich die nötige Biegung. Wenn das Pferd mit dem Kopf die lange Seite entlangschauen kann, die Hinterhand aber noch in der Ecke ist, halten Sie mit dem äußeren Schenkel die Hinterhand in dieser Position und lassen das Pferd in dieser Haltung die lange Seite entlanggehen. Sobald das Pferd die Übung verstanden hat, gehen Sie zum Trab über. Denken Sie daran, dass der Trabtakt in der Lektion erhalten bleiben muss.

Die Hilfengebung lautet wie üblich: innerer Zügel für die Richtung, äußerer Schenkel für die Hinterhand, innerer Schenkel für den Schwung und äußerer Zügel zur Kontrolle der Geschwindigkeit. In dieser Lektion spielt der äußere Schenkel die Hauptrolle. Das Reitergewicht kommt leicht nach innen. Der häufigste Sitzfehler ist das Verrutschen nach außen. Auch zu starke Stellung im Hals kommt häufig vor, sodass Sie mit dem äußeren Zügel die Halsbiegung aktiv korrigieren sollten.

Wenn Sie sich Ihr Pferd im Travers vorstellen und es auf die andere Seite der Reitbahn versetzen könnten, haben Sie Renvers. Das Pferd nimmt genau dieselbe Haltung ein (siehe Kasten rechts). Beim Travers geht die Vorhand auf dem ersten Hufschlag, während die Hinterhand durch die Biegung auf den zweiten Hufschlag kommt; beim Renvers bewegt sich die Vorhand auf dem zweiten Hufschlag, während die Hinterhand durch die Biegung auf den ersten kommt. Renvers hat den großen Vorteil, dass die Pferdeschultern nicht am ersten Hufschlag kleben, und sollte deshalb regelmäßig geritten werden.

Um zum Renvers zu kommen, muss man etwas mehr nachdenken als für den Travers. Sie können nach einer Ecke einen flachen Bogen reiten und zum Renvers übergehen, sobald Sie die Biegung umstellen, oder Sie können auf den zweiten Hufschlag gehen und von dort anfangen. Die beste Methode ist die, Schulterherein zu reiten und dann die Biegung umzustellen, ohne die Abstellung zu verändern.

TRAVERSALEN

Traversalen reiten Sie anfangs am besten so, als wollten Sie Travers reiten. Stellen Sie sich dazu die Reitbahn herumgeschwenkt vor, sodass Sie an der Wechsellinie eine imaginäre lange Seite haben (siehe Kasten rechts). Wenn Sie nun durch die Ecke reiten, achten Sie darauf, dass Sie mit der Traversale erst anfangen, wenn das Pferd genau diese Wechsellinie entlangblickt. So kann es nie passieren, dass die Hinterhand der Vorhand vorausgeht (ein häufiger Fehler), und die Biegung lässt sich leichter erhalten.

Damit Schwung und Takt in der Traversale erhalten bleiben, stellen Sie das Pferd nur leicht ab und verlangen lediglich einige Tritte in der Traversale, bevor Sie wieder vorwärts reiten. Im fortgeschrittenen Stadium muss das Pferd um über 30 Grad zur Bewegungsrichtung abgestellt sein. An diesem Punkt ändert sich die Traversale etwas, weil die Abstellung zwar größer ist, die Biegung aber nicht. So kann das Pferd immer weniger in die Bewegungsrichtung sehen (siehe Bildfolge gegenüber). Wenn es in die Bewegungsrichtung sehen kann, haben Sie zu viel Biegung. Achten Sie bei zunehmender Abstellung darauf, dass jedes diagonale Beinpaar gleich weit seitwärts tritt.

TRAVERSALEN UND TRAVERS

Travers gehört zu den einfachsten Lektionen, weil Biegung und Abstellung unverändert bleiben. Bei der Traversale dagegen eilt oft die Hinterhand voraus und Biegung und guter Sitz gehen verloren. Deswegen ist es hilfreich, sich vorzustellen, man würde Travers reiten. Wenn die Abstellung beim Travers auf über 30 Grad erhöht wird, kann das Pferd nicht mehr den Hufschlag entlangsehen. So wird auch die fortgeschrittene Traversale geritten.

ABSTELLUNGEN FÜR DIE TRAVERSALE

Das ist Travers. Bei der Vorwärtsbewegung ist die Hinterhand nach innen abgestellt, die Bande ist links.

Das ist eine Traversale, identisch zum Travers, aber entlang der Wechsellinie geritten.

Renvers läuft genauso ab wie Travers, nur dass die Bande sich auf der anderen Seite des Pferdes befindet.

POSITIONSVERGLEICH

PIROUETTEN

Bei der Galopp-Pirouette bewegt die Vorhand sich um die Hinterhand, die praktisch auf der Stelle tritt. Sie gehört zu den klassischen Lektionen, die als Sinnbild guter Ausbildung gelten und sich beim Reiten großartig anfühlen. Das Pferd muss stärker als sonst versammelt sein und die Hinterhand absenken, damit die Vorhand leichter wird. Die Vorbereitung fängt mit der Kurzkehrtwendung an.

KURZKEHRTWENDUNG

Kurzkehrtwendungen erfordern eine gewisse Versammlung. Leiten Sie sie so ein, wie Sie Travers einleiten würden, nämlich mit der Hinterhand nach innen (siehe S. 152–153). Bleiben Sie weit vom Hufschlag weg und versammeln Sie den Schritt ein wenig. Biegen Sie das Pferd nach innen wie für eine kleine Volte und verlagern Sie Ihr Gewicht leicht nach innen (1). Nun gehen Sie in die Travershaltung über, lenken aber die Vorhand nach innen, indem Sie kurzzeitig beide Hände nach innen und wieder zurück nehmen. Mit dem äußeren Schenkel kontrollieren Sie die Hinterhand (2). Achten Sie während der Lektion immer darauf, nicht nach außen zu rutschen (wie in 3). Nach einigen Kurzkehrttritten reiten Sie vorwärts und loben das Pferd. Mit fortschreitender Ausbildung wird das Pferd die Hinterhand besser an einer Stelle halten. Dann können Sie aufhören, an Travers zu denken, und stattdessen mit dem äußeren Schenkel das Ausfallen der Hinterhand verhindern.

Vielleicht hilft Ihnen die Vorstellung, in einem Quadrat zu reiten und an jeder Ecke eine Kurzkehrtwendung von 90 Grad durchzuführen. Später können Sie sich ein Dreieck vorstellen, an dessen Ecken Sie Wendungen von 120 Grad reiten.

GALOPP-PIROUETTE

Die Pirouette im Galopp ist eine fortgeschrittene Lektion. Sie erfordert höchste Versammlung im Galopp (siehe S. 156–157). Reiten Sie im Travers auf dem Zirkel einige Galoppsprünge.

Verkleinern Sie den Zirkel, bis Sie ein oder zwei Sprünge einer Galopp-Pirouette reiten. Nur wenige Pferde zeigen dabei im Galopp noch die Schwebephase, aber mit guter Ausbildung ist auch das möglich.

KURZKEHRT Anfangs gehen die Hinterbeine einige Schritte auf einer Kreislinie von 1 bis 3 m Durchmesser. Im Laufe einiger Monate wird der Kreis verkleinert. Der Schritttakt muss dabei erhalten bleiben.

1

2

3

GALOPP-PIROUETTE Die deutsche Reiterin Nicole Uphoff mit ihrem Pferd Rembrandt in der Galopp-Pirouette. Für eine Wendung um 360 Grad braucht ein Pferd sechs bis acht Galoppsprünge. Es muss ganz leicht in der Hand sein, weil sonst das Gleichgewicht nicht stimmt. Dazu ist höchste Versammlung erforderlich (siehe S. 156–157), die über mehrere Trainings-jahre hinweg aufgebaut werden muss.

VERSAMMLUNG & VERSTÄRKUNG

Das Verkürzen und Verlängern der Tritte führt zur Versammlung bzw. Verstärkung. Sobald die Arbeitsgänge entwickelt sind, kann man mit dem Verkürzen und Verlängern anfangen. Mit der Verbesserung von Schwung und Tragkraft führen Verlängern und Verkürzen allmählich zu Mitteltempi und versammelten Tempi bis hin zu den verstärkten Gängen und zur höchsten Versammlung. Wenn das Pferd in allen Tempi gelassen und kontrollierbar bleibt, war die Ausbildung hervorragend.

VERKÜRZEN UND VERLÄNGERN

In der Versammlung macht das Pferd kürzere Tritte und nimmt mit der Hinterhand mehr Last auf, während im Mitteltempo die Schritte länger sind. Das Tempo (die Geschwindigkeit des Takts) sollte dabei immer gleich bleiben und auch die Abfolge der Tritte für die jeweilige Gangart muss korrekt sein. Dazu muss die Geschwindigkeit für die Versammlung verringert und für ein Mitteltempo erhöht werden. Ohne ausreichenden, kontrollierten Schwung ist das nicht möglich, und der ist nur mit einem die Reiterhilfen akzeptierenden, gelassenen, fleißigen und gerade gerichteten Pferd zu erreichen.

In guter Versammlung ist ein Pferd leicht in der Hand, in guter Verstärkung ist die saubere Ausführung der Tritte maßgebend, nicht die Länge. Man gerät leicht in Versuchung, die Tritte in den Mitteltempi so stark zu verlängern, wie man kann, aber damit ist die klare Unterscheidung zwischen Mitteltempo und verstärktem Tempo nicht mehr möglich. Allgemein gültige Werte sind schwer anzugeben, aber der Unterschied in der Trittlänge zwischen Mitteltempo und ver-

Der Hals ist leicht eingerollt, aber das Pferd fühlt sich offensichtlich wohl.

MITTELTRAB

Im guten Mitteltempo und im starken Tempo federt das Pferd vom Boden ab und lässt die Bewegung genauso mühelos erscheinen wie in den Arbeitstempi. Die große Schwungentfaltung ist ohne die entsprechende Bemuskelung nicht möglich.

Eine so gut tätige Hinterhand spricht von fortgeschrittenem Gleichgewicht.

Die Kraft aus der Hinterhand führt zur Leichtigkeit in der Vorhand.

stärktem Tempo sollte im Schritt mindestens 20 cm betragen, im Trab 30 cm und im Galopp 60 cm. Ähnliches gilt für die Unterscheidung zwischen Mittel- und Arbeitstempo sowie zwischen Arbeits- und versammeltem Tempo (siehe S. 126–127).

FORTGESCHRITTENE VERSAMMLUNG

Mit zunehmender Versammlung wird die Verweildauer der Hufe am Boden kürzer und die Schwebephase länger. Man bezeichnet das auch als Kadenz. Ein kadenziert gehendes Pferd federt vom Boden ab und vermittelt den Eindruck von Leichtigkeit.

Den höchsten Versammlungsgrad, wie man ihn für Piaffe oder Galopp-Pirouette braucht, entwickelt man am besten aus dem Trab. Legen Sie Schwung zu, aber erlauben Sie dem Pferd nicht, frei vorwärts zu traben, bis es zu kürzeren Tritten abfußt. Diese Halbtritte müssen wie im normalen Trab mit dem diagonalen Beinpaar und mit einer Schwebephase ausgeführt werden. Damit haben Sie die Basis für die Piaffe (siehe Kasten unten). Aus der Piaffe heraus kann man die Vorwärtsbewegung in die Passage einleiten, die aber auch aus dem versammelten Trab geritten werden kann. Diese fortgeschrittenen Lektionen müssen logisch aus der Grundschule entwickelt werden.

FORTGESCHRITTENE VERSTÄRKUNG

In der fortgeschrittenen Verstärkung finden Kraft und Leichtheit ihren Ausdruck. Sie ist das Ergebnis guter Versammlung, guten Schwungs und athletischer Fähigkeiten. Denken Sie daran, dass nicht jedes Pferd die körperlichen Voraussetzungen für einen starken Trab mitbringt. Ein guter starker Trab sitzt sich auch ziemlich gut, weil das Pferd im Rücken schwingt.

KOMBINIERTE ÜBUNGEN

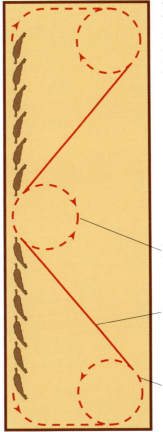

VERSAMMLUNG UND VERSTÄRKUNG Wer Verstärkungen reiten will, muss zunächst an der Versammlung arbeiten, aber die Verstärkung verbessert gleichzeitig den Schwung und damit die Versammlung. Es gibt viele Übungen, die sowohl Verstärkung als auch Versammlung fördern. Dieses Beispiel kombiniert Schulterherein und Volten in Versammlung, Mitteltrab und starken Trab auf den Wechsellinien sowie Handwechsel und unterstützt so Versammlung und Verstärkung.

Von diesem Punkt aus kann eine Traversale zurück auf den ersten Hufschlag geritten werden.

Hier ist es besser, guten Mitteltrab zu reiten, als das Pferd zu überanstrengen.

Hier können Volten in versammelter oder verstärkter Gangart geritten werden, bevor man die Wechsellinie zurück zum Hufschlag nimmt.

PIAFFE UND PASSAGE

Diese Lektionen, für die Versammlung und Schwung nötig sind, begeistern jedes Publikum. Beide kennzeichnet ein kadenzierter Trab mit viel Aktion in Sprung- und Karpalgelenken und starkem Abfedern. In der Passage bewegt das Pferd sich langsam vorwärts, während es in der Piaffe auf der Stelle trabt. In der Piaffe muss es die Hinterhand stark beugen und den Schwung beibehalten, um die Schwebephase nicht zu verlieren. Damit das Pferd zwischen versammeltem Trab, Passage und Piaffe unterscheiden kann, müssen verschiedene Hilfen gegeben werden. Eine Möglichkeit ist Dauerdruck mit beiden Schenkeln für die Passage und wechselnder Druck für die Piaffe.

PASSAGE

PIAFFE

KOMBINIERTE ÜBUNGEN

Bei der Vorbereitung auf Dressurprüfungen sollten Sie die Übungen einschließlich der Gangarten, Übergänge, Lektionen und Seitengänge mischen. Damit spiegeln Sie auch die Anforderungen in den Prüfungen wider. Finden Sie Lektionen, die gut ineinander übergehen, und solche, die an unterschiedlichen Punkten absolviert werden, sich aber gut ergänzen. So gehen Seitengänge und kleinere Lektionen gut ineinander über, während Verlängern und Verkürzen der Tritte sich ergänzen.

ARBEIT IN DEN GANGARTEN

Jegliche Dressurarbeit wird über die Gänge geleistet – Schritt, Trab und Galopp. Wenn man die Elemente mischt und zusammenbringt, die eine Dressurprüfung ausmachen, muss man unbedingt auf Gängen aufbauen, die in natürlicher Aufrichtung und mit natürlicher Trittfolge gezeigt werden.

Die einfachste Mischung ist die aller drei Gangarten auf beiden Händen. Das Pferd muss in beide Richtungen gearbeitet werden, damit es sich gleichmäßig entwickelt, und jeder der drei Gänge hat seine Vorteile, die man nutzen kann. So ist beispielsweise der Schritt eine Gangart, die dem Pferd mehr Zeit zum Verstehen und Reagieren lässt, aber auch zum Entspannen. Andererseits ist er nicht geeignet, um Schwung zu erzielen, dafür wählt man besser Trab oder Galopp. Der Trab wird dem Galopp oft vorgezogen, weil Geraderichtung und Takt hier leichter zu erhalten sind, aber manche Pferde brauchen den Galopp, damit sie mehr vorwärts denken. Anfangs ist höhere Geschwindigkeit ohne Taktverlust im Galopp einfacher als im Trab. Wenn Ihr Pferd fleißiger werden muss, wählen Sie lieber einen frischen Galopp als einen frischen Trab. So genutzt, stellen die Gangarten ein System sich gegenseitig ergänzender Übungen dar.

EIN SYSTEM VON ÜBUNGEN

Beim Trainieren werden Sie die Vor- und Nachteile der einzelnen Übungen herausfinden und dann versuchen, sie so zusammenzufügen, dass sie sich gegenseitig ergänzen und verbessern. So kann beispielsweise eine Volte den Nachteil haben, dass sie die Vorwärtstendenz hemmt, aber dafür ist sie gut fürs Gleichgewicht, während Mitteltrab gut für die Vorwärtstendenz ist, aber weniger nützlich für die Balance.

NUTZUNG DES REITPLATZES

Lassen Sie Ihre Fantasie spielen und nutzen Sie alle Teile der Reitbahn, wenn Sie sich Ihre eigenen Freistil-Prüfungen zusammenstellen. Natürlich sollte jede Figur so geritten werden, dass sie die Bewegungsmanier des Pferdes verbessert, aber viele Pferde entwickeln sich nicht optimal, weil ihre Reiter im Training nicht kreativ genug sind.

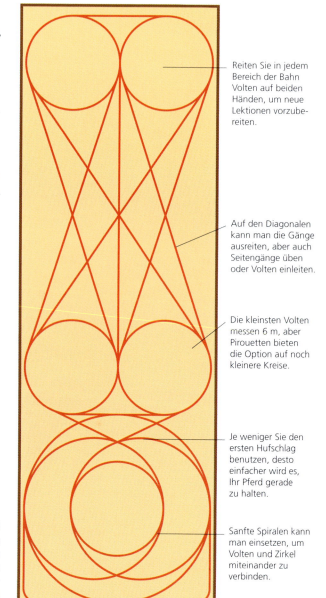

Reiten Sie in jedem Bereich der Bahn Volten auf beiden Händen, um neue Lektionen vorzubereiten.

Auf den Diagonalen kann man die Gänge ausreiten, aber auch Seitengänge üben oder Volten einleiten.

Die kleinsten Volten messen 6 m, aber Pirouetten bieten die Option auf noch kleinere Kreise.

Je weniger Sie den ersten Hufschlag benutzen, desto einfacher wird es, Ihr Pferd gerade zu halten.

Sanfte Spiralen kann man einsetzen, um Volten und Zirkel miteinander zu verbinden.

KOMBINIERTE FIGUREN

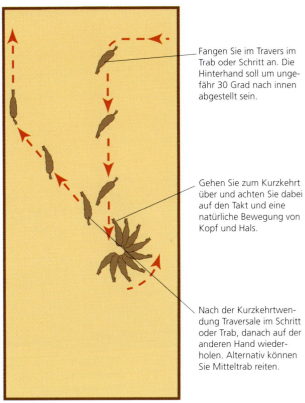

Fangen Sie im Travers im Trab oder Schritt an. Die Hinterhand soll um ungefähr 30 Grad nach innen abgestellt sein.

Gehen Sie zum Kurzkehrt über und achten Sie dabei auf den Takt und eine natürliche Bewegung von Kopf und Hals.

Nach der Kurzkehrtwendung Traversale im Schritt oder Trab, danach auf der anderen Hand wiederholen. Alternativ können Sie Mitteltrab reiten.

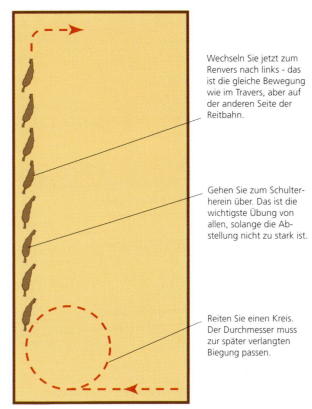

Wechseln Sie jetzt zum Renvers nach links - das ist die gleiche Bewegung wie im Travers, aber auf der anderen Seite der Reitbahn.

Gehen Sie zum Schulterherein über. Das ist die wichtigste Übung von allen, solange die Abstellung nicht zu stark ist.

Reiten Sie einen Kreis. Der Durchmesser muss zur später verlangten Biegung passen.

TRAVERS, PIROUETTE, TRAVERSALE Bei all diesen Lektionen werden die Beine, die in der Biegung außen sind, an den inneren Beinen vorbeigeführt und müssen kreuzen. Deswegen kann man nahtlos von einer Übung zur anderen übergehen. Das Pferd muss die Übung verstehen und sie sauber ausführen.

SCHULTERHEREIN UND RENVERS Vom Schulterherein nahtlos zu Travers, Traversalen oder einer Pirouette überzugehen ist nicht möglich, weil die Beine umgekehrt kreuzen. Aber der direkte Übergang vom Schulterherein zum Renvers ist möglich. Sie müssen nur die Biegung umstellen. Eine der besten Übungen.

Dann gibt es noch kleine Übungen, die wie Puzzleteile wirken, weil sie so schön ineinander passen. Am deutlichsten wird das bei den einfachen Übergängen: Aus einem guten Arbeitstrab heraus kann man ein wenig verkürzen und verlängern, aus einer 15-m-Volte kann man eine 10-m-Volte machen und aus dem Schultervor zum Schulterherein übergehen.

Außerdem gibt es Übungen, die nahtlos ineinander passen wie z. B. Halbkreise und Schlangenlinien, Travers und Pirouette, Schulterherein und Renvers (siehe Bild oben rechts). Bei den Seitengängen kann man Kombinationen aus Travers, Traversalen und Pirouetten zusammenfügen, weil die Beine dabei immer kreuzen müssen (siehe Bild oben links). Da sie alle eine gewisse Versammlung erfordern, passen sie auch gut mit Volten und Halbkreisen zusammen.

Mit steigendem Verständnis für die Beziehungen zwischen Übungen werden Sie fantasievolle Kombinationen wählen und dem Reiten von Dressurprüfungen immer näher kommen.

DER GESAMTEINDRUCK

Messen Sie Ihre Arbeit in den Lektionen an den Konstanten: Akzeptanz, Gelassenheit, Fleiß, Geradheit, Reinheit. Am Ende einer Prüfung wird der Richter eine Benotung für den Gesamteindruck vergeben. Dabei bewertet er die Reinheit der Gänge und die Durchlässigkeit (die auf Schwung, Gelassenheit, Fleiß und Geradheit beruht) sowie Sitz und Einwirkung des Reiters. Man vergisst leicht, wie wichtig diese Benotung des Gesamteindrucks ist – sie zeigt deutlich auf, wo im Training die Prioritäten gesetzt werden müssen. Machen Sie sich nicht allzu viele Sorgen über eine kleine Ungenauigkeit in einer Lektion oder eine Verspätung bei einem Übergang, vor allem in den niedrigeren Klassen. Am wichtigsten sind Ausführung und Takt der Gänge, Akzeptanz und Verständnis sowie Schwung.

DIE ÜBUNGEN IM ÜBERBLICK

Die Gangarten, Übergänge, Lektionen und Übungen können allmählich miteinander verwoben werden und reichen vom Trab bis zu fliegenden Einer-Galoppwechseln auf dem Zirkel. Auf dem Weg zum wirkungsvollen Reiter werden Sie lernen, wann Sie welche Lektion einführen sollten und ob jetzt Rückwärtsrichten oder Galopp-Pirouette an der Reihe sind. Sie werden die Vor- und Nachteile der Lektionen kennen und wissen, wie sie mit anderen Lektionen zusammenhängen.

DIE GÄNGE UND IHRE VARIATIONEN
Die Beschreibung und Definition der Gänge basiert auf einer objektiven Analyse der natürlichen Bewegungsabläufe im Schritt, Trab und Galopp. Beschreibung und Definition der Variationen dagegen sind mehr subjektiv geprägt und entwickeln sich noch. Mit »Variationen« sind unterschiedliche Schrittlängen und Gleichgewichtsverlagerungen innerhalb ein und derselben Gangart gemeint – diese Unterschiede werden gemeinhin als »Tempi« bezeichnet.

Für viele Reiter sind versammeltes Tempo, Mitteltempo und starkes Tempo gleich weit voneinander entfernt und das Arbeitstempo ist ein Sondertempo, das man nur zum Warmreiten und für die Arbeit mit jungen Pferden einsetzt. Im Dressurviereck liegt der Mitteltrab aber offensichtlich näher am starken Trab als am versammelten, und für eine Piaffe oder Galopp-Pirouette ist viel mehr Versammlung nötig als für die Traversale.

FÖRDERUNG DES PFERDES

Dressurlektionen sollten in einen größeren Rahmen eingeordnet werden, in dem es um die Entwicklung von Körper und Geist des Pferdes geht. Zwischen Pferd und Reiter soll eine Partnerschaft entstehen. Eine einzelne Lektion ist etwas Mechanisches, während sich die Gesamtausbildung auf Gefühl, Einfühlungsvermögen, Akzeptanz, Einigkeit, Gelassenheit, Selbstvertrauen und Willigkeit gründet. Die Einheit dieser mechanischen und geistigen Elemente wird in der Eröffnungsbemerkung der Dachorganisation des Reitsports, der FEI (Fédération Equestre Internationale) deutlich, in der die harmonische Entwicklung der körperlichen Fähigkeiten als Ziel der Dressur bezeichnet wird. Demnach wird das Pferd durch Dressurarbeit ruhig, geschmeidig, locker und beweglich, aber auch vertrauensvoll, aufmerksam, eifrig und zufrieden. Dieser Rahmen ist wichtig, weil ein Reiter kein Techniker ist und die Übungen ihre Wirkung nur dann entfalten, wenn sie Teil eines ganzheitlichen Vorgehens sind, das Sinne und Geist des Pferdes respektiert.

Es ist also logischer, innerhalb jeder Gangart fünf Tempi in gleichen Abständen voneinander zu definieren. Das Arbeitstempo liegt in der Mitte, darüber mittleres und starkes Tempo, darunter Versammlung und höchster Versammlungsgrad.

Wenn in Prüfungen viele Reiter ein Arbeitstempo anbieten, das näher am Mitteltempo liegt, hat das mehr mit dem Ausstechen von Rivalen zu tun als mit lehrbuchmäßigen Definitionen. Es reicht völlig, wenn man anfangs nur ein gewisses Maß an Versammlung und Mitteltempo erzielt – man wird trotzdem gut bewertet werden, wenn die Ausführung sauber ist.

ÜBERGÄNGE, LEKTIONEN UND ÜBUNGEN
Man darf nie vergessen, dass Übergänge, Lektionen und Übungen alle innerhalb von oder zwischen Gangarten stattfinden, die selbst korrekt und taktklar bleiben müssen. Wie schon erwähnt, gibt es allmähliche Übergänge, die alle Zwischengänge einschließen, z. B. Schritt–Trab–Galopp. Bei direkten Übergängen dagegen wird eine Gangart ausgelassen, beispielsweise Schritt–Galopp. Dieselben Definitionen sind auf die Tempi anwendbar. Anfangs wird man allmählich zwischen Versammlung, Arbeitstempo, Mitteltempo und starkem Tempo wechseln, aber später kann man Übergänge direkt von der Versammlung zur Verstärkung reiten.

Alle Übungen in der Tabelle auf der nächsten Seite sind als Maximum auf dem jeweiligen reiterlichen Niveau gedacht. Niveau 1 entspricht ungefähr der Turnier-Einsteigerklasse, Niveau 2 entspricht ungefähr der Anfängerklasse, Reiter auf Niveau 3 befinden sich auf leichter bis mittlerer Ebene, und Niveau 4 kommt dem Einstieg in die internationale Klasse gleich. Die Positionsbestimmungen helfen Ihnen zu ermitteln, wo Sie den Schwierigkeitsgrad einer Übung nach oben setzen sollten – das ist der Schlüssel zur Entwicklung.

Denken Sie daran, wie wichtig ein umfassendes Training für Ihr Pferd ist. Dazu sollte neben der Entwicklung allgemeiner Fitness auch das Springen und Ausreiten gehören. Vor allem das Springen unterstützt die anaeroben Fähigkeiten der Muskulatur, die beim Dressurpferd unabdingbar sind.

POSITIONSBESTIMMUNG DRESSUR

ÜBUNGEN	NIVEAU 1	NIVEAU 2	NIVEAU 3	NIVEAU 4
Gangarten	• Freier Schritt • Mittelschritt • Arbeitstrab • Tritte verlängern im Trab • Arbeitsgalopp • Halten	• Versammelter Trab* • Mitteltrab* • Versammelter Galopp* • Mittelgalopp* • Rückwärtsrichten * beginnend	• Versammelter Schritt • Starker Schritt • Versammelter Trab • Starker Trab* • Versammelter Galopp • Starker Galopp* * beginnend	• Halbtritte im Trab • Starker Trab • Höchster Versammlungsgrad im Galopp • Starker Galopp
Übergänge	• Halt–Schritt • Schritt–Halt • Schritt–Trab • Trab–Schritt • Trab–Galopp • Galopp–Trab	• Halt–Trab • Trab–Halt • Schritt–Galopp • Galopp–Schrit • Rückwärtsrichten–versammelter Trab	• Tempi-Übergänge: versammelt–Mitteltempo, Mitteltempo–versammelt im Schritt, Trab und Galopp • Rückwärtsrichten–versammelter Galopp	• Versammlung–Verstärkung und Verstärkung–Versammlung im Schritt, Trab und Galopp
Lektionen	• Zirkel im Trab und Galopp • Halbvolten (10 m) im Schritt und Trab • Vier Bögen durch die ganze Bahn im Trab • Zügel überstreichen • Gerade Linien	• Volten (10 m) im Mittelschritt • Volten (8 m) im versammelten Trab • Außengalopp, einen halben Zirkel lang	• Zirkel im Mittelgalopp • Volten (6 m) im versammelten Trab und Galopp • Außengalopp, einen halben 15-m-Kreisbogen lang	• Außengalopp, eine halbe Volte (10 m)
Seitengänge	• Stellung nach innen • Wendung um die Vorhand • Schenkelweichen	• Schultervor • Travers und Renvers, geringe Abstellung	• Schulterherein • Travers und Renvers • Traversale, Abstellung unter 20 Grad	• Traversale, Abstellung unter 30 Grad • Umstellen Travers–Renvers–Travers im Trab
Pirouetten		• Große halbe Kurzkehrtwendungen	• Kurzkehrtwendung	• Halbpirouette im Galopp
Fliegende Wechsel			• Einfache Wechsel	• Serienwechsel 5 x 4 und 5 x 3
Andere Disziplinen	• Springen auf Niveau 1 (siehe S. 231)	• Springen auf Niveau 2 (siehe S. 231)		

PRÜFUNG IN KLASSE A (ANFÄNGER)

In der Anfängerklasse sollen die Reiter gute Grundkenntnisse im dressurmäßigen Reiten zeigen. Gefordert werden Arbeitstrab und -galopp, Mittelschritt und einfache Übergänge in fließenden, unkomplizierten Bewegungen. Das Pferd soll taktklare und natürliche Gangarten zeigen und nicht eilen, es soll an den Hilfen stehen, gelassen, fleißig und gerade gehen. Der Reiter muss im Gleichgewicht sitzen und Schenkel und Hände unabhängig und unauffällig einsetzen können.

DIE ELEMENTE DER PRÜFUNG

Während Sie darauf warten, dass die Startglocke für die Prüfung (siehe Kasten ganz rechts) ertönt, bewegen Sie das Pferd auf dem Vorbereitungsplatz auf der steiferen Hand. So bekommen Sie seinen Hals gerade, damit Sie dann ab A sauber und gerade die Mittellinie entlangreiten können.

Nehmen Sie sich die Zeit, sich Ihre Strategie für die Prüfung noch einmal bewusst zu machen. In der zweiten Hälfte der beiden Trabzirkel sollten Sie einen zusätzlichen Meter von X weg zielen. Damit kommen Sie eine halbe Pferdelänge zu früh auf den Hufschlag zurück, was der Richter von seinem Standpunkt aus als korrekt ansieht und Ihnen bei den folgenden halben 10-m-Volten hilft. Reiten Sie auf der Mittellinie einen Tritt lang geradeaus und machen Sie dann die zweite halbe Volte einen halben Meter größer, als sie sein sollte, damit Sie am richtigen Punkt auf den Hufschlag zurückkommen. Reiten Sie die Ecken in den Trab-Schritt-Trab-Übergängen gut aus. Das ist hilfreich für die Übergänge in die niedrigere Gangart und zeigt, dass Sie wissen, wie man die Bahn nutzt.

Wenn Sie auf dem letzten Zirkel in den Galopp übergehen, sehen Sie dorthin, wo Sie hinwollen, damit der Zirkel seine Form nicht verliert. Zur Unterstützung des Zügel-Überstreichens im Galopp auf der Diagonalen müssen Sie vielleicht die vorherige Ecke zum Verlangsamen und Ausbalancieren nutzen. (Der Richter wird erwarten, dass Sie das kurz vor X tun, wo viele Reiter es zu offensichtlich versuchen.) Sie sollten die Zügel zwei ganze Galoppsprünge lang überstreichen, einen vor und einen nach X.

Der Schritt in der vorletzten Lektion ist ein freier Schritt am langen Zügel, bei dem Sie die Hände mit dem Pferdekopf mitbewegen müssen. Das letzte Halten sollten Sie im Training zwischen zwei Bodenplanken ausführen. So bleibt das Pferd gerade.

DIE BEWERTUNGSSKALA

Jede Lektion und der Gesamteindruck werden auf einer Skala von 1 bis 10 bewertet. Ein guter Richter wird auch Bemerkungen machen, mit denen er seine Bewertung erklärt. Ihr Ziel sollten Bewertungen von mindestens 5 oder 6 sein. Wenn Sie dieses Niveau nicht erreichen, sollten Sie mehr trainieren, bevor Sie wieder an einer Prüfung teilnehmen.

0 – NICHT AUSGEFÜHRT	6 – BEFRIEDIGEND
1 – SEHR SCHLECHT	7 – ZIEMLICH GUT
2 – SCHLECHT	8 – GUT
3 – ZIEMLICH SCHLECHT	9 – SEHR GUT
4 – MANGELHAFT	10 – AUSGEZEICHNET
5 – GENÜGEND	

AUF DEM WEG ZUR KLASSE A Wenn Ihr Pferd wie hier an den Hilfen steht, sind Sie bereit für die Klasse A. Sie verzögern Ihren Fortschritt, wenn Sie an Prüfungen teilnehmen, ohne dass Ihr Pferd den Rücken durchschwingen lässt.

EINE AUFGABE DER KLASSE A

Sie bekommen eine Prüfungsaufgabe, die Sie sich vorher ansehen können (siehe unten). Lesen Sie die Aufgabe von links nach rechts. Die Übungen gehen direkt ineinander über. Die Bahnpunkte (siehe S. 112) dienen als Orientierungspunkte und als Gedächtnishilfe für die Teile der Prüfung. X ist die Markierung der Mitte, die auf dem Plan nicht auftaucht. Bei Ihrer Vorbereitung sollten Sie sich auf

den Trab und die Übergänge Trab–Schritt und Schritt–Trab konzentrieren, von denen jeweils drei gefordert werden. Die größte Schwierigkeit besteht darin, am Anfang und Ende die Mittellinie entlangzureiten, weil dabei das Pferd gerade gerichtet sein muss. Ein weiterer Prüfstein ist der Handwechsel durch den Zirkel bei X. Alle anderen Lektionen sind nicht kompliziert.

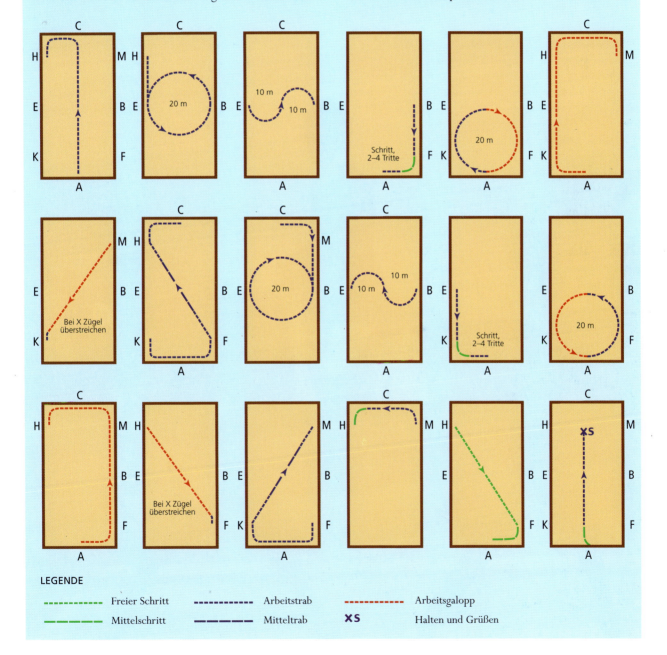

LEGENDE

----------	Freier Schritt	----------	Arbeitstrab	----------	Arbeitsgalopp
— — — —	Mittelschritt	— — — —	Mitteltrab	X S	Halten und Grüßen

PRÜFUNG IN KLASSE L (LEICHT)

Wenn Sie diese Klasse über gute Arbeit erreichen, werden Sie spüren, dass auch die nächste Klasse (M) in Ihrer Reichweite liegt. Auf dem L-Niveau werden nur beginnende Versammlung und Mittel- tempi gefordert, aber beides soll von Anfang an deutlich zu sehen sein. Inzwischen wird Ihr Pferd Muskeln und Schwung entwickelt haben und auch schwierigere Lektionen anpacken können.

DIE ELEMENTE DER PRÜFUNG

Sehen Sie sich die Aufgabe (siehe Kasten rechts) vor dem Reiten immer genau an und legen Sie sich Ihre Hauptstrategien zurecht. Die 10-m-Volten bei A werden oft nicht akkurat geritten. Der Richter kann gut sehen, ob Sie über die vorgesehene Linie hinauskommen, also sollten Sie diese Volten unter Beobachtung üben. Der Trick besteht darin, sich die Volten in Viertelkreise zu unterteilen, die Sie einzeln reiten. Wenn Sie nach den zwei Reprisen im Mitteltrab wieder auf den Hufschlag kommen, aber auch beim Übergang in den Außengalopp planen Sie Ihre Route so, dass Sie etwas zu früh auf den Hufschlag kommen. Das ist der gefährliche Moment im Außengalopp, weil das Pferd hier in die Versuchung kommen könnte, einen fliegenden Wechsel zu springen. Lassen Sie also den äußeren Schenkel gut am Pferd liegen und widerstehen Sie dem Drang, den Hals des Pferdes gerade stellen zu wollen. Halten und Rückwärtsrichten werden einzeln bewertet, also halten Sie auch wirklich. Auch der kurze Galopp von A bis zum Zirkel wird einzeln bewertet. Reiten Sie die Ecken gut aus, sodass die Hinterhand des Pferdes den ersten Hufschlag zu Beginn der langen Seite erreicht und auf der langen Seite Richtung P oder V nicht innen bleibt.

KLASSE L Dieses Pferd zeigt eine gute, natürliche Aufrichtung für diese Klasse und bietet im Arbeitstrab gute Schwungentfaltung an. Die Reiterin sitzt gut im Gleichgewicht und beide arbeiten schön zusammen.

EINE AUFGABE DER KLASSE L

Diese Prüfung ist eine offizielle Dressuraufgabe der FEI (Fédération Equestre Internationale) und wurde für eine Ein-Sterne-Vielseitigkeitsprüfung gestellt. Die Lektionen sind ausgewogen, für Trab und Galopp werden ungefähr gleich viele Punkte vergeben. Der Mitteltrab wird etwas erleichtert, weil er ausgesessen oder im Leichttraben geritten werden kann. Alle Übergänge dürfen allmählich ausgeführt werden. Leicht ist auch, dass die Galopparbeit in einem Stück verlangt wird. Sie müssen 75–80% der Punktezahl erreichen, um mitmischen zu können. Wenn Sie diese Prüfung sauber reiten können, werden Sie relativ leicht zur nächsten Klasse aufsteigen.

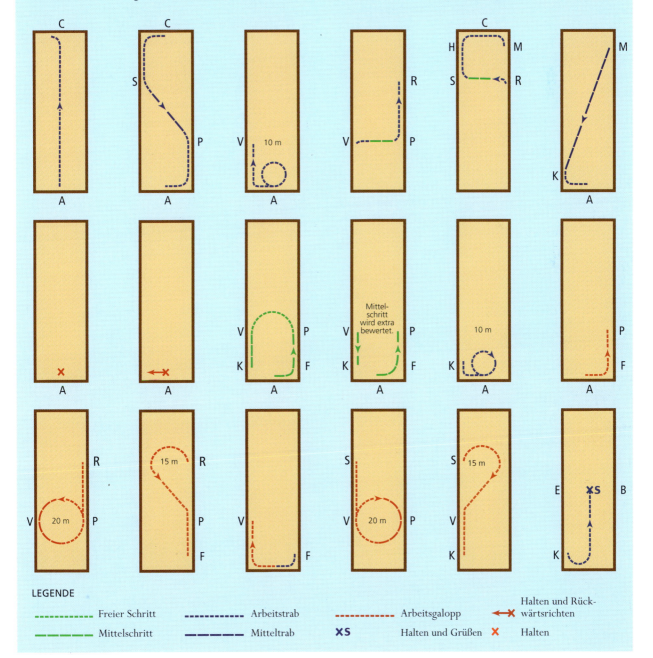

LEGENDE

- ---------- Freier Schritt
- ― ― ― ― Mittelschritt
- ---------- Arbeitstrab
- ━━━━━ Mitteltrab
- ---------- Arbeitsgalopp
- ✕S Halten und Grüßen
- ←✕ Halten und Rückwärtsrichten
- ✕ Halten

PRÜFUNG IN KLASSE M (MITTEL)

In der Klasse M werden zum ersten Mal wirklich versammelte Gänge und Mitteltempi sowie beginnende Verstärkungen gefordert. Sie müssen einfache fliegende Galoppwechsel und eine volle Kurzkehrtwendung beherrschen. Die Richter wollen verbesserte Schwungentfaltung mit leichten Tritten sehen und insgesamt den Eindruck von Leichtigkeit bekommen. Wenn Sie die mittlere Klasse in guter Ausführung beherrschen, werden Sie auch bis zum Prix St Georges kommen.

DIE ELEMENTE DER PRÜFUNG

Bereiten Sie sich gut auf die Prüfung (siehe Kasten rechts) vor. Reiten Sie die fliegenden Wechsel im Training nicht immer auf der Mittellinie. Kombinieren Sie besser Bögen mit Volten (siehe S. 143), damit Ihr Pferd nicht so auf den Wechsel lauert.

Im Galopp in die Bahn einzureiten und gerade zu bleiben ist nicht einfach, aber Sie können sich die Hand aussuchen. Sie müssen Übergänge Galopp–Halt und Halt–Trab zeigen. Das Schulterherein auf der Mittellinie ist ein Prüfstein für Ihr Training – vermeiden Sie es, die Hinterhand herumzuschieben. Das Schulterherein soll dann nahtlos in eine 8-m-Volte übergehen, die wiederum in eine Traversale mündet. Warten Sie mit der Traversale, bis der Pferdekopf in Richtung H oder M zeigt. Wenn in den Seitengängen der Takt verloren geht, müssen Sie zu Hause zu leichteren Übungen zurückkehren.

Auch die Übergänge innerhalb der Gangarten sollten gut klappen. Sofern dadurch die Übergänge besser werden, kann es Punkte bringen, wenn Sie in den Verstärkungen nur 80–90% Ihres Maximums anstreben.

KLASSE M Dieses Pferd zeigt die Muskelentwicklung und Kraft, die es für die mittlere Klasse braucht. Der versammelte Trab ist gut im Gleichgewicht. Die Hinterhand nimmt mehr Last auf, das Pferd verkürzt den Hals und hebt den Kopf an. Die Zügelanlehnung ist fühlig.

EINE AUFGABE DER KLASSE M

In dieser Aufgabe liegt ein Schwerpunkt auf dem Galopp, während es für den Schritt nur einen Punkt gibt. Die Qualität des Schritts wird sich allerdings in der Benotung des Gesamteindrucks für die Gänge niederschlagen. Diese

Prüfung fließt, die Lektionen ergänzen sich gut. Die Abgrenzung von Trab- und Galopparbeit macht die Aufgabe einfacher. Trotzdem werden Sie nur dann konkurrenzfähig sein, wenn Sie gute fliegende Galoppwechsel beherrschen.

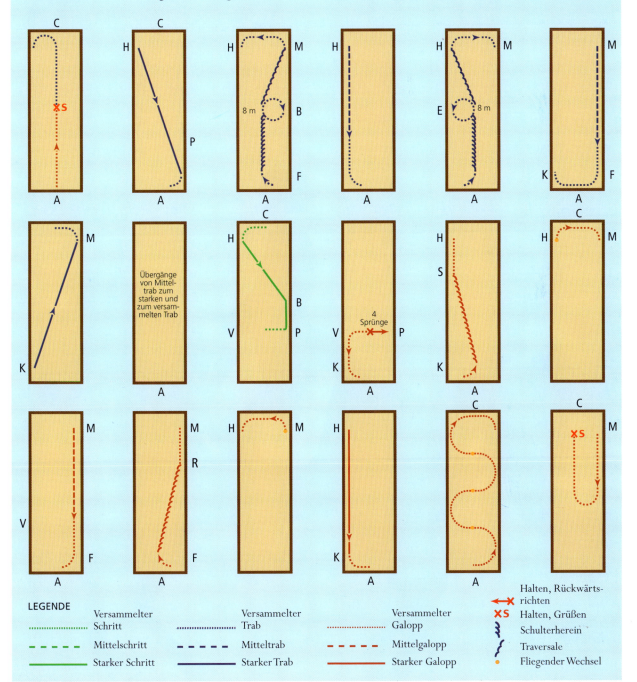

LEGENDE

....	Versammelter Schritt	....	Versammelter Trab	....	Versammelter Galopp

Halten, Rückwärtsrichten

Halten, Grüßen

Schulterherein

Traversale

Fliegender Wechsel

– – –	Mittelschritt	– – –	Mitteltrab	– – –	Mittelgalopp
——	Starker Schritt	——	Starker Trab	——	Starker Galopp

PRÜFUNG IN KLASSE S (SCHWER)

Wenn Sie die schwere Klasse erreicht haben, reiten Sie nicht einfach eine Prüfung, sondern eine Vorführung, in der Sie Ihr Pferd von seiner besten Seite zeigen. Serienwechsel im Galopp und halbe Galopp-Pirouetten sind auf diesem Niveau beim Publikum besonders beliebt. Die Richter erwarten, dass Ihr Pferd unmittelbare Übergänge von der Versammlung zur Verstärkung und wieder zurück zeigen kann und dass es sich elegant und kadenziert bewegt.

DIE ELEMENTE DER PRÜFUNG

Bereiten Sie sich gut auf diese Aufgabe (siehe Kasten rechts) vor. Im Galopp wird ein fliegender Wechsel in den Außengalopp gefordert, für den Sie vom Hufschlag nach X traversieren, dort den Galopp wechseln und zurück zum Hufschlag traversieren. Dabei tun Sie sich leichter, wenn Sie die erste Traversale kurz vor X beenden und mit geringer Biegung reiten. Zum Ende der Traversale bringen Sie die Hinterhand etwas nach außen (damit verhindern Sie auch einen zu frühen Wechsel), damit das Pferd wirklich gerade ist, bevor es umspringt und zurück traversiert. Bei der Vorbereitung auf die Pirouette halten Sie das Pferd lieber gerade, als die Hinterhand zu früh herumzubewegen. Machen Sie die Pirouette lieber etwas größer, als aus dem Galopptakt zu geraten. Die Serienwechsel bereiten Sie auf schwierigere Prüfungen vor, weil Sie hier lernen, die Wechsel zu zählen. Wenn die Einzelwechsel mühelos und gerade gelingen und Reiter und Pferd gelassen bleiben, werden auch die Serienwechsel problemlos klappen.

WEIT GEFÖRDERTES PFERD In hoher Versammlung beugt dieses Pferd die Hinterhand und erweckt den Eindruck einer angehobenen Vorhand. Diese Partner strahlen Leichtigkeit, Mühelosigkeit und Freude aus.

EINE AUFGABE DER KLASSE S

Diese FEI-Aufgabe auf Prix-St-Georges-Niveau ist der Eingangstest für internationale Turniere. Der Schritt wird viermal bewertet, je eine Extranote ist für den Schritt vor und nach den Kurzkehrtwendungen vorgesehen. Die Serienwechsel werden jeweils nur einmal bewertet, sodass sie die Gesamtbewertung nicht übermäßig beeinflussen.

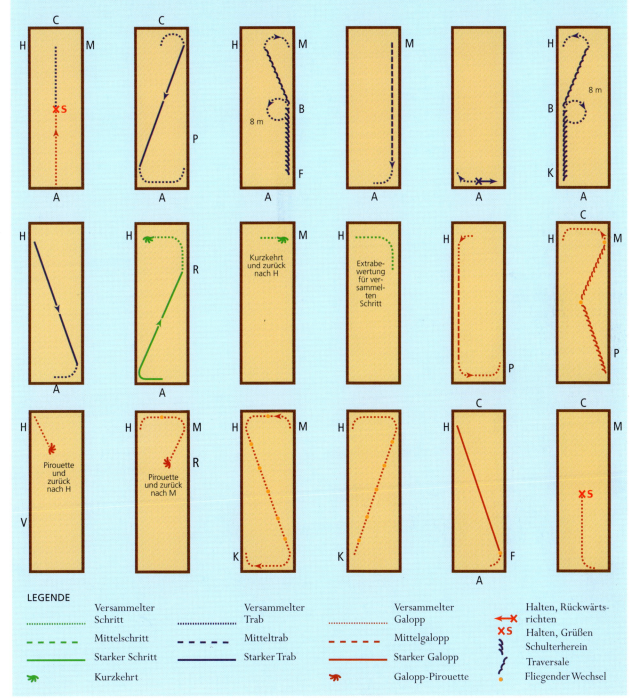

LEGENDE

Versammelter Schritt	Versammelter Trab	Versammelter Galopp	Halten, Rückwärtsrichten
Mittelschritt	Mitteltrab	Mittelgalopp	Halten, Grüßen
Starker Schritt	Starker Trab	Starker Galopp	Schulterherein
Kurzkehrt		Galopp-Pirouette	Traversale
			Fliegender Wechsel

AUF DEM TURNIER

Ein bisschen Glück braucht jeder im Wettbewerb, aber in Wirklichkeit stellt der Erfolg sich ein, wenn gute Vorbereitung und die richtige Gelegenheit zusammentreffen. Der Wettbewerb liefert die Gelegenheit, und nun müssen Sie etwas daraus machen. Dazu gehört, dass Sie Ihr Pferd gut aufwärmen, die Prüfung auswendig wissen und Ihre Erfahrungen einsetzen können. Außerdem müssen Sie wissen, wie Sie sich und Ihr Pferd den Richtern am vorteilhaftesten präsentieren können.

VORBEREITUNG AUF DAS TURNIER

Bevor Sie überhaupt losfahren, sollten Sie sich Leistungsziele gesetzt haben. Die Abreitephase planen Sie dann so, dass diese Ziele sich erreichen lassen. Sehen Sie sich die geforderte Aufgabe genau an und analysieren Sie, ob sie Einfluss auf Ihre Vorbereitung hat. Es ist beispielsweise nichts Ungewöhnliches, dass die Aufgabe Trab und Galopp in ungleichem Verhältnis fordert. Vorbereitung und Abreiten müssen speziell darauf abgestimmt sein, sodass Sie die Situation zu Ihren Gunsten nutzen können. Behalten Sie dabei nicht nur die Aufgabe, sondern auch Ihre Ziele im Auge.

ABREITEN

Auch wenn jedes Pferd anders ist, sollten Sie Ihr Pferd zu Hause auf jeden Fall daran gewöhnen, dass nach dem Verlassen des Stalles sofort gearbeitet wird und danach eine Entspannungsphase folgt. Wenn Sie sich angewöhnen, vor jeder Prüfung zwei Stunden Vorbereitungszeit zu brauchen, wird keiner von Ihnen in guter Verfassung sein, wenn Sie diese zwei Stunden einmal nicht haben. Falls Ihr Pferd sich gerne etwas aufregt, kann es helfen, auf Turniere zu fahren, aber nicht zu starten – nur zur Gewöhnung an Umgebung und Situation.

Nehmen Sie sich beim Abreiten genügend Zeit, um einfach nur im Schritt herumzubummeln, sodass das Pferd sich entspannen kann. Eine halbe Stunde, in der es dasteht und alles beobachten kann, ist besser als eine halbe Stunde, in der Sie auf dem Vorbereitungsplatz um seine Aufmerksamkeit kämpfen.

Konzentrieren Sie sich bei der Arbeit anfangs auf Akzeptanz und Gelassenheit. Reiten Sie großlinige, einfache Figuren, traben Sie leicht und gehen Sie im Galopp in den leichten Sitz. Wenn Sie mit der intensiveren Arbeit anfangen, beginnen Sie positiv mit den Dingen, die Sie beide gut können.

Viele Pferde mögen den Vorbereitungsplatz nicht, weil sie schlechte Erfahrungen damit gemacht haben. Denken Sie daran, dass Sie Ihr Training zu Hause erledigen sollten, nicht erst am Turniertag. Den meisten Pferden tut es gut, wenn sie in den letzten zehn Minuten des Abreitens aktiv geritten werden. So können Sie auf Betriebstemperatur ins Viereck einreiten.

Schließlich sollten Sie hinterher analysieren, was Sie beim Abreiten gefordert haben und wie die Prüfung gelaufen ist. Notieren Sie in ein Tagebuch, was Sie das nächste Mal anders machen wollen und was gut gelungen ist. So können Sie Situationen wiederholen, die zu guten Ergebnissen geführt haben.

EINE VORSTELLUNG GEBEN Wenn Sie das Viereck betreten, müssen Sie darauf vorbereitet sein, dass Sie eine Vorstellung geben und sich verkaufen wollen. Vielleicht müssen Sie improvisieren – ein Pferd ist keine Maschine und keine zwei Vorstellungen sind gleich. Die Abbildung links zeigt Jennie Loriston-Clarke, die erste britische Dressurreiterin, die international Anerkennung errang und eine der ersten, die Dressurreiten zu Musik einführte.

DRESSURREITEN ZU MUSIK

Dressurreiten zu Musik hat sich zu einem populären Element dieses Sports gemausert und wird auf höherem Niveau Kür genannt. Hier kann man spektakuläre Vorführungen sehen. In der Vorbereitung müssen Sie sich zunächst aus der Liste der Pflichtübungen eine Kür zusammenstellen. Dazu wählen Sie Übungen aus, die Ihre Stärken betonen, und bringen sie in eine sinnvolle Reihenfolge. Suchen Sie dann nach kleinen, einzigartigen Elementen, die für besonderen Reiz sorgen. Eine kleine Kopfbewegung oder ein Lächeln, das genau zur Musik passt, machen da oft viel aus. Spiralförmige Figuren sorgen für ein Überraschungsmoment ohne Qualitätseinbußen. Passen Sie die Größe von Kreisbögen so an, dass Sie im Takt bleiben können. Es ist nicht einfach, Musik zu finden, die zum Takt und Tempo von Pferden passt. Gewöhnen Sie sich an, im Training Musik laufen zu lassen. So merken Sie schnell, welche Stücke zu Ihrem Pferd passen.

Beachten Sie in jeder Gangart das Tempo (die Geschwindigkeit des Takts). Das Tempo sollte auch bei Veränderungen der Trittlänge gleich bleiben, vor allem beim Reiten zu Musik. Denken Sie daran, dass die Schwebephasen im Trab und Galopp durch die Ausbildung verlängert werden und damit das Tempo langsamer wird.

PERFEKTE ABSTIMMUNG Eine Musikkür als Paarkür oder als Quadrille mit vier Pferden öffnet der Kreativität neue Wege. Ob einzeln oder im Team, der reiterliche Teil muss zeitlich genau stimmen, bevor die Musik dazukommt.

TAKTISCHES REITEN

Im Viereck müssen Sie über zwei wichtige optische Täuschungen Bescheid wissen. Zum einen wirken Pferde, die sich vom Richter wegbewegen, leicht schief mit der Vorhand nach außen (siehe Abbildung unten), auch wenn dasselbe Pferd auf dem Rückweg gerade aussieht. Das liegt an der Breite der Hinterhand und der Perspektive, aus der der Richter beobachtet. Gewöhnen Sie sich also im Training an, die Vorhand immer ein wenig nach innen zu bringen, wenn Sie vom imaginären Richter wegreiten.

Zweitens sieht es beim Reiten auf einer Diagonale vom Richter weg immer so aus, als ob Sie zu spät auf den Hufschlag

zurückkämen (siehe kleines Bild ganz rechts). Noch deutlicher wird das, wenn der Richter auf die Bahnmarkierung blickt, die einen Meter außerhalb des Vierecks steht, statt auf den roten Strich, der direkt an der Begrenzung den Bahnpunkt kennzeichnet. Kommen Sie also nach einer Diagonale, einer Volte oder einem Zirkel eine halbe Pferdelänge zu früh wieder auf den Hufschlag. Je weiter Sie vom Richter weg sind, desto ausgeprägter müssen Sie das tun; am obersten Bahnpunkt ist es eine ganze Pferdelänge.

Taktisches Reiten ist die Fähigkeit, Sie und Ihr Pferd im bestmöglichen Licht erscheinen zu lassen, indem Sie Ihre

VOM RICHTER WEGREITEN Diese Bilder wurden zur gleichen Zeit, aber aus unterschiedlichen Winkeln aufgenommen. Das Hauptbild zeigt, was der Richter aus seinem Blickwinkel sieht. Es sieht so aus, als ob das Pferd nicht gerade geht, sondern die Vorhand nach außen nimmt. Von hinten betrachtet ist aber offensichtlich, dass das Pferd gerade ist (a). Deshalb kann es hilfreich sein, vom Richter weg Schulterherein zu reiten.

Das Pferd ist hinten breiter, und aus diesem Blickwinkel springt die Hinterhand ins Auge.

Bringen Sie die Vorhand weiter nach innen, damit das Pferd für das Richterauge gerade gerichtet aussieht.

(a) Das Pferd geht gerade gerichtet auf dem ersten Hufschlag.

Stärken betonen und die Schwächen verbergen. Diese Fähigkeit ist ausschlaggebend für den Erfolg, weil sie Ihnen die Punkte verschafft, die den Sieg ausmachen können. Taktisches Reiten können Sie sich aber nicht für den Wettbewerb aufheben, sondern müssen es sich im Training angewöhnen, weil Sie sonst beim Wettbewerb zu intensiv daran denken müssen.

FÜR DAS AUGE DES RICHTERS

Die erste und wichtigste Regel lautet, dass eine Dressurprüfung eine Vorstellung ist, keine Trainingsstunde. Selbst wenn Sie die Aufgabe zu Hause reiten, müssen Sie sie bis zum Ende reiten und das Beste aus der Situation herausholen. Im Wettbewerb sieht der Richter nicht jeden Fehler, also betonen Sie ihn nicht noch durch eine offensichtliche Korrektur oder ein verzogenes Gesicht. Nehmen Sie Korrekturen dann vor, wenn Sie Richtung A und weg vom Richter unterwegs sind. Wenn nur ein Richter am Viereck ist, kann er schlecht sehen, wo Sie genau sind, wenn Sie sich gerade parallel zu ihm auf einer gebogenen Linie befinden. Dann können Sie einen halben bis ganzen Meter dazuschmuggeln, sodass der Bogen leichter fällt.

Für den Gesamteindruck spielt es auch eine große Rolle, wenn Sie und Ihr Pferd aussehen, als wären Sie mit der ganzen Welt zufrieden. Richter mögen das. Ein finsteres Gesicht erweckt den Eindruck, dass das Training nicht gut gelaufen ist, und das kann Punkte kosten.

Wenn Sie vor dem Einreiten für die Prüfung rund um das Viereck reiten, vermeiden Sie es, dem Richter etwas zu zeigen, was Sie nicht gut können. Wenn Ihr Pferd sich beispielsweise auf der einen Hand immer zu stark biegt, reiten Sie es auf der anderen Hand.

Die Vorführung beginnt in dem Augenblick, in dem Sie vor dem Einreiten außen um das Viereck herumreiten, und endet erst dann, wenn der Richter den Gesamteindruck benotet hat, was so lange dauern kann, bis Sie das Viereck bei C verlassen haben. Setzen Sie sich also nach dem Grüßen korrekt hin und loben Sie Ihr Pferd. Wenn Schritt nicht die Paradegangart Ihres Pferdes ist, traben Sie an, sobald Sie das Viereck verlassen haben.

Denken Sie trotzdem daran, dass auch das beste taktische Reiten kein Ersatz für gute Arbeit sein kann. Konzentrieren Sie sich immer darauf, Ihr Pferd bestmöglich zu reiten, und benutzen Sie das taktische Reiten nur für den letzten Schliff.

ZURÜCK AUF DEN ERSTEN HUFSCHLAG

Wenn Sie vor der kurzen Seite bei A vom Richter abgewandt wieder auf den Hufschlag kommen, sieht es immer so aus, als ob die Vorhand zu weit außen wäre und Sie zu tief in die Ecke geraten wären **(a)**. Das ist eine optische Täuschung, der Sie entgegenwirken können, indem Sie den Hufschlag eine halbe bis ganze Pferdelänge zu früh ansteuern und dann mit Innenstellung reiten. So können Sie sich auch besser auf die nächste Lektion vorbereiten.

AUSWENDIG LERNEN

Wenn Sie eine Aufgabe auswendig lernen, malen Sie sich ein Viereck auf, damit Sie alles vor Augen haben. Merken Sie sich die Lektionen paarweise, also Lektion eins zusammen mit Lektion zwei, dann zwei und drei zusammen, dann drei und vier. So wissen Sie immer, was als Nächstes kommt.

Wie gut Sie sich die Aufgabe merken können, hat etwas mit Ihrem Selbstvertrauen zu tun. Wenn Sie positiv denken, kommt Ihr Gehirn besser klar. Entwickeln Sie Strategien zur Stressbewältigung. Es kann helfen, Worte wie »gelassen« und »vorwärts« vor sich hin zu sagen. Probieren Sie, aus dem Bauch zu atmen und beim Ausatmen »Stopp« zu sagen. Wenn Sie sich gestresst fühlen, konzentrieren Sie sich nur auf Richtung und Geschwindigkeit. Seien Sie stolz darauf, dass Sie es bis hierhin geschafft haben, und genießen Sie den Augenblick.

Bringen Sie am Ende jeder Diagonalen die Vorhand etwas nach innen.

Korrekt zurück auf den Hufschlag

(a) Aus dem Blickwinkel des Richters ist der Reiter zu nahe an der Ecke.

HERAUSFORDERUNGEN FÜR DEN REITER

HERAUSFORDERUNG	MÖGLICHE GRÜNDE	LÖSUNGSMÖGLICHKEITEN
KLAPPERN BEIM AUSSITZEN	• Mangelnde Geschmeidigkeit	• Um in den Bewegungen des Pferdes mitgehen zu können, sind guter Sitz und Beweglichkeit der Lendenwirbelsäule nötig, die sich mit der Zeit und Übung einstellen. Übungen ohne Pferd (siehe S. 332–351) können hier wirklich helfen.
	• Pferd schwingt nicht im Rücken	• Je besser das Pferd im Rücken schwingt, desto leichter kommt es damit zurecht, wenn der Reiter den Trab aussitzt. Wenn das Pferd den Rücken festhält, klappert der Reiter mehr und das Pferd hält den Rücken noch mehr fest. Sitzen Sie anfangs nur kurze Zeit aus. Schulen Sie Ihren Sitz im Galopp, wo Sie mehr Zeit dazu haben.
	• Unpassender Sattel	• Ein Dressursattel, der Sie zu langen Bügeln verführt, setzt Sie in den Spaltsitz (siehe S. 114) und macht Sie im Lendenwirbelbereich steif. So fällt Aussitzen schwer. Reiten Sie mit zu kurzen Bügeln, wandert Ihr Gesäß nach hinten. So wird das Becken unbeweglich.
UNSTETER SCHENKELKONTAKT	• Steigbügelriemen zu lang	• Damit der Unterschenkel Fühlung halten kann, muss das Kniegelenk ausreichend gebeugt sein. Die typische Ursache für klappernde Unterschenkel sind zu lange Steigbügel. Je breiter das Pferd, desto kürzer müssen die Steigbügel sein.
	• Unpassender Sattel	• Wenn ein Sattel vorne zu gerade nach unten geschnitten ist, zwingt er den Reiter zu übermäßig langen Bügeln. Benutzen Sie einen Sattel, der zu Ihrer reiterlichen Disziplin passt.
	• Mangelnde Geschmeidigkeit	• Bei manchen Reitern ist der Schenkel deshalb unstet, weil sie im Becken zu unbeweglich sind. Hier sorgen Beweglichkeitsübungen ohne Pferd für sofortige Abhilfe (siehe S. 342–345).
UNNACHGIEBIGE ZÜGELFÜHRUNG	• Mangelndes Verständnis	• Der Zügel ist eine Verständigungshilfe, kein Haltegriff. Sobald ein Reiter das verstanden hat, wird er versuchen, die Zügelanlehnung zu verbessern.
	• Schlechtes Gleichgewicht	• Wenn Sie das Gefühl haben, dass Sie sich am Zügel festhalten, müssen Sie lernen, besser im Gleichgewicht zu bleiben. Geben Sie dazu den Zügelkontakt immer für kurze Zeit ganz auf.
	• Schlechte Beweglichkeit	• Manche Reiter haben einfach steife Schultern oder tun sich schwer, das Gewicht ihrer Unterarme zu tragen. Mit regelmäßigen Gymnastikübungen ist das leicht zu korrigieren (siehe S. 346–347).

HERAUSFORDERUNG	MÖGLICHE GRÜNDE	LÖSUNGSMÖGLICHKEITEN
EINSEITIGER KÖRPEREINSATZ	• Einseitiger Reiter	• Den meisten Menschen fällt das Abwenden in die eine Richtung schwerer als in die andere. Sie werden deutliche Fortschritte machen, wenn Sie sich absichtlich immer nach Ihrer schlechteren Seite drehen, sei es zu Fuß oder auf dem Pferd. Wenn Sie beispielsweise auf einem Sportplatz joggen, laufen Sie links- und rechtsherum. Benutzen Sie Ihre schwächere Hand mehr: Halten Sie damit Ihre Kaffeetasse, machen Sie die Türe damit auf, halten Sie das Telefon damit. Beidhändigkeit ist für die reiterliche Einwirkung wichtig.
	• Einseitiges Pferd	• Ebenso wie Menschen sind auch Pferde mehr oder weniger einseitig. Dadurch werden Sattel und Reiter nach einer Seite gedrückt, und man arbeitet gerne mehr auf der steifen Seite des Pferdes. Machen Sie sich das bewusst und arbeiten Sie an der gleichmäßigen Entwicklung beider Seiten. Hilfreich ist auch, weiter ausgebildete Pferde zu reiten und solche, die nach der anderen Seite schief sind als Ihr eigenes Pferd.
SCHIEFES SITZEN	• Mangelnde Geschmeidigkeit	• Hauptsächlich eine Folge der Einseitigkeit. Jeder Reiter neigt dazu, sein Gesäß auf der Seite, die ihm leichter fällt, leicht nach außen zu verschieben und auf den schlechter koordinierten Schenkel mehr Gewicht zu legen. Gleichzeitig liegt eine Schulter weiter hinten. Arbeiten Sie an der gleichmäßigen Entwicklung von Pferd und Reiter, wie oben beschrieben.
	• Pferd legt sich auf den Zügel	• Das schiefe Sitzen wird verstärkt, wenn das Pferd sich auf den Zügel legt oder gegen den Zügel geht, aber die Abhilfe ist dieselbe wie bei mangelnder Geschmeidigkeit. Das Pferd kann sich nur auf den Zügel legen, wenn Sie ihm etwas geben, worauf es sich legen kann. Versuchen Sie, fühligere Anlehnung zu entwickeln.
MANGELHAFTES GEFÜHL	• Mangelndes Gleichgewicht	• Dadurch klammern Sie innen und halten sich an den Zügeln fest. So ist es schwierig zu spüren, was unter Ihnen abläuft. Verbessern Sie Ihr Gleichgewicht mit Übungen (siehe S. 340–341) und Longenstunden.
	• Mangelndes Mitgehen	• Lassen Sie das Becken mit der Bewegung des Pferderückens mitgehen, die Schenkel mit dem Pferdebauch und die Hände mit dem Pferdemaul.
	• Mangelndes Verständnis	• Machen Sie sich die Abfolge der Tritte und die Bewegungsmanier für jede einzelne Gangart klar. Lassen Sie sich von Ihrem Reitlehrer dabei helfen, laufend zu beurteilen, was passiert. Die Schlüsselfrage an Sie selbst lautet: »Wie hat sich das angefühlt?« Machen Sie sich die Unterschiede und Gemeinsamkeiten klar.

HERAUSFORDERUNGEN FÜR DEN REITER

HERAUSFORDERUNG	MÖGLICHE GRÜNDE	LÖSUNGSMÖGLICHKEITEN
SCHLECHTER GEBRAUCH DER GERTE	• Schlechte Handhaltung	• Die Dressurgerte sollte quer über Knie und Oberschenkel des Reiters liegen, sodass ein kurzes Eindrehen des Handgelenks sie direkt hinter Ihrem Schenkel an den Pferdebauch bringt. Tippen Sie hier kurz, statt heftig zuzuschlagen. Belohnen Sie das Pferd sofort, wenn es richtig reagiert hat. Das nächste Mal geben Sie nur eine Schenkelhilfe und achten auf weiche Zügelanlehnung.
	• Gerte zwischen den falschen Fingern	• Manchen Reitern fällt der Gebrauch der Gerte schwer, weil sie zu weit vorne hängt. Das liegt meist daran, dass sie alle vier Finger um die Gerte legen, anstatt sie nur zwischen Daumen und Zeigefinger zu halten. So wird die Hand auch steif, Fingerhilfen können kaum noch gegeben werden.
	• Schlechte Einstellung	• Reiter mit schlechter Einstellung verwenden die Gerte manchmal zu stark. Dafür gibt es keine Entschuldigung. Benutzen Sie einen stabileren Stock, der nicht federt.
UNTAUGLICHES ABREITEN AUF DEM TURNIER	• Zeitmangel	• Oft wird unterschätzt, wie lange man braucht, um sich umzuziehen, zu satteln und zum Abreiteplatz zu reiten. Den meisten Pferden und Reitern tut es gut, wenn sie vor der ernsthaften Arbeit 20 Minuten Schritt gehen können. Planen Sie beim Abreiten eine Pause von 10 bis 15 Minuten ein, in der Sie nochmals überputzen.
	• Unsicherheit über Stärken und Schwächen	• Wenn Sie hauptsächlich Übungen reiten, die Ihnen schwer fallen, werden Sie und Ihr Pferd sich verspannen. Nehmen Sie sich gute Arbeit auf begrenzten Gebieten vor. Arbeiten Sie an den Konstanten (siehe S. 122–123), dann kommt alles andere von selbst.
	• Mangelnde Analyse der Aufgabe	• Analysieren Sie die Aufgabe vor der Prüfung, und richten Sie das Abreiten danach aus. Bringen Sie die Stärken Ihres Pferdes heraus.
ZU WENIG EINSATZ IN DER PRÜFUNG	• Erstarrt vor Anspannung	• Versuchen Sie, positiv an die Sache heranzugehen (siehe S. 364–365) und ruhig zu bleiben. Analysieren Sie die Stressursache, beispielsweise unrealistische Erwartungen. Langfristige Planung und Zielsetzung sind hilfreich (siehe S. 362–263).
	• Übermäßige Konzentration auf das Aussehen	• Manche Reiter können nicht einwirken, weil sie zu sehr daran denken, wie sie wohl aussehen. Aber Sitz und Einwirkung gehen Hand in Hand – ein starrer Sitz wirkt nicht schön.
	• Sensibles Pferd	• Manche Reiter bleiben passiv, weil sie befürchten, dass ihr Pferd überreagieren könnte. Manche Pferde müssen wirklich vorsichtig geritten werden, aber die meisten bringen bessere Leistung, wenn man ihre Energie in eine Übung kanalisieren kann.

HERAUSFORDERUNG	MÖGLICHE GRÜNDE	LÖSUNGSMÖGLICHKEITEN
ZU VIEL EINSATZ IN DER PRÜFUNG 	• Übereifer	• Viele Turniereinsteiger bringen einfach zu viel Einsatz. Das ist nicht schlimm, solange man aus diesem Fehler lernt. Hier ist es gut, wenn Ihr Ausbilder bei der Prüfung zusieht. Achten Sie auf die Bemerkungen des Richters.
	• Mangelnde Vorbereitung	• Bei der Vorbereitung und im Training müssen Sie auf etwas höherem Niveau arbeiten als in der Prüfung gefordert.
	• Mangelndes Gefühl	• In der Prüfung müssen Sie selbstständige Entscheidungen fällen, daher ist Gefühl unabdingbar. Sein Gefühl kann man z. B. durch Konzentration auf das Mitgehen in der Bewegung verbessern oder durch das Reiten möglichst vieler Pferde und weiter ausgebildeter Pferde. Die meisten Reiter verlieren durch Stress etwas an Gefühl, sodass Sie an Ihrer Fähigkeit arbeiten sollten, gelassen zu bleiben.
VERGESSEN DER AUFGABE	• Geistige Blockade	• Das zeugt von schlechten Nerven. Denken Sie positiv.
	• Mangelnde Vorbereitung	• Üben Sie die Aufgabe einige Tage vor der Prüfung und zeichnen Sie sich den Ablauf auf. Malen Sie sich ein Viereck auf den Boden, in dem Sie die Aufgabe auf Ihren Füßen durchgehen können.
	• Mangelhafte Konzentration	• Manche Reiter sind so damit beschäftigt, über ihr Pferd oder die Richter nachzudenken, dass die Konzentration verloren geht. In der Prüfung müssen die Variablen (siehe S. 128–129) Priorität haben – die ersten beiden sind Richtung und Geschwindigkeit. Beim Einreiten gilt also: Denken Sie an Richtung und Geschwindigkeit.
MANGELHAFTE LEISTUNG IN DER PRÜFUNG	• Keine Prioritätensetzung	• Wenn Sie es unterlassen, die Aufgabe zu analysieren und mit Ihren Stärken zu arbeiten, können Sie keine Prioritäten setzen. So müssen Sie sich beispielsweise überlegen, wie Sie abreiten wollen und wie viel Sie von Ihrem Pferd in bestimmten Prüfungsteilen fordern wollen.
	• Negative geistige Einstellung	• Streben Sie eine persönliche Bestleistung an und nicht den Sieg in jeder Prüfung. So werden Sie positiver.
	• Unrealistische Erwartungen	• Erkennen Sie Ihre Stärken und lernen Sie sie schätzen. Konzentrieren Sie sich darauf, wie viele Punkte Sie für Ihre Prüfung bekommen haben, nicht darauf, ob Sie Gesamtsieger sind. Vergleichen Sie die Punktezahl mit dem Ziel, das Sie sich vor der Prüfung gesetzt hatten. Es ist normal, dass Sie in der Prüfung nicht so gute Arbeit leisten wie im Training, weil das Pferd mehr abgelenkt ist.

HERAUSFORDERUNGEN FÜR DAS PFERD

HERAUSFORDERUNG	MÖGLICHE GRÜNDE	LÖSUNGSMÖGLICHKEITEN	
MANGELNDE AKZEPTANZ	• Mangel an Verständnis	• Das Longieren des Pferdes ohne Reiter ist der Schlüssel zum Verständnis. So lernt es auch, den Rücken einzusetzen (siehe S. 72–73). Achten Sie darauf, dass Sie nicht mehr von Ihrem Pferd verlangen, als es auf seinem Ausbildungsstand leisten kann.	
	• Steifer Reiter	• Arbeiten Sie ohne Pferd an Ihrer Geschmeidigkeit. Wenn Sie steif sind, weil Sie Lampenfieber haben, lernen Sie, sich mithilfe geistiger Vorbereitungstechniken zu entspannen (siehe S. 352–371).	
	• Körperliche Beschwerden	• Wenn das Pferd Beschwerden hat, ist es oft nicht in der Lage, den Rücken einzusetzen. Das wiederum liegt oft daran, dass der Reiter zu steif ist, um in den Bewegungen mitzugehen. Weitere Gründe sind oft scharfe Zahnkanten sowie schlecht passende Gebisse, Nasenriemen und Sättel. Überprüfen Sie immer die Ausrüstung, bevor Sie nach weiteren Gründen suchen.	
MANGELNDE GELASSENHEIT	• Schlechte Vorbereitung	• Die Gelassenheit muss von Anfang an als Gewohnheit in der Ausbildung verankert werden. Auch hier ist Longieren wirkungsvoll. Der Tagesablauf des Pferdes sollte so natürlich wie möglich sein (siehe S. 50–51). Viele Pferde sind unruhig, weil sie zu viel Zeit im Stall verbringen und zu viel Kraftfutter bekommen. Lassen Sie anfangs geduldig Zeit für Fortschritte, damit das Pferd immer die Möglichkeit hat, zur Ruhe zu kommen.	
	• Zu starker Einsatz des Reiters oder körperliche Beschwerden	• Manche Reiter sind zu ehrgeizig oder zu machohaft. So reiten sie mit zu viel Einsatz und machen ihre Pferde verspannt. Manche Pferde verspannen sich auch, weil sie wegen schlechter Ausbildung den Rücken wegdrücken oder weil die Ausrüstung nicht passt.	
MANGELNDER FLEISS	• Mangel an Selbstvertrauen	• Viele Pferde werden in die Schublade »der will nicht« gesteckt, wenn ihnen nur das Selbstvertrauen fehlt, das sie bei aufeinander aufbauenden Trainingseinheiten bekommen würden. Teilen Sie die Übungen in einfache Schritte auf.	
	• Übertriebene Zügeleinwirkung	• Viele Pferde verlieren ihren Fleiß, weil sie nicht vom Reiterschenkel aus vorwärts geritten werden. Stattdessen werden sie mit dem Zügel in Form gezogen. Das ist verwirrend und unangenehm.	
	• Körperliche Beschwerden	• Weitere Gründe sind Schmerzen in den Beinen und ein festgehaltener Rücken. Lassen Sie das Pferd vom Tierarzt ansehen. Bei Rückenschmerzen brauchen Pferde häufig nicht nur neue Sättel, sondern auch eine andere Bewegungsmanier. Oft hilft Longenarbeit.	

HERAUSFORDERUNG	MÖGLICHE GRÜNDE	LÖSUNGSMÖGLICHKEITEN
MANGELNDE GERADHEIT	• Kreisbögen werden zu groß geritten	• Ein einseitiger Reiter macht sein Pferd schief. Schief wird ein Pferd auch, wenn man es an der Außenlinie eines Zirkels entlanggehen lässt. Stellen Sie sich stattdessen eine Linie im Zirkel vor (siehe S. 140). Dann geht Ihr Pferd automatisch gerader. Es hilft auch, an Schulterherein zu denken (siehe S. 148–149).
	• Zu starke einseitige Anlehnung	• Denken Sie immer an Schulterherein und arbeiten Sie regelmäßig auf beiden Händen. Bögen durch die ganze Bahn sind zum Geraderichten hervorragend geeignet (siehe S. 142–143) und betonen die Notwendigkeit, den Hals weder zu stark noch zu wenig zu biegen. So bekommen Sie Ihr Pferd auch seitlich gebogen. Wenn beide Seiten gleich viel gearbeitet werden und Sie die Vorhand vor die Hinterhand ausrichten können, richten Sie Ihr Pferd gerade.
MANGELNDE REINHEIT DER GÄNGE	• Verspannungen im Kopf- und Halsbereich	• Mangelnder Einsatz von Kopf und Hals beschränken die Gangreinheit im Schritt. Ursache ist meist eine unnachgiebige Anlehnung. Deswegen erlaubt das Regelwerk ein leichtes Nachgeben des Zügels im starken Schritt.
	• Verspannung im Rücken	• Im Trab wird mangelnde Reinheit meist als verkürzte Schwebephase sichtbar, die ihre Ursache in mangelndem Schwung hat. Der Grund ist oft ein Reiter, der zu häufig aussitzt, noch bevor er in der Lage ist, in der Bewegung mitzugehen. Im Galopp geht die Schwebephase oft völlig verloren, weil der Schwung fehlt und der Reiter zu früh Versammlung fordert. Die Reinheit der Gänge bildet den Kern jeder Dressurausbildung (siehe S. 124–125), weil ohne sie keine Lektion gut ausgeführt werden kann. Aufbauendes Training schützt die natürliche Gangveranlagung und bringt sie richtig heraus, sodass diese Probleme gar nicht erst auftreten.
MANGELNDER SCHWUNG	• Mangel an Gelassenheit und Fleiß	• Kontrollierter Schwung wird erzielt, wenn alle Konstanten stimmen – Akzeptanz, Gelassenheit, Fleiß, Geradheit und Reinheit (siehe S. 122–123). Mangelnde Gelassenheit und zu wenig Fleiß sind die häufigsten Gründe für mangelnden Schwung.
	• Ungenügendes Vorwärtsreiten	• Auch ein zu passiver Reiter kann der Grund für fehlenden Schwung sein. Es ist wichtig, deutliche Hilfen zu geben und entschlossen zu reiten, vor allem, wenn das Pferd sich langweilt oder lethargisch ist. Um herauszufinden, wie viel Ihr Pferd geben kann, müssen Sie gelegentlich eine Kleinigkeit zu viel verlangen. Oft werden Sie erstaunt sein, wie viel Schwung Ihr Pferd erzeugen kann.

HERAUSFORDERUNGEN FÜR DAS PFERD

HERAUSFORDERUNG	MÖGLICHE GRÜNDE	LÖSUNGSMÖGLICHKEITEN	
WIDERSTAND IM MAUL	• Einschränkender Reiter	• Es ist wahr, dass Pferde oft das Maul nicht hergeben, weil ein schlecht sitzender Nasenriemen oder scharfe Zahnkanten ihnen unangenehm sind. Häufigere Gründe sind aber unnachgiebige Zügel oder übermäßiger Gebrauch von Hilfszügeln. Denken Sie daran, dass der Zügel dem Pferd gehört und nicht Ihnen. Unnatürliche Kopf- und Halshaltung beeinflussen die Bewegungen negativ. Oft wird ein Pferd auch wütend, wenn man ihm den Kopf in eine Position zwingt, und versucht deshalb, das Maul zu öffnen.	
	• Mangelnder Schwung	• Wenn ein Pferd genügend Schwung hat, wirkt sich das direkt positiv auf seine Akzeptanz von Gebiss und Anlehnung aus. Die Arbeit an allen fünf Konstanten (siehe S. 122–123) verbessert den Schwung und die Akzeptanz des Gebisses.	
	• Gewohnheit	• Wenn ein Pferd sich einmal angewöhnt hat, das Maul nicht herzugeben, neigt es dazu, diese Angewohnheit beizubehalten. Bei guter Grundausbildung wird das Problem gar nicht auftreten. Manche Pferde gewöhnen es sich wieder ab, wenn sie sechs Monate lang gebisslos geritten werden.	
NICHT AN DEN HILFEN – PFERD DRÜCKT RÜCKEN WEG	• Körperliche Beschwerden	• Wenn ein Pferd die Ausrüstung oder den Reiter als unangenehm empfindet, ist es schwierig, es an die Hilfen zu stellen. Longieren ohne Reiter hilft bei der Bewältigung des Problems.	
	• Mangelnder Schwung	• Konzentrieren Sie sich darauf, alle fünf Konstanten zu erarbeiten (siehe S. 122–123). Falls nötig, gehen Sie in der Ausbildung einen Schritt zurück.	
	• Gewohnheit	• In manchen Fällen und besonders bei älteren Pferden ist der weggedrückte Rücken eine Angewohnheit, die nur schwer zu ändern ist. Unter diesen Umständen kann die vorübergehende Verwendung eines Chambon (siehe S. 386) Abhilfe schaffen, das man aber nur an der Longe benutzen sollte. Dieser Hilfszügel verläuft zwischen den Vorderbeinen bis zum Genick hoch und dann an die Trensenringe. Er bringt Druck aufs Genick und fordert damit zum Kopfsenken und Halsverlängern auf. In diesem Stadium können Sie dann das Pferd auffordern, mehr vorwärts zu gehen und den Rücken schwingen zu lassen. Wie alle Hilfszügel sollte das Chambon nur kurzzeitig eingesetzt werden, damit die Vorteile nicht von den Nachteilen überwogen werden, hauptsächlich von einer unnatürlichen Bewegungsmanier.	

HERAUSFORDERUNG	MÖGLICHE GRÜNDE	LÖSUNGSMÖGLICHKEITEN
NICHT AN DEN HILFEN – PFERD ROLLT HALS EIN	• Unangebrachter Einsatz von Hilfszügeln oder unnachgiebige Zügelführung	• Das Pferd hat einen biegsamen Hals und kann leicht lernen, den Hals unabhängig vom Rückeneinsatz zu verkürzen. Dabei kann es sein, dass es sich hinter dem Zügel verkriecht, sodass eine Anlehnung nur schwer zu halten ist. Diese Reaktion stellt sich typischerweise nach der übermäßigen Verwendung von Schlaufzügeln und bei unnachgiebiger Anlehnung ein. Das Verkriechen hinter dem Zügel ist ein ernsthaftes Problem, weil es so praktisch unmöglich ist, echten Schwung zu entwickeln. Longenarbeit mit Chambon (siehe S. 386) kann helfen. Außerdem sollte das Pferd bergauf, bergab und über Sprünge gearbeitet werden. Das Pferd muss lernen, dass der Einsatz von Kopf und Hals etwas Gutes und die Dehnungshaltung positiv ist. Deshalb muss es bei richtiger Reaktion sofort gelobt werden.
	• Schmerz	• Machen Sie einen Termin mit Ihrem Tierarzt aus, um sicherzustellen, dass Ihr Pferd keine Schmerzen hat.
SCHEUEN IN DER PRÜFUNG	• Wenig Schwung	• Wenn das Pferd wirklich an den Hilfen steht, werden Sie merken, dass das Scheuen größtenteils aufhört. Das Pferd wird sich darauf konzentrieren, wo es hinläuft, auf den Reiter achten und sich nicht so leicht ablenken lassen.
	• Frühere Erfahrungen oder eingeschränkte Sicht	• Pferde, die im Viereck einmal von etwas erschreckt worden sind, z. B. von Kunststoffbegrenzungen, die im Wind davongetragen wurden, werden sich das wahrscheinlich merken. Die eingeschränkte Sicht in der beigezäumten Haltung (siehe S. 46) sorgt dafür, dass das Pferd eher scheut, weil es Objekte erst sehen kann, wenn diese plötzlich in seinem Sichtfeld auftauchen. Wenn ein Pferd scheut, sollten Sie es nicht bestrafen. Bringen Sie es lieber ins Schulterherein von dem Gegenstand weg und reiten Sie ruhig weiter.
EILIGE TRITTE	• Reiter nicht in der Bewegung	• Wenn das Pferd kurze, eilige Tritte macht, mangelt es an der Reinheit der Gänge. Der Grund liegt oft darin, dass der Reiter nicht in der Bewegung mitgehen kann – vor allem im Trab, wenn beim Aussitzen das Becken dem Pferderücken nicht folgt.
	• Mangelnder Schwung	• Dabei fehlt es an einer der Konstanten (siehe S. 122–123).
	• Gewohnheit	• Wenn ein Reiter beim Umsitzen (Wechseln des Fußes im Trab) aus dem Gleichgewicht kommt, gewöhnt das Pferd sich an, bei X die Tritte zu verkürzen. Geben Sie beim Leichttraben mehr Gewicht auf die Steigbügel und sitzen Sie auch an anderen Bahnpunkten um.

HERAUSFORDERUNGEN FÜR DAS PFERD

HERAUSFORDERUNG	MÖGLICHE GRÜNDE	LÖSUNGSMÖGLICHKEITEN
EILIG WERDEN IM TRAB UND SCHRITT	• Mangelnde Gelassenheit	• Wenn ein Pferd nicht gelassen ist, wird es eilig. Arbeiten Sie es mehr, sorgen Sie für einen natürlicheren Tagesablauf und reduzieren Sie das Kraftfutter.
	• Mangelnder Schwung	• Mit ausreichendem Schwung ist es für ein Pferd leichter, nicht zu eilen – und normalerweise wird es die leichtere Möglichkeit wählen.
	• Zu viel Einsatz vom Reiter	• Eilige Tritte werden auch oft von einem Reiter verursacht, der zu viel fordert und steif sitzt. Hier bieten Gefühl, Geschmeidigkeit und Mitgehen in der Bewegung die langfristige Lösung.
PFERD HÄLT NICHT GLEICHMÄSSIG	• Mangelnde Geradheit	• Wenn ein Pferd nicht auf beiden Seiten gleichmäßig entwickelt ist, wird es schief halten. Hilfreich sind Longenarbeit und Ausbildung, die auf gleichmäßige Entwicklung beider Seiten abzielt.
	• Beine nachsetzen im Halten	• Wenn ein Pferd beim Halten auf der Vorhand mehr Gewicht trägt als auf der Hinterhand, wird es dazu neigen, die Hinterbeine nicht gleichmäßig weit unter den Körper zu setzen. Tippen Sie nun das weiter hinten stehende Bein mit der Gerte an, wird es dieses Bein oft zu weit nach vorne setzen. Wenn Sie nun noch das andere Bein antippen, steht das Pferd schließlich da wie ein Zirkuselefant auf dem Podest und hat beide Hinterbeine weit unter dem Körper. Bei jungen Pferden ist es normal, dass die Hinterbeine im Halten etwas auseinander stehen. Das ist kein größeres Problem, solange jedes Bein gut belastet ist. Mit fortschreitender Ausbildung nimmt die Hinterhand mehr Last auf, sodass das Pferd mit einem Hinterbein den halben Extraschritt machen wird, der es zum gleichmäßigen Halten bringt. Verlangen Sie im Trab und Galopp einen versammelten Tritt bzw. Sprung, bevor Sie zum Halten durchparieren.
HUFSCHLAGFIGUREN NICHT EXAKT	• Mangelnde Vorbereitung	• Ungenauigkeiten rühren oft daher, dass der Reiter nicht vorausdenkt. Zeichnen Sie sich die Übung auf, damit Sie genau wissen, wo es hingeht. Ein typisches Beispiel für Ungenauigkeiten ist ein Zirkel bei E oder B, der zu groß ausfällt, wenn er im großen Viereck geritten wird. Man neigt dazu, die Verbindungslinien RS und VP (siehe Zeichnungen S. 112) zu berühren, obwohl man 2 m innerhalb davon reiten sollte. Bereiten Sie Übergänge gut vor und kommen Sie eher etwas früher auf den Hufschlag zurück als später.
	• Mangelndes Bewusstsein für optische Täuschungen	• Achten Sie darauf, so zu reiten, dass Sie die optischen Täuschungen im Viereck kompensieren können (siehe S. 172–173).

HERAUSFORDERUNG	MÖGLICHE GRÜNDE	LÖSUNGSMÖGLICHKEITEN
UMSPRINGEN IM AUSSENGALOPP	• Mangelnde Gelassenheit	• Wenn ein Pferd verspannt ist, wird es eher in den Handgalopp umspringen. Fördern Sie seine Gelassenheit.
	• Fehlendes Verständnis der Galopphilfe	• Wenn ein Pferd die Galopphilfe versteht, wird es viel eher nur dann umspringen, wenn es dazu aufgefordert wird. Arbeiten Sie an verbesserter Reaktion auf die Galopphilfe, die ja auch die Hilfe für den fliegenden Wechsel (siehe S. 150–151).
	• Körperliche Beschwerden	• Außengalopp (siehe S. 151) erfordert das Gleichgewicht der beginnenden Versammlung. Wenn Sie zu bald mit Außengalopp anfangen, wird das Pferd sich nicht wohl fühlen und den leichteren Weg gehen, ohne Aufforderung umzuspringen.
VORAUSGEHENDE HINTERHAND IN DER TRAVERSALE	• Zu früher Beginn der Lektion	• Manche Reiter werden von diesem Problem verfolgt, obwohl es einfach zu korrigieren ist. Beginnen Sie nicht zu früh mit der Lektion; warten Sie, bis das Pferd in Bewegungsrichtung gestellt ist. Denken Sie dann eher an Travers als Traversale (siehe S. 152–153).
SCHWUNGVERLUST IN DEN SEITENGÄNGEN	• Unnachgiebige Zügelanlehnung oder Reiter nicht in der Bewegung	• Schwungverlust wird manchmal von einem Reiter verursacht, der zu viel Einsatz bringt und bei der Anlehnung zu unnachgiebig ist oder nicht in der Bewegung mitgeht. Verlangen Sie oft nur wenig Seitengänge und beginnen Sie immer erst damit, wenn Sie genug Schwung haben.
	• Zu rasche Ausbildung	• Ein guter Trab sollte in einem Seitengang nicht schlechter werden. Manchen Pferden wird aber zu rasch zu viel Arbeit auf mehreren Hufschlägen abverlangt. Das schaffen sie nicht, und der Trab leidet darunter. Oft geht die Schwebephase verloren, weil es an Schwung mangelt. Verringern Sie bei der Einführung eines Seitenganges den Schwierigkeitsgrad, indem Sie das Pferd nur leicht abstellen und nur wenige Tritte verlangen.

KAPITEL SECHS

SPRINGREITEN IM TRAINING & AUF TURNIEREN

Beim Reiten kann man wirklich das Gefühl haben zu fliegen – und beim Springen erst recht. Einem Zuschauer kommt der Parcours vielleicht einfach vor, aber für den Reiter ist er eine geistige Herausforderung, die nicht mit Kraft zu bewältigen ist, sondern nur mit Wissen. Dieses Kapitel führt Sie durch die Ausrüstung, die richtige Haltung für das Springen unterschiedlicher Hindernisarten und den Umgang mit Distanzen. Es zeigt Ihnen, wie Sie Ihr Training planen und von Übungen für Anfänger bis zur Bewältigung eines anspruchsvollen Parcours aufsteigen. Sie werden sehen, wie Sie die beste Linienführung finden, die Ihnen im Wettbewerb den entscheidenden Vorteil verschaffen kann. Schließlich finden Sie einen Abschnitt über Problemlösungen bei besonderen Herausforderungen.

SPRINGEN & INSPIRATION

Im Springparcours trifft sich ein bunt gemischtes Sportlervolk. Allen gemeinsam ist nicht nur die Liebe zu Pferden, sondern auch die Leidenschaft für einen Sport voller Herausforderungen und Nervenkitzel, der den Reiter fordert und seinen Adrenalinspiegel steigen lässt. Beim Anblick von Spitzenpferden und -reitern in einem anspruchsvollen Parcours drängt es viele Reiter, sich selbst höhere Ziele zu setzen – ob sie nun neu in diesem Sport sind oder bereits aktiv mitmischen.

HERAUSFORDERUNG SPRINGREITEN

Springreiten ist beides: Wissenschaft und Kunst. Wissenschaft, weil es um Schwerpunkte und Flugbahnen geht, um das Abmessen von Galoppsprüngen und Absprungpunkten. Kunst, weil Stil und Flair in die Herausforderung eingebracht werden müssen und weil erst die Partnerschaft mit dem Pferd es dem Reiter ermöglicht, bis zur Spitze aufzusteigen.

So ist nicht nur die genaue Kontrolle über das Pferd nötig, um den richtigen Absprungpunkt für ein Hindernis zu finden, sondern auch ein Auge für Distanzen. Spitzenreiter bringen es immer wieder fertig, im Umkreis von 30 cm um ihren angestrebten Absprungpunkt anzukommen, während Reiteinsteiger Schwierigkeiten haben, diesen Punkt auf 1 m genau zu treffen. Oft wird behauptet, die Begabung dazu sei genetisch verankert, aber tatsächlich kann man diese Fertigkeit lernen, vor allem, wenn das Training von Anfang an korrekt ist. Wer sich ständig mit Übungen auseinander setzt, in denen Sprunglänge und Absprungpunkt automatisch stimmen, entwickelt dabei die Fähigkeit, Distanzen genau einzuschätzen (auszumetern).

Oft wird in Prüfungen auf Zeit gesprungen, sodass jeder Springreiter die Fähigkeit entwickeln muss, die günstigste Linienführung durch den Parcours zu ermitteln.

EIN BREITENSPORT

Erst seit den 1950er-Jahren sind Frauen in den höheren Klassen zugelassen. Trotzdem wird Springreiten oft als Männersport angesehen (wie früher auch Dressurreiten). Die erste weibliche Gewinnerin einer internationalen Springprüfung war eine Britin, Marion Coakes auf ihrem Pony Stroller, die 1968 bei den Olympischen Spielen von Mexiko die Silbermedaille gewann. Der Goldmedaillengewinner bei denselben Spielen war der mächtige, rahmige Snowbound, geritten vom US-Amerikaner William Steinkraus. Dieser berühmte Wettbewerb von David gegen Goliath ist ein wunderbares Beispiel für die große Bandbreite von Pferden und Reitern in diesem Sport.

Oft hört man, ohne große europäische Warmblüter wie Hannoveraner würde im Springsport gar nichts laufen, weil die reine Größe und Kraft dieser Pferde nötig seien. Die Pferde müssen aber vor allem reaktionsschnell und aufmerksam sein, sodass viele Europäer heute Pferde mit stärkerem Vollbluteinschlag reiten.

DIE SPRINGTECHNIK

Eine gründliche Ausbildung ist unabdingbar, zumal heutige Springparcours mehr Präzision verlangen als frühere. So gab es 1986 bei den Olympischen Spielen von Mexiko in der Mannschaftswertung nicht einen einzigen fehlerfreien Ritt, und das trotz schwerer Stangen von 4,90 m in tiefen Auflagen, die kaum abzuwerfen waren. Damals waren die Hindernisse

INSPIRIERTES SPRINGREITEN Samantha McIntosh aus Neuseeland ist eine der wenigen Frauen an der Spitze. Bei den Olympischen Spielen 2002 ritt sie auf Royal Discovery für Bulgarien.

massiv gebaut und erforderten viel Mut vom Pferd – viele erfolgreiche Pferde schlugen ständig an die Stangen. Heute werden Stangen von 3,70 m in flachen Auflagen verwendet, sodass die Pferde viel vorsichtiger springen müssen, um fehlerfrei zu bleiben.

ÜBERRAGENDE ALLROUNDER

Springen ohne Dressur ist nicht möglich. Von einer Reitzeit von eineinhalb Minuten verbringt das Pferd nur ungefähr 15 Sekunden in der Luft. Der Rest der Zeit entscheidet über Sieg oder Niederlage. Pferde, die sowohl in der Dressur als auch im Springen in die höchsten Klassen aufsteigen, sind selten, aber manchmal sieht man auch im Springparcours ausgezeichnete Dressurleistungen. Der Brite John Whitaker mit seinem Wunderpferd Milton hat viele Reiter inspiriert. Milton hatte einen wunderbaren Springstil und war gleichzeitig dressurmäßig hervorragend gearbeitet und mit außergewöhnlichen Gängen ausgestattet. Er konnte seine Tritte besser verlängern und verkürzen als viele Dressurpferde und sah dabei jederzeit elegant aus. Ein weiteres solches Paar waren John Ledingham aus Irland und Kilbaha, die drei Hickstead-Derbys gewannen und die Zuschauer mit jeder Bewegung begeisterten.

KLEINES SPRINGPFERD Gerade mal 160 cm hoch und die reine Qualität: Die zierliche Stute Touch of Class gewann bei den Olympischen Spielen in Los Angeles 1984 mit ihrem Reiter Joe Fargis aus den USA die Goldmedaille.

WELTKLASSE Der Brite John Whitaker auf seinem Schimmel Milton, Stockmaß 168 cm, gewann 1990 und 1991 den Worldcup. Gutes Springreiten ist auch schön anzusehen!

AUSRÜSTUNG & REITANLAGE

Springpferde durchlaufen in ihrer Ausbildung auch viele Dressur-stunden, und so sind viele Ausrüstungsgegenstände für das Spring-reiten gleich wie in der Dressur. Die Hauptunterschiede liegen in der Form des Sattels und der verletzungssicheren Ausrüstung des Pferdes. Außerdem brauchen Sie einen geeigneten Spring-platz und Hindernismaterial.

DIE AUSRÜSTUNG DES REITERS

Die Kleidung muss bequem sein und Ihnen Bewegungsfreiheit bieten. Die Stiefel sollten eine rutschfeste Sohle haben, am Knöchel Bewegung zulassen und auf der Innenseite ziemlich dünn sein, damit Sie gut Schenkelkontakt halten können. Zur Unterstützung der Schenkelhilfen können Sporen getragen werden, aber niemals von Anfängern und immer nur in einer Ausführung, die das Pferd nicht verletzen kann. Auch eine Gerte kann zur Verstärkung der Hilfen benutzt werden.

Springreiter bewegen sich im Sattel mehr als Dressurreiter. Deswegen sollte die Jacke so kurz sein, dass sie nicht zwischen Gesäß und Sattel eingeklemmt werden kann. Sie muss im Schulterbereich so viel Bewegungsfreiheit bieten, dass Sie die Arme ungehindert bewegen können, vor allem beim Springen größerer Hindernisse. Ein stabiler Helm ist ein Muss.

DIE AUSRÜSTUNG DES PFERDES

Durch die flache Form des Springsattels können Sie mit kür-zeren Bügeln reiten (siehe S. 94) und das Gesäß ungehindert aus dem Sattel nehmen. Allerdings sitzen Sie hier nicht so sicher wie in einem Sattel mit tieferem Sitz, sodass Sie lernen müssen, gut im Gleichgewicht zu sitzen.

Eine Sattelunterlage hilft, den Sattel waagrecht zu halten. Sie sollte kürzer sein als das Sattelblatt, damit der Reiter-schenkel nahe am Pferdebauch bleiben kann. Ein elastischer

Ein gleitendes Martingal verhindert, dass die Zügel dem Pferd über den Kopf fliegen.

Gleitendes Martingal

Mexikanisches Reithalfter

Helm mit Dreipunkt-Beriemung

D-Ring-Trense

Martingal-schieber

Handschuhe

Springjackett

Gerte

STOLLENSCHUTZ

Ein solcher Gurt verhindert Verletzungen durch die Stollen der Vordereisen am Pferde-bauch. Stollenverletzungen kommen vor, wenn das Pferd die Vorderbeine beim Springen anzieht und die Schultern nicht richtig einsetzt.

FERTIG FÜRS TURNIER

Für eine Springprüfung muss der Reiter Jackett, Hemd, Krawatte oder Plastron, Reithosen, Stiefel, Handschuhe und Reitkappe tragen. Beim Pferd gehören Gamaschen, Spezialsattel, Zaum-zeug und – wenn nötig – ein Vorderzeug zur Ausrüstung.

Gurteinsatz gibt dem Pferd mehr Freiheit. Zusätzlich kann ein Vorderzeug dafür sorgen, dass der Sattel nicht zurückrutscht.

Verwenden Sie lieber ein Mexikanisches Reithalfter als ein Englisches, damit die empfindlichen Maulschleimhäute nicht gegen die Kanten der Backenzähne gequetscht werden. Ein gleitendes Martingal verhindert, dass die Zügel herumschlackern oder sogar über die Pferdeohren fliegen können, falls der Reiter sie loslässt. Es darf allerdings nie so kurz verschnallt

Der Springsattel hat eine flache Sitzfläche, damit der Reiter über dem Hindernis und bei der Landung nahe am Pferd bleiben kann.

Sattelunterlage

Gurt mit Elastikeinsatz

Streichkappen

Gamaschen

Glocken

werden, dass es das Pferd einschränkt oder ihm den Kopf nach unten zieht. Martingalschieber an den Zügeln verhindern, dass die Martingalringe sich am Gebiss verfangen können. Die einfach gebrochene D-Ring-Trense ist für Training und Turnier empfehlenswert. Die D-Ringe sorgen dafür, dass das Gebiss nicht quer durch das Maul rutschen kann, und ermöglichen damit eine genauere Steuerung. Im Wettbewerb kann ein etwas schärferes Gebiss angebracht sein, z. B. eine Trense mit gedrehtem Mundstück, eine Aufziehtrense oder ein Pelham. Lassen Sie sich von Ihrem Trainer beraten. Versuchen Sie im Training aber immer, mit einer einfachen Trense auszukommen.

Weil ein Pferd bei der Landung nach dem Sprung leicht mit den Hinterhufen in seine eigenen Vorderbeine treten kann, schützen Gamaschen die Sehnen an der Beinhinterseite. Deswegen benutzt man auch Glocken zum Schutz der Ballen an den Vorderhufen. Streichkappen verhindern Verletzungen durch Anschlagen der Hinterhufe an die Hinterfesseln.

GEEIGNETE REITPLÄTZE

Reithallen sind bei schlechtem Wetter nützlich, aber für viele Springübungen zu klein. Ein Reitplatz von etwa 60 x 30 m mit abgerundeten Ecken ist ideal. Es ist wichtig, dass die Tretschicht überall gleich ist. Sie muss fest genug sein, um dem Pferd genug Widerstand bei Absprung und Landung zu bieten, aber auch so viel nachgeben, dass ein Pferdehuf einen flachen Abdruck hinterlässt. Ist sie zu locker, verliert das Pferd das Vertrauen.

DER EINSATZ VON STOLLEN

An den Hufeisen können Stollen befestigt werden, die für besseren Griff sorgen. Die Größe richtet sich nach dem Untergrund, an den Hinterhufen werden oft größere Stollen verwendet. Ein Stollenwechsel kann selbst während einer Veranstaltung nötig werden, wenn beispielsweise Regen den Boden rutschig macht. Auf festen Oberflächen, die sehr rutschig sein können, werden scharfe Stollen verwendet (**c, d, e**), während bei Matsch breitere zum Einsatz kommen (**f, g, h**). Bei rutschigem Geläuf können vier Stollen pro Huf sinnvoll sein. Sehr kurze Stollen (**a, b**) werden auf der Straße oder als Alternative zu Einsetzern verwendet, die die Stollenlöcher sauber halten.

Stollen

(c) (d) (e) (f)

(b) (g)

(a) (h)

Einsetzer für die Stollenlöcher

HINDERNISARTEN

Verschiedene Hindernisarten bieten unterschiedliche Herausforderungen für Pferd und Reiter. Für Trainingszwecke werden Sie andere Bauweisen verwenden als im Wettbewerb, weil Sie Ihr Pferd zu bestimmten Ergebnissen führen wollen (siehe Kasten unten). Auf dem Turnier werden Sie im Parcours Steilsprünge, Triplebarren und Oxer finden (siehe Kasten unten rechts).

Für das Üben zu Hause brauchen Sie nicht unbedingt einen kompletten Parcours mit allen Hindernissen, aber ungefähr 30 Stangen von 3,70 m Länge und ein Satz von 16 Ständern

für die wichtigsten Übungen sollten vorhanden sein. Als Ständer können Sie auch die breiteren, nach mehr aussehenden Fangständer verwenden, die den Vorteil haben, dass sie das Pferd auf die Hindernismitte konzentrieren und Ungehorsam vermeiden helfen, wenn das Pferd dem Hindernis ausweichen möchte. Bei Oxern reicht es, wenn Sie die Fangständer für das vordere Hindernis verwenden; die hinteren Stangen können auf normalen Ständern liegen.

Stangen aus Kunststoff sollten Sie mit Sand füllen, damit der Wind sie nicht wegblasen kann. Wenn Sie aber auf einem jungen Pferd hohe Sprünge wagen, verwenden Sie lieber leichte

EIN HINDERNIS
Achten Sie beim Aufbau darauf, dass die Stangen schwer genug sind, um nicht weggeblasen zu werden, und dass die Unterbauten sicher im Boden verankert sind.

Stangen gibt es aus Holz oder Kunststoff und in vielen verschiedenen Farben.

Fangständer machen ein Hindernis breiter und schrecken vom Ausweichen ab.

Dieser Unterbau ist wie eine Ziegelmauer bemalt, damit er solider erscheint.

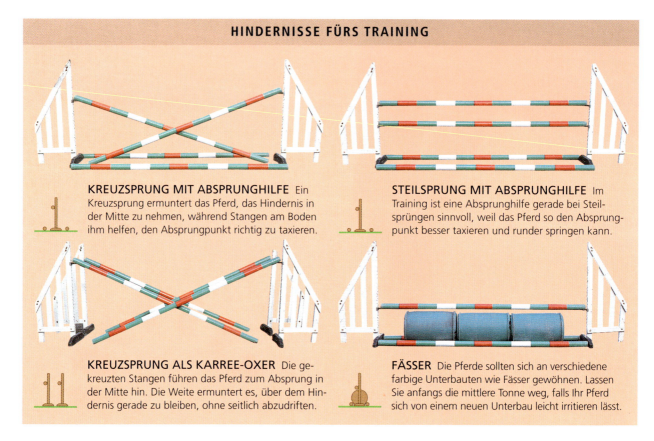

HINDERNISSE FÜRS TRAINING

KREUZSPRUNG MIT ABSPRUNGHILFE Ein Kreuzsprung ermuntert das Pferd, das Hindernis in der Mitte zu nehmen, während Stangen am Boden ihm helfen, den Absprungpunkt richtig zu taxieren.

STEILSPRUNG MIT ABSPRUNGHILFE Im Training ist eine Absprunghilfe gerade bei Steilsprüngen sinnvoll, weil das Pferd so den Absprungpunkt besser taxieren und runder springen kann.

KREUZSPRUNG ALS KARREE-OXER Die gekreuzten Stangen führen das Pferd zum Absprung in der Mitte hin. Die Weite ermuntert es, über dem Hindernis gerade zu bleiben, ohne seitlich abzudriften.

FÄSSER Die Pferde sollten sich an verschiedene farbige Unterbauten wie Fässer gewöhnen. Lassen Sie anfangs die mittlere Tonne weg, falls Ihr Pferd sich von einem neuen Unterbau leicht irritieren lässt.

Holzstangen, die eher brechen, falls es anschlägt. Die Stangen sollten in Sicherheits-Auflagen liegen (siehe Kasten rechts).

UNTERBAUTEN

Unterbauten aus Holz oder Kunststoff werden unter den Stangen des Hindernisses platziert. Sie geben ihm Substanz und eine Grundlinie, die dem Pferd das Einschätzen des Sprunges erleichtert. Dabei sind alle Formen und Farben möglich.

Unterbauten sollten so schwer sein, dass der Wind sie nicht verschieben kann, und dürfen keine scharfen Kanten haben. Kleine Tore können gefährlich sein, weil das Pferd mit den Hufen hängen bleiben kann. Plastiktonnen sind sicher und nützlich, müssen aber immer gegen Wegrollen gesichert werden. Mauerelemente aus bemalten Holzblöcken sind besonders empfehlenswert, weil sie dem Hindernis ein solides Aussehen geben, sodass die Pferde mehr Respekt davor haben. Ein solcher Mauerblock, der idealerweise 1,8 m lang, 60 cm hoch und 45 cm breit sein sollte, ist allerdings schwer zu bewegen.

BODENPLANKEN

Für das Training brauchen Sie ungefähr sechs Planken zum Gebrauch am Boden. Planken sind sicherer als Stangen, weil

SICHERHEITS-AUFLAGEN

Die hinteren Stangen von Oxern und anderen Weitsprüngen sollten immer in Sicherheits-Auflagen liegen. Bei einem harten Aufprall lösen sie sich in ihre Einzelteile auf, sodass das Pferd nicht quer über dem Sprung hängen bleiben kann. Außerdem sollten Auflagen immer abgerundete Kanten haben.

sie nicht wegrollen, wenn das Pferd darauf tritt. Stangen sind akzeptabel, wenn sie sehr schwer oder auf einer Seite so abgeflacht sind, dass sie nicht rollen. Achten Sie darauf, dass Pferd und Reiter sich bei Stürzen nicht am Hindernismaterial verletzen können. Metallfässer und hervorstehende Holzstücke sind beispielsweise gefährlich.

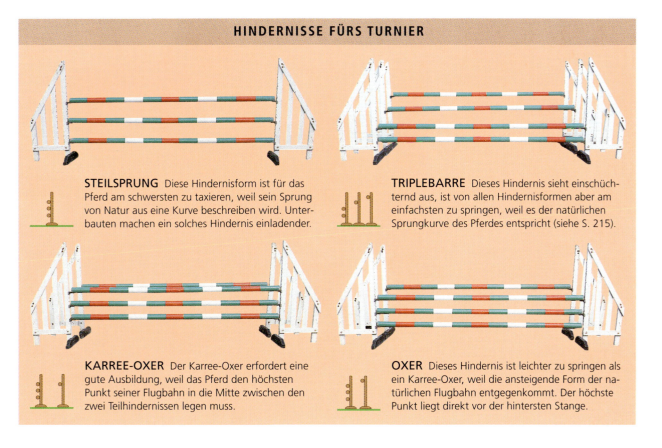

HINDERNISSE FÜRS TURNIER

STEILSPRUNG Diese Hindernisform ist für das Pferd am schwersten zu taxieren, weil sein Sprung von Natur aus eine Kurve beschreiben wird. Unterbauten machen ein solches Hindernis einladender.

TRIPLEBARRE Dieses Hindernis sieht einschüchternd aus, ist von allen Hindernisformen aber am einfachsten zu springen, weil es der natürlichen Sprungkurve des Pferdes entspricht (siehe S. 215).

KARREE-OXER Der Karree-Oxer erfordert eine gute Ausbildung, weil das Pferd den höchsten Punkt seiner Flugbahn in die Mitte zwischen die zwei Teilhindernissen legen muss.

OXER Dieses Hindernis ist leichter zu springen als ein Karree-Oxer, weil die ansteigende Form der natürlichen Flugbahn entgegenkommt. Der höchste Punkt liegt direkt vor der hintersten Stange.

DER SITZ DES REITERS

Wie in allen Sparten der Reiterei sind Sitz und Einwirkung des Reiters auch beim Springen untrennbar miteinander verbunden. Wie gut der Sitz eines Springreiters ist, hängt vor allem davon ab, ob der Reiter stabil das Gleichgewicht halten, mit der Bewegung des Pferdes mitgehen, über dem Sprung eine gute Haltung einnehmen und sicher im Sattel bleiben kann. Je besser Sie diese Fähigkeiten entwickeln und verbessern, desto fähiger werden Sie als Reiter.

DER WEG ZUM STETEN GLEICHGEWICHT

Ein Pferd tut sich unter einem Reiter am leichtesten, der stetig im Gleichgewicht bleiben kann – eine ruhige Ladung ist eine leichte Ladung. Veränderungen in der Gewichtsverteilung des Reiters, durch die er sein Gleichgewicht wiedererlangen will, beeinflussen das Pferd. Springreiter müssen herausfinden, wie sie verhindern können, dass ihr eigenes Gewicht sich unabsichtlich bewegt und damit die natürlichen Bewegungen des Pferdes stört.

Springen mit dem Reitergewicht im Sattel ist für ein Pferd eine untaugliche und für den Reiter eine schwierige Möglichkeit. Schwer im Sattel sitzend können Sie nicht mit der Bewegung des Pferdes mitgehen – wenn das Pferd springt, sollten Sie Ihren Schwerpunkt besser über seinem halten. Also sollten Sie im leichten Sitz reiten, bei dem Sie den Sattel nur leicht berühren.

Stützen Sie Ihr Gewicht auf die Füße und teilweise auf die Innenschenkel, die Kontakt mit dem Pferdebauch haben. Über die Steigbügel wird das Reitergewicht von den Sturzfedern getragen. Das Pferd spürt das Gewicht also kurz hinter dem Widerrist, wo es senkrecht über seinem eigenen Schwerpunkt liegt (siehe S. 92–93).

IM GLEICHGEWICHT BLEIBEN

Um im Gleichgewicht zu bleiben, könnten Sie einfach mit geradem Bein in den Steigbügeln aufstehen. Für das Pferd würde sich das gleich anfühlen. Ihr eigener Schwerpunkt läge dann aber sehr hoch und wäre damit unstabil. Stellen Sie sich vor, dass Sie eine Teleskopleiter auf volle Länge ausfahren. So ist sie schwierig im Gleichgewicht zu halten. Wenn Sie die Leiter dagegen ein Stück zusammenschieben, wird sie kürzer und stabiler, obwohl ihr Gewicht gleich geblieben ist. Wenn ein Reiter die Knie- und Hüftgelenke stärker anwinkelt, positioniert er seinen Schwerpunkt tiefer und kann damit stabiler im Gleichgewicht bleiben.

Dazu müssen Sie die Steigbügel drei bis fünf Löcher kürzer schnallen als für die Dressur. Probieren Sie aus, welche Länge für Sie richtig ist. Denken Sie daran, dass zu kurze Bügel das

Schwerpunkt des Pferdes

Schwerpunkt der Reiterin

SPRUNG IM GUTEN GLEICHGEWICHT
Die kurzen Bügel und der leichte Sitz erlauben dieser Reiterin, ihren Schwerpunkt zu senken und ihr Gewicht durchgehend über dem Schwerpunkt des Pferdes zu halten.

DRESSURARBEIT Selbst bei der Dressurarbeit reiten Spring-reiter im Spring-Gleichgewicht und berühren den Sattel nur leicht. Immer aber gehen sie in der Bewegung des Pferderückens mit.

Ausbalancieren in engen Wendungen und die Schenkelhilfen erschweren. Die Länge der Bügel soll es Ihnen ermöglichen, in Knien und Hüften – und in geringerem Umfang auch in den Knöcheln – zu federn und damit die Bewegungen und Kräfte beim Springen aufzunehmen. Die Bewegung in diesen Gelenken führt auch zu geringerer Bewegung Ihres Kopfes. Ihr Gleichgewichtssinn stützt sich auf Signale, die das Gehirn von den Augen und Ohren erhält, sodass es am besten ist, wenn Sie Ihren Kopf möglichst ruhig halten können.

MITGEHEN IN DER BEWEGUNG

Im stetigen Gleichgewicht ist es Ihnen möglich, in der Bewegung des Pferdes mitzugehen. Selbst wenn Ihr Gesäß den Sattel nicht berührt, muss es der Bewegung des Pferderückens folgen, weil es sonst klappert. Ihr Ziel muss sein, die Hände mit der Bewegung des Pferdekopfes mitgehen zu lassen. Es gibt kaum ein größeres Problem für ein Springpferd als einen Ruck im Maul während des Sprungs. Im schlechtesten Fall will das Pferd gar nicht mehr springen, im besten Fall macht es einen verkürzten Sprung. Die Anlehnung muss wie in der Dressur nachgiebig sein. Das erreichen Sie, indem Sie Schulter- und Ellenbogengelenke öffnen – das ist wirkungsvoller, als die Finger zu öffnen und die Zügel durchrutschen zu lassen. Mit offenen Fingern verlieren Sie bei der Landung leicht den Zügelkontakt und brauchen Zeit, bis Sie das Pferd wieder unter Kontrolle haben. Manche Reiter schieben die Hände beim Mitgehen am Mähnenkamm entlang, aber die direktere Linie verläuft seitlich am Pferdehals (siehe Kasten unten).

Reiteinsteiger sollten die Zügel beim Springen anfangs ganz loslassen und sich zur Sicherheit an der Mähne oder einem Halsriemen festhalten. Später sollten Sie in der Lage sein, mit den Zügeln nachzugeben, ohne sich an etwas festzuhalten. Wenn Sie wirklich im Gleichgewicht sitzen, werden Sie mit den Händen nachgeben und trotzdem leichte Anlehnung halten können. Selbst fortgeschrittene Reiter müssen gelegentlich ohne Anlehnung springen (bei sehr hohen Hindernissen beispielsweise), also sollte man diese nützliche Fähigkeit üben.

ANLEHNUNG ÜBER DEM SPRUNG

Die meisten Pferde springen sofort besser, sobald ihr Kopf nicht mehr durch die Zügelanlehnung des Reiters behindert wird. Die Reiterhände müssen in der natürlichen Bewegung des Pferdemauls und damit des Kopfes und Halses mitgehen. Obwohl nur fortgeschrittenere Reiter auch über dem Sprung Anlehnung halten sollten, muss jeder Reiter das lernen, weil er es schließlich im Stechen brauchen wird. Halten Sie die Hände entweder näher an der Mähne **(a)**, sodass Sie sich nötigenfalls sofort abstützen können, oder bleiben Sie mit tieferen Händen auf direkterer Linie zum Maul **(b)**. Letztere Haltung ist für reine Springreiter besser geeignet. Reitanfänger müssen den Zügel völlig durchrutschen lassen können, während sie sich in der Mähe festhalten **(c)**. Fortgeschrittenere Reiter werden über einem hohen Hindernis die Zügel durchrutschen lassen, die Hände aber tiefer halten **(d)**.

(a) HÄNDE HÖHER – MIT ANLEHNUNG

(b) HÄNDE TIEFER – MIT ANLEHNUNG

(c) HÄNDE HÖHER – OHNE ANLEHNUNG

(d) HÄNDE TIEFER – OHNE ANLEHNUNG

DIE HALTUNG DES REITERS

Während des Sprungs muss der Unterschenkel des Reiters lotrecht zum Boden bleiben. Die äußere Haltung des Reiters ändert sich aber mit den Sprungphasen. So müssen die Hüft- und Kniegelenke beim Absprung und in der Landung weiter geöffnet werden, wodurch sich auch der Winkel verändert, den der Körper des Reiters zum Pferd einnimmt. Öffnen sich die Gelenke nicht, so werden Sie beim Absprung nicht über dem Schwerpunkt des Pferdes bleiben können und in der Landephase die Hinterkante des Sattels zu spüren bekommen. In beiden Fällen verlieren Sie wahrscheinlich das Gleichgewicht. Bei hohen Sprüngen wird das Öffnen der Gelenke noch wichtiger (siehe Kasten rechts).

Federn Sie beim Anreiten Ihr Gewicht auf die Füße durch (1). Öffnen Sie die Hüft- und Kniegelenke beim Absprung etwas (2) und lassen Sie das Pferd rund um Ihre Knie drehen (3). (Die Reiterin hier hat ihre Knie etwas zu weit zurückbewegt.) Über dem Hindernis werden die Hüft- und Kniegelenke geschlossen (4) und bei der Landung wieder geöffnet (5).

DAS SPRINGEN HÖHERER HINDERNISSE

Je höher die Hindernisse sind, desto weiter müssen Sie die Knie- und Hüftgelenke öffnen, um dem steileren Winkel beim Absprung und bei der Landung Rechnung zu tragen. Um seinen Schwerpunkt direkt über dem des Pferdes zu halten, muss der Reiter rechts auf seinem Pferd eine fast senkrechte stehende Haltung einnehmen.

MITTELHOHER SPRUNG

HOHER SPRUNG

HALTUNG BEIM SPRUNG ÜBER EIN NIEDRIGES HINDERNIS

Bei idealer Haltung sollte sich Ihr Schwerpunkt direkt über Ihrem Fundament befinden. Idealerweise sollten die beiden roten Linien, die hier eingezeichnet sind, immer grob übereinander liegen. Ihr Unterschenkel sollte lotrecht sein, während das Pferd sich um Ihr Knie herum dreht. Hüft- und Kniegelenke werden je nach Sprungphase mehr oder weniger gebeugt.

Versuchen Sie, Ihr Gewicht zu Ihren Füßen durchzufedern, statt es in den Sattel zu bringen.

Federn Sie Ihr Gewicht auf Ihre Füße durch.

Öffnen Sie die Knie- und Hüftgelenke für den Absprung.

Halten Sie Ihren Oberkörper über dem Schwerpunkt des Pferdes.

Achten Sie dabei auch auf eine saubere, neutrale Ausrichtung der Wirbelsäule (siehe S. 336). In der Bildfolge unten hält die Reiterin ihren Rücken bei **(4)** gut, bei **(5)** macht sie ihn rund und kann dadurch weniger gut in der Bewegung bleiben.

SICHER SITZEN BLEIBEN

Voraussetzungen für die Sicherheit beim Reiten sind neben einem guten Gleichgewicht und dem Mitgehen in der Bewegung auch das Durchfedern des Gewichts zu den Füßen und die lotrechte Haltung der Unterschenkel. Beim Springen mit zu langen Bügeln muss der Unterschenkel zunächst zurückgleiten, damit der Reiter über dem Hindernis seinen Oberkörper ausbalancieren kann, und kommt dann bei der Landung nicht schnell genug nach vorne. Die Sicherheit wird auch durch die allgemeine Fitness des Reiters erhöht – das Reiten mit kurzen Bügeln erfordert mehr Kraft in den Bein- und Rückenmuskeln. Bei Müdigkeit mangelt es an Konzentration und damit auch an Sicherheit.

Die Wirbelsäule des Reiters sollte mit der des Pferdes auf einer Linie liegen.

GERADE SPRINGEN Reiter neigen dazu, auf ihr stärkeres Bein mehr Gewicht zu legen und damit das Pferd aus dem Gleichgewicht zu bringen. Stellen Sie beim Springen sicher, dass Ihr Gewicht gleichmäßig auf beiden Steigbügeln liegt.

4 Über der höchsten Stelle des Hindernisses beugen Sie die Knie- und Hüftgelenke stärker an.

5 Bei der Landung wird die Hüfte wieder geöffnet.

6 Bringen Sie sich wieder ins Gleichgewicht – hier ist der Oberkörper zu weit nach vorne gekommen.

DAS GEFÜHL FÜR GALOPPSPRÜNGE

Um wirkungsvoll reiten zu können, müssen Springreiter sich mit den Sprüngen befassen und ihre Hilfengebung verfeinern. Am wichtigsten ist es allerdings, die Länge jedes Galoppsprungs spüren zu können, damit Sie das Pferd zum richtigen Absprungpunkt führen können. Aufeinander aufbauende Übungen erleichtern Ihnen das Verständnis für die Bewegungsmanier des Pferdes. So lernen Sie, Galoppsprünge zu taxieren und zu zählen, bis Sie automatisch passend anreiten.

DIE LÄNGE DER GALOPPSPRÜNGE

Ein menschlicher Weitspringer wird vor dem Absprungbrett versuchen, eine bestimmte Anzahl gleich langer Schritte zu machen, anstatt Geschwindigkeit und Schrittlänge im letzten Augenblick anzupassen, was ineffizient wäre und den Sprung beschränken würde. Ähnlich muss ein Springreiter den Galoppsprung seines Pferdes spüren und die kleinen Veränderungen vornehmen können, durch die er den Absprungpunkt findet, der für sein Pferd passt. Beim Anreiten weiß ein erfahrener Reiter auf sechs oder mehr Galoppsprünge Abstand bereits, ob es passt.

Der Absprungpunkt vor einem Hindernis liegt dort, wo ein Galoppsprung endet. Bei einem Steilsprung befindet sich dieser Absprungpunkt aus dem Galopp ungefähr 1,80 m vor dem Hindernis. Also muss der Reiter dafür sorgen, dass der Galoppsprung an diesem Punkt endet. Ein erfahrener Reiter wird sein Pferd stets auf 30 cm genau an den Absprungpunkt heranbringen – denken Sie aber auch daran, dass man in einem guten Galopp auf einem erfahrenen und nicht überforderten Pferd durchaus 80 cm vom Idealpunkt entfernt abspringen und trotzdem einen schönen Sprung genießen kann. Es ist wichtiger, den Galopp gleichmäßig zu halten, als kurz vor dem Hindernis plötzliche oder große Veränderungen vorzunehmen, nur um den perfekten Absprungpunkt einzuhalten.

Ein guter Trainer wird hauptsächlich drei Dinge tun, um dem Reiter dabei zu helfen, ein Gefühl für den Galoppsprung zu entwickeln. Erstens wird er ihn anleiten, bei der Dressurarbeit das Mitgehen in der Bewegung zu lernen. Je besser ein Reiter im Galopp mitgehen kann, desto leichter kann er spüren, was unter ihm passiert.

Zweitens wird der Trainer mit Springreihen arbeiten, das sind Reihen von Hindernissen mit genau abgemessenen Distanzen dazwischen, in denen der Reiter seinen Sitz und die Springtechnik des Pferdes allmählich verbessern kann. Anfangs wird der Trainer darauf achten, dass die Distanzen einfach sind und das Pferd zum idealen Absprungpunkt bringen. Selbst wenn Sie sich noch auf Ihre Haltung konzentrieren müssen, werden Sie dadurch unbewusst ein immer besseres Gefühl für die Galoppsprünge und Absprungpunkte entwickeln.

Drittens wird der Trainer aufeinander aufbauende Übungen einsetzen und Ihnen beibringen, im Trab und später Galopp die Sprünge mitzuzählen. Durch das Zählen spüren Sie das Ende jedes Galoppsprungs und können schließlich einen gleichmäßigen Galopp halten.

DIE ANZAHL DER GALOPPSPRÜNGE

Ihr Trainer wird mit einer Übung anfangen, bei der Sie eine Vorlegplanke und ein Hindernis aus dem Trab springen. Danach wird er, zunächst zwei Galoppsprünge davon entfernt, eine Galopp-Planke auf den Boden legen, die ein zweites Hindernis darstellt (siehe Bildfolge rechts oben). Trichterförmig gelegte Bodenstangen zu Beginn, in der Mitte und am Ende der Reihe halten Ihr Pferd auf einer geraden Linie. Die Übung zielt auf einen Galoppsprung von 3,70 m ab, die Standardlänge für das Springreiten.

Regelmäßiges Wiederholen dieser Übung wird Ihr Gefühl für den Galoppsprung schulen, aber das Geheimnis liegt darin,

---

PASSEND ANREITEN

Üben Sie das Finden des richtigen Absprungpunktes durch die Verwendung von Galopp-Planken statt Hindernissen. So können Sie die Übung häufig wiederholen, ohne Ihr Pferd zu ermüden. Wenn Sie Ihr Gefühl für den Galoppsprung entwickeln, werden Sie die Absprungpunkte immer genauer treffen.

ABSPRUNGPUNKT ZU DICHT   ABSPRUNGPUNKT ZU WEIT ENTFERNT

die Sprünge laut mitzuzählen. Reiten Sie die Reihe im Trab an. Landen Sie nach dem ersten Hindernis im Galopp und sagen Sie dabei »Landung«. Nun zählen Sie jeden Galoppsprung laut mit. Wenn Sie an der Galopp-Planke regelmäßig den richtigen Absprungpunkt treffen, kann die Distanz bis dort allmählich auf bis zu sechs Galoppsprünge erweitert werden.

Diese Übung klappt so gut, weil die 3,70 m des Galoppsprungs bei einem Steilsprung der Entfernung zwischen dem Absprung- und dem Landepunkt entsprechen. Selbst wenn Sie kein zweites Hindernis springen, sondern nur über die Bodenplanke galoppieren, entsprechen die Absprung- und Landepunkte denen beim Sprung über ein richtiges Hindernis.

Im nächsten Stadium ersetzen Sie Vorlegplanke und Kreuzsprung durch eine Galopp-Planke und galoppieren darüber. Beginnen Sie mit einer Distanz von 7,30 m zwischen den beiden Planken, sodass abzüglich Absprung und Landung ein Galoppsprung dazwischen passt. Bauen Sie diese Distanz immer wieder um einen Galoppsprung aus.

DIE LÄNGE DER GALOPPSPRÜNGE

In dieser Springreihe muss das Pferd nach der ersten Landung zwei Galoppsprünge machen, um den Absprungpunkt für die Galopp-Planke zu erreichen. Stangentrichter halten es gerade. Diese nützliche Übung schult das Taxiervermögen.

ÜBERSICHT ÜBER DIE SPRINGREIHE VON OBEN

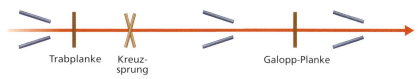

Trabplanke Kreuz-
sprung Galopp-Planke

Landung im Galopp mit weicher Anlehnung

Lautes Mitzählen des ersten Galoppsprungs

Mitzählen des zweiten Galoppsprungs

ÜBUNGEN ZUM MITZÄHLEN VON GALOPPSPRÜNGEN

Am Anfang reiten Sie aus dem Trab an, die Vorlegplanke liegt 2,70 m vor einem Kreuzsprung. Landung nach dem Kreuzsprung im Galopp, ein Galoppsprung, Sprung über eine Galopp-Planke 6,10 m vom Hindernis entfernt.

Nun bewegen Sie die Galopp-Planke immer einen Galoppsprung weiter weg bis zur maximalen Anzahl von sechs Sprüngen. Zählen Sie in jeder Übung die Galoppsprünge mit und behalten Sie einen konstanten Galopp bei, bis Sie immer den richtigen Absprungpunkt treffen.

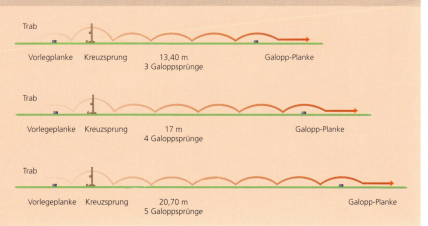

Trab

Vorlegplanke Kreuzsprung 13,40 m
3 Galoppsprünge Galopp-Planke

Trab

Vorlegeplanke Kreuzsprung 17 m
4 Galoppsprünge Galopp-Planke

Trab

Vorlegeplanke Kreuzsprung 20,70 m
5 Galoppsprünge Galopp-Planke

WIE PFERDE SPRINGEN

Wie beim Dressurpferd, so sind auch beim Springpferd bestimmte Faktoren die Grundlage für jeden Erfolg. Das Pferd muss seinen Reiter jederzeit akzeptieren, es muss gelassen bleiben und vorwärts gehen, und es muss beide Körperseiten gleichmäßig einsetzen, um gerade zu bleiben. Der perfekte Sprung ist so schwer zu fassen wie ein scheues Reh, aber das Wissen um die Biomechanik des Sprunges verbessert Ihre Leistung auf jeden Fall.

DIE KONSTANTEN MÜSSEN STIMMEN

Ein Springparcours lässt sich mit einer Dressurprüfung vergleichen, bei der zwischen den Lektionen noch Hindernisse liegen. Also müssen für das Springen dieselben Konstanten vorliegen wie für die Dressur: Akzeptanz, Gelassenheit, Fleiß, Geradheit und Reinheit (siehe S. 122–123). So wird der kontrollierte Schwung erzeugt, den das Pferd zum Springen ebenso braucht wie eine natürliche, reine Springtechnik.

AKZEPTANZ UND GELASSENHEIT

Das Pferd muss den Reiter und seine Hilfen akzeptieren. Sonst ist die präzise Kontrolle über das Pferd nicht möglich. Spannung verringert die Leistung, also liegt das Ziel darin, dass das Pferd gelassen auf das Hindernis zugaloppiert und vorher wie nachher ausgeglichen ist. Akzeptanz und Gelassenheit müssen die Basis Ihres Trainings sein, bevor Sie weitermachen können.

FLEISS UND GERADHEIT

Es ist unabdingbar, dass das Pferd willig geht und springt – dass es Fleiß zeigt. Diese Willigkeit wird von einem ständig fordernden Reiter, der seinem Pferd zu viel zumutet, schnell zerstört. Die meisten Pferde springen gerne. Verlieren sie aber ihren Fleiß und damit ihr Vertrauen, geht auch die Freude verloren – für Reiter und Pferd.

Das Pferd kann nur dann seine gesamte Kraft entfalten, wenn es beim Absprung beide Hinterbeine zusammen einsetzt und sowohl vor dem Absprung als auch über dem Sprung gerade bleibt, also beide Körperseiten gleich stark einsetzt.

Deswegen ist die Dressurarbeit so wichtig. Dabei werden beide Körperseiten des Pferdes entwickelt, und es lernt den Rücken einzusetzen, was ein wichtiger Schritt auf dem Weg zur Geradheit ist. Einem Pferd, das »einseitig« springt, wird alles schwer fallen.

WIE BEIM STABHOCHSPRUNG

Vor dem Absprung streckt das Pferd die Vorderbeine weit vor den Widerrist. Dadurch kommt die Vorhand tiefer. Das Pferd rotiert um die Vorderbeine und wird so wie beim Stabhochsprung hochgedrückt.

DIE REINHEIT DES SPRUNGES

Viele Pferde können gar keinen natürlichen, effizienten Sprung zeigen (also einen reinen Sprung ohne unnötige Bewegungen), weil der Reiter sie mit Zügelanlehnung und wechselnden Gewichtsverlagerungen behindert.

Doch den perfekten Sprung gibt es wirklich. Bei jedem Pferd hat die Technik Stärken und Schwächen, aber Pferde, denen ihre Arbeit Spaß macht, werden wirklich versuchen, sicher und sauber zu springen, und damit viele Schwächen überwinden. Die gute Ausbildung ist der Schlüssel dazu.

Der Schwerpunkt des Pferdes verlagert sich bei den verschiedenen Übungen nur wenig. Je besser ein Pferd sich aber über dem Hindernis biegen kann, desto tiefer liegt sein Schwerpunkt. Es kann besser in der Senkrechten bleiben, wodurch der Sprung effizienter wird.

VERSTÄNDNIS FÜR DIE BIOMECHANIK

Am Springen sind neben mehreren variablen Faktoren – darunter Richtung, Geschwindigkeit, Schwung und Länge des Galoppsprungs – auch diverse senkrechte und waagrechte Kräfte beteiligt, die zu unterschiedlichen Zeiten wirken. Pferd und Reiter bilden ein Geschoss, das dem Kraftgefüge der Schwerkraft ebenso unterliegt wie ein geworfener Stein.

Beim Springen mit Reiter wird der Schwerpunkt des Pferdes um ungefähr 10% angehoben (siehe S. 92), sodass ein Pferd mit Reiter unstabiler ist als ohne. Die Schwerpunkte von Pferd und Reiter müssen senkrecht übereinander liegen, weil sonst die natürliche Sprungkurve, die Bewegungsmanier und das Gleichgewicht des Pferdes negativ beeinflusst werden. Für eine genauere Betrachtung ist es hilfreich, die einzelnen Phasen des Sprunges zu analysieren (siehe S. 200–203).

DIE PHASEN DER FLUGKURVE

In der aufsteigenden Phase der Flugkurve ist der Winkel zum Boden genauso groß wie in der absteigenden Phase. Idealerweise liegt der Mittelpunkt der Flugparabel (siehe S. 215) über dem höchsten Punkt des Hindernisses. Bei schlechter Ausbildung erreicht das Pferd den höchsten Punkt der Flugkurve erst hinter dem höchsten Punkt des Hindernisses. So wird die Anstrengung teilweise wirkungslos und es kommt zu Problemen mit den nächsten Distanzen, weil das Pferd zu weit vorne landet.

Für einen Steilsprung von 1,20 m oder 1,80 m liegt der Absprungpunkt jeweils 1,80 m vor dem Hindernis. Wenn das Hindernis höher wird, muss das Pferd allerdings steiler abspringen. Dazu braucht es Kraft und gute Vorbereitung. Ein junges Pferd wird mit einem Winkel von 20 Grad anfangen und ihn auf 30 Grad für ein Hindernis von 1,20 m und auf 50 Grad für eines von 1,80 m steigern. Werden die Hürden noch höher, kann das Pferd nicht noch steiler springen und braucht einen weiter entfernten Absprungpunkt. Das Pferd unten hat zu viel Abstand zur Mauer des Mächtigkeitsspringens und deswegen einen kleineren Absprungwinkel.

Studien zeigen, dass der waagrechte Abstand zwischen dem Absprungpunkt und der Mitte der Mauer beim Mächtigkeitsspringen fast genau der Mauerhöhe entspricht. Bei einer 2,10-m-Mauer werden die meisten Pferde etwa 2,10 m vor der Mauer abspringen.

DIE PHASEN DES SPRUNGES

Der Ablauf eines Sprunges lässt sich in mehrere Phasen unterteilen: Anreiten, Absprungphase, Flug- oder Schwebephase, Landephase und schließlich Weiterreiten. Während all diesen Phasen muss der Reiter seinen Schwerpunkt über dem Schwerpunkt des Pferdes halten.

ANREITEN AN DAS HINDERNIS

Der Schlüssel liegt hier in einem ruhigen, vorwärts gedachten und geraden Galopp, in dem das Pferd den Reiter und die Hilfen akzeptiert. Der Reiter darf die Bewegung von Kopf und Hals des Pferdes nicht einschränken, muss also mit weicher Anlehnung anreiten. Vor dem Abspringen sollte das Pferd einen vollen Galoppsprung machen können (1). Am Ende dieses Galoppsprunges benutzt das Pferd die Vorderbeine wie einen Hochsprungstab (2) und nimmt die Vorhand allmählich vom Boden, bevor die Hinterbeine auffußen.

AUF EINEN BLICK

ABSPRUNGPHASE

Das ist der wichtigste Teil des Sprunges. Beim Anreiten im Galopp fußen die Hinterbeine mit einem gewissen Abstand auf (1), aber für den Absprung werden sie gleichzeitig auf den Boden gesetzt (3), um genügend Kraft für den Sprung bereitzustellen. Dabei setzt das Pferd die Hinterhufe vor die Abdrücke, die die Vorderhufe gerade hinterlassen haben. Dafür muss

VOM ANREITEN ZUR ABSPRUNGPHASE
Das Pferd beendet den letzten Galoppsprung und setzt die Hinterhand weit unter den Körper, um Kraft für den Sprung zu mobilisieren.

1

Von Natur aus hebt das Pferd vor dem Absprung den Kopf.

2

Das Pferd beginnt den letzten Galoppsprung.

es in Körper und Rücken geschmeidig sein – ein steifes Pferd oder eines mit schwer einsitzendem Reiter wird Schwierigkeiten haben. Die Gelenke der Hinterbeine öffnen sich (siehe Bild im Kreis unten), sobald das Pferd sich vom Boden abdrückt. Das Pferd dehnt den Hals nach vorne und beginnt die Hinterbeine anzuziehen, um über das Hindernis zu kommen.

Der Pferdekopf bewegt sich über der Mitte des Sprunges allmählich wieder nach unten.

Das Pferd beginnt den Hals zu dehnen und die Beine anzuwinkeln.

Die Hinterbeine landen und drücken das Pferd mit weit geöffneten Gelenken in die Luft.

FLUGPHASE

Auf dem Höhepunkt der Flugkurve über dem Hindernis streckt das Pferd den Hals und hält die Beine gut angewinkelt. Es nimmt die Schultern und damit die Ellenbogen und die Karpalgelenke nach vorne **(5)**. Vorder- und Hinterbeine arbeiten paarweise identisch zusammen, kein Bein liegt weiter vorne.

Idealerweise setzt das Pferd seine Schultern so gut ein, dass die Karpalgelenke höher liegen als die Bauchlinie und so die Stollen in den Eisen seinen Bauch nicht verletzen können (siehe S. 188).

LANDEPHASE

Wenn die Flugkurve abwärts geht, lässt das Pferd die Hinterbeine wieder lockerer und streckt sie so, dass sie seiner Bauchlinie folgen – das ist vor allem dann wichtig, wenn auch die hintere Stange eines Oxers noch überwunden werden muss. Gleichzeitig hebt es den Kopf für die Landung. Zunächst kommt das gesamte Gewicht des Pferdes auf einem einzigen Vorderbein auf. Nur Sekundenbruchteile später und etwas weiter vorne fußt das andere Vorderbein auf, das danach im Galopp am weitesten vorgreifen wird **(6)**. Jetzt nimmt es erst

VON DER FLUGPHASE ZUM WEITERREITEN
Die Landung ist wichtig, weil der erste Galoppsprung der Beginn des Anreitens an den nächsten Sprung ist und der Reiter bereits vorausdenken sollte.

Das Pferd hat die Hinterbeine angezogen, um sauber über den Sprung zu kommen.

5

Mit Beginn der Landephase werden die Hinterbeine weniger stark angewinkelt.

einmal das gesamte Gewicht des Pferdes auf. Die dabei auftretenden Kräfte sind so stark, dass das Fesselgelenk fast bis auf den Boden durchgedrückt wird (siehe Bild rechts).

WEITERREITEN

Nachdem die Vorderbeine aufgesetzt haben, folgt noch einmal eine kurze Schwebephase, weil die Vorderbeine ganz kurz vor dem Auffußen der Hinterbeine abdrücken – erst kommt das äußere Hinterbein auf den Boden, dann das innere.

Pferd und Reiter sollten beim ersten Galoppsprung wieder zu einem waagrechten Gleichgewicht finden. Hier sind sie etwas aus der Balance und brauchen einen längeren Galoppsprung als sonst **(7)**. Das Pferd setzt den Rücken ein, um die Hinterbeine wieder unter den Körper zu bekommen und sich auszubalancieren.

STOSSDÄMPFUNG Beim Auffußen der Vorderbeine geht der Widerrist nach unten und die Fesselgelenke wirken wie Stoßdämpfer. Bei hohen Hindernissen oder beim Springen mit hoher Geschwindigkeit können diese Gelenke sogar den Boden berühren.

6

Bei der Landung beginnt das Pferd den Kopf zu heben, um sein Gleichgewicht zu halten.

7

Beim ersten Galoppsprung senkt das Pferd den Kopf etwas, weil es das Gleichgewicht ein wenig verloren hat und nach vorne gefallen ist.

Das Vorderbein, das im Galoppsprung weiter vorgreifen wird, landet einige Zentimeter vor dem anderen Vorderbein und nimmt dann das gesamte Gewicht des Pferdes auf.

DIE VARIABLEN BEIM SPRINGEN

Die Variablen sind die Faktoren, die sich je nach Übung verändern. Beim Springen handelt es sich um Richtung, Geschwindigkeit, Schwung, Gleichgewicht und zeitliche Abstimmung, die alle fünf genau unter Kontrolle sein müssen. Außerdem liegt einer guten Leistung ein konstanter Galoppsprung von 3,70 m zugrunde, weil darauf alle Distanzen basieren. Dieser Galoppsprung wird von den Schlüsselvariablen Geschwindigkeit und Richtung bestimmt.

KONTROLLE ÜBER DIE RICHTUNG

Die Variablen ändern sich innerhalb eines Springparcours weniger als innerhalb einer Dressurprüfung, weil Springen mit gleich bleibender Gangart und Geschwindigkeit abläuft. Im Grunde ist Springen eine Dressurprüfung, bei der gerade Linien und Kreisbögen mit einigen Hindernissen dazwischen kombiniert werden. Die richtige Richtung stellt also die wichtigste Variable dar, weil der Anreitewinkel Einfluss auf die Anzahl der Galoppsprünge hat, die das Pferd zwischen den Hindernissen machen muss.

Jeder Sprung muss im richtigen Winkel angeritten werden. Der Anreiteweg ist eine genau festgelegte Spur zwischen den Hindernissen und wird im Stechen (gegen die Uhr) noch wichtiger, weil hier Zeit gespart werden muss. Viele Reiter trainieren die Richtungs-Variable in einem Parcours, der aus Planken am Boden besteht, und versuchen hier von Anfang bis Ende eine präzise Linie zu halten.

STETE GESCHWINDIGKEIT

Beim Springen werden Geschwindigkeiten in Metern pro Minute angegeben. Geschwindigkeit und Länge des Galoppsprungs sind untrennbar miteinander verbunden: Bei höherer Geschwindigkeit macht jedes Pferd längere Sprünge, bei niedrigerer kürzere. Im Galopp macht das ideale Springpferd bei ungefähr 375 m/min (22,5 km/h) Galoppsprünge von 3,70 m Länge, also ist das die erstrebenswerte Geschwindigkeit.

Wenn Ihr Pferd von Natur aus kürzere Galoppsprünge macht, werden Sie schneller reiten müssen, um auf die Sprunglänge von 3,70 m zu kommen – und umgekehrt. Leider kann in beiden Fällen die Springqualität leiden. Höhere Geschwindigkeit bedeutet, dass ein größerer Teil des Schwungs, den das Pferd hat, nach vorne gerichtet ist und damit für die Senkrechtbewegung beim Absprung nicht zur Verfügung steht. Andererseits bedeutet niedrigere Geschwindigkeit, dass der Schwunganteil nach vorwärts zum Überspringen des Hindernisses vielleicht nicht ausreicht. Beim Reiten auf Zeit kann niedrigeres Tempo auch Strafpunkte kosten, und bestimmte Prüfungen werden nur aufgrund der Geschwindigkeit in der ersten Runde bewertet, sodass lange Galoppsprünge einen großen Vorteil darstellen können.

ENTWICKLUNG DES SCHWUNGS

Schwung ist eine Kombination aus Gelöstheit, Kraft und Schub. Er wird als Kraft und Energie von der tätigen Hinterhand erzeugt und über den schwingenden Rücken weitergegeben. Je höher die Turnierklasse, desto mehr Schwung ist erforderlich. Es ist wichtig, dass Sie einem Pferd genug Zeit geben, um Schwung zu entwickeln, und es nicht einfach hohe Hindernisse springen lassen, bevor es dafür stark und stabil genug ist. Kontrollierter Schwung kann nur erzeugt werden, wenn die Konstanten (siehe S. 198–199) stimmen. Außerdem muss das Pferd anaerob gearbeitet werden, damit sich Kraft und Schub entwickeln (siehe S. 320–323).

GUT IM GLEICHGEWICHT

Wenn Sie im Parcours stete Geschwindigkeit und steten Schwung halten können, werden Sie am Gleichgewicht kaum etwas ändern müssen. Ein Pferd, das den Rücken durchschwingen lässt und mit der Hinterhand mehr Last aufnimmt, ist von Natur aus gut im Gleichgewicht und kann wirkungs- und kraftvoll abspringen. Sollte der Reiter versuchen, dieses Gleichgewicht zu verbessern, indem er das Pferd zu einem verkürzten Rahmen zwingt, blockiert er den Rücken und damit sein Pferd.

ZUM RICHTIGEN ZEITPUNKT

Die Galoppsprünge müssen zeitlich so abgestimmt werden, dass das Pferd im Parcours ohne größere Eingriffe des Reiters den richtigen Absprungpunkt findet – so wächst das Selbstvertrauen. Die zeitliche Abstimmung ist zwar wichtig, zählt aber wenig, wenn die übrigen Variablen nicht stimmen, und gar nichts, wenn die Basis der Konstanten nicht vorhanden ist.

Wenn Richtung, Geschwindigkeit, Schwung und Gleichgewicht stimmen, wird die zeitliche Abstimmung des Galoppsprungs weniger wichtig, solange das Pferd keine grenzwertigen Höhen springen soll. Konzentrieren Sie sich unter Druck auf die einfachen Dinge: Richtung und Geschwindigkeit.

IM PARCOURS Diese Reiterin hat das massive Hindernis von 2,10 m Höhe mit der korrekten Geschwindigkeit und mit Schwung angeritten und muss nun nur noch in der Bewegung mitgehen und den Augenblick genießen.

PLANVOLLES TRAINING

Erst ein sorgfältig durchdachter Trainingsplan stellt sicher, dass Reiter und Pferd sich körperlich und geistig entwickeln. Beginnen Sie mit der Festlegung Ihrer langfristigen Ziele als Springreiter, ob Sie nun in die Klasse E einsteigen wollen oder aufs inter-nationale Parkett streben. Gehen Sie von dort aus zurück und stellen Sie einen Zeitplan für die Zwischenziele auf, die Sie unterwegs erreichen müssen. In Wochenplänen halten Sie bestimmte Übungen fest.

LANGFRISTIGE PLANUNG

Auf lange Sicht werden außerordentliche Dinge möglich. Die Teilnahme an der Endrunde des Weltcups ist ein erreichbares Ziel, wenn Sie es von Anfang an verfolgen, aber viel weniger greifbar, wenn Sie sich kein Ziel gesetzt haben, auf das Sie hin-arbeiten. Nicht jeder will so hoch hinaus, aber wenn Sie diesen Ehrgeiz haben, dann müssen Sie sich mit der internationalen Szene vertraut machen.

Ein erstes Ziel können die vielen Einsteigerturniere sein. Für die jeweiligen Klassen gilt eine Maximalhöhe von 80 cm bis 1,50 m. Darüber hinaus gibt es die Nations Cups (eine Reihe internationaler Mannschaftswettbewerbe) und größere Meisterschaften mit höchstens 1,60 m Hindernishöhe. Natür-lich liegt die Herausforderung nicht nur in der Höhe der Sprünge – die Parcoursbauer werden die Springtechnik von Pferd und Reiter auch mit Hindernissen prüfen, die schräg stehen oder ein Anpassen der Galoppsprünge verlangen.

EINSTEIGERKLASSE Um die grundlegenden Techniken zu lernen, brauchen Sie kein Olympiapferd. Einen guten Sitz, dressur-mäßige Grundlagen und einfache Springkenntnisse können Sie auf normalen Pferden ohne außergewöhnliche Fähigkeiten erlernen.

MITTELFRISTIGE PLANUNG

Sobald Ihre langfristigen Ziele feststehen, stellen Sie ein Trai-ningsprogramm auf, das Ihnen beim stetigen jährlichen Fort-schritt hilft. Nicht jedes Pferd ist fähig, 1,60 m zu springen, aber die meisten kommen mit 1,20 m klar und können sich von dort aus 10 cm pro Jahr steigern. Setzen Sie sich in jedem Stadium zum Ziel, gut und mit Leichtigkeit zu springen, bevor Sie höhere Anforderungen stellen. So legen Sie das Fundament für den Erfolg.

Beobachten Sie die besten Reiter jeder Klasse und stellen Sie Fragen. Lassen Sie sich von einem erfahrenen Trainer oder Reiter betreuen, der regelmäßig an Turnieren teilnimmt.

KURZFRISTIGE PLANUNG

Damit Pferd und Reiter sich weiterentwickeln, müssen Sie ein abwechslungsreiches Wochenprogramm aufstellen. Die meis-ten Pferde sind bereit, hart zu arbeiten, solange der Reiter auf sie eingeht und sie am Ende einer Trainingseinheit gelassen sind und sich wohl fühlen. Vier bis fünf Dressurstunden rei-chen, Springen sollte zwei- bis dreimal pro Woche auf dem Plan stehen. Springen Sie nur, wenn Ihr Pferd gelassen und nicht ermüdet ist. Wenn Sie regelmäßig auf Turnieren sprin-gen, müssen Sie das zu Hause wahrscheinlich kaum noch tun.

Um den Schub des Pferdes zu entwickeln, springen Sie immer nur kurz. Arbeiten Sie in den Stunden sowohl an Ihrem eigenen Sitz als auch an der Springmanier des Pferdes – Springreihen sind hier sehr wirkungsvoll. Sie wollen Ihr Pferd herausfordern, aber Sie wollen es nicht mit überzogenen Anforderungen wie zu hohen Hindernissen erschrecken. Am Ende der Stunde sollte das Pferd bereit sein, noch ein wenig mehr zu geben, statt wegen zu hoher Anforderungen frustriert zu sein.

Bringen Sie Abwechslung in Umgebung und Arbeit, indem Sie Ausritte machen. Bei intensiver Arbeit sind 40 Minuten am Stück normalerweise genug. Wenn Sie länger brauchen, machen Sie zwischendurch Pause. Gut ist es auch, wenn der Springplatz 20 bis 30 Minuten vom Stall entfernt ist. Dann hat das Pferd auf dem Weg dorthin Zeit, sich geistig und körper-

MITTLERE KLASSE

Ein immer größeres Spektrum an Voraussetzungen, von guter Pferdehaltung bis hin zum Gefühl für den Galoppsprung, bringen Pferd und Reiter in die mittlere Klasse. Sie springen höhere Hindernisse mit unterschiedlichen Distanzen und taxieren die Absprungpunkte immer genauer.

lich auf die Arbeit einzustellen, und kann nach dem Training wieder abkühlen. Auch Ausritte wirken sich positiv auf die Fähigkeiten beim Springen aus, weil z. B. Trab und langsamer Galopp leicht bergauf sehr gut fürs Gleichgewicht sind.

Jedes Team aus Pferd und Reiter hat andere Bedürfnisse, aber ein typisches Wochenprogramm sollte auf guter Dressurarbeit basieren. In der Woche vor dem Turnier sollten Sie sich darauf noch mehr konzentrieren, damit das Pferd gehorsam und durchlässig wird. Einige Tage vor dem Termin können Sie eine anspruchsvolle Springeinheit einplanen, in der Sie an Distanzen und Kombinationen arbeiten.

Ein guter Trainer hilft Ihnen, das richtige Gleichgewicht zu finden und durch wöchentlichen Erfolg der Erfüllung Ihrer Träume immer näher zu kommen.

SCHWERE KLASSE

Der brasilianische Springreiter Rodrigo Pessoa, Weltmeister von 1998, ist ein vorzügliches Beispiel für einen Spitzenreiter, der in der Bewegung bleibt und ausgezeichnetes Gefühl hat – hier reitet er Baloubet du Rouet. Bei guter langfristiger Vorbereitung sind solche Erfolge machbar.

DAS GEFÜHL FÜR DISTANZEN

Als Reiteinsteiger müssen Sie sich auf das Wissen Ihres Trainers verlassen, der die Übungen für Sie mit den richtigen Abständen zwischen den Hindernissen aufbaut. Mit zunehmender Erfahrung werden Sie lernen, das selbst zu tun. So erhalten Sie mehr Einblick in die Reaktionen Ihres Pferdes und verbessern Ihre eigenen Fähigkeiten als Reiter und Trainer. Auf dem Turnier können Sie nun die Distanzen abschreiten und über die beste Linienführung entscheiden.

DEN PARCOURS ABGEHEN

Hindernisse können unterschiedlich angeordnet werden. Eine zweifache Kombination besteht aus zwei Hindernissen mit ein oder zwei Galoppsprüngen dazwischen, in der dreifachen Kombination steht noch ein Hindernis mehr. Unter einer Distanz versteht man den festen Abstand von drei bis zehn Galoppsprüngen zwischen zwei Hindernissen. Distanzen basieren, selbst bei internationalen Wettbewerben, meistens auf dem 3,70-m-Galoppsprung.

Springreiter gehen vor Beginn der Prüfung den Parcours ab, um festzustellen, welche Distanzen der Parcoursbauer verwendet hat. Dazu benutzen sie eine Schrittlänge von 90 cm – etwas länger als der normale Schritt eines Menschen –, sodass vier Schritte etwa einem Pferde-Galoppsprung entsprechen.

Beim Abschreiten der Distanzen müssen Sie daran denken, dass das Pferd zwei bis vier Schritte vom Hindernis entfernt landen und zwei bis vier Schritte vom nächsten Hindernis entfernt wieder abspringen wird. Wenn Sie also zwischen zwei Hindernissen eine Distanz von 16 Schritten ermitteln, gehen zwei für die Landung ab und zwei für den Absprung, sodass zwölf Schritte übrig bleiben. Geteilt durch vier bekommen Sie drei Pferde-Galoppsprünge. Die Standarddistanz von drei Galoppsprüngen entspricht also 16 Schritten, vier Sprünge sind 20 Schritte und fünf Sprünge 24 Schritte.

Das Abschreiten ist durchaus Bestandteil der Prüfung. Wenn Sie die ermittelte Schrittanzahl nicht genau durch vier teilen können, heißt das, dass die Distanz nicht passt. Wenn Ihnen ein Schritt übrig bleibt, werden Sie Ihr Pferd zu einem längeren Galoppsprung auffordern müssen, damit Sie am Absprungpunkt herauskommen. Fehlt Ihnen ein Schritt, muss Ihr Pferd

DISTANZEN ABSCHREITEN Üben Sie, am Boden eine Distanz abzuschreiten, die zwei Galoppsprüngen entspricht, also 7,40 m. Gehen Sie diese Entfernung jeden Tag ab, bis Sie regelmäßig genau vier Schritte für einen Galoppsprung brauchen.

DIE LÄNGE VON GALOPPSPRÜNGEN

Im Arbeitsgalopp hat der Galoppsprung eines mittelgroßen Pferdes eine Länge von ungefähr 3,50 bis 3,70 m. In diesem Buch wurde, basierend auf zwölf britischen Fuß, durchgängig mit 3,70 m gearbeitet. Viele Parcoursbauer arbeiten aber mit dem 3,50-m-Galoppsprung. Achten Sie also in Büchern oder beim Reiten eines Parcours darauf, auf welchem Galoppsprung die Distanzen aufbauen: 3,50 m oder 3,70 m.

GALOPPSPRUNG ANGESETZT MIT	GEEIGNET FÜR
3,50 m	Turnierspringen von Klasse E bis S
3,25 m	Stallturniere und Trainingsveranstaltungen mit Pferden und Kleinpferden; Gymnastikreihen.
3 m	Training mit Kleinpferden, G- und M-Ponys; Gymnastikreihen.

SPRINGEN VERSCHIEDENER HÜRDEN

STEILSPRUNG

OXER

TRIPLEBARRE

VERGLEICH DER FLUGKURVE Hier wurden als Hindernisse ein Steilsprung von 1,30 m, ein Karree-Oxer von 1,10 x 1,30 m und eine Triplebarre von 1,30 x 1,50 m aufgebaut. Die drei Hindernisse erforderten praktisch denselben Krafteinsatz. Die Fotos zeigen auch, dass die Mitte der Flugbahn über der Mitte des Hindernisses liegen sollte und dass ein Pferd zum Überspringen eines Oxers höher springen muss als für einen Steilsprung gleicher absoluter Höhe. Der Oxer hier erfordert ebenso viel Kraft und Flugphase wie ein Steilsprung, der 20 cm höher ist.

kürzer galoppieren. Zwei fehlende Schritte machen einen halben Galoppsprung aus, sodass Sie entweder einen zusätzlichen kurzen Galoppsprung unterbringen oder längere Sprünge fordern und einen Galoppsprung auslassen müssen (siehe S. 224). In Kombinationen wird das nicht verlangt.

ABSCHREITEN VON KOMBINATIONEN

Durch das Abschreiten ermitteln Sie die Distanzen in zwei- und dreifachen Kombinationen. Als Feinheit kommt noch hinzu, dass die Absprung- und Landepunkte für die drei Haupt-Hindernistypen nicht gleich sind. Der Vergleich der Flugkurve über Steilsprünge, Oxer und Triplebarren lässt Sie verstehen, warum in Kombinationen unterschiedliche Distanzen verwendet werden – je nach Hindernistyp. Der Abstand vom Absprungpunkt zum Hindernis ist bei einem Steilsprung am größten und bei einer Triplebarre am kleinsten.

Wenn Sie sich einen Steilsprung und einen Oxer ansehen (siehe Bilder links), stellen Sie fest, dass der Abstand zwischen Absprungpunkt und Hindernis beim Oxer 60 cm geringer ist als beim Steilsprung. Damit sollte auch die Distanz zwischen einem Steilsprung und einem Oxer in einer Kombination um 60 cm kürzer ausfallen als zwischen zwei Steilsprüngen. In der Praxis verkürzen die Parcoursbauer die Distanz oft nur um 30 cm, weil die Oxer dieselbe Höhe haben wie die Steilsprünge, obwohl sie eigentlich 25 cm niedriger sein sollten. Dann muss das Pferd doch wieder von einem weiter entfernten Punkt abspringen, um die Höhe zu schaffen, und springt im gleichen Winkel ab wie für den Steilsprung.

Mit wachsender Erfahrung können Sie genauer einschätzen, wo Ihr Pferd jeweils abspringen und landen wird. Bei einer tiefen Triplebarre beispielsweise wird Ihr Pferd weiter vom Hindernis entfernt landen als sonst, obwohl der Absprungpunkt ziemlich nahe am Hindernis gelegen hat.

ABSPRUNG- & LANDEPUNKTE ÄNDERN

Der Abstand, den das abspringende Pferd bei einem Steilsprung zum Hindernis hat (siehe Bild oben links), erstaunt Reiter, die ihre Pferde gerne näher heranbringen. Es ist nützlich, wenn man mit seinem Pferd auch steilere Absprünge trainiert, indem man es 30–60 cm näher an den Sprung heranbringt als sonst. Wenn Sie das allerdings in der Prüfung tun, bedenken Sie, dass Sie damit nicht nur den Absprung, sondern auch die Landung steiler gestalten und dadurch den Abstand zum nächsten Hindernis vergrößern. In Kombinationen und bei Distanzen bis zu zehn Galoppsprüngen können Sie dadurch Schwierigkeiten bekommen. Wenn das Pferd außerdem den letzten Galoppsprung nicht ganz fertig ausführen kann, springt es wahrscheinlich schlechter. Versuchen Sie, Steilsprünge selbstsicher anzureiten und Galoppsprung und Geschwindigkeit konstant zu halten.

DIE ARBEIT MIT VERSCHIEDENEN DISTANZEN

Die hier aufgeführten Distanztabellen sollen Ihnen Anhaltspunkte für Beginn und Fortschritt Ihrer Arbeit geben, aber starre Regeln gibt es nicht. Sie und Ihr Trainer müssen sich der individuellen Stärken und Schwächen Ihres Pferdes bewusst sein und die Übungen entsprechend auswählen und anpassen. Außerdem muss man jedes Pferd etwas anders reiten, um seinem Temperament und seinen Fähigkeiten gerecht zu werden.

Springtechnik und geistige Einstellung des Pferdes müssen ständig beobachtet werden. Wenn hier Verschlechterungen auftreten, haben Sie vermutlich an den Sprunghöhen oder an den Distanzen zu viele Veränderungen vorgenommen und sollten zu einfacheren Übungen zurückkehren. Verwenden Sie faire Distanzen, an denen das Pferd lernen kann und die es geistig und körperlich nicht überfordern (siehe Kasten rechts).

Die Standardübungen basieren normalerweise auf dem 3,70-m-Galoppsprung; in manchen Prüfungen – z. B. für junge oder kleine Pferde – werden aber auch andere Abmessungen verwendet (siehe S. 208). Wenn Ihr Pferd kürzere Galoppsprünge macht, müssen Sie die angegebenen Distanzen entsprechend ändern. Holen Sie sich Rat von Ihrem Trainer. Mit zunehmender Erfahrung wird klarer, welche Distanz Sie wählen sollten.

ÜBUNGEN MIT PLANKEN

Anfangs besteht Ihre Aufgabe darin, etwas über die normalen Distanzen zu lernen. Später können Sie sich dann Sorgen über

GRUNDABSTÄNDE IN SPRINGREIHEN

Zum Aufbauen einer Springreihe braucht man Erfahrung. Beginnen Sie mit kleinen Hindernissen und gehen Sie schrittweise vor. Der Kreuzsprung sollte 50–70 cm hoch sein und eine Grundlinie im Abstand von 50 cm haben. Die anderen Hindernisse können 70 cm bis 1,20 m hoch sein.

ÜBUNG	DISTANZEN
SCHRITTPLANKEN	0,80–1,00 m
TRABPLANKEN	1,25–1,45 m
TRABPLANKEN ZUM KREUZSPRUNG	2,50–2,90 m
EINZELNE TRAB-VORLEG-PLANKE ZUM KREUZSPRUNG	2,50–2,90 m
KREUZSPRUNG AUS DEM TRAB, EIN GALOPPSPRUNG, STEILSPRUNG	5,80–6,40 m
STEILSPRUNG, ZWEI GALOPPSPRÜNGE, OXER	9,80–10,40 m
STEILSPRUNG, EIN GALOPPSPRUNG, OXER	6,10–6,70 m
KREUZSPRUNG AUS DEM TRAB ZUM IN-OUT (SIEHE S. 215)	3,00–3,30 m
GALOPP-PLANKEN	3,00–4,25 m

die schwierigen Distanzen machen. Im Laufe der Zeit werden Sie lernen, die Distanzen so abzuschreiten, dass Sie wissen, ob sie eher kurz oder eher weit ausfallen. Indem Sie über Bodenplanken galoppieren, entwickeln Sie den gleichmäßigen Galopp und Ihr Gefühl für Distanzen (siehe S. 196–197).

Denken Sie daran, dass die Mitte des Galoppsprunges über der Planke liegen soll. Warum das so wichtig ist, wird deutlich, wenn in festem Abstand von der ersten eine zweite Planke liegt. Wenn Sie an die erste Planke zu nahe herankommen, verkürzen Sie damit

SPRINGEN MIT EINEM PONY Wenn Ponys und Pferde auf demselben Turnier starten, verwenden Parcoursbauer meist Distanzen auf Grundlage eines Galoppsprungs von 3,30 m statt von 3,70 m. Ihr Trainer kann Ihnen mehr dazu sagen.

ABSTÄNDE IN DER PRÜFUNG

Diese Tabelle listet die Distanzen plus/minus 15 cm auf, die unter normalen Bedingungen zwischen bestimmten Hindernissen verwendet werden. Pferde neigen dazu, Oxer zu weit zu nehmen und Steilsprünge zu unterlaufen – deswegen unterscheiden sich die Distanzen nicht so sehr. Junge Pferde und Reiteinsteiger sollten sich nicht an Kombinationen versuchen, in denen zwei Oxer hintereinander stehen oder die mit einem Oxer enden, weil aus Gründen der Sicherheit Raum für Fehler gelassen werden sollte. Aus demselben Grund sollten Triplebarren in einer Kombination nur als erstes Hindernis verwendet werden.

ERSTES HINDERNIS	ZWEITES HINDERNIS	DISTANZEN DAZWISCHEN
STEILSPRUNG	STEILSPRUNG	7,90 m
STEILSPRUNG	KARREE-OXER	7,60 m
STEILSPRUNG	NORMALER OXER	7,45 m
KARREE-OXER	STEILSPRUNG	7,75 m
KARREE-OXER	KARREE-OXER	7,45 m
KARREE-OXER	NORMALER OXER	7,30 m
NORMALER OXER	STEILSPRUNG	7,90 m
NORMALER OXER	KARREE-OXER	7,60 m
NORMALER OXER	NORMALER OXER	7,45 m
TRIPLEBARRE	STEILSPRUNG	8,05 m
TRIPLEBARRE	KARREE-OXER	7,75 m
TRIPLEBARRE	NORMALER OXER	7,60 m

die Distanz zur zweiten. Beim Springen von Hindernissen ist es allerdings genau umgekehrt: Wenn Sie zu nah am Hindernis abspringen, rücken Sie damit auch die Landung näher ans Hindernis, weil beide Hälften der Flugbahn steiler verlaufen.

VERSCHIEDENE GALOPPSPRUNG-LÄNGEN

Mehrere Faktoren beeinflussen die Länge des Galoppsprunges. Die Sprünge werden länger, wenn das Pferd schneller wird, sich bergab bewegt, viel Platz hat oder heimwärts will, wenn es knackig oder gut gelöst ist, bei gutem Geläuf, wackeligen Hindernissen und nachgiebigem Reiter. Kürzer werden die Galoppsprünge, wenn das Pferd langsamer wird, bergauf oder steil bergab läuft, wenig Platz hat, auf ein beeindruckendes Hindernis zusteuert, sich von der Heimat wegbewegen soll, müde oder steif ist sowie bei weichem oder sehr hartem Geläuf oder bei einem steifen und unnachgiebigen Reiter.

DAS TRAINING MIT SPRINGREIHEN

Mit der Arbeit in Springreihen soll die Springfähigkeit des Pferdes verbessert werden. Stress steht nicht auf dem Lehrplan. Veränderungen bei Sprunghöhen und Distanzen müssen in 10-cm-Schritten vorgenommen werden, und es muss konsequent angeritten werden, damit das Training sich nicht negativ auswirkt.

Eine Basis-Springreihe erfordert Trab auf einen Kreuzsprung zu, Landung im Galopp, einen Galoppsprung bis zu einem kleinen Steilsprung und ein oder zwei Galoppsprünge bis zum Oxer. Die Distanzen müssen etwas kürzer sein als auf dem Turnier, weil das Anreiten im Trab erfolgt und der erste Galoppsprung nach dem Sprung etwa 60 cm kürzer ist als sonst. Zudem sind die Hindernisse niedrig und damit die Absprung- und Landedistanzen kurz. Gymnastikreihen mit kürzeren Distanzen sollen das Pferd zum Einsatz seines Körpers ermuntern. Bevor man mit Gymnastikreihen beginnen kann, muss das Pferd in Dressur und Springtraining geübt sein. Es muss sich im Galopp etwas versammeln können (siehe S. 126) und näher ans Hindernis herankommen. Dazu ist ein steilerer Absprungwinkel nötig, wofür es wiederum Kraft und Beweglichkeit braucht.

ABSTÄNDE FÜR TRAININGS-ÜBUNGEN

Die folgenden Distanzen können im Training herangezogen werden. Beginnen Sie in Übungen immer mit Distanzen, die dem Pferd leicht fallen. Beim Springen aus dem Trab ist der erste Galoppsprung nach dem Hindernis etwas kürzer als beim Anreiten aus dem Galopp, deswegen sind verschiedene Distanzen angegeben. Galopp-Planken legt man so weit auseinander, als ob es Steilsprünge wären.

ANZAHL DER GALOPP-SPRÜNGE DAZWISCHEN	ANREITEN AN ERSTEN SPRUNG IM TRAB			ANREITEN AN ERSTEN SPRUNG IM GALOPP		
	KREUZSPRUNG BIS GALOPP-PLANKE	KREUZSPRUNG BIS EINZELSPRUNG (OXER)	KREUZSPRUNG BIS OXER IN GYMNASTIKREIHE	OXER BIS OXER IN GYMNASTIKREIHE	GALOPP-PLANKE BIS GALOPP-PLANKE	STEILSPRUNG BIS STEILSPRUNG
1. GALOPP-SPRUNG	6,10 m	5,50 m	5,45 m	5,50 m	7,30 m	7,30 m
2. GALOPP-SPRUNG	9,75 m	9,15 m	8,80 m	9,00 m	11,00 m	11,00 m
3. GALOPP-SPRUNG	13,40 m	12,80 m	12,20 m	12,50 m	14,60 m	14,60 m

SPRINGREIHEN FÜR EINSTEIGER

Hindernisse können unterschiedlich kombiniert und mit bestimmten Distanzen genau auf die Fähigkeiten und Problembereiche von Pferd und Reiter abgestimmt werden. Beginnen Sie mit Aufwärmübungen und machen Sie Ihr Pferd mit jedem einzelnen Element einer einfachen Reihe bekannt, bevor Sie die Reihe ganz springen. Wenn diese Übung gut klappt, können Sie höhere Hindernisse einbauen und anspruchsvollere Reihen zusammenstellen.

AUFWÄRMEN

Stellen Sie realistische Anforderungen an sich und Ihr Pferd. Viele Pferde haben in schwierigen Springreihen schon Angst bekommen – steigern Sie die Schwierigkeit also allmählich.

So ist es für junge Pferde gut, wenn man sie mit verschiedenen Unterbauten bekannt macht, aber Sie sollten nie einen neuen Unterbau plötzlich gegen Ende der Stunde einführen – und vor allem nicht am Ende der Reihe. Das Pferd wird seine Aufmerksamkeit nämlich auf den neuen Unterbau richten und deswegen beim Überwinden der Sprünge davor womöglich Fehler machen. Platzieren Sie den neuen Unterbau stattdessen am Anfang der Übung unter einem Einzelsprung und zeigen Sie ihn dem Pferd vorher auch schon beim Aufwärmen.

In der unten gezeigten Reihe ist das letzte Hindernis mit zwei abgeschrägten Bürsten unterbaut (4). Legen Sie beim Aufwärmen eine 2,70-m-Vorlegplanke vor ein kleines Hindernis und stellen Sie die Bürsten als Fänge daneben. Dieses Hindernis springen Sie dann einige Male aus dem Trab. Erst wenn das Pferd ruhig ist, verwenden Sie die Bürsten als Unterbau. Nun können Sie die Reihe Stück für Stück üben und erweitern.

IN DER SPRINGREIHE Sobald das Pferd die Einzelhindernisse gelassen springt, ist es Zeit für die gesamte Reihe. Konzentrieren Sie sich auf einen gleichmäßigen Galopp und passen Sie nötigenfalls Geschwindigkeit und Richtung an.

AUFBAUEN DER SPRINGREIHE

Ihre Ziele sind gutes Gleichgewicht und gleichmäßige Anlehnung. Beginnen Sie mit Bodenplanken im Schritt und Trab, die für eine gleichmäßige Trittlänge sorgen. Setzen Sie einen Kreuzsprung dazu (1) und landen Sie im Galopp. Als Nächstes kommt ein Steilsprung (2) im Abstand von einem Galoppsprung dazu. Der nächste Oxer ist zwei Galoppsprünge vom Steilsprung entfernt, damit Sie genug Zeit haben, um Tempo und Richtung (3) des Pferdes anzupassen und den Absprung richtig zu treffen (4). Zwei Sprünge hinter dem Oxer folgen ein Stangentrichter und eine Galopp-Planke (5). So bleibt Ihr Pferd auch nach dem letzten Hindernis noch konzentriert. Sobald es diese Reihe problemlos springt und Sie gut ausbalanciert bleiben, können Sie die Sprünge erhöhen.

BLICKWINKEL VON PFERD UND REITER

1   Lassen Sie die Arme locker.

2   Blicken Sie zum nächsten Sprung.

3   Versuchen Sie nicht, Veränderungen am Galoppsprung vorzunehmen.

4   Bleiben Sie gut im Gleichgewicht.

5   Galoppieren Sie flüssig weiter.

BLICK VON OBEN

Trabplanken   Kreuzsprung   6,10 m 1 Galoppsprung   Steilsprung   10,10 m 2 Galoppsprünge   Karree-Oxer   10,10 m 2 Galoppsprünge   Galopp-Planke

SPRUNG ÜBER DEN OXER Haben Sie die Reihe gut angefangen und einen guten, gleichmäßigen Galopp beibehalten können, so werden Sie auch den Absprung für den Oxer korrekt treffen. Landen Sie im Galopp und konzentrieren Sie Ihr Pferd auf das Ende der Reihe. Legen Sie die hintere Stange des Oxers erst auf, wenn Ihr Pferd voller Selbstvertrauen springt.

SPRINGREIHEN FÜR JEDES NIVEAU

Karree-Oxer sind nützlich, weil sie das Pferd dazu ermuntern, in guter Technik den höchsten Punkt der Flugkurve über die Hindernismitte zu legen. Variationen der Zwei-Oxer-Reihe sind für Pferde auf jedem Niveau eine gute Sache. Beginnen Sie mit niedrigen Höhen und leichten Distanzen. Achten Sie auf die Absprung- und Landepunkte. Zunächst wollen Sie einen symmetrischen Sprung erzielen. Danach können Sie mit kürzeren Distanzen und höheren Sprüngen die Kraft trainieren. Die Weite des Oxers kann in 10-cm-Schritten auf maximal 1,50 m erhöht werden.

REIHE MIT ZWEI OXERN Diese Reihe besteht aus einem Steilsprung, gefolgt von zwei Karree-Oxern mit je zwei Galoppsprüngen dazwischen. Sobald das Pferd hier gut springt, können Sie die Reihe durch Erhöhen der Distanz zwischen den Oxern um 30–90 cm anspruchsvoller gestalten.

Trab	2,70 m	2 Galoppsprünge 8,50 – 9,40 m	2 Galoppsprünge 8,80 – 9,70 m
Vorlegplanke	Steilsprung 75 cm	Oxer: Höhe 80 cm – 1,00 m, Weite 1,10 m	Oxer: Höhe 90 cm – 1,00 m, Weite 1,10 m

VERRINGERTE DISTANZEN Verringern Sie die Distanz bis zum ersten Oxer auf einen Galoppsprung und machen Sie die Oxer allmählich weiter. Dazu bewegen Sie die vordere Stange Richtung Anfang und die hintere Richtung Ende der Reihe, sodass die Mitte des Oxers an der alten Stelle bleibt. So wird der Absprungwinkel größer und Ihr Pferd kräftiger.

Trab	2,70 m	1 Galoppsprung 5,50 – 6,25 m	1 Galoppsprung 5,80 – 6,55 m
Vorlegplanke	Steilsprung 75 cm	Oxer: Höhe 90 cm – 1,10 m, Weite 1,10 m	Oxer: Höhe 1,00 – 1,20 m, Weite 1,10 m

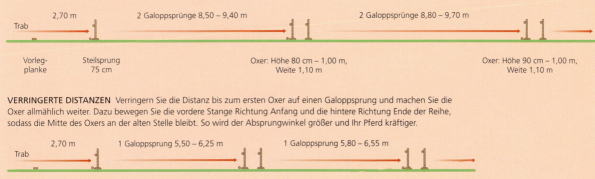

VERBESSERUNG DER SPRINGTECHNIK

Sobald Sie mit den Stärken und Schwächen Ihres Pferdes vertraut sind, können Sie seine Springtechnik verbessern. Mit Vorlegplanken und Trabplanken sorgen Sie für gleich bleibendes Anreiten und korrekte Absprungpunkte. Mit verschiedenen Hindernissen und Springreihen können Sie an bestimmten Aspekten arbeiten, z. B. am Absprungwinkel, der Vorhandtechnik und der Bascule. Eine wichtige Voraussetzung für effizientes Springen ist auch das gleichzeitige Abdrücken der Hinterbeine.

GLEICHMÄSSIG UND STETIG

Der Schlüssel zur Springreihe ist das gleichmäßige Anreiten in der richtigen Geschwindigkeit. Zur Unterstützung können Sie vor dem ersten Hindernis der Reihe (idealerweise einem Kreuzsprung) Trab- oder Vorlegplanken benutzen. So erziehen Sie Ihr Pferd zu gleichmäßigen Tritten und zum passenden Absprung. Die Hinterbeine sollten genau auf halbem Wege zwischen der letzten Planke und dem Hindernis abdrücken. Der Landepunkt sollte vom Hindernis genauso weit entfernt sein wie der Absprungpunkt.

Für ein entspanntes Einreiten in die Reihe empfiehlt es sich, vor Trab- oder Vorlegplanken eine Acht mit jeweils 10–15 m Durchmesser zu reiten (siehe Kasten unten). So kommen Pferd und Reiter ins Gleichgewicht. Das Anreiten im Leichttraben verhindert, dass der Reiter steif wird, und ermuntert das Pferd, im Trab zu bleiben, statt in Schritt oder Galopp zu fallen. Außerdem sitzt man dadurch auch leichter, was vor allem für Reiter nützlich ist, die beim Abspringen gelegentlich aus dem Gleichgewicht kommen.

VERSCHIEDENE HINDERNISSE

Sobald das gleichmäßige Anreiten und Weiterreiten am Kreuzsprung gut klappt, können Sie zwei oder drei Galoppsprünge entfernt einen weiteren Sprung aufbauen. (Bei nur einem Galoppsprung zwischen den Hindernissen haben Sie wenig Zeit, um Geschwindigkeit und Richtung anzupassen; bei mehr als drei Sprüngen ist es schwierig, so gleichmäßig zu galoppieren, dass der Absprung passt).

Ein Oxer als zweiter Sprung ermuntert das Pferd zu einer symmetrischen Flugbahn, deren höchster Punkt über dem Mittelpunkt des Hindernisses liegt. Ein normaler Oxer (siehe S. 191) baut beim Pferd Vertrauen auf, weil er der natürlichen Sprungkurve entspricht, aber der höchste Punkt der Flugbahn liegt hier oft näher an der hinteren Stange. Der Karree-Oxer (siehe S. 191) dagegen verbessert fast jeden Aspekt der Springtechnik. Steilsprünge mit Grundlinie sind für Anfang und Ende einer Reihe gut, weil sie dem Pferd leichter fallen. Wenn Ihr Pferd seine Oxer ständig mit guter Technik springt, können Sie ihm auch Steilsprünge ohne Grundlinie vorsetzen.

ACHTEN

Pferde gehen oft ruhiger an Sprünge heran, wenn man sie davor Volten traben lässt. Mit dieser Technik können Sie das Springen verzögern, bis das Pferd sich beruhigt hat. Reiten Sie einige Volten in die eine und dann in die andere Richtung.

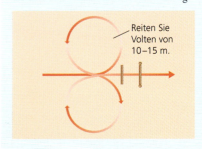

Reiten Sie Volten von 10–15 m.

Eine Vorlegplanke hilft dem Pferd, den passenden Absprung zu finden.

SO SPRINGEN PFERDE SYMMETRISCH

Am effizientesten ist ein Sprung, dessen höchster Punkt über dem Mittelpunkt des Hindernisses liegt. Dazu muss das Pferd Absprung- und Landepunkte entsprechend anpassen.

NORMALER OXER Dieses Hindernis ist einladend, aber der höchste Punkt liegt nahe an der hinteren Stange, was zu schlechten Angewohnheiten führen kann.

KARREE-OXER Ein Karree-Oxer ermuntert das Pferd, so zu springen, dass der höchste Punkt der Flugkurve in der Hindernismitte liegt.

STEILSPRUNG Steilsprünge sollten wie hier abgebildet überwunden werden, aber manche Pferde springen zu dicht ab, sodass der höchste Punkt hinter dem Hindernis liegt.

BEIDE HINTERBEINE AUF EINMAL

Die Qualität und Höhe eines Sprungs hängt großenteils davon ab, wie das Pferd sich mit den Hinterbeinen vom Boden abdrückt. Es ist wichtig, dass es sie gut unter sich nimmt, aber die erste Anforderung für gutes Springen ist, dass sie gleich-

mäßig und gleichzeitig abdrücken. Wenn ein Pferd ständig ein Bein weiter hinten hat, ist Dressurreiten die Lösung: Galopp auf dem Zirkel, mit dem nachschleifenden Hinterbein nach innen. So entwickelt das Pferd seine beiden Körperseiten gleichmäßiger, weil das innere Hinterbein im Galopp etwas vor dem äußeren auffußt und mehr arbeiten muss. Kleine Hindernisse auf derselben Hand auf dem Zirkel zu springen, ist ebenfalls hilfreich.

Ein In-Out, bei dem zwischen zwei Hindernissen kein Galoppsprung mehr eingelegt wird, ist eine nützliche Übung, weil das Pferd für den zweiten Sprung abdrücken muss, sobald es nach dem ersten gelandet ist. Diese Gymnastikübung verbessert die Beweglichkeit und Lockerheit des Pferdes und ermuntert es zum schnellen Denken und Abdrücken mit beiden Hinterbeinen. Allerdings müssen Sie darauf achten, dass das Pferd wirklich noch springt und nicht nur über das Hindernis steigt, indem es das Hinterbein etwas zu lange am Boden lässt. Außerdem ist es beim In-Out für das Pferd schwierig, die Hinterbeine beim zweiten Absprung weit genug unter sich zu bringen. Daher sollte ein In-Out mindestens 30 cm niedriger sein als die anderen Hindernisse. Denken Sie daran, dass In-Outs anspruchsvoll sind und deshalb besonders von unerfahrenen Pferden oder Reitern maßvoll eingesetzt werden sollten.

FORTGESCHRITTENE ÜBUNGEN IN SPRINGREIHEN

Die folgenden Übungen zielen auf die Verbesserung bestimmter Aspekte der Springtechnik wie Beweglichkeit und Körpereinsatz ab. In diesen Übungen brauchen Sie ein stabiles Gleichgewicht und leichte oder gar keine Zügelanlehnung. So stellen Sie sicher, dass das Pferd sich selbst aus-

balanciert, bei Beendigung des letzten Galoppsprungs die Vorderbeine gut vor den Schultern hat und Kopf und Hals einsetzen kann. Gut ist es, wenn Sie diese Übungen auf Video aufnehmen und dann in Einzelbildern studieren können.

REIHE AUS IN-OUTS Diese Übung verbessert die Beweglichkeit und bringt die Hinterbeine des Pferdes zusammen. Bei der Landung in einem In-Out fußt erst das eine und dann das andere Vorderbein auf. Beide verlassen den Boden wieder, noch bevor die Hinterbeine auffußen. Die Hinterbeine müssen dann sofort zusammen abdrücken. Beginnen Sie mit einem In-Out und erweitern Sie auf maximal vier Stück.

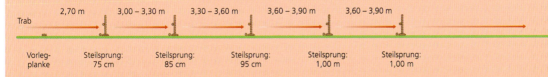

ÜBUNG MIT TRIPLEBARRE Diese Übung zielt darauf ab, Schultern und Karpalgelenke des Pferdes nach vorne zu bringen. Eine Triplebarre ist wie ein Steeplechase-Hindernis geformt. Fangen Sie ohne die hinterste Stange an und steigern Sie allmählich bis auf die eingezeichneten Abmessungen.

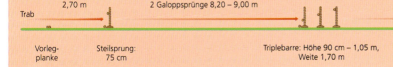

ANSPRUCHSVOLLE SPRINGREIHEN

Kürzere Distanzen als üblich ermuntern das Pferd, die Hinterbeine beim Absprung zusammen einzusetzen, während weite Oxer es dazu animieren, die Hinterbeine in der zweiten Hälfte des Sprungs nach hinten herauszunehmen. Um aus dieser Übung das Maximum herauszuholen, muss der Reiter gut im Gleichgewicht bleiben, sodass er den Sprung nicht stört. Machen Sie Ihr Pferd erst mit jedem Element der Reihe bekannt, bevor Sie die gesamte Reihe springen.

DURCH DIE REIHE

Beginnen Sie die Reihe mit dem Stangentrichter im Trab (1) und nehmen Sie dann den Kreuzsprung (2) – so wird das Pferd zum Springen in der Hindernismitte hingeführt. Der folgende In-Out ermuntert es, sein Gleichgewicht zu finden (3), sodass es nun einen vollen Galoppsprung zum ersten Oxer nehmen kann (4). Achten Sie darauf, dass Sie diesen Sprung gerade anreiten, und passen Sie die Richtung nötigenfalls an. Die Distanz zu diesem Hindernis ist etwas kurz, sodass das Pferd ermuntert wird, die Hinterbeine zum Absprung zusammen zu benutzen. Die zwei Galoppsprünge zum zweiten Oxer geben Ihnen Zeit, kleinere Veränderungen an Geschwindigkeit und Richtung vorzunehmen, bevor Sie den nächsten dichten Absprungpunkt erreichen. Bei leichter Anlehnung wird das Pferd den letzten Galoppsprung auf dieses Hindernis hin ohne Einschränkungen nehmen können (5). Galoppieren Sie flüssig weiter bis zur letzten Galopp-Planke (6).

Springen Sie nach dieser Übung drei oder vier verschiedene Hindernisse eines Parcours und prüfen Sie, ob Sie die verbesserte Technik durchhalten können und ob Ihr Pferd die Hinterbeine effektiv einsetzt.

Hinterbeine sind zusammen.

DIE REIHE

Federn Sie Ihr Gewicht auf Ihre Füße durch.

Blicken Sie zum Ende der Springreihe.

Achten Sie darauf, dass das Pferd gerade bleibt.

1   2   3   4

BLICK VON OBEN

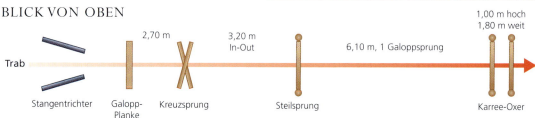

1,00 m hoch
1,80 m weit

2,70 m

3,20 m In-Out

6,10 m, 1 Galoppsprung

Trab

Stangentrichter   Galopp-Planke   Kreuzsprung   Steilsprung   Karree-Oxer

EINSATZ DER HINTERBEINE

Die kürzere Distanz zum zweiten Hindernis ermuntert das Pferd, die Hinterbeine zusammen einzusetzen. So springt es mit mehr Kraft in einem etwas steileren Winkel.

Schultern und Vorderbeine gehen hoch.

Karpalgelenke zeigen nach oben und vorne.

Hinterbeine werden nach vorne gesetzt und sind bereit zum Abdrücken.

Halten Sie leichte Anlehnung.

Achten Sie auf die Geschwindigkeit des Pferdes. Passen Sie sie an, wenn nötig.

Ermuntern Sie das Pferd zum gleichmäßigen Galopp bis zur letzten Bodenplanke.

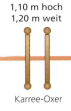

9,30 m, 2 Galoppsprünge

1,10 m hoch
1,20 m weit

10,00 m, 2 Galoppsprünge

Karree-Oxer

Stangen-trichter

Galopp-Planke

DISTANZEN & WENDUNGEN

Wenn Sie an Turnieren teilnehmen möchten, sollten Sie im Training gezielt auf die Anforderungen des Turnierparcours hinarbeiten. Galoppieren Sie bestimmte Distanzen über Bodenplanken statt über Hindernisse. Steigern Sie die Schwierigkeit, indem Sie Sprünge in Wendungen und einfache Parcours mit gerader Linienführung ins Training einbeziehen. Sobald Sie nach dem Sprung im richtigen Galopp (links oder rechts) landen können, sind Sie bereit für Ihren ersten richtigen Parcours.

DISTANZEN AUF GERADEN LINIEN

Bei der einfachsten Übung dazu reiten Sie einen Kreuzsprung im Trab an, landen im Galopp und nehmen eine bestimmte Anzahl von Galoppsprüngen bis zu einer Galopp-Planke (siehe S. 196–197). Nun können Sie den Kreuzsprung durch eine weitere Galopp-Planke ersetzen und über beide galoppieren. Die Distanzen sollten auf dem Standard von 3,70 m basieren, die Planken sollten sich jeweils in der Mitte eines Galoppsprungs befinden. Üben Sie regelmäßig Distanzen von ein bis zehn Galoppsprüngen. Sobald Sie stetig passend reiten können, setzen Sie verschiedene Distanzen auf geraden Linien zu einem Parcours zusammen (siehe Kasten unten). Allmählich können Sie dann Planken durch Hindernisse ersetzen, zunächst immer nur die zweite Planke jeder Linie, dann den gesamten Parcours.

ABKNICKENDE DISTANZEN

Nicht einfach anzureiten sind Hindernisse, die von der Distanz her zusammengehören, aber versetzt zueinander stehen: Die Distanz knickt ab. Hier werden sich Dressurarbeit und die Fähigkeit Ihres Pferdes, auf beiden Händen gleich gut zu wenden, bezahlt machen.

Reiten Sie den Knick, als wären Sie auf einem Zirkel. Dann sollte es möglich sein, einen gleichmäßigen Galopp durchzuhalten und ihn wie auf jeder geradlinigen Distanz zu reiten (siehe Kasten unten). Wenn Sie den Knick reiten, als läge er auf einer Volte, wird das Pferd den Galoppsprung in der Wendung verkürzen. Legen Sie sich zwei Planken im 20-Grad-Winkel hin und reiten Sie im Galopp an. Für die Wendung selbst sollten Sie einen Galoppsprung brauchen. Um besser durch die

AUF DEM WEG ZUM GESAMTPARCOURS

Sobald Sie in der Lage sind, einen Kreuzsprung aus dem Trab zu nehmen und danach in gerader Linie sechs Galoppsprünge bis zu einer Galopp-Planke zu reiten (**Ziel 1**), können Sie die Übung um einen Knick ergänzen (siehe rechts). Legen Sie dem Knick einen Zirkel zugrunde, dann brauchen Sie die Galoppsprünge nicht zu verkürzen. In welchem Winkel Sie auch abbiegen, planen Sie sechs Galoppsprünge zwischen Kreuzsprung und Planke ein und beginnen Sie den Knick nach Ende des zweiten Galoppsprungs. Für **Ziel 3** liegen zwei Ihrer sechs Galoppsprünge in der Wendung.

Vorbereitend auf den Parcours springen Sie Distanzen auf der Basis von 3,70 m auf geraden Linien. Reiten Sie einen Parcours aus Bodenplanken (ganz rechts), bei dem zwischen den Hindernissen unterschiedlich viele Galoppsprünge liegen. Bald können Sie die Planken durch Hindernisse ersetzen.

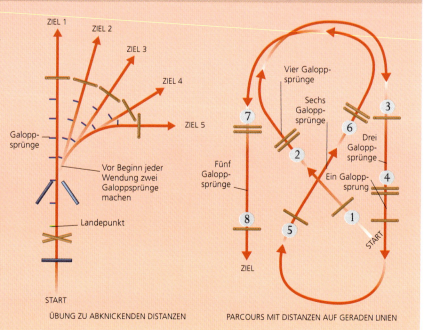

ÜBUNG ZU ABKNICKENDEN DISTANZEN

PARCOURS MIT DISTANZEN AUF GERADEN LINIEN

Wendung zu kommen, können Sie sich Stangen auf den Boden legen. Probieren Sie nun eine Wendung um 45 Grad, zu der Sie zwei Galoppsprünge brauchen (siehe Bildfolge unten). Die Schlüsselfertigkeit ist der gleichmäßig weite Galoppsprung. Mit der Zeit können Sie die zweite und schließlich auch die erste Bodenplanke durch ein kleines Hindernis ersetzen.

GALOPP AUF DER RICHTIGEN HAND

Bei abknickenden Distanzen im Parcours wird es schwierig, wenn Sie nach dem ersten Hindernis im falschen Galopp landen. Dann müssen Sie die Fähigkeit Ihres Pferdes, nach dem Sprung im gewünschten Galopp zu landen, verbessern (siehe S. 82–83). Dazu brauchen Sie auch Dressurarbeit, damit Ihr Pferd beide Körperseiten gleich gut einsetzt und gerade geht.

Jedes Pferd hat seine Lieblingsrichtung. Wenn nach einem Sprung der unbeliebte Galopp erforderlich ist, können Sie versuchen, die Linienführung beim Anreiten leicht zu verändern (siehe Kasten rechts). Wenn Sie nach einem Hindernis auf derselben Hand bleiben wollen, bleiben Sie in der Wendung mehr auf dieser Seite. Müssen Sie die Hand wechseln, tun Sie das Gegenteil und übersteuern Ihre normale Linienführung etwas.

GALOPPWECHSEL

Der richtige Galopp erleichtert die Wendungen. Hier ermöglicht die gestrichelte Linie ein steileres Anreiten an Hindernis 1, das Ihnen beim Wechseln über dem Sprung hilft. Die flachere Linie zu Hindernis 2 hin erleichtert es, den Galopp beizubehalten und nach dem Sprung auf der richtigen Linie zu bleiben.

GALOPPWECHSEL Die gestrichelte Linienführung auf Hindernis 1 zu führt Sie durch den Bogen im Rechtsgalopp zum Hindernis hin und erleichtert den Galoppwechsel über dem Sprung.

START

Rechtsgalopp

Reiten Sie die Wendung mehr außen.

Wechsel in den Linksgalopp

Reiten Sie die Wendung mehr innen.

Im Linksgalopp bleiben

ZIEL

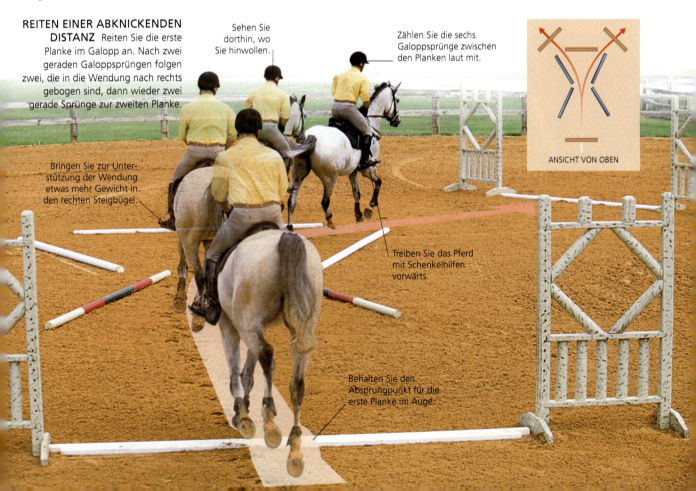

REITEN EINER ABKNICKENDEN DISTANZ Reiten Sie die erste Planke im Galopp an. Nach zwei geraden Galoppsprüngen folgen zwei, die in die Wendung nach rechts gebogen sind, dann wieder zwei gerade Sprünge zur zweiten Planke.

Sehen Sie dorthin, wo Sie hinwollen.

Zählen Sie die sechs Galoppsprünge zwischen den Planken laut mit.

Bringen Sie zur Unterstützung der Wendung etwas mehr Gewicht in den rechten Steigbügel.

Treiben Sie das Pferd mit Schenkelhilfen vorwärts.

Behalten Sie den Absprungpunkt für die erste Planke im Auge.

ANSICHT VON OBEN

SPRINGEN GEGEN DIE UHR

Wenn in einer Springprüfung mehr als ein Teilnehmer eine fehlerfreie Runde absolviert, gibt es ein Stechen gegen die Uhr. Das bedeutet, dass der Teilnehmer mit der schnellsten Zeit gewinnt. Also hat der Reiter, der die beste Linienführung durch den Parcours findet, die besten Chancen. Auch Fähigkeiten wie schräges Springen, Springen aus der Wendung und das Auslassen von Galoppsprüngen helfen beim Zeitsparen.

ZEIT SPAREN

Wenn Sie einfach schneller reiten, um Zeit zu gewinnen, kann das kontraproduktiv sein. Ein junges Pferd wird weniger fehlerfreie Runden springen und sich einen schlechteren Stil angewöhnen, wenn Sie zu bald zu schnell springen wollen. Es ist besser, die Abstände zwischen den Hindernissen zu verringern, indem man den Parcours mit so wenigen Galoppsprüngen wie möglich nimmt, ohne das Galopptempo deutlich zu erhöhen. Dazu müssen Sie Hindernisse schräg und aus Wendungen heraus springen können.

HINDERNISSE SCHRÄG SPRINGEN

Sobald Ihr Pferd im Training gerade springt, üben Sie auch schräges Springen und flotteres Reiten. Beenden Sie die Stunde aber immer erst, wenn Ihr Pferd wieder ruhig und gelassen ist. Manche Pferde zielen beim schrägen Anreiten mehr auf eine Ecke des Hindernisses, beim Springen dann aber auf die andere. Die Bodenplanken (siehe Bildfolge unten) ermuntern das Pferd gefahrlos zum geraden Kurs, bei dem es eine gerade Linie vor, über und nach dem Hindernis einhält.

SCHRÄGES SPRINGEN EINES HINDERNISSES
Beim schrägen Springen muss das Pferd durchgehend auf einer geraden Linie bleiben, indem Sie es mit Schenkel und Hand einrahmen.

BLICK VON OBEN

KONZENTRATION Vor schrägen Sprüngen muss der Absprungpunkt so weit vom Hindernis entfernt sein, dass das vordere Vorderbein Zeit hat, sich unter das Pferd zu falten.

Beginnen Sie mit einem Hindernis, das in einem geringen Winkel schräg steht, ungefähr 20 Grad. Wichtig ist, dass Sie gleichmäßige Zügelanlehnung halten, ohne das Pferd einzuengen. Zusammen mit den einrahmenden Schenkeln geben Sie dem Pferd so die Richtung vor und sorgen dafür, dass es zu keiner Seite hin abschwenkt. Bei jungen Pferden kann es nützlich sein, sie etwas deutlicher einzurahmen, aber Ihre Hände und Arme müssen locker bleiben, um jederzeit nachzugeben.

Wenn Sie Hindernisse in kleinem Winkel erfolgreich springen können, steigern Sie allmählich auf 45 Grad. Ein fortgeschrittenes Pferd kann einen Steilsprung sogar noch schräger nehmen. Aber selbst fortgeschrittene Pferde und Reiter sollten sorgfältig auf die Schräge achten, wenn sie einen Oxer springen, weil die Schräge den Sprung deutlich weiter macht. So bekommt beispielsweise ein Oxer von 1,20 m Weite beim Springen im Winkel von 45 Grad eine Weite von 1,70 m und ist damit viel schwieriger zu überwinden.

SCHMALE SPRÜNGE

Indem Sie links oder rechts von der Mitte eines Hindernisses springen, können Sie die Linienführung verkürzen oder den Weg zum nächsten Sprung verbessern. Allerdings riskieren Sie, dass das Pferd der Hürde ganz ausweicht. Üben Sie deshalb das Überwinden schmaler Hindernisse anfangs mithilfe von Fangständern. Versuchen Sie, die Anlehnung zu halten.

Sehen Sie dorthin, wo Sie hinwollen.

Halten Sie gleichmäßige Anlehnung und den Hals des Pferdes gerade.

Belohnen Sie das Pferd sofort, wenn es sich ehrlich anstrengt.

Rahmen Sie das Pferd mit den Schenkeln ein, um es gerade zu halten.

SPRINGEN AUS DER WENDUNG

Wendungen bis zu 180 Grad können Sie anfangs auf der Basis eines Zirkels reiten, wie Sie es bei der abknickenden Distanz getan haben. So können Sie die erforderliche Länge des Galoppsprungs (3,70 m) noch halten. Außerdem ist der Zirkel der kleinste Kreisbogen, auf dem ein unerfahrenes Pferd genügend Schwung für das Springen aufbringen kann.

Eine saubere Wendung spart beim Stechen Zeit und ermöglicht trotzdem sicheres Springen. Dazu müssen Sie das Hindernis aber gerade anreiten, nicht schräg. Legen Sie also im Training eine zusätzliche Galopp-Planke oder einen kleinen Sprung in direkter Linie hinter den zweiten Sprung (siehe Kasten unten), damit Sie nach dem Sprung geradeaus reiten.

Beim Springen aus der Wendung reiten Sie im Grunde einen Kreisbogen und danach einen Sprung. Die Grundlage dafür ist also die Fähigkeit, einen Zirkel gut reiten zu können, und damit korrekte Dressurarbeit. Wenn Sie beispielsweise das Pferd zu stark im Hals biegen, wird es auf dem Zirkel nach außen ausfallen, sodass Sie die Wendung nicht unter Kontrolle haben. Manche Reiter machen das Gegenteil, sie reiten die Wendung mit nach außen gebogenem Hals und das Pferd fällt nach innen aus. In beiden Fällen kann das Pferd die Kraft seiner Hinterhand nicht voll für den Sprung einsetzen. Stellen Sie sich die Kreislinie auf der Innenseite Ihres Pferdes vor, nicht auf der Außenseite (siehe S. 140–141). So fällt es Ihnen automatisch leichter, das Pferd auf dem Zirkel zu halten und auf dieser Basis gut zu springen.

Um die Vorhand korrekt auf der Zirkellinie zu halten, bewegen Sie beide Hände kurzzeitig etwas nach innen, ohne nach hinten zu ziehen. Verhindern Sie mit dem äußeren Schenkel, dass das Pferd nach außen driftet. Vermeiden Sie es, nach außen zu rutschen, indem Sie im inneren Steigbügel etwas mehr Gewicht abstützen – das müssen Sie noch deutlicher tun, wenn der Kreisbogen kleiner wird (siehe Kasten unten). Dazu gehört ein gewisses Maß an Versammlung im Galopp (siehe S. 126–127), bei der die Hinterhand des Pferdes mehr Last aufnimmt. Ein junges Pferd ist dazu noch nicht fähig.

AUFBAU IM TRAINING

Üben Sie anfangs das Reiten eines halben Zirkels über zwei Planken und wandeln Sie die zweite Planke dann in ein Hindernis um. Dabei werden Sie vielleicht die Zirkellinie verlieren. Legen Sie sich Führungsplanken in Form des Halbkreises auf den Boden (siehe Foto rechts unten). Wenn Sie die vorherigen Übungen gut absolviert haben, wird Ihr Pferd bald verstehen, worum es geht, ohne dass Sie starke Hilfen einsetzen

VON DER ABKNICKENDEN DISTANZ ZUM SPRINGEN AUS DER WENDUNG

Zur Einführung in das Springen aus der Wendung benutzen Sie Galopp-Planken. So wird die Übung einfacher und für das Pferd nicht so ermüdend. Versuchen Sie, den flüssigen Galopp in der ganzen Wendung zu halten. Wenn Ihnen das auf dem 20-m-Zirkel schwer fällt, machen Sie ihn größer.

Auf dem normalen Zirkel brauchen die meisten Pferde sieben bis acht Galoppsprünge für den Halbkreis. Finden Sie heraus, womit Ihr Pferd gut zurechtkommt, aber machen Sie keinen Stress für Ihr Pferd daraus. Erfahrene Reiter können die Wendung auf Volten von 15 oder 10 m reduzieren.

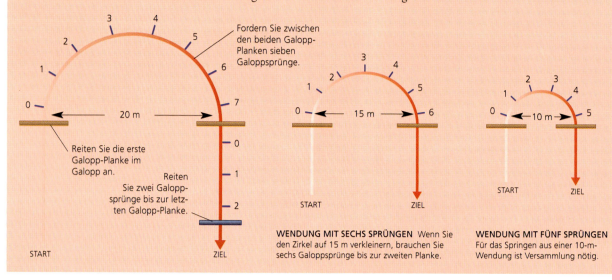

Fordern Sie zwischen den beiden Galopp-Planken sieben Galoppsprünge.

Reiten Sie die erste Galopp-Planke im Galopp an.

Reiten Sie zwei Galoppsprünge bis zur letzten Galopp-Planke.

WENDUNG MIT SECHS SPRÜNGEN Wenn Sie den Zirkel auf 15 m verkleinern, brauchen Sie sechs Galoppsprünge bis zur zweiten Planke.

WENDUNG MIT FÜNF SPRÜNGEN Für das Springen aus einer 10-m-Wendung ist Versammlung nötig.

müssen. Reiten Sie diese Übung, bis sie leicht fällt – starker Hilfeneinsatz begrenzt den Schwung Ihres Pferdes. Bei einem gut ausgebildeten Pferd müssen Sie nur in die Richtung blicken, in die Sie wollen, und etwas Gewicht auf den inneren Steigbügel geben. Wenn die Übung auf beiden Händen gleich gut klappt, nehmen Sie die Führungsplanken weg und absolvieren Wendung und Hindernis ohne Hilfe. Inzwischen werden Sie ein Gefühl dafür entwickelt haben, wann Sie die Wendung einleiten müssen, und werden erstaunt sein, wie einfach das ist. Die meisten Reiter können Distanzen besser aus der Perspektive einer Wendung heraus abschätzen und so auch leichter den Absprung finden.

In einer verwandten Übung reiten Sie einen halben Zirkel und danach ein bis drei Galoppsprünge auf gerader Linie, bevor Sie das Hindernis nehmen. Wenn Sie und Ihr Pferd allmählich an Ihre maximale Sprunghöhe kommen, werden Sie dieses Extra an Platz brauchen, um vor dem Sprung letzte Korrekturen vorzunehmen.

Beim Springen gegen die Uhr ist die Fehlerwahrscheinlichkeit höher, aber wenn Ihr Pferd ein gutes Geschicklichkeitstraining durchlaufen hat, können Sie erwarten, dass es sich bemüht, Ihnen aus der Patsche zu helfen. Sitzen Sie so ruhig, wie Sie können, kümmern Sie sich um Richtung, Geschwindigkeit und Schwung und erlauben Sie Ihrem Pferd, in schwierigen Situationen positiv zu reagieren.

GESCHICKLICHKEITSTRAINING

Ein geschicktes Springpferd kann sich in Schwierigkeiten selbst helfen und einen Sturz verhindern. Geschicklichkeitstraining ist eine wichtige Vorbereitung für das Stechen und für die Geländestrecke (siehe S. 270–271). Sie ermuntern damit Ihr Pferd, nicht nur für Sie zu arbeiten, sondern auch für Sie zu denken.

Bringen Sie Ihrem Pferd Respekt vor Hindernissen bei, indem Sie kleinere Sprünge ziemlich solide anlegen. Wenn die Sprünge höher werden, sollten sie weniger Stangen haben, damit sie nicht Angst einflößend wirken. Bei kleineren Hindernissen brauchen Sie sich über dichtes oder weites Abspringen keine größeren Gedanken zu machen. Vermeiden Sie es, das Pferd mit dem Zügel unterstützen zu wollen. Es muss lernen, sich selbst zu tragen, Entscheidungen zu treffen und auf unterschiedliche Situationen zu reagieren. Zu viele Reiter kontrollieren alles so sehr, dass das Pferd aufhört zu denken. Wenn der Reiter dann einen Fehler macht, ist das Pferd unfähig zur Reaktion. Pferde müssen sich für ihr Springen engagieren. Durch Übungen und gezielte Belohnung können sie lernen, dass sie sauber springen sollen.

KLEINES HINDERNIS MIT UNTER-BAU Ein solide wirkender Sprung lehrt das Pferd, Hindernisse zu respektieren und selbst aufzupassen.

HOHER SPRUNG, LEICHTE STANGEN Leichte Stangen und Sicherheits-Auflagen (siehe S. 190–191) flößen dem Pferd Vertrauen ein.

SPRINGEN AUS DER WENDUNG

Beim Galopp über eine Bodenplanke und dem anschließenden Springen aus der Wendung geht es auch um Distanzen. Die anderen Bodenplanken helfen der Reiterin, in der Wendung genau auf dem Zirkel zu bleiben.

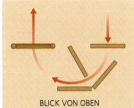

BLICK VON OBEN

Blicken Sie in die Richtung, in die Sie reiten wollen.

Bewegen Sie für die Wendung beide Hände kurzzeitig nach innen.

Sorgen Sie mit dem äußeren Schenkel dafür, dass das Pferd nicht nach außen ausfällt.

ANPASSEN DES GALOPPSPRUNGS

Die Basis Ihrer wöchentlichen Arbeit sind der flüssige Galoppsprung von 3,70 m Länge und das exakte Taxieren des Absprungpunktes. Planen Sie für jede Woche Arbeit am Verkürzen und Verlängern der Tritte ein, damit Sie ein Mittel für schwierige Distanzen zur Verfügung haben. Letztlich sollten Sie problemlos in der Lage sein, entweder vier kurze oder drei lange Galoppsprünge auf einer Dreieinhalb-Sprünge-Distanz unterzubringen. Sie können den Schwierigkeitsgrad weiter steigern, indem Sie vor oder nach dieser Übung eine weitere passende Distanz reiten. So kann die Anforderung auf höherem Niveau beispielsweise lauten, in einer Kombination die Sprünge zu verlängern, um dreieinhalb Galoppsprünge später einen hohen Steilsprung zu überwinden.

Die Basis für alles ist wieder die Dressur. Fangen Sie mit kleinen Tempoveränderungen an, die zum Verkürzen und Verlängern führen und schließlich zu versammelten Tempi und Mitteltempi (siehe S. 156–157). Legen Sie zwei Galopp-Planken auf eine Distanz von 24 m, also fünfeinhalb normalen Galoppsprüngen, und reiten Sie sie abwechselnd in sechs kurzen oder fünf langen Sprüngen. Treffen Sie die erste Planke nicht, müssen Sie zurück zum Anreiten im Trab und Galoppieren einer Distanz mit gleichmäßigen Sprüngen (siehe S. 214–215). Wenn Sie die Galoppsprünge je nach Anforderung auf 3,40 m verkürzen oder auf 4 m verlängern können, werden Sie auch

mit längeren oder kürzeren Distanzen im Parcours zurechtkommen. Bei zwei Distanzen, die zusammengehören, ist es meistens einfacher, vom langsameren Galopp und der kürzeren Distanz zum schnelleren Galopp und der längeren Distanz überzugehen. So ist es beispielsweise in einer Kombination einfacher, von einem normalen Galoppsprung zu einem langen zu wechseln als umgekehrt. Im Training ist es allerdings besser, die Betonung auf die Verkürzung zu legen. Das verbesserte Gleichgewicht durch das Verkürzen hilft Ihnen auch beim Verlängern, also müssen diese beiden Übungen im Training Hand in Hand gehen. Wenn Sie nach dem Verlängern nicht sofort wieder in einen normalen Galopp übergehen können, verlangen Sie zu viel von Ihrem Pferd.

STRATEGIE FÜRS STECHEN

Noch vor der Vorbereitung auf ein Stechen müssen Sie sich Ihre Strategie zurechtlegen. Wollen Sie schnell reiten oder geht Ihr Pferd in diesem Stadium langsamer besser? Wenn Sie sich für schnell entscheiden, ist das ein Risiko, oder reiten Sie im Rahmen der Fähigkeiten Ihres Pferdes? Wenn Sie sich für langsam entscheiden, wollen Sie die geringstmögliche Anzahl an Galoppsprüngen reiten oder eine längere Route nehmen?

Suchen Sie die Antwort in Ihren zu Hause gesammelten Erfahrungen. Es kann besser sein, auf lange Sicht zu denken und das Stechen zur Verbesserung Ihrer künftigen Leistungen

---

VERKÜRZEN UND VERLÄNGERN DER GALOPPSPRÜNGE

Sie müssen die Galoppsprünge so weit verlängern können, dass Sie einen Galoppsprung auslassen können, und so weit verkürzen, dass Sie einen einfügen können. Das ist allerdings schwieriger, als es aussieht. Die unten aufgeführten Distanzen zeigen Ihnen, welches Maß an Verlängern und Verkürzen möglich ist. Legen Sie für diese

Übung Galopp-Planken mit normalen Distanzen auf den Boden und verändern Sie die Distanzen allmählich. Achten Sie vor der ersten Planke auf Ihre Geschwindigkeit und die Länge der Galoppsprünge. Beenden Sie die Übung immer mit einer Einheit in normaler Galoppsprunglänge.

AUF DEM WEG ZU ZUSÄTZLICHEN GALOPPSPRÜNGEN			AUF DEM WEG ZU AUSGELASSENEN GALOPPSPRÜNGEN		
DISTANZ ZWISCHEN GALOPP-PLANKEN	TATSÄCHLICHE ANZAHL DER GALOPPSPRÜNGE	LÄNGE DES GALOPPSPRUNGS	DISTANZ ZWISCHEN GALOPP-PLANKEN	TATSÄCHLICHE ANZAHL DER GALOPPSPRÜNGE	LÄNGE DES GALOPPSPRUNGS
5 normale Galoppsprünge: 22 m	5	Normal – 3,70 m	5 normale Galoppsprünge: 22 m	5	Normal – 3,70 m
5 ½ normale Galoppsprünge: 24 m	6	Leicht verkürzt – 3,40 m	5 ½ normale Galoppsprünge: 24 m	5	Leicht verlängert – 4 m
4 normale Galoppsprünge: 18 m	5	Verkürzt – 3 m	6 normale Galoppsprünge: 25,5 m	5	Verlängert – 4,30 m
2 normale Galoppsprünge: 11 m	3	Stark verkürzt – 2,70 m	4 normale Galoppsprünge: 18 m	3	Stark verlängert – 4,60 m

zu nutzen. Das könnte bedeuten, dass Sie um der Erfahrung willen schneller reiten oder aber dass Sie langsamer vorgehen, damit Ihr Pferd für ein anderes Mal ruhig und gelassen ist. Selbst Pferde, die im schnellen Parcours Spitze sind, können nach einem großen Wettbewerb Wochen brauchen, bis sie geistig wieder für schnellen Galopp bereit sind. Das Streben nach Bestleistungen ist sinnvoll, aber es kann besser sein, auf erprobte Fähigkeiten zuückzugreifen, statt beim ersten Mal etwas völlig Neues zu probieren. Gute schnelle Reiter sind nicht risikofreudig, sondern sehr kontrolliert und wissen genau, wozu ihr Pferd fähig ist. Sie müssen also die Grenzen kennen.

DIE WAHL DER LINIENFÜHRUNG

Sobald Sie sich für Ihre Strategie entschieden haben, wählen Sie die Route. Auf kleinen Plätzen kann es effektiver sein, die Zahl der Galoppsprünge durch kürzere Linienführung zu verringern, als einfach schneller zu reiten. Selbst ein ausgelassener Galoppsprung vor einer Wendung ist bei hohem Tempo nicht immer günstig, weil die Geschwindigkeit eine scharfe Wendung schwierig macht.

VORAUSDENKEN Während der Landung nach einem Hindernis sollten Sie bereits zum nächsten Hindernis blicken wie dieser Reiter.

Auf einem großen Platz kann hohe Geschwindigkeit notwendig sein. Wenn Sie in einem Stechen mit vielen Startern unter den Ersten sind, kann es gut sein, eine der schwierigeren Möglichkeiten zu wählen, weil Sie dann einen Standard setzen.

Welche Linie und Geschwindigkeit Sie auch immer wählen: Werten Sie das Ergebnis für das nächste Mal aus. Schnelles und sicheres Reiten gehören zu den Zielen, auf die Sie in jedem Wochenprogramm hinarbeiten sollten.

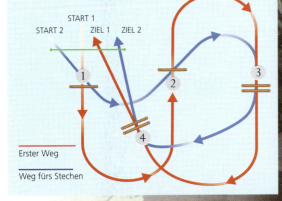

STECHPARCOURS

In der ersten Runde (roter Weg) reiten Sie die Hindernisse gerade an und machen fließende Wendungen. Für das Stechen (blauer Weg) verringern Sie die Galoppsprünge um ein Drittel und nehmen die Steilsprünge schräg. So sind Sie ohne höheres Tempo wettbewerbsfähig.

START 1
START 2   ZIEL 1   ZIEL 2

1   2   3

4

— Erster Weg

— Weg fürs Stechen

KOMBINIERTE ÜBUNGEN

Ein ausgewogener Trainingsplan basiert auf guter Dressurarbeit, enthält Elemente aus Springreihen und bereitet auf Turnierparcours und Ritte auf Zeit vor. Die beiden Aufbauten hier beruhen auf zwei Grundreihen (siehe Grundreihe eins, rechts) und geben nur Beispiele für Zusammenstellungen, mit denen Sie im Training viele verschiedene Übungen mischen können. Wenn Ihnen für Reihe eins der Platz fehlt, verringern Sie die Distanz zwischen den beiden Oxern auf drei Galoppsprünge und lassen den In-Out weg.

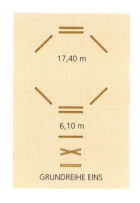

17,40 m

6,10 m

GRUNDREIHE EINS

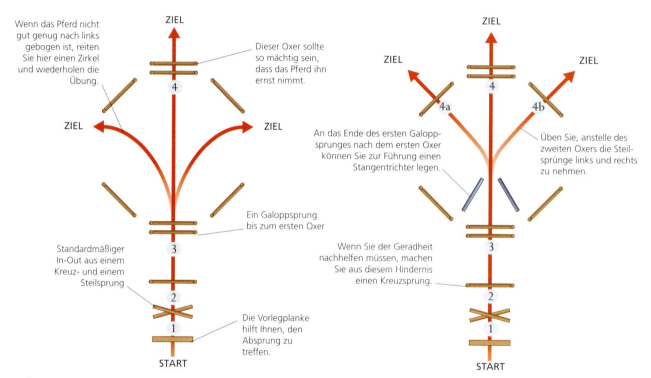

Wenn das Pferd nicht gut genug nach links gebogen ist, reiten Sie hier einen Zirkel und wiederholen die Übung.

Dieser Oxer sollte so mächtig sein, dass das Pferd ihn ernst nimmt.

Ein Galoppsprung bis zum ersten Oxer

Standardmäßiger In-Out aus einem Kreuz- und einem Steilsprung

Die Vorlegplanke hilft Ihnen, den Absprung zu treffen.

An das Ende des ersten Galoppsprunges nach dem ersten Oxer können Sie zur Führung einen Stangentrichter legen.

Üben Sie, anstelle des zweiten Oxers die Steilsprünge links und rechts zu nehmen.

Wenn Sie der Geradheit nachhelfen müssen, machen Sie aus diesem Hindernis einen Kreuzsprung.

ÜBUNG EINS

Dem In-Out über einen Kreuzsprung (1) und einen Steilsprung (2) folgt ein Galoppsprung bis zu einem Oxer (3). Das sollte Ihnen inzwischen ziemlich leicht fallen. Wenn Ihr Pferd so etwas Kraft sparend und gut springen kann, wird es durch die Wiederholung immer besser. Der erste echte Test ist die Landung, bei der das Pferd im Links- oder Rechtsgalopp landen soll, ohne dass Sie es in die jeweilige Richtung bewegen (siehe S. 219). Dazu muss es gerade sein, sodass Sie vielleicht wieder auf Dressurarbeit zurückgreifen müssen. In der Weiterführung können Sie zwischen links, rechts und geradeaus mit letztem Oxer (4) wählen, der in vier Galoppsprüngen Distanz steht. Sie werden feststellen, dass das Pferd bei dieser Übung wirklich auf Sie achten muss und die Grundlagen stimmen müssen.

ÜBUNG ZWEI

Springen Sie in Fortsetzung der Übung eins einen der beiden Steilsprünge, die links und rechts vom Oxer (4) stehen – das sind abknickende Distanzen von 45 Grad, die mit vier Galoppsprüngen zu nehmen sind. Nach dem ersten Oxer (3) sind mehrere Wege möglich, sodass das Pferd auf Sie achten muss. Wenn Sie einen der Steilsprünge anreiten, bleiben Sie einen Galoppsprung lang gerade, dann kommen zwei Sprünge in der Wendung und noch einer auf der Geraden vor dem Steilsprung (4a oder 4b). Zur besseren Führung des Pferdes können Sie einen Stangentrichter auslegen. Man ist versucht, nach dem letzten Hindernis zu denken, dass man fertig ist, aber auf die Landung folgt das Anreiten an den nächsten Sprung. Landen Sie wahlweise im Links- oder Rechtsgalopp.

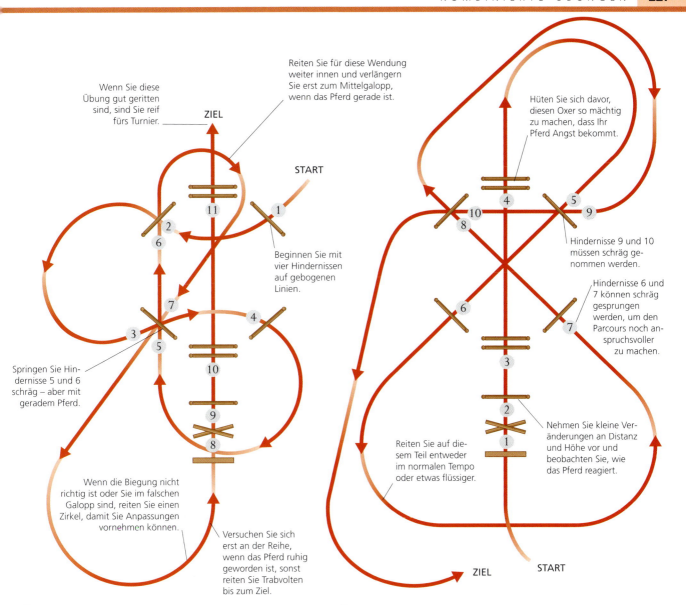

Wenn Sie diese
Übung gut geritten
sind, sind Sie reif
fürs Turnier.

Reiten Sie für diese Wendung
weiter innen und verlängern
Sie erst zum Mittelgalopp,
wenn das Pferd gerade ist.

ZIEL

START

Hüten Sie sich davor,
diesen Oxer so mächtig
zu machen, dass Ihr
Pferd Angst bekommt.

Beginnen Sie mit
vier Hindernissen
auf gebogenen
Linien.

Hindernisse 9 und 10
müssen schräg ge-
nommen werden.

Hindernisse 6 und
7 können schräg
gesprungen
werden, um den
Parcours noch an-
spruchsvoller
zu machen.

Springen Sie Hin-
dernisse 5 und 6
schräg – aber mit
geradem Pferd.

Nehmen Sie kleine Ver-
änderungen an Distanz
und Höhe vor und
beobachten Sie, wie
das Pferd reagiert.

Reiten Sie auf die-
sem Teil entweder
im normalen Tempo
oder etwas flüssiger.

Wenn die Biegung nicht
richtig ist oder Sie im falschen
Galopp sind, reiten Sie einen
Zirkel, damit Sie Anpassungen
vornehmen können.

Versuchen Sie sich
erst an der Reihe,
wenn das Pferd ruhig
geworden ist, sonst
reiten Sie Trabvolten
bis zum Ziel.

ZIEL   START

ÜBUNG DREI

Dieses Beispiel zeigt, wie Sie eine Springreihe und normale
Parcourshindernisse zu einem wirkungsvollen Übungspar-
cours zusammenstellen können. Die ersten vier Hindernisse
stehen mit je drei Galoppsprüngen Distanz auf gebogenen
Linien (**1, 2, 3, 4**). Fliegende Wechsel (siehe S. 150–151) sind
in zwei Hindernissen notwendig (**2, 3**), um den richtigen
Galopp zu erzielen. Zwei Hindernisse sind schräg (**5, 6**) und
mit drei normalen Galoppsprüngen dazwischen zu springen.
Aus einer 10-m-Wendung muss zum nächsten Hindernis hin
(**7**) zum Mittelgalopp verlängert werden, bevor Sie in den
Trab übergehen und mit der Springreihe (**8–11**) beenden
können. Wenn das Pferd bei dieser Übung die Ruhe verliert,
müssen Sie im Training einige Schritte zurückgehen.

ÜBUNG VIER

In dieser Übung kommt es rein auf den flüssigen Galopp mit
steter Sprunglänge ohne Stocken in den Wendungen an. Drei
Zweierkombinationen liegen jeweils auf einer Distanz von vier
normalen Galoppsprüngen (**3–4, 5–6, 7–8**). In einer Kombination beträgt die Distanz zwei normale Galoppsprünge
(**9–10**). Sobald Sie und Ihr Pferd diese Übung beherrschen,
können Sie die Distanzen etwas verändern, um das Ganze
schwieriger zu gestalten. So sind etwas längere Distanzen auf
den Diagonalen nützlich. Zwischen zwei der schrägen Hindernisse (**9, 10**) und auch in der Springreihe können Sie die Distanzen etwas verringern. Im Training werden Sie mindestens
drei Trainingseinheiten »Verkürzen« für jede Trainingseinheit
»Verlängern« einplanen müssen.

ÜBUNGEN MIT DER GRUNDREIHE ZWEI

Dieser Aufbau aus Steilsprüngen (siehe rechts) basiert auf zwei Zirkeln und gibt Ihnen eine unendliche Vielfalt an Möglichkeiten. Das Pferd muss auch einmal nach außen ausweichen können, deswegen ist ein großer Reitplatz am besten geeignet. Um die dressurmäßigen Grundlagen sicherzustellen, verwenden Sie anfangs Stangen oder Planken statt Hindernissen. Dann können Sie die Figuren zusammenstellen wie für eine Dressurprüfung. Um im Rahmen der Fähigkeiten Ihres Pferdes zu bleiben, können Sie die Distanzen in bestimmten Elementen auch leicht verändern.

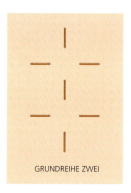

GRUNDREIHE ZWEI

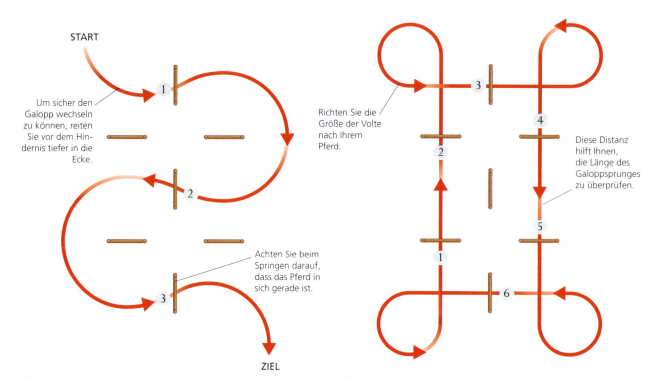

START

Um sicher den Galopp wechseln zu können, reiten Sie vor dem Hindernis tiefer in die Ecke.

Achten Sie beim Springen darauf, dass das Pferd in sich gerade ist.

ZIEL

Richten Sie die Größe der Volte nach Ihrem Pferd.

Diese Distanz hilft Ihnen, die Länge des Galoppsprunges zu überprüfen.

ÜBUNG EINS

Diese Art von Übung ist die Basis einer Vorbereitung aufs Turnier, weil die Fähigkeit, über dem Sprung den Galopp wechseln zu können, so wichtig ist (siehe S. 219). Es stimmt zwar, dass gute fliegende Wechsel (siehe S. 150–151) Sie retten werden, wenn Sie im falschen Galopp sind, aber wenn es Ihnen ständig schwer fällt, im richtigen Galopp zu landen, ist Ihr Pferd vermutlich nicht gerade genug und Sie müssen mehr Dressur reiten. Schlangenlinien (siehe S. 142–143) machen Sie und Ihr Pferd gerader, weil Sie dabei auf beiden Händen gleich viel arbeiten müssen. Wenn Sie in dieser Übung geradeaus auf die Hindernisse zureiten würden, wäre es schwieriger, den richtigen Galopp zu treffen. Außerdem wird Ihr Pferd nur dann nicht nach innen ausfallen, wenn es korrekt gebogen ist.

ÜBUNG ZWEI

Diese Übung ist vor allem bei Pferden wirkungsvoll, die den Reiter mehr akzeptieren und im Galopp stetiger werden sollen. Die zwei Distanzen (1–2, 4–5) betragen jeweils 20 m und eignen sich damit ideal für fünf kurze Galoppsprünge. Sie können sie aber auf jede geeignete Distanz umstellen. 10-m-Volten nach außen an allen Ecken ermöglichen Ihnen Anpassungen der Galoppsprünge und erziehen Ihr Pferd dazu, nicht nach innen zu rennen – das tun Pferde gerne, wenn sie ständig auf kleinen Plätzen gesprungen werden. Falls nötig, können Sie in jeder Ecke zwei oder drei zusätzliche Volten einbauen. Reiten Sie auch diese Übung auf beiden Händen. Der Einritt in die Volte eignet sich auch gut für den Galoppwechsel.

DIE AUSWAHL DER ÜBUNGEN

Der große Vorteil eines Aufbaus, der verschiedene Linienführungen zulässt, liegt darin, dass Sie ihn sehr gut kennen und einen Kernpunkt für Ihr Training haben. Vor der Auswahl der jeweiligen Übung müssen Sie entscheiden, welche Ziele Sie haben. Wenn die dressurmäßigen Grundlagen im Vordergrund stehen, benutzen Sie Bodenplanken anstelle von Hindernissen. Vielleicht wollen Sie aber auch den flüssigen Galopp oder das Reiten gegen die Uhr üben. Pferd und Reiter rechts trainieren die gerade Linienführung beim schrägen Springen im Parcours. Was auch immer Sie tun, machen Sie es gut. Wenn nötig, können Sie jede Übung in kleinere Einheiten aufteilen und die Teile dann allmählich wieder zu einem Parcours zusammenfügen.

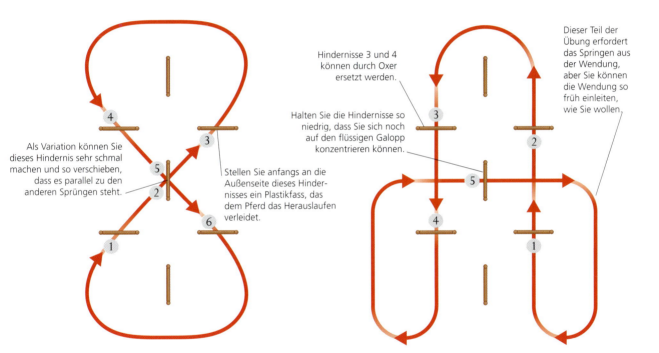

Als Variation können Sie dieses Hindernis sehr schmal machen und so verschieben, dass es parallel zu den anderen Sprüngen steht.

Stellen Sie anfangs an die Außenseite dieses Hindernisses ein Plastikfass, das dem Pferd das Herauslaufen verleidet.

Hindernisse 3 und 4 können durch Oxer ersetzt werden.

Halten Sie die Hindernisse so niedrig, dass Sie sich noch auf den flüssigen Galopp konzentrieren können.

Dieser Teil der Übung erfordert das Springen aus der Wendung, aber Sie können die Wendung so früh einleiten, wie Sie wollen.

ÜBUNG DREI

Diese Übung prüft Ihre Fähigkeit, Hindernisse schräg zu nehmen. Fangen Sie so an, dass alle Hindernisse 13,70 m vom mittleren Sprung entfernt stehen. So haben sie drei leicht verkürzte Galoppsprünge, was eine gute Sache ist, weil Sie sich bei schrägen Sprüngen immer etwas leichter tun, wenn Sie mehr Kontrolle haben. Vielleicht wollen Sie zur Führung für das Pferd vor jedes Hindernis einen Stangentrichter legen.

Wenn Sie diese Übung gut beherrschen, können Sie in sinnvoller Weiterführung die Distanzen in der ersten Hindernisgruppe (1–2, 2–3) auf 12,80 m verringern und in der nächsten Gruppe (4–5, 5–6) auf 14,60 m oder etwas mehr erweitern. Das ständige Verlängern und Verkürzen bereitet Sie und Ihr Pferd auf Ritte gegen die Uhr vor.

ÜBUNG VIER

Ein weiteres Beispiel für einen Parcours auf der Basis dieses Aufbaus. Konzentrieren Sie sich anfangs auf die Richtung und den flüssigen Galopp. Dazu können Sie zunächst nur Planken auf den Boden legen und sie später durch Hindernisse ersetzen. Bauen Sie anfangs standardmäßige Distanzen von vier Galoppsprüngen zwischen die ersten beiden Hindernispaare (1–2, 3–4). Verkürzen Sie dann die Distanz zwischen den ersten beiden (1–2) um 90 cm, während Sie sie zwischen den nächsten (3–4) um 90 cm verlängern. Später können Sie zwei der Steilsprünge (3, 4) durch Oxer ersetzen. Reiten Sie die Steilsprünge schneller und mit längeren Sprüngen an und die Oxer langsamer und kürzer. Grundlinien vor den Steilsprüngen helfen dem Pferd, den Absprung richtig zu taxieren.

DIE ÜBUNGEN IM ÜBERBLICK

Jedes Pferd braucht in jedem Trainingsstadium sein ganz eigenes Übungsprogramm. Es ist wichtig, dabei systematisch und aufeinander aufbauend vorzugehen, damit Sie und Ihr Pferd die besten Chancen haben, Ihre Ziele zu erreichen. Zu viel schadet nur – passen Sie das Programm an, wann immer nötig. Wirkungsvolle Übungen basieren auf Gefühl, Einfühlungsvermögen und guter Verständigung, weil nur so die Arbeit für Pferd und Reiter gleichermaßen zum Vergnügen wird.

WO STEHEN SIE?

Die Tabelle auf der nächsten Seite kann Ihnen helfen, Ihre derzeitigen Fähigkeiten sowie Ihre Stärken und Schwächen zu ermitteln. Die Niveaus der Tabelle entsprechen nicht genau bestimmten Turnierklassen, sondern sind nur grob daran angelehnt. Der Hauptzweck liegt darin, den normalen Fortschritt der Übungen zu verdeutlichen: Niveau 1 entspricht ungefähr der Turnier-Einsteigerklasse; Niveau 2 kommt in etwa der Anfängerklasse gleich; Niveau 3 entspricht einem leichten bis mittleren Niveau und Niveau 4 dem Einstieg in die internationale Klasse. Betrachten Sie diese Positionsbestimmung für das Springreiten durchaus im Zusammenhang mit den Positionsbestimmungen Dressur (siehe S. 160–161) und Vielseitigkeit (siehe S. 296–297).

Es ist sehr wichtig, regelmäßig gute Arbeit zu leisten. Der Hauptvorteil eines Systems aus aufeinander aufbauenden, abwechslungsreichen Übungen liegt darin, dass es immer etwas geben sollte, das Sie gut machen können. Ihr Ziel sollte sein, sich Schritt für Schritt vorwärts zu bewegen. Manches Pferd muss erst auf das Niveau der Jungpferdeausbildung zurück, bis man eine gute Basis findet, von der aus es wieder vorwärts gehen kann (siehe S. 60–89). So ist beispielsweise die Arbeit an der Longe gut für Pferde, deren grundlegende Bewegungsmanier problematisch ist.

Wenn Sie vorbereitende Übungen für den Springparcours absolvieren, sollten Sie bestimmte Faktoren im Hinterkopf behalten. So sind beispielsweise Steilsprünge meist 10 cm höher als Oxer im selben Parcours und die Weite von Oxern liegt meist 10 cm über der Höhe. Die Länge des Parcours hängt von der jeweiligen Reitbahn ab. Üben Sie Wendungen nur in einer Voltengröße, die dem Niveau und dem Selbstbewusstsein Ihres Pferdes angepasst ist.

ABWECHSLUNG IN DIE ARBEIT BRINGEN

Es ist unmöglich, die Springübungen losgelöst von Dressurübungen zu sehen. Die Dressurlektionen müssen vor den Springübungen liegen, weil jeder Springdurchlauf Elemente der Dressur beinhaltet. Außerdem müssen Pferde abwechslungsreich beschäftigt werden – dazu tragen z. B. Ausritte, Spiele und Training auf der Geländestrecke bei. Sie sollten artgerecht gehalten werden und ausreichend Ruhezeiten erhalten.

GUTE DRESSURARBEIT
Dressurlektionen gehören zum Training wie Springübungen. Es ist unmöglich, das Potenzial eines Springpferdes ohne gute Dressurarbeit auszuschöpfen.

POSITIONSBESTIMMUNG SPRINGREITEN				
ELEMENTE DES PARCOURS	**NIVEAU EINS**	**NIVEAU ZWEI**	**NIVEAU DREI**	**NIVEAU VIER**
Hindernishöhe und -weite	0,90–1,10 x 1,00–1,20 m	1,10–1,20 x 1,20–1,40 m	1,20–1,30 x 1,30–1,50 m	1,30–1,40 x 1,40–1,60 m
Geschwindigkeit	350 m/min	350 m/min	350 m/min	375 m/min
Parcourslänge	300–400 m	350–500 m	400–550 m	400–650 m
Ausgeführte Sprünge	1. Durchlauf: 9–10; kein zweiter Durchlauf	1. Durchlauf: 10–12; 2. Durchlauf: 6–8	1. Durchlauf: 12–14; 2. Durchlauf: 6–8	1. Durchlauf: 12–16; 2. Durchlauf: 6–8
Zwei- und dreifache Kombinationen	1 Zweifache	1 Zweifache und/oder Dreifache	2 Zweifache oder 1 Zweifache und 1 Dreifache	2 Zweifache oder 1 Zweifache und 1 Dreifache
Arten von Hindernissen	Steilsprünge, normale Oxer, Unterbauten	Oxer, Triplebarren, Billards, flacher Wassergraben	Wassergräben, auch überbaut	Offenes Wasser, Wälle, Pulvermannsgrab
Distanzen	3 und 4 Galoppsprünge (normale Sprunglänge)	5 und 6 Galoppsprünge	7 und 8 Galoppsprünge	9 und 10 Galoppsprünge
Maximaler Winkel bei abknickender Distanz	Vierteldrehung (22,5°)	Halbe Drehung (45°)	Dreivierteldrehung (66,5°)	Rechter Winkel (90°)
Maximum für Verkürzen und Verlängern		$5 \frac{1}{2}$ Galoppsprünge in 6 kurzen oder 5 langen Sprüngen	$4 \frac{1}{2}$ Galoppsprünge in 5 kurzen oder 4 langen Sprüngen	$3 \frac{1}{2}$ Galoppsprünge in 4 kurzen oder 3 langen Sprüngen
Distanzen und Kombinationen		Normal auf weit und umgekehrt	Verkürzt auf normal und umgekehrt	Verkürzt auf weit und umgekehrt
Galoppsprünge auslassen		5 lange Sprünge statt 6 normalen	4 lange Sprünge statt 5 normalen	3 lange Sprünge statt 4 normalen
Schräges Springen		Steilsprünge bis 22,5°	Steilsprünge bis 45°, Oxer bis 22,5°	Steilsprünge bis 67,5° Oxer bis 22,5°
Springen aus der Wendung		8 Galoppsprünge auf einem halben Zirkel	7 Galoppsprünge auf einer halben 15-m-Volte	6 Galoppsprünge auf einer halben 10-m-Volte
Höchstgeschwindigkeit		Ungefähr 450 m/min	Ungefähr 550 m/min	Ungefähr 600 m/min

EIN PARCOURS DER KLASSE E

Wenn Sie gut vorbereitet sind, sollte dieser Parcours für Sie keine Schwierigkeit darstellen. Alle Distanzen sind normal und alle Wendungen weit, sodass die Betonung darauf liegt, das Pferd in die Gänge zu bekommen und dann Geschwindigkeit und Richtung im Griff zu behalten. Wenn Sie auf diesem Niveau gut zurechtkommen, können Sie eine Klasse aufsteigen. Haben Sie dagegen Probleme, analysieren Sie diese und kehren Sie zu den entsprechenden Grundübungen zurück.

DIE PARTNERSCHAFT IM EINSTEIGERBEREICH

Für das Springreiten sind Pferde aller Typen geeignet, wenn sie zwei Haupteigenschaften aufweisen: Sie müssen mit einem Galoppsprung von 3,70 m gelassen auf ein Hindernis zugaloppieren und sie müssen vertrauensvoll und ohne unnötigen Aufwand springen. Eigenschaften wie ein guter Trab dagegen sind nicht unbedingt nötig.

Im Einsteiger-Parcours konzentrieren Sie sich auf Richtung und Geschwindigkeit sowie auf Ihren Sitz im Gleichgewicht. Halten Sie leichte Anlehnung und überlassen Sie den Rest Ihrem Pferd. Denken Sie daran, dass ein Parcours auch nur eine Aneinanderreihung von Grundübungen ist, die Sie zu Hause geübt haben.

Mit der Sicherheit bekommen Sie allmählich auch das Gefühl und das Bewusstsein für die Länge des Galoppsprungs. Dann wird eine gute Leistung möglich.

Reiten Sie nach Hindernis 6 einen Galoppsprung geradeaus. Dann kommt einen Galoppsprung lang der Knick, und es folgen zwei gerade Sprünge vor Hindernis 7.

Reiten Sie die Wendung etwas weiter, damit Sie nach Hindernis 6 besser im anderen Galopp landen können.

Denken Sie daran, die Ziellinie so zu durchreiten, dass die rote Flagge rechts von Ihnen steht.

Stellen Sie sich die Kombination als Springreihe vor. Bei richtiger Geschwindigkeit und Länge des Galoppsprungs passt die Distanz perfekt.

Der Unterbau lässt das Hindernis ansteigend wirken. So ist es einfacher und einladender für das Pferd.

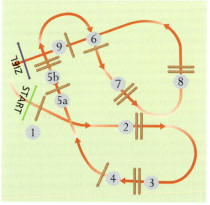

BLICK VON OBEN Die Hindernisse sind maximal 1,00 m hoch und 1,30 m weit. Der Parcours ist 400 m lang und sollte im Tempo 350 m/min geritten werden. Die erlaubte Zeit beträgt 69 Sekunden. Sehen Sie sich gewohnheitsmäßig vor der Prüfung die Parcoursskizze an – in den höheren Klassen werden Sie das tun müssen.

An diesem Steilsprun es kein Problem, w Sie etwas zu weit oder zu dicht sprin

VERTRAUENSVOLLE PARTNERSCHAFT

Dieser Reiter hat einen Sitz, der ausgezeichnet werden kann, und hält gute Anlehnung. Er muss sein Gewicht besser bis in den Steigbügel durchfedern und im Unterschenkel stabiler werden, damit er auch bei größeren Sprüngen sicher bleibt. Das Pferd versucht, sauber zu springen, zeigt Einsatz und ist gelassen. Man sollte ihm aber keine höheren Sprünge zumuten, bevor es nicht etwas näher am Hindernis abspringen kann.

Hindernis 9 ist schwierig, weil dieser Steilsprung Richtung Ausgang steht, wo Pferde dazu neigen, nicht mehr aufzupassen. Achten Sie hier darauf, dass Ihr Pferd gelassen bleibt.

Nutzen Sie diese Wendung, um gut ins Gleichgewicht zu kommen. Nr. 8 ist das höchste Hindernis und Ihr Pferd könnte allmählich müde werden.

7

8

Sollten Sie im falschen Galopp sein, reiten Sie nach links heraus und machen einen fliegenden Wechsel.

2

Nach Hindernis 3 müssen Sie sich im Rechtsgalopp befinden, also reiten Sie diese Wendung lieber etwas flacher. Wenn Sie die Wendung zu weit reiten, sind Sie von Hindernis 3 auf 4 auf einer Diagonalen und haben eine schwierige Distanz vor sich.

Machen Sie sich über den Abstand zwischen Hindernis 1 und 2 keine Gedanken, sondern reiten Sie einfach flüssigen Galopp.

Springen Sie den Oxer leicht von rechts nach links, um die Landung im Rechtsgalopp zu erleichtern.

3

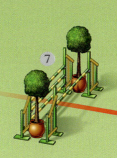

4

Reiten Sie nun einen Galoppsprung lang den Knick und dann wieder einen Sprung lang geradeaus, bevor Sie Hindernis 4 erreichen.

Diese abknickende Distanz von 22 Grad erfordert vier Galoppsprünge. Reiten Sie die ersten beiden Galoppsprünge geradeaus.

EIN PARCOURS DER KLASSE A

Auf diesem Niveau muss der Reiter auch über längere Strecken eine bestimmte Galoppsprunglänge halten können. Die Distanzen betragen bis zu sechs Galoppsprünge, und auch etwas verlängerte und verkürzte Distanzen mit Galoppsprüngen von 4 m oder von 3,40 m sind nun möglich. Wenn der erste Durchlauf gut klappt, stellt das Stechen eine Herausforderung dar. Viele Reiter fühlen sich auf A-Niveau wohl – für die nächste Klasse ist ein Pferd mit größeren sportlichen Fähigkeiten nötig.

DAS STECHEN

Wenn Sie bis zum Stechen kommen, setzen Sie sich Ihre eigenen Ziele und lassen Sie sich nicht von anderen leiten. Wollen Sie einen fehlerfreien Durchgang reiten oder lieber auf Schnelligkeit setzen? Wenn Sie sich für Letzteres entschieden haben, suchen Sie sich eine Linienführung mit weniger Galoppsprüngen und finden Sie heraus, wo Sie die Geschwindigkeit erhöhen können – das führt allerdings zu verlängerten Galoppsprüngen und eventuell Problemen mit den Distanzen. Wenn Sie z. B. zwischen Hindernis 6 und 7 einen Galoppsprung auslassen, brauchen Sie für das Anreiten an 6 genügend Schwung und müssen die Wendung nach Sprung 7 trotzdem schaffen.

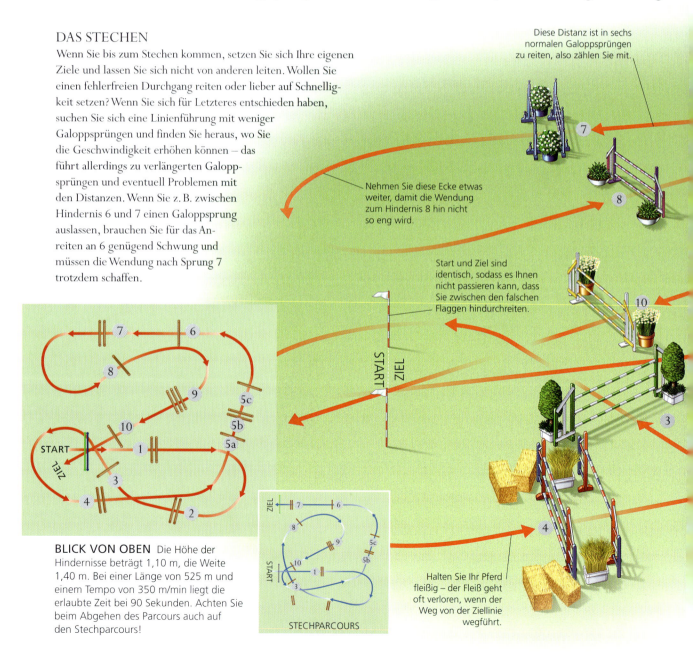

Diese Distanz ist in sechs normalen Galoppsprüngen zu reiten, also zählen Sie mit.

Nehmen Sie diese Ecke etwas weiter, damit die Wendung zum Hindernis 8 hin nicht so eng wird.

Start und Ziel sind identisch, sodass es Ihnen nicht passieren kann, dass Sie zwischen den falschen Flaggen hindurchschreiten.

BLICK VON OBEN Die Höhe der Hindernisse beträgt 1,10 m, die Weite 1,40 m. Bei einer Länge von 525 m und einem Tempo von 350 m/min liegt die erlaubte Zeit bei 90 Sekunden. Achten Sie beim Abgehen des Parcours auch auf den Stechparcours!

STECHPARCOURS

Halten Sie Ihr Pferd fleißig – der Fleiß geht oft verloren, wenn der Weg von der Ziellinie wegführt.

BEREIT FÜR GRÖSSERES

Diese Reiterin federt ihr Gewicht bis auf die Steigbügel durch und sitzt in einem Gleichgewicht, das sie auch zu höheren Hindernissen befähigt. Sie konzentriert sich auf die Linienführung zum nächsten Hindernis und hat alles unter Kontrolle. Ihr Pferd setzt Schultern und Karpalgelenke gut ein, auch wenn es die Vorderbeine etwas hängen lässt.

Lassen Sie sich von den leicht verlängerten Distanzen nach der Kombination nicht zu überhöhter Geschwindigkeit verleiten – machen Sie langsam.

In dieser Kombination liegt zwischen den ersten beiden Teilhindernissen ein Galoppsprung, zwischen den letzten beiden liegen zwei leicht verlängerte Galoppsprünge.

Reiten Sie das erste Hindernis wie ein Einzelhindernis an. Dann springen Sie den Oxer und achten für das dritte Teilhindernis auf etwas mehr Vorwärts, weil die Distanz etwas weiter angelegt ist.

Diese Distanz von sechs Galoppsprüngen fällt etwas eng aus – übertreiben Sie es nicht über der Triplebarre, sonst müssen Sie danach fünf verlängerte Galoppsprünge bis zum Steilsprung machen.

Achten Sie darauf, dass Ihr Pferd wirklich Betriebstemperatur hat, bevor Sie diesen Karree-Oxer angehen.

Vertrauen Sie auf Ihre Vorbereitung, und galoppieren Sie flüssig weiter. Vor Hindernis 3 nehmen Sie zwei Galoppsprünge geradeaus, dann zwei auf der 45-Grad-Wendung und wieder zwei geradeaus.

Das nächste Hindernis führt in eine leicht abknickende Distanz von sechs Galoppsprüngen. Es ist wichtig, dass Sie im Rechtsgalopp landen, also reiten Sie diese Ecke etwas flacher.

EIN PARCOURS DER KLASSE M

Allmählich werden die Zusammenhänge zwischen den Hindernissen immer wichtiger. Hier beispielsweise ermuntern die Parcoursbauer die Teilnehmer zwischen den Hindernissen 6 und 10 mit weiten Distanzen zu längeren, schnelleren Galoppsprüngen. Schlaue Reiter werden allerdings vor Steilsprung 8 etwas aufpassen und zwischen 9 und 10 vielleicht einen Galoppsprung einschieben. Damit tun sie sich in der Kombination 11 leichter, in der die Distanz etwas eng ist.

DAS STECHEN

Der Stechparcours (siehe kleine Zeichnung unten) ist hier ziemlich unkompliziert, bietet aber andere Galoppsprungkombinationen als der erste Durchgang. Außerdem wurden einige Hindernisse ausgelassen, sodass Sie die Parcoursskizze sorgfältig studieren müssen.

Zwischen Hindernis 2 und 3 können Sie leicht einen Galoppsprung auslassen, indem Sie auf gerader Linie reiten. Zwischen 9 und 10 ist das schwieriger. Hier könnten sieben Galoppsprünge die Lösung sein, vor allem, weil als Nächstes ein Steilsprung kommt. Eine gute Wendung hinter Hindernis 3 zurück zu 9 könnte Ihnen den Sieg sichern.

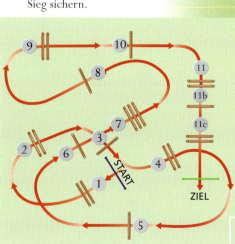

BLICK VON OBEN Die Höhe der Hindernisse beträgt 1,30 m, die Weite 1,70 m. Bei einer Parcourslänge von 525 m mit 350 m/min beträgt die erlaubte Zeit 90 Sekunden. Achten Sie auf die Parcoursskizze fürs Stechen – welche Hindernisse wurden herausgenommen?

STECHPARCOURS

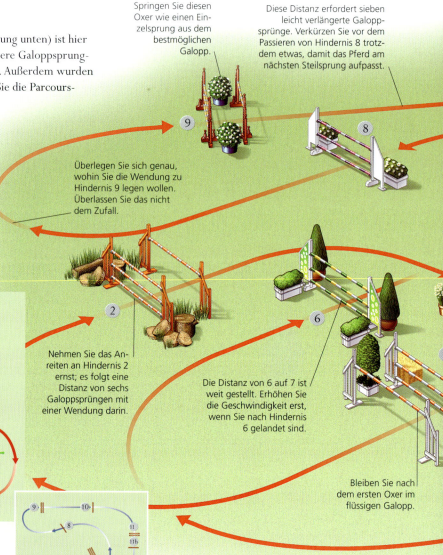

Springen Sie diesen Oxer wie einen Einzelsprung aus dem bestmöglichen Galopp.

Diese Distanz erfordert sieben leicht verlängerte Galoppsprünge. Verkürzen Sie vor dem Passieren von Hindernis 8 trotzdem etwas, damit das Pferd am nächsten Steilsprung aufpasst.

Überlegen Sie sich genau, wohin Sie die Wendung zu Hindernis 9 legen wollen. Überlassen Sie das nicht dem Zufall.

Nehmen Sie das Anreiten an Hindernis 2 ernst; es folgt eine Distanz von sechs Galoppsprüngen mit einer Wendung darin.

Die Distanz von 6 auf 7 ist weit gestellt. Erhöhen Sie die Geschwindigkeit erst, wenn Sie nach Hindernis 6 gelandet sind.

Bleiben Sie nach dem ersten Oxer im flüssigen Galopp.

TECHNIK FÜR DEN SPITZENSPORT

Dieses Pferd hat eine Springmanier, die seine Eignung für den internationalen Sport zeigt. Es basculiert um das Hindernis herum und setzt Kopf und Hals großartig ein. Es zieht Schultern, Ellenbogen und Karpalgelenke nach vorne und klappt die Karpalgelenke ein, damit die Beine vom Hindernis wegkommen. Der Reiter hält die gerade Linie Ellenbogen–Hand–Pferdemaul und sitzt im absolut sicheren Gleichgewicht.

In dieser dreifachen Kombination sind zuerst zwei normale Galoppsprünge erforderlich und dann ein verlängerter. Halten Sie fühlige Anlehnung.

Wenn Ihr Pferd sich bei der Triplebarre aufgeregt hat, benutzen Sie diese Ecke, um es nach Sprung 7 wieder zu versammeln.

Wenn Sie das vorherige Hindernis erfolgreich überwunden haben, lassen Sie in Ihrer Aufmerksamkeit nicht nach.

Zwischen diesem Sprung und dem nächsten müssen Sie einen fliegenden Wechsel reiten.

Auf den sieben Galoppsprüngen zwischen Hindernis 3 und 4 knickt die Distanz ab. Halten Sie auf beiden Seiten gleichmäßig Anlehnung.

Galoppieren Sie bis zum Schluss gleichmäßig.

Hier könnte man leicht fälschlich das Hindernis 2 ansteuern, anstatt zu 6 zu reiten. Konzentrieren Sie sich.

START

ZIEL

EIN PARCOURS DER KLASSE S

In dieser Klasse ist das Tempo höher, sodass Sie vorausschauend reiten und rasch reagieren müssen. Außerdem sollten Sie mit mehr technischen Problemen rechnen. So beträgt z. B. die Distanz zwischen Hindernis 4 und 5 in diesem Parcours acht lange Galoppsprünge. Auch die Linienführung zwischen Kombination und Steilsprung ist knifflig – eine etwas längere Distanz und danach dreieinhalb Galoppsprünge erfordern die Entscheidung für drei lange oder vier kurze Sprünge.

DAS STECHEN

Es ist nicht schwierig, im Stechen (siehe kleine Zeichnung unten) zwischen den Hindernissen 8 und 9 einen Galoppsprung auszulassen, aber hüten Sie sich davor, den Galopp im Flug über einem der Oxer wechseln zu wollen. Das ist schwierig für das Pferd, sodass es an den Sprung anschlagen kann. Den Weg zum Hindernis 11 wählt man je nach Pferd, wobei die Wendung nach links am schnellsten geht. Sie können Nr. 11 auch schräg anreiten, um mehr Platz zu haben.

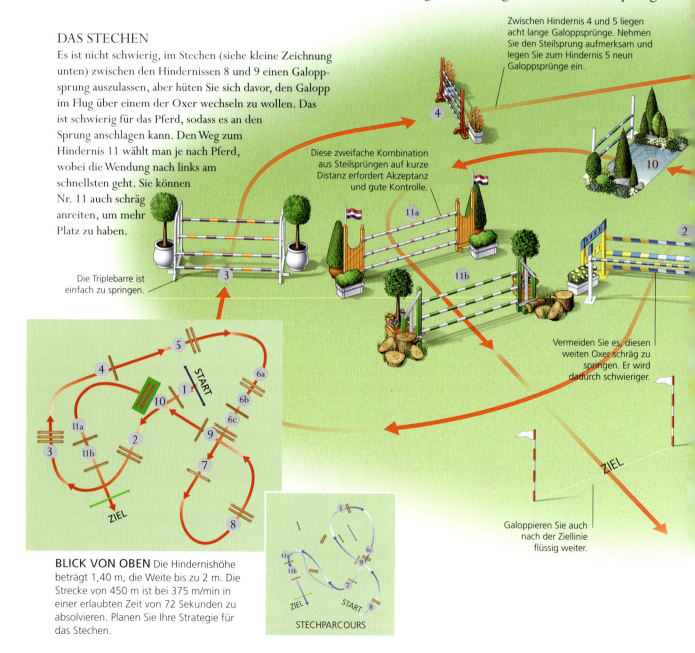

Zwischen Hindernis 4 und 5 liegen acht lange Galoppsprünge. Nehmen Sie den Steilsprung aufmerksam und legen Sie zum Hindernis 5 neun Galoppsprünge ein.

Diese zweifache Kombination aus Steilsprüngen auf kurze Distanz erfordert Akzeptanz und gute Kontrolle.

Die Triplebarre ist einfach zu springen.

Vermeiden Sie es, diesen weiten Oxer schräg zu springen. Er wird dadurch schwieriger.

Galoppieren Sie auch nach der Ziellinie flüssig weiter.

BLICK VON OBEN Die Hindernishöhe beträgt 1,40 m, die Weite bis zu 2 m. Die Strecke von 450 m ist bei 375 m/min in einer erlaubten Zeit von 72 Sekunden zu absolvieren. Planen Sie Ihre Strategie für das Stechen.

STECHPARCOURS

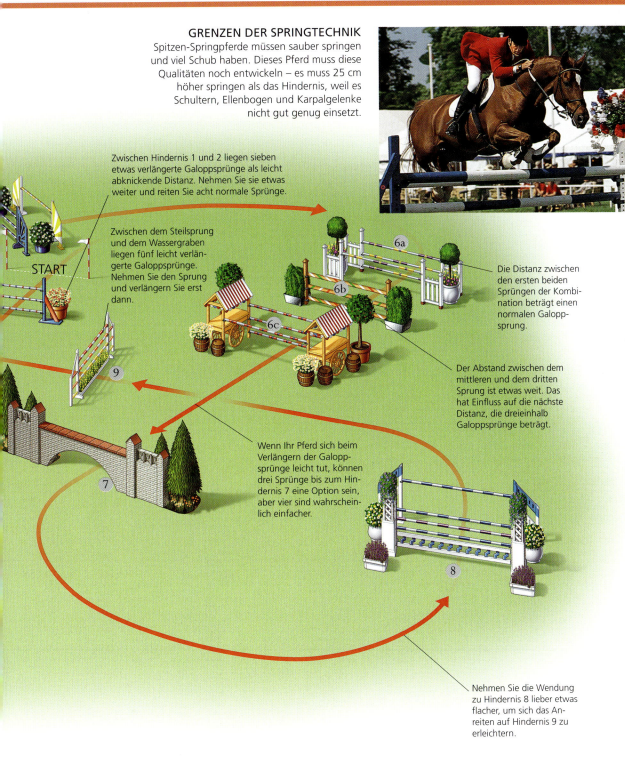

GRENZEN DER SPRINGTECHNIK

Spitzen-Springpferde müssen sauber springen und viel Schub haben. Dieses Pferd muss diese Qualitäten noch entwickeln – es muss 25 cm höher springen als das Hindernis, weil es Schultern, Ellenbogen und Karpalgelenke nicht gut genug einsetzt.

Zwischen Hindernis 1 und 2 liegen sieben etwas verlängerte Galoppsprünge als leicht abknickende Distanz. Nehmen Sie sie etwas weiter und reiten Sie acht normale Sprünge.

Zwischen dem Steilsprung und dem Wassergraben liegen fünf leicht verlängerte Galoppsprünge. Nehmen Sie den Sprung und verlängern Sie erst dann.

START

Die Distanz zwischen den ersten beiden Sprüngen der Kombination beträgt einen normalen Galoppsprung.

Der Abstand zwischen dem mittleren und dem dritten Sprung ist etwas weit. Das hat Einfluss auf die nächste Distanz, die dreieinhalb Galoppsprünge beträgt.

6a

6b

6c

9

7

Wenn Ihr Pferd sich beim Verlängern der Galoppsprünge leicht tut, können drei Sprünge bis zum Hindernis 7 eine Option sein, aber vier sind wahrscheinlich einfacher.

8

Nehmen Sie die Wendung zu Hindernis 8 lieber etwas flacher, um sich das Anreiten auf Hindernis 9 zu erleichtern.

AUF DEM TURNIER

Für viele Reiter ist das Turnier die Krönung und das Hauptziel ihres Trainings. Bei manchen Menschen führen aber innere Ängste zu negativen Gedanken, und dann kann die Aussicht auf ein Turnier zum Alptraum werden. Feste Abläufe für das Aufwärmen, das Abgehen und das Lernen des Parcours helfen Ihnen, voller Selbstvertrauen auf den Platz zu reiten. Analysieren Sie nach dem Durchlauf Ihre Leistung objektiv, damit Sie auf dem Erreichten weiter aufbauen können.

DAS ABREITEN

Auf dem Turnierplatz angelangt, finden Sie heraus, wann und wo genau Sie springen werden, sodass Sie das Abreiten fünf bis zehn Minuten vor Ihrem Durchlauf beenden können.

Reiten Sie zunächst Dressur. Ungefähr 20 Minuten vor Ihrem Durchlauf beginnen Sie mit dem Abreiten fürs Springen. Normalerweise stehen auf dem Abreiteplatz zwei oder drei Übungssprünge mit Flaggen – die rote ist immer rechts von Ihnen, damit jeder in dieselbe Richtung springt. Damit sollten

ABGEHEN DES PARCOURS Sind Sie sich bei einer Distanz nicht sicher, ist es absolut in Ordnung, wenn Sie zurückgehen und sie noch einmal abschreiten, bis Sie mit Ihrer Messung zufrieden sind.

auch alle auf derselben Hand reiten, wodurch das Abreiten einfacher wird. Wenn die Hindernisse Ihnen nicht zusagen, kann Ihr Trainer oder ein Helfer Ihnen andere hinstellen. Achten Sie immer auf andere Reiter und halten Sie ihnen den Weg frei. Wenn Sie nicht an den Hindernissen üben, gehen Sie mit Ihrem Pferd in einen ruhigen Bereich des Platzes.

ÜBUNGSSPRÜNGE

Beginnen Sie, indem Sie aus dem Trab oder Galopp über einen Kreuz- oder Steilsprung mit Bodenlinie springen. Nehmen Sie diesen Sprung fünf- oder sechsmal und lassen Sie ihn jedes Mal höher legen, bis er die Höhe der Hindernisse auf dem Turnierplatz erreicht.

Konzentrieren Sie sich auf die einfachen Dinge: einen flüssigen Galopp, Ruhe, Stetigkeit. Wenn Ihr Pferd träge ist oder nicht gut reagiert, scheuen Sie sich nicht vor ein paar Mittelgalopps, die den Adrenalinspiegel hochtreiben. Nach dem Steilsprung springen Sie einen niedrigen Oxer und legen wieder Höhe und Weite zu, bis er Wettkampfmaß hat. Stellen Sie den Oxer erst dann auf die volle Weite, wenn Sie und Ihr Pferd sich Ihrer Sache sicher sind. Am Schluss können Sie ein oder zwei Karree-Oxer springen.

Ein älteres Pferd kann sich mit niedrigen Übungssprüngen langweilen. In diesem Falle können Sie einen Steilsprung ohne Grundlinie verwenden, der schwieriger ist. Das sollten Sie allerdings nur unter Anleitung Ihres Trainers tun.

Die Arbeit auf dem Vorbereitungsplatz kann das Training zu Hause nicht ersetzen, also sollten die beschriebenen Übungen zum Aufwärmen genügen. Mit zunehmender Erfahrung werden Sie wissen, welches Aufwärmtraining Ihr Pferd benötigt. Bei wichtigen Prüfungen ist ein Aufwärmen vier Stunden vorher (zusätzlich zum üblichen Aufwärmen direkt vor der Prüfung) normalerweise eine sehr gute Sache.

DAS ABGEHEN DES PARCOURS

Denken Sie beim Abgehen des Parcours daran, dass es nur um eine Ansammlung von Übungen geht: Da gibt es Wendungen, Distanzen und Hindernistypen, und Sie haben das alles zu Hause schon geübt. Sehen Sie den Parcours auch mit den Augen Ihres Pferdes, beispielsweise eine flatternde Fahne, die es ablenken kann.

Vergleichen Sie die Parcoursskizze mit der Wirklichkeit. Nehmen Sie Papier und Stift mit, damit Sie sich notieren können, welche Hindernisse im Stechen vorkommen (einige werden nämlich ausgelassen).

Schreiten Sie in Kombinationen und bei Abständen bis zu zehn Galoppsprüngen die Distanzen auf Ihrer Linienführung ab. Vier Schritte entsprechen einem Galoppsprung. Wenn Sie zu Hause geübt haben, Ihre Schritte gleichmäßig und genau abzumessen (siehe S. 208), können Sie nun festlegen, wie viele Galoppsprünge Ihr Pferd zwischen bestimmten Hindernissen braucht und ob die Distanzen dicht oder weit sind. Vergessen Sie bei Steilsprüngen nicht, zwei Ihrer Schritte für den Absprung und zwei für die Landung einzuplanen. Bei Oxern können Sie damit rechnen, dass Sie 30 cm näher am Hindernis abspringen, bei Triplebarren noch näher.

Nach dem ersten Abschreiten gehen Sie den Parcours noch einmal ab, um sich die Linienführung einzuprägen. Gehen Sie nun noch den Stechparcours ab, später werden Sie keine Gelegenheit mehr dazu bekommen. Manche Leute finden es übertrieben selbstbewusst, ihn schon im Voraus abzugehen, aber es ist unprofessionell, es nicht zu tun, und Sie werden das Nicht-Abgehen bereuen, wenn Sie bis ins Stechen kommen.

VERSCHIEDENE ARTEN VON PRÜFUNGEN

Im Springsport gibt es vier Hauptarten von Prüfungen, die den Stil von Reiter oder Pferd, die Zeit oder die Fehlerfreiheit beurteilen. Die Leistungs-Prüfungs-Ordnung (LPO) regelt die Anforderungen nach Höhe und Schwierigkeit für Einsteiger und fortgeschrittenere Reiter und beschränkt schwierigere Prüfungen auf die Kategorie A, also geübte Reiter, während Einsteiger auf lokalen Turnieren der Kategorie C starten. Daneben gibt es Spezialprüfungen wie z. B. Zweikampfspringen oder Barrierenprüfungen, die für Reiter und Zuschauer interessant sind.

STILSPRINGPRÜFUNGEN Ursprünglich für Jugendliche gedacht, werden diese Prüfungen nun auch zunehmend für Erwachsene angeboten. Hier werden Sitz und Einwirkung des Reiters und die harmonische Erfüllung der gestellten Aufgabe bewertet, aber dazu muss man nicht nur »schön« reiten. Die Regeln über den Sitz des Reiters haben ihre Gründe, weil die Einwirkung davon abhängt. Die Parcours sind so gestaltet, dass Linienführung und Sprunglängen die Fähigkeiten des Reiters testen. Damit bieten sie eine ausgezeichnete Basis für Reiter, die später Standardspringprüfungen mit höheren Hindernissen absolvieren wollen. Manchmal wird vorher eine Parcoursskizze verschickt, auf die man sich im Training konzentrieren kann.

SPRINGPFERDEPRÜFUNGEN Hier wird das Pferd auf Rittigkeit und Springmanier beurteilt. Die Parcours werden einladend gebaut und sollen eher die Springfähigkeiten des Pferdes prüfen als die des Reiters. In der Praxis werden allerdings die Pferde, die am besten geritten werden, auch zu den besten Leistungen neigen, was einmal mehr den Wert guten Reitens betont.

Zusätzlich gibt es für Springreiter verschiedene Standard- und Spezialprüfungen, die nach Richtverfahren A, B oder C gerichtet werden können: nur nach Zeit, nur nach Strafpunkten oder nach Strafpunkten und Zeit sowie ohne und mit (max. 4) Stechen.

STANDARDSPRINGPRÜFUNGEN Meist nach Zeit gerichtet, erfordern sie oft rasche Richtungs- und Geschwindigkeitsänderungen und das Finden der kürzesten Linienführung. Die Basis des Erfolgs sind aber wie bei Springpferdeprüfungen eine korrekte Dressurarbeit und ein Pferd, das sich wirklich bemüht, sauber zu springen. Auf schnelle Parcours spezialisierte Pferde machen oft kürzere Sprünge und sind sehr wendig.

SPEZIALSPRINGPRÜFUNGEN Meist nach Strafpunkten bewertet, sind hier besondere Aufgaben zu meistern. Beliebt sind Glücksspringen, bei denen der Reiter nach dem ersten Fehler ausscheidet. In einer Zwei-Phasen-Prüfung darf nach einer fehlerfreien ersten Runde sofort ein zweiter Parcours gesprungen werden. Werden mehrere Stechen geritten, geht es im ersten meist um Strafpunkte und erst im zweiten um die Zeit.

WIE MERKT MAN SICH DEN PARCOURS?

Manchen Reitern fällt es schwer, den Parcours auswendig zu lernen. Bleiben Sie ruhig und konzentriert. Üben Sie unter Nicht-Turnierbedingungen, indem Sie beispielsweise auf einem Turnier, an dem Sie nicht teilnehmen, einen Parcours abgehen.

Gehen Sie in der Prüfung drei oder vier Hindernisse ab, bleiben Sie dann stehen und wiederholen Sie die Hindernisse im Geiste oder schauen Sie darauf zurück. Das Gleiche tun Sie nach drei oder vier weiteren Hindernissen, schauen nun aber zurück bis zum ersten Sprung. Wiederholen Sie am Ende mit geschlossenen Augen alle Hindernisse. Nach dem Abreiten schließen Sie die Augen und stellen sich vor, wie Sie den Parcours springen.

Es braucht Ihnen nicht peinlich zu sein, wenn Sie sich die Zahl der Galoppsprünge in den verschiedenen Distanzen aufschreiben. Vielleicht werfen Sie danach keinen Blick mehr auf Ihre Notizen, aber das Aufschreiben hat die Information in Ihrem Gedächtnis verankert. Beobachten Sie auch andere Reiter im Parcours. Suchen Sie sich dabei die Pferde heraus, deren Bewegungen denen Ihres Pferdes ähneln.

ZUR PRÜFUNG IN DER BAHN

Turnierreitplätze können auf Neulinge riesig wirken, und auch die Zuschauer können Sie einschüchtern. Also ist man versucht, zu schnell zu reiten. Machen Sie sich klar, dass die Distanzen hier genauso groß sind wie zu Hause beim Üben.

UMGANG MIT INNEREN ÄNGSTEN

Viele Reiter geben nicht gerne zu, dass sie aufgeregt sind oder negative Gefühle haben, aber das ist Schritt eins zur Bewältigung solcher Sorgen. Sehen Sie Aufregung nicht als Problem, sondern als Herausforderung. Wenn Sie z. B. das Reiten vor Zuschauern einschüchtert, sagen Sie sich vielleicht: »Ich habe ein Problem.« Ganz anders fühlt es sich an, wenn Sie sagen: »Ich stehe vor einer Herausforderung.« Zu guten Instrumenten für die Verankerung der positiven Haltung zählen Rollenspiel und Visualisierung (siehe S. 357 und 369). Umgeben Sie sich mit einem positiven Team und folgen Sie der goldenen Regel: Konzentrieren Sie sich auf das, was Sie tun wollen, nicht auf das, was Sie nicht tun sollten.

Wenn die Situation Sie zu überwältigen droht, denken Sie einfach an die Schlüsselvariablen: Geschwindigkeit, zeitliche Abstimmung, Gleichgewicht, Schwung und Richtung (siehe S. 204). Wenn Sie sich nur darauf konzentrieren, Richtung und Geschwindigkeit hinzubekommen, stellt der Rest sich von selbst ein. Die zwei häufigsten Gründe für Verreiten sind Anspannung und Ablenkung. Die Anspannung bauen Sie dadurch ab, dass Sie konzentriert bleiben und positiv denken. Ablenkung vermeiden Sie, indem Sie sich auf das Gefühl für Ihr Pferd konzentrieren. Im Stechen verreitet sich selten jemand, weil die hohen Anforderungen dieser Übung die Konzentration auf wunderbare Weise fördern.

Wenn Ihr Pferd noch jung und große Plätze nicht gewohnt ist, konfrontieren Sie es auf seinem ersten Turnier mit niedrigeren Höhen, als es vom Training her kennt. Lassen Sie ihm vor der Prüfung genug Zeit, sich an alles zu gewöhnen.

DIE AUSWERTUNG IHRES RITTES

Es ist selten von Vorteil, eine Leistung zu bewerten, wenn man müde ist oder nach dem Durchgang die Nase voll hat. Warten Sie lieber ein oder zwei Tage, aber nicht länger, denn Erinnerungen verblassen recht schnell. Auch fortgeschrittene Reiter können von einer nüchternen Betrachtung ihres Rittes nur profitieren. Analysieren Sie nichts zu Tode, sondern nutzen Sie die Information, um an Ihrer Technik zu feilen.

Sehen Sie sich nicht nur die weniger erfolgreichen Durchgänge an, sondern vor allem auch die guten. Man neigt dazu, nach der Ursache für Fehler zu suchen, fragt aber selten, warum etwas geklappt hat. Tun Sie das regelmäßig, um Licht auf Ihre Stärken zu werfen und sich zu einer positiven Betrachtung zu erziehen.

Natürlich müssen Sie die Ursachen für schlechte Leistungen anerkennen, aber ebenso produktiv ist es, persönliche Bestleistungen und kleine Triumphe als solche zu sehen. So finden Sie das, was den Sieger ausmacht. Beim Scheitern geht es oft um Kleinigkeiten: ein gerade so gestreiftes Hindernis, ein Zeitverlust von hundertstel Sekunden. Wenn Sie täglich Fortschritte in der Größenordnung solcher Kleinigkeiten machen, erreichen Sie das, was Sieger kennzeichnet.

Bitten Sie Ihren Trainer, Ihren Durchlauf auf Video aufzunehmen, sodass Sie sich den Ritt nach dem Turnier ansehen können. Filmen Sie auch noch einige der besten Reiter der Prüfung zum Vergleich und als Kontrast zur eigenen Leistung.

DER GROSSE AUGENBLICK Es ist schon eine außergewöhnliche Sache, auf einen solchen Platz für ein internationales Turnier einzureiten – in dem Wissen, dass Sie umfassend vorbereitet sind und der Parcours gut im Bereich Ihrer Fähigkeiten liegt. Der Reiter muss sich auf jedes Hindernis konzentrieren und dabei den nächsten Sprung schon im Blick haben. Das Pferd soll die Ohren spitzen, Spaß an den Hindernissen haben und seinen Auftritt genießen.

HERAUSFORDERUNGEN FÜR DEN REITER

HERAUSFORDERUNG	MÖGLICHE GRÜNDE	LÖSUNGSMÖGLICHKEITEN
RUTSCHENDER SATTEL	• Lockerer Gurt	• Ein Vorderzeug sollte zur Standardausrüstung beim Springen gehören und Nachgurten sollte beim Aufsitzen selbstverständlich sein. Der Gurt darf nicht zu eng werden, aber es ist normal, dass man ihn nach dem Aufsitzen ein Loch nachgurten kann. Gurten Sie 10 oder 15 Minuten später nochmals nach, wenn das Pferd sich entspannt hat und das Leder wärmer und damit weicher geworden ist.
	• Körperbau des Pferdes	• Der Sattel kann zurückrutschen, wenn das Pferd einen entsprechenden Körperbau hat oder abgenommen hat. Eine rutschhemmende Satteldecke für Rennpferde und ein Übergurt (der quer über den Sattel verläuft) schaffen Abhilfe. Nehmen Sie das Vorrutschen des Sattels nicht länger hin. Bitten Sie einen Sattelfachmann um Rat.
	• Schlecht passender Sattel	• Je gleichmäßiger der Sattel das Gewicht verteilt, desto weniger verrutscht er. Stellen Sie sicher, dass der Sattel zum Pferderücken passt. Lassen Sie den Sattel von einem Fachmann aufpolstern.
SIE FLIEGEN BEIM SPRINGEN HOCH AUS DEM SATTEL	• Pferd springt zu hoch und zu steif	• Das kann seine Ursache in mangelndem Selbstvertrauen des Pferdes haben oder in zu schnellem Vorangehen. Machen Sie im Training einige Schritte zurück.
	• Steifer Sitz des Reiters	• Wenn Sie steif sind, können Sie sich der Springbewegung schlecht anpassen. Trainieren Sie Ihre Gelenkigkeit (siehe 342–345), damit Sie besser mitgehen können. Eine weitere Ursache für Steifheit ist Angst: Stellen Sie sicher, dass Sie auf dem passenden Niveau reiten.
	• Gewicht im Sattel statt in den Steigbügeln	• Die Balance kann leiden, wenn Sie zu viel Gewicht im Sattel abstützen, also sitzen Sie leicht und winkeln Sie die Gelenke gut ab.
VERLIEREN DER STEIG-BÜGEL	• Hochfliegen aus dem Sattel	• Siehe oben.
	• Rutschige Sohlen und Steigbügel	• Halten Sie die Sohlen Ihrer Reitstiefel schmutzfrei. Für Steigbügel gibt es Anti-Rutsch-Stollen. Stiefelsohlen lassen sich leicht aufrauen. Jockeys umwickeln ihre Bügel mit rutschhemmendem Material. Wenn Sie das tun wollen, entfernen Sie das alte Material, bevor Sie eine neue Lage aufwickeln, weil das Ganze sonst zu dick wird.
	• Zu viel Gewicht in den Steigbügeln	• Wenn Sie sich zu ausschließlich in die Steigbügel stellen und den Absatz weit herunterdrücken, rutschen Sie leicht aus den Bügeln, weil Sie zu steif sind. Lassen Sie einen Teil Ihres Gewichtes nach innen in Richtung Gurt durch.

HERAUSFORDERUNG	MÖGLICHE GRÜNDE	LÖSUNGSMÖGLICHKEITEN
SIE WERFEN IM FLUG DEN KÖRPER NACH VORNE	• Klammern mit den Unterschenkeln	• Wenn Sie beim Absprung mit den Unterschenkeln klammern, müssen Sie den Oberkörper nach vorne werfen, um die Balance zu halten. Korrigieren Sie das, indem Sie kleine Hürden ohne Zügelanlehnung und mit kaum anliegenden Unterschenkeln springen.
	• Reiter will das Pferd mitnehmen	• Manche Reiter drücken nach oben ab, als wären sie es, die sich zum Überwinden des Sprunges körperlich anstrengen müssen – nicht das Pferd. Achten Sie auf stetige Gewichtsverteilung.
	• Reiten junger Pferde	• Wenn Sie viele junge Pferde geritten haben, haben Sie sich vielleicht angewöhnt, beim Anreiten schwer einzusitzen, um die Schenkel gut einsetzen zukönnen. Das beeinflusst Ihre Balance. Gewöhnen Sie sich das wieder ab, indem Sie gut ausgebildete Pferde reiten.
HINTER DER BEWEGUNG ZURÜCKBLEIBEN	• Mangel an Selbstvertrauen	• Wenn Sie zu wenig Selbstvertrauen haben, gehen Sie im Training etwas zurück und gestalten Sie die Übungen einfacher. Suchen Sie Rat bei Ihrem Trainer. Wenn Sie sich dennoch unsicher fühlen, versuchen Sie es mit mentaler Vorbereitung (siehe S. 352–371).
	• Ungünstiger Einsatz von Schultern und Ellenbogen	• Wenn das Pferd springt, sollten Ihre Hände sich nach vorne bewegen und der Bewegung des Pferdekopfes folgen. Versuchen Sie das Pferdemaul bewusst nach vorne zu schieben, als ob die Zügel feste Rohre wären. Lassen Sie dabei die Ellenbogen hängen.
	• Gleichgewichtsverlust	• Viele Pferde kommen damit zurecht, wenn der Reiter einmal etwas zurückbleibt, aber ein Reiter, der ständig hinter der Bewegung bleibt und im Maul zieht, ist etwas anderes. Viele junge Pferde fangen dann an, zu verweigern oder verklemmt zu gehen. Üben Sie die Sache mit dem Gleichgewicht durch kleine Hindernisse in Springreihen und ohne Zügelanlehnung, bei denen Sie sich anfangs an der Mähne festhalten.

HERAUSFORDERUNGEN FÜR DEN REITER

HERAUSFORDERUNG	MÖGLICHE GRÜNDE	LÖSUNGSMÖGLICHKEITEN
ZU VIEL EINSATZ	• Reiten junger oder schwieriger Pferde	• Reiter mit schwierigen oder verdorbenen Pferden oder solche, die hauptsächlich junge Pferde reiten, neigen zu übertrieben entschlossenem Reiten. Wenn Sie Ihre Fähigkeiten entwickeln wollen, müssen Sie die Gelegenheit haben, einfachere Pferde zu reiten und aufeinander aufbauende Übungen zu absolvieren.
	• Unsicherheit	• Viele Reiteinsteiger neigen zu Überreaktionen, weil sie verkrampft versuchen, die gelernten Techniken in der Praxis anzuwenden. Noch schlimmer wird es, wenn sie einen schlechten Trainer haben, der bei Fehlern überreagiert. Als Einsteiger sollten Sie anfangs nur sehr wenig tun müssen, bis Sie genug Gefühl entwickelt haben und auf verschiedene Situationen schneller reagieren und entschlossener auf das Pferd einwirken können.
ZU WENIG EINSATZ	• Negatives Denken	• Viele Menschen reiten nicht entschlossen genug, weil sie Angst haben, unter Stress stehen oder nicht richtig atmen. Rollenspiele und Entspannungstechniken können helfen (siehe S. 357 und 358–359).
	• Schön aussehen wollen	• Manche Menschen wirken zu wenig ein, weil sie negative Auswirkungen auf ihre Erscheinung zu Pferd befürchten, wenn sie deutliche Signale geben. Denken Sie daran, dass jedes Element eines guten Sitzes sich auch auf Ihre Einwirkungsmöglichkeiten auswirkt. Ein guter Sitz ermöglicht gutes Gefühl und gute Verständigung.
	• Reiten temperamentvoller, selbstbewusster Pferde	• Manche Reiter sitzen ganz ruhig, um das Pferd nicht aufzuregen. Das tritt oft auf, wenn jemand temperamentvolle, selbstbewusste Pferde reitet. Wenn Sie dann ein ruhiges Pferd reiten, wird es Ihnen wahrscheinlich schwer fallen, gut zu reagieren und entschlossen zu reiten. Häufiges Reiten unterschiedlicher Pferde versorgt Sie rasch mit dem nötigen Fachwissen und behebt das Problem.

HERAUSFORDERUNG	MÖGLICHE GRÜNDE	LÖSUNGSMÖGLICHKEITEN
KEIN GEFÜHL FÜR DEN GALOPPSPRUNG	• Mangelndes Verständnis der Konstanten	• Überprüfen Sie, ob die Konstanten stimmen (siehe S. 198–199). Wenn es Ihrem Pferd an Akzeptanz, Gelassenheit, Fleiß, Geradheit oder Reinheit fehlt, ist es schwieriger, den Galoppsprung zu fühlen.
	• Mangelnde Stetigkeit	• Überprüfen Sie die Variablen (siehe S. 204) und arbeiten Sie vor allem an Ihrer Fähigkeit, die Geschwindigkeit konstant zu halten – sie ist die Grundlage für das Fühlen des Galoppsprungs. Wenn Sie in der Prüfung nicht so gut reiten wie zu Hause, gewöhnen Sie sich Techniken zur mentalen Vorbereitung an (siehe S. 352–371).
	• Negative Einstellung	• Unsicherheit und Stress schwächen Ihre Reaktionsfähigkeit und erschweren das Gefühl für den Galoppsprung. Bereiten Sie sich mental vor und bauen Sie auf Ihren Stärken auf. Entwickeln Sie eine positive geistige Einstellung und glauben Sie an Ihre Methoden.
NERVOSITÄT ANGESICHTS DER ZUSCHAUERMENGE	• Mangelnde Selbstachtung	• Seien Sie stolz, dass Sie am Turnier teilnehmen. Was andere denken, ist unwichtig – es zählt nur Ihre persönliche Bestleistung.
	• Mangelnde Unterstützung	• Umgeben Sie sich mit positiven Menschen. Machen Sie sich die Menge zum Freund und freuen Sie sich darüber, dass Leute gekommen sind, um Ihnen zuzusehen.
	• Mangelnde Vorbereitung	• Gehen Sie gut vorbereitet in die Prüfung, dann gibt es auch keine Überraschungen in letzter Minute. Geistige Vorbereitung ist eine enorme Hilfe. Je besser Sie sich konzentrieren können, desto weniger werden Sie sich von den Zuschauern stören lassen.
VERGESSEN DES PARCOURS	• Nervosität und mangelnde Konzentration	• Beim Merken des Parcours geht es um Konzentration und Selbstvertrauen. Gehen Sie den Parcours diszipliniert und peinlich genau ab. Bleiben Sie nach den ersten drei Hindernissen stehen, schließen Sie die Augen und wiederholen Sie geistig. Nach sechs Hindernissen tun Sie das Gleiche, wiederholen aber alle sechs Sprünge. Gehen Sie nicht weiter, bevor Sie nicht alle Hindernisse deutlich vor Ihrem geistigen Auge sehen können. Schreiten Sie den gesamten Parcours so ab (siehe S. 240–242).
	• Schlechte Vorbereitung	• Selbst wenn Sie nicht starten, können Sie auf Turniere gehen und üben, wie man sich Parcours einprägt (siehe S. 240–242). Wenn Sie in der Prüfung dennoch Probleme haben, liegt das daran, dass Sie sich unter Druck setzen lassen. Arbeiten Sie an Ihrer mentalen Vorbereitung (siehe S. 352–371). Durch Rollenspiele können Sie mehr Selbstvertrauen und positives Denken entwickeln.

HERAUSFORDERUNGEN FÜR DAS PFERD

HERAUSFORDERUNG	MÖGLICHE GRÜNDE	LÖSUNGSMÖGLICHKEITEN
AUFGEREGT, GEHT GEGEN DIE HAND	• Angst beim Pferd	• Manchmal hat das Pferd Angst vor seinem Reiter. Dann wird es zu fliehen versuchen, und deswegen schlägt es an die Hindernisse an. Das kann sich zu einem Teufelskreis entwickeln. Probieren Sie es mit Longenarbeit ohne Reiter, sodass wieder Vertrauen entsteht (siehe S. 72–73). Führen Sie erst dann wieder Springübungen ein.
	• Mangelnde Gelassenheit	• Pferde sind Gewohnheitstiere — wenn man also die Gelassenheit nicht entwickelt, solange sie noch jung sind, kann es viel Zeit und Geduld in Anspruch nehmen, das später zu tun. Ausgezeichnete Übungen für ein gelasseneres Anreiten sind das Anreiten im Trab mit einer Vorlegplanke und das Reiten von Achten vor dem Hindernis (siehe S. 214). Viele Pferde reagieren gut darauf, wenn sie öfter auf die Weide kommen, weniger gefüttert und regelmäßiger gearbeitet werden. Lassen Sie Ihrem Pferd Freiräume, bauen Sie regelmäßig lange, ruhige Ausritte und Galopps ins Training ein.
	• Schmerzen	• Pferde mit Schmerzen neigen dazu, unempfindlich und gleichzeitig schneller in ihren Reaktionen zu werden, als ob sie vor den Beschwerden davonlaufen wollten. Dadurch schlagen sie an die Hindernisse an, und so beginnt der Teufelskreis, in dem sie sich aufregen, verspannen und schließlich widersetzen. Lassen Sie Ihren Tierarzt das Pferd gründlich untersuchen, um sicherzustellen, dass Ihr Pferd keinerlei Schmerzen hat.
MANGELNDES SELBSTVERTRAUEN	• Training baut nicht aufeinander auf	• Logisch aufeinander aufbauende Trainingseinheiten fördern das Selbstbewusstsein von Pferd und Reiter. Durch einen kleinen Schritt nach dem anderen erzielen Sie gute Arbeit auf hohem Niveau.
	• Boden rutschig oder weich	• Manchmal ist mangelndes Selbstvertrauen das Ergebnis ungewohnter Bodenbedingungen, oft verstärkt, wenn die Hufeisen nicht mit Stollen ausgerüstet sind. Ein Pferd kann keinen normalen Absprung zeigen, wenn es ausrutscht oder der Boden nachgibt. Stollen sind ein Teil der Lösung (siehe S. 189). Bis zu vier Stollen pro Huf können nötig sein, vor allem, wenn Sie gegen die Uhr reiten. Allerdings muss das Pferd sich auch mit verschiedenen Bedingungen vertraut machen können. Wenn es immer nur auf einem Platz mit perfekter Allwetter-Tretschicht geritten wird, wird es auf Gras, bei Matsch und bei Bodenwellen zunächst geschockt sein.
	• Reiter schränkt das Pferd ein	• Stellen Sie sicher, dass Sie die Bewegungen Ihres Pferdes nicht einschränken. Manche Pferde reagieren empfindlich auf jegliche Einschränkung und vor allem auf feste Anlehnung. Holen Sie sich also lieber an der Mähne Halt, wenn es nötig ist.

HERAUSFORDERUNG	MÖGLICHE GRÜNDE	LÖSUNGSMÖGLICHKEITEN
ABNEIGUNG GEGEN KOMBINATIONEN	• Flüssiger Galopp nicht gefestigt	• Bei guter Vorbereitung lernt ein Pferd, doppelte und dreifache Kombinationen selbstbewusst zu nehmen. Wichtigster Teil der Vorbereitung ist das Erarbeiten des Galoppsprunges von 3,70 m, weil darauf alle Distanzen in den unteren Klassen beruhen. Wenn Sie eine Kombination im richtigen Galopp anreiten und das erste Hindernis gut springen, ist der Rest wie eine einfache Springreihe.
	• Springreihen mit zu hohen Anforderungen	• Manche Pferde bekommen im Training Angst, weil der Reiter fortgeschrittene Springreihen anpackt, ohne dass die Grundlagen dazu gelegt sind. Machen Sie beispielsweise nicht den Fehler, das letzte Hindernis einer Reihe immer größer zu machen, bis das Pferd schließlich auf der hinteren Stange landet. Bleiben Sie lieber vorsichtig und achten Sie bei Springreihen sorgfältig darauf, was Sie tun. Hier kommt das Wissen Ihres Trainers voll zum Zug.
ABNEIGUNG GEGEN NEUE UNTERBAUTEN UND GRÄBEN	• Schlechte frühere Erfahrungen	• Bringt man ein junges Pferd schon bald mit kleinen Unterbauten und Gräben in Berührung, so stellen sie selten ein Problem dar. Führen Sie sie ein, bevor das Pferd sich daran gewöhnt hat, dass Springen ohne diese Dinge stattfindet. Wenn es dieser Meinung ist, muss man Unterbauten und Gräben mit viel Geduld einführen und das Selbstvertrauen des Pferdes aufbauen, bis es sie akzeptiert.
	• Mangelnde Vorbereitung	• Viele Pferde werden auf negative Reaktionen konditioniert. Wenn z. B. ein neuer, größerer Unterbau benutzt wird, macht das Pferd einen größeren Sprung. Ist der Reiter darauf nicht vorbereitet, reißt er das Pferd im Maul. Für das Pferd ist dieses Reißen im Maul dann mit dem Unterbau assoziiert. Ein Pferd muss zu Hause alles kennen lernen, was ihm auf dem Turnier begegnen kann.
VERWEIGERN AM HINDERNIS	• Überforderung	• Die Höhe und Weite, die jedes Pferd springen kann, sind begrenzt. Sie müssen erkennen, wenn ein Pferd sich abkämpfen muss. Bei gutem Training sind solche Pferde in einfacheren Parcours oft sehr erfolgreiche Turnierteilnehmer.
	• Schmerzen	• Der Hauptgrund für das Verweigern selbst kleiner Hindernisse ist Schmerz, meist an den Vorderbeinen. Wegen der hohen Kräfte, die beim Springen wirken, fällt einem Pferd mit Beinproblemen das Springen schwer. Eine tierärztliche Untersuchung ist unabdingbar.
	• Reiter schränkt das Pferd ein	• Einschränkung durch den Reiter und mangelndes Selbstvertrauen sind häufige Gründe für Verweigern. Üben Sie, ohne Zügelanlehnung zu springen, und verbessern Sie Ihr Gleichgewicht.

HERAUSFORDERUNGEN FÜR DAS PFERD

HERAUSFORDERUNG	MÖGLICHE GRÜNDE	LÖSUNGSMÖGLICHKEITEN
DISTANZEN SIND ZU KURZ	• Galoppsprung zu lang	• Manchmal kommt eine normale Distanz zwischen zwei Hindernissen Ihnen zu kurz vor. Meist sind Sie zu schnell unterwegs, sodass der Galoppsprung zu lang wird.
	• Zu große Sprünge	• Selbst bei der richtigen Geschwindigkeit fallen Distanzen manchmal zu kurz aus, wenn das Pferd weit vom Sprung weg landet und damit die Distanz zum nächsten Hindernis verkürzt ist. Ein häufiges Problem bei Vielseitigkeitsprüfungen, wo die Hindernisse des Springtages für talentierte Pferde klein ausfallen können.
	• Übermütig	• Stellen Sie sicher, dass Ihr Pferd an den Tagen vor dem Turnier genügend gearbeitet wird und vor dem Aufruf ausreichend springt, damit es gelassen ist und stetig sowie effizient springt.
DISTANZEN SIND ZU LANG	• Galoppsprung zu kurz	• Das kommt vor, wenn der Galoppsprung in korrekter Länge nicht genug geübt wurde. Selbst kleine Pferde können die richtige Galoppsprunglänge entwickeln, auch wenn sie dazu mehr leisten müssen als große Pferde, die von Natur aus einen langen Galoppsprung haben.
	• Übervorsichtig	• Oft werden Pferde vorsichtig, wenn die Übung ein wenig schwierig ist. Das kann sich schnell zum Teufelskreis auswachsen, wenn das Pferd nicht entschieden vorwärts geritten und der Schwierigkeitsgrad der Übung nicht verringert wird.
	• Schmerzen	• Eine Untersuchung durch den Tierarzt ist anzuraten.

HERAUSFORDERUNG	MÖGLICHE GRÜNDE	LÖSUNGSMÖGLICHKEITEN
SPRINGT SCHIEF	• Ungleichmäßige Entwicklung in der Dressurarbeit	• Zeigt das Pferd unterschiedliche Bewegungen oder Fähigkeiten je nach Richtung, so arbeiten Sie es gut dressurmäßig, bis es symmetrisch wird. Pferde gewöhnen sich leicht an, schief zu springen. Verstärkt wird diese Neigung, wenn sie zu bald zu mächtige Hindernisse springen müssen, weil sie dadurch gezwungen sind, sich auf ihre stärkere Seite und das stärkere Hinterbein zu verlassen.
	• Reiter schlecht im Gleichgewicht	• Jeder Reiter neigt dazu, auf ein Bein mehr Gewicht zu legen und das andere Bein stärker einzusetzen. Machen Sie Übungen ohne Pferd, die Ihr Gleichgewicht verbessern (siehe S. 332–351).
	• Eingeschränktes Sehvermögen	• Achten Sie darauf, die Bewegungen von Kopf und Hals des Pferdes nicht einzuschränken, damit es weder den Kopf schief halten noch den Hals biegen muss, nur damit es etwas sehen kann.
BEMÜHT SICH NICHT UM SAUBERE SPRÜNGE	• Reiter zeigt zu viel Einsatz	• Bringt der Reiter zu viel Einsatz, so neigt das Pferd dazu, sich auf ihn zu konzentrieren statt auf das Hindernis. Ein Pferd muss in der Lage sein, sich den Sprung anzusehen, und ermuntert werden, für kleinere Entscheidungen selbst die Verantwortung zu übernehmen.
	• Mangelndes Geschicklichkeitstraining	• Pferde können lernen, zum Treffen des Absprungs die Sprünge zu verkürzen und zu verlängern, ohne dass der Reiter irgendetwas tun muss. Investieren Sie Zeit in das Geschicklichkeitstraining (siehe S. 223).
	• Schmerzen	• Pferde, die Schmerzen haben, wollen Sprünge schnell hinter sich bringen. Lassen Sie den Allgemeinzustand regelmäßig überprüfen.
VORHANDFEHLER (SCHLÄGT MIT DEN VORDERBEINEN AM SPRUNG AN)	• Absprung nicht im Gleichgewicht	• Wenn die Hinterbeine nicht zusammen abspringen oder wenn das Pferd wegen Steifheit nicht beide Hinterbeine weit genug untersetzen kann, hat es nicht genug Kraft für den Sprung. Dann liegt der höchste Punkt der Sprungkurve meist zu weit hinten. Dressurarbeit und allmählich gesteigerte Springreihen sind nötig.
	• Absprung zu nah am Hindernis	• Arbeiten Sie an Ihrem Gefühl für den Galoppsprung und benutzen Sie bei Steilsprüngen Grundlinien, um einen besseren Absprungpunkt zu treffen. Sobald das Pferd zum Sprung ansetzt, müssen Sie ihm erlauben, Kopf und Hals nach vorne zu strecken. So kann es Schultern und Ellenbogen einsetzen und damit auch die Karpalgelenke so hoch nehmen, dass sie nicht anschlagen. Auch die Verwendung von Triplebarren kann den Einsatz von Schultern, Ellenbogen und Karpalgelenken verbessern.

HERAUSFORDERUNGEN FÜR DAS PFERD

HERAUSFORDERUNG	MÖGLICHE GRÜNDE	LÖSUNGSMÖGLICHKEITEN
HINTERHANDFEHLER (SCHLÄGT MIT DEN HINTERBEINEN AM SPRUNG AN)	• Mangelndes Ausstrecken der Hinterbeine	• Wenn das Pferd Kopf und Hals über der zweiten Hälfte des Hindernisses gut einsetzt und sich nach vorwärts-abwärts streckt, kann es die Hinterbeine in dem Augenblick, in dem sie den höchsten Punkt der Flugkurve erreichen, nach hinten ausstrecken. Dazu kann man ein Pferd auch ermuntern, indem man in Springreihen lieber Karree-Oxer verwendet als Steilsprünge.
	• Reiter schränkt das Pferd ein	• Helfen Sie Ihrem Pferd, indem Sie seine Kopf- und Halsbewegungen nicht durch Zügelanlehnung einschränken.
	• Galoppwechsel in der Flugphase	• Beim Reiten auf Zeit ist die Versuchung groß, den Richtungswechsel in der Flugphase über dem Sprung vorzunehmen. Junge Pferde werden dabei oft im Rücken steifer und tun sich dann schwer, den Sprung sauber zu beenden.
WIRD GEGEN ENDE DES DURCHLAUFES NACHLÄSSIG	• Mangelnde Stetigkeit im Galopp	• Im Verlauf eines Durchlaufs neigen viele Pferde dazu, schneller zu werden und das Ganze weniger gelassen zu sehen, was Auswirkungen auf die Länge des Galoppsprungs und ihr Gleichgewicht hat. Es ist wichtig, dass Sie im Training allmählich Hindernisse in Verbindung miteinander bringen, also erst zwei oder drei Hindernisse zusammen hinstellen und erst mit der Zeit einen vollen Parcours. So wird der stetige Galopp zur Gewohnheit. Außerdem können Sie Bodenplanken verwenden, statt Hindernisse aufzustellen.
	• Ermüdung	• Bei langen Parcours oder schlammigem Geläuf kann Nachlässigkeit durch Müdigkeit verursacht sein. Die körperliche Vorbereitung des Pferdes muss auf die Anforderungen abgestimmt sein: Wenn Sie auf einer dreitägigen Veranstaltung zweimal täglich starten, muss Ihr Pferd sehr fit sein. Meist ist es besser, weniger oft zu starten.
	• Zu wenig Geschicklichkeit	• Gutes Training ermuntert das Pferd, Verantwortung für sich selbst und seinen Reiter zu übernehmen. Geschicklichkeitstraining ist besonders wichtig. Viele Springen auf Zeit enden mit einem Steilsprung nach einer langen Distanz, und wenn Sie gewinnen wollen, ist es wichtig, dass Ihr Pferd sich auch auf dem letzten Stück für Sie anstrengt. Selbst wenn Sie schneller galoppieren, muss das Pferd im Gleichgewicht bleiben und verstehen, dass Sie von ihm sauberes Springen erwarten. Gleichgewicht und Verständnis entwickeln sich beim Pferd, wenn Sie es von den ersten Schritten der Ausbildung an dafür belohnen, dass es die Hindernisse respektiert und sauber springt.

HERAUSFORDERUNG	MÖGLICHE GRÜNDE	LÖSUNGSMÖGLICHKEITEN
KOMMT IM STECHEN VOM WEG AB	• Mangelnde Kontrolle	• Wenn der Reiter im Stechen zu aufgeregt wird, kann er die Kontrolle über den Galopp verlieren. Dann ist es schwierig, die genaue Linienführung einzuhalten. Üben Sie im Training verschiedene Linienführungen und reiten Sie nur dann schneller, wenn Sie dabei die Konstanten nicht verlieren.
	• Aufgeben der Zügelanlehnung	• Wenn Sie beim Springen die Zügel »wegwerfen«, verlieren Sie die Anlehnung leicht ganz und brauchen dann ein oder zwei Galoppsprünge, um das Pferd wieder an den Zügel zu bekommen. Das sind im Stechen verschwendete Sekunden. Reiten Sie immer mit leichter Anlehnung, damit Sie jederzeit Hilfen geben können.
	• Mangelndes Vorausdenken	• Wer im Stechen erfolgreich reiten will, muss die Augen dorthin richten, wo er hinwill. Denken Sie immer voraus.
LEISTUNG LÄSST GEGEN ENDE DER SAISON NACH	• Körperliche Beschwerden und Ermüdung	• Wenn die Leistung des Pferdes nachlässt, überprüfen Sie seine Gesundheit und ob es Schmerzen hat. Vor allem bei hartem Boden bekommen viele Pferde an kleinen Stellen Schmerzen, die die Leistung beeinträchtigen. Außerdem können Pferde vom Herumfahren und der Turnieratmosphäre körperlich und geistig erschöpft sein.
	• Mangelnde geistige Reife des Pferdes	• Ein einfühlsamer Reiter bemerkt es, wenn sein Pferd ein kleines Problem hat, und wird etwas dagegen tun, statt so lange zu warten, bis das Pferd eine schlechte Erfahrung macht. Ändern Sie nötigenfalls Ihre Turnierplanung und schieben Sie Ruheperioden ein.
	• Lücken in der reiterlichen Technik	• Lassen Sie sich regelmäßig vom Trainer überprüfen, damit Sie wissen, wo Sie Schwächen haben, an denen Sie arbeiten müssen.
ZU STARKE BIEGUNG IM HALS	• Übermäßiger Einsatz des inneren Zügels	• Wenn Ihr Pferd auf feine Zügelhilfen und eine leichte Gewichtsverlagerung für die Wendung nicht reagiert, dürfen Sie nicht am inneren Zügel ziehen. Das führt nämlich zu übermäßiger Biegung, in der das Pferd nach außen ausfällt. Wenn Wendungen nicht gut klappen, setzen Sie das Neck Reining ein, bei dem Sie beide Hände gleichzeitig nach innen nehmen (siehe S. 25).
	• Mangelnde Beachtung der Prioritäten	• Wenn Sie auf Basis der Konstanten die Schlüsselprioritäten beachten, werden Sie im Training kaum jemals größere Schwierigkeiten haben. Sobald Ihr Pferd Sie akzeptiert und von Anfang an gelassen, fleißig und gerade mitarbeitet (siehe S. 198–199), können Sie den Großteil Ihrer Zeit damit verbringen, Fortschritte zu machen, anstatt über Ursachen von Problemen nachzudenken.

KAPITEL SIEBEN

GELÄNDEREITEN IM TRAINING & AUF TURNIEREN

Von allen reiterlichen Disziplinen verlangt das Geländereiten die vertrauensvollste Partnerschaft zwischen Pferd und Reiter, weil hier Mut ebenso wichtig ist wie vielseitige Fähigkeiten.

Dieses Kapitel informiert Sie über die Ausrüstung und die Anlagen fürs Geländetraining, über sinnvolle Sicherheitsvorkehrungen und Möglichkeiten zur Verbesserung von Sitz und Einwirkung. Sie lernen, ein Trainingsprogramm aufzustellen und verschiedene Hindernisse von bunten Stangen bis zu Wasergräben anzugehen. Die Übungen in diesem Kapitel sollen bei Pferd und Reiter Selbstsicherheit aufbauen und Ihrem Pferd zu Entscheidungsfreudigkeit verhelfen. Außerdem erfahren Sie, wie Sie verschiedene Herausforderungen meistern können.

VIELSEITIGKEIT & INSPIRATION

Die Geländestrecke ist die Hauptdisziplin der immer technischer werdenden Vielseitigkeits-reiterei. Dressur, Springen und Geländestrecke werden zu einem Wettbewerb kombiniert, bei dem die Noten der verschiedenen Phasen addiert werden. Pferd und Reiter müssen für die Dressur weit ausgebildet sein, den Herausforderungen der schnellen Geländestrecke mit Mut, Fitness und sportlicher Leistung begegnen und beim Par-coursspringen Genauigkeit und Disziplin zeigen.

PRÜFUNG AUF UMFASSENDE AUSBILDUNG

»Geländereiten ist […] nicht nur der Prüfstein, es ist ja vor allem das Ziel aller Dressur.« So schrieb es Wilhelm Müseler in seiner klassischen »Reitlehre« (1937). Diese Aussage fasst die Ansicht vieler Dressur- und Springausbilder zusammen, die große Hochachtung vor den Vielseitigkeitsreitern haben, die alle drei Hauptdisziplinen des Reitens meistern.

Zum Vielseitigkeitsreiten gehört große körperliche Fitness ebenso wie effizientes Training, weswegen dieser Sport welt-weit zur Verbesserung von Trainingsmethoden und Pferde-haltung beigetragen hat. Ein Vielseitigkeitspferd ist ein Athlet, bei dem Fütterung und Fitness wichtige Rollen spielen. Im Training müssen immer alle drei Teilbereiche der Vielseitigkeit im Auge behalten werden – was eigentlich für jeden Reiter gelten sollte.

Der große Anteil erfolgreicher weiblicher Teilnehmer unter-streicht die Tatsache, dass es in der Vielseitigkeit mehr um Einwirkung geht als um Kraft. Die Britinnen Lucinda Green, Mary King, Ginny Elliot und Pippa Funnell haben die weltweit führende Vielseitigkeitsveranstaltung von Badminton insgesamt zwölfmal gewonnen. King, Elliot und Funnell taten sich in der

WELTKLASSE Jimmy Wofford, erfolgreicher Reiter und nun geachteter Trainer, beendet mit Carawich die letzte Phase bei den Weltmeisterschaften von 1978 in Lexington, USA.

Dressur hervor, in der man heute nur wettbewerbsfähig ist, wenn man das Niveau einer reinen Dressurprüfung erreicht.

SPITZENKÖNNER

Die Leistungen von Pferden wie Charisma, Murphy Himself, Supreme Rock, Biko, Custom Made und Gilt Edge halten dem Vergleich mit Spitzenpferden jeder anderen Disziplin stand. Die meisten stammen aus Irland, dem führenden Herkunfts-land von Vielseitigkeitspferden. In diesem Sport sind Vollblüter und die traditionellen Kreuzungen (Vollblut mit einem Viertel Irischem Kaltblut) am erfolgreichsten.

Im modernen Sport verschieben sich die Anforderungen immer mehr von der Ausdauer hin zum Können. Während früher hauptsächlich Mut und Kraft gefragt waren, ist heute echte Partnerschaft mit dem Pferd unabdingbar.

REKORDBRECHER Lucinda Green, links auf Village Gossip, ist die bekannteste Vielseitig-keitsreiterin aller Zeiten. Auf sechs verschiedenen Pferden hat sie Badminton sechsmal gewonnen und Generationen von Reitern inspiriert.

PFERDEMANN PAR EXCELLENCE Der Neusee-länder Marc Todd, rechts, wird als größter Allroundreiter der Welt betrachtet. Hier gewinnt er 1988 auf Charisma eine olympi-sche Goldmedaille – die zweite für dieses Paar – in Seoul.

DIE VIELSEITIGKEITS-AUSRÜSTUNG

Die Ausrüstung für Reiter und Pferd sollte vor allem sicher und angenehm zu tragen sein. Kleidung und Ausrüstung müssen auch bei Nässe und im Schlamm noch ihren Zweck erfüllen. Der Reiter trägt Kopf- und Körperschutz und benutzt einen Sattel, der den Beinen sicheren Halt bietet. Das Pferd sollte Beinschützer tragen. Sattel- und Zaumzeug müssen gut angepasst und weich sein. Das Lederzeug darf auch dann nicht scheuern, wenn das Pferd schwitzt.

DIE AUSRÜSTUNG DES REITERS

Zur normalen Kleidung des Reiters kommt auf dem Turnier zwingend die Schutzweste hinzu. Sie muss dem jeweiligen Standard entsprechen, sollte gut passen und die Bewegungsfreiheit nicht einschränken. Ein Reithelm mit entsprechender Beriemung ist immer vorgeschrieben. Reithelm und Schutzweste sollten zwar nie als Ersatz für gute Vorbereitung und Unfallvermeidung angesehen werden, aber sie haben ohne Zweifel zu einem Rückgang der Verletzungen beigetragen. Am Oberarm sollte eine spezielle Halterung mit persönlichen medizinischen Angaben angebracht sein, die bei einem Unfall die Behandlung erleichtern.

Auf höherem Turnierniveau und für das Üben zu Hause brauchen Sie eine Stoppuhr mit versenkten Bedienknöpfen, die Sie nicht versehentlich ein- und ausschalten können.

Ihr Oberteil sollte zum Schutz vor Verletzungen langärmelig sein. Handschuhe sind immer anzuraten, weil Sie damit bei einem Tiefsprung die Zügel besser durchrutschen lassen können und die Zügel sicherer fassen können, wenn sie von Regen oder Schweiß nass geworden sind. Wählen Sie gut sitzende Reithosen, die auch im nassen Zustand nicht rutschig werden. Im Regen kann sich das auf Ihre Sicherheit auswirken.

Die Stiefel sollten bequem sein und am Knöchel maximale Bewegungsfreiheit bieten, weil Sie so besser den Absatz tief halten und die Beine am Pferd lassen können. Die Steigbügel sollten rutschhemmende Einsätze haben.

DIE AUSRÜSTUNG DES PFERDES

Das Pferd auf diesem Bild trägt eine einfache Trense. Manche Pferde brauchen etwas Schärferes, beispielsweise ein Pelham, das über eine Kinnkette Druck auf Zunge und Unterkiefer ausübt. Ein Pferd, das dazu neigt, die Zunge über das Gebiss zu nehmen, ist mit einer Aufziehtrense besser bedient. Zug am Zügel hebt das Gebiss im Maul an, sodass Druck auf Maulwinkel und Genick kommt. Als Reithalfter wird hier ein Mexi-

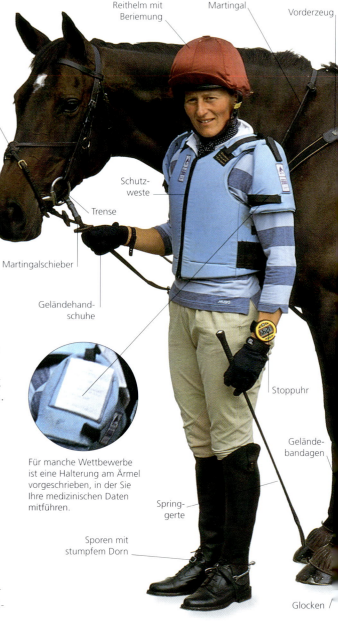

Reithelm mit Beriemung

Martingal

Vorderzeug

Mexikanisches Reithalfter

Schutzweste

Trense

Martingalschieber

Geländehandschuhe

Stoppuhr

Geländebandagen

Für manche Wettbewerbe ist eine Halterung am Ärmel vorgeschrieben, in der Sie Ihre medizinischen Daten mitführen.

Springgerte

Sporen mit stumpfem Dorn

Glocken

BANDAGIEREN FÜR DIE GELÄNDESTRECKE

Schneiden Sie leichte Kunststoffpolster so zu, dass sie um das Röhrbein passen und das Abbeugen der Gelenke nicht behindern **(1, 2)**. Vermeiden Sie Überlappung, damit nirgendwo Druck ent- steht **(3)**. Mit einer elastischen Haftbandage wickeln Sie in regel- mäßigen Windungen von oben nach unten und wieder zurück **(4, 5, 6)**. Sichern Sie die Bandage mit Klebeband **(7, 8)**.

Vielseitigkeits- sattel

kanisches Reithalfter benutzt, was ideal ist, weil es bequem ist und die Wirkung des Gebisses nicht behindert. Außerdem sollten Sie ein laufendes oder ein irisches Martingal benutzen, damit die Zügel dem Pferd nicht über den Kopf fliegen können, wenn Sie sie versehentlich loslassen. Der Sattel sollte ziemlich flach sein, um Ihnen Bewegungsfreiheit zu bieten, und sich weder rutschig noch hart anfühlen. Um dem Bein des Reiters mehr Halt zu bie- ten, können Pauschen oder Klötze über dem Oberschenkel angebracht werden. Der Sattel muss mit Sattelgurt und Übergurt gesichert sein, die beide dem Pferd durch Elastikeinsätze Bequemlichkeit bieten sollten. Ein Vorderzeug verhindert das Verrutschen des Sattels nach hinten.

Zum Schutz der Beine werden häufig Gama- schen aus Kunststoff bzw. Leder oder elastische Haftbandagen verwendet, die über leichte, was- serdichte Unterlagen gewickelt werden (siehe Kasten oben). Gleitgel, das auf die Vordersei- ten der Beine aufgetragen wird, hilft Schnitt- verletzungen zu vermeiden. Glocken schützen die Hufballen, dürfen aber nicht zu locker sitzen, weil das Pferd sonst stolpern kann. Wie beim Springen können je nach Bodenbedingungen Stollen eingesetzt werden (siehe S. 189). Je mehr Stollen Sie verwenden, desto größer wird aller- dings das Risiko, unterwegs Eisen zu verlieren. Schrauben Sie also nur das notwendige Minimum ein. Vermeiden Sie es, Stollen nur auf einer Seite des Eisens einzusetzen. Die auftretenden Drehkräfte können das Eisen vom Huf ziehen.

Satteldecke

Rutschhemmender Steigbügel

Übergurt

Streichgamaschen

FERTIG FÜR DIE VIELSEITIGKEIT
Jeder Ausrüstungsgegenstand erfüllt einen bestimmten Zweck. Damit Pferd und Reiter bei aller Funktionalität gut aussehen, können Helmüberzug und Kleidung sowie eventuell die Pferde- bandagen farblich aufeinander abge- stimmt werden. Die Ausrüstung sollte vor und nach jedem Ritt gesäubert und kontrolliert werden. Leder ist ein sicheres und angenehmes Material, aber es nutzt sich ab und verliert seine Belastbarkeit, wenn es nicht regelmäßig gepflegt wird.

EINE GELÄNDE-ANLAGE

Eine fest angelegte Geländestrecke ist eine unschätzbare Trainingshilfe, weil Pferde und Reiter sich hier mit den verschiedenen Hindernistypen der echten Strecke bekannt machen können. Sie lernen Wälle, Gräben, Tiefsprünge und Wasserhindernisse kennen. Erfahrenere Reiter können hier üben und junge Pferde mit neuen Herausforderungen vertraut machen. Der relativ kleine eingefriedete Bereich bietet Hindernisse aller Größen und ist ein sicheres Übungsgelände.

DAS IDEALE ÜBUNGSGELÄNDE

Das Geländetraining wird oft einfach nur deswegen vernachlässigt, weil kein geeignetes Übungsgelände vorhanden ist. Also nutzen manche Reiter die riskante Gelegenheit, auf dem Turnier zu üben. Wer eine gut geplante Übungsstrecke zur Verfügung hat, der weiß, wie sehr verschiedene Reiter und Pferde davon profitieren können – auch solche, die sich auf Springen oder Dressur spezialisieren wollen.

Wichtig ist die Abfolge der Hindernisse. Ein Übungsplatz sollte jede Art von Geländehindernissen bieten, und zwar im kompakten Format und dabei in zwei oder drei größer werdenden Versionen. So kann man immer stufenweise und angstfrei vorgehen.

Abgesehen von den Hindernistypen des Springreitens, also Steilsprüngen, Oxern und Triplebarren (siehe S. 190–191), kennt die Geländestrecke fünf Haupthindernisse: Wälle, Gräben, Tiefsprünge, Wassersprünge und Bürstensprünge. Daraus werden Kombinationen in verschiedenen Abständen und Winkeln zusammengestellt. Die Distanzen sollten je nach Pferdetyp und Geschwindigkeit passend gewählt werden können.

TRAINING SCHRITT FÜR SCHRITT

Junge Pferde und Reiteinsteiger brauchen vor dem Springen neben grundlegender Dressurarbeit auch genügend Zeit, um sich an die Umgebung zu gewöhnen. Beginnen Sie mit kleinen Wällen und Baumstämmen aus dem Trab. Waten Sie danach durchs Wasser oder springen Sie einen kleinen Graben. Wenn Sie und Ihr Pferd Miniaturhindernisse aus dem ruhigen Galopp sicher überwinden, können Sie etwas schneller reiten – aber nur, wenn Ihr Pferd dabei kontrollierbar bleibt und sich nicht aufregt. Denken Sie daran, dass man Geländehindernisse auch langsam springen kann.

EIN GELÄNDE-SPIELPLATZ
Ein Gelände-Übungsplatz sollte nicht nur viele verschiedene Sprünge bieten, sondern auch den geeigneten Boden. Die Absprung- und Landezonen müssen sicheren Griff bieten, damit das Pferd nicht ausrutscht und das Vertrauen verliert. Auch wenn Sie auf weicherem Boden antreten wollen, sollte Ihr Pferd gelernt haben, mit matschigem Boden zurechtzukommen. Reiten Sie dazu bei schlechtem Wetter aus.

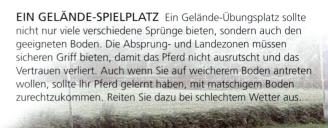

Das Karussell besteht aus sieben niedrigen Sprüngen mit drei kurzen, normalen oder langen Galoppsprüngen dazwischen. Als Grundübung für die bessere Kontrolle vor oder nach einer schnelleren Reprise ist es unschätzbar

MIT FÜHRPFERD
Halten Sie Ihre Gelände-Übungsstunden nach Möglichkeit zusammen mit einem erfahreneren Pferd und Reiter ab. So fühlen Sie und Ihr Pferd sich sicherer und Sie kommen dem Herdentrieb des Pferdes entgegen.

JUNGE PFERDE IM WASSER Vor dem ersten Wassersprung sollen Sie Ihr junges Pferd neben einem erfahrenen Veteranen durchs Wasser waten lassen. Tun Sie das mehrmals, bis es sicher weiß, dass das Wasser und der Untergrund nichts Schlimmes sind.

HERANFÜHREN AN GRÄBEN Gräben wirken oft Angst einflößend. Springen Sie anfangs aus dem Trab hinter einem Führpferd über schmale Gräben mit Einfassungen. Greifen Sie in die Mähne, weil Ihr Pferd einen großen Satz machen könnte.

Dieser Wasserkomplex bietet über 30 verschiedene Routen und Anreitwege und sogar einen Sprung im Wasser unter dem Dach.

Anfangend mit einem Wassergraben von 50 cm, kann man hier das Vertrauen von Pferden und Reitern aufbauen. Die breiteren Gräben sind alle mit Stangen überbaut.

HERANFÜHREN AN WÄLLE Niedrige Wälle eignen sich am besten für die ersten Schritte des Geländetrainings. Reiten Sie zunächst im Schritt die Schräge hinauf und springen Sie auf der anderen Seite nach unten. Dann traben Sie allmählich größere Wälle hinauf. Greifen Sie bergauf in die Mähne, damit Sie besser im Gleichgewicht bleiben. Bergab lassen Sie die Zügel durch Ihre Finger rutschen.

Einen solchen Wallkomplex können junge Pferde und Einsteiger im Schritt oder Trab anreiten, erfahrenere Pferde im langsamen Galopp. Die Wallkanten bieten unterschiedlich tiefe Tiefsprünge.

SICHERHEITSVORKEHRUNGEN

Geländereiten findet sich nicht in der Liste der Risikosportarten wie Felsklettern oder Motorradrennen und ist statistisch gesehen sicherer als Schwimmen oder Segeln. Auf dem Turnier gewährleisten verschiedene Regeln die Sicherheit der Teilnehmer, aber im Training müssen Sie selbst ein Auge auf die Vermeidung von Risiken haben. Wenn Sie die Schlüsselelemente für sicheres Geländereiten kennen, können Sie methodisch an das Thema Sicherheit herangehen.

EIN SICHERER SPORT

Geländereiten ist eine sichere Sache, wenn das Pferd innerhalb seiner körperlichen Grenzen arbeitet und sich mit seinem Reiter unter Anleitung eines Trainers allmählich steigert.

Vielseitigkeitsreiten als Sport wird oft mit Gelände-Jagdrennen in Verbindung gebracht, bei denen Pferde in Renngeschwindigkeit über Hindernisse gehen – aber es gibt grundlegende Unterschiede. Erstens wird in der Vielseitigkeit einzeln geritten statt in der Gruppe. Zweitens liegt das Tempo in internationalen Prüfungen ungefähr bei maximal 800 m/min (48 km/h) verglichen mit 1000 m/min (60 km/h) im Jagdrennen. In normalen Wettbewerben werden selbst in der Rennbahnphase 600 m/min (36 km/h) selten überschritten. Das bedeutet, dass das Vielseitigkeitspferd sicher im Bereich seiner Fähigkeiten arbeitet, was das Risiko verringert. (Für die Vielseitigkeit werden Geschwindigkeiten normalerweise in Metern pro Minute angegeben. Zum besseren Vergleich werden hier meist auch die Werte in Kilometern pro Stunde aufgeführt.)

Mit größerer Geschwindigkeit steigt der Energiebedarf zur Erzeugung dieser Geschwindigkeit exponentiell. Ein Pferd, das nahe an seinem Maximum gearbeitet hat, wird also deutlich schneller ermüden als eines, das im Rahmen seiner normalen Möglichkeiten geblieben ist. Rennpferde erreichen die Grenzen der verfügbaren Energie und sind daher im Ziel immer ermüdet. Bei richtiger Vorbereitung sollte ein Vielseitigkeitspferd niemals ermüdet ins Ziel kommen. Ihr Pferd darf leichte Zeichen von Müdigkeit zeigen, aber nicht mehr, sonst sollten Sie aufgeben. Ein ermüdetes Pferd ist eine Gefahr für sich selbst und seinen Reiter. Ihr Pferd sollte im Ziel immer bereit sein, noch ein wenig mehr zu tun.

SICHERHEIT IM TRAINING

Auf Wettbewerben sind die Sicherheitsregeln festgelegt und die Einhaltung wird überwacht. Das Regelwerk wird auf der Grundlage wissenschaftlicher Untersuchungen ständig überarbeitet. Richter und andere Autoritätspersonen setzen die Regeln in die Praxis um, damit sichergestellt ist, dass Sie in akzeptabler Manier auf dem richtigen Niveau und einem entsprechenden Pferd reiten. Unfälle kommen aber auch im Training vor – hier müssen Sie aktiv die Verantwortung für Ihre eigene Sicherheit übernehmen. Überprüfen Sie im ersten Schritt immer die Risikofaktoren. Wenn Sie aufpassen und vernünftig vorgehen, können Sie die Risiken minimieren und mit Spaß ins Training gehen (siehe Kasten unten). Überprüfen Sie

UNFALLVERHÜTUNG

Unfälle vermeidet man mit einem qualifizierten Trainer, einem sicheren Reitplatz und gut aufeinander aufbauenden Übungen. Allgemeine Fitness und gut trainierte Muskeln sind ebenfalls Sicherheitsfaktoren. Schutzausrüstung verringert das Risiko von Verletzungen (siehe S. 258–259). Militaryhelme ähneln den Jockeykappen, aber die Vorschriften ändern sich immer wieder, sodass Sie überprüfen sollten, ob Ihr Modell noch den aktuellen Regeln entspricht. Zur Unterstützung des Halses wird ein Plastron ohne Nadel empfohlen. Eine Schutzweste mit Schulterpolstern verringert nachweislich das Verletzungsrisiko, wenn sie gut passt und Ihre Bewegungen nicht einschränkt.

SCHUTZWESTE

Die Sicherheitsweste muss den Körper des Reiters vollständig umschließen.

Die Hinterkante der Weste sollte den Sattel nicht berühren.

auf dem Übungsplatz, ob die üblichen Sicherheitsvorkehrungen getroffen wurden, und führen Sie eine Risikoanalyse durch (siehe Kasten unten rechts).

DAS SICHERE PFERD

Eine Trainingsphilosophie, nach der das Pferd lernt, die Verantwortung für sich und seinen Reiter selbst zu übernehmen, ist ein wichtiger Faktor für die Sicherheit. Ein erfahrenes Pferd kennt die meisten Situationen besser als Sie. Also vertrauen Sie ihm, dass es die richtigen Entscheidungen treffen wird. Finden Sie heraus, wann Sie es selbst machen lassen müssen. Ein Pferd, das sich von seinem Reiter ablenken lässt oder sehr mechanisch geritten wird, springt nicht sicher. Ein geschicktes Pferd sieht sich an, was es springen soll, und nimmt selbstständige Anpassungen vor. Geschicklichkeitstraining sollte zum Trainingsplan gehören (siehe S. 270–271).

ABGEHEN DER STRECKE

Eine der besten Sicherheitsvorkehrungen, die ein Reiter treffen kann, ist das Abgehen der Strecke in Begleitung seines Trainers oder eines erfahrenen Reiters. Wichtig ist, dass Ihr Berater Stärken und Schwächen von Pferd und Reiter kennt, damit er Sie sinnvoll und passend beraten kann.

Für einen Vielseitigkeitsreiter ist das Einschätzen von Distanzen schwieriger als für einen Springreiter, weil verschiedene Faktoren eine Rolle spielen. Hier ist ein Berater wichtig, der Erfahrung mit Galoppsprunglängen, Absprung- und Landepunkten bei verschiedenen Hindernistypen und Einflüssen verschiedener Umstände mitbringt. Wenn Ihnen bewusst ist, dass eine Distanz lang oder kurz zu reiten sein wird, kann das bereits den Unterschied zwischen einem sicheren Ritt und

SICHERHEITSRATSCHLÄGE VOM TRAINER Selbst Spitzenreiter gehen schwere Strecken in Begleitung ihres Trainers ab. Einsteiger sollten sich nie auf die Strecke begeben, ohne zur Streckenführung und zu schwierigen Stellen Rat eingeholt zu haben.

einem Risiko ausmachen. Verinnerlichen Sie die Philosophie, dass immer Raum für Fehler sein muss, damit eine kleine Ungenauigkeit nicht zu einer gefährlichen Situation führt.

Ein erfahrener Trainer wird es Ihnen zur Gewohnheit machen, das Abgehen der Strecke als positive Erfahrung zu sehen. Er wird Sie auf das Wesentliche konzentrieren und Sie nur Dinge versuchen lassen, zu denen Sie auch fähig sind. Er wird Ihr Verständnis dafür schulen, weshalb manche Linien und Hindernisse auf eine bestimmte Art geritten werden sollten. Verringern Sie Ihre Zweifel und steigern Sie Ihr Vertrauen in Ihre eigenen Fähigkeiten. So werden Sie Ihre Ziele mit größerer Sicherheit – im zweifachen Sinne – erreichen.

RISIKOANALYSE

Überprüfen Sie Ihren Versicherungsschutz, bevor Sie auf einem Gelände-Übungsplatz trainieren. Nehmen Sie Ihre üblichen medizinischen Unterlagen mit (siehe S. 258), auf denen Blutgruppe, Allergien und Krankheitsgeschichte verzeichnet sind. Fragen Sie nach, wie die Anlage versichert ist. Sind Sie mit Ihrem Trainer unterwegs, so sollte er die Anlage bereits auf ihre Eignung für Sie und Ihr Pferd überprüft haben. Gewöhnen Sie sich aber trotzdem ruhig an, sich alles selbst anzusehen.

Achten Sie auf die folgenden Faktoren:
- Sind die Hindernisse für Ihre Fähigkeiten geeignet – verlangen Sie zu viel von sich oder Ihrem Pferd?
- Stehen Hindernisse zum Aufwärmen zur Verfügung? Eine Auswahl kleiner Hindernisse hilft, Vertrauen aufzubauen und vor den Kombinationen in Fahrt zu kommen.

- Bauen die Hindernisse logisch aufeinander auf?
- Ist der Boden geeignet? Harter Boden belastet die Sehnen ebenso wie tiefer, matschiger Boden. Sehen Sie sich die Absprung- und Landezonen an.
- Sind die Hindernisse sicher konstruiert? Kann das Pferd sich verfangen? Stehen Nägel oder Holzenden heraus? Wie tief ist das Wasser? Wie ist der Boden im Wasserkomplex beschaffen?
- Wie sicher ist der Platz? Kann ein reiterloses Pferd auf eine Straße oder in einen Maschendrahtzaun laufen? Schließen Sie Tore, die auf glatten Beton führen.
- Ist der Übungsplatz leicht und sicher zugänglich?
- Ist eine Erste-Hilfe-Ausrüstung für den Reiter vorhanden?
- Ist eine Erste-Hilfe-Ausrüstung für das Pferd vorhanden?
- Liegt eine Tierarzt-Telefonnummer bereit?
- Ist im Notfall ein Telefon erreichbar?

SITZ & HALTUNG DES REITERS

Auf der Geländestrecke muss der Reiter sicher sitzen. Das erreicht er durch einen starken und stabilen Unterschenkel, sein auf die Steigbügel durchgefedertes Gewicht und die Fähigkeit, die Zügel durch die Finger rutschen zu lassen.

Probleme tauchen vor allem dann auf, wenn der Reiter vor die Bewegung des Pferdes gerät. Reiten Sie mit etwas kürzeren Steigbügeln als beim Parcoursspringen, damit Sie noch stabiler sitzen.

VERKÜRZEN DER STEIGBÜGEL

Die entscheidenden Faktoren für den Sitz des Reiters sind auf der Geländestrecke dieselben wie im Springparcours. Das Reitergewicht wirkt an genau der gleichen Stelle ein, das Gesäß ist aus dem Sattel genommen oder berührt ihn gerade noch. Für das Pferd fühlt sich die Gewichtsverlagerung genauso an wie beim Springreiten.

Allerdings sollten die Steigbügel für die Geländestrecke ungefähr 2,5 cm – zwei Löcher – kürzer sein als für das Springen, damit das Knie etwas höher liegt und der Absatz etwas

tiefer. Diese Haltung gibt dem Reiter ein noch sichereres Gefühl, vor allem, wenn er sein Gewicht nach unten auf den Absatz federt statt auf den Fußballen.

Für das Verkürzen der Steigbügel gibt es zwei Hauptgründe. Erstens wird das Gleichgewicht über dem Sprung stabiler, weil Knie- und Hüftgelenke stärker geschlossen werden können und der Schwerpunkt des Reiters im Verhältnis zu seinem Unterschenkel tiefer kommt. So sitzt der Reiter noch sicherer. (Jockeys in Jagdrennen reiten mit noch kürzeren Bügeln, sodass sie ihr Gesäß auf Höhe ihrer Knie haben.) Zweitens hat der

GUTER SITZ FÜR DIE GELÄNDESTRECKE Wichtig ist, dass Sie stetig im Gleichgewicht bleiben können, sodass Ihr Gewicht sich für das Pferd immer gleich anfühlt. Diese Reiterin geht weich und geschmeidig in der Bewegung mit, sowohl bergauf als auch über dem Hindernis.

Über dem Sprung klappen Sie die Knie- und Hüftgelenke zu.

Halten Sie beim Bergaufreiten den Oberkörper nahe am Pferdehals.

Reiter bei mächtigen Tiefsprüngen mehr Stabilität. Bei diesen Sprüngen muss er die Knie- und Hüftgelenke weit öffnen, damit sein Gewicht weiter auf die Schenkel geleitet wird und er vom hinteren Sattelkranz nicht nach vorne geschoben wird. Mit kürzeren Bügeln hat das Gesäß etwas mehr Abstand zum Sattel und der Reiter kann bei der Landung die gerade Linie zwischen Schulter, Hüfte und Absatz einhalten.

DIE ZÜGEL DURCHRUTSCHEN LASSEN

In der Sicherheitshaltung bewegen sich die Reiterhände weiter vom Pferdemaul weg. Also müssen Sie die Zügel durch die Finger rutschen lassen, damit Sie nicht nach vorne gezogen werden und dabei das Pferd behindern. Halten Sie nach der Landung Anlehnung, indem Sie beide Zügel in eine Hand nehmen und jeweils die andere Hand am Zügel entlang wieder in die normale Position rutschen lassen. Bei mächtigen Tiefsprüngen oder Bergabsprüngen können Sie den Absatz um 5 bis 10 cm nach vorne bewegen, um mehr Halt zu haben. So wird der Unterschenkel fester und sicherer, aber Ihr restlicher Körper muss so locker bleiben, dass Sie in der Bewegung des Pferdes mitgehen können.

SICHERHEITSHALTUNG

An jedem Geländehindernis und vor allem bei Tiefsprüngen ist es wichtig, dass Sie bei der Landung die Knie- und Hüftgelenke öffnen. Dadurch bleibt Ihr Schwerpunkt sowohl über dem Schwerpunkt des Pferdes als auch über Ihrem Unterschenkel, der Ihr Fundament darstellt. Ich nenne das die Sicherheitshaltung.

Halten Sie weiche, fühlige Anlehnung.

Federn Sie Ihr Gewicht zu den Absätzen durch.

Geben Sie klare Richtungsanweisungen.

DIE EINWIRKUNG DES REITERS

Ein guter Geländereiter benötigt die gleichen Fähigkeiten wie ein Spring- und Dressurreiter: Er muss die entsprechenden Übungen kennen, sich in das Pferd einfühlen können und in der Lage sein, sich dem Pferd in einer klaren Sprache mit-

zuteilen. Die Schlüsselfähigkeit ist aber das Gefühl: Sie sollten spüren können, ob Sie mehr oder weniger Schwung brauchen, ob das Pferd müde ist oder nicht und ob Sie die richtige Geschwindigkeit für das jeweilige Hindernis haben.

DEN GALOPPSPRUNG VARIIEREN

Die Vielfalt an Hindernissen beim Geländereiten bringt es mit sich, dass Sie als Reiter mit verschiedenen Galoppsprung-längen arbeiten müssen. Das ist ein grundlegender Unterschied zwischen Spring- und Geländereiten und der Grund dafür, dass ein Vielseitigkeitspferd lernen muss mitzudenken: Es muss das Hindernis auf sich selbst gestellt sicher springen können, auch wenn der Reiter vor dem Absprung mit den Galoppsprunglängen nicht mehr zurechtgekommen ist.

Trotzdem sollte der Reiter nicht alles dem Pferd überlassen, sondern lernen, wie er den Galoppsprung anpassen kann, ohne das Pferd in seiner Konzentration zu stören oder es einzuschränken. Sie müssen sich der Galoppsprünge bewusst sein und mit ihnen arbeiten, nicht gegen sie, sodass das Pferd nach eigenem Ermessen mit etwas größerem oder etwas geringerem Abstand abspringen kann. Reiter, die das nicht gelernt haben, neigen dazu, ihrem Pferd jeden Schritt vorzuschreiben. Wenn sie dann einen Fehler machen, merken sie, dass das

Pferd sich immer noch auf den Reiter konzentriert und nicht auf das Hindernis: Man hat dem Pferd nicht erlaubt, selbst zu denken, also weiß es nicht, wie man Probleme vermeidet. Wenn ein großer Sprung erforderlich ist, muss der Reiter dem Pferd ausreichend Schwung und Freiheit geben. Ist ein dichter Absprung nötig, muss der Reiter ruhig sitzen und für stete Geschwindigkeit sorgen. Nehmen Sie diese beiden Aspekte zusammen und Sie haben die Basis für das Anreiten jedes Hindernisses. Das Gefühl für den Galoppsprung kann man entwickeln (siehe S. 196–197) und damit immer müheloser kleine Änderungen vornehmen, die den Absprung erleichtern.

EINSCHÄTZUNG DER GESCHWINDIGKEIT

Entwickeln Sie von Anfang an ein genaues Gefühl für die verschiedenen Geschwindigkeiten und Galoppsprunglängen. Auch auf begrenztem Raum können Sie im Abstand von 100 m Markierungen aufstellen und mithilfe einer Stoppuhr lernen, wie sich eine Geschwindigkeit von 200, 300 oder 400 m/min

DER GEBRAUCH DER STOPPUHR

Benutzen Sie die Stoppuhr schon im Training. So bekommen Sie ein Gefühl für bestimmte Geschwindigkeiten. In den niedrigeren Turnierklassen sind Stoppuhren nicht zugelassen, sodass Sie hier Ihr Gefühl testen können.

Teilen Sie eine Strecke in Abschnitte von zwei oder drei Minuten auf, sehen Sie an bestimmten Punkten auf die Uhr und überprüfen Sie Ihre Geschwindigkeit. Achten Sie auf schnellere oder langsamere Abschnitte und Ihr Leistungsziel für den Tag. Sehen Sie nie auf die Uhr, wenn Sie gerade einen Sprung anreiten, und zwingen Sie nie Ihr Pferd, mehr zu geben, als es in der Lage ist.

Wichtig ist der Einsatz der Uhr auf der Rennbahnstrecke, damit Sie weder Energie verschwenden noch Risiken eingehen. Teilen Sie die Strecke in Abschnitte von je einer Minute ein und versuchen Sie, nicht mehr als 5 Sekunden unter der Zeit zu bleiben. Bei einer Sekunde darüber haben Sie gut geschätzt, aber bei 15 Sekunden darunter können Sie das Pferd überfordert haben.

GESCHWINDIGKEIT UND LÄNGE DES GALOPPSPRUNGS

Sie müssen Ihre Geschwindigkeit auf die Strecke und die Hindernisse abstimmen. Auf dem Pferd haben Sie keinen Tacho, also müssen Sie verschiedene Geschwindigkeiten spüren und von einer in die andere wechseln können. Das können Sie üben, indem Sie abgemessene Strecken in bestimmter Zeit zurücklegen. Ihr Pferd muss dafür fit sein und gelassen bleiben. Geschwindigkeit und Galoppsprunglänge hängen zusammen, sodass Sie mithilfe der Tabelle die Sprunglängen für bestimmte Distanzen ermitteln können.

GESCHWINDIGKEIT	LÄNGE DES GALOPPSPRUNGS	BENÖTIGT FÜR
300 m/min (18 km/h)	3 m	Pulvermannsgrab und Tiefsprünge
365 m/min (22 km/h)	3,7 m	Parcoursspringen
400 m/min (24 km/h)	4 m	Kombinationen, schwierige Einzelhindernisse
450 m/min (27 km/h)	4,5 m	Grundgalopp für die Konditionierung und die Ausdauer
500 m/min (30 km/h)	5 m	Leichtere Einzelhindernisse, zwischen den Hindernissen in Kl. L
550 m/min (33 km/h)	5,5 m	Galopp für Ausdauer und Geschwindigkeit
600 m/min (36 km/h)	6 m	Zwischen den Hindernissen und für Bürstensprünge
650 m/min (39 km/h)	6,5 m	Geschwindigkeit für die Rennstrecke in Kl. L
700 m/min (42 km/h)	6,5 m (erhöhte Frequenz)	Höchstgeschwindigkeit im Training

anfühlt. Mit mehr Platz können Sie auch 500 m/min ausprobieren und üben, die Geschwindigkeit anzupassen. Dabei gewöhnen Sie sich auch an den Gebrauch der Stoppuhr. Mit etwas Übung werden Sie merken, dass Sie den Unterschied zwischen 350, 450 und 550 m/min durchaus spüren können. Dann können Sie auch die richtige Geschwindigkeit für einen bestimmten Hindernistyp oder die richtige Galoppsprunglänge für eine bestimmte Kombination wählen. Denken Sie daran, dass bei einem gelöst gehenden Pferd die Galoppsprünge kürzer werden, wenn es langsamer wird, und länger, wenn es schneller wird (siehe Tabelle oben). Wenn es allerdings an seine Grenzen kommt, wird es die Häufigkeit der Sprünge erhöhen, nicht die Länge. Auch wenn jedes Pferd anders ist, bietet die Tabelle einen guten Anhaltspunkt.

GUT GEMACHT Wenn Sie aufhören, sollte Ihr Pferd immer bereit und fähig sein, noch ein wenig mehr zu geben. Waren Sie gut vorbereitet, dann hat Ihr Pferd eine gute Erfahrung gemacht und Sie hatten viel Spaß dabei.

ERMÜDUNG BEIM PFERD

Wenn Ihr Pferd nicht mehr ganz so gut reagiert, lassen Sie es zwischen den Hindernissen langsamer gehen, damit es sich ein wenig erholen kann, bevor es für den nächsten Sprung wieder Fahrt aufnimmt. Wenn es doch etwas müder zu sein scheint, sollten Sie aufhören – der nächste Tag kommt bestimmt.

Analysieren Sie, ganz unabhängig von den Umständen, die Ursachen der Müdigkeit. War Ihr Pferd krank, sind Sie zu schnell geritten oder hat das Trainingsprogramm nicht gepasst? Die Analyse macht aus einer negativen Erfahrung eine positive, aus der Sie lernen können.

IN FAHRT BLEIBEN

Sie gehen vor allem dann leicht und sicher auf die Gelände-strecke, wenn Sie und Ihr Pferd geistig und körperlich in Fahrt sind. In Fahrt sein heißt nicht, dass das Pferd davonstürmt, was gefährlich wäre. Es heißt, richtig warm zu sein: Der Reiter denkt vorwärts und das Pferd reagiert unverzüglich auf die treibenden Schenkelhilfen und die verlangsamenden Zügel-hilfen. Arbeiten Sie also beim Aufwärmen am Verlängern und Verkürzen der Galoppsprünge und an der Durchlässigkeit.

Auf der Strecke müssen Sie bereit sein, auch einmal eine deutliche treibende Hilfe zu geben und diese notfalls mit Sporen oder Gerte zu betonen, damit das Pferd im Vorwärts bleibt. Gerte und Sporen dürfen nicht als Ersatz für gute Vor-bereitung dienen oder das Pferd durch eine Aufgabe jagen, die zu schwierig ist. Aber wenn das Pferd vergessen hat, dass es in Fahrt bleiben muss oder wenn die Situation es erfordert, ist es besser, Gerte oder Sporen einzusetzen, als ein Hindernis halb-herzig oder unpassend zu nehmen und damit dem Pferd Angst einzujagen oder den Reiter aus dem Sattel zu holen.

Benutzen Sie die Gerte nie aus Wut. Setzen Sie sie haupt-sächlich an der Kruppe mit einem einzigen Schlag ein und nicht im empfindlichen Flankenbereich. Sie können die Gerte auch an der Pferdeschulter benutzen, aber hier kann es passie-ren, dass das Pferd seitlich ausweicht, sodass die Linienführung zum Sprung nicht mehr stimmt.

Wenn Ihr Pferd nicht gerade sehr fein auf die Schenkelhilfen reagiert, sollten Sie Sporen mit großflächigen, abgerundeten Enden verwenden. Müssen Sie die Sporen allerdings ständig einsetzen, dann sollten Sie die Situation analysieren und ent-scheiden, ob Ihr Pferd mehr dressurmäßig gearbeitet werden sollte, beim Training mit kleineren Hindernissen wieder Selbstsicherheit bekommen muss oder Schmerzen haben könnte. Viele Pferde gehen mit der Zeit unwillig, weil ihnen die Beine wehtun oder der Sattel zwickt.

IN FAHRT KOMMEN Um das Pferd vorwärts zu schicken, können Sie kurz einsitzen und mit den Schenkeln nahe am Gurt einwirken. Belohnen Sie das Pferd, sobald es reagiert.

OBEN BLEIBEN

Die Hauptfaktoren für den stabilen Sitz sind ein sicherer Unterschenkel, der das Gewicht auf den Steigbügel durch-lässt, ein nach unten federnder Absatz und eine entspannte Haltung im Gleichgewicht, die sich jeder Situation anpassen kann. Ein steifer Reiter kann aus dem Sattel geworfen werden wie ein Ball von einem Tennisschläger. Geistige Anspannung und eine negative Einstellung sind die häufigsten Gründe für Steifheit – gehen Sie also langsam vor, sodass Sie immer das Gefühl haben, sicher zu sein und alles unter Kontrolle zu haben. Meist verlieren Reiter ihre Lockerheit durch Angst. Die einzige Abhilfe besteht dann darin, im Training einige Schritte zurückzugehen, die Anforderungen anzupassen und einfachere Übungen zu absolvieren, bis sie ihre Sicherheit wiedererlangt haben.

DREHEN DER GERTE

Auf der Geländestrecke kann es gelegentlich nötig werden, die Gerte zu benutzen, um das Pferd in Fahrt zu bringen.

Halten Sie die Gerte beim Reiten zwischen Daumen und Zei-gefinger (1). Damit Sie die Kruppe erreichen und die Gerte dort einmal mit Nachdruck einsetzen können, müssen Sie das untere Ende der Gerte nach oben bringen. Nehmen Sie dazu beide

Zügel in eine Hand, wobei die Gertenhand näher am Körper bleibt (2, 3). Nun halten Sie die Gerte ohne Zügel (4), können sie zwischen die ersten beiden Finger fallen lassen (5) und dre-hen, bis Sie sie halten wie einen Tennisschläger (6). Nach der Hilfe drehen Sie die Gerte wieder, bis Sie sie normal halten (1) – Sie riskieren sonst, sich das Ende ins Auge zu stechen.

Von vielen Reitern hört man, sie würden am besten reiten, wenn ihr Adrenalinspiegel hoch genug ist – aber unterscheiden Sie zwischen Motivation und Angst. Motiviert können Sie sich konzentrieren und schnell reagieren, aber mit Angst verspannen Sie sich und reagieren langsamer.

Probleme tauchen auch gerne an Tiefsprüngen auf, weil man sich instinktiv zurücklehnen will. Also sitzt man im Sattel ein und nimmt zum Ausbalancieren den Unterschenkel zurück. Die Kombination aus diesem schwachen Unterschenkel und dem direkten Kontakt mit dem Sattel führt dazu, dass der Reiter vom Hinterzwiesel des Sattels nach vorne katapultiert wird. Bei der Landung hängt er dann dem Pferd um den Hals oder fällt einfach herunter. Denken Sie deswegen lieber an »hoch« als an »nach hinten«. Damit klappen Sie die Knie- und Hüftgelenke auf, bis Sie sich im Grunde in der Dressurhaltung befinden, bei der Sie Ihr Gewicht auf den Steigbügel federn und die Linie Schulter–Hüfte–Absatz senkrecht verläuft (siehe Kasten S. 265). Lassen Sie dabei die Zügel durchrutschen und schauen Sie nach vorne, nicht nach unten. Die Linie von der Kniemitte zum Fußballen sollte senkrecht verlaufen. Wenn es haarig wird, schieben Sie den Absatz nach vorne.

FORTSETZUNG AM NÄCHSTEN TAG

Ist Ihr Pferd am Tag nach einem Geländewettbewerb frisch und arbeitswillig, dann werden Sie in diesem Sport weiterhin Fortschritte machen. Mit der richtigen Vorbereitung können Sie am nächsten Tag wieder reiten, ohne dass Sie oder Ihr Pferd zu steif oder verletzt sind oder das Vertrauen verloren haben. Ein Pferd ist keine Maschine, es braucht ein gut geplantes Fitnessprogramm im Rahmen eines Gesamtplanes (siehe

S. 324–329) und muss Spaß an der Arbeit haben. Jedes andere Vorgehen ist Tierquälerei.

Das Pferd sollte nicht nur fit genug, sondern mehr als fit genug sein, wenn Sie Ermüdung und Verletzungen vermeiden wollen. Der Reiter muss so fit sein, dass er eine Viertelstunde lang im leichten Sitz reiten kann, bevor er eine Geländestrecke von fünf Minuten Dauer anpackt.

Ein vernünftiges Trainingsprogramm sichert dem Vielseitigkeitspferd eine lange Karriere. Dazu müssen Sie die Kräfte des Pferdes schonen, es nicht mit übermäßigem Springen belasten und ganz allgemein Stress vermeiden. Das Geheimnis besteht darin, Dressurreiten, Springen und Geländearbeit so zu einem Gesamtprogramm zu vereinen, dass das Pferd in mehreren Bereichen gleichzeitig gefördert wird. Deswegen ist es wichtig, mit einem Trainer zu arbeiten, der über die Anforderungen des Vielseitigkeitssports Bescheid weiß.

VORWÄRTS Der Neuseeländer Andrew Nicholson zeigt einen sicheren, geschmeidigen Sitz. Das Pferd hat sich im Sprung gedreht, aber der Unterschenkel des Reiters ist sicher am Platz. Pferd und Reiter zeigen eine positive Einstellung und schauen vorwärts.

KONSTANTEN & VARIABLEN

Auch ein Vielseitigkeitspferd muss konstant Akzeptanz, Gelassenheit, Fleiß und Geradheit zeigen und dazu eine gute Springtechnik haben. In der Vielseitigkeit führen Gelände und Hindernistypen aber ständig neue Variablen ein: Richtung, Geschwindigkeit, Schwung und Gleichgewicht müssen permanent angepasst werden. Die Konstanten sind die Basis für Erfolg und Sicherheit, aber ohne die richtigen Variablen werden Sie den Herausforderungen der Geländestrecke nicht gewachsen sein.

DIE BEDEUTUNG DES SCHWUNGS

Zusammen erzeugen die Konstanten – Akzeptanz, Gelassenheit, Fleiß, Geradheit und Reinheit (siehe S. 122–123) – kontrollierten Schwung, der die wichtigste Voraussetzung für einen guten und sicheren Geländeritt ist.

Wenn auch nur eine der Konstanten nicht zum Tragen kommt, hat das negative Auswirkungen auf den kontrollierten Schwung. Das kann zu unzuverlässiger und damit risikoträchtiger Leistung führen. Manche Reiter nehmen die Geländestrecke mit Pferden in Angriff, die nicht auf den Reiter hören oder aufgeregt sind – so kann man die Anforderungen moderner Strecken unmöglich bewältigen.

Um in Fahrt zu bleiben, muss das Pferd willig vorwärts gehen. Setzt es beide Körperseiten gleichmäßig ein, sodass es gerade ist und einen natürlichen, reinen Sprung zeigen kann, dann wird es auch eine Leistung mit hohem Wirkungsgrad erzielen. Im Vielseitigkeitssport ist das wichtig, weil hier große Ausdauer erforderlich ist und die Kräfte geschont werden müssen. Bei einem fleißigen Pferd bleibt der Reiter außerdem besser im Gleichgewicht.

DIE ANPASSUNGSFÄHIGKEIT

Je höher die Turnierklasse, desto besser muss die Partnerschaft zwischen Reiter und Pferd sein. Verständigung, das Bewusstsein füreinander und die Reaktionsgeschwindigkeit müssen stimmen. Die meisten Herausforderungen sind schon bewältigt, wenn Sie in schwierigen Phasen Richtung und Geschwindigkeit korrekt halten können, weil diese Variablen (siehe S. 128–129) die Basis des Geländereitens darstellen. Während der Reiter beim Dressur- und Springreiten eher mehr Schwung anstrebt, braucht man auf der Geländestrecke oft weniger, um Kräfte zu sparen und dem Pferd genügend Zeit zu geben, sich die Hindernisse anzusehen und Entscheidungen zu treffen. Sie müssen den Schwung also erspüren können.

Unterschiedliche Hindernisse erfordern verschiedene Gleichgewichtslagen. Sie müssen also jederzeit bereit sein, sich anzupassen. So muss beispielsweise ein Pferd, das auf ein Pulvermannsgrab oder einen Tiefsprung zusteuert, mit der Hinterhand mehr Last aufnehmen. Für einen Bürstensprung kann es sein Gewicht gleichmäßiger verteilen.

Das Gefühl für den Galoppsprung ist für Vielseitigkeitsreiter, die mit mehreren verschiedenen Galoppsprunglängen arbeiten müssen, nicht einfach zu entwickeln.

ZUM THEMA GESCHICKLICHKEIT

Es gibt geschickte Pferde, die sich auf der Geländestrecke selbst helfen können. Diese Geschicklichkeit ist ein wichtiger Sicherheitsfaktor, den Sie kultivieren können. Ein geschicktes Pferd kann seine Galoppsprünge selbst verändern und sich helfen, selbst wenn der Absprung einmal gar nicht passt.

Das grundlegende Ziel Ihres Geländetrainings sollte darin bestehen, die Geschicklichkeit Ihres Pferdes zu fördern – es soll sein Gehirn einsetzen und sowohl geistig als auch körperlich die Verantwortung für das Überwinden eines Hindernisses übernehmen. Erlauben Sie dem Pferd mitzudenken. So lassen Sie Raum für Fehler und fördern seine Geschicklichkeit.

Manchmal hört man, kein Pferd könne sich wirklich auf seine Geschicklichkeit verlassen, wenn es mit hoher Geschwindigkeit auf ein Hindernis zugaloppiert – aber die Spitzenreiter in Jagdrennen zeigen, wie es geht. Bei diesen Jockeys können Sie gut sehen, dass sie die Galoppsprünge der Pferde beim Anreiten eines Hindernisses kaum noch verändern und dass die Pferde dadurch lernen, ihre Sprünge selbst anzupassen.

TIPPS FÜR DAS GESCHICKLICHKEITSTRAINING

Es gibt verschiedene Möglichkeiten, dem Pferd beizubringen, dass es selbst denken darf und soll:
• Erlauben Sie dem Pferd, sich in Selbsthaltung zu bewegen. Versuchen Sie nicht, es mit Zügelanlehnung zu unterstützen, weil es dann Kopf und Hals nicht ungehindert bewegen kann und sein Gewicht nach vorne verlagern wird, um sich auf dem Zügel abzustützen. Der Zügel ist eine Verständigungshilfe, kein Haltegriff. Das Ziel sollte immer eine leichte Gewichtsverlagerung auf die Hinterhand sein, damit das Pferd in Selbsthaltung im Gleichgewicht ist.

• Bringen Sie Ihr Pferd auf Weideflächen am Hang und in unebenem Gelände, sodass es sich an das Bergauf- und Bergablaufen gewöhnt. Das ist vor allem für junge Pferde wichtig. Beobachten Sie einmal Pferde, die frei und locker über welligen Boden galoppieren – dann sollten Sie glauben, dass Pferde selbst auf sich achten können, wenn man sie lässt.

• Nehmen Sie auf Ausritten absichtlich Hänge und Bodenwellen im Schritt, Trab und Galopp. Wenn Sie in einem Gebiet wohnen, das für Ausritte nicht sehr geeignet ist, sollten Sie sich überlegen, ob Sie Ihr Pferd nicht regelmäßig in ein gutes Ausreitgelände fahren können, wo es Gelenkigkeit lernen kann.

• Üben Sie mithilfe Ihres Trainers, Ihr Pferd ohne Reiter springen zu lassen. So lehren Sie das Pferd, Entscheidungen selbst zu treffen, statt sich auf seinen Reiter zu verlassen.

• Mischen Sie sich im Springtraining so wenig wie möglich in den Sprung Ihres Pferdes ein. Es ist schwierig, beim Anreiten ruhig zu sitzen und nur kleinste Veränderungen vorzunehmen, aber Ihr Pferd wird deutlich geschickter werden, wenn Sie möglichst passiv bleiben.

• Legen Sie Baumstämme oder Bahnschwellen vor jede Stalltüre, vor die Weiden und auf die Reitwege. So übt Ihr Pferd ständig, selbst auf sich zu achten und aufzupassen, wo es die Hufe hinsetzt.

• Reiten Sie gelegentlich auf anderem Geläuf Dressur. Es ist nützlich, wenn ein Teil Ihres Reitplatzes etwas Gefälle hat, sodass Sie bergauf und bergab üben können, kontrollierten Schwung zu halten. Außerdem entwickelt Ihr Pferd so nicht nur seine Muskeln, sondern auch seine Geschicklichkeit.

• Beginnen Sie eine normale Springstunde mit Standard-Distanzen, die Sie dann leicht verkürzen und verlängern. Die Standardlänge für den Galoppsprung beim Springreiten ist 3,70 m, aber im Verlauf vieler Monate können Sie Ihrem Pferd beibringen, ohne Nachdenken mit Galoppsprüngen von 4 m bis 4,20 m klarzukommen.

GALOPP BERGAB Im Training nutzen Sie den Galopp bergauf als Muskeltraining, das die Vorderbeine wenig belastet. Im Wettbewerb dagegen sollten Sie vermeiden, flott bergauf zu reiten, weil das Kraft kostet. Reiten Sie stattdessen die Bergab-Phasen so schnell, wie Sie können. Halten Sie Ihr Pferd so gerade wie möglich und achten Sie darauf, dass es die Hinterhand belastet. Dazu lassen Sie es etwas langsamer gehen, als es möchte.

• Bauen Sie Ihre kleinen Übungssprünge (50–60 cm hoch) so solide wie möglich, damit das Pferd sie respektiert. Es ist nicht schlimm, wenn es einmal anschlägt. So entwickelt es eine sichere Springtechnik. Üben Sie zu Hause nicht über große, feste Hindernisse, die risikobehaftet sind und dem Pferd das Vertrauen rauben können.

DER WEG ZUR PARTNERSCHAFT

Zum sicheren Geländereiten gehört eine Teilung der Verantwortlichkeiten – eine echte Partnerschaft zwischen Pferd und Reiter. Der Reiter hat die Aufgabe, für das richtige Anreiten der Hindernisse zu sorgen, indem er das Pferd in Fahrt bringt und Richtung und Geschwindigkeit angibt. Das Pferd hat die Aufgabe, gut auf die Anweisungen des Reiters zu reagieren und zu springen. Es muss Größe und Typ der Hindernisse sorgfältig einschätzen und den Absprung taxieren können.

PARTNERSCHAFT VON PFERD UND REITER

Stellen Sie sich von Anfang an die Teilung der Verantwortlichkeiten auf der Geländestrecke als einen Vertrag zwischen sich und Ihrem Pferd vor. Der Reiter muss eine Vereinbarung unterschreiben, nach der die rein physikalische, körperliche Verantwortung für das eigentliche Überwinden des Hindernisses beim Pferd liegt. Das mag offensichtlich erscheinen, aber viele Reiter übernehmen fälschlicherweise so stark die Kontrolle, als wären die Beine am Boden ihre eigenen und als wäre das Pferd teilweise blind.

Der Reiter muss im Gegenteil das Pferd ermuntern und ihm erlauben, die Entscheidung über den passenden Absprung und die nötige körperliche Anstrengung für den Sprung selbst zu treffen. Wenn Sie dem Pferd diese Verantwortung nehmen, schränken Sie sein Potenzial wesentlich ein. Ein Pferd, das nicht mitdenken kann, ist ein Unsicherheitsfaktor, weil es die Instinkte nicht entwickelt, die ihm aus der Patsche helfen.

Die Hauptverantwortlichkeit des Reiters liegt darin, sein Pferd in Fahrt zu bringen. Dann braucht er nur noch Richtung und Geschwindigkeit anzugeben. Das klingt einfach, aber es ist ein ganz wichtiger Punkt.

DIE VERANTWORTLICHKEITEN DES REITERS

Um das Pferd in Fahrt zu bringen, muss der Reiter kontrollierten Schwung erzielen – das Pferd soll energisch und im Gleichgewicht vorwärts gehen. Dafür müssen die fünf Konstanten – Akzeptanz, Gelassenheit, Fleiß, Geradheit und Reinheit – jederzeit stimmen (siehe S. 270–271). Korrekte Dressurausbildung entwickelt die Konstanten und ist deshalb der Kern jedes Geländetrainings. Die Variablen Richtung und Geschwindigkeit sind fürs Gelände ebenso wichtig wie fürs Dressur- und Springreiten. Bauen Sie also in Ihrem Training Strukturen auf, die alle drei Komponenten logisch verbinden. Die zeitliche Abstimmung des Galoppsprungs ist die

VOLLE KONZENTRATION AUFS HINDERNIS
Der Reiter muss dem Pferd die Verantwortung für das Einschätzen des Sprunges übergeben. Das Pferd auf dem Bild bekommt diese Gelegenheit und konzentriert sich deshalb voll auf das Hindernis.

letzte Variable, um die sich der Vielseitigkeitsreiter kümmern muss. Es ist wichtig, dem Pferd zu einem guten Absprungpunkt zu verhelfen, aber achten Sie darauf, es nicht kurz vor dem Hindernis durch plötzliche Änderungen abzulenken.

DIE VERANTWORTLICHKEITEN DES PFERDES

Es ist bemerkenswert, wie viel Pferde für ihre Reiter tun, wenn man sie nur lässt. Vielen Reitern fällt es aber schwer, das Pferd so in Ruhe zu lassen, dass es sich sein Gleichgewicht selbst suchen kann. Denken Sie daran, dass Sie ein Pferd nicht nur über Zügeleinwirkungen ins Gleichgewicht bringen können.

Unterstützen Sie es stattdessen in seiner Balance, indem Sie mit konstanter Anlehnung ruhig sitzen. So bringen Sie das Pferd dazu, aufmerksam zu sein und nachzudenken. Das Pferd muss lernen, sich die Hindernisse ohne Panik, aber mit Respekt anzusehen. Vermeiden Sie Veränderungen des Galoppsprungs, solange das Pferd nicht immer schneller wird.

Übungen über kleine, stabile Hindernisse mit Grundlinien sollten Ihnen und dem Pferd so viel Selbstvertrauen vermitteln, dass Sie sich die Verantwortlichkeiten teilen können. Reagiert das Pferd allerdings nicht, sollten Sie zu den Grundübungen zurückkehren. Üben Sie einen Monat lang das Galoppieren über Bodenplanken, das Anreiten kleiner Sprünge im Trab und das Springen niedriger Reihen. Lassen Sie außerdem überprüfen, ob das Pferd möglicherweise Schmerzen hat und deshalb schlecht mitarbeitet.

VERANTWORTUNG VON PFERD UND REITER

Der Reiter trägt die Verantwortung dafür, dass …
• das Pferd schwungvoll vorwärts geht.
• Richtung und Geschwindigkeit stimmen.
• er ruhig sitzt und stetig im Gleichgewicht bleibt.
• er mit dem Galoppsprung des Pferdes arbeitet, nicht dagegen.
• er in der Bewegung des Pferdes mitgeht.
• er realistische Ziele hat, die Reiter und Pferd nie überfordern.

Das Pferd trägt die Verantwortung dafür, dass …
• es in Selbsthaltung vorwärts geht.
• es auf die Richtungs- und Geschwindigkeitsanweisungen des Reiters achtet.
• es die Sprünge ansieht und nach Größe und Art einschätzt.
• es den richtigen Absprungpunkt selbstständig wählt.
• es das Hindernis mit optimalem Körpereinsatz überwindet.
• es geschickt auf Notfälle reagiert und dazu seinen propriozeptiven Sinn und seine natürlichen Instinkte einsetzt.

PFERD UND REITER VOLL IN FAHRT
Das legendäre Team von Ian Stark und Murphy Himself war nie nur halbherzig unterwegs.

EIN TRAININGSPROGRAMM

Der Schlüssel zu einem erfolgreichen Trainings-programm liegt in der Entscheidung über Ihre mittel- und langfristigen Ziele. Auf dieser Basis können Sie Wochenprogramme aufstellen, um Ihren Zielen in kleinen täglichen Schritten näher

zu kommen. Die Einzelheiten müssen auf das jeweilige Pferd abgestimmt sein, was umso präziser möglich ist, je besser Sie es kennen. Beim Vielseitigkeitstraining müssen sich Phasen für Dressur, Gelände und Springen ergänzen.

LANGFRISTIGE PLANUNG

Sie können Außergewöhnliches erreichen, wenn Sie einen klaren Plan haben. Die Teilnahme an einer Weltmeisterschaft oder an Olympischen Spielen kann eine reale Möglichkeit sein, sofern der Reiter konsequent auf dieses feste Ziel zugeht. Nicht jeder will so hoch hinaus, aber wer solche Ziele hat, muss sich mit der internationalen Szene bekannt machen.

Das Angebot für Vielseitigkeitsreiter nimmt zu und reicht von Ein-Sterne-Veranstaltungen (Kl. L) bis zu Vier-Sterne-Turnieren (Meisterschaften). Die Teilnahme an einer Ein-Sterne-Veranstaltung ist ein lohnendes langfristiges Ziel für sich, während der Vier-Sterne-Kalender die Weltmeisterschaften ebenso beinhaltet wie die großen Vielseitigkeiten von Badminton und Burghley in England, Lexington und Atlanta in den USA und Adelaide in Australien.

Die Gelände-Anforderungen bei Ein- und Zwei-Sterne-Veranstaltungen sind im Überblick S. 296–297 unter den Niveaus 3 und 4 aufgeführt. Auch international werden immer mehr Ein-Sterne-Prüfungen auf diesen Niveaus ausgeschrieben.

MITTELFRISTIGE PLANUNG

Wenn Sie sich zum Ziel gesetzt haben, die verschiedenen Turnierniveaus zu durchlaufen, müssen Sie über Ein- und Dreitageprüfungen die Qualifikation dafür erwerben. Für internationale Prüfungen sind Pferde erst ab sieben Jahren zugelassen, aber danach können Sie sich ein Programm aufstellen, mit dem Sie pro Jahr um einen Stern aufsteigen. Natürlich hat nicht jedes Pferd das Potenzial für das Vier-Sterne-Niveau, aber die Mehrheit der vernünftigen, qualitätsvollen Pferde kann bei korrektem Training an Ein-Sterne-Prüfungen teilnehmen. Halten Sie Ihre Ziele in einem realistischen Rahmen.

Ihr Jahresprogramm könnte im Winter eine Phase umfassen, in der Sie nur Dressur oder Springen reiten. Planen Sie statt einer langen Ruhephase lieber drei oder vier kurze Pausen für das Pferd ein. Beobachten Sie auf Turnieren die besten Reiter und stellen Sie ihnen Fragen. Wichtig ist ein erfahrener Trainer, der regelmäßig auf Turniere fährt und mit den geforderten Standards gut vertraut ist.

KURZFRISTIGE PLANUNG

Beim Vielseitigkeitspferd treffen Sie auf das Paradoxon, dass es fit und gängig genug sein muss, um in der Dreitageprüfung eine mehrere Kilometer lange Strecke mit Hindernissen im schnellen Galopp zu absolvieren, gleichzeitig aber in den Dressur- und Springphasen gelassen und durchlässig sein soll. Je ausgeglichener es ist, desto leichter wird es sich an das Herumfahren und an fremde Orte gewöhnen und desto weniger wird es Energie verschwenden, indem es sich aufregt.

Achten Sie darauf, dass die Haltungsbedingungen die Gelassenheit Ihres Pferdes fördern. Je mehr es sich draußen in natürlicher Umgebung aufhalten kann, desto besser. Durchgehende Stallhaltung ist erst kurz vor einer großen Prüfung nötig. Selbst dann sollte es täglich hinauskommen, beispielsweise auf einen Paddock an der Box. Halten Sie für Gesundheitsüberprüfungen, Entwurmungen und Blutuntersuchungen ein striktes Programm ein, damit Sie wissen, was für Ihr Pferd normal und was unnormal ist. So können Sie kleine Probleme behandeln, bevor große Probleme daraus werden.

KLASSE L Pferd und Reiterin fühlen sich auf diesem Niveau wohl. Die Reiterin braucht noch mehr Stabilität im Unterschenkel, damit sie sicherer sitzt.

KLASSE M Klasse L und Klasse M unterscheiden sich deutlich. Bei diesem Reiter hat der Unterschenkel zu viel Luft. Der Gebrauch einer normalen Trense und die gelassene Konzentration des Reiters lassen allerdings auf Erfahrung schließen.

WOCHENPROGRAMM

In der Vielseitigkeit müssen Sie Ihr Training noch besser vorausplanen als in anderen Disziplinen, weil das Leistungsspektrum so groß ist. Wie ein Zehnkämpfer im Training müssen Sie verschiedene Anforderungen gegeneinander abwägen und gleichzeitig die Trainingseinheiten möglichst gut aufeinander abstimmen.

So können Sie beispielsweise beim Ausreiten oder Springen Ihre Dressurfähigkeiten verbessern oder beim Geländetraining für den Springparcours üben. Je umfassender Sie in allen drei Sparten die gleichen Hilfen einsetzen, desto wirkungsvoller trainieren Sie.

Ein wöchentliches Galopp-Programm (siehe S. 328–329) muss auf jeden Fall zum Training gehören, aber den übrigen Plan können Sie flexibel anpassen. Ein typisches Wochenprogramm könnte so aussehen: Montag – Pause, leichte Arbeit oder Longieren; Dienstag – Springen und Ausritt; Mittwoch – Galopp- oder Ausdauerarbeit; Donnerstag – Dressur und Ausritt; Freitag – Longieren und Springen; Samstag – Galopp- oder Ausdauerarbeit; Sonntag – Dressur und Ausritt. Legen Sie sich aber nicht zu sehr fest. Sie können sich in bestimmten Wochen auch nur auf einen Bereich konzentrieren. Vermeiden Sie unbedingt Langeweile, Ermüdung und Vertrauensverlust.

KLASSE S Diese typische große Ecke in Badminton erfordert große Genauigkeit. Wenn das Pferd nicht völlig überzeugt ist von dem, was es tun soll, wird es ausweichen. Dieses Team ist sicher und entschlossen, die Reiterin sitzt stabil und gibt dem Pferd über dem Sprung Freiheit.

SCHMALE HINDERNISSE

Oft werden Wettbewerbe verloren, weil das Pferd einem schmalen Hindernis ausweicht oder davor stehen bleibt. Deshalb sollte es bereits früh im Training mit schmalen Hindernissen vertraut gemacht werden. Aufeinander aufbauende Übungen zeigen ihm, worum es geht. Das Pferd sollte sich daran gewöhnen, selbst dann zu springen, wenn das Anreiten nicht korrekt war. Der Reiter hat die Aufgabe, die Konzentration des Pferdes so zu lenken, dass es gar nicht an Ausweichen denkt.

GRUNDLEGENDES VERSTÄNDNIS

Wenn Sie schmale Hindernisse springen wollen, muss Ihr Pferd verstehen, worum es geht. Die meisten Pferde springen ohne Diskussionen, sobald sie begriffen haben, dass der Sinn der Übung darin besteht, das schmale Hindernis zu überwinden, statt es zu umgehen. Wenn ein Pferd allerdings gelernt hat, dass es auch ausweichen kann, riskieren Sie immer ein Verweigern.

Fangen Sie damit an, dass Sie Ihr Pferd an kleinen Hindernissen absichtlich auf bestimmte Teile zulenken. Lassen Sie es

SCHMALE HINDERNISSE AUF ABKNICKENDER LINIE

Üben Sie zunächst mit Fangständern (a) und dann ohne (b), über eine Tonne zu springen. Bauen Sie die Übung allmählich mit zwei schmalen Hindernissen und abknickender Distanz aus (unten). Das zweite Hindernis kann zuerst aus zwei liegenden Tonnen bestehen und dann auf die gezeigte Weite vergrößert werden.

weiter links oder weiter rechts springen und stellen Sie auf diese Art sicher, dass es nicht gewohnheitsmäßig immer in der Mitte springt. Das Pferd muss lernen, das Hindernis an der Stelle zu überspringen, die der Reiter ausgesucht hat. Bauen Sie dann Ihren ersten schmalen Sprung von 1,80 m Breite auf,

(a) Die umgekehrten Fangständer leiten das Pferd zur Mitte. Stangen halten die Tonnen am Platz.

(b) Ohne Ständer bilden Hände und Schenkel des Reiters eine Gasse für das Pferd.

Kontrollieren Sie die Wendung zwischen den Markierungen mit Ihren Schenkelhilfen.

Sitzen Sie stärker ein, um mehr Gefühl und Sicherheit zu bekommen.

z. B. eine Mauer oder zwei Tonnen längs, eventuell mit Fangständern. Bodenstangen hindern die Tonnen am Wegrollen. Verringern Sie allmählich die Breite des Sprungs und erhöhen Sie die Weite – für erfahrene Reiter können schmale Sprünge 95 cm hoch und 60 cm weit sein, für Einsteiger 70 cm hoch und 40 cm weit. Wenn Ihr Pferd problemlos über zwei Tonnen nebeneinander springt, legen Sie zwei weitere dahinter.

Sobald das sicher klappt, richten Sie die zwei hinteren Tonnen auf und stellen eine dritte daneben, sodass sich die Breite nicht verändert (siehe Bildfolge unten). Nach einigen Übungssprüngen stellen Sie auf einer abknickenden Distanz vier Galoppsprünge vor diesem Hindernis ein weiteres auf, das aus einer liegenden Tonne besteht. Bei dieser Anordnung muss der Reiter genau auf die Richtung achten. Reiten Sie diesen ersten, schmalen Sprung im Trab an (**1**). Nach der Landung legen Sie einen geraden Galoppsprung ein (**2**) – Markierungen am Boden helfen bei der Orientierung. Leiten Sie im zweiten Galoppsprung mit Zügeln und Schenkeln die Wendung ein (**3**). Nun folgen zwei Sprünge (**4, 5**) bis zum nächsten schmalen Hindernis (**6**). Halten Sie das Pferd gerade und aufmerksam, auch während Landung (**7**) und Weiterreiten (**8**).

EINSATZ VON TAXIERHINDERNISSEN

Wenn der Absprungpunkt weit von dem Hindernis entfernt ist, steigt die Gefahr, dass das Pferd vorbeiläuft. Um das zu verhindern, bauen Sie zwei oder drei Galoppsprünge davor einen Taxierprung auf, der den Absprungpunkt näher an das eigentliche Hindernis heran verlegt. So gewöhnt Ihr Pferd sich daran, mit verschiedenen Absprungpunkten klarzukommen.

ÜBER SCHMALE HINDERNISSE Springen Sie im Training regelmäßig auch schmale Hindernisse, zuerst aus dem Trab und dann aus dem Galopp. Erlauben Sie Ihrem Pferd niemals, dem Hindernis auszuweichen – lassen Sie es die Übung in diesem Fall wiederholen, weil es sonst lernt, sich vor der Arbeit zu drücken. Belohnen Sie es sofort, wenn es gut gesprungen ist.

Versuchen Sie, den Unterschenkel vorne zu lassen.

Halten Sie stetige Anlehnung, richten Sie sich auf und sehen Sie nach vorne.

Nach der Landung müssen Sie sich körperlich und geistig auf den nächsten Sprung konzentrieren.

SCHRÄGE HINDERNISSE

Schräge Hindernisse sind wichtig, weil sie zusammen mit schmalen Sprüngen die Grundlage für das Überwinden von Ecken bilden. Außerdem sind Pferde und Reiter in der Linienführung innerhalb einer Kombination flexibler, wenn sie problemlos schräg springen können. Die Vorbereitung beginnt in der Dressurarbeit, in der das Pferd gerade gerichtet wird. Später lernt es, mit immer stärkeren Schrägen zurechtzukommen, ohne sich auf den Reiter zu verlassen.

ÜBERWINDEN SCHRÄGER HINDERNISSE

Zum Aufwärmen lassen Sie Ihr Pferd auf geraden Linien galoppieren und springen. Nun springen Sie ein Einzelhindernis schräg, galoppieren einen Zirkel und springen von der anderen Seite nochmals dasselbe Hindernis. Sie reiten also eine Acht, in deren Kreuzungspunkt sich die Hindernismitte befindet. Diese Übung lehrt den Reiter, im gewünschten Winkel schräg zu springen, und bereitet das Pferd auf das Springen von Ecken vor.

Stellen Sie einen Steilsprung im Winkel von ungefähr 20 Grad auf und zeigen Sie dem Pferd mit Bodenplanken die Richtung schräg über das Hindernis. Steigern Sie den Winkel langsam auf

TONNEN SCHRÄG GESPRUNGEN Dieses Pferd springt im Winkel von ungefähr 20 Grad von rechts nach links. Dadurch kommt die rechte Seite des Hindernisses beim Absprung näher an das Pferd heran als die linke, sodass es Mühe hat, rechts Schulter, Ellenbogen und Karpalgelenk rechtzeitig hoch genug zu ziehen. Die Reiterin hat gute Kontrolle über die Richtung.

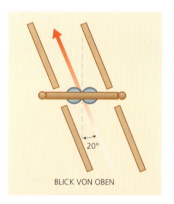

BLICK VON OBEN

45 Grad. Ersetzen Sie dann den Steilsprung durch einen Oxer, der allerdings bei einer Weite von maximal 1,20 m höchstens im Winkel von 30 Grad stehen darf. Wenn die Übung mit den schmalen Hindernissen (siehe S. 276–277) gut geklappt hat, sind Sie nun bereit, eine Ecke über 60 Grad anzupacken. Zuerst sollten Sie aber einen Winkelsprung mit geringerem Winkel nehmen.

SCHRÄGE SPRÜNGE AUF DISTANZ

Vielseitigkeitspferde müssen schräg springen können, wenn die Hindernisse schräg angelegt sind, die Linienführung nicht anders machbar ist oder dadurch die richtige Distanz zwischen zwei Hindernissen herauskommt.

Bei dem unten abgebildeten Hindernis ist es nicht möglich, beide Sprünge gerade anzureiten. Eine Linienführung von der Mitte des ersten zur Mitte des zweiten Hindernisses macht es am unwahrscheinlichsten, dass das Pferd aus der Kombination herausläuft, aber dann ist die Distanz mit drei kurzen Galoppsprüngen schwierig. Der Reiter könnte beide Hindernisse weiter links nehmen, wodurch die Distanz einfacher wird, aber damit erhöht sich das Risiko, dass das Pferd vor dem zweiten Sprung ausweicht. Wenn das Pferd nach rechts gestellt bleibt, wird der Reiter sich wahrscheinlich nach links lehnen und das Pferd wird ausweichen – also sollte der Reiter den Pferdehals gerade richten. Die letzte Option besteht darin, schneller zu reiten und zwei lange Galoppsprünge einzuplanen – aber das verringert die Kontrolle des Reiters über das Pferd und erschwert das Meistern eines dritten Hindernisses.

SPRINGEN NACH LINKS UND RECHTS

Viele Pferde sind von Natur aus auf einer Seite stärker als auf der anderen, sodass ihnen ein schräger Sprung von einer Seite leichter fällt als von der anderen. Daran muss im Training gefeilt werden. Arbeiten Sie dressurmäßig und legen Sie damit die Basis für korrektes Springen. Kurzfristig können Sie z.B. bei zu starker Stellung nach links versuchen, im Rechtsgalopp (statt Linksgalopp) auf Sprünge zuzureiten. Dadurch neigt das Pferd zur Stellung in die andere Richtung.

SCHRÄGE KOMBINATION Die Distanz zwischen diesen beiden Hindernissen beträgt 12,80 m, also zweieinhalb Galoppsprünge. Sie reitet sich gut, wenn es gelingt, den Galopp von einem Springgalopp mit Sprüngen von 3,70 m zu Sprüngen von 3,40 m zurückzunehmen.

WINKELSPRÜNGE

Eine Ecke ist ein anspruchsvoller Prüfstein für jedes Pferd und sollte mit Respekt angegangen werden. Auf Turnieren gibt es Ecken mit Winkeln von ungefähr 40 Grad für Einsteiger bis hin zu 90-Grad-Winkeln für die Klasse S. Winkelsprünge verlangen die Fähigkeit, sowohl schmale als auch schräg stehende Hindernisse zu nehmen, und sind daher die logische Weiterführung dieser Elemente. Das Pferd muss verstehen, worum es geht, damit es nicht ausweicht.

WEITERFÜHRUNG ZUR ECKE

Wie jedes Element des Springreitens hat auch das erfolgreiche Überwinden eines Winkelsprungs seine Wurzeln in der Dressurausbildung, in der das Pferd gelernt hat, gerade zu galoppieren. Im Springtraining lernt es dann, in gerader Linie auf ein Hindernis zuzugaloppieren. Hat es dieses Stadium erreicht, können Sie gleichzeitig das Überwinden schmaler und schräg stehender Hindernisse üben (siehe S. 276–279). Wenn Sie nun diese Techniken zusammen abrufen, werden Sie merken, dass Ihr Pferd sofort versteht, worum es beim Winkelsprung geht.

Als erste Stufe springen Sie über eine Ecke aus Stangen (siehe Abbildung unten). Anfangs ist ein Taxierhindernis drei Galoppsprünge (13,7 m) vor dem Winkelsprung hilfreich, um das Anreiten zu erleichtern. Sie können einen Fangständer an die Ecke stellen, damit das Pferd nicht so leicht ausweicht, und innen in die Ecke ein Bäumchen, damit das Pferd nicht in Versuchung gerät, das Hindernis an einer zu weiten Stelle zu nehmen. Hier dienen Bodenstangen und die drei Plastiktonnen mit abgerundeten Kanten als Orientierungshilfen. Metallfässer, abgesägte Holzständer oder spitze Kunststoffständer, an denen das Pferd sich verletzen kann, sind dagegen ungeeignet.

BLICK VON OBEN

ÜBER EINEN STANGEN-WINKEL-SPRUNG Hier ist der Winkel der Ecke allmählich auf 60 Grad erweitert worden. Das Pferd springt voller Selbstvertrauen, Pferd und Reiterin schauen vorwärts. Die Reiterin muss lediglich ruhig sitzen und die Richtung kontrollieren.

Drei Tonnen unter der Ecke leiten das Pferd auf den Punkt, an dem es springen soll.

Die zweite Stange liegt im Winkel von 60 Grad auf.

Bodenstangen führen das Pferd.

Springen Sie die Ecke zunächst ohne die hintere Stange. Stellen Sie diese später im Winkel von 20 Grad dazu und erhöhen Sie allmählich auf 60 Grad. So springen Sie von Anfang an selbstbewusst und machen schnellere Fortschritte.

AUFGEFÜLLTE ECKEN SPRINGEN

Die meisten Winkelsprünge, denen Sie im Wettbewerb begegnen werden, sind fest gebaut und aufgefüllt (siehe Bild unten). So werden Fehler verziehen: Falls Sie falsch anreiten, kann das Pferd sich auf der festen Oberfläche des Hindernisses abstützen. Trotzdem müssen Sie den Absprungpunkt genau planen.

Um Winkelsprünge erfolgreich zu nehmen, müssen Sie sich konzentrieren und nach vorne sehen. Wenn Sie wissen, wo Sie springen wollen, gibt es auch keine Probleme. Markieren Sie sich dazu zwei Punkte auf einer Linie, z. B. am Hindernis selbst und an einem Baum in einiger Entfernung dahinter.

Ohne solche Orientierungspunkte können Sie nicht sicher sein, dass Sie die richtige Linie finden werden. Dann kann es passieren, dass das Pferd ausweicht oder an einer breiteren Stelle springt, als Sie vorhatten. Vor allem Winkelsprünge bergab laden das Pferd zum Ausweichen ein.

SPRINGEN EINES 60-GRAD-WINKELS

Starten Sie mit sechs Tonnen in Dreierreihen und bauen Sie daraus eine sternförmige Anordnung aus vier Tonnen **(Anordnung 1)**. Durch Entfernen einer Tonne entsteht eine 60-Grad-Ecke **(Anordnung 2)** mit Stangen zur Führung. Springen Sie die Ecke erst an der engen Seite **(Linie 1)**, dann an der weiten **(Linie 2)**. Schließlich überwinden Sie nur die drei Tonnen diagonal **(Anordnung 3)**. So versteht das Pferd, worum es geht.

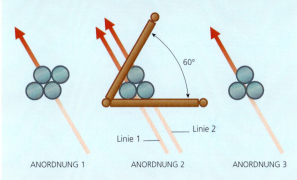

ANORDNUNG 1   ANORDNUNG 2   ANORDNUNG 3

(a) Eine Tonne an der Ecke hilft, das Pferd auf einer guten Linie zu halten.

ÜBER EINEN AUFGEFÜLLTEN WINKELSPRUNG Stellen Sie beim Üben von aufgefüllten Ecken eine Tonne zur Führung auf (a), die Sie später entfernen. Diese Reiterin lehnt sich etwas nach links, was aber keinen Einfluss auf die Springwilligkeit des Pferdes hat.

WASSERGRÄBEN

Ein breiter Graben kann Angst einflößend aussehen, wird aber mit zunehmendem Selbstvertrauen eines der einfachsten Hindernisse. Normalerweise springen Pferde vom Absprung bis zur Landung doppelt so weit, wie das Hindernis hoch ist, also ist selbst ein Graben von 3 m kein Problem. Hier sehen Sie eine Gruppe von Übungsgräben, die mit ihren aufeinander aufbauenden Distanzen und Taxiersprüngen die perfekte Einführung ins Springen von Gräben bieten.

SPRINGEN VON GRÄBEN

Viele Reiter machen den Fehler, bei Gräben übermäßig auf das Pferd einzuwirken – ein Hindernis mit einem Graben darunter sieht immer größer aus, als es ist. Das Pferd wird dann aber Gräben damit assoziieren, dass sein Reiter sich aufregt und zu stark treibt. Das kann zu einem Teufelskreis führen, in dem das Pferd dem Reiter vor einem größeren Graben nicht mehr traut.

Geben Sie Ihrem Pferd Sicherheit, indem Sie an Gräben wie den hier abgebildeten mit ihm üben. Fangen Sie mit einem schmalen Wassergraben an, bei dem eine seitliche Begrenzung das Ausweichen des Pferdes verhindert (1). Reiten Sie diesen Graben aus dem Trab und Galopp an, bevor Sie einen überbauten Graben anpacken (2). Um den Absprung stetig passend zu bekommen, ist ein kleines Taxierhindernis hilfreich (siehe Blick von oben, oben rechts). Dieses hier ist 22 m vom Graben entfernt, also genau fünf Galoppsprünge.

Hat Ihr Pferd sich an diese Linienführung gewöhnt, dann springen Sie dasselbe Taxierhindernis, nehmen nun aber den breiteren Graben (3), denn Sie wissen ja, dass Ihnen der Absprung gelingt. Die Distanz vom Taxier-

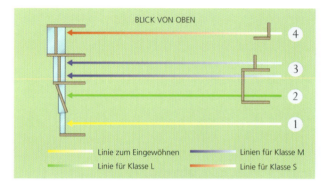

BLICK VON OBEN

4

3

2

1

— Linie zum Eingewöhnen
— Linie für Klasse L
— Linien für Klasse M
— Linie für Klasse S

4

3

2

1

KLEINER, TROCKENER GRABEN Dieses Pferd springt selbstsicher. Gerade bei Gräben springen Pferde manchmal höher als nötig. Seien Sie also darauf vorbereitet, in die Mähne zu greifen.

WASSERGRÄBEN Diese Wassergräben und Taxierhindernisse mit steigendem Schwierigkeitsgrad helfen Ihnen, sicherer zu werden. Hier sind verschiedene Galoppsprunglängen und Geschwindigkeiten gefordert. Sie lernen, genau die Galoppsprunglängen zu reiten, die den jeweiligen Distanzen auf Turnieren entsprechen.

BREITER GRABEN Pferd und Reiterin lassen diesen Graben von 3 m Weite einfach aussehen, obwohl sie fast 1 m vor dem Wasser abgesprungen sind. Sie haben sich in einfachen Schritten hochgearbeitet. Das verwendete Hindernis hat eine gute Grundlinie und ist für ein Pferd einfach zu springen. Das Pferd muss also nur das erforderliche Selbstvertrauen entwickeln. Der Sitz der Reiterin wäre noch sicherer, wenn ihr Unterschenkel etwas stabiler wäre und sie den Absatz 5 cm weiter vorne hätte, aber sie zeigt ein gutes Gleichgewicht und geht mit dem Körper wunderbar in der Bewegung mit. Sie hat eine ausgezeichnete weiche Anlehnung, wie sie nötig ist, damit das Pferd für den Sprung den Hals strecken kann.

sprung zum breitesten Graben **(4)** beträgt 25,60 m, was sechs normalen Galoppsprüngen entspricht. Sobald Sie die kleineren Gräben gut meistern, werden Sie erstaunt sein, wie schnell Sie mit den weiteren Gräben zurechtkommen.

Das Pferd muss den Kopf tief nehmen, um einen Graben sehen zu können (siehe S. 46–47). Oft wird es sich auf die Stange darüber und den Boden davor konzentrieren und den Graben gar nicht sehen. Um das Pferd also zu führen, denken Sie daran, dass Sie über den Graben wollen, nicht ins Wasser.

ANPASSEN DER GALOPPSPRUNGLÄNGE

An einem solchen Grabenkomplex können Sie verschiedene Galoppsprunglängen trainieren. Den Sprung von 3,40 m verwenden Sie für viele Wasserhindernisse, den von 3,70 m im Parcours und in manchen Geländekombinationen, den von 4,00 m als Basis für die Geländearbeit.

Bei einem Graben mit Taxierhindernis in 22 m Abstand werden Sie fünf Galoppsprünge à 3,70 m machen. Bei Graben 3 sorgt das schmale Taxierhindernis in 23,80 m Abstand für sechs Galoppsprünge von 3,40 m. Die gleiche Linienführung in fünf Galoppsprüngen geritten ergibt Sprünge von 4,00 m. Längere Galoppsprünge können Sie auch trainieren, indem Sie Graben 4 mit Taxierhindernis anreiten. Diese Distanz von 25,60 m ergibt fünf Galoppsprünge à 4,30 m. Achten Sie darauf, dass Sie bereits vor dem Taxierhindernis schnell genug sind. Üben Sie, bis es automatisch passt.

HOHLWEGE

Ein Hohlweg besteht aus einem Tiefsprung, gefolgt von ein oder zwei Galoppsprüngen und einem anschließenden Aufsprung – er ist also wie ein umgedrehter Wall. Er dient als Vorbereitung auf Wasserhindernisse und zeigt, wie wichtig gleichmäßige Geschwindigkeit und Sprunglänge sind. In diesem Beispiel hier müssen Pferd und Reiter im Hohlweg auch noch eine Biegung meistern und dürfen sich dabei weder vom Wasser noch vom Tiefsprung rechts ablenken lassen.

VERTRAUEN AUFBAUEN

Sobald Sie ein junges Pferd mit einem kleinen Wall vertraut gemacht haben (siehe S. 260–261), können Sie mit einem Hohlweghindernis weitermachen. Diese Übung eignet sich wunderbar als vertrauensbildende Maßnahme, weil Hohlwege anfangs recht verdächtig aussehen, allgemein aber leicht zu reiten sind. Sie ist auch eine gute Einführung in Wassersprünge, weil die meisten Wasserhindernisse nichts anderes sind als mit Wasser gefüllte Hohlwege.

Das unten gezeigte Hindernis bietet zwei zusätzliche Schwierigkeiten. Zum einen knickt die Distanz im Hindernis selbst um ungefähr 25 Grad ab. So muss das Pferd beim Sprin-gen auf die treibenden und verhaltenden Hilfen des Reiters sowie seine Richtungsanweisungen achten. Zum anderen befindet sich seitlich ein Wassersprung, durch den das Pferd sich nicht ablenken lassen darf. Das Überwinden eines solchen Hindernisses ist also eine gute Übung, die das Vertrauen des Pferdes in die Fähigkeiten seines Reiters als Leittier und Beschützer stärkt.

DAS ÜBERWINDEN EINES HOHLWEGES

Die wichtigsten Aspekte für den Reiter sind Richtung und Geschwindigkeit. In dieser Bildfolge umfasst der Hohlweg eine etwas knappe Distanz von 9,50 m, was bedeutet, dass sie am besten im langsamen Trab anzureiten ist. Der normale Absprungpunkt für einen Tiefsprung liegt weniger als 1 m von der oberen Kante entfernt, anders als bei normalen Hindernis-

HOHLWEG MIT ABKNICKENDER DISTANZ

Die Weite von 9,50 m ist für zwei Galoppsprünge mit Anreiten aus dem Trab ausgelegt. Dieses Pferd springt etwas weit und kommt deswegen beim Aussprung nahe an den Rand heran. Um mehr Platz zu haben, springt es etwas nach links.

1 Lassen Sie die Zügel durchrutschen, damit Sie Knie- und Hüftgelenke aufklappen können.

2 Wenden Sie das Pferd, ohne am Zügel nach hinten zu ziehen.

TECHNISCH SAUBERE LANDUNG Als Springtechnik für Ein- und Tiefsprünge muss das Pferd sich angewöhnen, die Vorderbeine mit Abstand voneinander aufzusetzen. Ängstliche Pferde neigen dazu, die Vorderbeine nebeneinander zu setzen. Dann sind die Beine steif und das Pferd kann stolpern oder stürzen.

sen, bei denen der Abstand ungefähr 1,80 m beträgt. Diesen wichtigen Faktor müssen Sie berücksichtigen. Der Landepunkt sollte sich hier ungefähr 2 m hinter der Kante befinden. Das Pferd ist etwas zu groß gesprungen **(1)**, sodass die Distanz

innerhalb des Hindernisses etwas kurz wird. Dieses Problem tritt häufig auf und zeigt, wie wichtig es ist, dass der Reiter sich das Anreiten vorher überlegt.

Weil es den Einsprung so groß genommen hat, muss das Pferd im Hindernis nun zwei recht kurze Galoppsprünge machen. Der Knick erfordert es, den zweiten Galoppsprung als Wendung zu nehmen. Nehmen Sie dazu beide Hände ungefähr 10 cm nach innen, ohne nach hinten zu ziehen **(2)**. Beenden Sie vor dem Aussprung **(4)** noch den zweiten Galoppsprung **(3)**.

FORTSCHRITTE

Die meisten Pferde finden Hohlwege nicht schlimm. Ihr Pferd sollte hier eine gute Erfahrung mit einem Hindernis machen, das ihm leicht fällt. Das Pferd in der Bildfolge spitzt die Ohren, wirkt selbstsicher und wird dieselbe Route problemlos in umgekehrter Reihenfolge meistern.

Mit fortschreitendem Erfolg an unterschiedlich aussehenden Hindernissen wird Ihr Pferd Ihnen immer mehr vertrauen, bis es schließlich praktisch jedes Hindernis springen wird, auf das Sie zusteuern. Es ist wichtig, dieses Vertrauen nicht zu enttäuschen, indem Sie vom Pferd einen Sprung verlangen, der seine Fähigkeiten übersteigt. In Spitzenprüfungen ist der Hohlweg nur als In-Out mit Hindernissen davor und danach zu springen. Hat das Pferd gute Erfahrungen gemacht, wird es auch das nur als eine weitere Übung betrachten.

Bleiben Sie vor dem Absprung nah am Pferd und gut im Gleichgewicht.

Geben Sie dem Pferd so viel Freiheit, dass es den Hals nach oben strecken kann.

Versuchen Sie, mit Ihrem Gewicht über Ihrem Unterschenkel weiter vorne zu bleiben.

3

4

WÄLLE & TIEFSPRÜNGE

Ein Wall ist das typische Naturhindernis der Geländestrecke. Diese wunderbare Anordnung ermuntert das Pferd, auf sich aufzupassen und Respekt gegenüber dem Hindernis zu zeigen, das es da springt. Für den Reiter teilt der Wall die Sprungkurve in zwei Teile und bietet damit die Gelegenheit, sein Gleichgewicht und die Sicherheitshaltung zu üben. Weil man am Wall nie vor Überraschungen sicher ist, eignet er sich auch gut für das Geschicklichkeitstraining.

EIN WALLKOMPLEX

Neben Wasseranlagen ist der Wallkomplex der nützlichste Teil eines Gelände-Übungsplatzes. Die hier gezeigte Anordnung bietet eine große Vielfalt an Linienführungen bis hin zum Wall für die schwere Klasse, dem Billard, bei dem zwischen Auf- und Absprung kein Galoppsprung mehr liegt. Es ist zwar möglich, ein Billard langsam anzureiten und einen Galoppsprung einzulegen, aber dadurch wird der Absprungwinkel steiler, sodass es dann unmöglich ist, ein auf der Grabenseite des Walles stehendes Hindernis zu nehmen.

Denken Sie beim Abgehen des Parcours und bei der Planung der Absprung- und Landepunkte daran, dass die Distanzen in Wällen meist kürzer angelegt werden, weil Pferde dazu neigen, ziemlich nah an die Kanten zu springen. Eine normale In-Out-Distanz zwischen zwei Hindernissen beträgt etwa 7,30 m, während sie für einen Wall eher bei 5,90 m liegen wird. Allerdings kommen Sie mit der richtigen Geschwindigkeit und Galoppsprunglänge mit fast jeder Distanz zurecht. Reiten Sie Wälle aber nie im Renngalopp an, das ist gefährlich.

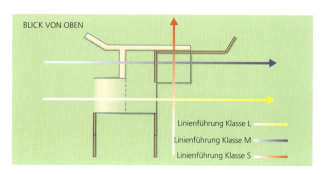

BLICK VON OBEN

Linienführung Klasse L
Linienführung Klasse M
Linienführung Klasse S

MITTELSCHWERE LINIE DURCH DIE WALL-KOMBINATION
Die Route für die Klasse M ist eine Kombination aus zwei In-Outs und eine gute Vorbereitung auf die schwere Linienführung. Das Pferd muss den Übergang vom ersten zum zweiten Wall sowie den Absprung als In-Outs ohne Galoppsprünge dazwischen nehmen. Dazu liegt vor dem ersten Wall ein Graben, sodass die Kombination viel Selbstsicherheit erfordert.

Geben Sie beim Überspringen des Grabens einen Klaps mit der Gerte an die linke Schulter, damit das Pferd gerade bleibt.

Beim In-Out auf den zweiten Wall müssen Ihre Hände mit dem Pferdemaul mitgehen.

1

2

3

SPRINGTECHNIK AM WALL

Bei der Linienführung für die Klasse M über diesen Wallkomplex (siehe Bildfolge unten) ist jedes Wallteil 4 m weit, also ziemlich breit. Reiten Sie mit 450 m/min an, damit das Pferd die richtige Galoppsprunglänge für diesen langen Wall hat, der als doppelter In-Out zu springen ist. (Dieselbe Geschwindigkeit und Galoppsprunglänge sind für das Billard erforderlich.)

Die junge Reiterin in der Bildfolge hat einen kraftvollen Sprung über den Graben und auf den Wall hingelegt **(1)** und tut gut daran, ihr Pferd am weiteren Abdriften nach links zu hindern. Das Pferd nimmt den In-Out vom ersten **(2)** zum zweiten Wall **(3)** schön gerade. In diesem Stadium muss die Reiterin den Absatz weiter zurücknehmen, um sicherer zu sitzen. Beim Absprung kommt ihr Gewicht zu weit nach vorne und sie hält die Zügel zu straff **(4)**. Das Pferd landet mit den Vorderbeinen nebeneinander und stolpert beim Weiterreiten etwas **(5)**. Die Reiterin ist mit dem Oberkörper nach vorne gekippt, schafft es aber, in der Bewegung zu bleiben.

VERBESSERUNG DES SITZES

An solchen Wällen können Sie das sichere Gleichgewicht für Tiefsprünge und die zweite Hälfte der Sprungkurve über normalen Hindernissen erlernen. Auf einen Wall können Sie langsam auftraben und haben Zeit für Anpassungen. Die Reiterin in dieser Bildfolge sollte beim Absprung eine ähnliche Haltung einnehmen wie die Reiterin am Wassereinsprung (siehe Bild oben rechts), also ihr Gewicht auf den Absatz durchfedern und Knie- und Hüftgelenke öffnen. Das können Sie im Halten

WASSEREINSPRUNG Diesen Tiefsprung meistern Reiterin und Pferd ausgezeichnet. Die Reiterin hat Knie- und Hüftgelenke zur Ideallinie für Tiefsprünge, einer Geraden zwischen Schulter, Hüfte und Absatz, geöffnet. Das Pferd setzt die Vorderbeine voreinander. Der nächste Galoppsprung wird für beide kein Problem sein.

üben. Schließen Sie die Augen und stellen Sie sich vor, wie Sie langsam vom Wall springen. Dann tun Sie es in der Realität. Wallsprünge sind keine exakte Wissenschaft – also erlauben Sie Ihrem Pferd, Entscheidungen zu treffen, und halten Sie Ihre Unterschenkel immer in einer stabilen Position.

Versuchen Sie, das Knie senkrecht über dem Fußballen zu lassen.

4

Lassen Sie die Zügel durch Ihre Finger rutschen und bringen Sie die Absätze nach vorne.

5

Geben Sie dem Pferd Kopf und Hals so weit frei, dass es sich ausbalancieren kann.

WASSERHINDERNISSE

Auf Vielseitigkeitsveranstaltungen ist der Wasserkomplex meist die Stelle, an der die Menge sich sammelt – und die Reiter sich unter Druck gesetzt fühlen. Wassersprünge wirken oft beeindruckend, sind aber nicht mehr als ein ganz normaler Tiefsprung, gefolgt von zwei Galoppsprüngen und einem Aufsprung – und das Ganze im Wasser. Wenn Pferd und Reiter selbstsicher sind und die Technik für Tief- und Aufsprünge beherrschen, gibt es keinen Grund zur Besorgnis.

TRAINING FÜR WASSERHINDERNISSE

Üben Sie Wälle, Billards und Hohlwege und schulen Sie so Ihre Sicherheitshaltung und die Springtechnik des Pferdes bei Auf- und Absprüngen. Es kann psychologisch sehr vorteilhaft sein, sich zunächst ohne Wasser an die Hindernisse zu gewöhnen. Lassen Sie dann Ihr Pferd durch Wasser mit einem guten, soliden Untergrund gehen, damit es lernt, dass unter der Oberfläche keine Überraschungen lauern.

Im Wasser sollte der Reiter sicherstellen, dass das Pferd gelassen und durchlässig bleibt. So kann er auf feste Anlehnung verzichten, die das Pferd daran hindern würde, sich alles anzusehen und sich entsprechend auszubalancieren. Durch ein kleines Stolpern im Wasser kann dem Pferd alles vergehen. Hier zahlt sich das Geschicklichkeitstraining aus, bei dem das Pferd gelernt hat, schnell und sicher zu reagieren. Der Reiter sollte geübt haben, bei Zwischenfällen ruhig und konzentriert Richtung und Geschwindigkeit wieder herzustellen.

WASSEREINSPRUNG

In der Bildfolge unten befindet sich vor dem Tiefsprung ins Wasser noch ein Hindernis. Achten Sie darauf, das Hindernis geradeaus anzureiten und sauber abzuspringen (1). Stellen Sie sich beim Anreiten des Tiefsprungs bereits auf die Sicherheitshaltung ein (2) – eine Landung im Wasser kann das Pferd

MIT WASSER VERTRAUT MACHEN In der ersten Phase lassen Sie Ihr Pferd gelassen durchs Wasser stapfen. So gewöhnt es sich an das Gefühl von Wasser und an das Spritzen und weiß, dass der Untergrund sicher ist.

überraschen. Denken Sie daran, dass das Pferd gerade beim Wassereinsprung die Vorderbeine nicht nebeneinander aufsetzen sollte (3) – es sollte landen wie nach jedem normalen Hindernis. Ist Ihr Pferd nicht gut vorbereitet und lässt die Vorderbeine bei der Landung gerade und nebeneinander, so kommt automatisch das System zum Tragen, das dem Pferd das Schlafen im Stehen ermöglicht. So kann es stolpern oder stürzen.

AUF EINEN BLICK

1 Halten Sie das Pferd über dem schmalen Sprung gerade.

2 Reiten Sie einen langen Galoppsprung geradeaus.

3 Federn Sie Ihr Gewicht zu den Absätzen durch, damit Sie im Gleichgewicht bleiben.

4 Nehmen Sie den ersten und zweiten Galoppsprung langsamer.

5

6 Geben Sie dem Pferd im dritten Galoppsprung den Sprung frei.

WASSEREINSPRUNG Das Hindernis vor dem Wasser lenkt das Pferd in die richtige Richtung für den Einsprung. Es folgt eine Wendung um 45 Grad, die bereits bei der Landung im Wasser eingeleitet werden muss.

Halten Sie für den Galoppsprung normale Anlehnung.

Lassen Sie die Zügel etwas durchrutschen.

Beginnen Sie, Knie- und Hüftgelenke zu öffnen.

Warten Sie mit der Wendung bis zum nächsten Galoppsprung, aber schauen Sie schon in die richtige Richtung.

WASSERAUSSPRUNG

Lassen Sie sich im Wasser Zeit (**4**). So bleibt das Pferd gelassen und es spritzt weniger Wasser durch die Gegend, sodass das Pferd besser sehen kann (**5**). Ein Pferd mit wenig Erfahrung kann unterschätzen, wie viel Kraft es einsetzen muss, um ein Hindernis zu nehmen, das im Wasser steht (**6, 7**), also müssen Sie es gut antreiben.

Geben Sie Ihrem Pferd genug Zeit, sich den Aussprung anzusehen (**8**). Es muss sich einen passenden Absprungpunkt suchen und mit beiden Hinterbeinen gleichzeitig abspringen können (**9**). Dieses Pferd müht sich beim Aussprung etwas ab, aber die Reiterin sitzt sicher und hilft ihm vorwärts (**10**).

ÜBERPRÜFEN DER VARIABLEN

Für erfolgreiche Wassersprünge müssen die Variablen Richtung, Geschwindigkeit, Schwung, Gleichgewicht und zeitliche Abstimmung ineinander greifen. Schräges Anreiten kann dazu führen, dass das Pferd für den Absprung weniger Kraft mobilisieren kann, während ein langsames Tempo für mehr Schwung und ein stärker versammeltes Gleichgewicht sorgt. Der daraus resultierende rundere Galopp hilft dem Pferd durch das bremsende Wasser und verringert das Spritzen. Wenn Sie in diesem Wasserkomplex die richtige Richtung und Geschwindigkeit beibehalten, können Sie ihn wie eine Springreihe nehmen und kommen automatisch an die richtigen Absprungpunkte.

Nehmen Sie die Sicherheitshaltung ein, wenn es wieder ins Wasser geht.

Schauen Sie auf das nächste Hindernis und behalten Sie kontrolliert die Geschwindigkeit bei.

Federn Sie beim Aufsprung Ihr Gewicht zu den Steigbügeln durch.

Greifen Sie in die Mähne, falls Sie oder das Pferd das Gleichgewicht verlieren.

IN-OUTS & KOMBINATIONEN

Der In-Out – eine Kombination aus zwei Hindernissen, zwischen denen das Pferd nach der Landung sofort wieder abspringt – erfordert schnelle Reaktionen und eine kraftvolle Springtechnik. Wie bei allen Kombinationen können die Distanzen innerhalb des Hindernisses unterschiedlich sein und müssen deswegen mit angepasster Galoppsprunglänge angeritten werden. Also müssen Sie wissen, welche Faktoren die Galoppsprünge beeinflussen.

SPRINGEN EINES IN-OUTS
Diese Kombination beginnt mit einem Steilsprung mit guter Grundlinie. Darauf folgt ein ziemlich langer Galoppsprung vor einem In-Out mit weiter Distanz (siehe unten), dann sind drei kürzere Galoppsprünge zum letzten Steilsprung erforderlich. Die Distanzen zwischen den ersten beiden Hindernissen sowie innerhalb des In-Outs sind etwa 1 m weiter angelegt als normalerweise beim Springen, betragen also 8,20 und 4,20 m. Die letzten drei Galoppsprünge umfassen 14,30 m, sind also etwas kürzer als normal.

Reiten Sie den ersten Sprung etwas schneller an als im Parcours. So können Sie die erste Distanz und den In-Out perfekt meistern. Ein In-Out erfordert Gelenkigkeit vom Pferd. Das Pferd muss beim Anreiten (1) bereits sicher sein, dass es den ersten Teil des In-Outs (2) flüssig und locker springen kann. Ohne diese Selbstsicherheit verspannt es sich und bringt nicht genug Kraft auf. Die richtige Geschwindigkeit lässt Sie auch an der richtigen Stelle landen (3), nämlich auf halbem Wege zwischen den Hindernissen.

Die Vorderbeine landen und müssen bereits wieder abspringen, bevor die Hinterbeine den Boden berühren (siehe kleines Bild rechts unten). Das ist die Schwebephase. Deswegen neigen

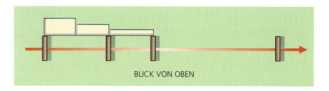

BLICK VON OBEN

KOMBINATION MIT IN-OUT Diese Reiterin zeigt bei jeder Landung einen sicheren Sitz. Es besteht kein Risiko, dass sie nach vorne fallen könnte, und sie schränkt ihr Pferd während des Absprungs niemals ein.

Ermuntern Sie das Pferd mit Schenkelhilfen zum Vorwärts.

Halten Sie stetige, fühlige Anlehnung mit der Hand.

Achten Sie auf stabile Unterschenkel, während Sie dem Pferd Bewegungsfreiheit lassen.

viele Pferde dazu, über dem ersten Teil eines In-Outs die Hinterhand schneller als sonst auf die Landeseite zu holen und dabei einen Hinterhandfehler zu begehen. In dieser Bildfolge lässt das Pferd einen Vorderhuf zu lange am Boden (4), was dazu führen könnte, dass es mit diesem Huf am zweiten Hindernisteil anschlägt. Nehmen Sie den Galopp (5) vor dem letzten Steilsprung etwas zurück, damit Sie drei volle Galoppsprünge einlegen können.

KURZE UND LANGE GALOPPSPRÜNGE

Distanzen kommen Ihnen kurz vor, wenn das Pferd groß springt, und wirken lang, wenn es mühsam über die Hindernisse kommt. Denken Sie immer daran, dass der Galoppsprung länger wird, wenn das Pferd schneller oder leicht bergab geht, gutes Geläuf hat, sich spritzig und locker fühlt, wenn es wackelige Hindernisse springt, vor denen es keinen Respekt hat, oder wenn es heimwärts geht.

Kürzer wird der Galoppsprung, wenn das Pferd langsamer oder bergauf läuft, mit lockerem Boden kämpft, nicht von zu Hause wegwill, müde ist, vom Reiter eingeschränkt wird oder wenn es steif ist und keine Schwebephase mehr schafft.

Diese Faktoren zeigen, wie wichtig es ist, dass Sie Ihr Pferd gut kennen und mit einem erfahrenen Trainer zur richtigen Geschwindigkeit und Galoppsprunglänge finden. Ein geschicktes Pferd (siehe S. 270–271) nimmt Ihnen viel Arbeit ab.

ZWEI HINDERNISSE IM WINKEL Um in dieser Kombination drei Galoppsprünge unterzubringen, müssen Sie verhaltenen Galopp reiten. Das Pferd hält den Hals nicht gerade, was bedeutet, dass es nach links aus der Kombination herauslaufen könnte. Dieses Risiko besteht auch, wenn der Reiter weiter links springt.

4

Bleiben Sie für den Absprung perfekt im Gleichgewicht.

Die Vorderbeine drücken wieder ab, noch bevor die Hinterhufe am Boden sind.

5

Nehmen Sie das Pferd für die drei leicht verkürzten Galoppsprünge zum nächsten Hindernis etwas zurück.

SPRINGEN AM HANG

Die Länge der Galoppsprünge und die Absprung- und Landepunkte ändern sich beim Springen bergauf und bergab. Bergauf wird der Galoppsprung kürzer, bergab länger. Bergauf liegt der Landepunkt näher am Hindernis, bergab weiter davon entfernt. Der Reiter muss bergauf in der Bewegung nach vorne mitgehen, während er bergab nicht nach vorne fallen darf.

BERGAB SPRINGEN

Weil die Landefläche beim Springen bergab nach unten geneigt ist und die Flugkurve sich damit nach unten verlängert, ist der Landepunkt etwas weiter vom Hindernis entfernt als sonst.

Wenn ein Mensch einen Hang hinunterrennt, wird er immer schneller werden, bis er entweder hinfällt oder absichtlich das Tempo drosselt, um auf den Füßen zu bleiben. Für Pferde gilt das Gleiche, aber manche Pferde vergessen die natürliche Reaktion des Langsamerwerdens, wenn sie gewohnt sind, ihrem dominanten Reiter zu gehorchen.

Auf dieser Bildfolge beträgt der Abstand zwischen den zwei Baumstämmen 13,70 m, also fehlt 1 m für drei normale Galoppsprünge. Tatsächlich ist die Distanz um 2 m zu kurz, weil Pferde bergab längere Galoppsprünge machen. Wenn man drei kurze Galoppsprünge reiten kann, passt die Distanz gut und das Pferd bleibt im Gleichgewicht. Halten Sie die Unterschenkel stabil mit einer senkrechten Linie vom Knie zum Fuß-

KOMBINATION BERGAB Diese zwei Baumstämme liegen auf einer gebogenen Linie. Der Hang-Effekt sorgt dafür, dass die Distanz bergab in drei kurzen Galoppsprüngen geritten wird, bergauf in drei langen. Bergauf benötigt das Pferd bedeutend mehr Energie.

Nehmen Sie den Oberkörper zurück und halten Sie Anlehnung.

Regulieren Sie gleich nach der Landung die Geschwindigkeit.

Kommen Sie wieder ins Gleichgewicht und nehmen Sie das Tempo für den nächsten Baumstamm zurück.

1 2 3 4

GUTER SITZ Die Reiterin sitzt in guter Haltung, den Absatz auf einer Linie mit der Schulter. Sie öffnet die Finger, um die Zügel durchrutschen zu lassen und dem Pferd das Strecken des Halses zu ermöglichen, ohne dass sie nach vorne gezogen wird. Sie muss darauf achten, die Zügel nicht fallen zu lassen.

ballen. Öffnen Sie dazu die Knie- und Hüftgelenke. Nach dem Absprung für den ersten Baumstamm **(1)** müssen Sie bereit sein, bei der Landung **(2)** das Tempo zu regulieren. Halten Sie korrekt das Gleichgewicht **(3, 4)** und sitzen Sie kurz ein, bevor Sie den zweiten Baumstamm nehmen **(5, 6)**. Auch hier müssen Sie bereit sein, Ihr Gewicht nach hinten zu verlagern, um das Gleichgewicht zu halten **(7, 8)**.

BERGAUF SPRINGEN

Bergauf zu springen fällt Pferden leichter als bergab, weil sie dabei besser im Gleichgewicht bleiben können. Bergauf muss der Reiter sich also lediglich darauf konzentrieren, genügend Energie zu mobilisieren und schneller zu reiten, als würde die Distanz drei lange Galoppsprünge betragen.

Das Überwinden der Baumstämme bergauf erfordert vom Pferd zusätzlichen Kraftaufwand – also ist es wichtig, dass es vom Reiter unterstützt wird. Sitzen Sie nicht hinten im Sattel, sondern federn Sie Ihr Gewicht auf die Steigbügel durch, sodass Sie im leichten Sitz nach vorne kommen und Ihr eigener Schwerpunkt über dem des Pferdes liegt.

BERGAUF SPRINGEN Vom Absprungpunkt gemessen, ist dies ein mächtiges Hindernis. Das Pferd springt zu früh ab und hat Energie verschwendet. Deshalb muss es sich ungeheuer anstrengen und den Baumstamm mit reiner Kraft springen. Seine Fesselgelenke berühren fast den Boden. Der Reiterin ist es trotzdem gelungen, in gutem Gleichgewicht und guter Haltung zu bleiben.

Sitzen Sie im Sattel ein, und erhalten Sie den Schwung.

Bei höher liegendem Absprungpunkt springt das Pferd kaum nach oben. Versuchen Sie trotzdem, Ihr Gewicht zum Absatz durchzufedern.

Drücken Sie den Absatz nach unten, sonst müssen Sie Ihr Gewicht mit dem Knie abfangen, worunter Ihr Gleichgewicht leidet.

Schauen Sie vorwärts und federn Sie Ihr Gewicht zu den Absätzen durch.

SPRINGEN AUS HOHEM TEMPO

Für einen Vielseitigkeitsreiter ist das Springen aus großer Geschwindigkeit eine notwendige Fähigkeit – und der absolute Kick. Damit die Sicherheit nicht zu kurz kommt, müssen Sie allerdings mit ruhigem, sich langsam steigerndem Training darauf hinarbeiten. Wenn Sie dann die Rennbahnstrecke einer langen Vielseitigkeitsprüfung reiten, werden Sie merken, dass Ihr Pferd damit sicher und locker umgehen kann. Für Sie wird das eine aufregende und wunderbare Erfahrung sein.

IM HÖHEREN TEMPO

Es ist wie beim Autofahren: Nichts verbraucht mehr Energie als die Beschleunigung. Beim Springen im Renntempo müssen Sie lernen, die Energieverschwendung zu vermeiden, die durch Verlangsamen vor einem Hindernis und Beschleunigen danach entsteht. Schneller können Sie reiten, sobald die Grundlagen in Dressur und Springen sitzen und das Pferd fit genug ist. Die waagrechten Kräfte des Renngalopps bringen es mit sich, dass die Pferde nicht so hoch springen können – also sind die Hindernisse niedriger als beim Springreiten.

Der Hauptunterschied zum Parcoursspringen liegt in den Absprung- und Landepunkten, die wegen des höheren Grundtempos etwas mehr Abstand zum Hindernis haben. Beim Springen aus 500 m/min springt man normalerweise 2,50 m vom höchsten Punkt des Hindernisses entfernt ab, während es beim Parcourssprung 1,80 m sind. Auf der Rennbahn vergrößert sich der Abstand auf 3 m. Viele Reiter machen sich Sorgen, ob sie auch den richtigen Absprung finden werden. Sehen Sie sich deshalb die verschiedenen Möglichkeiten an (siehe Kasten unten). Die Schlüsselfähigkeit ist das Stillsitzen. Mischen Sie sich nicht in den Sprung ein. Ihr Pferd wird entweder ohne Veränderungen einen passenden Absprungpunkt finden oder einen kleinen Galoppsprung einfügen.

In der Praxis müssen Pferde sich vor dem Absprung nicht mit kurzen Galoppsprüngen beschäftigen, weil sie schon zwei oder drei Sprünge vorher wissen, was zu tun ist, und entsprechende Anpassungen vornehmen. Wenn Sie also unsicher sind, sitzen Sie einfach still und vertrauen Sie darauf, dass Ihr Pferd weiß, was es zu tun hat. Mit dieser Strategie bewältigen Sie jeden Geländesprung und steigern Ihr Selbstvertrauen. Sie werden den Galoppsprung immer besser fühlen können und zum Vorteil des Pferdes nur kleinste Veränderungen vornehmen. Vermeiden Sie es, vor einem Hindernis zu stark einzuwirken – sonst werden die Galoppsprünge plötzlich länger.

ABSPRUNGPUNKTE

Rechts sehen Sie verschiedene Anreitmöglichkeiten für die Hindernisse der Rennbahnstrecke. Diese Hindernisse sind für ein Pferd im Renngalopp kein Problem, es muss weder den Galoppsprung noch die Flugbahn verändern, selbst wenn es etwas zu eng oder zu weit abspringt. Wenn der letzte Galoppsprung aber zu weit vom Hindernis entfernt endet, muss es einen kurzen Sprung einschieben. Das verkürzt die Flugkurve und verringert die Geschwindigkeit, ist aber sicherer.

GRAUER BEREICH STEHT FÜR ABSPRUNG- UND LANDEZONE

BEREICH DES KURZEN GALOPPSPRUNGS

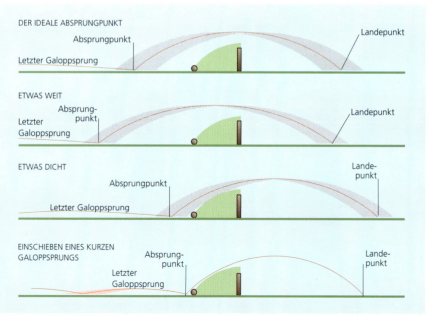

DER IDEALE ABSPRUNGPUNKT
Absprungpunkt
Landepunkt
Letzter Galoppsprung

ETWAS WEIT
Absprungpunkt
Letzter Galoppsprung
Landepunkt

ETWAS DICHT
Absprungpunkt
Letzter Galoppsprung
Landepunkt

EINSCHIEBEN EINES KURZEN GALOPPSPRUNGS
Absprungpunkt
Letzter Galoppsprung
Landepunkt

DAS ÜBERWINDEN VON BÜRSTENSPRÜNGEN

Ein Bürstensprung ist ein festes Hindernis aus Buschwerk, aus dem kleine Äste und Zweige nach oben herausstehen. Solche Buschhürden müssen Sie geradeaus anreiten, damit das Pferd das Licht durch die Zweige schimmern sieht und versteht, dass es durch die Zweige hindurchspringen kann.

Im Gegensatz zu den Bürstensprüngen der Rennbahnstrecke, die nach hinten ansteigen, sind Buschhürden senkrecht gebaut. Außerdem sind sie so hoch, dass es nicht möglich ist, sehr dicht abzuspringen – Ihr Pferd würde wahrscheinlich verweigern. Sie haben nur zwei Möglichkeiten: Entweder finden Sie die ideale Absprungzone oder Sie springen etwas zu früh ab. Am besten reiten Sie Buschhürden mit 400–450 m/min an und nehmen sie aus etwas schwungvollerem Galopp als üblich. Auf schwereren Strecken stehen Buschhürden oft nach Wendungen oder in bestimmten Distanzen und müssen langsamer angeritten werden, was den Schwierigkeitsgrad erhöht.

BUSCHHÜRDE Bei dieser Buschhürde ragen die lichten Zweige 50 cm über den festen Hindernisteil hinaus. Für einen erfolgreichen Sprung müssen Sie den Galopp verhalten und das Hindernis geradeaus anreiten, damit Ihr Pferd sich das Ganze ansehen kann.

BÜRSTENSPRUNG AUF DER RENNBAHNSTRECKE Mary King aus Großbritannien, hier über einem Bürstensprung, springt auch bei hoher Geschwindigkeit absolut sicher, weil sie und ihre Pferde immer gut im Gleichgewicht und völlig gelassen sind.

DIE ÜBUNGEN IM ÜBERBLICK

Eine durchdachte Abfolge von Übungen hilft Ihnen, zielgerichtet, sicher und stetig zu trainieren. Sie müssen die Abmessungen und Typen von Hindernissen ebenso gut kennen wie die Geschwindigkeiten und Distanzen, die auf unter-schiedlichen Niveaus gefordert werden. Wenn Sie die Anforderungen für Niveau 3 (siehe Tabelle rechts) erfüllen, sind Sie bereit für Ihre erste große Vielseitigkeit auf Ein-Sterne-Level. Niveau 4 entspricht einer großen Zwei-Sterne-Prüfung.

ANFORDERUNGEN AN DAS PFERD
Sobald Sie sich auf Niveau 1 der Anforderungen in Dressur und Springen wohl fühlen (siehe S. 161 und 231), sind Sie bereit für spezielle Geländeübungen. Das in der Tabelle rechts beschriebene Niveau 1 entspricht ungefähr dem Einsteiger-Turnierniveau, also Klasse E; Niveau 2 deckt sich in etwa mit Klasse A, Niveau 3 entspricht ungefähr Klasse L oder M und Niveau 4 dem Einstiegsniveau für internationale Prüfungen.

Einem Reiter, der Übung im Parcoursspringen hat, mögen die Höhe und Weiten für den Geländeritt beruhigend vorkommen, auch wenn die Oxer etwas weiter sind. In der Praxis ist der Unterschied zwischen den beiden Disziplinen aber ausgeprägt. Wenn Sie einen Stangen-Steilsprung von 1,15 m Höhe anreiten, der auf ebenem Boden irgendwo in der Mitte eines Parcours von 550 m Länge steht, hat das wenig Gemeinsamkeit damit, nach einer blind zu reitenden Ecke auf einem Hügel irgendwo in der Mitte einer Geländestrecke einem Winkelsprung von 1,15 m Höhe zu begegnen. Wenn Ihr Pferd allerdings fit und auf schnelle Reaktionen trainiert ist, stellt die Ecke kein Problem dar.

Für das Springreiten auf höchstem Niveau brauchen Pferde ungewöhnliches

Potenzial und sportliche Fähigkeiten. Für Geländeritte kommen mehr Pferde infrage, sofern sie für die langen Strecken und die höhere Anzahl von Sprüngen korrekt ausgebildet und fit gemacht werden. Zu häufiges Springen mit einem körperlich noch nicht ausgereiften Pferd kann ihm aber die Kraft zum Springen nehmen. Sie müssen vorausschauend denken, um die Arbeitsfähigkeit des Vielseitigkeitspferdes zu erhalten und zu verlängern. Das Fitness-Programm muss auf die Anforderungen Ihres Pferdes zugeschnitten sein (siehe S. 324–329).

ANPASSEN DER GESCHWINDIGKEIT
Vielseitigkeitsreiter müssen allmählich lernen, mit unterschiedlichen Geschwindigkeiten zurechtzukommen. Neulinge werden sich damit abfinden müssen, in Prüfungen Strafpunkte für die Zeit zu bekommen. Gewöhnen Sie sich an die Galoppgeschwindigkeit für den Parcours und lernen Sie dann, Tiefsprünge langsamer anzugehen und ansteigende Einzelhindernisse schneller. Die rechts angegebenen Geschwindigkeiten sind Durchschnittswerte. Sie werden Teile der Strecke schneller reiten müssen, um die langsameren Bereiche auszugleichen.

HÖHERE GESCHWINDIGKEIT Ein Geländehindernis mit ansteigendem Profil erfordert beim Anreiten eine höhere Geschwindigkeit, damit das Pferd größer und flüssiger springen kann. Diese Reiterin hat ausreichend Energie aufgebaut und dem Pferd den Hals frei gelassen, sodass es sich strecken und den Sprung genießen kann.

POSITIONSBESTIMMUNG GELÄNDE

ELEMENTE DER STRECKE	NIVEAU 1	NIVEAU 2	NIVEAU 3	NIVEAU 4
Maximale Hindernishöhe	90 cm	1 m	1,10 m	1,15 m
Hindernishöhe mit Buschwerk	1,10 m	1,20 m	1,30 m	1,35 m
Weite am höchsten Punkt	1,20 m	1,30 m	1,40 m	1,60 m
Weite an der Basis	1,80 m	1,90 m	2,10 m	2,40 m
Weite ohne Höhe	2,30 m	2,50 m	2,80 m	3,20 m
Tiefsprünge	1,20 m	1,40 m	1,60 m	1,80 m
Höhe Rennbahnhindernisse			1,40 m	1,40 m
Geschwindigkeit für die Geländestrecke	480 m/min (29 km/h)	500 m/min (30 km/h)	520m/min (31 km/h)	550 m/min (33 km/h)
Geschwindigkeit für die Rennbahnstrecke			640 m/min (38 km/h)	660 m/min (40 km/h)
Geschwindigkeit für die Wegestrecken			Phase A: 220 m/min (13 km/h); Phase C: 160 m/min (10 km/h)	Phase A: 220 m/min (13 km/h); Phase C: 160 m/min (10 km/h)
Maximale Anzahl Sprünge	20	25	30	35
Schräge Hindernisse	15°	25°	35°	45°
Schmale Hindernisse	1,80 m	1,50 m	1,20 m	90 cm
Winkelsprünge		40°	60° und zwei Ecken à 40° in der Wendung	75° und zwei Ecken à 60° in der Wendung
Enthaltene Hindernisarten und Kombinationen	Baumstämme, Wälle, trockene Gräben, Wassergräben, Wassereinlauf ohne Sprung, schmale Hindernisse	Tiefsprünge, Winkelsprünge, Stufen, In-Outs, Wassereinsprünge, einfache Kombinationen, Buschhürden	Wassereinsprung als Tiefsprung, Kombinationen mit vier Galoppsprüngen und Wendungen	Änderungen von Richtung oder Geschwindigkeit innerhalb von Kombinationen mit drei Galoppsprüngen
Verkürzen und Verlängern der Galoppsprünge in der Ebene	3,30–5 m	3–5,20 m	3–6,50 m	2,70–6,70 m
Erforderliche Niveaus in Dressur und Springen	Dressur Niveau 1, Springen Niveau 1	Dressur Niveau 1, Springen Niveau 1	Dressur Niveau 2, Springen Niveau 2	Dressur Niveau 3, Springen Niveau 3
Strecke für Kurzprüfung	2000 m	2500 m	3500 m	4500 m
Strecke für Langprüfung			4680 m	5500 m
Länge der Wegestrecke A			4400 m	4400 m
Länge der Rennbahnstrecke			2240 m	2310 m
Länge der Wegestrecke C			6400 m	6400 m

DIAMANTENWALL & COFFIN

Mit fortschreitendem Training können Sie verschiedene Hindernisse und Übungen kombinieren. Dieser Komplex aus Wall und Coffin ist eine Mini-Geländestrecke für sich, die aus zwei Wällen, einem schmalen Hindernis, einem Coffin (hier ein Pulvermannsgrab), zwei Gräben und einem Tiefsprung besteht. Auch die Distanzen stellen hohe Anforderungen. Sie werden merken, dass gute Dressur- und Springgrundlagen Ihnen unschätzbare Dienste leisten.

AUFBAU DER ÜBUNG

Der Wall in Diamantenform ist ein nützliches Schulungshindernis. Wenn er so gebaut ist, dass eine der engeren Ecken auf einen Hang zuführt, können Reiter auf dieser Seite Tiefsprünge in Sicherheitshaltung üben, ohne dass sie dazu schnell galoppieren oder Angst einflößende Hindernisse springen müssen.

Dieser Wall ist breit genug für einen Galoppsprung. Also kann man ihn auch als leichtes Übungshindernis für Einsteiger verwenden, weil man für An- und Weiterreiten auf derselben Ebene bleiben kann. Außerdem bietet der Diamantenwall eine kleinere Ecke von 45 und eine größere von 70 Grad. Die Ecken sind sicher zu springen, weil sie aufgefüllt sind – wenn Sie die Linienführung falsch wählen, kann das Pferd die Hufe absetzen und sich wieder ins Gleichgewicht bringen.

Ein Coffin ist eine Kombination aus Rick (Steilsprung), Graben und einem weiteren Rick – liegt der Graben in einer Vertiefung, spricht man von einem Pulvermannsgrab. Der Komplex, der hier und auf S. 300–301 gezeigt ist, bietet zwei alternative Coffins. Der Wall am Ende (siehe S. 300–301) bietet ebenfalls Optionen und kann auch nur auf- und abwärts ohne weitere Gräben oder Stämme gesprungen werden. Wenn Sie die Route über den größeren der beiden Baumstämme nehmen, scheinen Sie ins Nichts zu springen – erst wenn das Pferd abgehoben hat, ist der Landepunkt deutlich zu sehen.

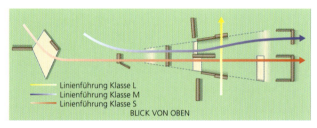

Linienführung Klasse L
Linienführung Klasse M
Linienführung Klasse S
BLICK VON OBEN

DIAMANTENWALL UND COFFIN Es sind verschiedene Linien möglich, aber springen Sie nicht zu viele Hindernisse. Wählen Sie die Übungen aus, die zu den Zielen Ihrer Trainingseinheit und zum Ausbildungsstand Ihres Pferdes passen. Denken Sie daran, dass der Einsprung ins Coffin schwieriger ist als der Aussprung.

SCHWERE LINIENFÜHRUNG AUF EINEN BLICK

1 Sehen Sie dorthin, wo Sie hinwollen.

2 Halten Sie gleichmäßige Anlehnung.

3 Nach der Landung vom Wall sind Sie bereit für den nächsten Sprung.

4 Halten Sie beim Anreiten des schmalen Baumstamms den Pferdehals gerade.

IN DAS COFFIN Nach dem Sprung über den schmalen Baumstamm in der Ebene bleiben Sie im Galopp und gehen mit einem In-Out den Hang an – Sie steuern auf den großen Graben zu. Dieses Pferd trabt den Hang hinunter und wird deswegen am Hangfuß ein Problem mit dem letzten Galoppsprung bis zum Graben haben.

Solche Wälle sind hervorragend dazu geeignet, dem Pferd das Mitdenken beizubringen. Vermeiden Sie es, zu dominant zu reiten – diese Übung sollte dem Pferd wirklich die Freiheit lassen, nach eigenem Ermessen zu reagieren und sein Gleichgewicht zu finden.

Der Reiter kann hier mit unterschiedlichen Geschwindigkeiten und Distanzen quer durch den Komplex experimentieren. Das Selbstvertrauen des Pferdes wächst in Riesenschritten an dieser Herausforderung, weil es sich an diesen weniger mächtigen Hindernissen selbst erarbeiten kann, welche Reaktionen angemessen sind.

DIE LINIENFÜHRUNG

Reiten Sie zu Beginn, wie in der Bildfolge unten gezeigt, im Parcoursgalopp auf den Diamantenwall zu (**1**) und legen Sie oben einen Galoppsprung ein (**2**). Die Distanz nach links über den schmalen Baumstamm beträgt drei kurze Galoppsprünge, reitet sich aber perfekt, weil die Wendung die Galoppsprünge etwas verkürzt (**3**). Der Baumstamm verleitet manche Reiter zu übermäßigem Einsatz beim Anreiten, weil das Pferd nicht sieht, was auf der anderen Seite ist. Andere Reiter wirken dagegen zu schwach ein, weil sie die kurze Distanz bedenken.

Nach dem Baumstamm (**5**) führen vier kurze Galoppsprünge zum Graben. Ignorieren Sie die Baumstämme, die oben und unten am Hang eingegraben sind (**7**) – sie haben mit Beginn und Ende der Galoppsprünge nichts zu tun.

Erlauben Sie Ihrem Pferd nicht, den Hang im Trab zu nehmen oder einen kurzen Extrasprung einzuschieben (**8**) – sonst wird es am Hangfuß abspringen und deshalb nicht genug Platz für einen vollen Galoppsprung vor dem Graben haben.

Ermuntern Sie das Pferd über dem Hindernis zum Vorwärts.

Federn Sie Ihr Gewicht zu den Steigbügeln durch und sitzen Sie geschmeidig.

Ermuntern Sie das Pferd mit Schenkelhilfen, ohne Zögern in das Coffin zu springen.

Unterstützen Sie Ihr Pferd beim Landen am Hang.

Nehmen Sie es für einen kurzen Galoppsprung zurück.

Wegen der Breite des Grabens **(9)** neigt man zu übermäßigem Einsatz. Dadurch wird der Galoppsprung länger und der Absprung für den Baumstamm passt ebenso wenig wie die restliche Linienführung. Die Distanz von diesem Graben zu dem Graben unterhalb des nächsten, begrünten Walls **(10)** beträgt drei normale Galoppsprünge. Die 6 m vom Graben zum Baumstamm oben auf dem Hügel lassen sich perfekt in einem Galoppsprung reiten **(11)**. Der Baumstamm birgt die Besonderheit, dass das Pferd in den freien Raum springt **(12)**, weil es danach bergab geht (siehe Bild rechts). Federn Sie Ihr Gewicht auf die Absätze und öffnen Sie Knie- und Hüftgelenke. Wenn Sie die Galoppsprünge regulieren wollen, müssen Sie im Gleichgewicht landen **(13, 14)** und nicht erst noch sekundenlang um Ihre Balance kämpfen.

ERGÄNZENDES TRAINING

Das Dressur- und Springtraining sollte die Geländearbeit ergänzen und vertiefen. Deshalb ist ein Reitstil, bei dem das Pferd mit Kraft dominiert wird, nicht hilfreich und sogar gefährlich, weil das Pferd dann nicht mitdenken darf.

Für das Vielseitigkeitsreiten braucht man ein gehorsames Pferd, das den Reiter akzeptiert, nicht aber ein unterwürfiges Pferd, das jede Entscheidung dem Reiter überlässt.

Die wichtigsten dressurmäßigen Übungen zur Vorbereitung auf den Geländeritt sind die Variationen der Galoppsprunglänge, die zu echter Versammlung führen (siehe S. 156–157). Die Fähigkeit, die Galoppsprünge wirklich zu verkürzen, ist enorm wichtig – das ist etwas ganz anderes als ein Verkrampfen der Galoppsprünge ohne Schwung.

Die meisten Kombinationen und die Anreitewege auf Tiefsprünge und Coffins erfordern verkürzte Galoppsprünge und werden plötzlich ganz einfach, wenn Ihr Pferd in der Lage ist,

SPRUNG INS NICHTS Nachdem Sie die Sicherheitshaltung beim langsamen Absprung vom Wall geübt haben, ist das eine Gelegenheit, sie in höherer Geschwindigkeit einzunehmen. Für das Pferd ist der Sprung leicht, wenn es selbstsicher genug ist.

SCHWERE LINIENFÜHRUNG AUF EINEN BLICK (FORTSETZUNG)

9 Halten Sie über dem Graben weiche Anlehnung.

seine Galoppsprünge locker und kraftvoll zu verkürzen. So kann es auch mit mehr Schub abdrücken und damit insgesamt sauberer springen.

Das Parcoursspringen ist als Grundlage für den Geländeritt ebenso wertvoll. Hat das Pferd gelernt, einen Stangensprung mit gleichmäßigen Galoppsprüngen anzugehen, so wird es das auch bei Geländesprüngen und in größerer Geschwindigkeit lernen. Die Arbeit an der grundlegenden Springtechnik ist ebenfalls unerlässlich. Es hat wenig Sinn, die Hindernisse schneller überwinden zu wollen, wenn das Pferd noch nicht gelernt hat, mit beiden Hinterbeinen gleichzeitig abzuspringen (siehe Kasten rechts), Schultern und Ellenbogen nach vorne zu nehmen und dabei gerade zu bleiben.

Die Kombination aus gutem Dressur- und Springtraining macht Ihr Pferd nicht nur durchlässig und athletisch, sondern verleiht ihm auch die körperliche und geistige Kraft für den Geländeritt. Umgekehrt wirken sich die Geländeübungen auch auf die Dressur- und Springfähigkeiten des Pferdes aus.

Hindernisse wie Diamantenwall und Graben fordern alle Ihre Fähigkeiten. Ein mutiges junges Pferd mit einem entschlossenen Reiter könnte den ganzen Komplex in einer Trainingsstunde springen, aber das wäre wenig sinnvoll, wenn die Dressurarbeit zwischen den Sprüngen und die Springtechnik schlecht wären. Gehen Sie jede Route ab, bevor Sie sie reiten, und stellen Sie sich die Hindernisse auf Maximalhöhe vor.

ZUNEHMENDE ERFAHRUNG

Gezieltes Training an den richtigen Hindernissen kann die Springtechnik sofort verbessern. Dieses Pferd hat die Hinterbeine zu Beginn der Übungsstunde im letzten Galoppsprung vor dem Absprung hintereinander stehen lassen und seinen Körper lang und flach gemacht. Nach einigem Training kommen nun die Hinterbeine zusammen. So ähnelt das Pferd vor dem Absprung einer gespannten Feder und erzeugt damit die Kraft, die den Sprung einfach werden lässt.

10

11 — Nehmen Sie Ihr Gewicht für den Wall leicht zurück.

Balancieren Sie Ihr Gewicht beim Sprung über den Graben mittig über dem Schwerpunkt des Pferdes.

12 — Bleiben Sie im Flug perfekt im Gleichgewicht.

13 — Öffnen Sie die Knie- und Hüftgelenke.

14

SCHWERE WASSERKOMBINATION

In schweren Prüfungen umfassen die Wasser-komplexe oft verschiedenste Hindernisse und Routen. Hier beginnt die Kombination mit einem Holzstoß, gefolgt von einem langen Galopp-sprung und einem mächtigen Tiefsprung ins Was-ser. Dann werden drei kurze Galoppsprünge zu einem Hindernis im Wasser und drei lange Ga-loppsprünge auf einen Wall verlangt, von dem so-fort wieder abgesprungen wird. Die ganze Anord-nung und das Wasser stellen hohe Anforderungen.

SCHWERE LINIENFÜHRUNG

Bevor Sie mit Ihrem Pferd eine anspruchsvolle Linie durch einen Wasserkomplex üben, überlegen Sie sich, was Sie errei-chen wollen. Für diese Reiterin und ihr Pferd besteht das Ziel darin, Wassereinsprünge problemlos zu meistern und im Was-ser das Tempo besser zu regulieren. Gehen Sie die Strecke vor-her ab wie auf dem Turnier und überlegen Sie sich Ihre Taktik.

Die erste Herausforderung ist hier ein Distanzproblem — vom Holzstoß zum Wassereinsprung (1) sind es 6,80 m statt der leichteren 6,20 m. Sie müssen also mit 400 m/min etwas schneller anreiten als im Springparcours, damit Sie ungefähr 3,50 m weit im Wasser landen. Dadurch wird die Distanz zum Wasserhindernis (2) geringer, die drei kurze Galoppsprünge beträgt. Widerstehen Sie der Versuchung, hier zwei lange Sprünge einzulegen. Das spritzende Wasser und die längeren, flacheren Sprünge erhöhen das Risiko.

Nach der Landung hinter dem Wasserhindernis führen drei lange Galoppsprünge zu einem Wall von 3,50 m Weite (3), der als In-Out zu nehmen ist. Das hier gezeigte Pferd war beim Absprung zu weit vom Rand entfernt und hatte zu wenig Schwung. Also hat es auf dem Wall einen Sprung eingeschoben. Auf ein Hindernis nach dem Wall wäre es nicht vorbereitet gewesen.

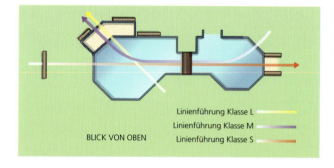

Linienführung Klasse L
Linienführung Klasse M
BLICK VON OBEN   Linienführung Klasse S

SO WÄCHST VERTRAUEN Das Üben in einem solchen Trainingskomplex, der mehr als 18 Linienführungen und 30 Übungen zulässt, ermöglicht Ihnen eine umfassende Vorbereitung auf den Wettbewerb. So werden Sie sicher, weil Sie wissen, dass Ihr Pferd keine Angst vor Wasser hat.

Springen Sie den Holzstoß und den Wassereinsprung.

Nun kommt das Hinder-nis in der Mitte des Wasserkomplexes.

WASSEREINSPRUNG ALS TIEFSPRUNG Die Reiterin zeigt die ideale Haltung für einen steilen Tiefsprung. Ihr Schwerpunkt liegt über dem Schwerpunkt des Pferdes, ihr Unterschenkel ist senkrecht, ihr Gewicht auf dem Absatz. Sie ist das Wasser schnell angeritten, sodass die Flugkurve flacher verläuft, muss nun aber die Galoppsprünge für das nächste Hindernis verkürzen.

BEURTEILUNG DER VARIABLEN

Diese Übung zeigt einmal mehr, dass die meisten Kombinationen relativ leicht zu meistern sind, wenn Sie sich auf die Variablen Geschwindigkeit und Richtung konzentrieren. Denken Sie aber daran, dass Galoppsprünge im Wasser wegen des Wasserwiderstands keine exakte Wissenschaft sein können.

Die Route führt durch den ganzen Komplex geradeaus. Die Geschwindigkeit zum Einreiten beträgt 400 m/min. Der Reiter muss das Tempo vor dem Wassersprung auf langsame Par-

coursgeschwindigkeit drosseln und für den Aussprung auf hohes Parcourstempo steigern. Der Schwung muss erhalten bleiben, weil das Pferd für den Aussprung Kraft braucht.

Eine leichtere Alternative besteht darin, vor dem Wassereinsprung zwei kurze Galoppsprünge zu nehmen. Dadurch landet das Pferd zwar steiler, kann die Distanz von drei Galoppsprüngen im Wasser aber leichter meistern, weil es sie nicht verkürzen muss. So kann es auch leichter den Schwung halten, der für den Aufsprung auf den Wall nötig ist.

HINDERNIS IM WASSER Pferde haben kein Problem mit Wasserhindernissen, wenn die Distanz passt. Die Reiterin zeigt eine sichere Unterschenkellage.

WASSERAUSSPRUNG Das Pferd hat an Schwung verloren, weil es nach dem Wasserhindernis nicht genügend vorwärts gegangen ist. Es wird auf dem Wall einen kurzen Sprung einschieben müssen.

Bleiben Sie im Wasser auf einer geraden Linie zum Wall.

AUF DEM TURNIER

Die Teilnahme an Geländeritten und Vielseitig-keitsprüfungen erfordert nicht nur reiterliche Fähigkeiten, sondern auch Organisationstalent und einen kühlen Kopf. Besondere Bedeutung hat dabei das Abgehen und Auswendiglernen der Ge-ländestrecke. Die Ausrüstung muss bereitliegen und die Helfer müssen gut eingewiesen sein. Um das Beste aus der Aufgabe zu machen, müssen Sie sich diszipliniert an einen Zeitplan halten. Mit zunehmender Erfahrung fällt das immer leichter.

DIE KURZPRÜFUNG

Auf einer gut organisierten Kurzprüfung findet an ein und demselben Tag zuerst die Dressuraufgabe, mit einer Stunde Abstand das Parcoursspringen und eine Stunde später die Geländephase statt. Sie müssen also die Geländestrecke abge-gangen sein, bevor die Dressurphase anfängt. Sobald Sie wis-sen, zu welchen Zeiten Sie für die drei Phasen eingeteilt sind, können Sie mit genügend Zeitpolster rückwärts planen.

Kommen Sie früh genug auf dem Turnierplatz an. Sie müssen parken, sich orientieren und die Startnummern ab-holen, die Sie beim Reiten tragen müssen. Denken Sie beim Abreiten für die Dressur daran, dass noch zwei Phasen kom-men – reiten Sie also so kurz wie möglich ab. Ein gut vor-bereitetes Pferd muss nicht lange abgeritten werden. Viele Pferde springen besser, wenn sie vorher dressurmäßig gearbei-tet worden sind, und ähnlich werden Sie auch vor dem Gelän-deritt höchstens 15 Minuten lang abreiten müssen, weil das Pferd bereits warm ist. Fordern Sie beim Abreiten auch einige Male Geländegeschwindigkeit, damit das Pferd in Fahrt ist.

Abgehen der Strecke

Beim Abgehen der Geländestrecke ist höchste Konzentration erforderlich. Große Abstände zwischen den Hindernissen ver-leiten zur Unaufmerksamkeit. Das erste Abgehen ist wichtig, weil Sie dabei alles so sehen, wie das Pferd es sehen wird. Überlegen Sie, was es überraschen oder ablenken könnte. So kann die Position der Zuschauer an einem Wasserhindernis Ihre Routenwahl beeinflussen oder der veränderte Sonnen-stand kann ein Hindernis später schlechter sichtbar werden lassen. Es ist ratsam, die Strecke zweimal abzugehen.

Die Strecken für Einsteiger sind absichtlich einfach und ein-ladend gebaut, aber gewöhnen Sie sich trotzdem an, auf mehr zu achten als nur auf die Abfolge der Hindernisse. Üben Sie, sich zwischen den Hindernissen bestimmte Punkte einzuprä-gen, damit Ihre Linienführung genauer wird. Denken Sie sich eine Linie vom Hindernis zu einem Punkt dahinter (siehe S. 281), damit Sie wissen, wo Sie reiten wollen. Stehen Hindernisse nahe zusammen, rechnen Sie sich die Zahl der Galoppsprünge aus. Suchen Sie sich die genauen Lande- und Absprungpunkte und gehen Sie den Bereich dazwischen ab. Es gibt immer verschiedene Möglichkeiten, also seien Sie bereit, eine andere Route zu wählen. Vier Ihrer Schritte entsprechen bei Parcoursgeschwindigkeit einem Galoppsprung. Für je 50 m/min, die Sie schneller reiten, verlängert sich der Ga-loppsprung um ungefähr 50 cm. Auch Absprung und Landung liegen dann 25 cm weiter vom Hindernis entfernt als sonst.

Die Nummerierung in Kombinationssprüngen und die verschiedenen möglichen Linienführungen sind wichtig. Es ist unbedingt nötig, dass Sie alle Varianten verstanden haben, damit Sie eine schnelle Entscheidung treffen können, wenn etwas nicht klappt. Hindernisse in Kombinationen können eigene Nummern haben oder als eine Nummer gezählt wer-den – dann sind die Teilhindernisse mit A, B und C bezeichnet. In diesem Falle ist eine bestimmte Linienführung vorgesehen. Wenn Sie am zweiten oder dritten Teil stehen bleiben, ist es nur manchmal möglich, an dieser Stelle wieder anzufangen. Oft müssen Sie wieder bei A beginnen oder eine längere, alternative Route wählen. Wenn die Hindernisse eigene Num-mern haben, können Sie dazwischen Volten reiten, um auf die richtige Linie zu kommen. Dafür gibt es keine Strafpunkte, solange es nicht so aussieht, als hätten Sie einen Sprung wirk-lich angeritten und das Pferd wäre vorbeigelaufen.

Leistungs-Tagebuch

In der Einsteigerklasse sind Stoppuhren nicht erlaubt – ohne Uhr lernen Sie, Ihr Tempo besser einzuschätzen –, aber noti-eren Sie sich Ihre Geländestrecken-Zeit in einem Trainings-Tagebuch. Tragen Sie auch die Erholungszeit Ihres Pferdes, die Streckenlänge sowie Wetter und Geläuf ein. Diese Informatio-nen sind wertvoll, wenn Sie Ihre Leistung analysieren, sich neue Ziele setzen und Ihr Fitnessprogramm verändern wollen.

PERFEKTE ÜBEREINSTIMMUNG Der australische Olympia-Goldmedaillengewinner Andrew Hoy ist mit seinem Pferd Darien Powers eines der weltbesten Vielseitigkeits-Teams. Immer im Gleichgewicht und immer in Übereinstim-mung – hier lassen die beiden Badminton leicht aussehen.

DIE GROSSE VIELSEITIGKEIT

In einer Dreitageprüfung finden Dressur, Geländestrecke und Parcoursspringen in dieser Reihenfolge an getrennten Tagen statt. Die Anforderungen an die Fitness für die längere Strecke, aber auch die internationalen Regeln und die großen Zuschauermengen sind eine große Herausforderung.

Der Geländetag ist besonders schwer, weil noch drei Teilphasen dazukommen: zwei Wegestrecken und die Rennbahnstrecke. Phase A, die erste Wegestrecke, ist ein Ausritt auf Zeit, der getrabt oder im Schritt und Galopp geritten werden kann. Phase A dient zum Aufwärmen für Phase B, die Rennbahnstrecke, in der galoppiert und über Bürstensprünge gesprungen wird. Phase B reitet sich normalerweise gut, weil die Hindernisse unkompliziert gebaut sind, nach hinten ansteigen und eine gute Grundlinie haben. (In Teilen Europas, vor allem in Frankreich, wird Phase B auf einer echten Rennbahn geritten, wo zu den unterschiedlichen Hindernissen auch Mauern und Gräben gehören.)

Phase C ist, ebenso wie die erste Phase, eine Wegestrecke. Die Zeit ist so bemessen, dass Sie nach der Rennbahn auch fünf Minuten Schritt zur Erholung einlegen können. Vor Phase D, der Geländestrecke, liegt noch eine Verfassungsprüfung.

Einweisung der Teilnehmer

Die offizielle Einweisung der Teilnehmer, meist durch den Organisator und die Richter, findet am Tag vor dem Dressurtag statt. Ein Reitervertreter, der als Verbindungsmann zwischen Teilnehmern und Offiziellen dient, wird vorgestellt, und Sie erfahren, wo Sie abreiten und zu welchen Zeiten Sie Übungssprünge absolvieren können. Aus Sicherheitsgründen dürfen die Reiter nur in Anwesenheit einer Aufsicht springen. Wer unbeaufsichtigt springt, wird disqualifiziert. Die Teilnehmer müssen ständig Reitkappe und Startnummer tragen. Achten Sie auf Informationen darüber, wie die Geländestrecke ausgeflaggt ist.

Beurteilung der Geländestrecke

Die Wegestrecke darf man in manchen Ländern abreiten, was Sie dann in Ihrem Zeitplan vorsehen müssen, oder Sie werden herumgefahren oder können sie abgehen. Dabei sehen Sie auch die Rennbahn für Phase B, die Sie vor dem Geländetag abgehen müssen.

Sehen Sie sich beim ersten Abgehen der Geländestrecke alle Möglichkeiten mit offenen Augen an. Begutachten Sie die gesamte Strecke, bevor Sie eine Linienführung wählen. Sie werden die Strecke mindestens dreimal abgehen, davon zweimal mit Ihrem Trainer oder in Begleitung eines anderen erfahrenen Reiters. Denken Sie daran: Sie kennen Ihr Pferd am besten. Lassen Sie sich nicht zu etwas überreden, wovon Sie

instinktiv wissen, dass es nicht klappen wird. Planen Sie ein letztes Abgehen am Abend vor dem Geländetag ein. Am Geländetag haben Sie vielleicht Zeit, einige Reiter an bestimmten Hindernissen zu beobachten.

Beim zweiten Abgehen sollten Sie ein Messrad dabeihaben. Zuvor haben Sie sich eine Strategie zurechtgelegt, die Sie jetzt überprüfen. Planen Sie mit ein, dass Ihr Pferd an einem Sprung vorbeilaufen oder unsicher werden könnte, sodass Sie vielleicht eine andere Route wählen müssen. Sehen Sie sich das

ABMESSEN DER STRECKE

Um festzulegen, an welcher Stelle der Strecke Sie zu bestimmten Zeiten sein sollten, benutzen Sie ein Messrädchen. Suchen Sie sich an solchen Stellen Markierungspunkte, beispielsweise eine Flagge oder einen Baum. So können Sie Ihre Leistungsziele besser erreichen.

Gelände an und entscheiden Sie, wo Sie langsamer reiten wollen und wo im Renngalopp. Nehmen Sie zwischen den Hindernissen die kürzeste Linie.

Erste Verfassungskontrolle

Bei der ersten Verfassungskontrolle wollen die Richter sich davon überzeugen, dass Ihr Pferd fit und gesund ist und starten kann. Sie werden das aufgezäumte Pferd zunächst im Halten beurteilen und dann auf hartem Untergrund vortraben lassen. Das Pferd sollte gut gepflegt sein und Sie selbst sollten sauber gekleidet sein, um einen guten Eindruck zu hinterlassen. Seien Sie vorsichtig, wenn Ihr Pferd von Artgenossen umgeben ist – vermeiden Sie Verletzungen durch Scheuen oder einen Tritt.

Die Richter, beraten von Turniertierärzten, werden Sie das Pferd bei Zweifeln an seiner Fitness nach der Dressurphase noch einmal vorstellen lassen. Lässt Ihr Pferd sich nicht gerne im Trab führen, üben Sie zu Hause das gehorsame und lockere Traben neben Ihnen. Bleiben Sie in der Wendung auf der Außenseite, sodass das Pferd nicht ausweichen und sich die Beine anschlagen kann. Greifen Sie die Zügel locker mit etwas Abstand zum Maul. Die Richter werden Sie noch einmal vortraben lassen, wenn sie das Gefühl haben, Sie würden den Pferdekopf stützen und die wahre Verfassung Ihres Pferdes verschleiern.

Der Dressurtag

Vor der Prüfung sollte ein völlig gelassenes Pferd Ihr Ziel sein – vor allem, wenn es zum ersten Mal ein Viereck mit Zuschauertribüne sehen wird. Meist sorgen Flaggen, Blumen, Lautsprecher und viele Menschen für mehr Ablenkung als bei einer Kurzprüfung.

Zeigen Sie Ihrem Pferd alles am Tag vorher und reiten Sie es warm, bis es locker ist. Den meisten Pferden tut es gut, wenn sie am Tag vor der Dressurprüfung geritten werden, weil sie danach durchlässiger und ruhiger sind. Zu diesem Zeitpunkt können Sie die Prüfungsaufgabe auch einmal komplett reiten. Ist der Boden fest oder rutschig, werden Sie Stollen brauchen.

Vor dem Abreiten für die eigentliche Prüfung braucht Ihr Pferd ein bis zwei Stunden Pause. Erliegen Sie nicht der Versuchung, vor der Prüfung zu viel zu arbeiten. 30 bis 45 Minuten sind das Maximum. Viele Reiter beschweren sich, dass ihre Pferde vor der Prüfung viel besser gearbeitet haben – das kann daran liegen, dass sie schon zu viel getan haben, wenn sie schließlich das Viereck betreten. Andere Pferde wachen in der Turnieratmosphäre erst richtig auf. Betreten Sie das Viereck mit dem Vorsatz, eine Vorstellung zu geben, die Ihr Pferd von seiner besten Seite zeigt und aus jeder Lektion das Beste herausholt.

Nach der Dressurprüfung sollten Sie einige Hindernisse springen, die Ihrem Pferd zeigen, dass es für den Geländetag einen höheren Gang einlegen muss. Machen Sie keine Übungsstunde daraus, sondern bringen Sie sich nur in Stimmung.

Der Geländetag

Diese Prüfung auf Geschwindigkeit und Ausdauer ist für viele Reiter der herausforderndste Teil der gesamten drei Tage. Die Atmosphäre und die vielen Zuschauer können an den Nerven von Einsteigern zerren und selbst erfahrene Reiter sind angespannt. Deswegen ist es so wichtig, dass die Ausrüstung bereitliegt (siehe S. 310–311) und die Helfer gut eingewiesen sind.

Kleben Sie sich eine Karte an den Arm, auf die Sie die Zeitvorgaben für die einzelnen Phasen so notieren, dass Sie sie mit einem Blick erfassen können. Listen Sie die Start- und Endzeiten für jede Phase und die Positionen Ihrer geistigen Markierungspunkte für die Rennbahn und die Geländestrecke auf. Eine Ihrer zwei Uhren setzen Sie beim Start zur Phase A auf null, die andere zeigt die normale Zeit an.

In den zehn Sekunden des Countdown für die Phase A müssen Sie nur daran denken, die Stoppuhr zu betätigen. Es ist ein ungeheuer gutes Gefühl, jetzt auf einem fitten und leistungsbereiten Pferd zu sitzen, und so starten Sie auch.

Nutzen Sie die Möglichkeiten zum Galoppieren und beenden Sie Phase A zwei Minuten vor der Zeit, damit Sie noch

COUNTDOWN ZUR PHASE A

Ein organisierter Ablauf bis zu ersten Phase des Geländetages, der Wegestrecke, ist äußerst wichtig. Sie brauchen Zeitreserven für den Fall, dass etwas Unerwartetes passiert, und um den Tag geistig vorzubereiten. Nach dem Fressen braucht das Pferd mindestens vier Stunden Ruhe. Ein typischer Countdown könnte so aussehen:

5 Std.	Füttern Sie eine kleine Portion Heu und danach eine kleine Portion Kraftfutter.
4 Std.	Kein Heu oder Kraftfutter mehr – Wasser muss zur Verfügung stehen.
2 Std.	Führen Sie Ihr Pferd eine Viertelstunde lang.
1 Std. 45 min	Putzen.
1 Std. 30 min	Stollen einschrauben.
1 Std. 15 min	Bandagieren und Gamaschen anlegen.
1 Std.	Überprüfen Sie die Gesundheit des Pferdes.
45 min	Satteln und Zäumen.
30 min	Fertig und in Turnierkleidung.
15 min	Gehen Sie an den Start, steigen Sie auf und reiten Sie im Schritt. (Bei kurzer A-Phase oder mit einem älteren Pferd brauchen Sie hier länger).

in Ruhe den Gurt überprüfen können. Eine Minute vor dem Start in die Phase B werden Sie aufgerufen, zehn Sekunden davor sollten Sie sich in der Nähe der Startbox befinden und fünf Sekunden davor in der Box. So bekommen Sie einen glatten Start, beschleunigen auf Renntempo (siehe S. 297) und denken beim Anreiten an das erste Hindernis ans Stillsitzen.

Ihre Zeitmarkierungen sollten Sie wie geplant so passieren, dass Sie fünf Sekunden unter der geforderten Zeit bleiben. Halten Sie Ihr Pferd beim allmählichen Parieren gerade. Etwas ungleichmäßige Tritte sind in dieser Phase nicht ungewöhnlich.

Ihre Helfer werden die Eisen kontrollieren – es kommt öfter vor, dass jetzt ein Eisen ersetzt werden muss. Phase C, die zweite Wegstrecke, dient hauptsächlich als Erholungsphase. Versuchen Sie, den Vorbereitungsbereich für die Zehn-Minuten-Pause vor Phase D drei Minuten vor der Zeit zu erreichen. Lassen Sie hier nur das Nötigste an Helfern zu sich, weil Sie sich in Ruhe konzentrieren müssen. Achten Sie darauf, dass Ihnen nur eine einzige Person Informationen über den Zustand der Strecke gibt – Ihr Trainer nämlich –, weil Sie sonst vielleicht widersprüchliche Ratschläge erhalten. Sie werden fünf Minuten vor dem Start informiert und sollten drei Minuten davor einsatzbereit sein (siehe Kasten unten). Galop-

pieren Sie einen Zirkel zum Aufwärmen und begeben Sie sich dann in die Startbox.

In der Startbox wird ein Fünf-Sekunden-Countdown gezählt. Denken Sie zum ersten Hindernis voraus und konzentrieren Sie sich nach dem Start auf Richtung und Geschwindigkeit. Nach einem Hindernis, über das Sie sich Sorgen gemacht haben, dürfen Sie sich nicht entspannen. Selbst wenn alles wie am Schnürchen läuft, wird es immer Überraschungen geben. Achten Sie darauf, wie selbstbewusst Ihr Pferd ist, und wählen Sie die weniger anspruchsvolle Alternative, falls es eine geistige Verschnaufpause braucht. Behalten Sie seine Energiereserven im Auge und schonen Sie seine Kräfte, wo es geht.

Reiten Sie auch den letzten Sprung gelassen an – Ihr Pferd sollte immer noch Energie haben und gut springen. Parieren Sie langsam und auf gerader Linie durch. Abruptes Wenden oder Halten aus hohem Tempo führen zu Verletzungen.

Am Ende des Geländetages

Das Versorgen des Pferdes hat nach Phase D höchste Priorität. Die Analyse Ihres Rittes hat Zeit, bis es Ihrem Pferd gut geht.

Beim Zieleinlauf werden Tierärzte Temperatur, Herzschlag und Atmung Ihres Pferdes überprüfen. Bitten Sie um die Ergebnisse und notieren Sie die Werte für spätere Vergleiche. Lockern Sie inzwischen den Gurt und führen Sie Ihr Pferd herum. Satteln Sie es ab, waschen Sie es kurz ab und führen Sie weiter. Nach zehn Minuten waschen Sie es nochmals ab, bieten ihm Wasser an und führen es weiter. Das Wasser vom Abwaschen wird sich auf dem Pferdekörper erwärmen – ziehen Sie es ab, damit das Tier besser abkühlen kann.

Nach einer Viertelstunde sollte Ihr Pferd vollständig erholt sein. Notieren Sie nochmals Temperatur, Herzschlag und Atmung. Entfernen Sie Gamaschen und Bandagen, bieten Sie ihm wieder Wasser an und führen Sie weiter. Nach einer halben Stunde kann es Wasser haben, so viel es will, und bei gutem Wetter an der Hand grasen. Jetzt können Sie es auf Schnitte, Schürfwunden und Schwellungen untersuchen. Achten Sie bei der Behandlung kleinerer Verletzungen darauf, dass die Medikamente keine verbotenen Substanzen enthalten. Fragen Sie den Tierarzt, wenn Sie nicht sicher sind.

Etwa eine Stunde nach dem Geländeritt können Sie ein Kühlmittel auf die Beine geben und das Pferd in den Stall zu einer kleinen Portion Heu bringen. Geben Sie ihm danach etwas Kraftfutter und lassen Sie es einige Stunden in Ruhe. Wenn der Ritt mitten am Tag geendet hat, können Sie es alle zwei bis drei Stunden eine Viertelstunde lang massieren und führen, aber über Nacht sollten Sie ihm seine Ruhe gönnen.

Bevor Sie es seiner Nachtruhe überlassen, sollten Sie es ein wenig an der Hand traben lassen, damit es sich lockern kann – achten Sie dabei auch auf Lahmheiten. Wenn Ihr Pferd lahm

---

COUNTDOWN FÜR DIE GELÄNDESTRECKE (PHASE D)

Im Zehn-Minuten-Bereich brauchen Sie mindestens zwei Helfer: Einer hält und führt das Pferd, der andere hilft Ihnen mit der Ausrüstung. Die Helfer müssen den Ablauf genau kennen und sollten keine unnötigen Fragen stellen, weil Sie sich auf die bevorstehende Herausforderung konzentrieren müssen.

12 min	Lassen Sie Ihr Pferd beim Eintritt aus der Phase C beobachten. Überprüfen Sie vor allem Eisen und Stollen.
11 min	Veterinärkontrolle auf Temperatur und Puls.
10 min	Wärmen oder kühlen Sie Ihr Pferd nach Bedarf. Spülen Sie sein Maul aus. Überprüfen Sie die Beinschützer.
9 min	Führen Sie Ihr Pferd. Die Helfer informieren Sie über die Strecke. Bei Durst trinken Sie stilles Wasser.
8 min	Kühlen Sie Ihr Pferd, halten Sie es in Bewegung und nehmen Sie nötige Veränderungen der Ausrüstung vor.
5 min	Geben Sie Gleitmittel auf die Pferdebeine und trocknen Sie die Zügel.
4 min	Sitzen Sie auf und überprüfen Sie den Gurt.
3 min	Traben oder galoppieren Sie kurz, um in den Reitmodus zu kommen, und bringen Sie Ihr Pferd in Fahrt.
2 min	Lassen Sie Ihre Linienführung geistig ablaufen.
0 min	Starten Sie fünf Sekunden vor dem Start Ihre Stoppuhr.

VERFASSUNGSKONTROLLE Laufen Sie seitlich vom Pferd in seinem Takt. Ziehen Sie nicht an den Zügeln und lassen Sie dem Pferdekopf Bewegungsfreiheit. Sorgen Sie für Aufmerksamkeit.

geht, holen Sie den Tierarzt und hören Sie auf seine Ratschläge. Natürlich wollen Sie die Prüfung zu Ende reiten, aber Ihr Pferd und seine Zukunft sind wichtiger.

Die zweite Verfassungskontrolle

Bei der zweiten und letzten Verfassungskontrolle wollen die Richter sehen, dass Ihr Pferd den Geländetag bei guter Gesundheit überstanden hat und fit für das Parcoursspringen ist. Holen Sie Ihr Pferd ungefähr drei Stunden vor der Kontrolle aus dem Stall und führen Sie es eine Viertelstunde lang. So können Sie sehen, ob alles in Ordnung ist – wenn nicht, holen Sie den Tierarzt. Im Stall machen Sie es vorführfertig, flechten die Mähne ein, führen es wieder herum und füttern es. Eine halbe Stunde vor dem Termin sollten Sie fertig sein und Ihr Pferd im Schritt und Trab bewegen.

Der Springtag

Ihre Startzeit fürs Springen hängt davon ab, wie Sie bisher platziert sind: Zuerst starten die Reiter mit hinteren Platzierungen und zuletzt die Besten. Wenn Sie unter den ersten Startern sind, müssen Sie vor Abgehen des Parcours mit dem Abreiten anfangen. Sie sollten etwa eine halbe Stunde vor der geplanten Zeit fertig sein und in Parcoursnähe bereitstehen.

Lassen Sie sich beim Abgehen des Parcours nicht ablenken. Jeweils nach drei oder vier Hindernissen rufen Sie den Parcours vor Ihrem geistigen Auge ab. Gehen Sie den Parcours erst dann zum zweiten Mal ab, wenn Sie sich die gesamte Linienführung vor Augen führen können.

Die Dauer des Abreitens müssen Sie genau abstimmen. Reiten Sie zu kurz, dann ist das Pferd nach den Anstrengungen des vorherigen Tages noch steif. Zu langes Abreiten ermüdet es dagegen. Je wirkungsvoller Ihr Fitness- und Konditionierungsprogramm war (siehe S. 324–331), desto normaler wird das Abreiten verlaufen. Die meisten Pferde werden aber nach den vorangegangenen Anstrengungen keine Bestleistung bringen.

Gestalten Sie das Abreiten einfach. Anfangs geht es nur darum, das Pferd zu lösen und es durchlässig zu machen. Achten Sie auf gebogenen Linien darauf, wie Ihr Pferd sich fühlt, und lassen Sie den Parcours vor Ihrem geistigen Auge ablaufen.

Sind vor Ihnen nur noch sieben bis neun Pferde an der Reihe, traben oder galoppieren Sie in aller Ruhe zu einigen kleinen Hindernissen. Springen Sie einen Steilsprung in drei bis fünf ansteigenden Höhen. Viele Pferde müssen auf dem Vorbereitungsplatz zu viel springen – gründen Sie Ihre Planung auf das Wohlbefinden des Pferdes. Wenn es steif ist, reiten Sie noch etwas Dressur. Geht es ihm gut, konzentrieren Sie sich auf 3,70-m-Galoppsprünge und springen Sie Oxer in vier bis acht ansteigenden Höhen. Jetzt sollten vor Ihnen noch zwei oder drei Pferde starten. Reiten Sie Schritt und lassen Sie sich nicht ablenken. Je nach Verfassung des Pferdes wollen Sie vor der Prüfung vielleicht noch einen Steilsprung nehmen.

Denken Sie beim Einreiten daran, die Richter zu grüßen und auf die Startglocke zu warten. Dann achten Sie nur noch auf Richtung und Geschwindigkeit.

Was auch immer passiert, denken Sie beim Ausreiten daran, welch fantastische Leistung Sie erbracht haben, indem Sie an einer großen Vielseitigkeitsprüfung teilgenommen haben. Sie haben das gute Recht, stolz auf sich zu sein.

AUF DEM VORBEREITUNGSPLATZ FÜRS SPRINGEN Lösen Sie Ihr Pferd mit Dressurarbeit und gewöhnen Sie sich an den Parcoursgalopp. Konzentrieren Sie sich auf den stetigen Galopp und den flüssigen Sprung, bevor Sie einige höhere Hindernisse springen. Planen Sie Zeit dafür ein, den Parcours vor Ihrem geistigen Auge ablaufen zu lassen.

AUSRÜSTUNG FÜR DIE PRÜFUNG

Für Vielseitigkeitsreiter werden weniger Prüfungen angeboten als für Dressur- und Springreiter. Sie können es sich also nicht leisten, Gelegenheiten durch mangelhafte Organisation oder schlechte Ausrüstung zu versäumen. Fehler wie ein falsches Gebiss, ein zerrissener Kinnriemen oder vergessene medizinische Unterlagen können zur Disqualifikation führen, kaputtes Sattelzeug kann Sie zum Aufgeben zwingen. Ordnen Sie die Ausrüstung nach Kategorien und verstauen Sie sie in getrennten Behältern oder Taschen – so vermeiden Sie Verwechslungen und sparen in der Prüfung Zeit. Mit guter Organisation und Ausrüstung können Sie sich auf die Veranstaltung konzentrieren und bessere Leistungen erbringen.

Ein Team, das weiß, worum es geht, ist eine große Hilfe. Sie machen Ihrem Team das Leben leichter, wenn Sie gut organisiert sind – und auch für Sie selbst ist es angenehmer, nicht ständig Grundfragen zur Ausrüstung beantworten zu müssen, während Sie sich auf die Prüfung vorbereiten wollen.

CHECKLISTE REITER-AUSRÜSTUNG

Weil die Regeln sich ständig ändern, müssen Sie auf dem Laufenden bleiben, welche Standards beispielsweise für Reitkappen und Schutzwesten gelten. Auch aus Höflichkeit gegenüber Sponsoren, Organisatoren und Besitzern sollten Sie ordentliche Kleidung tragen. Denken Sie außerdem an Kleidung für die Verfassungskontrollen und für offizielle Empfänge, auf denen Sie gut aussehen wollen.

KLEIDUNG FÜR DRESSUR UND SPRINGEN

Zwei Paar Reithosen
Stiefel
Dressurfrack
Reitjacke
Zylinder
Reitkappe (inklusive Haarnadeln und Haarnetz, falls nötig)
Socken und Unterwäsche
Zwei Hemden/Blusen (kragenlos, mit Durchlass oder Knopf hinten für den Kragen)
Plastron, einfache Nadel, Sicherheitsnadeln
Zwei Paar Handschuhe
Armbanduhr
Dressurgerte
Springgerte
Sporen
Kleiderbürste

KLEIDUNG FÜR DIE GELÄNDESTRECKE

Reithosen – wasserdurchlässig
Stiefel
Reithelm mit Überzug
Socken und Unterwäsche
Hemd/Bluse (Farben für Geländeritt)
Plastron und kleine Sicherheitsnadeln
Handschuhe
Zwei Stoppuhren
Springgerte
Sporen
Karton und Klebeband (für die Zeiten-Notierung)
Schutzweste

ALLGEMEINE AUSRÜSTUNG

Wasserdichte Jacke
Wasserdichte Überhose
Mantel
Hut
Handschuhe
Wasserdichte Stiefel
Wasserfester Notizblock und Stift
Wecker
Erste-Hilfe-Ausrüstung
Laufschuhe, z. B. Turnschuhe
Farbige Reithosen und Minichaps
Messrädchen

PERSÖNLICHE AUSRÜSTUNG

Kleidung
Personalausweis/Pass
Reiseplan
Ausländisches Geld (falls nötig)
Sprachführer (im Ausland)
Medizinische Unterlagen
Versicherungsunterlagen

ERSTE HILFE FÜRS PFERD

Diese Liste enthält die wichtigste Erste-Hilfe-Ausrüstung. Nur Tierärzte dürfen mit Phenylbutazon, Beruhigungsmitteln, Aufputschmitteln, Spritzen, Medikamenten oder Nadeln ausgerüstet sein.

Zur äußerlichen Anwendung:
Zinksalbe
Desinfizierende Salbe
Antibiotischer Puder
Vaseline
Melkfett
Augentropfen

Beine:
Alkohol für Beinwaschungen
Hamameliswasser
Lehm für Umschläge oder Kühlgel
Medizinische Umschläge (Totes Meer)
Kühlgamaschen (mindestens 4 Stück)
Einreibung zur Tiefenerwärmung

Zur Unterstützung der Erholung:
Glukose
Elektrolyte
Arnikasalbe

Für die Verdauung:
Bittersalz (als Verdauungshilfe)
Kaliumnitrat (harntreibendes Mittel)
Natriumbikarbonat (gegen Blähungen und Kreuzverschlag)
Glaubersalz/Leinöl/Kleie (bei Verstopfung)

Diverses:
Watte, Verbandwatte
Sterile Kompressen und Leukoplast
Verschiedene Bandagen, Nadeln und Klebeband
Schere, Pinzette und Thermometer

CHECKLISTE PFERDE-AUSRÜSTUNG

Bei einer großen Vielseitigkeitsprüfung kann sich schon einmal Nervosität einstellen. Dann wird die Situation viel entspannter, wenn die Helfer genau wissen, wo sie was finden. Packen Sie die Ausrüstung also logisch geordnet ein, beschriften Sie die Behälter und stellen Sie vor der Abfahrt sicher, dass die Helfer Ihr System verstanden haben.

SATTEL- UND ZAUMZEUG

Dressur:
Zaumzeug – komplett
Sattel – komplett
Sattelunterlage
Bandagen
Gamaschen

Gelände:
Zaumzeug – komplett (mit Gummizügeln)
Sattel – komplett
Sattelunterlage
Gamaschen
Bandagen
Kunststoff-Bandagierunterlagen
Schnürsenkel (für Reparaturen am
    Zaumzeug)
Martingal
Vorderzeug
Übergurt

Springen:
Zaumzeug – komplett
Sattel – komplett
Sattelunterlage
Gamaschen
Bandagen

Training (wenn erforderlich):
Kandarenzäumung
Ausbinder
Longierpeitsche und -leine
Kappzaum
Verschiedene Gebisse
Dicke Satteldecke

REISE-AUSRÜSTUNG

Stallhalfter und Anbindestrick
Transportgamaschen, Schweifschoner,
    Übergurt
Decken (siehe rechts)
Heunetz
Eimer
Maulkorb (falls nötig)

STOLLEN UND REPARATURBEDARF

Schmiedewerkzeug
Stollenschlüssel/Schraubenschlüssel
Nägel und Hammer
Watte zum Ausstopfen
Stollensatz, alle Typen
Ersatz-Hufeisen und Einlagen
Lochzange
Faden und Ledernadel
Klebestreifen und Messer

DECKEN (nach Bedarf)

Nachtdecke
Wolldecken
Abschwitzdecken
Baumwolldecken
Tagesdecke
Wasserdichte Decke
Entsprechende Deckengurte
Stallbandagen und Equimoll

STALLBEDARF

Futter- und Wassereimer
Futterplan
Futterschaufel
Kraftfutter
Heu
Heunetz
Mineralfutter / Salz
Saftfutter / Äpfel / Möhren
Gartenschlauch
Mistbehälter
Werkzeug zum Ausmisten
Wasserbehälter
Schermaschine
Verlängerungskabel
Öl und Ersatzklingen für Schermaschine
Nasenbremse
Boxensperre (»Stallguard«)
Vorhängeschloss mit Schlüssel
Tonne zum Heu-Einweichen, falls nötig

PFERDEPFLEGE

Equidenpass und andere Papiere
Zeitpläne
Futterplan
Putzzeug inklusive Fliegenspray
Material zum Einflechten
Lederpflege-Set
Allgemeines Sauberkeits-Set inklusive
    Wäscheklammern
Sattelkiste / -schrank
Vorhängeschlösser mit Schlüsseln

SPEZIALAUSRÜSTUNG FÜR DIE GELÄNDESTRECKE

Rennbahn und Zehn-Minuten-Pause:
Notfalltasche: kleine, wasserfeste Tasche
Kleine Erste-Hilfe-Ausrüstung
Ersatzeisen und -stollen
Messer, Lochzange, Klebeband, Schnur
Springglocken
Streichgamaschen
Hufkratzer, Stollenschlüssel

Nur für die Zehn-Minuten-Pause:
Wasserdichte Tasche
Führstrick und Handtücher
Eimer, Schwamm, Schweißmesser
Eis und Alkohol, wenn nötig
Thermometer
Wasserfeste Decke
Sattel-Sitzfell
Leichte Decke
Gleitgel und Gummihandschuhe

Ersatzteile:
Zügel und Martingalschieber
Leder und Schnallen
Vorderzeug
Martingal
Gurt, Übergurt
Dicke Satteldecke
Zaumzeug und Gebiss

HERAUSFORDERUNGEN FÜR DEN REITER

HERAUSFORDERUNG	MÖGLICHE GRÜNDE	LÖSUNGSMÖGLICHKEITEN
UNSICHERER SITZ IN DER ZWEITEN SPRUNG-HÄLFTE	● Unterschenkel verrutscht	● Konzentrieren Sie sich auf die Haltung Ihrer Unterschenkel (siehe S. 264–265) und federn Sie Ihr Gewicht auf den Absatz durch, nicht auf den Fußballen.
	● Knie- und Hüftgelenke nicht geöffnet	● Sie können Ihren sicheren Sitz verlieren, wenn der Sattel bei der Landung mit Ihrem Gesäß zusammenstößt. Das wird u. a. dadurch verursacht, dass der Reiter Knie- und Hüftgelenke nicht genügend öffnet oder mit zu langen Steigbügeln reitet (siehe S. 264–265).
	● Körper nach vorne geworfen	● Wenn Sie beim Absprung Ihren Körper zu weit nach vorne werfen, fehlt Ihnen die Sicherheit. Verbessern Sie Ihr Gleichgewicht.
UNSICHERER SITZ BEI TIEFSPRÜNGEN	● Zurückgelehnte Haltung	● Viele Reiter haben gelernt, sich bei Tiefsprüngen zurückzulehnen, aber das führt nur dazu, dass ihr Gesäß mit dem Sattel zusammenstößt und sie beim Versuch, im Gleichgewicht zu bleiben, die Unterschenkel zurückziehen. So kommt es zu einer sehr unsicheren Haltung. Öffnen Sie die Knie- und Hüftgelenke und lassen Sie die Zügel durch die Finger rutschen (siehe S. 265).
LINIENFÜHRUNG IN KOMBINATIONEN GEHT VERLOREN	● Markierungspunkte fehlen	● Um in die Richtung zu schauen, in die Sie wollen, müssen Sie wissen, welche Linie Sie nehmen möchten. Es reicht nicht, nur im Kopf zu behalten, über welchen Teil des Hindernisses Sie springen wollen. Sie müssen in der Lage sein, sich eine Linie zwischen zwei Punkten zu denken, die Sie als Führung benutzen (siehe S. 281).
	● Pferd springt nicht gerade	● Springt Ihr Pferd nach links oder rechts, dann werden Kombinationen schwierig oder sogar gefährlich. Gehen Sie im Training zurück zur Dressur und zu einfachen Springübungen (siehe S. 83).
SCHWIERIGKEITEN MIT DER RICHTIGEN GESCHWINDIGKEIT	● Mangelnde Vorbereitung	● Auf der Geländestrecke müssen Sie unbedingt wissen, welche Geschwindigkeit Sie gerade reiten. Manche Hindernisse sind so gebaut, dass selbst ein Parcoursgalopp noch zu schnell zum Anreiten ist. Andere sind für höhere Geschwindigkeiten gedacht. Üben Sie in der Vorbereitung mit Abstandsmarkierungen, die Unterschiede zwischen 300 m/min, 400 m/min und 500 m/min zu spüren (siehe S. 266–267).
	● Zu wenig Zeitmarkierungen	● Im Wettbewerb müssen Sie Ihre Geschwindigkeit überwachen und zu schnelles Reiten vermeiden. Suchen Sie sich an der Strecke eine Markierung für die Halbzeit. In den schwereren Klassen teilen Sie die Strecke in Abschnitte von zwei oder drei Minuten ein.

HERAUSFORDERUNG	MÖGLICHE GRÜNDE	LÖSUNGSMÖGLICHKEITEN
SCHWIERIGKEITEN MIT DER GESCHWINDIGKEIT FÜR DIE RENN-BAHNSTRECKE	• Zu wenig Zeitmarkie-rungen	• Um Ihren Zeitplan überwachen zu können, müssen Sie die Rennbahnstrecke abmessen und in Minutenintervallen festlegen, wo Sie jeweils sein müssen. Tragen Sie eine Stoppuhr, die jede Minute piept. Liegt der Minutenpunkt vor einem Hindernis, sehen Sie erst dann auf die Uhr, wenn Sie den Sprung hinter sich haben.
	• Pferd entzieht sich	• Wenn Sie zu schnell sind, weil das Pferd Ihnen durchgeht, sollten Sie alles tun, um durchzuparieren, und dann aufgeben.
	• Panik	• Vertrauen Sie auf Ihre Methoden und bleiben Sie ruhig. Vermeiden Sie zu schnelles Reiten – das erhöht das Risiko beim Springen.
UNSICHERES GEFÜHL AUF DER RENNBAHN-STRECKE	• Mangelnder Trainings-aufbau	• Sie werden sich sicherer fühlen, wenn Sie Fortschritte machen. Sobald die normale Geschwindigkeit für den Springparcours stimmt, können Sie allmählich anfangen, Geländehindernisse schneller anzugehen. Wenn Sie sich dabei wohl fühlen, sind Sie bereit, Rennbahnhindernisse in gleicher Höhe zu springen und die Geschwindigkeit weiter zu steigern.
	• Zu lange Steigbügel	• Schnallen Sie die Steigbügel ungefähr zwei Löcher kürzer, damit Sie sicherer sitzen. So können Sie das Gesäß hinter das Knie schieben, wenn Sie sich über einem Hindernis an den Sattel heranfalten, und bleiben selbst dann sicher, wenn Ihr Pferd eine Buschhürde nimmt. Sie brauchen die Bügel nicht so kurz zu machen wie Jockeys im Jagdrennen, aber sehen Sie sich ruhig einmal Fotos von Jockeys an.
ANGSTGEFÜHL	• Mangelnder Trainings-aufbau	• Viele Reiter sagen, sie müssten ein wenig Angst haben, um Bestleistung zu bringen. Wenn Sie allerdings mehr als ein wenig Angst haben, dann sollten Sie keine Geländeritte unternehmen. Bauen Sie zuerst Ihr Selbstvertrauen mit sich langsam steigerndem Training und den richtigen Menschen um Sie herum wieder auf.
	• Frühere Erfahrungen	• Nach schlechten Erfahrungen kann es schwierig sein, wieder Vertrauen aufzubauen. Analysieren Sie, warum das Problem aufgetreten ist, und stellen Sie sicher, dass es sich nicht wiederholt.
	• Pferd außer Kontrolle	• Wenn Sie keine Kontrolle über Ihr Pferd haben, ist die einzige sinnvolle Möglichkeit das Anhalten. Riskieren Sie keine Verletzungen, indem Sie ein Pferd weiterreiten, das Sie nicht kontrollieren können. Ändern Sie Ihre vorbereitende Arbeit. Hoffen Sie nicht einfach, dass das Pferd schon ruhiger werden wird. Bringen Sie es, falls nötig, zu jemandem, der Erfahrung mit Problempferden hat.

HERAUSFORDERUNGEN FÜR DAS PFERD

HERAUSFORDERUNG	MÖGLICHE GRÜNDE	LÖSUNGSMÖGLICHKEITEN
PFERD RUTSCHT	• Unpassende Stollen	• Pferde kommen mit ganz unterschiedlichen Bedingungen klar, solange sie passende Stollen haben. Es ist wichtig, den Mittelweg zwischen zu wenigen und zu vielen Stollen zu finden. Stollen erzeugen Kräfte, die die Eisen abziehen können, und die Pferde können sich an ihren eigenen Stollen verletzen. Allgemein sollten Sie scharfe Stollen auf den Hufinnenseiten vermeiden und an den Hinterhufen größere Stollen verwenden als an den Vorderhufen.
	• Übermäßige Geschwindigkeit	• Ein Pferd, das aus Angst oder mangelnden sportlichen Fähigkeiten steif wird, rutscht mit höherer Wahrscheinlichkeit aus. Der häufigste Grund für Ausrutscher ist aber, dass das Tempo für die aktuellen Bedingungen zu hoch war. Im Auto würden Sie das nicht wagen, also lassen Sie es auf dem Pferd auch bleiben. Vergessen Sie in schwierigen Situationen die Uhr und reiten Sie langsamer.
PFERD GEHT NICHT VORWÄRTS	• Mangelnder Trainings- aufbau	• Im Gelände sind Sie nicht sicher unterwegs, wenn Ihr Pferd nicht schwungvoll und willig vorwärts geht. Die meisten Pferde bewegen sich gerne im Gelände, solange ihr Training logisch aufgebaut ist und sie von ihren Reitern klare Anweisungen erhalten.
	• Passives oder zu ein- schränkendes Reiten	• Wenn Sie zu passiv sind oder – noch schlimmer – das Pferd mit den Zügeln zu sehr einschränken, werden Sie merken, dass Ihr Pferd schnell das Vertrauen verliert. Vertrauen Sie auf Ihre Vorbereitung und reiten Sie mit einer Begeisterung, die auch Ihr Pferd mitreißt. Gestalten Sie das Abreiten aktiver und halten Sie die Übungen für Ihr Pferd einfach.
PFERD AUSSER KONTROLLE/ ENTZIEHT SICH	• Übermäßige Erregung	• Wenn Ihnen die Kontrolle über das Pferd entgleitet, müssen Sie anhalten. Zur Unterstützung ist die Notfall-Parade (siehe S. 28) wirkungsvoll. Viele Pferde pullen aus Aufregung. In solchen Fällen behebt ein langsameres Heranführen an die Arbeit das Problem.
	• Angst	• Wenn ein Pferd Angst hat, ist Flucht seine instinktive Reaktion. Finden Sie die Ursache der Angst heraus, damit Sie etwas dagegen tun können. Stellen Sie das Geländereiten vorerst ein.
	• Gewohnheit	• Manchmal geht ein Pferd durch, weil es das früher schon getan hat und Spaß daran findet. Eine andere Zäumung könnte die Lösung sein. Weil Pferde sich allerdings schnell an schärfere Gebisse gewöhnen, ist es wichtig, so etwas nicht zu oft einzusetzen. Die Kandarenzäumung ist gut geeignet, weil Sie damit auf Trense reiten und die Kandare nur gelegentlich einsetzen können (siehe S. 386).

HERAUSFORDERUNG	MÖGLICHE GRÜNDE	LÖSUNGSMÖGLICHKEITEN
MANGELNDER SCHWUNG	• Mangelnde Gelassenheit	• Viele Pferde verlieren im Renngalopp ihre Gelassenheit. Sie verspannen sich, und darunter leiden Schwung und Kontrolle. Das ist die größte Herausforderung beim Training für die Geländestrecke: Das Pferd soll 100% in Fahrt sein und trotzdem gelassen bleiben.
	• Mangel an Vorwärts	• Ein Pferd muss vorwärts denken. Entschlosseneres Reiten kann helfen, aber wenn das zu keiner prompten Verbesserung führt, sollten Sie aufgeben und zu Hause auf mehr Schwung hinarbeiten.
	• Mangelnde Geradheit	• Unter Druck verlassen sich manche Pferde auf ihre stärkere Seite. Sie fallen dann in Renngalopp und springen schief. So verlieren sie an Kraft und Schwung. Gehen Sie zur Dressurarbeit zurück und achten Sie darauf, das Pferd auf beiden Seiten gleichmäßig zu entwickeln und auf beiden Händen zu galoppieren (siehe S. 83).
MANGELNDES SELBST-VERTRAUEN	• Überforderung	• Ist ein Hindernis zu groß, verliert das Pferd seine Selbstsicherheit. Reduzieren Sie die Anforderungen. Üben Sie auf dem Niveau, auf dem das Pferd sich sicher fühlt, bevor Sie mehr verlangen.
	• Körperliche Beschwerden	• Oft werden Pferde unsicher, weil sie Beschwerden haben. Das kann z. B. an einem Reiter liegen, der zu weit hinten im Sattel sitzt, an einem scheuernden Sattel oder Zaumzeug, dem Anschlagen an Hindernisse oder an Müdigkeit. Holen Sie sich kompetente Hilfe.
	• Ausrutschen	• Reiten Sie unter schwierigen Bedingungen langsamer und achten Sie darauf, die richtigen Stollen zu verwenden (siehe S. 189).
MÜDIGKEIT	• Mangelnde Fitness	• Ein gutes Fitnessprogramm bereitet Ihr Pferd auf etwas höhere Anforderungen vor, als im Wettbewerb tatsächlich gestellt werden. Ist Ihr Pferd müde, weil es nicht fit genug ist, dann riskieren Sie Verletzungen. In dieser Situation müssen Sie aufhören. Wenn Sie schon fast am Ende der Strecke sind, ist die Versuchung zum Weiterreiten groß, aber für einen Sturz braucht es nur ein einziges Hindernis.
	• Übermäßige Geschwindigkeit	• In der Aufregung des Wettbewerbs reiten manche Reiter zu schnell, sodass das Pferd ermüdet. Üben Sie im Training Methoden ein, um die Geschwindigkeit abzuschätzen (siehe S. 266–267).
	• Krankheit	• Ihr Pferd kann müde werden, weil es ihm nicht gut geht. Achten Sie auf abweichendes Verhalten und überprüfen Sie Temperatur, Puls und Atmung gewohnheitsmäßig. Diese Überprüfung sollte auf der Liste der Dinge stehen, die an Turniertagen erledigt werden müssen.

HERAUSFORDERUNGEN FÜR DAS PFERD

HERAUSFORDERUNG	MÖGLICHE GRÜNDE	LÖSUNGSMÖGLICHKEITEN
SCHAUT NICHT HIN ODER WIRKT GLEICHGÜLTIG	• Mangelndes Geschicklichkeitstraining	• Sicherheit hat oberste Priorität. Sie müssen Ihrem Pferd beibringen, sich anzusehen, was es springt. Im Dressur- und Springtraining sollte es Gelassenheit, Selbsthaltung und die Fähigkeit erlernen, sich etwas selbst durch den Kopf gehen zu lassen. Im Geländetraining wirken sich Springreihen und Übungen über verschiedenste Hindernisse in langsamer Geschwindigkeit positiv auf die Geschicklichkeit aus (siehe S. 270–271).
	• Zu viel Einsatz des Reiters	• Manche Pferde passen nicht gut auf, weil sie auf einen Reiter hören, der zu viel Einsatz bringt. Betrachten Sie das Geländereiten nicht als etwas, wozu Sie viel Kraft brauchen. Sitzen Sie so ruhig wie möglich, vor allem in der Nähe von Hindernissen.
	• Übermäßige Aufregung	• Ruhigeres Reiten hilft einem aufgeregten Pferd – aber wenn sich der Zustand nicht bessert, sollten Sie keine Geländeritte machen.
MACHT HINTERHAND-FEHLER	• Körperliche Beschwerden	• Wenn ein Pferd ein Hindernis mit den Vorderbeinen überwindet und normal springt, sollte es keinen Grund für einen Hinterhandfehler geben. Ausnahmen sind Rückenschmerzen beim Pferd oder ein Reiter, der die Zügel deutlich zu kurz nimmt und schwer an der Hinterkante des Sattels einsitzt. Springt Ihr Pferd nicht normal, ist eine tierärztliche Untersuchung angebracht.
	• Einschränkender Reiter	• Wenn Ihr Pferd durch Ihren Sitz eingeschränkt wird, müssen Sie wieder kleinere Hindernisse aus niedrigerem Tempo springen. Arbeiten Sie an Ihrer Balance und dem Mitgehen in der Bewegung.
BLEIBT STEHEN	• Mangelndes Selbstvertrauen	• Wenn ein Pferd sein Vertrauen verliert, ist es verständlich, dass es schließlich auch stehen bleibt und das Springen eines Hindernisses verweigert. Meiden Sie Strafen und packen Sie das zugrunde liegende Problem mithilfe Ihres Trainers im Frühstadium an.
	• Selbsterhaltung	• Manche Pferde bleiben stehen, weil sie in einer unmöglichen Situation sind, z. B. nach einem Ausrutscher. Ein gutes Vielseitigkeitspferd braucht einen starken Selbsterhaltungstrieb, es darf nicht blindlings auf jedes Hindernis zurasen. Aggressives Reiten, bei dem das Pferd nicht mehr sorgfältig springt, ist gefährlich. Wenn Sie frustriert sind, hören Sie auf und nehmen Sie eine Auszeit.
	• Müdigkeit	• Pferde können auch stehen bleiben, weil sie müde sind. Versuchen Sie aufzuhören, bevor das Pferd diese Entscheidung treffen muss. Verbessern Sie Ihre Vorbereitung.

HERAUSFORDERUNG	MÖGLICHE GRÜNDE	LÖSUNGSMÖGLICHKEITEN
MACHT VORHAND-FEHLER	• Übermäßige Geschwindigkeit	• Die meisten Pferde respektieren Geländehindernisse und schlagen nur selten leicht an. Reiten Sie allerdings zu schnell, kann es zu ernsthafterem Anschlagen kommen. Stellen Sie sicher, dass Sie jedes Hindernis im richtigen Tempo anreiten (siehe S. 267).
	• Müdigkeit	• Wenn Ihr Pferd müde ist, gibt es nur eine Lösung: Hören Sie auf und kommen Sie nächstes Mal mit einem fitteren Pferd wieder.
	• Einmischung durch den Reiter	• Vorhandfehler treten auch auf, wenn der Reiter kurz vor dem Hindernis plötzliche Veränderungen an der Geschwindigkeit vornimmt oder sein Gewicht verlagert, weil er den Absprung passend machen will. Das führt unweigerlich zum gegenteiligen Ergebnis, weil das Pferd vor dem Absprung einen kurzen Galoppsprung einschieben wird, zu nahe ans Hindernis kommt und anschlägt.
ZU LANGSAM	• Zu wenig Einsatz des Reiters	• Beim turniermäßigen Reiten müssen Sie zur Vermeidung von Strafpunkten bestimmte Geschwindigkeiten einhalten. Dazu müssen Sie aktiv reiten, weil eine Geländestrecke zahlreiche Richtungs- und Geschwindigkeitsänderungen erfordert.
	• Schlechte Linienführung	• Beim Abgehen der Strecke muss der Reiter alle möglichen Linienführungen begutachten, um zu beurteilen, wo er Zeit sparen kann, ohne bei der Sicherheit Kompromisse einzugehen. Je mehr Zeit Sie vor einem Sprung damit verbringen, zum Einhalten der Linienführung abzubremsen, desto später kommen Sie ins Ziel.
	• Mangel an kontrolliertem Schwung	• Wenn Sie mit Ihrem Pferd um die Leitung kämpfen müssen, verschwenden Sie Kraft. Die besten Durchläufe sieht man bei den Reitern und Pferden, die die beste Grundausbildung haben und ihre Rollen in der Partnerschaft kennen (siehe S. 272–273).
ABNEIGUNG GEGEN GELÄNDEHINDERNISSE	• Mangelnde Vorbereitung	• Viele Pferde mögen keine Geländehindernisse, weil sie nicht logisch darauf vorbereitet worden sind. Führen Sie Ihr Pferd mithilfe kleiner Hindernisse und in niedrigem Tempo in die Geländearbeit ein. Die häufigste Abneigung besteht gegen Wasserhindernisse – nutzen Sie bereits im Frühstadium des Trainings jede Gelegenheit, Bäche und flache Wasserstellen zu durchwaten.
	• Körperliche Beschwerden	• Wenn die erste Erfahrung eines Pferdes mit einem bestimmten Hindernistyp schmerzhaft war, wird es dieses Hindernis von nun an mit Schmerz assoziieren. Außerdem empfindet ein Pferd mit Huf- oder Rückenschmerzen die Geländestrecke als unangenehm.

KAPITEL ACHT

DIE KÖRPERLICHE VORBEREITUNG DES PFERDES

Ein wirkungsvolles Bewegungsprogramm für Ihr Pferd sollte nicht nur seine Leistung verbessern und es weniger schnell ermüden lassen, sondern ihm auch den Spaß an der Arbeit erhalten. Dieses Kapitel zeigt Ihnen, wie Sie Ihr Vorbereitungsprogramm auf die Erfordernisse Ihrer Reitsparte und Ihres Pferdes zuschneiden. Dazu brauchen Sie grundlegendes Wissen über die Physiologie des Pferdes und ein Verständnis dafür, welche Rollen die Faktoren Geschwindigkeit, Kraft, Schub, Losgelassenheit und Ausdauer jeweils spielen.

Im Rahmen dieses Programms werden Sie Ihr Pferd unterschiedlich intensiv arbeiten, seine Fitness beurteilen und den Einfluss des Fütterungkonzeptes auf die Leistung berücksichtigen.

DIE FITNESS IHRES PFERDES

Pferde müssen so fit sein, dass sie ihre Leistung erbringen können, ohne müde zu werden. Für jede Sparte der Reiterei ist unterschiedlich viel Kraft, Geschwindigkeit, Schub, Losgelassenheit und Ausdauer erforderlich. Deshalb ist es so wichtig zu wissen, welche Art von Training zu bestimmten Zielen führt. Dafür müssen Sie den Unterschied zwischen aerobem Training (Muskelarbeit mit Sauerstoff) und anaerobem Training (Muskelarbeit ohne Sauerstoff) kennen.

IHR PFERD: FIT UND ZUFRIEDEN

Welches Fitness-Niveau für Ihr Pferd erforderlich ist, hängt davon ab, wofür Sie es trainieren oder ausbilden. So braucht ein Pferd, das auf Einsteigerturnieren startet, keine maximale Fitness – aber auch ein solches Pferd sollte fit genug sein, um seine Arbeit ohne Probleme bewältigen zu können. So verringert sich das Verletzungsrisiko bei Ermüdung, die Erholungszeit wird kürzer und die Arbeit macht dem Pferd mehr Spaß. Das Fitnesstraining zielt nicht nur auf körperliche Leistungsfähigkeit ab, sondern auch auf eine gute geistige Einstellung. Ein Pferd lässt sich nicht durch Goldmedaillen und Ruhm motivieren und es versteht kaum, warum es noch eine Runde galoppieren soll. Um dem Pferd die Freude an der Arbeit zu erhalten, müssen wir also sorgfältig darauf achten, es weder zu stark zu belasten noch sein Trainingsprogramm zu unflexibel zu gestalten.

Pferde kommen nur schlecht damit zurecht, wenn sie regelmäßig bis an die Grenzen belastet werden. Verschaffen Sie Ihrem Pferd Zufriedenheit, indem Sie ihm abwechslungsreiche Aufgaben stellen und immer dann aufhören, wenn es noch willens und fähig ist, mehr zu tun. Lassen Sie es auch einmal in Gesellschaft arbeiten und legen Sie einen Extra-Ruhetag ein,

ANAEROBE TÄTIGKEIT Anstrengende Betätigung, bei der die Muskeln kurzfristig ohne Sauerstoff arbeiten müssen, wird anaerobe Aktivität genannt. Beim Springreiten kommt es an praktisch jedem Hindernis dazu, beim Dressurreiten in Pirouetten, Verstärkungen und Piaffe.

FITNESS-ANFORDERUNGEN FÜR VERSCHIEDENE REITERLICHE DISZIPLINEN

DISZIPLIN	KRAFT	GESCHWINDIGKEIT	SCHUB	LOSGELASSENHEIT	AUSDAUER
DRESSUR	25 Prozent	5 Prozent	30 Prozent	30 Prozent	10 Prozent
SPRINGEN	25 Prozent	10 Prozent	35 Prozent	25 Prozent	5 Prozent
GELÄNDESTRECKE	10 Prozent	20 Prozent	10 Prozent	20 Prozent	40 Prozent

wenn es angebracht ist. Achten Sie auf Anzeichen von Unwohlsein und gönnen Sie dem Pferd genau im richtigen Moment eine Belohnung oder eine Pause. Bei guter Arbeit setzt das Pferd seinen Rücken richtig ein und fühlt sich gut dabei, sodass solche Arbeit die wesentliche Voraussetzung für alle Arten von Fitnesstraining ist.

KATEGORIEN DER FITNESS

Um die Fitness eines Pferdes zu beurteilen, müssen Sie mehrere Komponenten berücksichtigen: Kraft, Geschwindigkeit, Schub, Losgelassenheit und Ausdauer. Jede Reitlektion soll einen dieser Aspekte verstärken. Wie viel Prozent der Reitzeit Sie auf welche Komponente verwenden, hängt davon ab, für welche Disziplin Sie trainieren (siehe Tabelle oben).

Das soll nicht bedeuten, dass jedes Pferd sich für jede reiterliche Disziplin trainieren lässt. Auch Pferde haben körperliche Grenzen, die bei der Geburt festgelegt sind. Bei guter Ausbildung kann ein Pferd sein Potenzial ausschöpfen, aber nicht darüber hinausgehen. Allerdings kommen nur wenige Pferde jemals in die Nähe ihrer körperlichen Grenzen, und das Training der einzelnen Komponenten kann erheblichen Einfluss auf das Niveau haben, das letztlich erreicht wird.
• Kraft bekommt das Pferd durch Muskelentwicklung, die es ihm ermöglicht, den Reiter leichter zu tragen und durch vermehrte Lastaufnahme der Hinterhand ein fortgeschrittenes Gleichgewicht zu erzielen. Die meisten Dressurlektionen fördern diese Grundkraft. Versammelnde Lektionen (siehe S. 156–157) verbessern die Lastaufnahme.
• Geschwindigkeit bezieht sich vor allem auf die Fähigkeit zur raschen Beschleunigung. Pferde dürfen immer nur ganz kurz in Maximalgeschwindigkeit arbeiten – und niemals dann, wenn sie müde sind. In der Vielseitigkeit ist ein hohes Durchschnittstempo erforderlich, um die Mindestgeschwindigkeiten der Rennbahn- und der Geländestrecke zu erreichen.
• Schub ist beim Dressurreiten für die regelmäßig wiederkehrenden Schwebephasen im Trab und Galopp erforderlich, beim

Springen für den Absprung. Die Lektionen sollten elastische Kraft und schnelle Muskelreaktionen trainieren. Springen baut die Schubkraft auf und ist daher wichtiges Trainingselement.
• Losgelassenheit oder Beweglichkeit ist das Hauptziel der meisten Dressurlektionen. Eine Kombination aus Kraft, Geschwindigkeit und Schub führt schließlich zum Schwung – zu der Kraft, die das Pferd in aktiver, energischer Bewegungsmanier antreibt.
• Ausdauer ist die Fähigkeit, sich längere Zeit stetig fortzubewegen. Sie basiert auf aerober Muskelarbeit.

Springen und Dressur erfordern Kraft, Schub und Losgelassenheit. Im Gelände brauchen Sie eine Kombination aus Geschwindigkeit, Losgelassenheit und Ausdauer. Außerdem muss das Vielseitigkeitspferd Dressur- und Springphasen bestreiten, für die Kraft, Schub, Geschwindigkeit, Losgelassenheit und Ausdauer nötig sind. Es ist also das Gegenstück zum menschlichen Zehnkämpfer, dem perfekten Allround-Athleten.

DIE PHYSIOLOGIE DES PFERDES

Pferde sind von Natur aus außergewöhnliche Athleten. Ihr Herz-Kreislauf-System hat eine wesentlich höhere aerobe Kapazität als das aller anderen Säugetiere mit vergleichbarem Körpergewicht. Dieses System kann als Reaktion auf verstärkte Belastung ungeheure Kapazitäten freisetzen.

Bei allen Säugetieren entsteht Bewegung durch das Zusammenziehen und anschließende Entspannen von Muskeln. Zur Produktion der dazu benötigten Energie werden Nährstoffe mithilfe von Sauerstoff verbrannt. Der Sauerstoffnachschub für die Muskeln wird vom Blut herangetragen, das vom Herzen bewegt wird. Der Verbrauch von Nährstoffen führt zur Produktion von Kohlendioxid und anderen Abfallstoffen, die letztlich die Zellen vergiften würden, wenn das Blut sie nicht entfernen würde. Kohlendioxid wird in die Lungen transportiert und dort ausgeatmet, während andere Abfallstoffe zu den Nieren gebracht und mit dem Urin ausgeschieden werden.

AEROBE UND ANAEROBE BETÄTIGUNG

Das System, mit dem Sauerstoff zur Energiegewinnung herangezogen wird, wird aerobe Aktivität genannt. Es hat einen hohen Wirkungsgrad, weil kaum Abfallstoffe erzeugt werden. Kann bei intensiver Anstrengung das Blut nicht schnell genug ausreichend Sauerstoff heranführen, dann können die Muskeln vorübergehend Nährstoffe ohne Sauerstoffbeteiligung abbauen. Das bezeichnet man als anaerobe Aktivität.

Bei anaerober Aktivität wird viel mehr Milchsäure erzeugt als bei aerober. Angesammelte Milchsäure verringert wiederum die Muskelfunktion. Deshalb kann der Körper nur ungefähr zweieinhalb Minuten lang anaerob arbeiten. Nach einer Phase anstrengender Betätigung im anaeroben Bereich ist eine Sauerstoffschuld aufgelaufen, die nur durch Ruhe zurückgezahlt werden kann. Je wirkungsvoller das Herz arbeitet, desto weniger gerät ein Pferd in den anaeroben Bereich und desto kürzer können die Ruhephasen ausfallen. Durch Arbeit wird der Herzmuskel stärker und wirkungsvoller. Wenn das Herz-Kreislauf-System im Training gestärkt wird, sinkt also die Notwendigkeit, im anaeroben Bereich Energie zu erzeugen.

Sowohl das Dressurreiten als auch das Springen und die Geländestrecke erfordern aber anaerobe Energieerzeugung, sodass der Körper des Pferdes darauf trainiert sein muss. Pferde haben zwei Hauptarten von Muskelfasern, die speziell für den Einsatz im aeroben (rote Muskulatur) oder im anaeroben (weiße Muskulatur) Bereich geschaffen sind. Eine dritte Art kann entweder aerob oder anaerob arbeiten, je nachdem, wie sie anfangs beansprucht wurde. Einige Wissenschaftler glauben auch, dass die rote Muskulatur die weiße nachahmen kann, wenn das Pferd zu Beginn im anaeroben Bereich gearbeitet wird. Das bedeutet, dass ein junges Pferd sein anaerobes Potenzial nur ausschöpfen kann, wenn das Training anaerobe Abschnitte enthält. Das ist besonders für Spring- und Dressurpferde wichtig.

TRAININGSPROGRAMME

Programme für das körperliche Training müssen immer auf das jeweilige Pferd und die reiterliche Disziplin zugeschnitten werden. So dauert ein Springdurchlauf eine bis eineinhalb Minuten und jeder Sprung erfordert intensive körperliche Anstrengung. Das ist mit der Leistung eines menschlichen Sprinters vergleichbar. Dagegen dauert ein Durchlauf im Gelände länger und bildet eher das Gegenstück zur Mittelstrecke. Langstreckenläufer arbeiten hauptsächlich am Aufbau ihrer Sauerstoffkapazität – der aeroben Funktion –, um den Muskeln Brennstoff für Ausdauerleistungen zur Verfügung zu stellen. Das gilt auch für die Vorbereitung eines Distanzpferdes. Spring- und Dressurpferde nutzen ebenso wie ein Sprinter vor allem ihr anaerobes System, um Kraft und Schub zu

erzeugen. Das Geländepferd arbeitet sowohl im anaeroben als auch im aeroben Bereich, weil es die Geschwindigkeiten ändern und kurze intensive Anstrengungen beim Springen meistern muss. Deshalb braucht es Reserven für Zeiten der Sauerstoffschuld.

Es ist wichtig zu wissen, mit welcher Art von Training man welche Ergebnisse erzielt. Viele Leute denken, sie würden ihr Pferd aerob arbeiten, wenn es gerade eine Sauerstoffschuld anhäuft. Eine klassische Trainingsmethode für den anaeroben Bereich ist bei Menschen ein Sprint von 100 m, gefolgt von 300 m Gehen, und diese Abfolge bis zu neunmal hintereinander. Für ein aerobes Training würde man die Übung umdrehen: längere Perioden mit wenig intensiver Arbeit sowie kürzere Ruheperioden, also 300 m Laufen und 100 m Gehen. Pferde können nicht ständig an der Grenze ihrer Möglichkei-

ten arbeiten wie manche menschliche Athleten, aber trotzdem ist es nicht ratsam, nur aerob mit geringer Intensität stetig über längere Zeit zu trainieren. So kann man den Schwung eines Spring- oder Dressurpferdes kaum entwickeln. Beim anaeroben Training müssen Sie Ihrem Pferd eine kurze Zeit lang viel abverlangen und danach eine Ruhepause einlegen. Springreihen mit Erholungsphasen dazwischen sind ein Beispiel dafür. In der Dressur kann man das Training so variieren, dass kurzen intensiven Anstrengungen weniger fordernde Phasen folgen. Verlangen Sie nur so viel, dass Ihr Pferd gelassen und zufrieden bleibt. Aerobes Training wie Ausreiten und ruhige Dressurarbeit sind vor allem für Vielseitigkeitspferde wichtig, die alle Fitnessarten brauchen. Für sie muss das Training gut geplant werden. Ein Galopp-Programm (siehe S. 329) kann so zugeschnitten werden, dass es das aerobe und das anaerobe System fördert.

KÖRPERLICHE ANFORDERUNGEN

DISZIPLIN	ANAEROB	AEROB
SPRINGREITEN	70 Prozent	30 Prozent
DRESSUR	60 Prozent	40 Prozent
GELÄNDESTRECKE	40 Prozent	60 Prozent

AEROBE AKTIVITÄT Auf der Geländestrecke und beim Distanzreiten wird phasenweise weniger anstrengend in langsamerer Geschwindigkeit gearbeitet, sodass die Muskeln unter Sauerstoffverbrauch arbeiten können, also im aeroben Bereich. In jedes Trainingsprogramm gehören regelmäßige Ausritte.

FITNESSPROGRAMME

Ein erfolgreiches Fitness- oder Konditionsprogramm ist auf die Bedürfnisse des jeweiligen Pferdes und die verfügbaren Anlagen zugeschnitten. Mit Intervalltraining können Sie im aeroben oder im anaeroben Bereich arbeiten und sind so flexibel, dass Sie verschiedene Pferde auf unterschiedliche Prüfungen vorbereiten können. Geschwindigkeit, Dauer, Intervalle und Häufigkeit des Trainings können zu individuellen Programmen von drei bis vier Monaten kombiniert werden.

VORBEREITENDE ARBEIT

Bevor Sie ernsthaft an Galopparbeit denken können, müssen Sie Ihrem Pferd so viel Zeit und Arbeit geben, dass es eine Basiskondition entwickeln kann. Dabei werden die Hauptsehnen der Vorderbeine besser durchblutet und gestärkt. Normalerweise dauert das je nach vorhandener Kondition vier bis sieben Wochen, aber bei einem übergewichtigen Pferd, das noch nie ein Fitnessprogramm absolviert hat, kann es auch doppelt so lange dauern.

Beginnen Sie Ihr Fitnessprogramm mit Schrittreiten auf ebenem, festem Untergrund, anfangs 20 Minuten und später bis zu eineinhalb Stunden am Tag. Jeden zweiten Tag longieren Sie stattdessen, anfangs 15 bis später 30 Minuten. Dabei soll Ihr Pferd lernen, seinen Rücken sinnvoll einzusetzen. Später kann es täglich in allen Gangarten geritten werden.

Dabei dehnen Sie jeweils drei Minuten Trab oder Galopp im Verlauf von zwei bis drei Wochen auf fünf Vier-Minuten-Intervalle aus. Ihr Pferd sollte schließlich problemlos zwei Stunden ins Gelände gehen und dabei über den Ritt verteilt bis zu 30 Minuten traben und langsam galoppieren können.

INTERVALLTRAINING

Beim Intervalltraining wechseln sich jeweils kurze Arbeitseinheiten und Ruhepausen ab. Das Pferd wird selten mit höchster

GALOPPARBEIT Nach vier bis zwölf Wochen Basiskonditionierung können Sie mit langsamer Galopparbeit bei 400 m/min (24 km/h) anfangen. Steigern Sie die Anforderungen nach weiteren vier Wochen allmählich auf zwei oder drei Sprints von jeweils 800 m bei 650 m/min (40 km/h). Die Vorhand wird weniger belastet, wenn Ihr Pferd gut im Gleichgewicht ist und Sie leicht bergauf trainieren.

SCHRITTARBEIT Ausgedehnte ruhige Arbeit ist für den Aufbau der Grundkondition von unschätzbarem Wert. Sie können auf Straßen und Wegen im Schritt reiten oder im ruhigen Tempo bergauf traben. Suchen Sie sich zum Galoppieren Bodenwellen wie auf der Geländestrecke.

Intensität gearbeitet: Normalerweise fordert man pro Trainingsblock nur drei oder vier Arbeitseinheiten, die sich insgesamt auf nicht mehr als 30 bis 35 Minuten belaufen. Die Alternative sind lange Galoppstrecken, aber erst muss auf jeden Fall der langsame Basisaufbau stattfinden. Springpferde sollten außerdem die ersten sechs Wochen eines Galopp-Programms durchlaufen (siehe S. 329).

Die Prinzipien des Intervalltrainings sind folgende:
• Der Körper gewöhnt sich an die Belastung neuer Anforderungen, wenn er genügend Zeit dafür bekommt. Deshalb werden ständig steigende Anforderungen gestellt.
• Die Intervalle werden so abgestimmt, dass der Körper noch nicht ganz erholt ist, wenn die nächste Arbeitseinheit beginnt. So wird der Trainingseffekt verstärkt.
• In den Arbeitseinheiten werden Höchstbelastungen vermieden. Atmungsapparat, Herz-Kreislauf-System und Muskulatur werden mit geringem Verletzungsrisiko allmählich gestärkt.
• Das Intervalltraining sollte höchstens alle drei oder vier Tage angewandt werden, damit sich der Stoffwechsel des Pferdes wieder normalisiert und an anderen Schwerpunkten gearbeitet werden kann. Bei jungen oder temperamentvollen Pferden kann eine Einheit pro Woche reichen.
• Die Arbeits- und Ruheintervalle können in ihrer Intensität je nach Pferd so strukturiert werden, dass das Pferd ganz gezielt im anaeroben oder im aeroben Bereich trainiert wird,

BASISPROGRAMM

Intervalltraining eignet sich nur für ausgewachsene Pferde, die vorher vier bis acht Wochen Basiskonditionierung durchlaufen haben. Jedes Intervalltraining muss mit aktivem Abreiten über ungefähr 30 Minuten eingeleitet und mit einer ähnlich langen Abkühlphase beendet werden. Um ein Pferd auf eine große Vielseitigkeit der Klasse L vorzubereiten, müssen Sie acht bis 16 Wochen Intervalltraining einplanen. Als Faustregel kann gelten, dass in der ersten Intervalltrainingseinheit ungefähr 3,2 km in zwei oder drei Arbeitseinheiten geritten werden. In jeder weiteren Einheit werden entweder 800 m dazuaddiert oder die Geschwindigkeit wird um 10 Prozent erhöht.

Am Ende dieses Intervallprogramms sollte das Pferd problemlos in der Lage sein, mit halber Geschwindigkeit die doppelte Länge von Rennbahn- und Geländestrecke des Turnier-Geländetages zu galoppieren. Die Strecke sollte dabei in drei Arbeitseinheiten aufgeteilt sein. Um Verletzungen vor dem Wettbewerb zu vermeiden, versuchen viele Trainer, die Galopparbeit auf ein Minimum zu verringern. Dann ist das Pferd am Wettkampftag gerade eben fit genug – aber egal, wie hoch die Anforderungen sind, das Pferd sollte so fit sein, dass es etwas mehr geben könnte. Dadurch wird das Verletzungsrisiko beim eigentlichen Wettbewerb verringert, weil das Pferd hinsichtlich Kraft, Geschwindigkeit und Ausdauer nicht an seine Grenzen kommt.

Behalten Sie beim Intervalltraining Ihre Wettkampfplanung im Auge. So lässt man beispielsweise nach einer Kurzprüfung eine Trainingseinheit aus, weil das Pferd sich noch erholen muss. Geht ein Pferd auf viele Wettkämpfe, so ersetzen diese das Intervalltraining ganz oder teilweise.

SEHNENVERLETZUNGEN

Bei einem Pferd, das mit hoher Geschwindigkeit arbeitet, ist der Röhrbeinbereich besonders verletzungsanfällig. Die beiden Hauptsehnen hinter dem Röhrbein sind nicht so elastisch wie Muskelgewebe. Werden sie überdehnt oder direkt beschädigt, kann sich das langfristig auswirken, weil das Pferd bei schnellerer Arbeit immer anfälliger für Verletzungen und Lahmheiten sein wird. Nach kleineren Verletzungen bleiben die Sehnen vernarbt und verdickt. Bei größeren Verletzungen bleiben sie permanent überdehnt und werden nicht mehr gerade. Schützen Sie die Beine immer mit Gamaschen oder Ähnlichem und bauen Sie die Arbeit langsam und allmählich auf. Hilfreich ist es auch, wenn das Pferd eine gut gebaute Vorhand aufweist (siehe S. 377). Überprüfen Sie diesen Bereich täglich auf Schmerzen, Erwärmung und Verletzungen. Gönnen Sie Ihrem Pferd beim ersten Anzeichen eines Problems eine Pause und rufen Sie den Tierarzt.

RUHEPHASEN

Die Erholungsphasen beim Intervalltraining betragen normalerweise je nach Pferd und Ausbildungsstand eine bis vier Minuten. Die Erholungsgeschwindigkeit wird gemessen, indem man Puls und Atmung ermittelt (siehe Kasten rechts). Den Puls kann man am arbeitenden oder am ruhenden Pferd messen, die Atmung aber nur in der Ruhe, weil Pferde im Takt ihrer Galoppsprünge atmen. Die Erholungszeiten sollten so bemessen sein, dass Puls und Atmung auf die richtigen Werte gesunken sind, bevor die Arbeit wieder aufgenommen wird.

Arbeitet das Pferd im aeroben Bereich, so ist die Arbeitsintensität nicht so hoch und die Ruhephasen können kürzer sein. Arbeitet es mit höherer Intensität im anaeroben Bereich, so entsteht eine Sauerstoffschuld (siehe S. 322) und die Ruhephasen müssen länger sein.

ARBEITSPHASEN

In jeder Trainingseinheit dauern die Arbeitsphasen normalerweise drei bis zwölf Minuten bei Geschwindigkeiten von 400 m/min (24 km/h) bis 650 m/min (40 km/h). Zunächst findet die Arbeit meist bei 400 bis 450 m/min statt, das Tempo kann aber bei zunehmender Fitness des Pferdes auf 500 m/min und schließlich 650 m/min gesteigert werden.

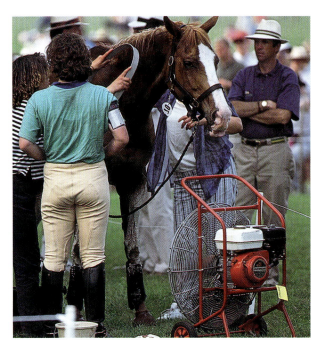

ERHOLUNGSZEITEN Ein Pferd, das nicht überanstrengt wurde, sollte fünf Minuten nach Beendigung der Geländephase deutlich und nach zehn Minuten vollständig erholt sein. Ist es nach 15 Minuten noch nicht erholt, sollten Sie tierärztlichen Rat einholen.

PULS, ATMUNG, TEMPERATUR (PAT)

Der normale Puls des ruhigen Pferdes beträgt 36 bis 44 Schläge pro Minute. Für das aerobe Training sollte er bei 60 bis 120 liegen, für das anaerobe bei 150 bis 200. Man misst den Puls an der Gesichtsarterie unterhalb des Kieferknochens: Zählen Sie 15 Sekunden lang und nehmen Sie die Zahl mal vier, um die Schläge pro Minute zu ermitteln. Bei der Arbeit kann der Puls mit einem Überwachungsgerät ermittelt werden. – Ein Pferd macht acht bis 16 Atemzüge pro Minute, über 100 sollte der Wert nicht steigen. Beobachten Sie die Flanken und zählen Sie jeweils eine Ein- und Ausatmung als einen Atemzug. – Die Normaltemperatur (zwei Minuten lang rektal gemessen) beträgt bei Pferden 38 °C. Bei starker Anstrengung kann sie bis auf 40 °C steigen. Sinkt sie nicht rasch, muss das Pferd sofort tierärztlich behandelt werden.

Die höheren Geschwindigkeiten werden normalerweise erst in den letzten zwei oder drei Wochen vor dem Wettkampf gefordert. Bei Arbeit an leichten Hängen können Sie Geschwindigkeit und Streckenlänge je nach Steigung bis zu 20 Prozent verringern.

BEWERTUNG DER FITNESS

Aufzeichnungen über Puls, Atmung und Erholungszeiten sind für die Bewertung der Fitness nur dann hilfreich, wenn Sie die Normalwerte Ihres Pferdes kennen. Sinnvolle Vergleiche können Sie nur anstellen, wenn die vorausgegangenen Arbeits- und Ruheintervalle ungefähr vergleichbar waren. Eine Methode besteht darin, alle zwei Wochen die Werte nach dem Galopp auf einen bestimmten Hügel zu messen. Mit steigender Fitness sollten die Werte sinken. Denken Sie daran, dass man leicht falsche Werte ermittelt: Ein aufgeregtes Pferd hat einen schnellen Puls, ein hitziges Pferd atmet sehr schnell. Versuchen Sie, die normalen Verhaltensmuster Ihres Pferdes in bestimmten Situationen zu erkennen. Es ist auch nützlich, Ihre Trainingsprogramme und die Fitness von einer Saison bzw. einer Prüfung zur anderen zu vergleichen. Sie können z. B. die Erholungszeiten am Ende der Geländestrecke ermitteln und denen von vorherigen Wettbewerben gegenüberstellen. Lassen Sie Ihren Tierarzt über das Jahr verteilt Blutproben nehmen, um mögliche Mangelsituationen aufzudecken. Das erfahrene Auge des Trainers und das Gefühl des Reiters sind die besten Messgrößen eines Trainingsprogramms.

GALOPP BERGAUF Wer die Möglichkeit hat, mit gewünschter Geschwindigkeit einen sanften Hügel hinaufzugaloppieren, sollte das unbedingt tun, weil man so die Arbeitsintensität steigern kann, ohne die Vorderbeine stärker zu belasten.

ÜBERTRAINING

Das Training belastet Pferde geistig und körperlich. Lustlosigkeit und Krankheitsanfälligkeit können auf Übertraining hindeuten. Ändern Sie Ihr Programm, bevor sich eine leichte Überlastung zu einem ernsthaften Problem auswächst. Ein mittelfristig angelegtes Programm sollte für solche Anpassungen flexibel genug sein. Schon ein Tapetenwechsel, die Arbeit in Gesellschaft oder ein paar Ruhetage zur rechten Zeit können zu einer schlagartigen Verbesserung führen.

Wenn ein Pferd keinen Spaß an seiner Arbeit oder Schmerzen hat, liegt die Ursache oft in Übertraining. Sofern der Reiter das nicht erkennt und behebt, wird das Pferd fast unweigerlich arbeitsunwillig. Forschungsergebnisse zeigen, dass ein Pferd zwei bis drei Wochen Pause einlegen kann, ohne dass seine Fitness messbar leidet – also sorgen Sie beim ersten Anzeichen einer Verletzung für eine Pause. Bei häufigen Turnierteilnahmen braucht das Pferd zu Hause kaum noch Galopparbeit zu leisten; ist es fit genug, sollten Sie sich besser auf die Qualität der Arbeit konzentrieren als auf die Quantität.

Hart trainierende Pferde sind ebenso wie Menschen anfälliger für Virusinfektionen. Die meisten Viren können mit Antibiotika nicht behandelt werden, sodass die einzige Medizin aus Ruhe und Stressentzug besteht. Viren sind ein großes Problem, weil sie im Frühstadium kaum zu entdecken sind. Sie können auch monatelang latent vorliegen und wieder auftauchen, sobald das Pferd mehr arbeitet. Am besten entdecken Sie Probleme, wenn Sie Verhalten und Gewohnheiten Ihres Pferdes genau kennen.

EIN ZUFRIEDENES PFERD Ein Konditionierungsprogramm kann nur als erfolgreich betrachtet werden, wenn das Pferd nicht nur körperlich fit wird, sondern auch geistig. Jedes Pferd sollte individuell behandelt werden und sein speziell zugeschnittenes Programm bekommen.

VARIABLEN IN DER GALOPPARBEIT

Die Tabelle rechts zeigt ein Programm für die Galopparbeit in Vorbereitung auf eine große Ein-Sterne-Vielseitigkeitsprüfung. Es wäre für ein Pferd geeignet, das noch ein wenig besser gehen soll und das noch nie fit gemacht worden ist. An den Tagen, an denen keine Galopparbeit stattfindet, wird die Arbeit je nach Pferd stark variieren; diese Arbeit hat großen Einfluss auf die Einstellung des Pferdes und das Galopp-Programm. Auch die Persönlichkeit des Pferdes beeinflusst die Galopparbeit. Achten Sie auf den Unterschied zwischen einem fitten und leistungswilligen Pferd und einem fitten und überschäumenden. Letzteres müssen Sie lange ruhig galoppieren. Kleine Vollblüter werden meist schnell fit, während ein Kaltblüter, der noch nie fit war, ein längeres Training benötigt.

GALOPP-PROGRAMM ZUR VORBEREITUNG AUF EINE GROSSE VIELSEITIGKEITSPRÜFUNG

Dieses Beispielprogramm für 15 Wochen Galopparbeit in Vorbereitung auf eine große Ein-Sterne-Vielseitigkeitsprüfung sollten Sie auf Ihr Pferd und Ihre Umstände zuschneiden. Es konzentriert sich anfangs mit ruhigem Galopp auf die Ausdauer, führt allmählich schnellere Reprisen ein und lässt das Pferd im aeroben und im anaeroben Bereich arbeiten. Galoppieren Sie zweimal pro Woche (**a** und **b**) und schieben Sie nach jedem Arbeitsintervall eine Ruhepause ein. Das Pferd muss vor und nach der Galopparbeit jeweils 20 bis 30 Minuten lang abgeritten werden.

WOCHE	1. ARBEITSINTERVALL	PAUSE	2. ARBEITSINTERVALL	PAUSE	3. ARBEITSINTERVALL
1a	3 min. bei 400 m/min (24 km/h)	4 min.	4 min. bei 400 m/min (24 km/h)		
1b	3 min. bei 450 m/min (27 km/h)	4 min.	4 min. bei 450 m/min (27 km/h)		
2a	3 min. bei 400 m/min (24 km/h)	3 min.	3 min. bei 400 m/min (24 km/h)	3 min.	3 min. bei 400 m/min (24 km/h)
2b	3 min. bei 450 m/min (27 km/h)	3 min.	4 min. bei 450 m/min (27 km/h)	3 min.	3 min. bei 450 m/min (27 km/h)
3a	GELÄNDE-TRAININGSEINHEIT				
3b	3 min. bei 450 m/min (27 km/h)	3 min.	6 min. bei 450 m/min (27 km/h)	2 min.	3 min. bei 450 m/min (27 km/h)
4a	6 min. bei 400 m/min (24 km/h)	2 min.	8 min. bei 400 m/min (24 km/h)		
4b	RESERVEEINHEIT ODER GELÄNDE-TRAININGSEINHEIT				
5a	4 min. bei 450 m/min (27 km/h)	4 min.	4 min. bei 500 m/min (30 km/h)	5 min.	4 min. bei 400 m/min (24 km/h)
5b	8 min. bei 400 m/min (24 km/h)	2 min.	8 min. bei 400 m/min (24 km/h)		
6a	4 min. bei 450 m/min (27 km/h)	3 min.	4 min. bei 500 m/min (30 km/h)	4 min.	4 min. bei 400 m/min (24 km/h)
6b	KLEINE VIELSEITIGKEIT (KURZPRÜFUNG)				
7a	PAUSE UND ÜBERPRÜFUNG VON ARBEITSPROGRAMM UND ZIELSETZUNG				
7b	4 min. bei 450 m/min (27 km/h)	3 min.	4 min. bei 550 m/min (33 km/h)	3 min.	6 min. bei 400 m/min (24 km/h)
8a	8 min. bei 400 m/min (24 km/h)	2 min.	10 min. bei 400 m/min (24 km/h)		
8b	KLEINE VIELSEITIGKEIT (KURZPRÜFUNG)				
9a	PAUSE UND ÜBERPRÜFUNG				
9b	10 min. bei 400 m/min (24 km/h)	2 min.	10 min. bei 400 m/min (24 km/h)		
10a	6 min. bei 450 m/min (27 km/h)	3 min.	6 min. bei 500 m/min (30 km/h)	3 min.	6 min. bei 400 m/min (24 km/h)
10b	KLEINE VIELSEITIGKEIT (KURZPRÜFUNG)				
11a	PAUSE UND ÜBERPRÜFUNG				
11b	8 min. bei 400 m/min (24 km/h)	2 min.	10 min. bei 400 m/min (24 km/h)	2 min.	7 min. bei 400 m/min (24 km/h)
12a	4 min. bei 500 m/min (30 km/h)	3 min.	2 min. bei 650 m/min (39 km/h)	4 min.	4 min. bei 500 m/min (30 km/h)
12b	KLEINE VIELSEITIGKEIT (KURZPRÜFUNG) PLUS RENNBAHN-TRAINING				
13a	PAUSE UND ÜBERPRÜFUNG				
13b	RESERVEEINHEIT/PAUSE				
14a	2 min. bei 550 m/min (33 km/h)	2 min.	2 min. bei 600 m/min (36 km/h)		
14b	2 min. bei 550 m/min (33 km/h)	2 min.	2 min. bei 600 m/min (36 km/h)	3 min.	2 min. bei 550 m/min (33 km/h)
14c	2 min. bei 550 m/min (33 km/h)	2 min.	2 min. bei 650 m/min (39 km/h)		
15a	RESERVEEINHEIT				
15b	GROSSE VIELSEITIGKEIT (KLASSE L): Siehe Überblick über die Übungen (S. 296–297).				

EIN FÜTTERUNGSKONZEPT

Ihr Pferd braucht die richtigen Mengen und Arten an Brennstoff, um den körperlichen Anforderungen seiner Arbeit gewachsen zu sein. Die Prinzipien jeder guten Fütterung sind ausreichende Flüssigkeitsversorgung, Heu guter Qualität und häufige Gaben kleiner Futtermengen. Ahmen Sie so weit wie möglich die natürlichen Fressgewohnheiten des Pferdes nach und ergänzen Sie die Basisration mit Kraftfutter, das auf den Energiebedarf für die Turnierarbeit abgestimmt ist.

WENIG UND HÄUFIG FÜTTERN

In seiner natürlichen Umgebung verbringt ein Pferd 60 Prozent seiner Zeit mit dem Grasen (siehe S. 50–51). Die Fütterung sollte das widerspiegeln: Füttern Sie Ihr Pferd über den Tag verteilt so häufig wie möglich. Mehrere kleine Mahlzeiten werden besser verdaut als zwei große. Der wichtigste Bestandteil der Ration sind täglich ungefähr 9 bis 11 kg sauberes, pferdegeeignetes Heu guter Qualität. Das Heu liefert dem Pferd die Rohfaser und die zwölf Prozent Eiweiß, die es benötigt. Damit wird nicht nur sein Energie-Grundumsatz gedeckt, sondern auch seine Verdauung gesichert und das Kolikrisiko vermindert. Sein Magen ist angenehm gefüllt und die lange Beschäftigung durch Kauen reduziert die Langeweile.

Durch Kraftfutter wie Hafer oder Pellets werden nur die beiden ersten Bedürfnisse (Rohfaser und Eiweiß) befriedigt, doch bei steigenden Leistungsanforderungen ist Kraftfutter auf jeden Fall nötig. Sie sollten Ihrem Pferd pro Mahlzeit nicht mehr als 1,8 kg Hafer oder 900 g Pellets geben, weil sonst das Kolikrisiko steigt und das Futter nur teilweise verdaut wird.

REGELMÄSSIGKEIT UND MENGE

Wir Menschen lieben die Abwechslung, während es für Pferde besser ist, zu festen Zeiten immer das gleiche Futter zu bekommen. Feste Fütterungszeiten können die Verdaulichkeit des Futters und die Aufnahme der Nährstoffe um bis zu 40 Prozent verbessern. Pro 45 kg Körpergewicht benötigt ein Pferd ungefähr 1,1 kg Futter. Ein Pferd von 450 kg wird also pro Tag 11 kg Heu und Kraftfutter fressen. Füttern Sie maximal 450 g Kraftfutter pro 45 kg Körpergewicht; falls Sie darüber gehen, sollten Sie für je 450 g mehr Kraftfutter auch 300 g mehr Heu geben. Pferde sollten lieber leicht unterfüttert als überfüttert werden, weil sie sonst zu hitzig werden. Fertigfutter in Form von Pellets versorgt Ihr Pferd genau nach seinen Bedürfnissen. Sie können aber auch

DRESSURPFERD AUF DEM TURNIER Dressurpferde sehen oft drall aus – nicht weil sie dick sind, sondern weil sie so gut bemuskelt sind. Gute Fütterung erkennt man daran, dass das Pferd sein Gewicht hält, über genug Energie verfügt und geschmeidige Haut sowie glänzendes Fell hat.

WASSER

Der Körper eines ausgewachsenen Pferdes besteht zu 50 Prozent aus Wasser. Ohne ausreichende Flüssigkeitszufuhr kann der Körper nicht arbeiten: Das Blut könnte keine Nährstoffe transportieren, der Verdauungstrakt würde zusammenbrechen. Das Pferd würde verhungern. Wasser ist das wichtigste Element in der Fütterung, aber trotzdem trocknen viele Pferde langsam aus, weil Eimer oder Tröge schmutzig sind oder sie zu lange kein Wasser bekommen. Unter normalen Bedingungen braucht ein Pferd pro Tag 36–55 Liter Wasser – bei heißem Wetter mehr, auf einer feuchten Weide weniger. Gras mit seinem Wassergehalt von 80 Prozent ist ein naturgemäßes Pferdefutter. Trockenfutter wie Heu und Pellets müssen Sie mit Wasser ergänzen, auch auf Reisen und auf dem Turnier. Nur direkt nach harter Arbeit, wenn das Pferd noch nicht vollständig erholt ist, darf die Flüssigkeitsaufnahme begrenzt werden.

traditionellen Hafer verfüttern und mit Salz ergänzen. Ein arbeitendes, schwitzendes Pferd braucht mehr Salz, als in einer Heu-Hafer-Ration enthalten ist, sodass Sie über den Tag verteilt 50 bis 60 Gramm Salz – eventuell als Salzleckstein – zugeben müssen. Salz fördert die Speichelproduktion und ist wichtig für den Flüssigkeitshaushalt des Körpers und die Blutqualität. Salzmangel führt zu Krämpfen. Eine andere häufige Ursache für Krämpfe ist die plötzliche Einführung von hochwertigem Futter wie Kraftfutter, Heulage oder Luzerne.

Ein gesundes Pferd kommt im Allgemeinen ohne zusätzliche Vitamine und Mineralstoffe aus, die in den üppig angebotenen Ergänzungsfuttermitteln enthalten sind. Übertriebene Mineralstoffmengen schaden Ihrem Pferd sogar. Geben Sie nur das an Ergänzungsfutter, was es wirklich braucht: Lassen Sie regelmäßig Blutproben nehmen. Die Entwurmung richten Sie nach dem Ergebnis der zweimal jährlich genommenen Kotproben.

ANAEROBE UND AEROBE FÜTTERUNG

Soll ein Pferd im anaeroben Bereich arbeiten wie beim Rennen, so geben Sie ab acht Stunden vor dem Wettbewerb kein Heu mehr, sondern nur zwei bis drei Stunden vor der Arbeit 1,3 bis 1,8 kg Kraftfutter für ein Pferd von 450 kg. So fällt der pralle Heubauch weg, der das Pferd bremsen würde, aber der Treibstoff für die anaerobe Arbeit ist da. Für ein Springen gehen Sie fast genauso vor, entziehen aber nur etwa die Hälfte des Heus.

Wenn Ihr Pferd ein volles Tagespensum leisten muss wie im Distanzrennen, geben Sie am Abend zuvor und über den Tag verteilt die normale Heuration (aber keine Luzerne und keine Heulage, deren Nährwert zu hoch ist). Kann das Pferd an Gras oder Heu knabbern, werden die Treibstofftanks nicht so schnell leer. Geben Sie ab acht Stunden vor dem Wettbewerb kein Kraftfutter mehr und füttern Sie auch während des Rittes keines, weil sonst ein Teil des Blutes von den Muskeln, wo es gebraucht wird, abgezogen wird. Dem Geländepferd geben Sie ab vier Stunden vor der Prüfung weder Heu noch Kraftfutter und unterbinden das Fressen während des Wettbewerbs.

Das Pferd sollte regelmäßig mit Flüssigkeit versorgt werden. Geben Sie ihm während der Hängerfahrt und während der Prüfung Elektrolyte – aber auch nur dann. Elektrolyte enthalten die Mineralstoffe, die ein Pferd für seine normalen Körperfunktionen braucht und die durch langes Schwitzen und Austrocknung verloren gehen. Elektrolyte kann man direkt nach der Arbeit in Wasser verabreichen und zur Geschmacksverbesserung mit Glukose verfeinern.

DIE FAHRT ZUM TURNIER

Nach all den Wochen optimaler Fütterung und ausgeklügelten Trainings soll Ihr Pferd in bester Verfassung ankommen. Die meisten Pferde haben kein Problem damit, wenn man sie einfühlsam an den Hänger gewöhnt hat und sie zumindest schräg stehen können, was deutlich besser ist als geradeaus. Die Abtrennungen sollten es dem Pferd ermöglichen, die Beine zu spreizen, damit es sein Gleichgewicht besser halten kann. Ihr Pferd sollte Transportgamaschen tragen oder im Bereich von Hufen, Karpal- und Sprunggelenken anderweitig geschützt sein. Schweifbandagen sind nicht zu empfehlen, weil sie rutschen und zu eng werden oder die empfindliche Haut unter dem Schweif aufreiben können. Ein einfacher Schweifschützer ist wirkungsvoll und sicher. Geben Sie ab zwölf Stunden vor der Fahrt 25 Prozent weniger Kraftfutter und überprüfen Sie während der Fahrt regelmäßig Pferd und Lüftung. Bieten Sie Wasser und kleine Heumengen an, aber kein Kraftfutter. Auf langen Fahrten geben Sie dem Pferd höchstens 50 Prozent seiner üblichen Kraftfuttermenge, weil der Verdauungsprozess dadurch negativ beeinflusst werden kann.

KAPITEL NEUN

DIE KÖRPERLICHE VORBEREITUNG DES REITERS

Fürs Reiten benötigt man zwar nicht besonders viel Kraft, aber gute Körperbeherrschung und eine gewisse Ausdauer. Deshalb sind regelmäßige gymnastische Übungen für alle Reiter zu empfehlen – unabhängig von ihrem reiterlichen Niveau.

Die speziellen Übungen in diesem Kapitel verbessern gezielt Ihre Haltung und Ihr Können im Sattel. Sie lernen dabei, Arme und Beine einzeln und unabhängig zu bewegen und mit beiden Zügelhänden gleich gut einzuwirken. Gezieltes Training von Haltung, Gleichgewicht, Gelenkigkeit, Kraft, Ausdauer und Koordination wird Ihr Können enorm verbessern.

Auch eine Steigerung der allgemeinen Fitness durch Ausdauertraining und eine gesunde Lebensweise helfen Ihnen, die Anforderungen des Reitens zu meistern.

FITNESS FÜR DEN REITER

Fürs Reiten müssen Sie körperlich fit sein. Gute Haltung, Gleichgewicht, Kraft und Ausdauer sind für den sicheren Sitz im Sattel unerlässlich. Außerdem sollten Sie gelenkig sein und Ihre Bewegungen gut koordinieren können, damit Sie dem Pferd wirksame Anweisungen geben können. Dafür brauchen Sie einen guten Sitz im Sattel, den Sie auch über längere Zeit beibehalten können. Durch wöchentliches Üben können Sie Fitness und Reitfähigkeiten entscheidend verbessern.

KÖRPERLICHE FITNESS
Wenn Sie Mühe haben, einen guten Sitz beizubehalten, neigen Sie vielleicht dazu, die Beine zu verkrampfen oder sich mit den Händen am Zügel festzuhalten. Auch wenn Sie täglich reiten, kommen Ihnen Übungen zugute, mit deren Hilfe die beim Reiten besonders beanspruchten Muskeln gekräftigt werden. Sie reiten dadurch nicht nur besser, sondern auch sicherer, weil Sie sich im Sattel einfach wohler fühlen.

BESSER REITEN Es ist nicht leicht, an Ihrer Haltung zu arbeiten, während das Pferd trabt oder galoppiert. Dennoch können Sie rasch Fortschritte machen, wenn Sie regelmäßig reiten und parallel dazu ein Programm gymnastischer Übungen absolvieren.

SICHER ÜBEN

Ehe Sie mit einem Übungsprogramm beginnen, sollten Sie folgende Punkte beachten, um mögliche Risiken auszuschließen: einen Gesundheits-Check durchführen; Aufwärm- und Ruhephasen einhalten; sich nicht überfordern; bei Schmerzen abbrechen. Üben Sie lieber öfter als zu lange und wechseln Sie ab, sodass Sie bestimmte Körperpartien nicht überfordern. Lassen Sie sich von einem Trainer beraten.

WIE FIT SIND SIE?

Diese Übungen dienen dazu, den aktuellen Stand Ihrer körperlichen Fitness einzuschätzen. Beim Reiten müssen Sie beide Arme, Beine und Körperseiten gleich gut einsetzen können. Zu Beginn erscheinen Ihnen die Übungen vielleicht schwierig, aber wenn Sie Ihre Schwachpunkte erst einmal kennen, können Sie mit speziellen Übungen schnell Fortschritte machen. Auch eine Verbesserung der allgemeinen Fitness (siehe S. 350–351) wirkt sich positiv auf Ihr reiterliches Können aus.

Haltung Gleich- Gelenkig-
gewicht keit

Kraft Koordi-
nation

HALTUNG
Können Sie sich an eine Wand stellen, sodass Fersen, Po, Schultern und Handrücken Kontakt zur Wand haben? Hüften, Schultern und Hände sollten eine Linie bilden.

GLEICHGEWICHT
Können Sie mit nach oben gestreckten Armen auf einem Bein stehen und dabei die Fußsohle des anderen Beins an die Innenseite des Schenkels gegenüber legen?

GELENKIGKEIT
Können Sie sich hinter dem Rücken an den Händen fassen, unabhängig davon, mit welcher Hand Sie über die Schulter greifen?

KRAFT
Können Sie einen Fußmarsch von 6,4 km in einer Stunde bewältigen und anschließend fünf Liegestütze innerhalb von 20 Sekunden absolvieren, ohne außer Atem zu kommen?

KOORDINATION
Können Sie in simplen Koordinationsübungen beide Arme und Hände annähernd gleich gut einsetzen? Zeichnen Sie einen Gegenstand, etwa einen Stern, zuerst mit der rechten, dann mit der linken Hand und vergleichen Sie das Resultat.

ÜBUNGEN FÜR DIE HALTUNG

Ihr reiterliches Können wird direkt davon beeinflusst, wie Sie auf dem Pferd sitzen. Der Rücken sollte bei allen Aktivitäten im Sattel gerade bleiben. Eine neutrale Ausrichtung der Wirbelsäule lässt den einzelnen Wirbeln Spielraum und die

Rückenmuskulatur kann optimal arbeiten. Die Übungen auf diesen und den nächsten beiden Seiten fördern gezielt die Entwicklung einer guten Haltung. Sie stärken die Rückenmuskulatur und unterstützen die optimale Position im Sattel.

BEIM SPRINGREITEN Auch wenn Sie das Gesäß aus dem Sattel heben, sollte Ihre Wirbelsäule gerade ausgerichtet bleiben (siehe Bild links).

BEIM DRESSUR-REITEN Wenn Sie in der Dressur aufrecht im Sattel sitzen, muss die Wirbelsäule neutral ausgerichtet sein. Versuchen Sie, diese Position auf einem Hocker für längere Zeit zu halten (siehe Bild links).

AUSRICHTUNG DER WIRBELSÄULE

Das Rückgrat des Reiters sollte immer neutral ausgerichtet sein – im Sattel genauso wie beim Üben. Legen Sie sich auf den Boden und winkeln Sie die Knie an. Kreisen Sie mit dem Becken, sodass das Kreuz den Boden berührt. Dann kreisen Sie andersherum und machen dabei ein Hohlkreuz. Die neutrale Position liegt in der

Mitte zwischen diesen beiden Extremen: Das Kreuz sollte nur leicht gekrümmt sein. Wenn Sie mit dieser Position vertraut sind, ziehen Sie für zehn Sekunden den Unterbauch ein und wiederholen Sie die Übung zehnmal. Das kräftigt den unteren Rückenbereich und gibt Ihnen mehr Halt beim Reiten und auch im Alltag.

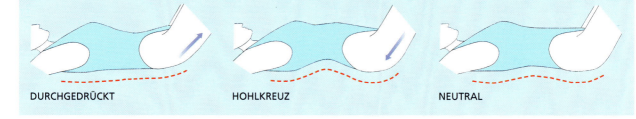

DURCHGEDRÜCKT · HOHLKREUZ · NEUTRAL

 **SCHULTERDEHNUNG** Diese Übung (siehe links) löst Verspannungen im Brustbereich und verbessert die Schulterhaltung. Stellen Sie sich in eine Tür. Stützen Sie die Unterarme gegen den Türrahmen. Die Ellenbogen befinden sich auf Schulterhöhe senkrecht unter den Handgelenken. Beugen Sie den Oberkörper für fünf Sekunden leicht nach vorne, und wiederholen Sie das zweimal. Bauen Sie die Übung schrittweise auf bis zu 60 Sekunden aus.

Die Handflächen zeigen nach oben.

Ein Handtuch hebt das Rückgrat an.

 **BRUSTDEHNUNG** Diese Übung (siehe oben) ist hilfreich bei steifem Rücken. Sie unterstützt die Korrektur eines häufigen Fehlers, des Reitens mit rundem Rücken bei vorgestrecktem Kinn. Legen Sie sich flach hin und schieben Sie ein zusammengerolltes Handtuch mittig unter den Rücken. Strecken Sie die Arme über dem Kopf nach hinten und halten Sie diese passive Dehnung für 30 Sekunden bis zu einer Minute. Dann legen Sie das Handtuch etwas höher und wiederholen das Ganze. Sie können es noch zwei weitere Stufen nach oben nehmen, solange Sie sich wohl fühlen.

Lendendehnung: Ausgangsposition

LENDENDEHNUNG Diese Dehnung lockert den unteren Rücken und den Unterbauch. Legen Sie sich mit dem Bauch auf den Boden und nehmen Sie die Hände mit den Fingern nach vorne unter die Schultern (siehe rechts oben). Heben Sie Brust und Schultern an; das Becken bleibt auf dem Boden. So wird der Lendenbereich gedehnt. Drücken Sie den Rücken nicht zu weit durch: Die Arme müssen nicht gestreckt sein.

Halten Sie Schultern und Kinn unten.

Spüren Sie die Dehnung im unteren Rücken.

Stützen Sie sich mit den Armen ab.

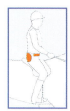

VENUSMUSCHEL Diese Übung stärkt das Gesäß und die unteren Bauchmuskeln. Legen Sie sich auf die Seite, und greifen Sie mit dem unteren Arm um Ihren Kopf. Lassen Sie das Becken nicht nach hinten kippen – stellen Sie sich eine Wand dahinter vor. Winkeln Sie die Oberschenkel rechtwinklig ab (siehe Bild rechts). Dann heben Sie das obere Knie an, lassen die Zehen aber zusammen. Halten Sie die Position kurz und senken Sie dann das Bein ab. Führen Sie die Übung auf beiden Seiten zehnmal durch. Nach einer Ruhepause wiederholen Sie die ganze Serie nochmals.

Ausgangsposition

Die Handfläche liegt flach auf dem Boden.

Spannen Sie die unteren Bauchmuskeln an.

Heben Sie das Knie und halten Sie die Position.

Lassen Sie die Zehen zusammen.

BEINSCHERE Auch diese Übung wirkt auf Po und Bauchmuskeln. Die Startposition ist dieselbe wie für die »Venusmuschel«: Beine angezogen, Becken gerade. Spannen Sie die unteren Bauchmuskeln an. Dann strecken Sie das obere Bein und heben es an. Sie spüren die Dehnung im Po und an der Beininnenseite. Die Zehen sind durchgestreckt – das dehnt die Wadenmuskeln und gleicht der Beinhaltung beim Reiten. Wiederholen Sie die Übung auf der anderen Seite.

Strecken Sie das Bein jeweils fünf Sekunden lang gerade nach oben.

Die Zehen sind nach oben gestreckt.

KNIE ZUR SEITE Diese Übung zielt auf die Muskeln, die das Rückgrat stützen. Legen Sie sich hin, die Knie angewinkelt und die Füße auf dem Boden (siehe Bild unten). Nun lassen Sie – bei angespannten Bauchmuskeln und neutral ausgerichteter Wirbelsäule – jeweils ein Knie zur Seite fallen. Halten Sie den restlichen Körper ruhig, als würde links und rechts auf ihren Hüften ein Glas Wasser stehen.

Ausgangsposition

Heben Sie einen Fuß an und senken Sie ihn wieder.

Legen Sie die Hände an die Hüften.

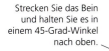

ANHEBEN DER FÜSSE
Diese Übung trainiert die Bauchmuskeln. Legen Sie sich auf den Rücken und winkeln Sie die Knie an. Heben Sie einen Fuß, wobei das Knie etwas nach hinten gehen darf. Senken Sie den Fuß nach fünf Sekunden wieder und wiederholen Sie mit beiden Beinen zehnmal. Es ist wichtig, die neutrale Ausrichtung der Wirbelsäule beizubehalten: Stellen Sie sich ein Ei unter Ihrem Kreuz vor. Es sollte weder kaputtgehen noch herausrollen.

Strecken Sie das Bein und halten Sie es in einem 45-Grad-Winkel nach oben.

ANHEBEN DES GESTRECKTEN BEINS So können Sie Bauch und Schenkel kräftigen und den geraden Sitz im Sattel fördern: Legen Sie sich mit neutral ausgerichteter Wirbelsäule auf den Rücken und winkeln Sie die Knie an. Heben Sie einen Fuß an und strecken Sie dann das Bein durch. Halten Sie das Becken dabei still. Winkeln Sie das Knie an, ehe Sie den Fuß wieder auf den Boden setzen. Mit jedem Bein zehnmal wiederholen.

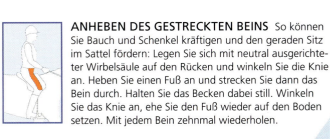

ÜBUNGEN FÜR DAS GLEICHGEWICH

Sie sitzen nur dann sicher im Sattel, wenn Sie über einen ausgeprägten Gleichgewichtssinn verfügen. Ohne gute Balance haben Sie Schwierigkeiten, mit den Bewegungen des Pferderückens mitzugehen und dem Pferd präzise Anweisungen zu geben. Die folgenden Übungen fördern das Körpergefühl und den Gleichgewichtssinn. Ehe Sie ein Gleichgewichtsbrett oder einen Ball verwenden, führen Sie die Übungen auf dem Boden stehend oder im Sitzen durch.

Ausgangsposition

Halten Sie die Arme so, als würden Sie die Zügel halten.

Gehen Sie in die Knie und richten Sie sich wieder auf, ohne das Gleichgewicht zu verlieren.

Verteilen Sie das Körpergewicht gleichmäßig auf die Fußsohlen.

Ausgangsposition

Schließen Sie die Augen und konzentrieren Sie sich.

Bleiben Sie im Gleichgewicht, wenn Sie die Arme strecken.

Senken Sie die Fersen ab, sodass das Gewicht auf den Fußballen liegt.

BALANCIERBRETT Diese Übung verbessert Ihre Balance und kräftigt Oberschenkel-, Gesäß- und Bauchmuskeln. Stellen Sie sich gerade auf das Brett, die Füße auseinander (siehe oben links). Gehen Sie mehrmals in die Knie, ohne dass das Brett schwankt. Dann wippen Sie mit dem Brett hin und her und versuchen dabei, Ihr Gewicht gleichmäßig auf beide Beine zu verteilen.

BALANCIERBLOCK Wenn Sie mit dem Balancierbrett gut zurechtkommen, verwenden Sie einen Balancierblock – einen Holzblock mit abgeschrägter Kante –, um die Position der Füße im Steigbügel zu simulieren. Stellen Sie sich gerade hin (siehe Bild oben links), gehen Sie in die Knie und strecken Sie die Arme aus. Behalten Sie die Haltung in der Auf- und Abbewegung bei.

SITZBALL Mithilfe des Balls steigern Sie Ihr Körperbewusstsein und können üben, Schenkel- und Zügelhilfen im Gleichgewicht zu geben. Die Übung kräftigt auch den Po. Setzen Sie sich auf den Ball und heben Sie einen Fuß. Fünf Sekunden halten – Pause – zehn Wiederholungen je Bein. Simulieren Sie die Position im Sattel, indem Sie beide Beine heben (siehe Bild unten rechts).

Sattelfest im Gelände

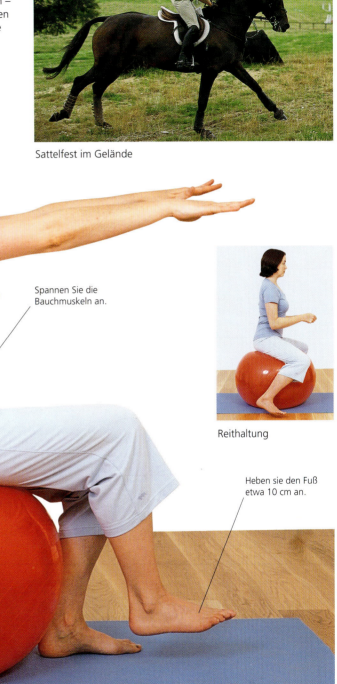

Strecken Sie die Arme.

Ausrichtung der Wirbelsäule neutral

Spannen Sie die Bauchmuskeln an.

Der Ball sollte zur Körpergröße passen.

Reithaltung

Heben sie den Fuß etwa 10 cm an.

STEIGERUNG DER GELENKIGKEIT

Wer als Reiter Fortschritte machen möchte, muss gelenkig genug sein, um sich den Bewegungen des Pferdes anzupassen. Lockerungsübungen im Sattel sind nicht ungefährlich, da Sie das Pferd dabei nicht unter Kontrolle haben. Wenn Sie sich das folgende Übungsprogramm schrittweise erarbeiten, können Sie sicher sein, dass Sie sich nicht überdehnen. Halten Sie die Positionen zu Beginn fünf bis zehn Sekunden lang; mit zunehmender Gelenkigkeit können Sie die Dauer steigern.

Die Schultern bilden eine gerade Linie.

Fixieren Sie den Fuß mit beiden Händen.

Die Dehnung im Bein soll nicht schmerzen.

KOPF ZUR SEITE
Eine Übung für die Beweglichkeit im Nacken und die Kopfhaltung. Setzen Sie sich auf Ihre Fersen und drehen Sie den Kopf zur Seite. Mit der Hand können Sie die Dehnung verstärken.

GEBETSPOSITION
Die Übung unterstützt Ihre Fähigkeit, mit den Zügeln der Pferdebewegung zu folgen. Führen Sie beide Arme auf dem Rücken zusammen und legen Sie die Hände wie beim Beten aneinander.

HÜFTDEHNUNG Diese Übung kräftigt die innere Oberschenkelmuskulatur und lockert die Hüftgelenke, was für das Leichttraben besonders wichtig ist. Sie sitzen aufrecht und strecken ein Bein nach vorne. Winkeln Sie das andere Bein an und legen Sie den Fuß an den Oberschenkel des gestreckten Beins. Drücken Sie das Knie vorsichtig nach unten, ohne die neutrale Ausrichtung der Wirbelsäule aufgeben. Halten Sie die Position kurz und wiederholen Sie die Übung mit dem anderen Bein. Versuchen Sie, das Knie immer weiter nach unten zu bekommen.

RÜCKGRATDREHUNG Wenn Sie im unteren Rückenbereich steif sind, fällt es Ihnen schwer, beim Reiten mit dem Pferd mitzu-gehen. Diese Übung lockert den unteren Rücken. Zu Beginn liegen Sie mit angewinkelten und überkreuzten Beinen (siehe Bild rechts) auf dem Rücken. Dann drehen Sie die Knie vorsichtig zur Seite. Wenn das zu schwierig, überkreuzen Sie die Beine zunächst noch nicht und gehen einfach mit beiden Knien zur Seite. Es ist wichtig, beide Varianten sehr vorsichtig und langsam zu üben.

Ausgangsposition

Die Schultern bleiben auf dem Boden, der Kopf gerade.

Verstärken Sie die Dehnung mit einem sanften Druck der Hand.

DOPPELTER KNIEZUG
Diese Übung dehnt die Muskeln im unteren Rücken-bereich, die den Reiter beim Aussitzen im Trab stützen. Legen Sie sich auf den Rücken und ziehen Sie mit verschränkten Händen beide Knie in Richtung Brust. Vermeiden Sie es, den Rücken rund zu machen. Üben Sie wahlweise auch mit nur einem Knie, wobei das andere Bein gestreckt bleibt (siehe Bild rechts).

Ziehen Sie sanft, sodass die Lendenwirbel auf dem Boden bleiben.

Einfacher Kniezug

Halten Sie die Schultern möglichst gerade.

Die Füße sind ent-spannt, die Zehen bleiben gerade.

DEHNEN DER KNIE-SEHNE
Damit Sie bequem im Sattel sitzen und exakte Schenkelhilfen geben können, müssen die Kniesehnen an Ihren Oberschenkeln elastisch sein. Legen Sie sich auf den Rücken und winkeln Sie ein Knie an. Umfassen Sie mit den Händen den Oberschenkel (siehe Bild rechts); notfalls nehmen Sie einen Gürtel zu Hilfe. Strecken Sie dann das angewinkelte Bein langsam zur Decke. Sie dürfen dabei die untere Wirbelsäule nicht anheben. Die neutrale Ausrichtung muss erhalten bleiben, ziehen Sie also nicht zu fest.

Strecken Sie das Bein so weit wie möglich durch.

Stützen Sie das Bein mit den Armen.

Fühlen Sie die Dehnung an der Hinterseite des Oberschenkels.

Ausgangsposition

DEHNEN DER BEINE
Diese Übung kräftigt Kniesehnen und Waden. Sobald Sie die obige Übung beherrschen, legen Sie sich neben eine Wand und schlingen einen Gürtel oder ein Band um einen Fuß. Strecken Sie das Bein (siehe Bild rechts) und legen Sie den gegenüberliegenden Arm auf den Boden. Lassen Sie das Bein langsam nach außen zur Wand fallen.

Bewegen Sie das Bein in Richtung Wand.

Ausgangsposition

Ausgangsposition

»VIERER«-DEHNUNG Diese Übung dehnt das Gesäß und weitet die Hüften. Legen Sie sich mit angezogenen Beinen auf den Rücken. Führen Sie einen Knöchel zum Knie des anderen Beins (siehe Bild links außen). Umfassen Sie dieses Bein unter dem Knie, sodass es einen 90-Grad-Winkel zum Rumpf bildet. Ziehen Sie das Bein vorsichtig zur Brust. Wiederholen Sie die Übung mit dem anderen Bein .

Die Lenden-
wirbel bleiben
am Boden.

Der Kopf bleibt
gerade, der Blick
ist nach vorne
gerichtet.

SEITLICHER AUSFALLSCHRITT
So dehnen Sie die Innenseite Ihrer Oberschenkel: Stellen Sie sich mit gegrätschten Beinen hin (siehe Bild unten). Beugen Sie das rechte Bein durch, sodass der Po die Ferse berührt. Legen Sie die Hände auf das Bein; so bleiben Sie im Gleichgewicht. Brust und Füße zeigen nach vorne. Wiederholen Sie die Übung mit dem anderen Bein.

Die Schultern
werden waag-
recht gehalten.

Spüren Sie die
Dehnung an der
Innenseite der
Oberschenkel.

Ausgangsposition

AUFBAU VON KRAFT

Sie brauchen beim Reiten nicht viel Kraft, aber Sie müssen gut in Form sein. Nur so sitzen Sie sicher im Sattel und können dem Pferd klare Anweisungen geben. Für längere Geländeritte benötigen Sie außerdem Ausdauer. Die Arm-übungen helfen Ihnen, gleichmäßigen Zügelkontakt zu halten. Die Beinübungen fördern Ihren sicheren Sitz im Sattel. Mit mehr Kraft in den Beinen können Sie das Pferd im Notfall auch besser antreiben (siehe S. 27).

KRÄFTIGUNG DER UNTERARME Der Kontakt zum Pferd wird beeinträchtigt, wenn Ihre Hände sich am Zügel ausruhen. Diese Übung kräftigt die Schultern, sodass Sie die Position der Unterarme auch für längere Zeit halten können. Strecken Sie die Arme mit je einem 500-Gramm-Gewicht in der Hand aus (siehe unten). Nehmen Sie die Arme 25-mal vor und zurück.

Verwenden Sie kleine Gewichte.

Arme gestreckt

Atmen Sie entspannt und gleichmäßig.

Die Schultern bleiben gerade und unten.

Spüren Sie die Anspannung in den Oberschenkeln.

BALLPRESSE Allein das Sitzen im Sattel spannt die Innenseite der Oberschenkel an. Deshalb ist diese Übung besonders wichtig. Halten Sie einen Fußball in Standardgröße zwischen den Oberschenkeln und pressen Sie nicht zu fest, da die neutrale Ausrichtung des Rückgrats erhalten bleiben soll. Fünf Sekunden anhalten bei 25 Wiederholungen. Fortgeschrittene verwenden einen größeren Ball.

SCHENKELTRAINING Diese Übung simuliert die Tätigkeit der Beine beim Schenkeldruck. Sie kräftigt Unterschenkel und Gesäß und verbessert die Koordination. Dadurch können Sie präzisere Schenkelhilfen geben. Befestigen Sie ein Elastikband an einem fest stehenden Gegenstand und schlingen Sie das andere Ende um Ihr Fußgelenk. Simulieren Sie die Schenkelhilfe aus dem Kniegelenk heraus – gegen den Widerstand des Elastikbands. 25 Wiederholungen mit jedem Bein. Zur Kräftigung der Innenseite der Oberschenkel stellen Sie sich neben den Gegenstand und ziehen das Bein nach innen zum Standbein (siehe Bild rechts unten).

Geländeritte erfordern Ausdauer.

Zug zur Seite

Legen Sie die Hände an die Hüften.

Das Gewicht ruht auf dem Standbein.

Winkeln Sie das Knie an, als würden Sie eine Schenkelhilfe geben.

FÖRDERUNG DER KOORDINATION

Ein guter Reiter kann beide Beine gleich gut einsetzen und auf der linken wie auf der rechten Hand gleichmäßig einwirken. Aber viele Reiter sind einseitig und machen damit wiederum ihre Pferde einseitig. Einfache Übungen, bei denen Sie sich auf Ihre schwächere Seite konzentrieren, gleichen diesen Fehler aus. Hilfreich sind auch spezielle Koordinationsübungen, bei denen ein Partner die Kopfbewegungen des Pferdes simuliert. Das verbessert Zügelkontakt und Zügelhilfen.

DRIBBELN Mit dieser Übung entwickeln Sie schnell mehr Gespür für die vernachlässigte Körperseite. Als Rechtshänder dribbeln Sie zunächst rechts mit dem stärkeren Arm, um die Übung dann links zu wiederholen (siehe Bild unten) – so lange, bis Sie kaum mehr einen Unterschied zwischen rechts und links verspüren. Zählen Sie, wie oft Sie den Ball ohne Fehler aufprallen lassen. So können Sie überprüfen, ob Sie Fortschritte machen.

Wiederholen Sie die Übung mit dem schwächeren Arm.

KOORDINATION DER FINGER

Diese Übung hilft Ihnen, die Zügel zu halten und Zügelhilfen zu geben. Wenn Sie die Zügel halten, sollten die Handfläche und die ersten Fingergelenke einen 90-Grad-Winkel zueinander bilden. Dann schließen Sie die Hand locker zur Faust, als würden Sie etwas Wertvolles darin halten. Am Beginn dieser Übung steht auch der 90-Grad-Winkel, aber die Schwierigkeit besteht darin, jeden Finger einzeln so abzuwinkeln, dass er parallel zur Handfläche steht. Das Handgelenk bleibt dabei unbewegt. Das ist nicht einfach, aber genau diese Fingerfertigkeit brauchen Sie zum Halten der Zügel, besonders wenn Sie anfangen, mit Kandare zu reiten.

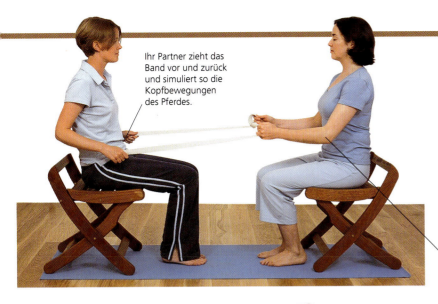

Ihr Partner zieht das Band vor und zurück und simuliert so die Kopfbewegungen des Pferdes.

ZÜGELKONTAKT Mit dieser Übung lernen Sie, weichen Zügelkontakt zu halten – bestimmend, aber nicht einengend. Bitten Sie einen Freund, einen Satz Zügel (oder ein Stoffband) so zu halten, als wären Sie mit einem Pferd verbunden. Er oder sie soll die »Zügel« vor- und zurückbewegen. Schließen Sie die Augen und folgen Sie den Zügelbewegungen mit den Händen. Belasten Sie beide Hände gleich und verkrampfen Sie die Unterarme nicht.

Die Arme gehen mit den Zügelbewegungen mit.

BALLKICK NACH HINTEN

Fast jeder kann das rechte Bein eigenständig bewegen, nicht aber das linke. Diese Übung zielt darauf ab, dieses Ungleichgewicht zu beseitigen. Stellen sie sich diagonal vor einen Spiegel und kicken Sie mit dem schwächeren Bein einen Ball zur Wand gegenüber. Damit üben Sie die Bewegung, mit der Sie auch Schenkelhilfen geben. Ziel der Übung ist es, den von der Wand zurückprallenden Ball mehrmals nacheinander wegzukicken. Pause nach zehn Wiederholungen.

Sie stehen auf dem rechten Bein, ohne das Gleichgewicht zu verlieren.

In einem Spiegel können Sie den Verlauf des Balls beobachten.

Kicken Sie den Ball mit der Ferse nach hinten.

VERTRAUTE HANDGRIFFE

Selbst bei einfachen Handgriffen wie dem Abnehmen des Telefonhörers neigen wir zur Einseitigkeit. Eine gute Methode zur Verbesserung der Koordination besteht darin, bewusst die schwächere Seite einzusetzen, auch wenn es Ihnen zunächst widerstrebt. Es gibt viele Handgriffe, die Sie mit der schwächeren Hand erledigen können: einen Verschluss öffnen, Türen aufsperren, die Tasse halten, Zähne putzen. Ähnlich kann das vernachlässigte Bein trainiert werden, indem Sie einen Ball kicken (siehe links) oder beim Sport bewusst auf dieses Bein achten. So wie sich Pferde gerne auf der linken Hand bewegen, reiten auch die meisten von uns lieber linksherum. Wechseln Sie also möglichst oft auf die rechte Hand.

VERBESSERUNG DER FITNESS

Neben einer speziellen Reitergymnastik ist es auch wichtig, Fitness und Ausdauer aufzubauen, damit Sie über längere Zeit wirkungsvoll im Sattel sitzen können. Aus diesem Grund empfiehlt sich ein regelmäßiges Ausdauertraining zur Steigerung der Leistung von Herz und Lunge. Ergänzt wird

dieses Programm durch eine Reihe von Übungen, die Ihnen helfen, mehr Gespür für beide Körperhälften zu entwickeln. Eine bewusste Ernährung und eine gesunde Lebensweise unterstützen Sie in Ihrem Ziel, fit und allen reiterlichen Anforderungen gerecht zu werden.

FIT DURCH AUSDAUERTRAINING

Allgemeine Fitness auf möglichst hohem Niveau kommt jedem Reiter zugute. Ausdauersportarten verbessern die Herztätigkeit und steigern den Sauerstoffgehalt im Blut, was sich wiederum positiv auf die Muskelleistung auswirkt. Der

Puls wird langsamer, weil mit jedem einzelnen Herzschlag mehr Blut durch den Körper gepumpt wird, und die Lunge kann ihrer Aufgabe, das Blut mit Sauerstoff anzureichern, besser nachkommen. So steht dem Körper mehr Energie zur Verfügung und Leistung und Ausdauer werden gesteigert.

Ausdauersportarten mit ihren rhythmischen Bewegungen beanspruchen den Körper auf sanfte Weise. Spazierengehen, Radfahren, Schwimmen, Rudern und Inlineskating sind gute Beispiele. Der Schlüssel für effektives Üben liegt darin, die Pulsfrequenz in optimaler Höhe zu halten (siehe Diagramm unten). Beim Spazierengehen müssen Sie möglicherweise das Tempo steigern, um den Puls entsprechend anzuregen, gleichzeitig sollte aber die Herzfrequenz nicht zu stark ansteigen (etwa durch einen Sprint). Wenn Sie sich überanstrengen,

AUSDAUERÜBUNG

Jogging auf einem Trampolin, jeweils 20 Minuten lang, ist ideal. Dabei steigt die Herzfrequenz, und die Beinmuskulatur wird auf gelenkschonende Weise gekräftigt.

OPTIMALE HERZFREQUENZ

Beim Ausdauertraining steigt die Herzfrequenz auf bis zu 70–85 Prozent ihrer maximalen Leistungsfähigkeit an. Die Verbrennung von Fett erfordert nur 50–60 Prozent der maximalen Herzfrequenz. Wenn Sie z. B. 25 Jahre alt sind, liegt der Ausdauer-Bereich für Sie bei 134–162 Schlägen pro Minute. Zur Ermittlung der Herzfrequenz in Schlägen pro Minute fühlen Sie die Pulsschläge am Handgelenk oder im Nacken 15 Sekunden lang und nehmen das Ergebnis mal vier. Das sollte während des Trainings geschehen, da die Pulsfrequenz im Ruhezustand schnell abfällt. Sie können auch ein elektronisches Messgerät verwenden, das Ihnen den Stand konstant anzeigt. Falls erforderlich, variieren Sie die Intensität des Trainings, um dauerhaft im optimalen Bereich zu bleiben.

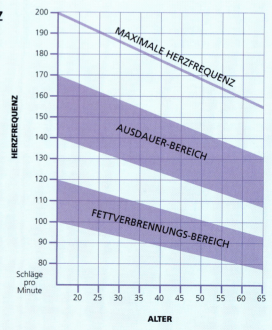

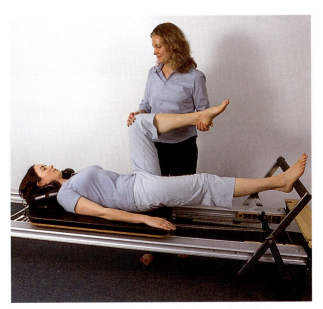

MUSKELTRAINING Viele Fitness-Studios und physiotherapeutische Praxen verfügen über Pilates-Geräte. Sie kräftigen wichtige Muskelgruppen und sind bestens dazu geeignet, Haltung, Körperbewusstsein und Beweglichkeit zu verbessern.

ermüden Sie schnell und verlieren vielleicht die Lust am Sport. Trainieren Sie Ihren Körper so, wie Sie auch Ihr Pferd konditionieren – mit wechselnder Anspannung und Erholung –, und brechen Sie möglichst ab, bevor Sie völlig ermüdet sind.

Bei vernünftigem Training sollten Sie die Herzfrequenz mindestens 20 Minuten lang im Ausdauer-Bereich halten, wobei Sie die Trainingsdauer mindestens dreimal pro Woche auf etwa 40 Minuten ausdehnen sollten. Zum Verbrennen von Fett reicht schon eine geringere Anstrengung aus (siehe Diagramm links); ideal hierfür sind lange Spaziergänge.

AUSGEWOGENES TRAININGSPROGRAMM

Als Reiter sollten Sie nicht nur Ihre Ausdauer steigern, sondern auch Kraft aufbauen und den Muskeltonus erhöhen – beides Ziele, die Sie mit den meisten Ausdauersportarten automatisch erreichen. Egal, welche Sportart Sie betreiben – sie sollte auf jeden Fall gelenkschonend sein und die Körperhälften und Gliedmaßen gleichmäßig trainieren. Tennis z. B. belastet den Körper einseitig und ist für Reiter wenig hilfreich. Geeignete Sportarten sind Spazierengehen, Schwimmen, Aqua-Aerobic, Radfahren, Skilaufen, Tanzen, Basketball und Kampfsport. Wenn Sie mehrere Sportarten betreiben, können Sie sicher sein, dass möglichst viele Muskelgruppen trainiert werden; optimal wären drei der oben genannten Aktivitäten. Yoga, Pilates und die Alexandertechnik tragen ebenfalls zum Kraftaufbau bei und verbessern Haltung, Gleich-

gewicht und Gelenkigkeit, ohne die Gelenke zu überanstrengen. Die Pilates-Methode z. B. fördert die Grundstabilität von Becken und Rückgrat u. a. mit Beckenbodenübungen. Bauen Sie eine dieser Methoden in Ihr Fitnesstraining ein.

Wichtig ist, dass Sie Spaß am Sport haben. Ist das nicht der Fall, wechseln Sie die Sportart oder laden Sie Freunde zum Mitmachen ein. Daneben sollten Sie immer Kontakt zu einem guten Trainer haben, der auch etwas vom Reiten versteht und darauf achtet, dass Sie auf dem richtigen Niveau trainieren.

GESUND BLEIBEN

Körperliche Fitness erreichen Sie nicht nur durch Sport. Profireiter achten auch darauf, was sie essen und trinken. Dafür gibt es einen einfachen Grund: Ein Pferd hat eine höhere Lebenserwartung und erfüllt seine Aufgaben umso besser, je weniger Gewicht es trägt. Andererseits sind die einzelnen Pferderassen hinsichtlich Größe und Masse sehr unterschiedlich, sodass jeder Reiter ein zu ihm passendes Pferd wählen sollte. Aber eine gesunde Ernährung hat noch mehr Vorteile: Sie bringt Ihren Energiehaushalt ins Gleichgewicht und macht Sie weniger krankheitsanfällig. Wenn Sie sich erschöpft oder unwohl fühlen, wird auch Ihr Training darunter leiden. Eine gesunde Lebensweise – bewusste Ernährung, genügend Schlaf, Alkohol in Maßen und keine Zigaretten – trägt zu einem gesunden Geist und Körper bei. Wenn sich beide im Gleichgewicht befinden, können Sie Ihre Ziele verwirklichen.

HILFE VON FACHLEUTEN

Es gibt viele Arten von Spezialisten, die Ihnen beim Aufbau eines Trainingsprogramms helfen können. Wichtig ist, dass die entsprechende Person erfahren und qualifiziert ist und Ihr Können richtig einschätzt. Der ideale Coach kennt die Anforderungen des Reitsports, hat aber auch weit reichende Erfahrung und einen guten Überblick über neue Therapie- und Behandlungsmethoden.

Immer mehr persönliche Trainer sind hervorragende Sportphysiologen und können Sie auch entsprechend beraten, ohne zur Behandlung von Verletzungen qualifiziert zu sein. Ein Physiotherapeut kann nicht nur akute Verletzungen behandeln, sondern ist auch dazu in der Lage, Ihre aktuelle Fitness einzuschätzen und Sie über passende Übungen zu beraten, die den Rücken und das Muskelsystem stärken. Verletzungen und Fehlstände von Gelenken werden auch von Chiropraktikern und Osteopathen behandelt. Beide arbeiten mit manipulativen Techniken, sodass es sich empfiehlt, medizinischen Rat einzuholen, ehe Sie sich für eine Behandlung entscheiden. Wenn Sie Ihr Fitnessprogramm erst einmal begonnen haben, werden Sie immer kräftiger und beweglicher. Das Verletzungsrisiko sinkt und Sie werden kaum mehr fachmännischer Hilfe bedürfen.

KAPITEL ZEHN

DIE MENTALE VORBEREITUNG DES REITERS

Im Reitsport, wo das Pferd einen Großteil der Bewegungsarbeit übernimmt, ist die innere Einstellung des Reiters entscheidend. Jeder Reiter – ob Anfänger oder Fortgeschrittener – kann seine Leistung deutlich verbessern, wenn er sich seiner Einstellungen bewusst wird.

Dieses Kapitel enthält praktische Anweisungen für die Vorbereitung auf Turniere; dabei sind vor allem Visualisierungstechniken und bewusstes Atmen hilfreich. Darüber hinaus lernen Sie, sich selbst zu motivieren, sich Ziele zu setzen und mithilfe eines Zeitplans Ihr reiterliches Können schrittweise zu verbessern. Voraussetzungen für den Erfolg sind positives Denken, Zielstrebigkeit und geistige Beweglichkeit, aber auch Gelassenheit, ein freundlicher Umgang mit Menschen – und vor allem Spaß an der Sache.

WARUM MENTALE VORBEREITUNG?

Wer als Reiter Erfolg haben möchte, muss nicht nur an seiner körperlichen Fitness, sondern auch an der geistigen Einstellung arbeiten. Wenn Sie sich mental vorbereiten, vermeiden Sie Fehler beim Training und fallen bei Turnieren nicht hinter Ihre eigenen Erwartungen zurück. Es gibt sechs Grundkomponenten der mentalen Vorbereitung, die für jeden Turnierreiter ein unverzichtbarer Bestandteil des Trainings sein sollten.

DER NUTZEN MENTALER VORBEREITUNG

Viele Reiter stehen geistiger Konditionierung skeptisch gegenüber und scheuen davor zurück, an ihrer inneren Einstellung zu arbeiten; sie glauben, jeder habe angeborene Stärken und Schwächen, die nicht zu verändern sind. Das ist eindeutig falsch. Allein indem Sie positiv denken und bewusster atmen, können Sie Ihre Leistung unmittelbar beeinflussen. Spitzenathleten aller Sportarten betonen immer wieder, dass sie nur erfolgreich sind, weil sie sich auch geistig vorbereiten: Disziplin, Motivation, Siegesbewusstsein und innere Ruhe sind entscheidend. Immer mehr Trainer räumen dem mentalen Training heute genügend Raum ein und es werden sogar Sportpsychologen engagiert, um die Reiter optimal vorzubereiten. Aber auch für den Anfänger gilt: Geistige Vorbereitung ist die Basis für schrittweisen täglichen Erfolg.

ZEIT SCHAFFEN

Auch Zeitmangel ist ein häufiger Grund für mangelnde geistige Vorbereitung. Sicher ist Reiten ein sehr zeitaufwendiger Sport – aber solange Sie selbst vom Nutzen des mentalen Trainings überzeugt sind, werden Sie und Ihr Reitlehrer auch Zeit dafür finden. Die für die Stallarbeit aufgewandte Zeit kann z. B. sinnvoll für Konzentrationsübungen, positives Denken, Visualisierung und andere Techniken genutzt werden. Bei einem Ausritt haben Sie ausreichend Zeit und Ruhe, über Ihre Fortschritte nachzudenken und Trainingsschwerpunkte festzusetzen.

ERLERNEN DER TECHNIKEN

In früheren Zeiten war es durchaus üblich, dass ein Trainer Worte wie »Entspannen!« über den Parcours brüllte, um einem Reiter auf dem Turnier Hilfestellung zu geben. Aber solche Kommandos verfehlen ihre Wirkung, besonders wenn der Empfänger nicht weiß, wie er sie umzusetzen hat.

Auf Turnieren beispielsweise die Nerven zu behalten ist gar nicht so einfach, wenn man nicht zuvor gelernt hat, wie man das macht. Aus diesem Grund gehören Entspannungsübungen (siehe S. 358–359) genauso zum Training wie Übungen im Sattel. Dann können Sie bei Wettbewerben auf diese Technik zurückgreifen.

IHRE SELBSTEINSCHÄTZUNG

Es ist wichtig zu wissen, dass man auf seine Haltungen und Denkweisen Einfluss hat – und auch darauf, wie man in gewissen Situationen reagiert. Auch wenn bestimmte Verhaltensmuster möglicherweise genetisch festgelegt sind, müssen wir doch damit zurechtkommen. Der erste Schritt zur Veränderung besteht darin, die eigenen Stärken und Schwächen einzuschätzen. Führen Sie sich folgende Liste von Fragen zu Gemüte. Wenn Sie eine dieser Fragen bejahen, dann kommt Ihnen ein mentales Training nur zugute – beim Reiten und auch sonst im Leben.

HABEN SIE JEMALS ...

• bei einer Dressurprüfung oder im Springparcours die Orientierung verloren?

• vor einem Turnier Nervosität verspürt?

• nach einem Fehler Wut empfunden?

• ein und denselben Fehler wiederholt gemacht?

• an Ihrem Können gezweifelt?

• nur die negativen Seiten Ihres Reitstils gesehen?

• Schwierigkeiten gehabt, sich zu motivieren?

• die Konzentration verloren?

• die Vorbereitung für ein Turnier vernachlässigt?

• die eine oder andere Trainingseinheit versäumt?

• im Training besser abgeschnitten als auf dem Turnier?

Geistige Vorbereitung ist für jeden Reiter ein wertvoller Bestandteil seines Rüstzeugs. Natürlich kann mentales Training kein Ersatz für technisches Können sein: Es soll Ihr körperliches Training lediglich ergänzen.

ZIELE GEISTIGER VORBEREITUNG

Wer an seinen Haltungen und Einstellungen arbeitet, kann sich abwechselnd auf sechs unterschiedliche Bereiche konzentrieren. Ein wirklich guter Reiter ist in allen diesen Bereichen fit. Aber es dauert einige Zeit, ehe man diesen Stand erreicht hat – so, wie Sie auch viele Trainingsstunden benötigen, um Ihr reiterliches Können zu verbessern.

• **Beständig sein** – Beständigkeit und Regelmäßigkeit sind unerlässlich, wenn Sie eine gute Beziehung zu Ihrem Pferd aufbauen möchten. Sie brauchen auch die Disziplin, täglich früh aufzustehen, damit Ihr Tagesablauf nicht durcheinander gerät. Ihr Ziel ist es, hart zu arbeiten und doch ruhig und ausdauernd zu sein.

• **Klar sein** – Ein guter Reiter lässt sich von Logik und Wirksamkeit leiten. Wer komplizierte Aufgaben analysieren und in kleinere Einheiten aufteilen kann und wer es versteht, vage Aufgaben präziser zu fassen, ist klar im Vorteil. Lernen Sie aus Ihren Fehlern und experimentieren Sie mit Ideen.

• **Positiv sein** – Sie müssen konstruktiv und optimistisch sein. Erkennen Sie den Wert eines Teams. Glauben Sie an sich selbst und konzentrieren Sie sich auf das, was Sie können – nicht auf das, was Sie nicht können. Wenn Sie ein Ziel erreicht haben, fassen Sie sofort das nächste ins Auge.

• **Flexibel sein** – Um zu den Besten zu gehören, müssen Sie kreativ und offen für Verbesserungen sein. Gestalten Sie die Abläufe effizienter, um mehr zu erreichen. Lernen Sie, auch ungewohnte Wege zu gehen.

• **Vorbereitet sein** – Es ist unerlässlich, vorausplanen zu können. Sie müssen von Beginn an lernen, Entscheidungen zu treffen und die Dinge in die Hand zu nehmen. Nur so erlangen Sie Unabhängigkeit von Ihrem Trainer und können sich bietende Gelegenheiten beim Schopf ergreifen.

• **Menschlich sein** – Um mit den Höhen und Tiefen des Turnierlebens fertig zu werden, ist ein respektvoller Umgang mit sich selbst und anderen erforderlich. Leistung und Persönlichkeit sind untrennbar miteinander verbunden. Akzeptieren Sie die Vielfalt und die Wechselfälle des Lebens – und, besonders wichtig: Haben Sie Freude an Ihrem Tun.

WUNDERWERK GEHIRN

Das Gehirn verfügt über ein enormes Potenzial, das auf vielfältige Weise eingesetzt werden kann. Es ist ein elektrochemisches Kraftwerk aus Milliarden von Nervenzellen, die alle miteinander verknüpft sind – ein Stück Gehirnmasse von der Größe eines Streichholzkopfes enthält acht Milliarden Verbindungen. Haben Sie erst einmal verstanden, was Ihr Gehirn zu leisten vermag, verstehen Sie auch, warum mentales Training Ihr reiterliches Können – und Ihr Leben – beeinflussen kann.

Alle unsere Handlungen werden vom Gehirn gesteuert, aber in den meisten Fällen ist uns nicht bewusst, dass wir Entscheidungen treffen. Unsere Emotionen, Verhaltensweisen, Einstellungen und Gedanken haben ihren Ursprung größtenteils in unbewussten Gehirnbereichen. Ein Eisberg ist ein guter Vergleich: Der bewusste Teil des Gehirns ist nur die Spitze, während sich ein Großteil der unbewussten Gehirnaktivität unterhalb der Oberfläche abspielt. Dennoch können Sie Ihr Gehirn bewusst darauf trainieren, wirkungsvoller zu arbeiten.

Rationales Denken können Sie z. B. einüben, indem Sie Aufgaben lösen, bei denen der logische Verstand gefragt ist – Kreuzworträtsel etwa oder die Regelung Ihrer Finanzen. Dadurch kräftigen Sie die Verbindungen zwischen den Gehirnzellen, die für diese Art zu denken erforderlich sind. Dabei spielt Ihr Alter keine Rolle: Ältere Menschen müssen nicht notwendigerweise geistig abbauen – obwohl das Hirn einen Teil seines Potenzials verlieren kann, wenn es nicht gefordert wird.

Ähnlich können Sie unbewusste Haltungen beeinflussen. Wenn Sie sich z. B. täglich bewusst vornehmen, positiv zu denken, werden Sie darauf konditioniert, in allen möglichen Situationen positiv zu reagieren. Folglich erreichen Sie auch mehr, während negatives Denken Misserfolge geradezu anzieht.

REITEN HÄLT GEISTIG UND KÖRPERLICH FIT.

VORÜBERLEGUNGEN

Behalten Sie zu Beginn Ihres mentalen Trainings-programms vor allem zwei Punkte im Auge: Zum einen müssen Sie ständig neu über Ihre Motivationen nachdenken, weil sich Ihre Ziele mit der Zeit ändern werden. Zum anderen sollten Sie sich von den Erfahrungen erfolgreicher Reiter inspirieren und anregen lassen. Üben Sie per Rollenspiel die geistigen Eigenschaften dieser Menschen ein. Wenn Sie in der Lage sind, wie ein erfolgreicher Reiter zu denken, können Sie auch einer werden.

SELBSTMOTIVATION

Obwohl wir alle wissen, dass man etwas tun muss, um seine Ziele zu erreichen, ist es doch schwierig, ständig motiviert zu bleiben. Leider sind nur wenige Menschen vollständig selbst-motiviert, aber die Welt sähe anders aus, wenn es denn alle wären. »Wir sind alle besser, als wir glauben – wenn wir das nur einsehen könnten, würden wir uns nie mit dem Erstbesten zufrieden geben«, sagt der deutsche Pädagoge Kurt Hahn.

Motivation hängt mit den individuellen Bedürfnissen und der Persönlichkeit des Einzelnen zusammen. Jeder Mensch lässt sich anders motivieren. Für die einen reicht schon ein rationaler Anlass; andere sind inspiriert, wenn sie Spitzenrei-tern zusehen; wieder andere erreichen etwas, weil jemand anders ihnen den Erfolg nicht zutraut. Bei vielen geht es aus-schließlich darum, an die eigenen Grenzen zu kommen. Wovon auch immer Sie sich motivieren lassen, Ihr Ziel sollte immer sein, das für Sie persönlich Bestmögliche zu leisten.

ERFOLGSANALYSEN

Manche Reiter sind stolz darauf, ohne Reitstunden ein gewisses Niveau und Können erreicht zu haben. Das bedeutet jedoch, dass ihr Wissen ausschließlich auf eigener Erfahrung basiert.

Reiter, die sich gezielt an erfahrene Reiter wenden und jede Gelegenheit wahrnehmen, deren Können zu analysieren, kom-men sehr viel schneller voran, weil sie auf der Summe der Erfahrung anderer aufbauen können. Es ist äußerst hilfreich, sich mit den Champions aller Klassen auseinander zu setzen – nicht nur mit jenen, die internationalen Rang haben. Suchen

BEDÜRFNISPYRAMIDE NACH MASLOW

In den 50er-Jahren des letzten Jahrhunderts veröffentlichte der amerikanische Psychologe Abraham Maslow seine Motivations-theorie, die auf einer Hierarchie von Bedürfnissen aufbaut. Nach Maslow strebt der Mensch erst dann nach der Erfüllung höherer Bedürfnisse, wenn die in der Hierarchie darunter liegenden erfüllt sind. Wenn z. B. die Handlungen des Menschen davon bestimmt sind, das Bedürfnis nach Sicherheit und Nahrung zu befriedigen, spielen Motive wie Schönheit oder Wissen kaum eine Rolle. Sind die niederen Bedürfnisse dagegen alle erfüllt, verlieren sie auch ihre Bedeutung für die Motivation des Menschen.

Zwischen der Maslowschen Hierarchie und den wechselnden Motiven beim Reiten besteht ein direkter Zusammenhang. Zunächst ist das Reiten ein Sport wie jeder andere – gesund und ein netter Freizeitspaß. Bald jedoch werden Sie das zunehmende Bedürfnis verspüren, besser zu reiten und die Hintergründe zu verstehen. Und danach erscheint es Ihnen vielleicht nicht mehr als abwe-gig, das höchste Niveau anzustreben.

Erfüllung, Aus-schöpfen eige-ner Potenziale — 7: SELBST-VERWIRKLICHUNG

6: ÄSTHETISCHE BEDÜRFNISSE — Symmetrie, Ord-nung, Schönheit

Lernen, Verstehen und Erforschen — 5: WISSEN UND VERSTEHEN

Erfolg und Anerkennung durch Dritte

4: WERTSCHÄTZUNG

Gemeinschaft und Akzeptanz; Liebe zum Sport — 3: ZUGEHÖRIGKEIT UND LIEBE

2: SICHERHEIT — Geborgen-heit

Gesundheit und Wohlbefinden — 1: PHYSIOLOGISCHE BEDÜRFNISSE

VORBILDER Sie können von den Erfolgen und Misserfolgen anderer Reiter lernen. Beobachten Sie ihre Auftritte auf Turnieren. Konzentrieren Sie sich dabei auf die Besten und versuchen Sie, sich deren Stil einzuprägen – machen Sie sie zu Ihrem Vorbild.

Sie sich Vorbilder, die ähnliche Eigenschaften und Pferde haben wie Sie selbst und die in der gleichen Disziplin reiten wie Sie.

ROLLEN UND VORBILDER
Wir alle spielen unterschiedliche Rollen. Das Verhalten als Elternteil seinen Kindern gegenüber unterscheidet sich z. B. grundlegend davon, wie jemand im Sitzungszimmer seiner Firma auftritt. Dieses Phänomen können Sie sich für Ihr Training zunutze machen.

Rollenspiele können sehr hilfreich sein, besonders um Schwächen zu überwinden. Durch das Einnehmen einer bestimmten Rolle haben Sie Zugang zu gleich mehreren erwünschten Eigenschaften, ob Sie diese tatsächlich besitzen oder nicht. Experimentieren Sie mit verschiedenen Rollen. Vielleicht nehmen Sie sich einen guten Bekannten zum Vorbild. Wenn Sie sehen, dass ein Freund ein bestimmtes Problem

gemeistert hat, überzeugt Sie das vielleicht davon, dass Sie das auch schaffen können. Oder Sie erfinden einfach ein Vorbild und erinnern sich daran, wenn Sie z. B. darüber nachdenken, wie diese imaginäre Person in einer bestimmten Situation reagieren würde. Und vielleicht können Sie am Ende deren Eigenschaften dauerhaft in Ihre eigene Persönlichkeit integrieren.

Wählen Sie ein Vorbild, das mit dem Bereich des mentalen Trainings (siehe S. 355), auf den Sie sich gerade konzentrieren, vereinbar ist. Als Anfänger müssen Sie Ihr Augenmerk darauf richten, die Dinge einfach zu gestalten und am Geschehen teilzuhaben. Hier kommt es darauf an, zuverlässig und menschlich zu sein. Dann wird es wichtig, gut zu sein in dem, was man tut. Hier müssen Sie vor allem klar und positiv sein. Später werden Ihre reiterlichen Aktivitäten dann mehr und mehr zukunftsorientiert – dazu müssen Sie flexibel und vorbereitet sein. In allen Phasen werden Ihnen Vorbilder helfen, Schwächen zu überwinden.

• **Beständig sein** – Hier kommt es darauf an, umsichtig, diszipliniert und solide zu sein. Als Vorbild eignet sich der Beruf des Bankers. Sie können sich aber auch für einen Langstreckenläufer, Ruderer oder Bergsteiger als Vorbild entscheiden.

• **Klar sein** – Hier geht es um analytisches und rationales Denken. Dabei kann Ihnen die Vorstellung helfen, Sie seien ein Wissenschaftler, der nach Antworten sucht und aus Fehlern lernt, oder aber ein auf Präzision bedachter Kunstturner.

• **Positiv sein** – Bemühen Sie sich, die Dinge konstruktiv anzugehen. Am besten stellen Sie sich vor, Sie seien ein General: In diesem Beruf kommt es darauf an, mit anderen zusammenzuarbeiten, um gemeinsam stärker zu werden.

• **Flexibel sein** – Sie müssen in der Lage sein, eine eingeschlagene Richtung auch ändern zu können, um mit geringstem Aufwand das Beste zu erreichen. Stellen Sie sich vor, Sie seien ein Zauberer: Neue Ideen können eine zauberhafte Wirkung zeigen.

• **Vorbereitet sein** – Hier geht es darum, auf alle Eventualitäten gefasst zu sein und die richtigen Entscheidungen zu treffen. Vielleicht haben Sie in diesem Fall einen Zirkusdirektor vor Augen.

• **Menschlich sein** – Üben Sie, sich in andere hineinzuversetzen. Hilfreich könnte dabei die Vorstellung einer weisen Großmutter sein; vielleicht kennen Sie aber auch persönlich jemanden, der so ist.

BESTÄNDIG SEIN

Je nachdem, in welcher Disziplin Sie reiten, müssen Sie unterschiedliche körperliche und geistige Voraussetzungen erfüllen. Wenn Sie wissen, worauf es ankommt, werden Sie sicherer und besser. Aufregung und schlechte Nerven können eine gute Leistung zunichte machen. Hier schaffen Entspannungstechniken Abhilfe. Sie helfen Ihnen, sich auf die Aufgabe zu konzentrieren und Ablenkungen auszuschalten. Und wer weiß – vielleicht stehen Sie eines Tages auf dem Siegertreppchen.

DEN ERREGUNGSGRAD SENKEN

Erregung ist ein Begriff, den Sportpsychologen verwenden, um damit einen bestimmten Grad physischer und emotionaler Aktivierung zu bezeichnen. Starke Emotionen wie Angst, gespannte Erwartung und Sorge veranlassen den Körper entweder zur Flucht oder dazu, sich der Gefahr zu stellen. Körperlich hat dieser Flucht- oder Kampfmechanismus zur Folge, dass sich Adrenalinausstoß, Puls und Atemfrequenz erhöhen.

Viele Reiter sind der Meinung, dass ihre Leistung umso besser wird, je erregter sie sind und je mehr Adrenalin sie ausschütten. Während sich ein hoher Erregungsgrad zwar durchaus positiv auf die Entschlossenheit auswirken kann, ist ein hoher Adrenalinpegel jedoch kontraproduktiv, weil er Denken, Gespür und Motorik beeinträchtigt. Selbst beim Geländereiten ist ein kühler Kopf erforderlich, da ein zu hoher Erregungsgrad auch zu einer erhöhten Risikobereitschaft führen kann. Der Erregungsgrad kann beispielsweise zu hoch sein, weil Ihnen der Wettkampf Sorgen bereitet oder weil Sie aufgeregt sind. Wenn übertriebene Sorge der Grund ist, dann werden fortschreitendes Training und allmähliche Gewöhnung an die Wettkampfsituation Ihre Unsicherheit vermindern. Lächeln Sie trotz allem und seien Sie stolz darauf, überhaupt teilnehmen zu können – das hilft. Wenn Aufregung dahinter steckt, versuchen Sie sich mit speziellen Methoden zu entspannen. Dann konzentrieren Sie sich auf Ihren Ritt und nicht so sehr darauf, was um Sie herum passiert. Engagieren Sie ein Betreuerteam, das weniger emotional denn verlässlich ist.

Um den Erregungsgrad auf Turnieren zu senken, sollten Sie schon beim Training so gelassen wie möglich sein. Lassen Sie die Hektik des Alltags hinter sich und versetzen Sie sich in eine Welt der Ruhe und Sicherheit. Es gibt zwei Arten, sich zu entspannen: Entweder Sie entspannen die Muskeln über den Geist

ANFORDERUNGEN DER DISZIPLINEN

In jeder reiterlichen Disziplin gibt es einen optimalen Erregungsgrad, wobei die Leistung bei zu niedriger oder zu hoher Erregung eindeutig abfällt (siehe Diagramm rechts).

In der Dressur z.B. muss der Reiter gut koordiniert sein und jede Bewegung kontrollieren. Da kann ein zu hoher Erregungsgrad stören. Beim Springreiten dagegen braucht der Reiter ein bestimmtes Maß an Kraft, um das Pferd anzutreiben. Beim Vielseitigkeitsreiten bewältigen die Pferde beeindruckende Hindernisse mit großer Geschwindigkeit, sodass das optimale Erregungsniveau hier sogar noch höher ist.

Eine der Schwierigkeiten des Reitens besteht darin, das Pferd auf unterschiedlich hohe Erregungszustände zu konditionieren. Beim Springreiten auf Zeit z.B. muss das Pferd relativ ruhig sein, um den Reiter zu verstehen und um athletisch zu springen.

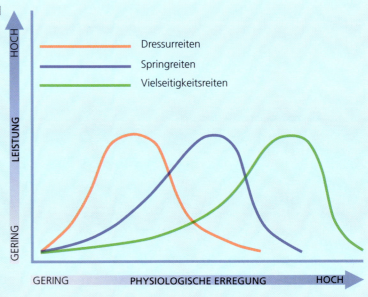

HOCH

LEISTUNG

GERING

— Dressurreiten

— Springreiten

— Vielseitigkeitsreiten

GERING · PHYSIOLOGISCHE ERREGUNG · HOCH

und die Vorstellungskraft oder Sie gehen genau entgegengesetzt vor und entspannen den Geist über die Muskeln. Wenn Sie alle Muskelgruppen systematisch anspannen und entspannen, erreichen Sie einen Zustand körperlicher und in der Folge auch geistiger Entspannung. Auch wenn Sie sich auf den Atem konzentrieren (siehe Kasten rechts), senken Sie Ihren Puls und werden unmittelbar ruhiger.

DEN ERREGUNGSGRAD STEIGERN

Wenn Sie ein Gefühl der Lustlosigkeit verspüren, muss der Erregungsgrad gesteigert werden. Falls auch Ihr Pferd einen niedrigen Energiepegel hat, sollten Sie beim Aufwärmtraining mehr fordern als üblich. Legen Sie die Messlatte ein Stück höher und versuchen Sie, auf dem einen oder anderen Gebiet Ihre persönliche Bestleistung zu erbringen. Besprechen Sie Ihre Ziele mit Freunden. Diese können Sie bei Bedarf aufmun-

> » SIEGER WIRD MAN NICHT DURCH ZUFALL, SONDERN DURCH HARTES TRAINING. «

tern und dazu ermutigen, das Beste zu geben. Zusätzlich können Sie positive Losungen wie »Los geht's« oder »Das schaffe ich« verwenden. Manche ziehen es auch vor, per Kopfhörer aufmunternde Worte oder rasante Beats zu hören.

KONZENTRATIONSÜBUNGEN

Konzentrationsschwierigkeiten können alle Trainingsmühen in einer Sekunde zunichte machen. Es ist leicht, sich ablenken zu lassen. Schon ein Zuruf von den Zuschauerrängen kann genügen, oder aber Sie denken, wenn Sie in den Parcours einreiten, an den Preis, den Sie möglicherweise gewinnen werden.

Zu den typischen Fehlern gehört auch die vom Ziel ablenkende Vorstellung, man könnte ein Hindernis reißen oder eine Figur nicht exakt ausführen. Manche Reiter konzentrieren sich so sehr auf mögliche Fehler, dass sie die Orientierung verlieren, was besonders häufig beim Springreiten vorkommt. Schon im Training muss der Reiter es sich zur Gewohnheit machen, immer an den nächsten Schritt zu denken und niemals zurückzuschauen.

Beim Springreiten und beim Dressurreiten ist die Konzentrationsdauer eher kurz, aber beständig. Die Hindernisse beim Springreiten erleichtern die Konzentration ungemein. Bei Dressurprüfungen dagegen fehlen derartige geistige Stützen; und da eine Prüfung außerdem zwei- bis dreimal länger dauert als ein Durchlauf beim Springreiten, ist auch die Anforderung an das Konzentrationsvermögen höher. Gewöhnen Sie sich an,

BAUCHATMUNG

Bei Wettkampfstress können Atemübungen Ihnen helfen, ruhig und gelassen zu werden. Legen Sie eine Hand direkt auf die Bauchmitte und atmen Sie ein. Nun sollte sich die Bauchdecke wölben und die Hand nach vorne gehen. Halten Sie den Atem zwei Sekunden lang an, dann atmen Sie langsam aus. Dabei ziehen Sie die Bauchmuskeln zusammen und pressen die Luft aus den Lungen. Ihre Hand sollte zurückgehen.

Schließen Sie die Augen und sprechen Sie sich Worte wie »Stopp« oder »Langsam« vor. Sie werden spüren, wie sich der Puls verlangsamt und Sie dabei ruhiger werden. Wiederholen Sie die Übung zehnmal. Bei regelmäßigem Üben werden Sie feststellen, dass Sie schon mit drei Atemzügen die angestrebte Wirkung erzielen. Auch vor oder während des Trainings angewandt kommen Sie mit dieser Entspannungsübung zu innerer Ruhe.

Dressuraufgaben zu analysieren – so wie ein Springreiter den Parcours analysiert. Betrachten Sie die einzelnen Lektionen als Folge von Entfernungen zwischen den Hindernissen beim Springreiten, sodass der Konzentrationsfluss von einer Figur zur nächsten nicht abreißt. Machen Sie sich auch im Voraus die Zeitdauer und Richtung jeder Figur bewusst.

Beim Vielseitigkeitsreiten müssen Sie die Konzentration über längere Zeiträume halten. Sie können sich nicht nur auf die Hindernisse konzentrieren, da die Entfernungen viel größer sind als beim Springreiten – die Routenwahl ist überaus wichtig, wenn Sie auch nur wenige Meter einsparen möchten und die Strecke innerhalb des geforderten Zeitrahmens meistern wollen. Sie müssen die Route also ganz genau planen und sich zwischen den Sprüngen auf die Streckenführung konzentrieren.

In allen Disziplinen ist die Konzentrationsfähigkeit des Reiters ein entscheidender Faktor. Je sicherer Sie im Sattel sitzen, umso größer ist die Gefahr, dass Sie sich ablenken lassen. Deshalb sind Konzentrationsübungen gerade für fortgeschrittene Reiter enorm wichtig.

VEREINFACHUNG DES TRAININGS

Reiten ist ein sehr zeitaufwendiger Sport und bestimmt können Sie sich manchmal kaum vorstellen, wie Sie die anstehenden Aufgaben in der verfügbaren Zeit bewältigen sollen. Gefragt sind gutes Zeitmanagement, praktisches Denken und schrittweises Vorgehen. Bestimmen Sie Ihre Ziele möglichst genau und planen Sie sorgfältig voraus – dann werden Sie sehen, dass vieles nicht so schwierig ist, wie es Ihnen vielleicht zunächst erscheint.

WENIGER IST MEHR

Viele sehen in diesen drei Worten eine abgedroschene Phrase, aber dennoch kann das dahinter stehende Prinzip – bei konsequenter Anwendung – Ihrem Training und Ihrem gesamten Leben eine positive Wendung geben. Wer in seinem Leben auf Überflüssiges verzichtet, wird automatisch auch zu einem besseren Reiter. Ein einfacher Lebensstil bringt weniger Kosten mit sich, weniger Veränderungen und weniger Stress, sodass Sie mehr Zeit für sich selbst und Ihre Hobbys haben. Wer es sich zum Prinzip gemacht hat, aus weniger mehr herauszuholen, sollte z. B. nur kaufen, was er braucht, oder verreisen, wenn andere das nicht tun. Schwerpunkte zu setzen ist das A und O der Vereinfachung.

Jedes mentale Training sollte vor allem auf Einfachheit und Präzision ausgerichtet sein. Das trifft besonders für den Pferdesport zu, weil Sie ja beim Reiten mit dem Pferd kommunizieren. Je einfacher und klarer Ihre Anweisungen sind, umso mehr können Sie aus Ihrem Pferd herausholen; die Trainingsarbeit geht schneller und einfacher vonstatten.

Machen Sie es sich zur Gewohnheit, die Dinge auf ihre einfachste Form zu reduzieren. Manche Reiter geben nur zu gerne eine ganze Reihe verschiedener, sekundenlanger Anweisungen, um etwas so Einfaches wie das Angaloppieren zu

KLEINE EINZELSCHRITTE Springreihen sind ein Beispiel dafür, wie eine schwierige Aufgabe leichter zu bewältigen ist. Diese Reiterin muss lediglich im Gleichgewicht bleiben, weil sie präzise an das Hindernis herangeritten ist.

bewirken. Möglicherweise versteht das Pferd diese Anweisungen sogar und befolgt sie brav, aber es gibt dennoch drei große Nachteile. Erstens können während dieser Serie von Hilfen keine weiteren Anweisungen, z. B. für eine Richtungsänderung, gegeben werden. Zweitens haben andere Reiter Schwierigkeiten, wenn sie dasselbe Pferd reiten. Und drittens wird dadurch ein anspruchsvolleres Arbeiten mit dem Pferd schwierig oder unmöglich.

Einfach zu sein bedeutet auch, schwierigere Übungen in einfache Schritte aufzuteilen. Jede Übung hat ihren normalen Ablauf. Wenn die Techniken schwierig und aufwändig werden, finden sich möglicherweise Lücken im Ablauf. Erkennen Sie das und arbeiten Sie stattdessen mit einfachen Mitteln – dann werden Sie sehen, dass weder Sie selbst noch Ihr Pferd die Übung schwierig finden.

DIE BESTE LÖSUNG FINDEN

Es ist eine Tatsache, dass sich im Leben nichts ändert, solange Sie Ihre Gewohnheiten nicht ändern. Um Ihre Leistung zu verbessern, sollten Sie Veränderungen ins Auge sehen und mehr Effizienz anstreben. Dazu gehört auch, dass Sie sich von einer guten Idee zugunsten einer besseren Idee selbstverständlich

)) *SIEGER SIND GENAU UND ZIELBEWUSST.* ((

trennen. Das ist nicht einfach, wenn Sie jahrelang hart gearbeitet haben und Zeit in Abläufe investiert haben, auf die Sie stolz sind und die sich bewährt haben. Sie dürfen aber keinesfalls emotional sein und sich durch Ihr Ego blockieren lassen.

Versuchen Sie beim Training, sich bewusst auf mögliche Fehler zu konzentrieren, statt Ihre Methoden und Übungsabläufe zu rechtfertigen. Wenn Sie nach objektiver Prüfung keine Fehler in Ihrem Vorgehen finden können, dann sind Ihre Methoden wahrscheinlich gut; wenn Sie aber nur das Positive sehen wollen, kommen Sie wahrscheinlich zu keinem objektiven Ergebnis.

Selbstkritik hat nichts mit Selbsterniedrigung zu tun, und Fehler und Misserfolge beinhalten auch immer die Möglichkeit, daraus zu lernen. Anstatt schlechte Leistungen und Fehler möglichst schnell zu vergessen, sollten Sie sie vielmehr möglichst exakt analysieren, um es beim nächsten Mal besser zu machen. Diese Einstellung ist von entscheidender Bedeutung, wenn Sie die Qualität des Trainings verbessern und insgesamt schneller vorankommen möchten.

Zu einem wirkungsvollen Training gehört auch die Entwicklung möglichst vielseitiger Methoden, denn wer weiß schon, welche Herausforderungen künftig auf ihn zukommen. Eine

möglichst breite Trainingsbasis, die den Weg in alle Disziplinen offen lässt, ist deshalb von unschätzbarem Wert. Aus diesem Grund wurde auch die Entwicklung eines stabilen Sitzes so sehr betont, der schnell zum Dressur- oder Rennsitz werden kann; das Gleiche gilt für die Entwicklung der Konstanten (siehe S. 122–123), die es einem Pferd ermöglichen, beim Springen ebenso gut wie in der Dressur zu sein.

GUTES UND SCHLECHTES ÜBEN

In der Reiterei gibt es kaum ein Gebiet, auf dem Präzision und Genauigkeit so sehr und von Anfang an gefragt sind wie bei der Einübung grundlegender Fertigkeiten. Wenn Sie Bewegungen wie das Leichttraben wieder und wieder üben, gelingen sie Ihnen am Ende wie von alleine – scheinbar mühelos und ohne dass Sie darüber nachdenken. Man spricht in diesem Zusammenhang auch vom Muskelgedächtnis.

Aber durch häufiges Üben wird nicht nur richtiges Verhalten, sondern auch Fehlverhalten eingeschliffen. Und es dauert grundsätzlich länger, schlechte Gewohnheiten zu korrigieren, als gleich von Anfang an darauf zu achten, dass sich Fehler gar nicht erst einschleichen. Deshalb ist es wichtig für Sie und Ihr Pferd, von der ersten Minute an auf höchste Exaktheit zu achten. Die Dinge gut zu machen ist normalerweise einfacher, als sie schlecht zu machen, und um das zu erreichen, müssen Sie zu Beginn lediglich etwas mehr Zeit aufwenden. Das ist wichtig, denn statt so lange zu üben, bis Sie etwas ab und an richtig machen, sollten Sie so lange üben, bis Sie überhaupt keine Fehler mehr machen.

ZIELBEWUSST BLEIBEN

Nur wer sich über seine Ziele im Klaren ist, kann seine Potenziale ausschöpfen. Zielbewusst wird der Mensch nicht von allein, sondern nur, wenn bestimmte Voraussetzungen erfüllt sind. Wenn Sie ein eher verschwommenes Bild von Ihren Zielen haben, kommt es zunächst darauf an, Klarheit darüber zu gewinnen, in welcher Hinsicht Sie zielbewusst sind und wo es mit Ihrer Zielorientierung hapert.

Erstens sollten Sie daran denken, dass nichts wichtiger ist als Beharrlichkeit. Sie kann weder durch Begabung ersetzt werden – die Welt ist voll von begabten, aber erfolglosen Menschen – noch durch Bildung.

Zweitens gehört zum Zielbewusstsein untrennbar das positive Denken. Sie müssen selbstbewusst nach vorne schauen. Drittens gewichtet ein zielbewusster Mensch die Ziele. Selbst der Talentierteste kann nicht jedes Einzeltalent ausspielen. Manche Ziele müssen fallen gelassen werden, bei anderen wiederum dauert es länger, bis man sich über seine Prioritäten im Klaren ist. Kurzfristige Ziele lassen sich leichter verwirklichen, wenn sie in eine langfristige Zielsetzung eingebettet sind.

ZIELSETZUNG

Bei der geistigen Vorbereitung kommt es vor allem darauf an, dass Sie sich Ziele setzen. Ziele motivieren und stärken das Selbstbewusstsein, sobald man sie erreicht hat. Sie helfen Ihnen zu entscheiden, worauf es wirklich ankommt, sodass Sie Ihre Zeit entsprechend einteilen können. Und sie helfen auch dabei, Fortschritte zu erkennen und einzuordnen.

Wichtig ist, dass Sie Ihre Zielsetzung strukturieren, sodass Sie ein langfristiges Ziel vor Augen haben, mehrere mittelfristige Ziele und die unmittelbar zu unternehmenden Einzelschritte. Eine goldene Regel dabei lautet: Die Planung ist rückwärts gewandt, die Ausführung nach vorne (siehe Diagramm unten). Wenn Sie sich auf ein Leitziel festgelegt haben, denken Sie über die erforderlichen Einzelziele nach. Dann sind Sie in der Lage, kurzfristig zu unternehmende Aktionsschritte zu planen, die Sie dem Leitziel ein Stück näher bringen.

Der psychologische Vorteil dieser Hierarchie von Zielen besteht darin, dass die Anforderungen kleiner werden. Wie das funktionieren kann, führte uns der britische Ruderer Steve Redgrave vor Augen, als er bei den Olympischen Spielen in Atlanta seine vierte Goldmedaille anstrebte. »Olympiateilnehmer verbessern ihre Zeit um circa vier Sekunden. Pro Trainingsstunde macht das 0,0012 Sekunden. Das wiederum sind nur zwei Hundertstel der Zeit eines Lidschlags.« Redgrave reduzierte also die an ihn gestellte Anforderung, indem er das eine große Ziel in mittelfristige Einzelziele aufteilte. In Atlanta erreichte er sein Leitziel – die vierte Goldmedaille auf der 2000-Meter-Strecke zu gewinnen –, indem er den letzten Schritt einer Serie von Einzelschritten machte.

Wenn Sie einmal ein Ziel nicht erreichen, sehen Sie das als (willkommenen) Anlass, Ihr Trainingsprogramm zu ändern. Denken Sie über die Gründe des Scheiterns nach und darüber, wie Sie besser werden könnten. Waren Sie zu gestresst? Waren Sie nicht genügend aufgewärmt? Oder war das Ziel von vornherein unrealistisch?

Andererseits können Sie bei einem Erfolg zu Recht stolz auf sich sein. Denken Sie auch daran, dass die Ziele im Lauf der Zeit wechseln. Scheuen Sie also nicht davor zurück, die Schwerpunkte in einem solchen Fall neu zu setzen.

SCHWERPUNKTE SETZEN

Im Reitsport sind die potenziellen Anforderungen an Wissen und Können des Reiters enorm hoch – nicht zuletzt, weil es zwei Beteiligte gibt, Sie und Ihr Pferd. Auch die Bandbreite reiterlicher Aktivitäten und die Unterschiede zwischen Anfängern und Fortgeschrittenen sind sehr groß. Deshalb ist es beim Reiten noch wichtiger als bei anderen Sportarten, Schwerpunkte zu setzen und die Abläufe klar zu gestalten.

Es gibt eine Art, Schwerpunkte zu setzen, die kurzfristig besonders jene entlastet, die sich von der schieren Menge der

DAS HÖCHSTE ZIEL ERREICHEN

Nach der Festlegung Ihres Leitziels (etwa der Teilnahme an einem nationalen Turnier) sollten Sie rückwärts planen und dabei die mittelfristigen Ziele und die Aktionsschritte festlegen, die Sie dem höchsten Ziel schrittweise näher bringen. Ihre Planung muss alles berücksichtigen, einschließlich Ihrer finanziellen Möglichkeiten und sonstigen Verpflichtungen. Unter Umständen ist eines Ihrer Ziele sogar darauf ausgerichtet, Ihre Verpflichtungen neu zu organisieren oder Geldgeber zu finden.

Die Ausführung Ihres Plans beginnt mit den Aktionsschritten, die Sie den mittelfristigen Zielen näher bringen. Wenn Sie dann diese verwirklichen, sollte das Leitziel erreicht sein. Die Freude darüber ist natürlich umso größer, je weiter Sie ursprünglich davon entfernt waren. Die Aktionsschritte sollten immer im Bereich des Möglichen liegen – viele kleine Erfolge bauen Sie schließlich auf.

Damit Ihre Ziele erreichbar sind, müssen sie fest umrissen und quantifizierbar sein; stimmen Sie die Ziele mit Ihrem Trainer oder Partner ab und schreiben Sie sie auf. Legen Sie auch einen Zeitplan fest und fragen Sie sich immer, ob die Ziele realistisch und wichtig sind.

PLANUNG

LEIT-
ZIEL

MITTEL-
FRISTIGE
ZIELE

AKTIONSSCHRITTE

DURCHFÜHRUNG

AKTIONSSCHRITTE AUF TÄGLICHER BASIS

Wenn Sie die an jedem Tag erforderlichen Einzelschritte aufschreiben, können Sie diese präziser fassen und – falls nötig – auch gewichten. Jeder Aktionsschritt sollte sich unmittelbar auf bestimmte Ziele beziehen – die hier ge-zeigten Beispiele haben alle mit den sechs Komponenten mentaler Vorbereitung zu tun. Achten Sie darauf, dass sie auch durchführbar sind. Setzen Sie vor jeden Aktionsschritt ein »ich werde«, um Ihre Entschlossenheit auszudrücken.

1. BESTÄNDIG SEIN

• Ich werde ein Maßband verwenden, damit der Abstand zwischen den Bodenstangen exakt stimmt.

• Ich werde täglich um sechs Uhr früh aufstehen.

• Ich werde mir ein Regelbuch besorgen.

2. MENSCHLICH SEIN

• Ich werde tief durchatmen und innerlich lächeln, wenn ich in die Prüfung einreite.

• Ich werde die Augen schließen und mein Pferd spüren.

• Ich werde meinen Geburtstag mit meiner Familie feiern.

3. POSITIV SEIN

• Ich werde Schlangenlinien und Schulterherein üben, um mein Pferd gerade zu richten.

• Ich werde einen Freund bitten, mir zuzusehen und Hilfestellung zu geben.

• Ich werde JA – SCHAFFE ICH! auf meinen Handrücken schreiben.

4. KLAR SEIN

• Ich werde die Steigbügel zum Springen ein weiteres Loch kürzer schnallen.

• Ich werde die wöchentlichen Schwerpunkte aufschreiben.

• Ich werde einen Freund bitten, den nächsten Ritt auf Video festzuhalten, um eine Zeitlupenanalyse durchzuführen.

5. FLEXIBEL SEIN

• Ich werde Yoga und Zirkeltraining einsetzen.

• Ich werde Spitzenreitern beim Springen auf Zeit zusehen.

• Ich werde mir kommenden Montag einen Überblick über meine finanziellen Mittel verschaffen.

6. VORBEREITET SEIN

• Ich werde bei den nationalen Meisterschaften auf mittlerem Niveau antreten.

• Ich werde für einen ganzen Tag einen Trainer engagieren.

• Ich werde mir neue Vorbilder suchen.

Aufgaben überwältigt fühlen. Teilen Sie die Aufgaben nach den Kriterien Dringlichkeit und Wichtigkeit ein. Aufgaben, die weder wichtig noch dringlich sind, sollten Sie sofort und ohne Wenn und Aber streichen. Dringliche, aber nicht wichtige Aufgaben sollten Sie delegieren; wichtige, aber nicht dringliche Aufgaben können Sie verschieben. Widmen Sie Ihre Zeit nur solchen Aufgaben, die sowohl wichtig als auch dringlich sind. Wenn Sie Ihr tägliches Pensum auf diese Weise organisieren, gestaltet sich Ihr Leben sofort einfacher. Egal, wie Sie die Prioritäten beim Reittraining setzen, Sie sollten immer maximal davon profitieren. So können Sie die vier Komponenten des optimalen Reitersitzes (siehe S. 100–101) beispielsweise ständig im Kopf behalten, weil Sie davon immer profitieren, unabhängig von der gewählten Disziplin und vom Grad Ihres Könnens.

Auch alle sechs mentalen Trainingsbereiche (siehe S. 355) sollten ein regelmäßiger Bestandteil Ihres Gesamtprogramms sein, jedoch sollten Sie diese Ihren aktuellen Bedürfnissen entsprechend gewichten.

ZEIT SCHAFFEN

Damit Sie Ihre Aufgaben nicht nur besser, sondern auch eleganter bewältigen, müssen Sie den Tag strukturieren; nur so haben Sie genügend Zeit für die anstehenden Aufgaben. Erstellen Sie einen Zeitplan für alle Arbeiten. Viele Menschen lassen sich von der Fülle der Arbeit überwältigen und springen von einer Aufgabe zur anderen. Wenn Sie dagegen eine volle Stunde bei einer Aufgabe bleiben und sich dann mit einer Pause belohnen, ehe Sie die nächste Aufgabe angehen, erreichen Sie sehr viel mehr.

Zeit können Sie auch schaffen, indem Sie den normalen Zeitplan aufstocken. Schon zwei Stunden täglich machen über das Jahr gesehen 13 zusätzliche Arbeitswochen aus, sage und schreibe 25 Prozent der Jahresarbeitszeit. Sie brauchen lediglich eine Stunde früher aufzustehen und eine Stunde länger am Arbeitsplatz zu bleiben. Natürlich sollten Sie sich nicht überarbeiten und Ihre Gesundheit schädigen, aber das ist ein gutes Beispiel dafür, wie Sie mit relativ wenig, dafür aber regelmäßiger Mehrarbeit Ihr Zeitkonto aufstocken können.

POSITIV BLEIBEN

Welche Ziele auch immer Sie verfolgen, eine positive Herangehensweise ist in jedem Fall hilfreich. Viele Reiter nehmen z. B. an keinen Turnieren mehr teil, einfach weil sie jemanden kennen, der besser reitet. Dabei sollten sie am Ball bleiben und sich eigene Ziele setzen, statt sich mit anderen zu vergleichen. Training und aufbauende Worte stärken das Können und Selbstvertrauen jedes Reiters. Es kommt einzig darauf an, an sich selbst zu glauben und positiv zu denken.

DIE SELBSTACHTUNG WAHREN

Der Wettkampfsport hat den Nachteil, dass bei den Verlierern oft ein Knacks im Selbstwertgefühl zurückbleibt und dass aus ehemals aktiven Sportlern reine Zuschauer werden. Damit Ihnen dieses Schicksal erspart bleibt, sollten Sie zwei Punkte im Auge behalten: Zum einen sollten Sie nie vergessen, dass Ihr Selbstwertgefühl wichtiger ist als ein bestimmtes Leistungsniveau oder die Erwartungen von Mitmenschen; zum anderen sollten Sie Ihr Hauptaugenmerk immer auf das eigene Können legen und das im Rahmen Ihrer Möglichkeiten Beste geben. Dadurch werden Sie insgesamt besser und Sie erhalten sich die Selbstachtung. Die vielen Citymarathons überall auf der Welt sind ein gutes Beispiel dafür, wie Menschen versuchen, das persönlich Beste zu geben. Alle Teilnehmer an diesen Veranstaltungen sind immer auch Sieger. Wie schon gesagt, es kommt nicht darauf an, der Beste zu sein, sondern das Beste zu geben.

MIT GANZEM HERZEN DABEI SEIN

Die Idee des positiven Denkens erscheint vielen Menschen fragwürdig. Nach Meinung der Skeptiker führt sie zu einer unrealistischen Erwartungshaltung und überhaupt ziehe eine Überbewertung des Lobs gegenüber der Kritik sinkende Standards nach sich.

Es kommt darauf an, einen Mittelweg zu finden zwischen Selbstbeweihräucherung und überzogener Selbstkritik. Viele Menschen unterschätzen sich, weil sie lieber auf Nummer sicher gehen. Warum Höchstleistungen anstreben und Ent-

ÖFFENTLICHE AUFTRITTE Manche Reiter lassen sich von der Zuschauermenge bei öffentlichen Turnieren verunsichern. Denken Sie aber daran, dass Sie die Zuschauer in den meisten Fällen auf Ihrer Seite haben. Der eine oder andere von ihnen wäre gerne an Ihrer Stelle, nur hat er oder sie es nicht so weit gebracht. Konzentrieren Sie sich also auf Ihren Ritt und genießen Sie den Auftritt.

täuschungen riskieren, wenn man sich in aller Bescheidenheit auch über ein mittelmäßiges Ergebnis freuen kann? Nur leider berauben Sie sich mit einer derartigen Einstellung Ihrer Entwicklungsmöglichkeiten. Es gibt zahllose Beispiele dafür, dass Sportler mit positiver Haltung besser abgeschnitten haben als talentiertere Konkurrenten, die sich mit ihrer Negativität selbst im Weg standen. Es beginnt schon damit, dass Sie Schwierigkeiten nicht als solche bezeichnen, sondern sie in Herausforderungen umbenennen sollten. Die meisten Menschen reagieren auf Probleme unbewusst negativ, auf Heraus-

» SIEGER WISSEN, WAS SIE KÖNNEN. «

forderungen aber positiv. Siegertypen brauchen Herausforderungen geradezu. Und sie wissen, wie wichtig es ist, von den eigenen Stärken auszugehen und diese Schritt für Schritt auszubauen, während sie gleichzeitig die Schwächen abbauen. Mannschaften haben den Vorteil, dass die einzelnen Mitglieder eventuelle Schwächen von Teamkollegen ausgleichen können, um vereint ein besseres Ergebnis zu erzielen. Deshalb ist es auch so wichtig, dass Reiter und Pferd zusammenpassen (siehe Kapitel 11). Nicht von der Hand zu weisen ist auch, dass die erfolgreichsten Reiter immer auch das beste Betreuerteam haben. In schwierigen Phasen machen solche Helfer dem Reiter keine Vorwürfe, sondern unterstützen und ermutigen ihn.

AN SICH SELBST GLAUBEN

Der britische Läufer Roger Bannister lief 1954 die klassische Meile als Erster unter vier Minuten (3 min 59,4 s). Er bereitete sich auf den Wettkampf vor, indem er sich Ziele für jeweils ein Viertel der Strecke setzte und negative Gedanken ausschaltete. Danach dauerte es nur zwei Jahre, bis fast alle Läufer unterhalb der Vier-Minuten-Marke blieben. Das zeigt, dass sie gelernt hatten, an sich selbst zu glauben. Bannisters Erfolg hatte ihre negative Einstellung in eine positive gewandt.

Man kann daraus die Lehre ziehen, dass negatives Denken Misserfolge heraufbeschwört. Dabei sind Selbstzweifel nur menschlich. Oft reiten wir auf den Turnierplatz und eine innere Stimme sagt: »Warum tue ich mir das an, bei der Konkurrenz?« Stattdessen sollten Sie denken: »Hier bin ich. Wo bleibt das Startsignal?« Statt beim Anreiten eines Hindernisses zu denken: »Nicht nach vorne fallen« oder: »Ich bin zu schnell«, sollten Sie Ihre Gedanken positiv umformulieren – »Schultern zurück!« und »Langsam!«. Machen Sie sich keine Sorgen darüber, dass Sie eine Stange reißen könnten; nehmen Sie sich vor, dass Sie es schaffen. Denken Sie nicht daran, abzubrechen; setzen Sie es sich zum Ziel, weiterzumachen. Wichtig ist, dass Sie sich das so lange vorsagen, bis sich die positiven Gedanken eingeschliffen haben. Rufen Sie sich zur Übung täglich positive Erfahrungen ins Gedächtnis und ersetzen Sie negative Gedanken durch die positive Entsprechung. Denken Sie in Krisensituationen an Ihr Vorbild, um positive Eigenschaften abzurufen und Selbstzweifel auszuschalten.

ERFOLG DURCH FLEXIBILITÄT

Auch wenn Sie Ihre reiterlichen Einwirkungen simpel und überschaubar halten sollten, spricht nichts gegen kleine Veränderungen im Training oder bei der Ausrüstung. Wirklich gute Reiter sind offen für neue Ideen und Methoden. Sie denken mit und sehen sich Routineabläufe immer im Hinblick auf mögliche Verbesserungen an. Wenn neue Ideen mit harter Arbeit, Energie und Talent kombiniert werden, steht dem Erfolg nichts mehr im Wege.

BESSERE IDEEN

Wie überall, so bleibt auch in der Welt des Sports nicht ewig alles beim Alten. Die Athleten entdecken immer ausgefeiltere Bewegungsabläufe und der Pferdesport bildet da keine Ausnahme. So kam es schon fast einer Revolution gleich, als vor rund 100 Jahren der italienische Springreiter Federico Caprilli den leichten Sitz erfand und erstmals mit angehobenem Gesäß und nach vorne geneigtem Oberkörper sprang. Bis dahin blieben die Reiter beim Springen im Sattel sitzen; der Oberkörper war gerade oder sogar nach hinten geneigt. Zwar ist die Sitzposition Caprillis heute gang und gäbe, aber bis sie sich durchsetzte, dauerte es viele Jahre.

Der Deutsche Otto Lörke, der in der ersten Hälfte des letzten Jahrhunderts als Ausbilder tätig war, hatte eine ähnliche Wirkung auf das Dressurreiten. Ihm war es besonders wichtig, vor allen weiteren Schritten allein mit der Zäumung auf Trense ein bestimmtes Niveau zu erreichen. Ein mechanisches Trai-

» *SIEGER FINDEN EINE BESSERE LÖSUNG.* «

ning lehnte er ganz und gar ab. Darüber hinaus hatte für ihn Harmonie – die Fähigkeit, mit den Bewegungen des Pferdes mitzugehen – einen viel höheren Stellenwert als die Haltung des Reiters. Auch auf die Bedeutung eines leichten, geschmeidigen Zügelkontakts wies er hin. Zu seinen Anhängern gehören die einflussreichsten Reiter und Trainer in der Welt des Dressurreitens – Willi Schultheiß, Bubi Günther, Josef Neckermann, Harry Boldt, Herbert Rehbein und Reiner Klimke.

Natürlich ist es sinnvoll, bewährte Reit- und Turnierpraktiken nach Möglichkeit zu verbessern, aber auch Verbesserungen, die sich im Hintergrund vollziehen und die mit dem Reiten unmittelbar nichts zu tun haben, können Ihre Leistung entscheidend beeinflussen. Die Art der Pferdehaltung, wie sie beispielsweise in Australien und Neuseeland praktiziert wird, wo die Pferde freien Zugang zu einem Auslauf unter freiem Himmel haben, und eine Fütterung, die dem natürlichen Rhythmus des Pferdes entgegenkommt (siehe S. 50–51), setzen sich mehr und mehr durch.

DAS AUSSERGEWÖHNLICHE LEISTEN

Wenn Pferd und Reiter Außergewöhnliches leisten, spricht man gerne von Zauberei. Aber selbst hinter derartigen Leistungen stecken Training und Arbeit. Wenn auch Sie »zaubern« möchten, sollten Sie diese Reiter genau beobachten.

Beim Dressurreiten finden sich die besten Beispiele für Zauberei in der Kür. Die im Takt der Musik gezeigten Bewegungen und Lektionen sind an die Möglichkeiten des Pferdes gebunden, aber ein fantasievoller Reiter kann Erstaunliches zustande bringen und Richter sowie Zuschauer begeistern. Beim Springreiten muss ein Reiter den Parcours aus allen Blickrichtungen erfassen, um die Strecke bestmöglich zu planen, während die Anforderungen beim Vielseitigkeitsreiten – angesichts der Vielzahl möglicher Streckenführungen, Entfernungen und Hinderniskombinationen – noch höher sind. Wenn Sie die Strecke zu Fuß abgehen, müssen Sie auf alle Möglichkeiten achten.

Im alltäglichen Training empfiehlt es sich, so offen wie möglich zu sein. Nutzen Sie jede Gelegenheit, Fortschritte zu machen, und seien sie auch noch so klein. Diese kleinen Fortschritte führen eventuell zu Ihrer nächsten persönlichen Bestleistung und vielleicht zu einem wichtigen Sieg. Um die Auswirkungen möglicher Veränderungen nachvollziehen zu können, sollten Sie möglichst nur jeweils eine Änderung vornehmen. Auch Kreativität kann eingeübt werden, falls Sie Nachholbedarf auf diesem Gebiet haben. Üben Sie mithilfe von Brainstormings zu rein hypothetischen Fragen. Was wären z. B. die Folgen, wenn die Menschen hinten am Kopf Augen hätten oder sich nur seitlich fortbewegen könnten? Sicher hilft Ihnen das bei der Entwicklung neuer Ideen.

DRESSUR UND KREATIVITÄT

Die Dressurkür ist ein schönes Beispiel dafür, wie sehr Kreativität und Fantasie auch im Pferdesport gefragt sind. Das Pferd jedoch ist zu dieser Art musikalischer Magie nur bei überdurchschnittlich gutem Training imstande. Hier bilden Nadine Capellmann und Farbenfroh ein eingespieltes Team.

VORBEREITET SEIN

Glück, so sagt man, ist eine Kombination aus guter Vorbereitung und dem passenden Zeitpunkt. Und in der Tat ist es leichter, eine günstige Gelegenheit für den eigenen Erfolg zu nutzen, wenn man darauf gefasst ist. Das gilt gerade für den Pferde-sport, weil Sie ja immer zu zweit antreten, Sie und Ihr Pferd. Wenn Sie sich und Ihr Pferd gut vorbereiten, kann Ihnen kein Wettkampf etwas anhaben und Sie schaffen die Voraussetzungen für den Sieg.

UNABHÄNGIG SEIN

Wenn Sie an Turnieren teilnehmen, können Sie während der Prüfung nicht auf die Anweisungen Ihres Trainers bauen. Deshalb sollten Sie in allen Situationen auch unabhängig agieren können, was aber eine gute Vorbereitung voraussetzt. Stellen Sie sich darauf ein, schon im Training eigene Entscheidungen zu treffen und regelmäßig wettkampfähnliche Situationen zu simulieren.

Als Anfänger sind Sie beinahe vollständig von Ihrem Trainer abhängig; aber Sie sollten möglichst schnell dazu übergehen, die Aufwärm- und Abkühlphase und andere kleinere Abschnitte selbst zu gestalten. So gewöhnen Sie sich daran, Entscheidungen zu treffen und Verantwortung für Ihr Tun zu übernehmen. Zudem werden Sie schnell merken, dass Sie sich auch besser konzentrieren können, wenn Sie die Zügel selbst in die Hand nehmen.

Auch die Ziele sollten Sie sich baldmöglichst selbst setzen. Das bedeutet nicht, dass der Trainer unwichtig wird – im Gegenteil, es zeichnet einen guten Trainer aus, dem Reiter Verantwortung zu übertragen. Unabhängigkeit ist die Voraussetzung dafür, dass Sie eine günstige Gelegenheit auch nutzen können – aber zuerst muss es Gelegenheiten geben, in denen Sie unabhängig sein dürfen. Indem Sie lernen, begründete Entscheidungen zu treffen, werden Sie auch Ihren reiterlichen Fähigkeiten eine neue Dimension hinzufügen.

ENTSCHEIDUNGEN TREFFEN

Wer immer einen Schritt voraus ist, schafft die Grundvoraussetzung für gute Leistungen. Von vielen Menschen sagt man, sie seien Träumer, die ihre Zeit vergeuden und das Unmögliche denken. Wenn Ihnen jedoch klar ist, dass es manchmal keine zweite Chance im Leben gibt und dass es genau in diesem Augenblick darauf ankommt, eine klare Entscheidung zu treffen, dann können Sie aus jeder Situation das Beste herausholen.

Zu Beginn ist Ihr Spielraum vielleicht nicht so groß. Setze ich den linken oder den rechten Zügel ein? Reite ich im Schritt, Trab oder Galopp? Im leichten Sitz oder mit dem Gesäß im

DIE AUFGABE VISUALISIEREN Üben Sie schon im Training Visualisierungstechniken ein. Wenn Sie den Parcours bzw. die Dressuraufgabe vorher im Geiste abreiten, können Sie Ihre Reaktionszeiten und die Gesamtleistung deutlich verbessern, insbesondere bei einem Stechen oder einer schwierigen Streckenführung. Auf dem Turnier sollten Sie die Aufgabe kurz vor dem Start nochmals vor Ihrem geistigen Auge ablaufen lassen.

FALLSTUDIE

PROBLEMSTELLUNG:

Bei der Anfahrt zum Turnier hatte Paul eine Reifenpanne. Er verpasste die erste Prüfung und ihm war klar, dass das Wochenende gelaufen war. Vor der zweiten Prüfung war seine Mutter mit dem Flechten der Pferdemähne nicht fertig geworden. Er war wütend und erreichte den Parcours im letzten Moment. Die Organisatoren drängten ihn zum Start; sein Pferd sträubte sich. Er sah nur noch schwarz, insbesondere weil bei seinen Freundinnen Julie und Sinead alles bestens lief.

Als er am Nachmittag dieses Tages auf seinen Start wartete, entschied er sich für einen weiteren Übungssprung. Sein Pferd rutschte beim Absprung aus und die Stangen krachten in alle Richtungen auseinander. Paul versuchte an seinen Ritt zu denken, wobei er sich vor allem vor den sechs verkürzten Galoppsprüngen im Parcours fürchtete. Als er an der Reihe war, versuchte er mit allen Mitteln, sein Pferd für die verkürzten Galoppsprünge zurückzunehmen, aber sein Pferd hörte nicht auf ihn. Er konnte gar nicht so schnell denken, da blieb sein Pferd auch schon stehen – er hatte es geahnt.

Am zweiten Tag ritt er viel schlechter als im Training. Er wusste, dass ihn die Mannschaftsleitung ohnehin schon abgeschrieben hatte – sie ließ keine Schwächen durchgehen. Und auch an die Streckenführung konnte er sich kaum mehr erinnern. Man tuschelte über ihn, als er den Parcours abging, und er fragte sich, ob seine Mutter wohl das Pferd richtig aufzäumen würde. Als er

an der Reihe war, überforderte er das Pferd. Noch vor einer Woche hatte er zu den Favoriten gehört und nun konnte er sich nicht einmal platzieren. Es war die gleiche Geschichte wie vor einem Jahr. Sein Vater würde vor Wut kochen.

ANALYSE DES TRAINERS:

• Paul gehörte zu den Favoriten, muss also gut sein. Das muss er erkennen und auf seine Stärken bauen.

• Viele seiner Schwierigkeiten beim Turnier hatten mit schlechter Planung zu tun; zudem blieb er nicht positiv. Wer Unerwartetes wie eine Panne einplant, kommt trotzdem rechtzeitig.

• Als Nächstes muss er lernen, ruhig zu bleiben. Hier würden sich Rollenspiele anbieten. Paul muss sich mit jemandem identifizieren, der diszipliniert und überlegt handelt.

• Beim Turnier braucht Paul Leute um sich, denen er vertraut. Sein Trainer z. B. könnte ihm helfen, bei der Sache zu bleiben. Andere Reiter oder Mannschaftsleiter stören nur.

• Darüber hinaus muss Paul lernen, sich auf das zu konzentrieren, was zu tun ist – und nicht auf das, was zu vermeiden ist. Visualisierungsübungen helfen ihm, diese positive Sichtweise beizubehalten. Nur so hat er eine Chance, zu zeigen, was er kann.

• Wir müssen darüber sprechen, welche Ziele er hat und warum er reitet – für seinen Vater sollte er es nicht tun. Wenn er aus seinen Fehlern lernt, hat er eine hoffnungsvolle Zukunft.

Sattel? Als fortgeschrittener Reiter treffen Sie dann gewichtigere Entscheidungen. Welches Pferd kaufe ich? An welchen Turnieren nehme ich teil? Welchen Trainer wähle ich aus? Oft fällt es ungefähr gleich schwer, zu entscheiden, was zu tun und was zu unterlassen ist. Auch mit Entscheidungen bezüglich des Zeitplans werden Sie sich konfrontiert sehen. Die Abläufe beim Springen z. B. sind eine Wissenschaft für sich. Sie müssen auch wissen, wann Sie eine neue Übung beginnen, wann Sie eine Ruhepause einlegen und wann Sie die Anforderungen wieder nach oben schrauben. Dabei helfen Ihnen die eigene Erfahrung und das Beispiel anderer.

VISUALISIERUNGSTECHNIKEN

Das menschliche Nervensystem kann nicht zwischen einer tatsächlichen Erfahrung und einer lebhaft vorgestellten Erfahrung unterscheiden. Aus diesem Grund funktionieren Visualisierungstechniken. Mit ihrer Hilfe können Sie sich auf Situationen vorbereiten, für die es in der Praxis keine Übungsmöglichkeit gibt.

Visualisierungen können Sie in allen möglichen Bereichen einsetzen. Selbst für den Anfänger sind sie hilfreich: Wenn Sie etwa einen Ablauf wie das Leichttraben visualisieren, haben

Sie die Möglichkeit, diese Bewegung im Geiste zu üben. Später können Sie dazu übergehen, Teile einer Dressurprüfung zu visualisieren oder sogar ganze Hindernisfolgen. Fortgeschrittene Reiter gehen einen ganzen Springparcours oder eine Dressuraufgabe im Geiste durch, bevor sie in die Prüfung reiten.

» SIEGER SEHEN IM ERFOLG EINE WISSENSCHAFT. «

Visualisierungen sind besonders nützlich, wenn Zeit und Tempo eine Rolle spielen, etwa bei einem Stechen im Springparcours oder im Dressurviereck bei Serienwechseln im Galopp. Auch komplexe Lektionen und Bewegungsabläufe können Sie auf diese Weise ausgiebig üben – was sonst nicht möglich wäre, es sei denn, sie haben einen ganzen Stall voller Pferde zur Verfügung. Allgemein gilt: Je besser Sie die Anforderungen durchschauen und je feiner Ihr Gespür dafür ist, was gerade passiert und wie sich das Pferd in unterschiedlichen Bewegungen anfühlt, umso wirkungsvoller können Sie die Dinge im Geiste einüben.

AUSGEWOGENE PLANUNG

In keiner Sportart sollte der Erfolg alleine im Vordergrund stehen. Dennoch wird der menschlichen Entwicklung des Athleten oft nur wenig Bedeutung beigemessen, worunter dann unter Umständen auch die Leistung leidet. Generell sollten Athleten ihren Sport nie isoliert betrachten. Es gibt eine Zeit im Leben, da möchte man Erfolg haben, aber auch eine Zeit, in der das Leben ein Erfolg sein soll. Das richtige Verhältnis zwischen diesen Zielen ist von größter Bedeutung.

DAS RICHTIGE VERHÄLTNIS

Wenn nur der sportliche Erfolg im Leben zählt, dann sind Enttäuschungen unvermeidlich. Viele Menschen erkennen mit zunehmendem Alter, dass es im Leben gar nicht so sehr auf Geld, Besitz und Ehrgeiz ankommt, sondern auf die liebevolle Unterstützung durch Freunde und Angehörige. Für den Athleten sollte Leistung Glück bedeuten und nicht Glück Leistung.

Wenn es eine herausragende Eigenschaft erfolgreicher Sportler gibt, dann die, dass sie Spaß an ihrem Tun haben. Wenn Ihnen also die Reiterei wenig Freude bereitet, ist es unwahrscheinlich, dass Sie schnell Fortschritte machen oder überhaupt dabeibleiben. Besser sind jene dran, die ihre Tätigkeit lieben, und wenn das der Fall ist, dann existieren Begriffe wie harte Arbeit oder Langeweile nicht mehr. Überraschend ist nur, dass Freude in mentalen Trainingsprogrammen oftmals nicht vorkommt. Leider lässt die Betonung gerade unserer Fehler viele Menschen davor zurückschrecken, Sport zu treiben. Dabei sollten wir uns viel öfter die Frage stellen, warum wir etwas nicht tun, obwohl wir es eigentlich tun könnten. Natürlich müssen Sie sich erst einmal die Grundlagen für mögliche Siege erarbeiten, aber ohne Spaß an der Sache werden Sie keinen Erfolg haben.

Der häufigste Grund für mangelnde Freude sind die Lebensumstände. Wenn Sie in Ihrem Privatleben glücklich und zufrieden sind, haben Sie auch mehr Spaß am Sport. Aber schon ein relativ geringfügiger Anlass kann ausreichen, Ihnen den Spaß zu verderben – etwa ein Trainer, der Sie überfordert. Eine kurze Auflistung dessen, was Ihnen beim Reiten Spaß macht und was nicht, zeigt Ihnen schnell, was zu ändern ist. Und wenn Sie mehr Freude haben, bleiben Sie auch dabei und werden besser.

Für Ausgeglichenheit im Leben sorgt auch die Fähigkeit, sich entspannen zu können. Zwar verhilft das Reiten den meisten Menschen zur Entspannung, aber aktive Turnierteilnehmer müssen mehr tun. Entspannend sind alle Aktivitäten, die den Geist erfrischen und den Körper mit neuer Energie füllen. Das kann ein ausgiebiges Bad sein oder ein freier Tag, den Sie mit Freunden verbringen. Wer sich »aktiv« entspannen möchte, geht spazieren oder treibt neben dem Reiten zusätzlich Sport.

MIT MENSCHEN ZURECHTKOMMEN

Forschungen haben ergeben, dass der Erfolg eines Menschen letztlich zu 15 Prozent auf Technik und Können basiert und zu 85 Prozent auf der Fähigkeit, mit sich selbst und mit seinen Mitmenschen zurechtzukommen.

Vor allem in der Welt des Pferdesports kann niemand nur für sich existieren. Es gibt immer Menschen, mit denen man zurechtkommen muss, egal ob Hufschmied, Tierarzt, Trainer oder Reiterkollegen. Um sich mit all diesen Menschen zu arrangieren und das Beste aus jeder Situation herauszuholen,

» SIEGER HABEN SPASS AM LEBEN. «

empfiehlt sich zuallererst ein respektvoller Umgang miteinander. Sie sollten bestimmt wirken, keinesfalls unterwürfig oder aggressiv. Unterwürfiges Verhalten zeichnet sich vor allem durch mangelnde Durchsetzungsfähigkeit aus. Sie treten auf, als müssten Sie sich ständig entschuldigen, als würden Sie sich ständig zurücknehmen oder als könnten Sie überhaupt nicht für sich sprechen. Aggressiv verhält sich, wer die Meinung anderer missachtet und sich unpassend ausdrückt – da kann der Betreffende noch so sehr von der Richtigkeit der eigenen Meinung überzeugt sein. Wenn Sie dagegen bestimmt auftreten, vertreten Sie den eigenen Standpunkt auf eine Art und Weise, die den anderen nicht kränkt. Sie bringen Ihre Meinung deutlich zum Ausdruck und zeigen gleichzeitig, dass Sie Verständnis für den Standpunkt des anderen haben. Diese unterschiedlichen Verhaltensweisen lassen sich in drei Losungen zusammenfassen: »Ich bin okay, du bist okay« steht für bestimmendes Verhalten, »Du bist okay, aber ich bin nicht okay« für unterwürfiges Verhalten und »Ich bin okay, aber du bist nicht okay« für aggressives Verhalten.

Im Gespräch mit anderen zeichnet sich ein respektvoller Umgang vor allem durch aufmerksames Zuhören aus. Das heißt, Sie geben dem anderen Zeit, seine Argumente vorzubringen, und bringen Ihre eigene Sichtweise erst dann ein, wenn Ihr Gegenüber alles gesagt hat. Dazu gehört selbstverständlich, dass Sie Blickkontakt halten, ab und an nicken oder lächeln und Ihr Gegenüber mit Ausdrücken wie »Ja« oder »Ich verstehe« zum Weitersprechen ermuntern. Das Einbeziehen der Körpersprache kann unter Umständen helfen, sein Gegenüber voll und ganz zu verstehen. »Pferdemenschen« sind auf diesem Gebiet möglicherweise im Vorteil, da sie daran gewöhnt sind, die Körpersprache des Pferdes zu deuten.

Wenn Sie zudem auch noch aufgeschlossen und humorvoll sind, werden Sie im Umgang mit Menschen kaum Probleme haben. Dann werden Sie auch sicher das passende Betreuerteam finden. Gute Betreuung macht es viel einfacher, gute Leistung zu erbringen. Wir alle brauchen den Rückhalt von Freunden, Familienmitgliedern, Trainern, Sportpsychologen, Sponsoren usw. Es ist kein Zufall, dass Spitzenreiter ihre Erfolge größtenteils ihren Trainern als Verdienst zuschreiben.

AUSGEWOGENHEIT IN DREIERLEI HINSICHT

Was auch immer Sie beim Sport erreichen möchten, eine ausgeglichene Herangehensweise hilft Ihnen dabei. Zuallererst kommt es darauf an, die richtige Balance zwischen Anstrengung und Spaß zu finden. Harte Arbeit und Ausdauer sind die eine Seite der Medaille, aber Sie sollten auch darauf achten, als Mensch nicht zu kurz zu kommen. Kümmern Sie sich auch um Ihre emotionalen Bedürfnisse und schaffen Sie genügend Freiräume und Muße für Ihre eigene Persönlichkeit.

Zweitens kommt es darauf an, nicht zu viel und nicht zu wenig zu tun. Eine positive Grundhaltung lässt Sie zuversichtlich und zielstrebig sein, was sich positiv auf Ihre Leistung auswirkt. Daneben sollten Sie aber auch darauf achten, Schwerpunkte zu setzen und durch stetige Analyse möglichst viele Abläufe klarer zu machen.

Drittens sollten Anspruch und Realität in einem ausgewogenen Verhältnis stehen. Jeder Sportler profitiert von Kreativität im Ausüben seines Sports, aber Sie sollten dabei nie die Realität aus den Augen verlieren. Sie müssen einschätzen können, ob Ihr Können und Ihr Trainingsstand für einen möglichen Sieg ausreichen. Richten Sie den Blick immer in die Zukunft.

DAS GANZE BILD Reiten ist ein Sport, der sich auf Ihr ganzes Leben auswirkt. Freundschaften mit Mensch und Tier und die dazugehörigen Erfahrungen werden Sie nie vergessen. Erfolge und Misserfolge bei Wettkämpfen sind immer nur Einzelteile, niemals das ganze Bild.

KAPITEL ELF

IHRE OPTIMALE MANNSCHAFT

Das richtige Pferd ist die Grundlage Ihres reiterlichen Erfolgs. Sie müssen wissen, worauf Sie achten sollten: Solange es einen klaren Kopf, Kraft und Potenzial hat, kann es ein Pony, ein Kleinpferd, ein Warmblüter oder ein Vollblüter sein.

Auf die menschlichen Mitglieder Ihres Teams müssen Sie sich verlassen können. Pfleger, Hufschmiede, Tierärzte, Organisatoren, Reitervereinigungen und Trainer bilden Ihr Netzwerk – wobei die Wahl der Trainerin oder des Trainers besonders wichtig ist. Ein guter Reiter muss gut mit seiner Mannschaft zusammenarbeiten können und sich dessen bewusst sein, dass jedes Mitglied des Teams die anderen ergänzt. So werden Sie nicht nur außerordentliche Ergebnisse erzielen, sondern es werden sich auch Freundschaften entwickeln, die ein Leben lang halten.

IHR OPTIMALES PFERD

Auf der Suche nach einem Pferd, das bestmöglich zu Ihnen passt, sollten Sie vor allem auf Harmonie zwischen sich und dem Tier achten. Kaufen Sie nicht das erstbeste. Pferde gibt es in allen Größen und Typen, aber Sie wollen sich eines aussuchen, mit dem die Arbeit Spaß macht und das die richtige Kombination aus klarem Kopf, Kraft und Potenzial aufweist. Mit Ihrem Pferd sollten Sie ein Team bilden, dessen Gesamtwert die Summe der einzelnen Eigenschaften weit übersteigt.

DER PFERDEKAUF

Ihr optimales Pferd können Sie auf einer Auktion kaufen, von Privatleuten oder vom Händler. Entscheiden Sie als Erstes, welchen Pferdetyp Sie bevorzugen und für welche Art von Arbeit sich das Pferd eignen soll. Dann lassen Sie sich von Ihrem Trainer beraten oder beauftragen einen vertrauenswürdigen Vermittler. Es ist eine besondere Fertigkeit, die Fähigkeiten und das Potenzial eines Pferdes rasch beurteilen zu können, und es wäre unvernünftig, sich nicht des Wissens und der unschätzbaren Erfahrung solcher Leute zu bedienen.

Beim Auktionskauf wissen Sie, dass Sie wirklich den Marktwert bezahlen, aber als Nachteil ist die Zeit für das Ausprobieren des Pferdes und für Ihre Entscheidung begrenzt. Beim Privatkauf haben Sie mehr Zeit für die Beurteilung und das Probereiten, aber oft ist der geforderte Preis unrealistisch und die Reitanlage des Verkäufers bietet nur begrenzte Möglichkeiten. In solchen Fällen müssen Sie mit dem Pferd zu einer geeigneteren Anlage fahren, um es wirklich beurteilen zu können.

Beim Kauf von einem etablierten Händler mit gutem Ruf profitieren Sie von Serviceleistungen auch nach dem Kauf und von der Möglichkeit, ein ungeeignetes Pferd umtauschen zu können. Egal, wo Sie Ihr Pferd kaufen – machen Sie Ihre Hausaufgaben und nutzen Sie die Kenntnisse von Vermittler und Tierarzt. Das sollten Sie selbst dann tun, wenn es um ein relativ günstiges Pferd geht – die Folgekosten für die jahrelange Haltung eines Pferdes machen den eigentlichen Kaufpreis weniger wichtig.

Pferde mit dem Potenzial für Turniere der höheren Klassen oder für olympische Goldmedaillen sind schwer zu finden. Wenn Sie also ein Pferd entdecken, das Intelligenz, Kraft und Potenzial vereint, dann haben Sie einen ganz besonderen Partner gefunden, mit dem Sie eines Tages unerwartete Leistungen vollbringen können.

INTELLIGENZ UND CHARAKTER

Das wichtigste Kriterium bei der Wahl eines Pferdes für allgemeine Reitzwecke ist, dass es einen klaren Kopf haben muss. Achten Sie deshalb auf den Charakter und die Intelligenz des Pferdes – diese Unterscheidung ist wichtig. Leider wird Begriffsstutzigkeit oder mangelnde Intelligenz oft mit gutem Charakter verwechselt.

Intelligente Pferde lassen sich meist gut ausbilden und kümmern sich um ihren Reiter. Wenn man mit intelligenten

DIE ANKAUFSUNTERSUCHUNG

Wenn Sie darüber nachdenken, ein Pferd zu kaufen, lassen Sie es vom Tierarzt auf Gesundheit und Eignung für bestimmte reiterliche Anforderungen untersuchen. Eine solche Beurteilung ist keine exakte Wissenschaft, sondern ein Abwägen verschiedener Faktoren. So kann ein Pferd, das für die andauernde und intensive körperliche Belastung von Vielseitigkeitsprüfungen nicht gesund genug ist, trotzdem ein langes und aktives Leben als Freizeit- oder Dressurpferd führen. So, wie viele Menschen mit körperlichen Schwächen fertig werden, können auch Pferde mit kleinen Fehlern bei guter Haltung ohne körperliche Beschwerden arbeiten. Ein erfahrener Tierarzt, der Ihren Sport kennt, spielt beim Aufspüren des optimalen Pferdes eine Schlüsselrolle.

Pferden allerdings nicht vernünftig umgeht, sind sie oft schwierig auszubilden, weil sie sich Ausweichmanöver und Tricks einfallen lassen. Ein solches Pferd könnte beispielsweise rasch lernen, Richtung Heimat immer schneller zu werden oder stehen zu bleiben und zu steigen – und es wird lernen, wann es damit durchkommt.

Andererseits neigen geistig langsame, passive Pferde dazu, sich jede schlechte Ausbildungs-methode gefallen zu lassen. Oft werden sie leider auch noch als Beispiele zu deren Rechtfertigung verwendet. Solche Pferde werden meist als Anfängerpferde hinge-stellt, weil sie sicher erscheinen, aber

tatsächlich sind sie meist so passiv und träge, dass sie schwierig zu reiten und somit für Anfänger nicht optimal sind.

Ein junges Pferd mit gutem Charakter wünscht man sich gelassen, willig und menschenfreundlich. So lässt es sich gut ausbilden und kann sein Potenzial ausschöpfen. Leider kann man einen solchen Charakter mit schlechter Ausbildung rasch zunichte machen. Egal, wie talentiert oder schön ein Pferd ist – kaufen Sie es nicht, wenn es Ihnen unwillig oder schwierig erscheint. Seien Sie auch bereit, Ihr Pferd an einen geeigneteren Platz zu verkaufen und sich ein anderes Pferd zu suchen, wenn Ihres sich als ungeeignet herausstellt oder einfach nicht zu Ihnen passt.

WELTKLASSEPFERD BIKO Karen O'Connor reitet Biko hier für die Olympia-mannschaft der USA. Bikos enormes Potenzial sah man ihm bereits mit drei Jahren sofort an.

KRAFT

Leistung und Dauer des Arbeitslebens leiten sich beim Pferd aus einer Kombination von gutem Gebäude und Muskelkraft ab. Manche Pferde, beispielsweise Quarter Horses und Rennpferde, weisen einen größeren Anteil an Muskeln auf, die für anaerobe Leistungen wie Dressur und Springen geeignet sind. Das führt zu einer dralleren und stärker bemuskelten Form und diese Pferde können auf kurze Sicht mehr Kraft bereitstellen. Bei anderen Pferden wie z. B. Arabern ist ein größerer Anteil der Muskelmasse auf aerobe Arbeit ausgerichtet. So kommt eine flachere, hagere Körperform zustande, die weniger Kraft über längere Zeiträume zur Verfügung stellt – daher die Eignung des Arabers für den Distanzsport. Gutes Training kann zu guter Muskelentwicklung führen, aber Pferde, die von Natur aus athletisch sind und ein gutes Gebäude haben, verfügen über ein höheres Potenzial und bringen länger Leistung.

DAS GEBÄUDE DES PFERDES

Gebäude und Funktion hängen genauso zusammen wie beim Reiter Sitz und Einwirkungsmöglichkeiten. Eine Zucht auf bestimmte körperliche Merkmale, die gerade in Mode sind, mit der Nutzung des Pferdes aber nichts zu tun haben, sollte

GUTE HUFE

Wenn der Hufballen nicht hoch oder breit genug ist, handelt es sich um einen schwerwiegenden Fehler. Mit diesem Mangel bleiben nur wenige Pferde gesund, weil der Bereich der Hufrolle exponiert ist und vor allem die Flügel des Hufbeins leicht verletzt werden. Die Vorderhufe sollten zusammenpassen und jeweils mit 54–58 Grad zum Boden stehen. So kann der Huf die Kräfte, die beim Auffußen einwirken, gleichmäßig verteilen, sodass Sehnen, Gelenke und Knochen weniger belastet werden. Ein guter Hufschmied kann manche Mängel ausgleichen.

Jede mangelnde Symmetrie der Hufe wird zur zusätzlichen Belastung eines anderen Beinbereichs führen.

Bei guter Hufweite ist Linie A so lang wie Linie B. Schmale Hufe neigen zu Problemen.

An den Vorderhufen sollte der Fesselstand zum Hufstand passen.

BEWEGUNGSMANIER Spring- und Dressurpferde neigen zu eher runden Bewegungen, bei denen Sprung- und Karpalgelenke deutlich gebeugt werden. Rennpferde und Araber wie dieser hier haben dagegen eine flachere Aktion, wie ein Uhrpendel.

abgelehnt werden. Das Gebäude eines Pferdes muss ihm wirkungsvolle Arbeit ermöglichen. Das Schlüsselelement ist die Ausgewogenheit (siehe unten): Alles muss zusammenpassen.

Das Gebäude ist außerdem ein wichtiger Faktor für die Gesundheit. Scheinbare Ausnahmen – Pferde mit schlechtem Gebäude, die trotz aller Arbeit gesund bleiben – bestätigen die Regel. Auf Basis der Erfahrung von Tierärzten und Personen, die viele Jahre lang intensiv mit Pferden arbeiten, sind einige Punkte des Gebäudes unabdingbar, wenn ein Pferd lange und gesund seine Arbeit tun soll.

Der wichtigste Bereich umfasst die Vorderbeine von kurz unterhalb des Karpalgelenks bis zum Boden (siehe Kasten links). Sehnenschäden sind die häufigste Verletzung bei Pferden, die auch im Renngalopp arbeiten, und längere Sehnen sind schwächer. Deshalb sollte das Röhrbein kurz sein, sodass die Hauptsehnen zwischen Karpal- und Fesselgelenk ebenfalls kurz sind. Das Röhrbein sollte oberhalb des Fesselgelenks

gleich stark sein wie unterhalb des Karpalgelenks. Zusätzliche Belastung für die Sehnen entsteht, wenn das Pferd rückbiegig ist, das Vorderbein also nach hinten gebogen scheint und die Linie hinter dem Karpalgelenk konkav verläuft.

Schräge Schultern und ein Winkel von 90 Grad am Hüftgelenk (zwischen Darmbein und Oberschenkel) ermöglichen dem Pferd den wirkungsvollen Einsatz der Beinmuskeln. Diese Fähigkeit bestimmt zusammen mit einem gut schwingenden Rücken, natürlicher Losgelassenheit und der Bewegungsmanier, ob ein Pferd von Natur aus ein Athlet ist oder nicht.

Ein schöner Kopf mit großen Augen wird oft als wichtige Anforderung an ein Pferd betrachtet, aber natürlich sagt ein hässlicher Kopf nichts über die Intelligenz oder Persönlichkeit aus. Trotzdem bestehen viele Reiter darauf, dass ihr Pferd einen hübschen Kopf haben muss. Wenn Sie also ein günstiges Pferd suchen, kann es recht sinnvoll sein, eines zu wählen, das sich keines hübschen Gesichts rühmen kann.

GUTES GEBÄUDE

Ein Pferd mit gutem Gebäude sollte in ein Quadrat passen (siehe unten). Der senkrechte Abstand vom Widerrist zur Unterseite des Bauches sollte genauso lang sein wie der Abstand von diesem Punkt zum Boden. So haben Herz und Lungen viel Platz. Karpal- und Sprunggelenke sollten nahe über dem Boden stehen, damit die Sehnen kurz und stark sind. Alle Gelenke sollten gerade sein, um

Belastungen besser aufnehmen zu können. Von vorne gesehen sollten Fessel, Röhrbein und Unterarm eine gerade Linie bilden. Von hinten betrachtet sollten Sie eine senkrechte Linie vom Sitzbeinhöcker durch das Sprunggelenk bis zum Ballen ziehen können (siehe unten). So kann das Pferd sich geradeaus bewegen und bringt weniger Belastung auf die Gelenke.

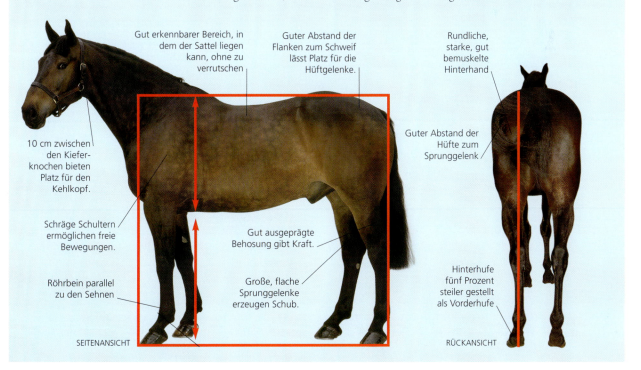

Gut erkennbarer Bereich, in dem der Sattel liegen kann, ohne zu verrutschen

Guter Abstand der Flanken zum Schweif lässt Platz für die Hüftgelenke.

Rundliche, starke, gut bemuskelte Hinterhand

10 cm zwischen den Kieferknochen bieten Platz für den Kehlkopf.

Schräge Schultern ermöglichen freie Bewegungen.

Röhrbein parallel zu den Sehnen

Gut ausgeprägte Behosung gibt Kraft.

Große, flache Sprunggelenke erzeugen Schub.

Guter Abstand der Hüfte zum Sprunggelenk

Hinterhufe fünf Prozent steiler gestellt als Vorderhufe

SEITENANSICHT

RÜCKANSICHT

JAGDPFERDE Bei Jagdpferden sollte der Charakter im Vordergrund stehen. Achten Sie dann auf gute Hufe und Beine, schräge Schultern und eine ausgeprägte Hinterhand. Mit guter Ausbildung und Fütterung bekommen Sie einen wunderbaren Partner.

COBS Kleinpferde sind die idealen Familienpferde. Mit einer Größe um 150 cm sind sie stark und vielseitig einsetzbar – vor der Kutsche ebenso wie auf dem Turnier. Welsh Cobs (hier abgebildet) und Morgans sind gute Gebrauchspferde dieses Typs.

DAS RICHTIGE PFERD FÜR SIE

Das Potenzial eines Pferdes bestimmt, wozu es fähig ist – und bis zu welchem Niveau. Dieses Potenzial wird von Rasse und Typ ebenso beeinflusst wie von Ausbildung und Training. Bei den Rassen hört man oft die Begriffe Kalt-, Warm- und Vollblüter. Zu den Kaltblütern gehören die schweren Zug- und Arbeitspferde, unter Vollblütern versteht man auch Araber und Traber, und Warmblüter sind ursprünglich aus der Kreuzung dieser beiden Extreme entstanden, werden heute aber als eigene Rassen weitergeführt und gelten allgemein als Sportpferde, weil sie extra für die Anforderungen von Dressur und Springen gezüchtet werden. Warmblüter kann man nach ihrer Tragfähigkeit in drei Gruppen unterteilen: schwere Warmblüter bis 120 kg, mittlere bis 100 kg, leichte bis 85 kg.

Zahlreiche Ponyrassen stammen ursprünglich aus Großbritannien. Ponys, die ihrer Heimat angepasst sind wie beispielsweise Connemaras und Welsh-Ponys, haben wohl das größte Potenzial. Sie sind robust, aber es fehlt ihnen nicht an Fähigkeiten. Erwachsene, die klein genug sind, um Ponys reiten zu können, haben einen großen Vorteil: Sie können ihre Haltungskosten verringern, weil Ponys weniger intensiv versorgt werden müssen, oft ohne Hintereisen arbeiten können und weniger fressen als die Großen. Außerdem sind die Ponys zäher: Sehnenzerrungen kommen seltener vor und Verletzungen heilen meist besser.

Cobs sind Kleinpferde, die schwerere Reiter tragen können als Ponys. Cobs sind für den Freizeitbereich wohl die am besten einsetzbaren Typen, auch wenn sie nicht für Geschwindigkeit gebaut und deswegen im großen Sport kaum zu finden sind.

Auch das Geschlecht eines Pferdes beeinflusst sein Potenzial. Beim Umgang mit Hengsten muss man wissen, was man tut, weswegen sie für Anfänger nicht geeignet sind. Wallache sind eindeutig einfacher zu handhaben. Stuten brauchen vor allem während der Rosse eine einfühlsame Hand. Der bei weitem wichtigste Faktor für Entwicklung und Wert jedes Pferdes ist aber die sorgfältige Ausbildung. Die pferdefreundlichen und aufeinander aufbauenden Methoden in diesem Buch werden es Ihrem Pferd ermöglichen, sein Potenzial auszuschöpfen, aber das ist ein langfristiges Projekt. Ein Pferd bis zu den höheren Turnierklassen zu fördern, erfordert von Reitern und Trainern – und vom Team im Hintergrund – enormen Einsatz.

OLYMPIAPFERD Custom Made wurde als junges Pferd entdeckt. Er zeigte Potenzial, eine enorme Intelligenz und Kraft und fand seinen perfekten Partner in David O'Connor, der auf ihm im Jahr 2000 bei den Olympischen Spielen in Sydney eine Goldmedaille errang.

IHRE OPTIMALEN HELFER

Reiter, Pferd und Trainer bilden den Kern des Teams, aber Hufschmied, Pfleger und Tierarzt halten alles am Laufen, und viele weitere Menschen – darunter Freunde und Ihre Familie – bringen die Unterstützung, durch die besondere Leistungen erst möglich werden. Mit Ausnahme des Pferdes kann es in dieser Mannschaft keine Stars geben. Wenn das Team zusammenbleiben soll, müssen sich alle respektieren und die Verantwortlichkeiten der anderen begreifen.

DAS TEAM ZUSAMMENSTELLEN UND ZUSAMMENHALTEN

Bei der Suche nach Profis für Ihr Team sind persönliche Empfehlungen sehr hilfreich. Hufschmiede und Tierärzte sind in Berufsvertretungen organisiert, die Ihnen Auskünfte über örtlich arbeitende Mitglieder geben können. Erfolgreiche Hufschmiede und Tierärzte nehmen oft nicht gerne neue Kunden an, sodass es ein Vorteil sein kann, Ihr Pferd in einem gewerblichen Pensionsstall unterzubringen, der bereits eine Mannschaft im Hintergrund hat. Pfleger kann man oft in Pferdezeitschriften finden, aber auch örtliche Reitställe und Reitvereine sind eine gute Informationsquelle und bilden oft auch Pfleger aus.

Zusätzlich zu Hufschmied und Tierarzt werden Sie gelegentlich die Dienste anderer Spezialisten in Anspruch nehmen. Hat Ihr Tierarzt beispielsweise nicht genügend Erfahrung im Zahn-

PFERDEPFLEGER Ob Sie nun Ihr eigener Pferdepfleger sind oder ob Sie Ihr Pferd pflegen lassen – keiner spielt eine größere Rolle für die sichere Umgebung und den zuverlässigen täglichen Ablauf, den ein Pferd braucht. Die Pfleger haben am ehesten die Möglichkeit, kleine Veränderungen in Verhalten oder Gesundheit zu bemerken, die der Aufmerksamkeit bedürfen, und sie sind die Gesellschafter des Pferdes.

bereich, so werden Sie einen Spezialisten brauchen, der sich um das Maul Ihres Pferdes kümmert. Ebenso werden Sie vielleicht einmal einen Berater für Tierernährung benötigen oder einen Physiotherapeuten.

Steht das Team, so muss es auch zusammenbleiben. Dafür ist es ausschlaggebend, dass alle Mitglieder des Teams das langfristige Ziel und ihre eigene Rolle zur Erreichung des Ziels erkennen können. Kennen Sie die Geschichte von den drei Männern, die in einem Marmorsteinbruch die gleiche Arbeit verrichteten? Jemand fragte sie, was sie dort täten. Darauf antwortete der Erste: »Ich breche Marmor.« Der Zweite sagte: »Ich breche Marmor für eine Säule«, und der Dritte: »Ich baue eine Kathedrale.« Beim Dritten ist die Wahrscheinlichkeit am höchsten, dass er motiviert und seiner Arbeit verpflichtet blieb, weil er sich des Sinns ganz klar bewusst war. Haben die Mitglieder der Mannschaft das Ziel erkannt, respektieren sie sich gegenseitig und unterstützen sie sich, so entsteht ein Zusammenhalt, mit dem Sie viel erreichen können.

DAS NETZWERK IM HINTERGRUND

Sie können Ihr Bestes viel einfacher geben, wenn Sie gute Unterstützung haben. Neben Ihrem Team aus Pferd, Trainer und Spezialisten müssen Sie sich ein weiter geknüpftes Netzwerk aufbauen. Familie und Freunde können dabei eine Hauptrolle spielen, vor allem für Motivation und Disziplin, z. B. an einem kalten Morgen oder an schwierigen Tagen. Diese Personen müssen um Ihre Ziele wissen und so kompromissbereit sein, dass sie kleine Veränderungen in ihrem Leben vornehmen, die Ihnen die Verwirklichung Ihrer Ziele erleichtern.

Das Gleiche gilt für die Menschen in Ihrer Arbeit, deren Kooperation Sie brauchen, wenn Sie Ihren Zeitplan mit reiterlichen Verpflichtungen einhalten wollen. Mit etwas Glück können Sie einige dieser Kontakte auch als Sponsoren gewinnen.

HUFSCHMIEDE

»Ohne Huf kein Pferd«, sagen die Engländer, und man könnte ergänzen: »Ohne Schmied kein Huf.« Ein erfahrener Hufschmied sollte Ihr Pferd ungefähr alle sechs Wochen zum Umlegen der Eisen oder nur zum Ausschneiden der Hufe besuchen. Verschiedene Pferde müssen je nach Belastung mit anderen Eisen beschlagen werden. Bei Huf- oder Gleichgewichtsproblemen werden Spezialeisen verwendet.

Menschen sind gerne Teil eines solchen Teams: Sie fühlen sich gut, weil sie ein Ziel unterstützen, das es wert ist, weil sie sich dafür interessieren und weil sie an den Feierlichkeiten teilhaben können, wenn Sie Erfolg haben.

Ihre offizielle reiterliche Vereinigung wird Ihnen Unterstützung zukommen lassen können, wenn Sie sich im Gegenzug anderweitig für die Vereinigung einsetzen. Darin liegt die Stärke der Zugehörigkeit zu einer rührigen Organisation. Sie werden nützliche Kontakte knüpfen können und haben Zugang zu Informationen von der Traineradresse bis zu Turnier- oder Stallbesichtigungen.

Es kann den Horizont sehr erweitern, einmal an Ausbildungen für Trainer oder Richter teilzunehmen: Es ist erstaunlich, wie nützlich es für Sie als Reiter sein kann, sich einmal aus der Perspektive eines Trainers oder Richters zu sehen.

TIERÄRZTE

In vielerlei Hinsicht ist der Tierarzt die führende Person im Team, weil er fast immer zuerst gerufen wird, wenn das Pferd Verhaltensänderungen zeigt oder eine Behandlung braucht. Er arbeitet eng mit Reiter und Pfleger zusammen und weiß, wann er einen Physiotherapeuten oder einen anderen Spezialisten hinzuziehen muss. Er muss unbedingt gut diagnostizieren können – die Beurteilung des Tierarztes stellt die Weichen für die Arbeit der meisten übrigen Mitglieder des Teams. Er wird auf Schmerzen, Erwärmung oder Schwellungen und auf Änderungen in Verhalten und Bewegungsmanier achten. Durch die Beobachtung des Pferdes im Schritt und Trab und durch manuelle Untersuchung (eventuell kombiniert mit Röntgen oder Thermografie) kann er ein Problem genauer lokalisieren.

IHR OPTIMALER TRAINER

Denken Sie bei der Suche nach einem Trainer daran, dass international bekannte Trainer zwar in der Turnierszene führend sind, Sie aber jemanden finden müssen, der Ihren individuellen Bedürfnissen gerecht wird. Außerdem sollten Sie niemals unterschätzen, wie viel Sie von Ihrem Pferd lernen können – ein gut ausgebildetes Pferd hat viel zu lehren. Ernsthafte Reiter nutzen jede Gelegenheit zum Lernen, damit sie sich schließlich selbst trainieren können.

WIE SIE IHREN TRAINER FINDEN

Im Laufe der Jahre haben einige große Ausbilder den Reitsport vorangebracht und neue oder verbesserte Techniken eingeführt. Ein berühmtes Beispiel ist der Ungar Bert De Nemethy, der von 1955 bis 1980 Trainer der Springequipe der USA war. Er vereinte sein Wissen über klassische Dressur mit den Anforderungen des internationalen Springsports und erarbeitete ein System mit allgemeiner Gültigkeit für die Ausbildung von Springpferden. Er hat einer ganzen Generation von Reitern den Glauben an sich selbst gegeben.

Hüten Sie sich davor, sich von Trainern in die Irre führen zu lassen, die sich besser selbst vermarkten als Ihnen etwas beibringen können. Um ihre spezielle Methode zu rechtfertigen, werden sie sagen, dass es viele verschiedene erfolgreiche Vorgehensweisen gibt. Sie brauchen aber nicht nur etwas, das klappt, sondern Sie brauchen die beste Möglichkeit. Vergleichen Sie solche Trainer mit den besten Ausbildern auf jedem Niveau.

Ihr örtlicher Ausbilder hat vielleicht keinen internationalen Ruf, aber trotzdem ist er womöglich besser als mancher internationale Guru. Ein guter Ausbilder ist vertrauenswürdig und

BEI DER ARBEIT MIT DEM TRAINER Jede Beziehung zwischen Ausbilder und Schüler ist anders und wird sich anders entwickeln, aber die besten Kombinationen beruhen auf Gegenseitigkeit: Ein guter Ausbilder lernt auch von seinen Schülern.

offen, er ist positiv, geht einfach und flexibel an die Dinge heran und hat vor allem eine Vorstellung von dem, was Sie erreichen könnten. Er muss sich mit Ihren Schwierigkeiten identifizieren und verstehen können, dass jeder Schüler spezielle Anforderungen stellt und spezielle Fähigkeiten hat, die entwickelt werden können.

LERNEN SIE VON IHREM PFERD

Spitzenreiter sind sich einig, dass das Pferd der beste Lehrer ist. Die Lernforschung zeigt immer wieder, dass Lesen, Hören oder Sehen nur halb so wirkungsvoll sind wie Fühlen. Wir merken uns die Dinge am besten, die wir aktiv erfahren.

Reiten ist da keine Ausnahme: Oft müssen Reiter etwas einmal gespürt haben, damit sie wissen, worum es geht. In dieser Hinsicht ist ein gut ausgebildetes Pferd von unschätzbarem Wert: Von ihm können Sie lernen, wie eine neue Lektion sich anfühlen sollte, und können allmählich die Zusammenhänge zwischen den verschiedenen Lektionen verstehen. Was noch wichtiger ist: Sie können lernen, wie man die Hilfen zeitlich abstimmt und wirksam einsetzt. Viele große Reiter haben von Pferden gelernt, die von anderen ausgebildet wurden.

Von einem jungen Pferd lernen Sie ganz andere Dinge: Geduld, die Notwendigkeit, etwas verstanden zu haben, bevor Sie handeln, und die Wichtigkeit einer Methode, nach der Sie von Anfang an korrekt vorgehen. Sind Sie Anfänger mit guten Grundlagen, dann können Sie von einem unverdorbenen jungen Pferd – mithilfe Ihres Trainers – und gleichzeitig von einem weiter geförderten Pferd lernen. Ein schlecht ausgebildetes Pferd zu reiten hat allerdings wenig Sinn, weil Sie sich dabei schlechte Angewohnheiten zulegen würden.

LERNEN SIE AUS IHRER UMGEBUNG

Die Pferdewelt ist voll von verschiedenen Ausbildungsmethoden, deren Einflüsse sich gegenseitig ergänzen sollten. Das Internet ist eine gute Quelle. Bücher sind unschätzbar, aber hüten Sie sich vor schlechten Übersetzungen und vor Methoden, die veraltete Turnier- und Pferdehaltungsstandards vertreten. Nicht jeder nützliche Einfluss kommt aus der Pferdeszene: Gute Trainer anderer Sportarten haben Dinge zu lehren – beispielsweise die besten Methoden für die geistige und körperliche Vorbereitung –, die für Ihre eigene Entwicklung unentbehrlich sein können.

Man kann immer noch argumentieren, das Pferd werde vom Menschen ausgebeutet, aber zumindest werden viele Grausamkeiten und Missbräuchlichkeiten der Vergangenheit heute nicht mehr geduldet. Heute gehen wir an die Ausbildung sehr viel pferdefreundlicher und ganzheitlicher heran, was auch den Ausbildungsprinzipien dieses Buches zu Grunde liegt.

GROSSE AUSBILDER

Dr. Reiner Klimke war in den 1970er bis 1990er Jahren ein großer deutscher Ausbilder und erfolgreicher Dressurreiter. Er gehörte zu den Glücklichen, die noch von Otto Lörke beeinflusst wurden, der eine ganze Dynastie legendärer Ausbilder begründet hat, darunter Bubi Günther, Willi Schultheiß, Josef Neckermann, Harry Boldt und Herbert Rehbein. Die Eigenschaften, die Dr. Klimke zu einem hervorragenden Trainer machten, waren seine Leidenschaft für Kommunikation und seine Liebe zu Pferden. Hier reitet er seinen geliebten Ahlerich und verkörpert damit den Ausbilder, der mit gutem Beispiel vorangeht.

SIE SIND IHR EIGENER AUSBILDER

Reiter beziehen ihre Motivation vorwiegend nicht aus Turnierschleifen, sondern aus dem Wissen, dass sie für ihren Lernfortschritt und die Wahl der Wege dorthin selbst verantwortlich sind. Wenn Sie das können, können Sie nicht nur sagen, dass Sie einen guten Ausbilder hatten, sondern sogar, dass Sie nun selbst ein guter Ausbilder sind. Letztlich müssen Sie Ihre eigenen Entscheidungen fällen, und zumindest in dieser Hinsicht sind Sie immer Ihr eigener Ausbilder. Wenn Ihnen klar wird, dass Sie das Zeug zum besten Ausbilder haben, den Sie jemals haben werden, ist der Grundstein fürs Weiterlernen gelegt.

GLOSSAR

A

ABSITZEN Vorgang, bei dem sich der Reiter vom Pferd gleiten lässt, normalerweise auf der linken Seite.

ABSPRUNGPLANKE/ABSPRUNGSTANGE Planke oder Stange, die vor einem Hindernis auf den Boden gelegt wird, um Pferd und Reiter das Auffinden des Absprungpunktes zu erleichtern.

ABSTIMMUNG, ZEITLICHE Der Reiter muss jede Hilfe, jeden Gangartenübergang und beim Springen jeden Galoppsprung korrekt zeitlich abstimmen.

AEROBES TRAINING Bei aerober Arbeit wird den Körperzellen so viel Sauerstoff zugeführt, wie sie gerade benötigen. Das ist bei ruhiger, konstanter Arbeit der Fall. *Siehe auch* Anaerobes Training.

AKZEPTANZ Bezeichnung für den Zustand, in dem ein Pferd körperlich und geistig Gegenwart, Gewicht und Hilfen des Reiters akzeptiert.

ANAEROBE SCHWELLE Der Punkt, ab dem in den Muskeln eines arbeitenden Pferdes Milchsäure gebildet wird. *Siehe auch* Milchsäure.

ANAEROBES TRAINING Bei anstrengender Betätigung müssen die Muskeln ohne Sauerstoff arbeiten. *Siehe auch* Aerobes Training.

AN DEN HILFEN Ein Pferd steht an den Hilfen, wenn es seinen Rücken einsetzt, die Schenkel- und Zügelhilfen annimmt und wenn all seine Körperteile als Einheit zusammenwirken.

ANLEHNUNG Gleichmäßiger Zügelkontakt zwischen Reiter und Pferd.

ANSTEHENDER ZÜGEL Zügelanlehnung, bei der die Hand nicht mit der Bewegung des Pferdemauls mitgeht. Oft fehlerhaft, z. B. bei steifen Händen, häufig aber auch gezielt wie beim Rückwärtsrichten.

AUFBAUPHASE Die wichtigste und längste Phase der Pferde-Konditionierung, in der Knochen, Gelenke, Sehnen, Bänder und Knorpel gekräftigt werden.

AUFSITZEN Vorgang, bei dem sich der Reiter geschmeidig in den Sattel schwingt.

AUFSPRINGEN Aufsteigen auf ein Pferd ohne Steigbügel.

AUSBINDER Hilfszügel, die vom Sattel- oder Longiergurt zu beiden Seiten des Pferdemauls verlaufen. Bei der Ausbildung junger Pferde und zum Longieren verwendet, um das Pferd mit der Zügelanlehnung bekannt zu machen und die Biegung zu kontrollieren.

AUSREITEN Reiten zum Vergnügen außerhalb von Reitplatz und Halle.

AUSSEN *Siehe* Innen und außen.

AUSSENGALOPP Ausdruck dafür, dass auf der linken Hand Rechtsgalopp geritten wird oder umgekehrt. Oft als Vorübung für die fliegenden Wechsel oder zum Geraderichten eingesetzt.

AUSSITZEN, IM TRAB Beim Aussitzen bleibt der Reiter mit dem Gesäß im Sattel, während er das Gesäß beim Leichttraben im Trabtakt aus dem Sattel hebt und sich wieder setzt.

AUSTRALISCHER TRENSENHALTER *Siehe* S. 390.

B

BACKENZÄHNE Die hinteren Zähne im Pferdekiefer (sechs pro Seite). Die Backenzähne im Oberkiefer bilden an der Außenseite oft scharfe Haken, die vom Tierarzt abgeraspelt werden müssen.

BÄNDER Faserige Gewebestreifen, von denen die Knochen des Pferdes zusammengehalten werden.

BASCULE Die regelmäßige Linie, die das Pferd beim Springen beschreibt. Erste und zweite Hälfte der Flugbahn sind normalerweise identisch.

BEIZÄUMUNG Erwünschte Haltung des Pferdes vom Genick bis zum Schweif. Manchmal als Oberlinie bezeichnet, obwohl dieser Begriff sich mehr auf das

---

GEBISSE Gebisse dienen der Verständigung mit dem Pferd, nicht dem Erzwingen einer bestimmten Kopf- und Halshaltung. Es gibt drei Hauptgruppen: Trensen, Stangen und Pelhams. Trensengebisse wirken hauptsächlich auf Zunge und Laden, Aufziehtrensen aufwärts in die Maulwinkel. Stangen und Pelhams mit ihren Kinnketten wirken mehr auf Zunge und Unterkiefer. Trense und Stange zusammen ergeben eine Kandarenzäumung (siehe S. 386). Ein Pelham ist eine Kombination aus Trensen- und Stangengebiss, bei dem ein einziges Mundstück an der gleichen Stelle eingelegt wird wie eine Trense. Die meisten Trensen sind mittig gebrochen, während Stangen und Pelhams normalerweise ungebrochene Mundstücke haben. Die Mundstücke bestehen meist aus Stahl, es werden aber auch verschiedene Kunststoffe, Gummi und Kupfer verwendet.

FRANZÖSISCHE SCHARNIERTRENSE
Die Mittelplatte verteilt den Druck und liegt direkt auf der Zunge auf. Ein weiches Gebiss.

FILLISTRENSE
Sorgt dafür, dass das Pferd die Zunge nicht so leicht über das Gebiss nehmen kann.

KANDARENGEBISS
Standardgebiss für die Kandarenzäumung mit Unterlegtrense. Mundstück mit Zungenfreiheit.

PELHAMKANDARE
Hat die Optik eines Kandarengebisses und wird mit Kandaren-Kopfstück verwendet.

GEBROCHENE OLIVENKOPFTRENSE
Eine der am häufigsten verwendeten Trensen für Ausbildung und Training. Milde Wirkung.

OLIVENKOPFTRENSE MIT GEDREHTEM MUNDSTÜCK
Durch das gedrehte Profil ist die Auflagefläche auf den Laden kleiner. Scharfes Gebiss.

GUMMIPELHAM
Ein dickes Mundstück verteilt den Druck auf Zunge und Laden.

Gebäude des Pferdes bezieht als auf die Gestalt, die es in der Bewegung annimmt. Beizäumung und Aufrichtung stellen sich ein, wenn ein Pferd in der Versammlung und mit Schwung arbeitet.

BEWEGUNGSMANIER Ausschlaggebend ist die Aktion: Wie hoch hebt das Pferd seine Hufe? Bei hoher Aktion werden sie senkrecht nach oben genommen. Bei Dressurpferden beschreiben die Hufe einen Bogen und Rennpferde haben eher gestreckte, flache Bewegungen.

BIEGUNG Die seitliche Krümmung des Pferdekörpers vom Genick bis zum Schweif.

BREECHES Wadenlange Reithose, die man zu hohen Stiefeln trägt.

BÜGEL *Siehe* Steigbügel.

BÜGELRIEMEN Lederriemen zur Befestigung der Steigbügel. *Siehe S. 393.*

BÜRSTENSPRUNG Hindernis aus Birkenreisig mit ansteigendem Profil, das man gut aus hoher Geschwindigkeit springen kann.

C

CAVALETTI Stangen, die seitlich auf Kreuzen oder Blöcken aufliegen und für verschiedene Sprungübungen benutzt werden. Cavalettiblöcke sind sicherer als X-förmige Auflagen, an denen Reiter sich beim Sturz verletzen können. Cavaletti sollten nie aufeinander gestellt werden, weil damit die Unfallgefahr steigt.

CHAMBON Hilfszügel für die Longenarbeit ohne Reiter. Ein Rundriemen oder Seil verläuft zwischen den Vorderbeinen des Pferdes hindurch, über das Genick und weiter zum Gebiss. Das Chambon regt das Pferd an, Kopf und Hals zu senken und zu dehnen. Besonders gut einsetzbar in der Korrektur verdorbener Pferde, aber bei übermäßigem Gebrauch stellt sich eine unnatürliche Bewegungsmanier ein.

CHAPS / MINICHAPS Lederschutz für die Beine des Reiters, der von der Hüfte bis zum Knöchel (Chaps) oder vom Knie bis zum Knöchel (Minichaps) reicht. Minichaps ermöglichen Beweglichkeit in den Gelenken, die durch Reitstiefel oft erschwert wird.

COB Eher ein Pferdetyp als eine Rasse, zwischen 150 und 160 cm groß und kräftig genug, um einen Reiter von 77–90 kg zu tragen.

COURBETTE Eine Dressurlektion, bei der das Pferd mehrere Vorwärtssprünge auf den Hinterbeinen ausführt. Der Körper nimmt dabei einen Winkel von 45 Grad zum Boden ein.

D

DESENSIBILISIERUNG *Siehe* Gewöhnung.

DISTANZ Der Abstand zwischen zwei Hindernissen, meist drei bis zehn Galoppsprünge.

DISTANZ, EIN AUGE DAFÜR HABEN Die Fähigkeit des Reiters, beim Springreiten den richtigen Absprungpunkt zu finden. Wichtige Voraussetzung dafür, dass das Pferd seine Fähigkeiten ausschöpfen kann.

DISTANZREITEN In dieser Sportart werden Entfernungen von 20–200 km innerhalb fester Zeiten zurückgelegt, wobei das Pferd in bestmöglicher Verfassung bleiben soll. Selbst bei langen Ritten werden Durchschnittsgeschwindigkeiten von 15 km/h erreicht.

DOPPELLONGENARBEIT Dabei wird das Pferd vom Boden aus mit zwei langen Leinen oder Seilen kontrolliert, die am Gebiss befestigt werden. Der Ausbilder geht etwa 4 m hinter dem Pferd.

DRESSURGERTE Flexibler Stab von ungefähr 120 cm Länge, mit dem die Schenkelhilfen verstärkt werden können. *Siehe auch* Springgerte.

DRESSURSATTEL *Siehe S. 393.*

D-RING-TRENSE *Siehe unten.*

DURCHGEHEN Ein Pferd geht durch, wenn es die Hilfen des Reiters zum Langsamerwerden ignoriert und stattdessen immer schneller wird. Zur Abhilfe muss der Reiter zunächst die Ursache dieses Verhaltens herausfinden.

E

EINGESCHNÜRT Gebäudefehler, bei dem das Vorderbein unterhalb des Karpalgelenks einen geringeren Umfang hat als oberhalb des Fesselgelenks, wodurch die wichtigsten Sehnen zusätzlich belastet werden.

EINREITEN Phase in der Ausbildung des Pferdes, in der zum ersten Mal ein Reiter aufsitzt.

TRENSE DER SPANISCHEN REITSCHULE
Die Schenkel bzw. Knebel halten das Mundstück gerade. Die Nussknackerwirkung ist verstärkt.

WASSERTRENSE (TRENSE MIT LOSEN RINGEN)
Eine der am häufigsten verwendeten Trensen mit leichter Aufziehwirkung.

STANDARD-PELHAM
Das Mundstück sollte eine leichte Wölbung aufweisen, die den Druck auf die Zunge vermindert.

GEBROCHENE SCHENKELTRENSE
Die langen Schenkel an den Seiten verdeutlichen die Seitwärtshilfen, vor allem für junge Pferde.

D-RING-TRENSE
Auch Renntrense genannt. Im Einsatz fast gleich wie die Olivenkopftrense.

KIMBLEWICK (SPRINGKANDARE)
Die D-Ringe sorgen für eine leichte Hebelwirkung, die Druck auf Genick und Kinn des Pferdes ausübt.

WIENER KANDARE
Zügelzug an einem unteren Ring führt zur Aufziehwirkung: Das Mundstück wird nach oben gezogen.

NORMALE AUFZIEHTRENSE
Zügelzug führt das Mundstück nach oben, sodass es Druck auf die Maulwinkel ausübt.

EINSETZEN, DEN RÜCKEN Wenn das Pferd die Hinterbeine tätig einsetzt, werden in einer Kettenreaktion die Muskeln bis hinauf in den Rücken aktiviert. Der Rücken hebt sich und das Pferd bewegt sich voller Kraft. *Siehe auch* Untertreten.

ELEKTROLYTE Oberbegriff für Salz und andere einfache anorganische wasserlösliche Verbindungen, die für viele chemische Vorgänge im Körper unerlässlich sind. Elektrolyte werden Pferden oft nach starkem Schwitzen, Verlust von Körperflüssigkeiten auf Turnieren und beim Transport verabreicht.

ENGLISCHES REITHALFTER In England das Standard-Reithalfter (*siehe unten*).

ENTZIEHEN, SICH DEM GEBISS Unterschiedliche Manöver eines Pferdes, um zu verhindern, dass es Gebiss und Zügelhilfen annehmen muss. Pferde können die Kiefer verschieben, das Maul aufsperren, die Zunge hochdrücken bzw. über das Gebiss nehmen und das Gebiss zwischen die Zähne klemmen.

ERGÄNZUNGSFUTTER Substanzen, die der Grundration zu einem bestimmten Zweck beigemischt werden: zum Ausgleich eines Ungleichgewichts oder Mangels in der Ration, zur Behandlung einer Krankheit, zur Gewichtssteigerung, als Verdauungshilfe usw. Zu den Ergänzungsfuttermitteln gehören Vitamine und Mineralien in konzentrierter Form, Salzlecksteine, Elektrolyte und Kräuter. Ergänzungsfutter sollten nur bei Bedarf gegeben werden.

ERMÜDUNG Jegliche Belastung, nach der das Pferd sich nur noch verzögert erholen und nicht mehr reagieren kann. *Siehe auch* Trainingseffekt.

EXTENSION Öffnen eines Gelenks, im Gegensatz zum Schließen oder Beugen eines Gelenks.

EXTERIEUR *Siehe* S. 389.

F

FAHREN VOM BODEN AUS *Siehe* Doppellongenarbeit.

FANGSTÄNDER Breiter Ständer als Auflage für die Stangen eines Hindernisses, der gleichzeitig als Fang dient, um das Pferd am Vorbeilaufen zu hindern.

FASSBEINIG Bei einem fassbeinigen Pferd zeigen die Sprunggelenke nach außen, sodass der Abstand zwischen den Sprunggelenken größer ist als zwischen den Fesselgelenken. Die gegenteilige Stellung bezeichnet man als kuhhessig. Dabei stehen die Sprunggelenke nahe beieinander. Beide Gebäudefehler können die Sprunggelenke strapazieren und die Belastbarkeit verringern.

FEI Fédération Equestre Internationale (Internationale Reiterliche Vereinigung), die internationale Körperschaft für Pferdeangelegenheiten.

FESTHALTERIEMEN Kurzer Riemen an der Vorderkante des Sattels, den Reitanfänger zum Festhalten nutzen können.

FILLISTRENSE *Siehe* S. 384.

FIT MACHEN Vorgang, durch den ein Pferd für ein bestimmtes Leistungsniveau trainiert wird.

FLEISS Ein Pferd zeigt Fleiß, wenn es willig vorwärts geht und auf die treibenden Hilfen des Reiters reagiert.

FLEXIBILITÄT Steht sowohl für körperliche Gewandtheit als auch für die geistige Fähigkeit, mit verschiedenen Situationen und Aktivitäten umzugehen. Beide können durch gutes, allmählich gesteigertes Training entwickelt werden.

FLEXION Schließen oder Beugen (im Gegensatz zum Öffnen) eines Gelenks.

FLIEGENDER WECHSEL Wechsel vom Linksgalopp in den Rechtsgalopp oder umgekehrt in der Schwebephase ohne Unterbrechung des Galopps. Mehrere Wechsel hintereinander mit einer festgesetzten Anzahl von Galoppsprüngen dazwischen heißen Serienwechsel. Am schwierigsten ist der Wechsel von Sprung zu Sprung.

FLUGPHASE Der Zeitraum, in dem die Hufe des Pferdes sich in der Luft befinden. Beim Sprung über ein Hindernis auch der Zeitraum zwischen Absprung und Landung.

FOHLEN Pferd im Alter bis zu einem Jahr.

ZÄUMUNGEN

Die zwei klassischen Zäumungen sind die Trensenzäumung und die Kandarenzäumung. Beide sind hier mit Englischen Reithalftern gezeigt. Der Nasenriemen wird zwei Finger breit unterhalb des Jochbeins verschnallt. Bei beiden Zäumungen liegt das Genickstück hinter den Ohren und sollte so breit sein, dass es das Gewicht des Zaumzeugs gut verteilt. Wenn ein Pferd den Kopf schüttelt und sich mit dem Zaumzeug nicht anfreunden kann, kann das daran liegen, dass das Genickstück des Reithalfters, das unter dem des Zaumzeugs liegt, zu schmal ist und drückt. Man kann das Reithalfter-Genickstück über das Genickstück des Zaumzeuges legen, um das Problem zu beheben.

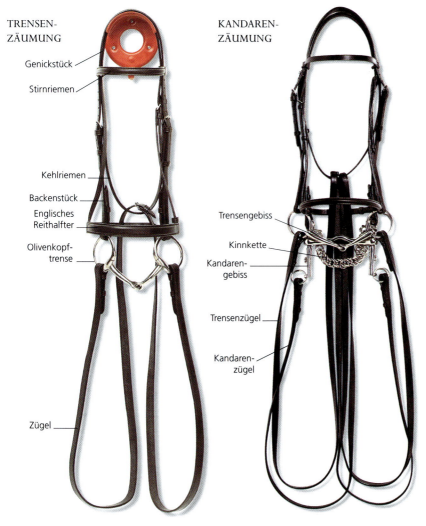

TRENSEN-
ZÄUMUNG

Genickstück

Stirnriemen

Kehlriemen

Backenstück

Englisches
Reithalfter

Olivenkopf-
trense

Zügel

KANDAREN-
ZÄUMUNG

Trensengebiss

Kinnkette

Kandaren-
gebiss

Trensenzügel

Kandaren-
zügel

FOHLENHALFTER Besonders leichtes Stallhalfter für das Führen eines Fohlens und den Umgang mit ihm. Das Halfter sollte abgenommen werden, wenn es gerade nicht gebraucht wird.

FRANZÖSISCHE SCHARNIERTRENSE *Siehe* S. 384.

FREILAUFEN/FREISPRINGEN Bewegen eines Pferdes ohne Reiter oder Ausrüstung in einem eingefriedeten Bereich mit oder ohne Sprünge. Hervorragend zur Verbesserung der Verständigung geeignet.

FUSS, TRAB AUF DEM RICHTIGEN Ein trabendes Pferd bewegt jeweils ein diagonales Beinpaar gleichzeitig, also inneres Vorderbein und äußeres Hinterbein oder äußeres Vorderbein und inneres Hinterbein. Beim Leichttraben folgt der Reiter der Bewegung eines dieser Beinpaare und hebt normalerweise immer dann sein Gesäß aus dem Sattel, wenn das innere Hinterbein vorschwingt. Beim Richtungswechsel wird auch der Fuß gewechselt.

FUTTERMITTEL Jedes Futter, das man Pferden geben kann, z. B. Heu oder Kraftfutter.

G

GALOPP Gangart zwischen Trab und Renngalopp. Der Galopp ist ein Dreitakt in vier Phasen: äußeres Hinterbein, inneres Hinterbein und äußeres Vorderbein gleichzeitig, inneres Vorderbein, Schwebephase.

GALOPP-PLANKE ODER -STANGE Planke oder Stange, die auf den Boden gelegt wird und dort zum Üben der Springtechnik als Hindernis-Ersatz dient. Eine Planke ist einer Stange vorzuziehen, weil sie nicht wegrollen kann und damit sicherer ist. *Siehe auch* Trabplanke.

GALOPPWECHSEL Wechsel der Bewegungsfolge vom Rechts- zum Linksgalopp oder umgekehrt.

GANGARTEN Die verschiedenen Schrittfolgen wie Schritt, Trab, Galopp und Renngalopp.

GÄNGE Sammelbegriff für die Gangarten (Schritt, Trab, Galopp und Renngalopp) und die Tempi (versammeltes Tempo, Arbeitstempo, starkes Tempo).

GEBÄUDE Die Körperform des Pferdes, abhängig vom Skelett und den Verhältnissen zwischen den Körperteilen. Das Gebäude spielt für die Gesundheit eine wichtige Rolle.

GEBISSE Gebisse dienen der reiterlichen Einwirkung. Es gibt drei Hauptgruppen: Trensen, Stangen und Pelhams. *Siehe* S. 384/385.

GEBISSLOSE ZÄUMUNG Verschiedene Zäumungen, die kein Gebiss verwenden und stattdessen Druck auf Nasenrücken oder Kiefer ausüben.

GEBROCHENE OLIVENKOPFTRENSE *Siehe* S. 384.

GEBROCHENE SCHENKELTRENSE *Siehe* S. 385.

GEFÜHL Ein Reiter mit Gefühl wird zur richtigen Zeit das Richtige tun. Dazu muss er einerseits in der Bewegung des Pferdes mitgehen können und andererseits aus Erfahrung wissen, wie Pferde sich anfühlen können und sollten.

GEKREUZTE AUSBINDER Zwei Zügel verlaufen vom Gebiss nach hinten, werden vor dem Widerrist gekreuzt und etwa 30 cm weiter unten am Longiergurt oder Sattel befestigt. Einsatz beim Longieren, wenn das Pferd schon Maulkontakt haben soll, ohne dass die Zügel anstehen, und wenn man stärkere Biegung nach innen oder außen vermeiden will, ohne den Hals inkorrekt zu verkürzen.

GELASSENHEIT Als gelassen bezeichnet man ein Pferd, das geistig ruhig ist, sodass die lähmende Wirkung mentaler Anspannung nicht eintreten kann und eine Basis für ungezwungene, gute Arbeit vorhanden ist.

GERADERICHTUNG Geraderichtung entsteht aus der gleichmäßigen Entwicklung beider Körperseiten des Pferdes und der präzisen Ausrichtung der Vorhand auf die Hinterhand.

GESCHWINDIGKEIT Die Entfernung, die in einer bestimmten Zeit zurückgelegt wird, wird im Reitsport üblicherweise in Metern pro Minute ausgedrückt.

GEWÖHNUNG Der Vorgang der Desensibilisierung. Pferde werden z. B. allmählich an den Straßenverkehr oder die Schenkeleinwirkung gewöhnt, bis sie gelassen reagieren.

GLEICHGEWICHT Die Verteilung des Körpergewichts auf Vor- und Hinterhand des Pferdes und die Stabilität, mit der das eigene Gewicht getragen wird. Auch die Gewichtsverteilung des Reiters.

GLOCKEN *Siehe* Springglocken.

GRAND PRIX Im Springsport das höchste Niveau im Einzelwettbewerb. Auf jedem internationalen Turnier wird auch ein Grand Prix ausgerichtet. Im Dressursport das Niveau zwischen Intermédiaire II und Grand Prix Spezial.

GREIFEN Anschlagen der Hinterhufe an die Vorderhufe, wobei oft ein Geräusch entsteht, als würde ein Hammer auf Eisen schlagen. Greifen tritt auf, wenn ein Pferd den Vorderhuf etwas länger am Boden lässt als üblich, z. B. bei schlechtem Gleichgewicht.

GROSSE VIELSEITIGKEIT Vielseitigkeitsprüfung über drei Tage in unterschiedlichen Schwierigkeitsgraden. Am ersten Tag findet eine Dressurprüfung statt, der zweite Tag prüft Geschwindigkeit und Ausdauer im Gelände auf Wegstrecken, einer Querfeldeinstrecke und einer Rennstrecke; am letzten Tag steht eine Springprüfung auf dem Programm.

GRUNDLINIE Verwendung von Stangen oder Unterbaumaterialien etwa 50–75 cm vor einem Hindernis, damit das Pferd beim Absprung nicht zu dicht

an den Sprung herankommt und die Form des Hindernisses besser erkennbar wird.

GUMMIPELHAM *Siehe* S. 384.

GURTDRUCK Offene, oft schmerzhafte Stellen knapp hinter den Ellenbogen, verursacht durch die Reibung des Sattelgurtes auf der Haut. Unbehandelter Gurtdruck kann sich entzünden.

H

HALBE PARADE Praktisch unsichtbarer, kurzzeitiger und koordinierter Einsatz der Reiterhilfen, um das Pferd aufmerksam zu machen und sein Gleichgewicht zu verbessern.

HALFTER Gebissloses Geschirr, das locker am Pferdekopf liegt. Wird z. B. zum Führen benutzt.

HALSRIEMEN Ein Riemen um den Hals des Pferdes unmittelbar vor dem Widerrist. Er dient dem Reiter als zusätzlicher Halt.

HALTEN Von der Seite betrachtet, sollen beim Halten die Hinter- und Vorderbeine des Pferdes jeweils genau auf einer Linie stehen. Bei der Ausbildung eines jungen Pferdes ist es wichtig, dass es ruhig steht und alle Beine gleichmäßig belastet. Mit verbessertem Gleichgewicht wird es dann auch gleichmäßig stehen.

HANDGALOPP Das Pferd bewegt sich im Handgalopp oder Innengalopp, wenn es auf der linken Hand Linksgalopp geht oder auf der rechten Hand Rechtsgalopp. Im Linksgalopp greift das linke Vorderbein weiter vor als das rechte; der Galoppsprung fängt mit dem rechten Hinterbein an (erste Galopp-Phase), dann folgen linkes Hinterbein und rechtes Vorderbein (zweite Phase) und schließlich das linke Vorderbein (dritte Phase).

HANDWECHSEL Richtungswechsel in der Reitbahn von linksherum zu rechtsherum oder umgekehrt.

HANNOVERSCHES REITHALFTER Ein Nasenriemen, der das Pferd davon abhalten soll, das Maul zu öffnen und sich dem Gebiss zu entziehen. Der vordere Teil liegt oberhalb des Gebisses und eine Handbreit über den Nüstern. Das hintere Teil verläuft unterhalb des Gebisses ums Pferdekinn und wird hinter dem Kiefer geschlossen. Wenn das Pferd das Maul öffnet, wird das Gebiss nach oben in die Mundwinkel gezogen. *Siehe* S. 390.

HARMONIE Die Fähigkeit, in der Pferdebewegung mitzugehen, anstatt ihr zu folgen oder sie einzuschränken. Die Reiterschenkel gehen mit dem Brustkorb des Pferdes mit, die Hände mit dem Pferdemaul und das Gesäß schwingt mit dem Pferderücken.

HEISS Temperamentvolle Pferde wie Vollblüter sind oft nervig und sehr bewegungsfreudig, sodass es schwierig ist, sie unter Kontrolle zu halten und ruhiger zu bekommen.

HENGST Ein männliches Pferd.

HILFEN Die Mittel, die der Reiter zur Verständigung mit dem Pferd benutzt. Dazu gehören Stimme, Schenkel, Zügel, Sitz und Gewichtsverteilung. Künstliche Hilfsmittel sind Gerte und Sporen.

HILFSMITTEL Jeglicher Ausrüstungsgegenstand, der nicht zum üblichen Sattel- und Zaumzeug gehört und benutzt wird, um eine bestimmte Reaktion hervorzurufen. Die meisten Hilfszügel arbeiten entweder mit Flaschenzugmechanik oder mit Druckpunkten. Hierzu gehören Balancierzügel, Schlaufzügel, Chambon und Aufsatzzügel. Solche Hilfsmittel sollten immer nur vorübergehend und mit größter Sorgfalt verwendet werden.

HINTER DEM ZÜGEL Ein Pferd geht hinter dem Zügel, wenn sich die Nasenlinie hinter der Senkrechten befindet und es den Hals einrollt, um sich der Zügelanlehnung zu entziehen. Oft verursacht durch Schmerzen aufgrund von Zahnhaken, durch übermäßig scharfe Gebisse und Hilfsmittel oder bei Pferden, die von vorne nach hinten geritten werden statt von hinten nach vorne.

HINTER DER BEWEGUNG Insbesondere beim Springen behindert der Reiter das Pferd mit den Zügeln, wenn er hinter der Bewegung zurückbleibt. In extremen Fällen sitzt der Reiter schließlich an der Hinterkante des Sattels, statt sein Gewicht auf die Steigbügel zu stützen.

HINTERHAND Der Teil des Pferdekörpers zwischen Sattelhinterkante und Schweif.

HINTERHANDFEHLER Ergebnis einer schlechten Springmanier, bei der das Pferd die Hinterbeine nicht genug nach hinten streckt. Damit steigt die Wahrscheinlichkeit, dass es bei Oxern an die hintere Stange anschlägt.

HOCHWERFEN Ein Reiter lässt sich auf den Pferderücken hochwerfen, wenn er sich beim Aufsteigen in die Hände eines Helfers stützt statt in den Steigbügel.

HOMÖOPATHISCHES MITTEL Substanz, die in extrem niedriger Konzentration zur Behandlung von Krankheiten oder Verletzungen eingesetzt wird. Nach dem homöopathischen Prinzip wird Gleiches mit Gleichem geheilt.

HUFSCHLAG Beim Reiten in der Bahn ist der äußere Hufschlag die Reitspur, die am nächsten an Zaun oder Bande liegt. Der Hufschlag ist die Linie, der Hinter- und Vorderbeine des Pferdes folgen. In den Seitengängen bewegen sich Vor- und Hinterhand des Pferdes auf unterschiedlichen Hufschlägen.

HUFSCHLAGFIGUREN Festgelegte Linienführungen in der Reitbahn, bestehend aus Kreisen, Kreisteilen und geraden Linien, auf denen Übungen zur Entwicklung der körperlichen Fähigkeiten des Pferdes geritten werden.

HUFSCHMIED Eine Person mit der Qualifikation, Hufeisen an Pferdehufe anzupassen, die Hufe gesund zu erhalten und sicherzustellen, dass die Hufe der

Bewegungsmanier des Pferdes entsprechend ausbalanciert sind.

I, J

INNEN UND AUSSEN Welche Seite man als innere bzw. äußere bezeichnet, hängt in der Reiterei von der Biegung des Pferdes ab, wie schwach sie auch sein mag. Hand, Schenkel und Zügel auf der Seite, nach der das Pferd gebogen ist, sind die innere Hand, der innere Schenkel und der innere Zügel.

IN-OUT Zwei Hindernisse, die im Abstand von 3–5 m aufgestellt werden, sodass das Pferd nach dem Überspringen des ersten Hindernisses ohne einen Galoppsprung dazwischen sofort wieder abspringen muss. Manchmal werden ein oder zwei weitere Hindernisse aufgestellt, sodass das Pferd zwei oder drei In-Outs hintereinander springt. In-Outs werden gerne am Anfang von Springreihen und als Prüfungsbestandteil beim Geländespringen eingesetzt.

INTERVALLTRAINING Programm zum Aufbau der Kondition, bei dem genau bemessene Galopparbeit von genau bemessenen Pausen unterbrochen wird, sodass der Puls des Pferdes sich wieder teilweise erholen kann.

JODHPURS Knöchellange Reithosen, die zu kurzen (Jodhpur-)Stiefeln getragen werden.

K

KADENZ Wenn ein Pferd sich wirkungsvoll und mit verstärktem Schub bewegt, bleiben die Hufe kürzer am Boden und die Schwebephase ist verlängert. So wird der Takt der Gangart betont.

KALTBLUT Schweres Zugpferd. Durch Kreuzung mit Vollblütern sind Warmblüter entstanden, die heute oft als Sportpferde Verwendung finden.

KANDARENGEBISS *Siehe* S. 384.

KANDARENZÄUMUNG *Siehe* S. 386.

KAPPZAUM Gebissloser Zaum mit zusätzlichen Ringen, an denen eine Longe befestigt werden kann.

KAPRIOLE Eine Dressurlektion, bei der das Pferd mit den Hinterbeinen ausschlägt, ähnlich dem Ausstrecken der Hinterbeine über einem Hindernis.

KIMBLEWICK (SPRINGKANDARE) *Siehe* S. 385.

KINNKETTE Die Kette, die bei Stangengebissen hinter dem Unterkiefer in der Kinngrube von rechts nach links verläuft.

KLEBEN Ausdruck für ständiges Umdrehen des Pferdes in Richtung Heimat oder für die Weigerung, von Artgenossen wegzuziehen. Deutet auf Mangel an Akzeptanz bzw. Fleiß hin. *Siehe auch* Stalldrang.

KLEBER Ein Pferd, das zum Kleben neigt. *Siehe auch* Kleben.

KLEINPFERD Pferdetyp, der zwischen 140 und 155 cm groß und kräftig genug für einen leichten Erwachsenen ist.

KLEINE VIELSEITIGKEIT Vielseitigkeitsturnier, bei dem Dressur, Springen und Geländeprüfung am gleichen Tag stattfinden. *Siehe auch* Große Vielseitigkeit.

KNACKIG Dieser Begriff beschreibt ein übermütiges Pferd, das nicht auf den Reiter achtet. Meist ist es nicht ausgelastet.

KOLIK Sammelbezeichnung für verschiedene Beeinträchtigungen des Verdauungsvorgangs. Pferde bekommen leicht Kolik, weil sie sich nicht erbrechen können. Kolik ist eine häufige Todesursache.

KOMBINATIONEN Im Springsport eine Reihe von drei Hindernissen im Abstand von ein oder zwei Galoppsprüngen. In der Vielseitigkeit bis zu fünf Hindernisse im Abstand von ein bis drei Galoppsprüngen oder als In-Outs.

KOMBINIERTES ENGLISCHES REITHALFTER Auch Kombiniertes Reithalfter. *Siehe* S. 390

KONDITIONIERUNG Erlernen einer nicht-instinktiven Reaktion auf ein Signal. Die Reaktionen auf die wichtigsten Schenkel- und Zügelhilfen sind beim Pferd konditioniert, während die Flucht vor Gefahr instinktiv abläuft. Unter Konditionierung versteht man auch die Verbesserung von Fitness und Leistung.

KONSTANTEN Die Eigenschaften, die beim Sportpferd ständig gefordert sind: Akzeptanz, Gelassenheit, Fleiß, Geradheit und Reinheit.

KOPPEN Verhaltensstörung, bei der das Pferd wiederholt Luft schluckt und oft gleichzeitig die Zähne auf einen festen Gegenstand aufsetzt. *Siehe auch* Krippensetzen.

KRAFTFUTTER Futtermittel mit höherem Gehalt an Kohlenhydraten, Eiweiß und Fetten, also Getreidearten wie Hafer und Gerste, aber auch Pellets und Müslifutter.

KREUZGALOPP In diesem Galopp befindet die Vorhand sich beispielsweise im Linksgalopp, die Hinterhand aber im Rechtsgalopp. Dadurch kommt es zu fehlerhafter Fußfolge: inneres Hinterbein, äußeres Hinterbein und äußeres Vorderbein gleichzeitig und schließlich inneres Vorderbein.

KREUZUNGSZUCHT Kreuzung einer reinen Rasse mit einer anderen.

KREUZVERSCHLAG Muskelkrämpfe als Folge unangepasster Fütterung (vor allem überhöhte Kraftfuttermengen an Ruhetagen) in Kombination mit zu kurzer Aufwärmzeit.

KRIPPENSETZEN Eine Verhaltensstörung. Das Pferd setzt die Zähne auf herausstehende Bauteile im Stall oder auf der Koppel auf und schluckt dabei oft auch Luft (Koppen). Meist hervorgerufen durch Stress und nicht artgerechte Haltung. Kann die Schneidezähne beschädigen.

KUHHESSIG *Siehe* Fassbeinig.

KÜR Eine Dressurprüfung in freiem Stil zu begleitender Musik.

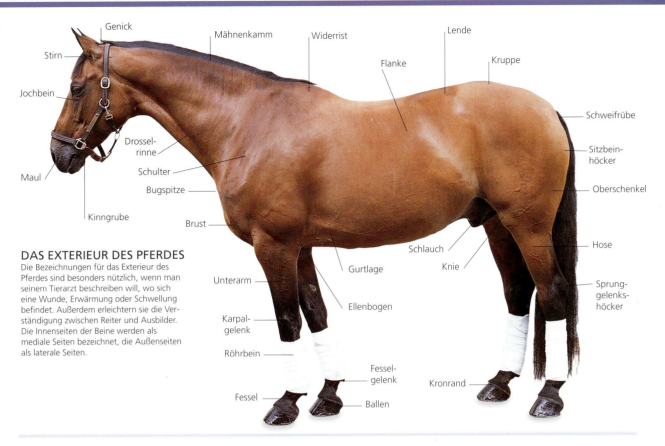

Genick
Stirn
Jochbein
Maul
Kinngrube
Mähnenkamm
Widerrist
Flanke
Lende
Kruppe
Schweifrübe
Sitzbein-höcker
Oberschenkel
Hose
Sprung-gelenks-höcker
Drossel-rinne
Schulter
Bugspitze
Brust
Unterarm
Karpal-gelenk
Röhrbein
Fessel
Gurtlage
Ellenbogen
Fessel-gelenk
Ballen
Schlauch
Knie
Kronrand

DAS EXTERIEUR DES PFERDES

Die Bezeichnungen für das Exterieur des Pferdes sind besonders nützlich, wenn man seinem Tierarzt beschreiben will, wo sich eine Wunde, Erwärmung oder Schwellung befindet. Außerdem erleichtern sie die Verständigung zwischen Reiter und Ausbilder. Die Innenseiten der Beine werden als mediale Seiten bezeichnet, die Außenseiten als laterale Seiten.

L

LADEN Der schmale Zwischenraum zwischen den Schneidezähnen und den Backenzähnen des Pferdes. In dieser Lücke liegt das Gebiss. Die Laden sind empfindlich, weil sie V-förmig und nur von einer dünnen Gewebeschicht überzogen sind.

LAHMHEIT So nennt man es, wenn Länge, Höhe und/oder Stärke der Tritte eines Pferdes durch Schmerz verändert sind. Kann auch durch mangelhafte Losgelassenheit (Zügellahmheit) und selbst durch ungleichmäßige Entwicklung der beiden Körperseiten entstehen. Die schwächste Ausprägung ist ein unreiner Gang.

LEICHTER SITZ Beim Reiten im leichten Sitz verkürzt man gegenüber dem Dressursitz die Steigbügelriemen, schließt die Winkel an Knie und Hüfte stärker und nimmt das Gesäß aus dem Sattel. Man spricht auch von einem Zweipunkt-Sitz im Gegensatz zum Dreipunkt-Sitz (z. B. in der Dressur), bei dem das Gewicht auf das Gesäß und auf beide Steigbügel verteilt wird.

LEVADE Eine Dressurlektion, bei der das Pferd auf den stark gebeugten Hinterbeinen steht und die gewinkelte Vorhand vom Boden abhebt, sodass der Körper in einem Winkel von 45 Grad zum Boden steht.

LINIENFÜHRUNG Bei Übungen zur Springtechnik wird zunächst auf geraden Linien gearbeitet. Dabei überspringt das Pferd ein Hindernis, galoppiert geradeaus, nimmt eine Wendung und kommt wieder geradeaus auf ein Hindernis zu. Alternativ können die Hindernisse auch auf gebogenen Linien stehen.

LINKER ZÜGEL, RECHTER ZÜGEL *Siehe* Innen und außen.

LONGIEREN Arbeiten eines ungerittenen Pferdes auf dem Zirkel an einer langen Leine, die am Pferdekopf befestigt ist und zur Hand des Ausbilders führt. Manchmal werden auch gerittene Pferde longiert, sodass der Reiter sich auf seinen Sitz konzentrieren kann. Der Longenführer benutzt eine lange Longierpeitsche mit weichem Schlag.

LONGIERGURT Breiter Riemen um den Pferdekörper, an dem beim Longieren Ausbinder befestigt werden können. Wird auch benutzt, um ein Pferd an den Sattel zu gewöhnen.

LONGIERPEITSCHE *Siehe* Longieren.

M

MÄCHTIGKEITSSPRINGEN Spezielle Springprüfung nur für international startende Pferde. Dabei werden einige Hindernisse über mehrere Runden hinweg mehrfach übersprungen. Der Parcours endet mit einer Triplebarre und einer Mauer von 2,20 bis 2,30 m Höhe.

MARTINGAL Ein Hilfszügel, der verhindern soll, dass das Pferd den Kopf zu hoch nimmt. Am häufigsten ist das gleitende Martingal, bei dem ein Riemen vom Sattelgurt nach oben verläuft und sich teilt. An jedem Ende befindet sich ein Ring, durch den der Zügel verläuft. Das irische Martingal ist ein einfaches Lederstück von etwa 25 cm Länge mit einem Ring an jedem Ende. Es verbindet die Zügel unter dem Pferdehals und sorgt so dafür, dass sie nicht über den Kopf rutschen können.

MEXIKANISCHES REITHALFTER *Siehe* S. 390.

MEXIKANISCHES REITHALFTER MIT RINGEN *Siehe* S. 390.

MILCHSÄURE Ein Nebenprodukt aus dem Abbau von Kohlenhydraten. Sie wird im Körper eingelagert und behindert die Muskeln, wenn sie nicht abgebaut wird. Milchsäure wird gebildet, wenn die Muskelzellen nicht ausreichend mit Sauerstoff versorgt werden, wie es bei großer Anstrengung der Fall ist.

MITZÄHLEN, DIE GALOPPSPRÜNGE Dadurch wird der Reiter sich der jeweiligen Abstände zwischen Hindernissen oder Galopp-Planken bewusst. Gezählt wird beim Auffußen des am weitesten vorgreifenden Vorderbeins.

MULTIZAUM (MICKLEM-) Der Micklem-Multizaum ist eine Kombination aus Reithalfter, Kappzaum, gebissloser Zäumung und Stallhalfter, die vom Autor entwickelt wurde. Die Form ähnelt der des Hannoverschen Reithalfters. Er soll Druck auf die typischen Schmerzstellen vermeiden und den ständigen Wechsel der Ausrüstung überflüssig machen.

N

NACHGEBEN Beim Nachgeben hält der Reiter mit dem Zügel nur so viel Anlehnung, dass er mit der Hand der Kopfbewegung des Pferdes folgt und diese nicht einschränkt. *Siehe auch* Anstehender Zügel.

NECK REINING Auch Halszügelung. Dabei lenkt man das Pferd mit einer Hand, die beide Zügel hält. Das Pferd bewegt sich dorthin, wo die Reiterhand hingeführt wird, und weicht damit dem Druck des Zügels an seinem Hals aus. Neck Reining wird beim Westernreiten, beim Polo und für andere Aktivitäten verwendet, bei denen man eine Hand frei haben muss.

NIEDERBRUCH Bezeichnung für einen Zustand, in dem die Sehnen zwischen Karpal- und Fesselgelenk schwer geschädigt sind. Besonders häufig tritt dieser Zustand bei Vielseitigkeits- und Rennpferden auf, weil schneller Galopp diesen Bereich besonders belastet.

NORMALE AUFZIEHTRENSE *Siehe* S. 385.

O

ÖFFNEN IN DIE WENDUNG Wenn der Zügel vom Pferdehals wegbewegt wird, um das Pferd so aufzufordern, in diese Richtung zu gehen, öffnet man den Zügel in die Wendung. Auf der anderen Maulseite entsteht dadurch Druck, dem das Pferd ausweicht.

OLIVENKOPFTRENSE MIT GEDREHTEM MUNDSTÜCK *Siehe* S. 384.

OXER Ein Hindernis aus zwei Sätzen Stangen. Beim ansteigenden Oxer ist der vordere Stangensatz niedriger als der hintere, während ein Karree-Oxer vorne genauso hoch ist wie hinten.

P

PASSAGE Stark versammelter Trab mit verlängerter Schwebephase, in dem das Pferd sich langsam vorwärts bewegt. Die Gelenke der Hinterhand werden stark gebeugt. *Siehe auch* Piaffe.

PASSGANG Gangart, in der das Pferd die Beine einer Seite gleichzeitig bewegt. In manchen Ländern werden Trabrennen als Passrennen gelaufen. Eiliger Schritt oder ein verspannter Pferderücken führen oft auch zu einer passähnlichen Gangart.

PELHAM Gebiss mit ungebrochenem Mundstück, einer Kinnkette und zwei Sätzen von Ringen, sodass zwei Paar Zügel eingeschnallt werden können. Das Pelham soll die Funktionen von Kandare und Trense miteinander kombinieren. *Siehe* S. 384–385.

PELHAMKANDARE *Siehe* S. 384.

PHASEN Die einzelnen Gangarten sind durch unterschiedliche Fußfolgen und Phasen gekennzeichnet. Der Trab ist ein Zweitakt, sodass ein Trabtritt zwei Phasen hat. Im Galopp, einem Dreitakt, hat jeder Galoppsprung drei Phasen. Der Schritt ist ein Viertakt, sodass jede Schrittbewegung vier Phasen umfasst.

PIAFFE In der Dressur ein stark versammelter Trab auf der Stelle mit leicht verlängerter Schwebephase. Die Hinterhand wird etwas abgesenkt.

PIROUETTE Dabei springen die Hinterbeine im versammelten Galopp fast auf der Stelle, und die Vorhand bewegt sich um die Hinterhand herum. Als Vierteldrehung, halbe Drehung oder ganze Pirouette.

PRIX ST GEORGES Das Einstiegsniveau für internationale FEI-Dressurprüfungen.

PROGRESSIVE BELASTUNG Systematisch aufbauendes Training mit immer höheren Anforderungen, bei dem die Trainingseinheiten von Erholungsperioden unterbrochen werden, die dem Körper Zeit für die Anpassung geben.

PROPRIOZEPTIVITÄT Die Fähigkeit, Stellung und Bewegung von Körper und Gliedmaßen bewusst zu erfassen, auch wenn man sie nicht sehen kann.

R

RAUFUTTER Großvolumiges, faserreiches Futter wie Heu und Stroh.

REINHEIT Natürlichkeit und Korrektheit der Gänge einschließlich einer natürlichen und taktreinen Fußfolge und Schwebephase sowie natürliche Aufrichtung und korrekter Einsatz von Körper, Kopf und Hals.

REITHALLE Überdachte Reitbahn.

REITPLATZ Eingezäunter Platz zum Reiten. Kleinere Reitplätze haben normalerweise eine Allwetter-Tretschicht aus Sand, Ton oder synthetischem Material, größere Plätze sind meist Grasplätze.

REMONTE Ein Pferd, meist Jungpferd, in der Grundausbildung.

RENNBAHNTRAINING Bei Rennpferden meint man damit, dass das Pferd für kurze Zeit praktisch mit Maximalgeschwindigkeit arbeitet. In der Vielseitigkeit trainiert man kurze Zeit mit drei Vierteln der höchsten Geschwindigkeit.

RENNGALOPP Eine Gangart im Viertakt, schneller als Galopp und mit Schwebephase. Die typische Fußfolge im Renngalopp lautet: hinten außen, hinten innen, vorne außen, vorne innen. Wenn die Abfolge der Hinterbeine umgekehrt ist (hinten innen, hinten außen, vorne außen, vorne innen), spricht man von Kreuzgalopp.

RENVERS Eine Dressurlektion, bei der das Pferd die

REITHALFTER

Die meisten Reithalfter sollen verhindern, dass das Pferd das Maul öffnet und sich dem Gebiss entzieht. Man sollte nie ein Reithalfter benutzen, um damit falschen Krafteinsatz, Widersetzlichkeit oder Schmerz zu vertuschen. Ein gut ausgebildetes Pferd kann mit locker verschnalltem Englischem Reithalfter geritten werden. Da der Oberkiefer beim Pferd breiter ist als der Unterkiefer, können übliche Kombinierte und Mexikanische Reithalfter dem Pferd einigen Schmerz zufügen. Achten Sie vor Turnieren darauf, welche Reithalfter laut LPO (Leistungs-Prüfungs-Ordnung) erlaubt sind.

HANNOVERSCHES REITHALFTER Ideal für die Anfangsausbildung. Übt erst dann eine Wirkung aus, wenn das Pferd das Maul öffnet.

KOMBINIERTES ENGLISCHES REITHALFTER Das beliebteste Reithalfter, oft aber die unbequemste Lösung für das Pferd.

MEXIKANISCHES REITHALFTER Ein leichtes Reithalfter, das deswegen auch für Rennen geeignet ist.

MEXIKANISCHES REITHALFTER MIT RINGEN Bequemer als das normale Mexikanische Reithalfter, weil es höher am Kopf liegt.

AUSTRALISCHER TRENSENHALTER Ein wunderbares Reithalfter. Verringert den Druck auf die Zunge und ist vielen Pferden angenehm.

Hinterhand nach außen und die Vorhand nach innen bewegt und andersherum gebogen ist als im Schulterherein. Im Renvers tritt das Pferd vorwärts-seitwärts.

RICHTUNG Je nach Lektion versteht man darunter die Bewegungsrichtung, die geplante Route, die Biegung und auch die Hand, auf der man reitet.

RÖHRBEINUMFANG Beinumfang direkt unterhalb von Sprung- oder Karpalgelenk. Diese Messgröße ist mit ausschlaggebend für die Tragfähigkeit eines Pferdes.

RÜCKWÄRTSRICHTEN Das Pferd geht auf Anweisung des Reiters in diagonaler Fußfolge rückwärts.

RUMPFUMFANG Umfang des Pferdekörpers, direkt hinter dem Widerrist gemessen.

S

SAFTFUTTER Fleischige Futtermittel wie Äpfel, als Belohnung oder als schmackhafte Beigabe zum Grundfutter.

SATTEL *Siehe* S. 393.

SATTELDECKE Unterlage unter dem Sattel, die für eine ebene Rückenfläche sorgt und Druck an Widerrist oder Wirbelsäule vermeidet.

SATTELDRUCK Offene Stellen oder geschädigte Haut in der Sattellage, verursacht durch schlecht passendes oder schmutziges Sattelzeug.

SATTELGURT Riemen, der unter dem Bauch des Pferdes von einer Sattelseite zur anderen verläuft und den Sattel an seinem Platz hält. Sattelgurte werden aus Leder oder Gewebe hergestellt, manchmal auch mit Elastik-Einsatz.

SAUERSTOFFSCHULD Wenn ein Pferd so intensiv gearbeitet wird, dass sein Energiebedarf nicht mehr aus Sauerstoff und Glykogen gedeckt werden kann, läuft eine Sauerstoffschuld auf. Die Muskeln können eine Zeit lang auch anaerob versorgt werden, aber dann braucht das Pferd eine Pause. *Siehe auch* Anaerobes Training.

SCHENKELWEICHEN Der einfachste Seitengang. Das Pferd bleibt gerade bis auf leichte Stellung im Genick. Es geht vorwärts-seitwärts, sodass die inneren Beine vor den äußeren Beinen kreuzen.

SCHEUEN Plötzliche Bewegung von einem Objekt weg. Pferde scheuen manchmal aus Angst vor unbeweglichen Gegenständen oder als Reaktion auf eine unerwartete Bewegung, z. B. einen auffliegenden Vogel. Manchmal ist auch der Sehbereich des Pferdes die Ursache. Scheuen kann oft vermieden werden, indem man das Pferd in eine Schulterherein-Haltung bringt, in der es vom jeweiligen Objekt abgewandt ist.

SCHLANGENLINIEN Eine Hufschlagfigur, bei der Kreisteile zu S-förmigen Bögen verbunden werden, sodass der Reiter ständig die Richtung und damit die Hand wechseln muss.

SCHLAUFZÜGEL Schlaufzügel verlaufen seitlich oder zwischen den Vorderbeinen hindurch vom Sattelgurt durch die Trensenringe und von dort zur Reiterhand. Sie wirken wie ein einfacher Flaschenzug und sollten mit größter Vorsicht eingesetzt werden, weil sie oft zu unnatürlicher Halshaltung führen.

SCHNEIDEZÄHNE Die Zähne an der Vorderkante von Ober- und Unterkiefer (jeweils sechs) dienen zum Abbeißen und Herausziehen von Gras und Heu.

SCHRITT Eine Gangart im Viertakt, bei der jeder Fuß einzeln bewegt wird. Die Fußfolge lautet: inneres Hinterbein, inneres Vorderbein, äußeres Hinterbein, äußeres Vorderbein.

SCHULEN ÜBER DER ERDE Dabei hebt das Pferd mit der Vorhand oder mit Vor- und Hinterhand vom Boden ab. Lektionen wie Levade, Courbette und Kapriole sind nicht Bestandteil moderner Dressuraufgaben, sondern eher Schau-Übungen, wie sie z. B. von der Spanischen Reitschule in Wien gezeigt werden.

SCHULTERHEREIN Das Pferd ist nach innen gestellt und bewegt sich vorwärts, wobei die Schulter im Verhältnis zur Hinterhand leicht in die Bahn geführt wird. Die gleiche Lektion mit geringerer Abstellung nach innen heißt Schultervor.

SCHULTERVOR *Siehe* Schulterherein.

SCHWEBEPHASE Im Trab und Galopp der Zeitabschnitt, in dem sich alle vier Hufe des Pferdes gleichzeitig in der Luft befinden.

SCHWUNG Die Kombination aus Losgelassenheit, Kraft und Schub – unabdingbar, wenn ein Pferd an den Hilfen stehen und den Rücken einsetzen soll.

SEHNEN Diese Gewebestränge mit hoher Dichte verbinden die Muskeln mit den Knochen. Verglichen mit Muskeln sind sie ziemlich unelastisch. Die wichtigsten Sehnen sind die tiefe und die oberflächliche Beugesehne, die zusammen mit dem Unterstützungsband des Fesselträgers zu den am häufigsten geschädigten Körperteilen beim Rennpferd gehören. *Siehe auch* Niederbruch.

SEITENGÄNGE Dressurlektionen, in denen sich die Vorder- und die Hinterbeine auf unterschiedlichen Hufschlägen bewegen, z. B. Schulterherein, Travers, Renvers und Traversale.

SELBSTHALTUNG Ein Pferd geht in Selbsthaltung, wenn es keine Unterstützung von der Zügelanlehnung braucht. Oft lernt das Pferd, sich auf den Zügel zu legen, weil der Reiter ihm eine Anlehnung bietet, gegen die es ziehen kann.

SENKRÜCKEN Ein konkaver Rücken entsteht, wenn die Wirbelkörper zwischen Widerrist und Kruppe absinken, weil das Pferd den Rücken nicht einsetzt oder verspannt ist. Im Alter oft ausgeprägter.

SERIENWECHSEL *Siehe* Fliegender Wechsel.

SILHOUETTE Die Silhouette des Reiters wird von seinem Sitz bestimmt, vor allem von der Haltung der Wirbelsäule und der Position der Gliedmaßen.

SITZ Position, die der Reiter im Sattel für eine bestimmte Aktivität einnimmt, z. B. Dressursitz, Springsitz, leichter Sitz. *Siehe auch* Unabhängiger Sitz.

SPOREN Stifte aus Metall oder Plastik, die an der Ferse des Reiters befestigt werden und die normalen Schenkelhilfen unterstützen. Die Länge der Sporen ist nicht so entscheidend wie die Form der Spitze, die verletzungssicher sein sollte. Sporen sollten nur von erfahrenen Reitern mit ruhigem Schenkel getragen werden.

SPRINGEN AUS DER WENDUNG Springen aus einer 180-Grad-Wendung zurück zum Hindernis, wie es oft im Stechen auf Zeit gefordert wird.

SPRINGGERTE Eine kurze Gerte von ungefähr 60 cm, die u. a. beim Springen eingesetzt wird.

SPRINGGLOCKEN Glockenförmige Gamaschen aus Kunststoff oder Leder, die um die Fessel des Pferdes angelegt werden und die Ballen der Vorderhufe abdecken. So wird verhindert, dass die Hinterhufe die Ballen verletzen.

SPRINGGYMNASTIK Übungen, meist als Springreihen, die das Pferd zu mehr Kraft und Schub am Sprung anregen.

SPRINGREIHEN Mehrere Hindernisse nacheinander, die der Entwicklung der Springtechnik dienen.

SPRINGSATTEL *Siehe* S. 393.

STALLDRANG Ein Pferd, das beim Reiten zum Stall bzw. zum Reitplatzausgang drängelt oder versucht, gar nicht erst vom Stall oder vom Ausgang wegzugehen, zeigt Stalldrang. Stalldrang ist ein Zeichen für Mängel bei Akzeptanz und Fleiß und kann sich zum Kleben entwickeln. *Siehe auch* Kleben.

STALLHALFTER *Siehe* Halfter.

STALLUNTUGENDEN Wiederholt ausgeführte Verhaltensstörungen wie Koppen oder Weben, die Pferde im Stall oder auf der Koppel zeigen.

STANDARD-PELHAM *Siehe* S. 385.

STÄNDER *Siehe* Fangständer.

STANGE Gebiss mit durchgehendem Mundstück sowie Kinnkette und zwei Ringpaaren: das obere zum Befestigen der Backenstücke, das untere für die Zügel. Stangengebisse werden meist mit einer Unterlegtrense als Kandarenzäumung verwendet. Die Kinnkette verhindert, dass die Stange sich mehr als 45 Grad dreht und nach oben rutscht – beides verursacht Schmerzen. Die Stange ermöglicht es dem Reiter, bei gut ausgebildeten Pferden feinere Hilfen einzusetzen und bei verdorbenen Pferden den Respekt vor den Hilfen wieder herzustellen. *Siehe* S. 384.

STECHEN *Siehe* Zeitspringen.

STEEPLECHASE Ein Gelände-Hindernisrennen über Natursprünge. Am Geländetag der großen Vielseitigkeit geht es über eine solche Hindernisstrecke, die Rennbahnstrecke heißt.

STEIGBÜGEL Steigbügel bestehen üblicherweise aus Metall und bieten dem Fuß des Reiters Halt. Sie sind mittels Lederriemen mit dem Sattel verbunden.

STEIGEN Das Pferd stellt sich auf die Hinterbeine und nimmt die Vorhand vom Boden hoch. Diese Widersetzlichkeit kann oft durch energisches Vorwärtsreiten verhindert werden.

STEILSPRUNG Bezeichnung für ein senkrecht gebautes Hindernis.

STILSPRINGEN Eine Springprüfung, in der die Leistung des Reiters stärker bewertet wird als die des Pferdes.

STOCKMASS Bezeichnung für die Höhe eines Pferdes, gemessen mit einem Zollstock (im Gegensatz zur Messung mit dem Band). Ponys haben etwa zwischen 90 und 140 cm Stockmaß, Kleinpferde zwischen 140 und 155 cm, Großpferde von 155 bis 180 cm.

STOLLEN Metallstifte, die unter die Hufeisen geschraubt werden, um die Rutschgefahr z. B. beim Springen oder Geländereiten zu verringern.

STRECKEN NACH HINTEN Erwünschte Springmanier, bei der das Pferd in der zweiten Hälfte der Flugphase die Hinterbeine nach hinten streckt, sodass die Gelenke weit geöffnet werden.

STREICHEN Anschlagen eines Hufes an das gegenüberliegende Bein, wenn das Pferd sich nicht geradlinig bewegt. Zum Schutz der Beine werden oft Gamaschen angelegt, die das Röhrbein abdecken.

STUTE Weibliches Pferd.

T

TAKT Die regelmäßig wiederholte Fußfolge im Schritt, Trab und Galopp, wobei der Schritt ein Viertakt ist, der Trab ein Zweitakt und der Galopp ein Dreitakt.

TEMPO Damit ist nicht die Geschwindigkeit gemeint, mit der Boden gutgemacht wird, sondern die Geschwindigkeit der Trittfolge.

TIEFSPRUNG Hindernis, bei dem der Abstand zum Boden auf der Absprungseite geringer ist als auf der Landeseite.

TRAB Gangart im Zweitakt, bei der jeweils die diagonalen Beinpaare gleichzeitig abfußen, sodass ein Hinterbein sich gleichzeitig mit dem schräg gegenüberliegenden Vorderbein bewegt.

TRABPLANKE/TRABSTANGE Eine Reihe von drei oder vier Planken bzw. Stangen vor einem Hindernis, die im Trab genommen wird. Eine solche Reihe hilft, den Trabtakt zu sichern und den genauen Absprungpunkt für das Hindernis zu finden. *Siehe auch* Absprungplanke.

TRAININGSEFFEKT Physiologische Reaktion auf eine Belastung, bei der Gewebe (von Horn über Knochen bis Muskel) und Körperfunktionen (von Atmung über Kreislauf bis Ausscheidung) sich so anpassen, dass eine größere Leistungsfähigkeit erzielt wird.

TRAVERS Eine Dressurlektion, bei der das Pferd nach innen gebogen ist und sich vorwärts-seitwärts bewegt, wobei die Hinterhand der Vorhand etwas vorausgeht.

TRAVERSALE Eine Dressurlektion, bei der das Pferd sich gleichzeitig vorwärts und seitwärts bewegt.

TRENSENGEBISS Grundform des Mundstücks mit einem Ring an jedem Ende, an dem einfache Zügel befestigt werden. *Siehe* S. 384.

U

ÜBERANSTRENGUNG Unmittelbare Reaktion auf eine übermäßige Belastung, die zu Erschöpfung oder Versagen führt.

ÜBER DEM ZÜGEL Ein Pferd geht über dem Zügel, wenn es den Kopf hoch und deutlich vor der Senkrechten trägt, weil es den Rücken wegdrückt und sich der Anlehnung entzieht.

ÜBERFORDERUNG Überfordert wird ein Pferd, wenn es Übungen ausführen soll, die für seinen Ausbildungsstand oder seine Fähigkeiten zu schwierig sind. Oft im Zusammenhang mit der Hindernishöhe.

ÜBERGÄNGE Sowohl der Übergang von einer Gangart in die andere, beispielsweise vom Schritt in den Trab, also auch von einem Tempo ins andere, z. B. vom versammelten Trab in den Mitteltrab. Bei Übergängen innerhalb einer Gangart spricht man auch vom Verstärken und Verkürzen des Tempos. Der Übergang Galopp–Schritt–Galopp wird bei einem Wechsel des führenden Vorderbeins auch als einfacher Galoppwechsel bezeichnet.

ÜBERGURT Ein Gurt, der über den Sattel und rund um den Pferdekörper verläuft.

ÜBERTRETEN Dabei fußt im Schritt oder Trab der Hinterhuf vor der Spur des gleichseitigen Vorderhufes auf. Wenn der Hinterhuf genau in die Spur des Vorderhufes tritt, spricht man von Siegeln. In versammelten Gängen tritt das Pferd nicht über, in den Verstärkungen tritt es weiter über.

UNABHÄNGIGER SITZ Ein Reiter sitzt unabhängig, wenn er eine Position im Gleichgewicht einnehmen kann, in der er weder Zügel noch Schenkel braucht, um sich zu stabilisieren. So kann er seine Gliedmaßen einsetzen, ohne die Balance zu verlieren.

UNREINER GANG *Siehe* Lahmheit.

UNTERBAU Eine große Auswahl an dekorativem Material aus Holz oder Plastik zum Auffüllen von Lücken im unteren Bereich von Springhindernissen.

UNTERLEGTRENSE Trense mit kleinen Ringen, die bei der Kandarenzäumung als Trensengebiss verwendet wird.

UNTERORDNUNG Damit ist nicht Unterwürfigkeit gemeint, sondern die Anforderung, dass ein Pferd sich in allen Bereichen willig, aufmerksam und selbstsicher verhalten und die weiche Zügelanlehnung annehmen sollte.

UNTERTRETEN Beim Untertreten bewegt das Pferd die Hinterbeine so, dass die längs verlaufenden Muskeln seinen Rücken anheben und das Pferd von der Hinterhand bis zum Genick eine Einheit bildet. Man spricht dann auch davon, dass das Pferd den Rücken einsetzt. *Siehe* Einsetzen, den Rücken.

V

VARIABLEN Die variablen Komponenten, die im Reitsport für alle Aktivitäten erforderlich sind: Richtung, Geschwindigkeit, Schwung, Gleichgewicht und zeitliche Abstimmung.

VERBINDUNG Die normale Anlehnung von der Reiterhand zum Pferdemaul, die Maulbewegungen zulässt.

VERSAMMLUNG Veränderung der Körperhaltung, bei der die Hinterhand mehr Last aufnimmt und dabei leicht abgesenkt wird. Kopf und Hals werden höher getragen, die Tritte sind verkürzt.

VERSTÄRKUNG Einerseits können positive oder negative Verstärker dazu beitragen, erwünschtes Verhalten des Pferdes zu fördern. Als positiver Verstärker dient eine Belohnung, bei negativer Verstärkung wird etwas weggenommen, z. B. der Schenkeldruck. Andererseits versteht man unter Verstärkung auch eine Variation innerhalb einer Gangart, bei der die Tritte maximal verlängert werden, das Tempo aber gleich bleibt.

VERWERFEN, IM HALS Dabei dreht das Pferd den Kopf im Genick seitwärts, sodass ein Ohr höher steht als das andere. Tritt meist als Folge eines durchhaltenden Zügels auf (vor allem beim Anreiten an den Sprung), kann aber auch auf Schmerzen im Maulbereich hindeuten.

VETERINÄRKONTROLLE In der Vielseitigkeit der Bereich, in dem die tierärztliche Untersuchung vor der Geländestrecke stattfindet. Wird auch für die Zehn-Minuten-Pause zur Erholung und zum Überprüfen der Ausrüstung genutzt.

VIELSEITIGKEITSSATTEL *Siehe* S. 393.

VOLLBLÜTER Registrierte Nachkommen dreier Hengste (Darley Arabian, Byerley Turk und Godolphin Barb) im Rennpferdetyp.

VOLTE Ein Kreis von 6 m Durchmesser – der kleinste Kreis, der in der Dressur geritten wird.

VOLTIGIEREN Sportliche Übungen auf einem Pferd, das mit Voltigiergurt an der Longe geht. Der Gurt hat Handgriffe für die Übungen.

VORBEILAUFEN Vorbeilaufen an einem Hindernis, damit das Pferd nicht darüber springen muss.

VORDERZEUG Dieser Ausrüstungsgegenstand soll den Sattel daran hindern, nach hinten zu rutschen.

Die Riemen werden um Schultern und Brust des Pferdes geführt und direkt am Sattel befestigt.

VORHAND Der Bereich vor dem Sattel von der Pferdeschulter bis zum Kopf.

VORHANDFEHLER Beim Springen das Versäumnis des Pferdes, Schultern, Ellenbogen und Karpalgelenke nach vorne zu nehmen und die Beine anzuziehen. Man sagt auch, das Pferd lässt die Vorderbeine hängen. Ein gutes Springpferd zieht die Vorderbeine sehr rasch hoch.

W

WALL Springhindernis, ein Erdwall. Bei Geländespringprüfungen kommen schmale Wälle vor, die direkt übersprungen werden, aber auch breite, die einen Auf- und Absprung und ein bis drei Galoppsprünge dazwischen erfordern. Oft auch Tisch genannt.

WALLACH Ein kastriertes männliches Pferd.

WANDERREITEN *Siehe* Ausreiten.

WARMBLÜTER Pferdetypus, der ursprünglich aus Anpaarungen von Vollblütern mit Landpferden entstanden ist. Heute als Sportpferde gezüchtet.

WASSERTRENSE (TRENSE MIT LOSEN RINGEN) Eine der am häufigsten verwendeten Trensen mit leichter Aufziehwirkung. *Siehe* S. 385.

WEBEN Eine Verhaltensstörung, deren Ursachen Langeweile und nicht artgerechte Haltung sind. Das Pferd bewegt dabei den Körper ständig hin und her, der Kopf pendelt oft über der Boxentüre von rechts nach links und wieder zurück.

WEISSE MUSKULATUR Dicke Muskelfasern, die Glykogen speichern und auf Kraft ausgerichtet sind.

WESTERNREITEN Darunter fallen verschiedene reiterliche Aktivitäten wie Reining, Cutting, Trail und Materialprüfungen. Geritten wird im Westernsattel, in dem man gut gestützt mit langem Bein sitzt.

WIDERSETZLICHKEIT Widerstand gegen die Anlehnung (deutlich in Reaktionen wie Aufsperren des Mauls oder Zähneknirschen), mangelnder Fleiß beim Vorwärtsgehen oder die Weigerung, auf die Hilfen des Reiters zu reagieren.

WIENER KANDARE *Siehe* S. 385.

WIENER KAPPZAUM Kappzaum der Spanischen Reitschule. Wird wie ein Hannoversches Reithalfter unterhalb des Gebisses verschnallt und vermeidet somit Quetschungen der empfindlichen Mundschleimhaut gegen die Außenkanten der oberen Backenzähne. Am Kopf liegt es gerade unterhalb der Jochbeine.

WOLFSZÄHNE Kleine Zähne direkt neben den ersten Backenzähnen, die bei manchen Pferden zu finden sind und sehr empfindlich sein können. Sie sollten entfernt werden, bevor das Pferd mit dem Trensengebiss bekannt gemacht wird.

Z

ZÄUMUNG *Siehe* S. 386.

ZEITSPRINGEN Springwettbewerb auf Zeit. Wenn ein Wettbewerb als Zeitspringen ausgeschrieben ist, zählt die Zeit bereits in der ersten Runde. Ein Stechen ist ein Zeitspringen zwischen den Reitern, die in der ersten Runde fehlerfrei waren.

ZÜGELLAHMHEIT *Siehe* Lahmheit.

ZUNGENFREIHEIT Nach oben gewölbter Teil am Mundstück von manchen Stangen und Pelhams. Übt Druck auf den Gaumen aus und verhindert, dass das Pferd die Zunge über das Gebiss nimmt.

ZUNGE ÜBER DEM GEBISS Normalerweise sollte die Pferdezunge unter dem Gebiss liegen. Bei übermäßigem Druck auf die Zunge lernt das Pferd, mit der Zunge zu spielen und sie schließlich über das Gebiss zu nehmen. Es gibt verschiedene Hilfsmittel, die das verhindern sollen, aber bei guter Ausbildung sollte das Problem überhaupt nicht vorkommen.

ZWEIFACHE KOMBINATION Zwei Hindernisse mit festem Abstand dazwischen.

ZWISCHENDISTANZ Abstand zwischen Hürden, der nicht genau einer Zahl von Galoppsprüngen entspricht, sondern das Verkürzen oder Verlängern der Sprünge verlangt, damit der Absprungpunkt passt.

ZWISCHENSPRÜNGE Ein oder zwei kurze Galoppsprünge vor dem Absprung am Hindernis.

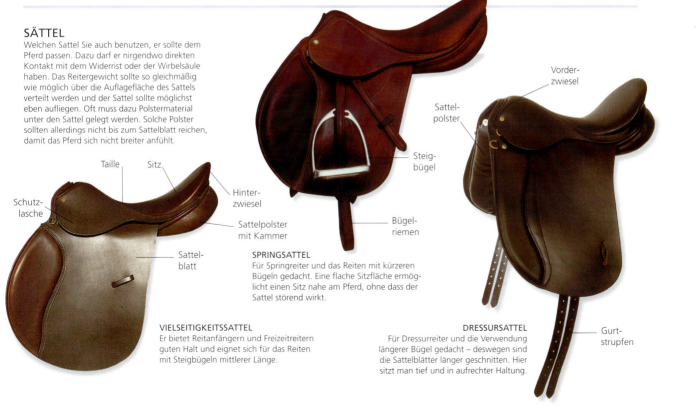

SÄTTEL

Welchen Sattel Sie auch benutzen, er sollte dem Pferd passen. Dazu darf er nirgendwo direkten Kontakt mit dem Widerrist oder der Wirbelsäule haben. Das Reitergewicht sollte so gleichmäßig wie möglich über die Auflagefläche des Sattels verteilt werden und der Sattel sollte möglichst eben aufliegen. Oft muss dazu Polstermaterial unter den Sattel gelegt werden. Solche Polster sollten allerdings nicht bis zum Sattelblatt reichen, damit das Pferd sich nicht breiter anfühlt.

Taille

Sitz

Schutzlasche

Hinterzwiesel

Sattelpolster mit Kammer

Sattelblatt

Steigbügel

Bügelriemen

Vorderzwiesel

Sattelpolster

Gurtstrupfen

SPRINGSATTEL
Für Springreiter und das Reiten mit kürzeren Bügeln gedacht. Eine flache Sitzfläche ermöglicht einen Sitz nahe am Pferd, ohne dass der Sattel störend wirkt.

VIELSEITIGKEITSSATTEL
Er bietet Reitanfängern und Freizeitreitern guten Halt und eignet sich für das Reiten mit Steigbügeln mittlerer Länge.

DRESSURSATTEL
Für Dressurreiter und die Verwendung längerer Bügel gedacht – deswegen sind die Sattelblätter länger geschnitten. Hier sitzt man tief und in aufrechter Haltung.

REGISTER

A

Abgehen des Parcours: Geländestrecke 263, 304, 306, 307, 309
  Springreiten 208–209, 241, 309
Abknickende Distanz 218–219, 222, 387
Abreiten: Dressur 170, 176
  Geländestrecke 304
  Springreiten 212, 240, 309
Absitzen 21, 387
Absprungpunkt: Geländestrecke 294
  Springreiten 186, 196, 199, 200–201
  wechselnd 209
Achten: Dressurausbildung 143
  Springmanier verbessern 214
Adelaide 274
Adrenalin 358
Aerobe Fütterung 331
Aerober Bereich 322–323, 384
Aggression: Körpersprache 43
Ahlerich 109, 383
Akzeptanz 384
  Dressur 122, 130, 132
  Geländestrecke 270
  mangelnde 178
  Springen 198
Alexandertechnik 351
Allgemeine Fitness, Reiter 350–351
An den Hilfen 120, 130–131, 180–181, 385
Anaerobe Betätigung 320, 322–323, 384
Anaerobe Fütterung 331
Anaerobe Schwelle 384
Anatomie 40–41
Angst: Geländestrecke 268–269, 313
  Körpersprache des Pferdes 43
  Reiteinsteiger 30–31
  Springreiten 242
Anhalten 24
Ankaufsuntersuchung, Pferdekauf 374
Anlehnung 387
Anreiten, beim Springen 200
Anstehender Zügel 384
Anthropomorphismus 55
Araber 376, 378
Arbeitstempi 126
  Galopp 126
  Trab 126, 127
Arme: Dressurhaltung 115
  Übungen 342, 346, 348–349
Atlanta 274
Atmung: Bauchatmung 359
  Erholungszeit 326
Auf dem Zügel 120, 130
Auf Zeit 220–225, 393

Aufbauphase 324, 384
Aufsitzen 384
  Einreiten junger Pferde 76–77
  Reiteinsteiger 20–21
Aufspringen, aufs Pferd 31, 384
Aufziehtrense 65, 189, 258–259, 385
Auge für die Distanz haben 385
Augen, Sehvermögen 46–47
Auktion, zum Pferdekauf 374
Ausbildung 48–49
Ausbildungsplanung 53
Ausbinder 62, 64, 72–73, 384
Ausdauer, Fitnesstraining 321
Ausdauertraining (des Reiters) 350–351
Ausfallschritt, seitlicher 345
Ausreiten 384
  Einreiten, junge Pferde 78–79
  Geschicklichkeitstraining 271
  Reiteinsteiger 19, 27
Ausrüstung 17, 62–65
  Bekanntmachen mit Sattel- und Zaumzeug 70–71
  deutsche Ausbildungsskala 135
  Dressur 110–112, 136–137
  Erwartungen 52
  Geländestrecke 258–259, 310–311
  Gewöhnen, junge Pferde an 70–71
  Grundausbildung 61–89
  junge Pferde einreiten 76–79
  Pferdeausbildung 62–65
  Prioritäten 56
  Probleme 52, 84–89
  Programm aufstellen 53
  Reitbahn 65
  Reiter als Ausbilder 54–59
  Springen 74–75, 80–83, 188–191, 206–207
  Umgang mit jungen Pferden 66–69
  Vorbereitung auf den Reiter 72–73
Ausrutschen, Geländestrecke 314
Außen, Terminologie 18
Außengalopp 151, 183, 387
Äußerer Hufschlag, gerade Linien 144
Aussitzen, den Trab 22, 98, 174, 384
Ausstrahlung 256, 257
Australischer Trensenhalter 390
Auswählen, ein Pferd 374–378
Auswendiglernen, Springreiten 242, 247

B

Backenzähne 64, 390
Badminton 256, 274, 275
Balancierblock 340
Balancierbrett 340
Ball-Übungen (Reiter) 341, 346, 348

Bandagen 111, 259
  Dressur 111
  Gamaschen 63, 65
  Gebäude 377
  Gelände 259
  Hufe aufheben 67
  Schweif- 331
  Schwung 129
  Sehnenverletzungen 325, 377
Bänder 390
Bannister, Roger 365
Bascule 391
Basiskondition 324
Bauchatmung 359
Becken (des Reiters), Aufrichtung 336
Beine (des Pferdes): Reiten im Gleichgewicht 93, 95
Beine (des Reiters): Dressur 111, 114–115
  Geländestrecke 268, 269
  Kraftübungen 346–347
  Leichter Schenkelkontakt 174
  Springreiten 192–195
  Steigbügellänge 94
  Übungen 338–339, 344–345
Beizäumung 41, 180, 384
Benotung, Dressurprüfung 159
Bergabreiten 32–33
  Geländehindernis 271, 292–293
Bergaufreiten: Galoppieren 327
  Geländesprünge 293
  Reiteinsteiger 32–33
  Zügelkontakt-Übungen 349
Bestimmtheit 370
Beweglichkeitsübungen 342
Bewegungsmanier 384
Biegung, des Pferderückens 385
Biegung: gerade Linien 145
  Wendungen 142–143
  Zirkel und Volten 140–141
Biko 256, 375
Biomechanik, des Springens 199
Boldt, Harry 366, 383
Boxenlaufen 51
Breite Pferde, Sitz des Reiters 115
Brustdehnung 337
Buckeln 28, 89
Burghley 274
Bürstensprung 295, 385
Buschhürde 295, 385

C

Capellmann, Nadine 121, 367
Caprilli 366
Carawich 256
Cavaletti 385
Chambon 385

Chaps 16, 385
Charakter, des Pferdes 52, 53
  Auswählen eines Pferdes 375
Coakes, Marion 186
Cob 378, 385
Coffin 298–301
Connemarapony 378
Courbette 109, 385
Custom Made 256, 379

D

Darien Powers 304
De Nemethy Bert, 382
Deckengurt 63, 71, 385
Dehnungsübungen (Reiter) 342–345
Depressives Pferd: Ausbildungsprogramm 53
  Körpersprache 43
Deutsche Ausbildungsskala 135
Diamantenwall und Coffin 298–301
Distanzen 218–219, 391
  Springreiten 208–211
Distanzreiten 37, 385
Doppellongenarbeit 73, 385
Dreifache Kombination 208
Dressur 107–183
  Anforderungen an die Fitness 321, 323
  Ausbildungsprogramm 136–137
  Ausrüstung 110–112
  Auswendig lernen 173
  Entwickeln des Pferdes 159
  fliegende Wechsel 150–151
  Gangarten 124–127
  geistige Grundlagen 358
  gerade Linien und Biegung 144–145
  Gerten 110, 119, 176, 385
  Gesamteindruck 159
  Geschichte 108–109
  große Vielseitigkeit 307
  Haltung und Gleichgewicht 114–115
  Hilfen 118–120
  Konstanten 122–123, 130–133
  Konzentration 359
  Mischen der Übungen 158–159
  Mitgehen in der Bewegung 116–117
  Pirouette 154–155
  Positionsbestimmung 161
  Probleme 174–183
  Prüfung Klasse A 162–163
  Prüfung Klasse L 164–165
  Prüfung Klasse M 166–167
  Prüfung Klasse S 168–169
  Reitbahn 112–113, 158–159
  Reiten im Gleichgewicht 92, 93, 96–97
  Renvers 152–153

Richter 162, 173
Sättel 96, 393
Schenkelweichen 146–147
Schulterherein 148–149
Sehvermögen des Pferdes 46, 47
Sitz des Reiters 336
Steigbügellänge 94
Travers und Renvers 152–153
Traversale 152–153
Turnier 170–173
Übergänge 138–139, 160
Variablen 128–131, 134–135
Versammlung 156–157
Verstärkung 156–157
Wendungen und Biegung 142–143
Zirkel 140–141
zu Musik 136, 171, 366
Dünne Satteldecke 17
Durchgehen 314, 385

E

Ecken, Dressurtraining 142–143
Eilige Tritte, Dressurprüfungen 181
Einfangen von Pferden 84
Einfühlungsvermögen 55, 101
Eingeschnürt 385
Einreiten, junge Pferde 76–79, 385
Einsatz, zu großer: Dressurprüfungen
    177
    Springreiten 246
Einseitiger Körpergebrauch 175
Einweisung der Teilnehmer, Gelände-
    wettbewerb 306
Einwirkung verbessern 104–105
Eisen: Hufschmied 381
    Stollen 189, 259
Elektrolyte 331, 386
Elliot, Ginny 256
Endorphine 51
Englisches Reithalfter 62–63, 386
Entscheidungen treffen (geistige
    Grundlagen) 368–369
Entspannung 370
Entziehen, sich dem Gebiss 386
Ergänzungsfutter 331, 386
Erholungszeit 326
Ernährung des Reiters 351
Erregungsgrad: senken 358–359
    steigern 359
Erste-Hilfe-Ausrüstung 310
Exterieur 389

F

Fangständer, 190, 386
Farbenfroh 121, 366–367
Farbsehvermögen 46
Fargis, Joe 187
Fassbeinig 386
Fédération Equestre Internationale
    (FEI) 160, 386
Fesselgelenke, Springreiten 202–203
Festhalteriemen 17, 18, 386

Fillistrense 65, 386
Finger-Koordination 348
Fit machen 386
Fitness: Pferd 320–329
    Reiter 333–351
Fleiß 386
    Dressur 122, 132–133
    Geländestrecke 270
    mangelnder 178
    Springreiten 198
Flexibilität 58, 386
    Fitnesstraining 321
    Geländestrecke 270
    geistige Grundlagen 366
    Übungen für den Reiter 335,
        342–345
Flexion 386
Fliegender Wechsel 83, 150–151,
    161, 386
Flugphase, Springreiten 202
Fohlen 66–67, 386
Fohlenhalfter 66, 387
Frack 110
Französische Scharniertrense 384
Freilaufen 65, 387
Freispringen 75, 387
Führen von Pferden 66–67, 84
Führen, Lektionen 18
Führmaschine 52
Funnell, Pippa 256
Fußübungen, Reiter 339
Futtermittel 387
Fütterung von Pferden 330–331

G

Galopp 387
    Analyse 124–125
    Arbeitsgalopp 126
    Außengalopp 151, 193, 384
    bergauf 327
    Dressurprüfungen 158
    Einreiten junger Pferde 78, 79
    fliegender Wechsel 83, 150–151,
        161
    Galopparbeit 328–329
    Gleichgewicht 28
    in abknickenden Distanzen 219
    in der Bewegung mitgehen 99,
        116–117
    Reiteinsteiger 28–29
    Springreiten 200
    Übergänge 138–139
Galopp-Pirouette 154–155
Galopp-Planke 387
Galoppsprung 387
    Geländestrecke 266, 267
    Länge des Sprungs 126
    Probleme 247, 250
    Springreiten 196–197, 204, 208,
        211
    Verkürzen 156–157, 224
    Verlängern 156–157, 224

Galoppwechsel 83, 150–151, 387
Gamaschen 189
    Ausbildung junger Pferde 63, 65
    Geländestrecke 259
    Springreiten 189
    Transport 331
Gangarten 387
    Analyse 124–125
    Dressur 158, 161
    eilig werden 182
    Reinheit der 124–125
    Tempi 126–127
    Übergänge 138–139, 160
    siehe auch Galopp, Trab, Schritt
Gebäude 376–377, 387
Gebetsposition 342
Gebisse 17, 384–385
    Ausbildung von Pferden 64–65
    Geländestrecke 258–259
    Kandarenzäumung 110, 112
    Pferd damit bekannt machen 71
    Springreiten 189
    Zunge darüber nehmen 88
    Zunge heben 86
Gebrochene Olivenkopftrense 110,
    112, 384
Gebrochene Schenkeltrense 385
Gefühl 387
Gehirn (geistige Grundlagen) 355
Geistige Grundlagen (Reiter) 105,
    353–371
Gekreuzte Ausbinder 387
Geländereiten siehe Vielseitigkeit
Gelassenheit 387
    Dressur 122, 130, 132–133
    Geländestrecke 270
    mangelnde 178
    Springreiten 198
Gelerntes Verhalten 48–49
Gerade Linie, beim Reiten 144–145
Geradheit 387
    Dressur 122–123, 132–133
    Geländestrecke 270
    mangelnde 179
    Springreiten 198
Gerte: Einreiten junger Pferde 78
    Dressur 110, 119, 176, 385
    Geländestrecke 268
    Longierpeitsche 63, 68, 69
    Springreiten 188
Geruchssinn 45
Geschicklichkeitstraining 223, 263,
    270–271, 387
Geschmackssinn 45
Geschwindigkeit 387
    Dressur 128, 130, 134, 135
    Fitnesstraining 321
    Geländestrecke 262, 266–267,
        294–295, 296, 312
    Rennbahnstrecke 313
    Springen auf Zeit 220–225
    Springreiten 204, 241

Gesundheit, Auswahl eines Pferdes 377
Gewichtshilfen, Dressur 120
Gewöhnung, Pferdeausbildung 49, 387
Gilt Edge 256
Glaube an sich selbst 365
Gleichgewicht 91–105, 387
    bessere Einwirkung 101, 104–105
    Dressur 129, 135
    geistige Grundlagen 370–371
    Geländestrecke 264, 270, 273
    guter Sitz 100, 102–103
    Haltung und 96–97
    Mitgehen, in der Bewegung 98–99
    Reiteinsteiger 28
    Reiten bergauf und bergab 33
    Springreiten 192–193, 204
    Übungen für den Reiter 335,
        340–341
    Verständnis 92–95
Glocken 189, 259, 391
Glühbirnen-Schlangenlinie 143
Goldene Schlangenlinie 143
Goodwood House 113
Gräben: Geländestrecke 261, 282–283
    Pulvermannsgrab 298–301
    Springreiten 249
Grand Prix, Dressur 136, 388
Grand Prix Spezial, Dressur 136
Grasen 50, 330
Graswall 298–300
Green, Lucinda 256
Greifen 388
Große Vielseitigkeit 306–311, 392
    Galopparbeit 328–329
    siehe auch Geländereiten, Dressur,
        Springreiten
Grundlinie 387
Gummi-Pelham 384
Günther, Bubi 366, 383
Gurtdruck 388

H

Hafer 330–331
Hahn, Kurt 356
Halbe Parade 139, 387
Halfter 62, 387
    Fohlenhalfter 66, 387
Hals: Biegung, zu starke 253
    Probleme beim Longieren 86
    verkürzter 130, 181
Halsriemen 387
Halten, gleichmäßig 387
    nicht gleichmäßig 182
Haltung (Übungen für den Reiter)
    335, 336–339
Haltung im Sitzen 21
Hände: Dressursitz 115
    fehlerhafte Anlehnung 119
    Finger-Koordinations-Übung 348
Handgalopp 387
Händler, beim Pferdekauf 374
Handschuhe 258

Handwechsel 386
Hang, bergauf und bergab 32–33
Hannoveraner 186
Hannoversches Reithalfter 387, 390
Harmonie 116–117, 387
Hartel, Liz 109
Heiß (Pferd) 387
Helmschale 258, 262
Hengst 378, 387
Herdeninstinkt 42–43
Herz-Kreislauf-System, bei Pferden 321–322
Heu 330, 331
Hickstead 187
Hilfen 388
    am Zügel 120, 130
    an den Hilfen 120, 130–131, 180–181
    Dressur 118–120
    Zirkel und Volten 140
    siehe auch Schenkelhilfen, Zügel- hilfen, Stimmhilfen
Hilfsmittel 119, 388
Hindernisse: Abgehen, den Parcours 208–209
    Anschlagen 251–252, 316, 317
    Ausbilden junger Pferde 74–75, 80–83
    Bürstensprünge 295
    Distanzen 208–211
    einfache Springreihen 212–213
    fortgeschrittene Springreihen 216–217, 241, 263, 304, 309
    Geländestrecke, Übungsplätze 260–261
    Geschicklichkeitstraining 223, 263
    In-Outs und Kombinationen 290–291
    Reiteinsteiger 34–35
    schmale Hindernisse 221, 276–277
    schräge Hindernisse 220–221, 278–279
    Springreiten 186–187, 190–191
    Unterbauten 191, 212, 249, 392
    Verweigern 249, 316
    Winkelsprünge 280–281
Hinter dem Zügel 388
Hinter der Bewegung 388
Hinterhand 388
    Reiten im Gleichgewicht 93
Hinterhandfehler 388
Hochwerfen 388
Hohlweg, Geländestrecke 284–285
Homöopathisches Mittel 388
Hörvermögen des Pferdes 45
Hoy, Andrew 304
Hufe: aufheben 67
    Auswahl des Pferdes 376
Hufeisen siehe Eisen
Hufschlagfiguren 388
    nicht exakt 182
Hufschmied 380, 381, 388

Hüftdehnungsübungen (Reiter) 342
Hund, Reaktion des Pferdes darauf 49

I

Illusion, Dressurprüfung 172–173
Imprint-Training 66
In Fahrt bleiben, Geländestrecke 268
Innen und außen 18, 388
In-Out 388
    Geländestrecke 290–291
    Springreiten 290–291
Instinktives Verhalten 42–43, 48
Intelligenz des Pferdes 51, 374–375
Intervalltraining 324–326, 388
Irisches Kaltblut 256
Irisches Martingal 259
Irland 256
Islandpferd 378

J

Jackett: Dressur 110
    Springreiten 188
Jagdpferd: ein Pferd aussuchen 378
Jagdrennen 392
    Geschwindigkeit 262, 313
    Reiten im Gleichgewicht 95, 96, 264
    Rennbahnphase 306
    Sicherheit 313
Jodhpurs 388
Junge Pferde: Bekanntmachen mit Ausrüstung 70–71
    Einreiten 76–79
    Reiten im Gleichgewicht 93
    Springen 74–75, 80–83
    Umgang mit 66–69
    Vorbereitung auf den Reiter 72–73

K

Kadenz 157, 388
Kaltblüter 378, 388
Kandarengebiss 112, 384, 388
Kandarenzäumung 386
    Dressur 110, 112
    Verständigung mit dem Pferd 118
    Zügelhaltung 115
Kapriole 109, 388
Karree-Oxer, Springhindernis 191
Kaufen, ein Pferd 374–378
Kickübungen (Reiter) 349
Kiefer, Bau 64
Kilbaha 187
Kimblewick 385
King, Mary 256, 295
Kinnkette 112, 388
Kleben 88, 388
Kleidung: Dressur 110
    Geländestrecke 258
    große Vielseitigkeit 310
    Reiteinsteiger 16

Springreiten 188
Kleinpferd 378, 388
Klimke, Dr. Reiner 109, 366, 383
Knackig, Pferd 388
Kniesehnen-Dehnung 344
Knieübungen (Reiter) 339
Kolik 330, 388
Kombinationshindernisse: Ablehnung durch das Pferd 249
    Distanzen 208, 209
    Geländestrecke 290–291, 304, 312
    schräge Hindernisse 279
    schwere Wasserkombination 302
Kombiniertes Reithalfter 390
Konditionierte Reaktion 48–49, 388
Konstanten 388
    Dressur 122–123, 130–133
    Geländestrecke 270–271, 272
    Springreiten 198–199
Konzentrationsübungen 359
Koordinationsübungen (Übungen für den Reiter) 335, 348–349
Kopf (des Pferdes): Gebäude 377
    Longierprobleme 87
    Sehvermögen 46–47
Koppen 51, 388
Körperliche Vorbereitung: Pferd 318–331
    Reiter 104–105, 333–351
Körpersprache 43, 55
Kraft: Auswahl eines Pferdes 376
    Fitnesstraining 321
    Übungen für den Reiter 335, 346–347
Kraftfutter 330, 331, 388
Krämpfe 331
Krankheit, Körpersprache 43
Kreuzgalopp 388
Kreuzverschlag 388
Krippensetzen 51, 388
Kür (Freistil-Dressur) 136, 171, 366, 388
Kurzkehrt 154
Kurzprüfung, Vielseitigkeit 304, 388
Kutsche fahren 36

L

Laden 64, 388
Lahmheit 388
    Sehnenverletzung 325, 377
Landung, beim Springen 199, 200–203, 209
Länge 208
Langeweile 51
Laufendes Martingal 188, 189, 259
Leckerli 47
Ledingham, John 187
Leichte Springreihe, Springreiten 212–213
Leichter Sitz 389
Leichttraben 22–23, 26–27, 98, 384

Lektionen: Positionsbestimmung Dressur 161
    unsauber 182
Lendendehnung 337
Lenken 24, 25
Levade 109, 389
Lexington 256, 274
Lipizzaner 109
Lockerungsübungen (Übungen für den Reiter) 335, 342–345
Longieren 52, 130, 389
    Einreiten junger Pferde 77
    junge Pferde 68–69
    Kappzaum 62–63, 388
    Probleme 85–87
    Reiteinsteiger 18, 19, 22
    Springen ohne Reiter 74–75
    Vorbereiten, Pferd zum Reiten 72–73
Longierleine 63, 68, 69
Longierpeitsche 63, 68, 69
Lörke, Otto 366, 383
Losgelassenheit: Fitnesstraining 137, 321
L-Parcours, Springreiten 232–235
L-Prüfung, Dressur 162–165

M

Mächtigkeitsspringen 389
Mangelnde Leistung, Dressurprüfungen 177
Mannschaft im Hintergrund 370–371, 380–381
Mannschaftsspiele 36
Martingal 389
    irisches 259
    laufendes 188, 189, 259
Maslow, Abraham 356
Mauer-Element 191
Maul: Schäumen 130
    Widerstand im 180
    Wirkung der Trense auf 64–65
McIntosh, Samantha 186
Medizinische Unterlagen des Reiters 258
Messrädchen, Geländestrecke 306
Mexikanisches Reithalfter 390
    mit Ringen 188, 189, 259, 390
Milchsäure 322, 389
Milton 187
Mineralfuttermittel 331
Minichaps 16, 385
Mittellinie, gerade Linien 144–145
Mitteltempi 126
    Schritt 126
    Trab 127, 156
Mitzählen der Galoppsprünge 196–197, 389
Morgan (Pferd) 378
Motivation 356
M-Parcours, Springreiten 236
M-Prüfung, Dressur 166–167

Müdes Pferd, Geländestrecke 267, 315
Multizaum 63, 390
Murphy Himself 256, 273
Müseler, Wilhelm 256
Musik, zur Kür 136, 171, 366
Muskeln 40
    anaerobe Aktivität 322
    Fitnesstraining 321
    Kraft 376

N

Nachgeben, Zügelanlehnung 390
Nations Cup 206–207
Neckermann, Josef 366, 383
Neck Reining 25, 120, 390
Negatives Denken 365
Nervöse Pferde: Ausbildungspro-
    gramm 53
    Körpersprache 43
Nervöse Reiter: Dressurprüfung 177
    Reiteinsteiger 30–31
    Springreiten 247
Nicholson, Andrew 269
Niederbruch 390
Normale Aufziehtrense 385
Normaler Oxer 191, 390
Notfall, Hilfen für den 27

O

O'Connor, David 379
O'Connor, Karen 9, 375
Öffnen in die Wendung 390
Ohren: Hörvermögen 45
    Körpersprache 47
Oliveira, Nuno 55
Olivenkopftrense 110, 112, 384
Olympische Spiele 108, 109, 136,
    186, 187, 206
Optische Täuschung, in der Dressur-
    prüfung 172–173
Oxer 191, 390
    Ausbildung junger Pferde 82
    Distanzen 209
    Fangständer 190
    Kreuzsprung 190
    Springreihe, leichte 213
    Verbessern der Springmanier 214

P

Parcours (Geländestrecke): Abgehen
    263, 304, 306
    Übungsgelände 260–261
Parcours (Springreiten) 190, 232–239
    Abgehen 208–209, 241, 309
    Distanzen, auch abknickende
        218–219
    Klasse A 234–235
    Klasse L 232–233
    Klasse M 236–237
    Klasse S 238–239
    Reiteinsteiger 35
    Strategie fürs Stechen 225

Passage 157, 390
Passgang 390
PAT-Werte 326
Pelham 189, 258, 384–385
Pellets 330–331
Pessoa, Rodrigo 207
Pferdeball 36
Pferdeflüsterer 55
Pferdehaltung 50, 51
Pfleger 380
Physiologie des Pferdes 321
Piaffe 157, 390
Pilates 351
Pirouetten 154–155, 390
Planken, für Springübungen 191,
    196–197, 210–211
Planung: Dressur 136–137
    Springreiten 206–207
    Vielseitigkeit 274
Plastron 262
Pluvinel, Antoine de la Baume 55
Polocrosse 36, 37
Ponys 378
    Dressur 109
    Springreiten, Distanzen 210
Positive Herangehensweise (geistige
    Grundlagen) 364–365
Potenzial, Auswahl eines Pferdes 378
Prix St Georges 136, 390
Progressive Belastung 390
Proprioziptiver Sinn 47, 390
Prüfung Klasse S, Dressur 168–169
Prüfungen, beim Springreiten 241
Puls: Ausdauertraining für den Reiter
    350–351
    Erholungszeit beim Pferd 326
Putzen, junge Pferde 67

Q

Quarter Horse 43

R

Raufutter 390
Redgrave, Steve 362
Rehbein, Herbert 366, 383
Reinheit 391
    Dressur 123, 124–125, 133
    Geländestrecke 270
    mangelnde 179
    Springreiten 199
Reitbahn 390
    Ausbildungszwecke 65
    Dressur 112–113, 158–159
    Reithalle 18
    Springplatz 189
Reiteinsteiger 16–37
    Auf- und Absitzen 20–21
    Einwirkung verbessern 104–105
    geeignete Pferde 17
    Grundlagen, darüber hinaus 26–29
    guten Sitz erzielen 102–103
    Kleidung 16–17

Losreiten, Anhalten, Lenken 24–25
    nervös 30–31
    Reitdisziplinen 36–37
    Schritt und Trab 22–23
    Springen 32–35
    Unterricht 18–19
Reiter: geistige Grundlagen 353–371
    körperliche Grundlagen 333–351
Reithalfter 390
    Dressur-Zaumzeug 112
    Mexikanisches Reithalfter 188, 189,
        259, 390
Reithelm: Dressur 110
    Helmschale 258, 262
    Reiteinsteiger 16–17
    Springreiten 188
Reithose 110, 258
Reitschule, Reiteinsteiger 16–19
Reitstiefel siehe Stiefel
Reitverein 36
Rembrandt 108, 109, 155
Remonte 390
Rennbahntraining 390
Renngalopp 125, 390
Rennpferd, Reiten im Gleichgewicht
    92, 95, 96
    siehe auch Jagdrennen
Renvers 152–53, 159, 391
Richter: Abgehen der Geländestrecke
    307, 309
    Dressurprüfungen 162, 173
Richtung 391
    Dressur 128, 130, 134, 135
    Springreiten 204
Risikoanalyse, Geländereiten 263
Röhrbeinumfang 391
Rollenspiele (geistige Grundlagen) 357
Royal Discovery 186
Rücken (des Pferdes): Aufwölben 41,
    69
    Lockern 137
    Longieren 69
    Struktur 40–41
    Vorbereitung auf den Reiter 73
Rücken (des Reiters),
    Lockerungsübungen 343
Rückwärtsrichten 120, 125, 149, 391

S

Saftfutter 391
Salz 331
Sattel 17
    Aufsitzen und Absitzen 20–21
    aus dem Sattel geworfen werden
        244
    Dressur 96, 111, 393
    Geländestrecke 259
    guten Sitz erzielen 100, 102
    Pferd daran gewöhnen 71
    Reiten im Gleichgewicht 93
    Rutschen 244
    Springsattel 188, 189, 393

Vielseitigkeitssattel 393
Satteldecke 259, 391
Satteldruck 391
Sattelgurt 17, 24, 391
    Deckengurt 63
    Dressur 111
    Geländestrecke 259
    Pferd damit bekannt machen 71
    Reiten im Gleichgewicht 96
    Springreiten 189
Sattelpolster 63, 188–189, 259
Sattelzeug, Bezeichnungen 18, 393
Sauerstoff: aerobe Fitness 322, 350
    Herz-Kreislauf-System 321
    -schuld 322, 391
Schädel, Struktur 64
Scharfstellen, Augen 46–47
Schäumen, am Maul 64, 130
Schenkel siehe Beine (des Reiters)
Schenkelhilfen 24
    Ausbildung von Pferden 49, 57
    Dressur 119, 120
    Einreiten junger Pferde 78
    Hilfen für den Notfall 27
    Reiten im Gleichgewicht 94, 96
    Schulterherein 149
    Übergänge 138
Schenkeltrense 65, 385
Schenkelweichen 146–147, 391
Scheuen 48, 181, 391
Schief sitzen 175
Schief springen 251
Schläfriges Pferd, Körpersprache 43
Schlangenlinien 142–143, 159, 391
Schlaufzügel 391
Schmale Hindernisse 276–277
Schmales Pferd, Sitz des Reiters 115
Schmerz, Probleme in der Ausbildung
    52, 53
Schmied siehe Hufschmied
Schneidezähne 64, 391
Schräg, Hindernisse 278–279
Schritt 391
    Analyse 124–125
    Dressurprüfung 158
    eilige Tritte 182
    Einreiten junger Pferde 78
    in der Bewegung des Pferdes bleiben
        98, 116–117
    Reiteinsteiger 22, 26
    Übergänge 138–139
Schub, Fitnesstraining 321
Schulen über der Erde 391
Schulterdehnungsübung 337
Schulterherein 148–149, 159, 391
Schultervor 145
Schultheiß, Willi 366, 383
Schutzweste 258, 262
Schwächen des Reiters ermitteln 59
Schwebephase 157, 392
    Reinheit der Gänge 124
Schweifbandage 331

Schwerpunkt 92–94
    Geländestrecke 264, 265
    Springreiten 192, 199
Schwerpunkte setzen (geistige Grundlagen) 362–363
Schwung 389
    Dressur 122, 129, 134–135
    Geländestrecke 270, 315
    mangelnder 179, 183
    Springreiten 204
    Übergänge 138
Sehbereich 46
Sehnen, 391
    Aufbauphase 324
    Schäden 325, 377
Sehvermögen 46–47
Seitengänge 159, 161, 391
    Schenkelweichen 146–147
    Schulterherein 148–149
    Schwungverlust 183
    Travers, Renvers und Traversale 152–153
Selbstachtung 364
Selbsthaltung 391
Selbstvertrauen: Geländestrecke 315
    Körpersprache 43
    mangelndes 248
Senkrücken 41, 180, 391
Sensibilisierung, bei der Pferdeausbildung 49
Serienwechsel 150, 151
Sicherheit: Geländestrecke 262–263, 264–265, 312
    Jagdrennen 313
    Übungen für den Reiter 334
Sicherheitsauflagen, an Hindernissen 191
Sicherheitshaltung, Geländestrecke 265
Silhouette 391
    Dressur 114–115
    Haltung 336
    Reiten im Gleichgewicht 96–97
    Springreiten 194–195
Sinne 44–47
Sitz 391
    Dressur 120
    Geländestrecke 264–265
    Reiten im Gleichgewicht 93, 100, 102–103
    schief sitzen 175
    Springreiten 192–195
    wenig Gefühl 175
Sitzball 341
Skelett 40
Spanische Reitschule Wien 109
Speichel, bei Halsverkürzung 130
Sporen 391
    Dressur 110, 119
    Geländestrecke 268
    Springreiten 188
Sportpferde 378

Springen: Ausbilden von Pferden 74–75, 80–83
    Gleichgewicht 28, 92, 96–97
    Reiteinsteiger 32–35
    Sattel 393
    Sehvermögen des Pferdes 46–47
    Steigbügellänge 94
    siehe auch Geländereiten, Springreihen, Springreiten
Springgerte 391
Springglocken *siehe* Glocken
Springgymnastik 391
Springkandare *siehe* Kimblewick
Springreihen 391
    Absprungpunkt 196–197
    Distanzen 210, 211
    einfache 59, 212–213
    fortgeschrittene 216–217
    Kombination der Übungen 226–229
    Verbesserung der Springmanier 214–215
Springreiten 185–253
    Absprungpunkt 186, 196, 199, 200–201
    Analyse der Sprungkurve 198–203
    Anforderungen an die Fitness 321, 323
    auf dem Turnier 240–243
    aufeinander aufbauende Ausbildung 206–207
    Ausrüstung 188–191
    Distanzen und abknickende Distanzen 218–219
    einfache Springreihen 212–213
    Gefühl für den Galoppsprung 196–197
    geistige Grundlagen 358
    große Vielseitigkeit 309
    Hindernisse 190–191
    Kombinieren der Übungen 226–229
    Konstanten 198–199
    Konzentration 359
    Parcours 232–239
    Probleme 244–253
    Reitbahn 189
    Reiten im Gleichgewicht 96–97
    Sitz des Reiters 192–195, 336
    Springen auf Zeit 220–225, 393
    Springreihe 216–217
    Sprungphasen 199, 200–203
    Stechen 224–225, 234, 236, 238, 253
    Überblick über die Übungen 230–231
    Variablen 129, 204
    Verbessern der Springmanier 214–215
    Verständnis für Distanzen 208–211
Sprünge *siehe* Hindernisse
Sprünge verlängern 156–157, 224
Stabhochsprung, beim Springen 198

Stalldrang 391
Stalluntugenden 51, 391
Stangen, für Hindernisse 190, 191
Stark, Ian 273
Stärken, die des Reiters ermitteln 59
Steeplechase 391, *siehe auch* Jagdrennen
Steigbügel 391
    Aufsitzen 20
    Dressur 111
    Geländestrecke 258
    Pferd damit bekannt machen 71
    Springreiten, Probleme 244
Steigbügelriemen 17, 393
    Aufsitzen 20
    breite Pferde 115
    Geländestrecke 264–265
    Reiten im Gleichgewicht 93, 94, 96
    Springreiten 188, 192–193
Steigen 89, 391
Steinkraus, William 186
Stiefel: Dressur 110
    Geländestrecke 258
    Reiteinsteiger 16
    Springreiten 188
Stilspringen 241, 392
Stimmhilfen 47, 49, 69
Stockmaß 392
Stollen 189, 259, 392
Stollenschutzgurt 188
Stoppuhr 258, 266–267, 304, 307
Stoßdämpfer, Springreiten 203
Strafen, in der Pferdeausbildung 49
Strecken nach hinten 392
Streichen 392
Streichgamaschen 63, 65
Streichkappen 189
Stress, Dressurprüfung 176
Stroller 186
Sturz: Angst davor 31
    Vorbereiten darauf 30, 31
Stute 378, 392
Supreme Rock 256
Symmetrie, Verbesserung der Springmanier 215

T
Tagesablauf 50, 51
Takt 391
Taktisches Reiten, Dressurprüfungen 172–173
Tastsinn 44–45
Temperatur, Erholungszeit 326
Tempi 392
Tiefsprünge 265, 269, 286–87, 312, 392
Tierarzt 380, 381
Todd, Mark 257
Tonne, Springhindernis 190, 191
Touch of Class 187
Trab 392
    Analyse 124–125

Arbeitstrab 126, 127
Aussitzen 22
    Dressurprüfungen 158
    Eiligwerden 182
    Gleichgewicht 28
    höchste Versammlung 157
    junge Pferde einreiten 78
    Klappern beim Aussitzen 174
    Leichttraben 22–23, 26–27
    Mitgehen in der Bewegung 98, 99, 116–117
    Mitteltrab 127, 156
    Übergänge 138–139
    Versammlung 127
    Veterinärkontrolle, Geländereiten 307
Trabstangen 35, 392
Trainer 16, 382–383
Training: Fitnesstraining 322–329
    Galopparbeit 328–329
    Geländestrecke 274–275
    Trainer 382–383
    Übertraining 328
Trainingseffekt 393
Transport 331
Travers 152–153, 159, 392
Traversale 120, 152–153, 159, 183, 392
Trense der Spanischen Reitschule 385
Trense mit gedrehtem Mundstück 189, 384
Trensengebiss 384–385, 392
    Dressur 110, 112
    Geländestrecke 258
    Pferdeausbildung 64–65
    Springreiten 189
Tretschicht, Dressurviereck 113
Triplebarre 191, 209
Turniere, Reiteinsteiger 36

U
Über dem Zügel 392
Überanstrengung 392
Überforderung 392
Übergänge 69, 138–139, 160, 161, 392
Übergurt 71, 259, 392
Überprüfung der geistigen Grundlagen 358–359
Übertraining 328
Übertreten 392
Übungshindernisse, Springreiten 240–241
Uhr *siehe* Stoppuhr
Umgang mit Menschen 370–371
Unabhängiger Sitz 392
Unabhängigkeit (geistige Grundlagen) 368
Unfallverhütung, auf der Geländestrecke 262–263
Unterbauten, 191, 212, 249, 392
Unterlegtrense 392
Unterordnung 122, 392

Körpersprache 43
Unterricht, für Reiteinsteiger 18—19
Untertreten 69, 392
Untugend 51
Uphoff, Nicole 108, 109, 155

V

Variablen 392
    Dressur 128—131, 134—135
    Geländestrecke 270—271
    Springreiten 129, 204
Venusmuschelübung 338
Verbindung 392
Vereinfachung des Trainings 360—363
Verhalten: Ausbildung von Pferden
    48—49
    Herdeninstinkt 42—43
Verkehr, junge Pferde daran gewöhnen
    79
Verkürzen der Galoppsprünge
    156—157, 224
Verlängern siehe Sprünge verlängern
Verletzungen der Sehnen 325, 377
Versammlung 126, 156—157, 392
    höchste 126, 157
    Trab 127
Verständigung: Ausbildung von Pferden
    57, 66
    besserer Reiter 101
    Dressur 118—120
    Einfühlungsvermögen 55
    Körpersprache 43, 55
Verstärkung 126, 156—157, 392
Verweigerung: Geländestrecke 316
    Springreiten 249
Veterinärkontrolle 392
Vielseitigkeit 255—317
    Anforderungen an die Fitness 321,
    323
    auf dem Turnier 304—311
    Ausrüstung 258—259, 310—311
    Bergauf- und Bergabsprünge
    292—293
    Diamantenwall und Coffin
    298—301
    Einwirkung des Reiters 266—269
    geistige Grundlagen 358
    Geschwindigkeit 294—295, 296,
    312
    Gräben 282—283
    Hohlwege 284—285
    In-Outs und Kombinationen
    290—291
    Konstanten und Variablen 270, 272
    Konzentration 359
    Partnerschaft entwickeln 272—273
    Probleme 312—317
    Reiten im Gleichgewicht 96—97
    schmale Hindernisse 276—277
    schräge Hindernisse 278—279
    Sicherheit 262—263
    Sitz des Reiters 264—265

Steigbügellänge 94
Training für junge Pferde 83
Trainingsprogramm 274—275
Übungen, Überblick 296—297
Übungsplätze 260—261
Wälle und Tiefsprünge 286—287
Wasser 287, 288—289
Wasserkombination, schwere 302
Winkelsprünge 280—281
Village Gossip 256
Viren 328
Visualisierungstechniken 369
Vitamin-Ergänzungsfutter 331
Vollblüter 186, 256, 378, 392
Volte 392
Vorbeilaufen, Springreiten 190, 392
Vorbereitet sein (geistige Grundlagen)
    368—369
Vorbilder (geistige Grundlagen) 357
Vorderzeug 17, 18, 392
    Deckengurt 63
    Geländestrecke 259
    Pferd damit bekannt machen 71
    Springreiten 189
Vorhand 392
    Wendung um die 146
Vorhandfehler 393

W

Wall 384—385
    Ausbildung junger Pferde 80
    Diamantenwall und Coffin 298—301
    Geländestrecke 261, 286—287
    Reiteinsteiger 33
Wallach 378, 393
Wanderreiten 37
Warmblüter 186, 378, 393
Wasser, Trink- 331
Wasserhindernisse:
    Geländestrecke 261, 287, 288—289
    Graben 282—283
    schwere Wasserkombination
    302—303
Weben 51, 393
Weide, Pferde einfangen 84
Weiße Muskulatur 322, 393
Weiterreiten, Springreiten 203
Welsh Cob 378
Welshpony 378
Weltreiterspiele 37
Wendungen 140—141
    in abknickenden Distanzen
    218—219, 222, 393
    Springparcours 218—219
    Wendung um 180 Grad 222—223,
    393
Westernreiten 37, 393
Wettkampfmäßiger Wanderritt 37
Whitaker, John 187
Widersetzlichkeit 393
Wiener Kandare 385
Wiener Kappzaum 72, 393

Winkelsprünge 280—281
Wirbelkörper 40
Wirbelsäule (des Pferdes) 40—41
    siehe auch Rücken
Wirbelsäule (des Reiters):
    Ausrichtung 336
    Dehnungsübungen 343
    Dressur 114
Wofford, Jimmy 256
Wolfszähne 64, 393
World Cup 206
Wut, Körpersprache 43

X

Xenophon 108

Y

Yoga 351

Z

Zahnbehandlung 380—381
Zähne, beim Verpassen eines Gebisses
    64
Zaumzeug 17, 386
    Dressur 110, 112
    Multizaum 63
    Pferd damit bekannt machen 70—71
    Reithalfter 390
Zeit schaffen (geistige Grundlagen)
    363
Zeitliche Abstimmung 393
    Dressur 129, 135
    Geländestrecke 266—267,
    307—308
    Springreiten 204
Zielbewusstes Training 361
Ziele: Dressurprüfungen 170
    Einwirkung, verbessern 104—105
    geistige Grundlagen 362
    Pferde ausbilden 58
    Sitz 103
Zirkel und Volten 140—41
    Dressurprüfungen 158
    Verbesserung der Springmanier
    214
Zu wenig Einsatz: Dressurprüfungen
    176
    Springreiten 246
Zufriedenes Pferd 50—53
Zügel 17
    Ausbinder 62, 64, 72—73
    Dressur 115
    Durchrutschen 265
    Fahren vom Boden 73
    in die Hand nehmen 24
    Kandarenzäumung 112, 115
    Longierleine 63
    Pferd damit bekannt machen 71
    schlechte Haltung 119
    Springreiten 193
    Terminologie 18
    Vorwärtsgehen 24

Zügelhilfen 24
    anstehender Zügel 174, 384
    Ausbildung von Pferden 49, 57
    Dressur 119, 120
    Einreiten junger Pferde 78
    Neck Reining 25, 120
    öffnender Zügel 120
    Schulterherein 149
    Stellung holen 147
    Zügelkontakt-Übungen 349
Zunge: Anheben 86
    über das Gebiss nehmen 88, 393
    Wirkung der Trense auf 64—65
Zungenfreiheit 393
Zweifache Kombination 208, 209,
    249, 393
Zwischendistanz 393

DANK

Dank des Autors

Der Autor dankt folgenden Experten für die beratende Unterstützung dieses Projekts: Brian Henry (Gestalter der FEI-Trainingsprogramme), Ruth Magee für ihre Hinweise zum Kapitel *Die körperliche Vorbereitung des Reiters*, Dr. Maureen Prendagast für tiermedizinische und anatomische Hinweise. Dank auch an British Dressage und die Fédération Equestre Internationale für die Erlaubnis zur Verwendung ihrer Dressurprüfungen.

Dank des Redaktionsbüros

Studio Cactus dankt Kit Houghton und Debbie Cook von Houghtons Horses Picture Library, Richard Tibbetts für seine Illustrationen, Richard Dabb von Dorling Kindersley für die Bildrecherche, Maggie Raynor, Musto Ltd. (www.musto.co.uk) für den Verleih von Reitbekleidung, Calcutts and Sons für den Verleih von Zaumzeug und Zubehör, Trendstep für Schuhwerk und Zubehör, sowie Brian und Aline Pilcher von Marine PR.

Folgenden Personen und Organisationen danken wir für die Erlaubnis, auf ihrem Gelände zu fotografieren: Hilda Hick und Sharon McClure vom Ashmore Equestrian Centre, Orlando, Florida; Highlife Farms, Orlando, Florida; Clarcona Horseman's Park, Orlando, Florida; Annacrivey Stud, County Wicklow, Irland; Hooze Farm, Gloucestershire, England; Tim und Susan Phillips vom Ballinacoola Equestrian Park, County Wicklow, Irland; Audrey Magee und Carol Bulmer.

Fotomodelle:

Lauren Ball, Addy Beattie, Lisette la Borde, Vicky Brake, Jim Burger, Ruth Chadwick, Alexa Dix, Katelyn Emberton, Leigh Emberton, Shawn Filley-Fennessey, Mary Galloway, Christine Geever, Jonie Griffin, Heidi Hamilton, Hilda Hick, Bev Horvath, Blaine Horvath, Aidan Keogh, Ruth Magee, Eric Martin, Sally Maxwell, Sarah Micklem, Shonagh Stevens, Chase Todd, Ginny Watts, Spencer Wilton, Diana Zaida

Dank auch an Laura Watson für die Designassistenz; Elizabeth Mallard-Shaw und Kate Green für die Redaktion und Beratung; Jo Weeks für das Korrektorat und Hilary Bird für die Erstellung des Registers.

Bildnachweis

Fotos: **Kit Houghton**
(www.houghtonshorses.com)
mit folgenden Ausnahmen:
Dorling Kindersley (www.dkimages.com):
51 oben rechts, 262 unten rechts, 331 unten rechts, 359 oben rechts, 377, 381 oben rechts, 386
Polyjumps (www.polyjumps.com): 190 oben links
Tony Parkes: Autorenfoto hintere Umschlagklappe

Hinweis des Verlags

Die Erwähnung von Organisationen, Produkten oder Methoden in diesem Buch stellt keine werbende Aussage seitens des Verlages dar. Gleichermaßen ist eine Nichterwähnung nicht als Kritik zu verstehen. Ein detaillierter Hinweis zum Haftungsausschluss findet sich auf Seite 4.